SURRENDER

SURRENDER

40 MÚSICAS, UMA HISTÓRIA

BONO

TRADUÇÃO DE ROGERIO W. GALINDO

intrínseca

Esta tradução foi publicada mediante acordo com Alfred A. Knopf, um selo da The Knopf Doubleday Group, uma divisão da Penguin Random House, LLC

TÍTULO ORIGINAL
Surrender: 40 songs, one story

PREPARAÇÃO
João Sette Camara

REVISÃO
Marcelo Vieira
Rayana Faria

REVISÃO TÉCNICA
Manoel Magalhães

DIAGRAMAÇÃO
Ilustrarte Design e Produção Editorial

DESIGN DO ENCARTE
Anton Corbijn, Gavin Friday e Shaughn McGrath

CIP-BRASIL. CATALOGAÇÃO NA PUBLICAÇÃO
SINDICATO NACIONAL DOS EDITORES DE LIVROS, RJ

B712s

Bono, 1960-
Surrender : 40 músicas, uma história / Bono ; tradução Rogerio W. Galindo. - 1. ed. - Rio de Janeiro : Intrínseca, 2022.
640 p. : il. ; 23 cm.

Tradução de: Surrender: 40 songs, one story
ISBN 978-65-5560-357-6

1. Bono, 1960-. 2. Músicos de rock - Biografia - Irlanda. I. Galindo, Rogerio W. II. Título.

CDD: 782.42166092
22-79812 CDU: 929:78.071(417)

Meri Gleice Rodrigues de Souza - Bibliotecária - CRB-7/6439

[2022]

Editora Intrínseca Ltda.
Rua Marquês de São Vicente, 99, 6º andar
22451-041 — Gávea
Rio de Janeiro — RJ
Tel./Fax: (21) 3206-7400
www.intrinseca.com.br

1ª edição
MARÇO DE 2022
impressão
LIS GRÁFICA
papel de miolo
PÓLEN NATURAL 70G/M²
papel de capa
CARTÃO SUPREMO ALTA ALVURA 250G/M²
tipografia
DANTE MT

Para Ali

I hear the ancient footsteps like the motion of the sea
Sometimes I turn, there's someone there, at times it's only me.
— Bob Dylan, "Every Grain of Sand"

*

Ouço passos antigos como o movimento do mar
Algumas vezes me viro, há alguém lá, noutras, sou apenas eu.

SUMÁRIO

PARTE I

1 Lights of Home 13
2 Out of Control 23
3 Iris (Hold Me Close) 29
4 Cedarwood Road 45
5 Stories for Boys 57
6 Song for Someone 69
7 I Will Follow 83
8 11 O'Clock Tick Tock 97
9 Invisible 123
10 October 151
11 Two Hearts Beat as One 165
12 Sunday Bloody Sunday 179
13 Bad 197
14 Bullet the Blue Sky 209
15 Where the Streets Have No Name 219
16 With or Without You 229
17 Desire 243

PARTE II

18 Who's Gonna Ride Your Wild Horses 255
19 Until the End of the World 267

20 One 281
21 The Fly 297
22 Even Better Than the Real Thing 315
23 Mysterious Ways 323
24 Stuck in a Moment 335
25 Wake Up Dead Man 347
26 The Showman 365
27 Pride (In the Name of Love) 385

PARTE III

28 Beautiful Day 407
29 Crumbs from Your Table 423
30 Miracle Drug 437
31 Vertigo 463
32 Ordinary Love 479
33 City of Blinding Lights 499
34 Get Out of Your Own Way 511
35 Every Breaking Wave 529
36 I Still Haven't Found What I'm Looking For 547
37 Love Is Bigger Than Anything in Its Way 565
38 Moment of Surrender 579
39 Landlady 595
40 Breathe 599

Posfácio 605
Pós-posfácio 607
Crédito das imagens 611
Legendas do encarte 613
Encarte 617

PARTE I

Não posso mudar o mundo,
mas posso mudar o mundo em mim.

— SFX Theatre, Dublin, dezembro de 1982

a bicuspid view of the world
starts way before

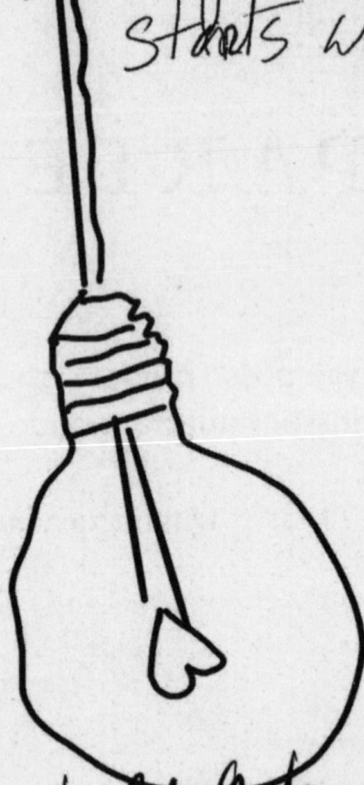

I am told I have
an eccentric heart....

1

Lights of Home

I shouldn't be here 'cause I should be dead
I can see the lights in front of me
I believe my best days are ahead
*I can see the lights in front of me.**

Nasci com um coração excêntrico. Em uma das cavidades do meu coração, enquanto a maioria das pessoas têm três portas, eu tenho duas. Uma porta vaivém, que no Natal de 2016 estava se soltando das dobradiças. A aorta é sua artéria principal, um colete salva-vidas, que transporta o sangue oxigenado pelos pulmões, a fim de transformá-lo em vida. Descobrimos que, ao longo do tempo, minha aorta foi se deteriorando até criar uma bolha prestes a estourar, o que me mandaria dessa para uma melhor sem tempo nem de ligar para a emergência. Sem tempo para sequer dizer adeus.

Então, estou aqui. Hospital Mount Sinai, Nova York.

Eu me vejo de cima, um arco de luzes refletido no aço inoxidável. Penso que a luz é mais dura do que a bancada em que estou deitado. Meu corpo parece desconectado de mim. Carne macia e osso duro.

Não é um sonho, não é uma visão, mas parece que estou sendo serrado ao meio por um mágico. Meu coração excêntrico está congelado.

* Eu não deveria estar aqui, porque eu deveria estar morto/ Posso ver as luzes na minha frente/ Acredito que meus melhores dias estão por vir/ Posso ver as luzes na minha frente.

Alguma remodelação precisa ser feita longe de todo esse sangue quente que corre pelo corpo fazendo uma bagunça; o que costuma acontecer quando o sangue não está mantendo você vivo.

Sangue e ar.

Sangue e vísceras.

Sangue e cérebro é do que preciso agora, caso queira continuar a cantar minha vida e a vivê-la. Meu sangue.

O cérebro e as mãos do mágico que está em pé acima de mim e que é capaz de transformar um dia muito ruim em um muito bom com a estratégia e a execução corretas.

Nervos e lâminas de aço.

Agora este homem está subindo pelo meu peito, movimentando sua lâmina com a soma das forças da ciência e da carniceria. As forças necessárias para abrir caminho e entrar no coração de alguém. A mágica que é a medicina.

Sei que não parecerá um bom dia quando eu acordar depois de oito horas de cirurgia, mas também sei que acordar é a melhor opção.

Mesmo incapaz de respirar e com a sensação de estar sufocando. Mesmo buscando desesperadamente por ar, em vão.

Mesmo que eu esteja alucinando, porque agora estou tendo visões, e tudo está ficando com um ar meio William Blake.

Estou com muito frio. Preciso estar ao seu lado, preciso do seu calor, do seu encanto. Estou vestido para o inverno. Estou deitado na cama, de botas, mas morrendo de frio.

Estou sonhando.

Estou em uma cena de algum filme em que a vida do protagonista está sendo drenada. Em seus últimos suspiros, ele está aborrecido e questionando seu grande amor.

"Por que você está indo embora? Não me abandone!"

"Estou bem aqui", lembra a mulher que ele ama. "Não saí daqui."

"O quê? Não é você que está indo embora? Sou eu que estou indo embora? Por que estou indo embora? Não quero deixar você. Por favor, não me deixe ir."

Existem alguns segredinhos sórdidos a respeito do sucesso para os quais estou apenas começando a acordar. Ao mesmo tempo, também estou acordando deles.

O sucesso como resultado de uma disfunção, uma desculpa para tendências obsessivo-compulsivas.

O sucesso como recompensa por um trabalho muito, muito árduo, que pode esconder algum tipo de neurose.

O sucesso deveria vir com uma advertência de saúde: para o *workaholic* e para aqueles ao seu redor.

O sucesso pode ser impulsionado por alguma vantagem ou circunstância injustas. Se não por um privilégio, então por um dom, um talento ou alguma outra forma de riqueza herdada.

Mas o trabalho árduo também se esconde atrás de algumas dessas portas.

Sempre achei que o motivo do meu sucesso era o dom de compor não apenas em cima de melodias, mas também na política, no comércio e no campo das ideias em geral.

Onde outros ouviriam harmonia ou contraponto, eu era melhor em compor de acordo com o ambiente, o gancho, o pensamento claro. Provavelmente pela necessidade de cantar a linha melódica, ou vendê-la.

Hoje, vejo que minha vantagem era algo mais comum, mais vulgar. Minha vantagem era genética, era o dom do… ar.

Isso mesmo.

Ar.

"Seu marido tem um poder de fogo e tanto naquele arsenal que carrega dentro do peito."

Diz o sujeito que serrou meu esterno para a minha esposa Ali e parentes mais próximos depois da cirurgia.

"Tivemos que usar fio extraforte para costurá-lo. Ele provavelmente tem cerca de 130% da capacidade pulmonar normal para a idade dele."

Ele não usa a palavra "aberração", mas Ali me diz que começou a pensar em mim como o detetive anfíbio que protagonizava *O homem do fundo do mar*, aquele seriado de ficção científica dos anos 1970.

David Adams, o homem a quem devo minha vida, o cirurgião-mágico, tem um sotaque do sul e, em meu estado blakeano exacerbado, começo a confundi-lo com o vilão ensandecido de *O massacre da serra elétrica*. Ouço ele perguntar a Ali sobre tenores, que não são conhecidos por percorrer o palco cantando notas agudas.

"Um tenor não devia ficar com as duas pernas afastadas, os pés bem firmados ao chão, antes de sequer pensar em cantar um dó agudo?"

"Aham", digo, sem abrir a boca, e antes que o efeito dos remédios passe. "Um tenor tem que transformar a cabeça em caixa de ressonância, e o corpo em fole para fazer os copos estourarem."

Eu, por outro lado, tenho corrido por arenas e estádios há trinta anos cantando "Pride (In the Name of Love)", em lá ou si, dependendo do ano.

Na década de 1980, o elegante cantor inglês Robert Palmer parou Adam Clayton para implorar a ele: "Será que um dia você vai conseguir convencer seu vocalista a cantar alguns tons abaixo? Vai ser mais fácil pra ele e pra todos nós que temos que ouvir."

Ar é vigor.

Ar é a confiança para enfrentar grandes desafios ou grandes oponentes.

Ar não é o desejo de superar qualquer Everest que surja pelo caminho, mas a capacidade de suportar a escalada.

Ar é o que você precisa em qualquer face norte.

Ar é o que dá à criança pequena a confiança de que ela não vai sofrer *bullying* no parquinho ou que, caso sofra, o valentão vai apanhar até perder o fôlego.

E, nesse momento, aqui estou eu, sem ar pela primeira vez.

Em uma emergência de hospital, sem ar.

Sem fôlego.

Os nomes que damos a Deus.

Todos feitos de ar nos pulmões.

Jeováááá.

Alááááá.

Yeshuaaaa.

Sem ar... sem um ar... sem uma ária.

Estou apavorado porque, talvez pela primeira vez, recorro à minha fé e não a encontro.

Sem ar.

Sem uma prece.

Sou um tenor cantando embaixo d'água. Sinto meus pulmões se enchendo. Estou me afogando.

Estou alucinando. Tenho uma visão de meu pai num leito de hospital e eu dormindo ao seu lado, em um colchão no chão. Beaumont Hospital, Dublin, verão de 2001. A respiração dele é profunda, mas está ficando cada vez mais superficial, como a cova em seu peito. Ele grita meu nome, e me confunde com o meu irmão, ou vice-versa.

"Paul. Norman. Paul..."

"Pai."

Eu pulo e chamo uma enfermeira.

"Você está bem, Bob?", sussurra ela em seu ouvido.

Estamos em um mundo de sussurros percussivos e vivos, um mundo sibilante, o tenor do meu pai se transforma em uma série de respirações curtas e metálicas, um *S* após cada expiração.

"Sim *ssssssssssssssssssssssssss*."

O Parkinson roubou sua sonoridade.

"Eu quero ir para casa *sssss*, eu quero sair daqui *sssss*."

"Diga de novo, pai."

Como a enfermeira, estou debruçado sobre ele, meu ouvido perto de sua boca.

Silêncio.

Seguido por outro silêncio.

Seguido de "SAI DAQUI!".

Há algo perfeitamente imperfeito na partida do meu pai deste mundo. Acho que ele não estava mandando a mim, ou a atenta enfermeira da noite, embora. Prefiro acreditar que se dirigia ao fardo que carregara por grande parte da vida.

Naqueles últimos dias, ele me dissera que, ao aceitar o câncer, tinha perdido a fé, mas também que eu nunca deveria perder a minha. Que minha fé era a coisa mais interessante a meu respeito.

Encorajado, li para ele um salmo do rei Davi, o Salmo 32.

Davi também estava com problemas. Meu pai não estava no clima para um sermão e vi quando ele revirou os olhos, provavelmente não para o céu.

> *Quando eu guardei silêncio, envelheceram os meus ossos pelo meu bramido em todo o dia.*
>
> *Porque de dia e de noite a tua mão pesava sobre mim; o meu humor se tornou em sequidão de estio.*
>
> *Por isso, todo aquele que é santo orará a ti, a tempo de te poder achar; até no transbordar de muitas águas, estas não lhe chegarão.*
>
> *Tu és o lugar em que me escondo; tu me preservas da angústia; tu me cinges de alegres cantos de livramento.*

Aquilo era para ele, ou para mim?

O velho confessou admirar aquilo que lhe parecia ser uma "conversa direta com o sujeito do andar de cima".

"Minha conversa é sempre de mão única, então corta essa, está bem? Estou tentando ter um pouco de paz aqui." Bem, ele não teve paz aqui, mas quero acreditar que tenha encontrado lá.

E onde é esse "lá"? Nossa casa.

Não sei se entendo o que significa.

Eu me despeço, respiro fundo e começo a correr atrás de entender.

Primavera de 2015.

Mais luz branca e fria. Aço e vidro.

Enjoo.

Desta vez, não é uma situação que envolva risco de vida. Estou no banheiro ao lado de um camarim no subsolo de um ginásio de hóquei em Vancouver, Canadá, diante do espelho. É maio de 2015, a primeira noite da "Innocence + Experience Tour".

Nunca fui vaidoso quando mais jovem. Evitava ficar na frente de espelhos. Mas aqui estou eu, em um banheiro de azulejos brancos, observando meu rosto para ver se, em uma segunda olhada, ele fica mais atraente.

Posso ouvir o barulho da multidão através das paredes, cantando "Cars", de Gary Numan. "Here in my car/ I feel safest of all/ I can lock all my doors/ It's the only way to live/ In cars."*

Estou no futuro com o qual sonhei quando, no final dos anos 1970, ouvi pela primeira vez essa música cheia de sintetizadores. Nem acredito que agora, aos 55 anos, descolori meu cabelo com água oxigenada ao estilo daquela época. Cor de asinha de frango, como um crítico espanhol escreveria mais tarde. O estrondo da arena só aumenta minha empolgação. Volto para o camarim, uma cápsula do tempo, e reclamo que se parece com o que tínhamos na última turnê. Me dizem que é o mesmo faz vinte anos. Juta verde, fios de luzinhas pisca-pisca, sofá de couro marrom. Depois de todo esse tempo, por que me arrumar para conhecer 18.474 dos meus amigos

* "Aqui no meu carro/ Me sinto mais seguro do que em qualquer outro lugar/ Posso trancar todas as minhas portas/ É o único jeito de viver/ Dentro de um carro."

mais próximos é tão estressante? É a noite de estreia de uma turnê mundial, mas, como sempre, não estou sozinho.

Larry tem uma aura angelical, o olhar de alguém que viu o além-mundo. Acho que talvez tenha visto, tendo enterrado o pai na véspera. Adam parece o protagonista de um filme de arte. Imperturbável. Edge é tenso e intenso, mas quase capaz de disfarçar isso.

Como de costume antes de cada show, rezamos.

Às vezes parecemos até desconhecidos rezando por um entrosamento que possa ser útil ao público esta noite. Útil? Para a música. Para algum propósito mais elevado. De alguma forma estranhamente familiar, somos transformados. Começamos nossas orações como camaradas; terminamos como amigos que encontram uma imagem diferente de si mesmos, assim como do público que estamos prestes a conhecer e que nos transformará novamente.

Ser útil é um pedido curioso. Nada romântico. Um pouco chato, até, mas está no cerne de quem somos e do motivo pelo qual ainda estamos aqui enquanto banda. Homens que se conheceram ainda garotos. Homens que quebraram a promessa que jaz no coração do rock 'n' roll: a de que você pode ter o mundo, mas o mundo terá você em troca. Você pode ter o seu complexo de messias, mas deve morrer na cruz aos 33 anos, e todos têm o direito de pedir o dinheiro de volta. Nós rejeitamos isso. Até o momento.

Somos homens que carregam cicatrizes de várias lutas com o mundo, mas cuja visão é notavelmente nítida, levando em conta as vicissitudes e a surrealidade de trinta e cinco anos tocando em estádios.

Agora, através das paredes, posso ouvir "People Have the Power", da Patti Smith, sinal de que temos cinco minutos e dez segundos antes do show, cinco minutos e dez segundos antes de descobrirmos se ainda temos a oferecer o que as pessoas desejam, que não é apenas nossa música ou nossa amizade. O que oferecemos é nossa banda como um conjunto de elementos químicos capaz de gerar uma reação entre nós e o público. Isso é o que transforma uma banda boa em uma banda ótima.

O rugido da multidão aumenta enquanto descemos o corredor do vestiário, um rugido que transforma este rato que vos fala em leão. Estou com o punho erguido enquanto caminho para o palco, enquanto me preparo para entrar na música. Nas próximas páginas tentarei explicar o que isso significa. Mas, depois de quarenta anos, sei que se conseguir ficar dentro das músicas, elas cantarão a mim e a noite não será de trabalho, mas de pura diversão.

Um coral de quase vinte mil pessoas canta o refrão de "The Miracle (Of Joey Ramone)", e enquanto Edge, Larry e Adam caminham até a frente do palco, vou andando sozinho ao encontro deles pelo lado oposto da arena. Ando em meio à nossa plateia, através desse barulho. Em minha mente, tenho 17 anos, e estou saindo de casa, na região norte de Dublin, descendo a Cedarwood Road, a caminho dos ensaios com esses homens, tantos anos atrás, quando eles também eram meninos.

Estou saindo de casa para encontrar um lar. E estou cantando.

the miracle of Joey Ramone

2

Out of Control

Monday morning
Eighteen years of dawning
I said how long
*Said how long.**

Estou pulando pela sala de estar do número 10 da Cedarwood Road ao som de "Glad to See You Go" do álbum *Leave Home*, dos Ramones.

You gotta go go go go goodbye
Glad to see you go go go go goodbye.†

É 1978, dia do meu aniversário de 18 anos.

Essas músicas são tão simples e, no entanto, expressam uma complexidade muito mais relevante para minha vida do que *Crime e castigo*, de Dostoiévski, o qual acabei de ler. Levei três semanas e meia para terminar. Este álbum tem só vinte e nove minutos e cinquenta e sete segundos. Músicas tão simples que mesmo eu consigo tocar no violão. E eu não sei tocar violão.

Músicas tão simples que mesmo eu poderia tê-las escrito. Isso seria um tipo de revolução pessoal, cujas reverberações podem ser

* Segunda-feira de manhã/ Dezoito anos de começos/ Eu disse "quanto tempo"/ Disse "quanto tempo"

† Você tem que ir, ir, ir, ir, adeus/ Fico feliz em ver você ir, vá, vá, vá, adeus.

sentidas até no andar de cima, no quarto vazio de Norman, meu irmão mais velho, ou, mais importante ainda, na cozinha, do outro lado do corredor, onde meu pai está sentado.

Meu pai, que quer conversar comigo sobre eu procurar um emprego. Um emprego!

Emprego é aquela coisa que você faz sem gostar durante oito horas por dia, cinco ou seis dias por semana, em troca de dinheiro para, no fim de semana, fazer aquilo que você queria fazer o tempo todo.

Sei que eu gostaria de evitar trabalhar. Sei que, se pudesse fazer o que amo, não teria que trabalhar um só dia na minha vida. Mas tem um problema. Mesmo em minha detestável arrogância de adolescente cheio de espinhas, sei que isso é improvável se eu não for ótimo em alguma coisa.

E eu não sou ótimo em alguma coisa. Eu não sou ótimo em coisa alguma.

Bem, eu sou um bom imitador. Meu amigo Reggie Manuel diz que foi graças à minha imitação de Ian Paisley que consegui roubar a namorada dele, Zandra. Sou muito bom em imitar o discurso belicoso do reverendo Ian Paisley, líder dos unionistas do Norte.

"Não se rrrrendammmm", ele costumava rugir com seu forte sotaque irlandês.

Minha imitação de Ian Paisley faz Zandra rir tanto que digo a mim mesmo que tenho alguma chance, mas também sei que posso perdê-la para Keith-como-era-mesmo-o-nome-dele?, porque não basta ser engraçado. É preciso ser inteligente também, e eu sou inteligente o suficiente para saber que não sou inteligente. O suficiente.

Até pouco tempo atrás eu era inteligente na escola, mas ultimamente só consigo pensar em garotas e música. Sou inteligente o suficiente para perceber uma correlação.

Sei pintar muito bem, mas não da mesma forma que meu melhor amigo, Guggi. Sei escrever prosa muito bem, mas não tão bem quanto aquele talentoso sabe-tudo do Neil McCormick, que escreve para a revista da escola. Já flertei com a ideia de me tornar jornalista, quem sabe virar correspondente internacional, fazer reportagens em zonas de guerra. Mas para ser jornalista é preciso se dar bem nas provas, e estou tendo problemas nesse departamento. Meu problema é: estar na escola para fazer as provas.

E, em todo caso, estou envolvido em outras zonas de guerra no momento. Na nossa rua, na minha casa, na minha cabeça. Por que ir até Timbuktu como correspondente de guerra quando há tanto material bom embaixo da minha cama? Os medos e fantasmas sob o travesseiro são as razões pelas quais às vezes não quero nem levantar. Ainda não sei que o rock 'n' roll — o punk rock em particular — vai garantir minha libertação.

Que isso vai pôr um fim à ocupação. Da minha cama.

Temos um sofá de couro marrom em nossa sala de estar no número 10 da Cedarwood Road. Um carpete com estampa de raios solares em tons de laranja e preto que corre rente às paredes e abraça nossos pés descalços no inverno. Acabamos de instalar aquecimento central e, pela primeira vez, o frio não nos persegue todas as manhãs do quarto ao banheiro.

Somos ricos.

Tão ricos que meu pai dirige um Hillman Avenger vermelho metálico. Tão ricos que tivemos uma televisão em cores antes dos nossos amigos. Uma televisão em cores é um negócio importante. Na nossa casa, ela faz a vida real parecer menos real, e, na minha adolescência, a vida para mim, para o Pai e para o Norman com frequência precisa parecer um pouco menos real.

Durante a década de 1970, no programa *Match of the Day*, a televisão em cores torna o verde dos campos de futebol do Old Trafford ou do Anfield ou do Highbury muito mais verdes do que qualquer campo nos fundos do nosso conjunto habitacional. As camisas vermelhas de George Best e Charlie George estão em chamas. As cores não favorecem muito Malcolm Macdonald. Qual é o sentido de torcer para o Newcastle United em suas listras monocromáticas quando o preto e branco virou passado?

Meu pai diz que a realeza também deve ficar no passado, mas ele concorda com minha mãe que a rainha fica ótima em cores. Todos os anos, minha mãe e meu pai podem discutir rindo sobre se nós irlandeses devíamos interromper o almoço de Natal para assistir ao pronunciamento de Sua Majestade, às 15h. É como se o mundo inteiro tivesse um fraco por fanfarras e desfiles, pela pompa e circunstância da realeza. Mas a guerra é em preto e branco, mesmo quando é transmitida em cores. Algumas partes do nosso país estão em guerra com outras. Nosso vizinho de porta, a Grã-Bretanha, sempre foi um valentão, mas agora nós crescemos um pouco. O sangue é escarlate nas notícias. Mais e mais bandeiras em nossas ruas marcam o espaço público com a história separatista da Irlanda e da Inglaterra, mas isso não nos impede de parar para assistir ao *Trooping the Colour* no aniversário da rainha. Tudo ganha vida em uma televisão em cores.

Mas, mesmo sendo a terra do punk rock, para um adolescente dublinense, a Inglaterra nunca seria tão vívida quanto os Estados Unidos. Os "caubóis" criam todo um outro espectro — John Wayne, Robert Redford, Paul Newman —, assim como os "índios", embora não pudessem opinar sobre o modo com que eram representados. O estilo dos apache, dos pawnee e dos moicanos influenciarão a aparência do punk. Além disso, há os homens da lei urbanos: Clint Eastwood no papel de Dirty Harry, Peter Falk como Columbo, ou Telly Savalas em *Kojak*.

Mas a ficção não era nada perto da vida americana real. Não chegava nem perto do deslumbrante programa espacial Apollo, a mais visionária das visões.

Que doideira é essa dos americanos de achar que podem levar um homem à Lua? O tipo de doideira que nós irlandeses adoramos. E não foi um membro da nossa própria família real, John Fitzgerald Kennedy, que teve a ideia de levar um homem à Lua? É o que o meu pai diz.

Sendo um adolescente na Dublin dos anos 1970, falo sério quanto a transformar o mundo em preto e branco fora dos parapeitos abarrotados de ornamentos da Cedarwood Road em um com o tipo de cor que se vê naquele televisor Murphy. E se eu quero ver a vida de forma diferente, quero ouvi-la de uma nova maneira também. Ultrapassar o tom monocórdio da desesperança adolescente até os sons mais redondos e ricos de outro objeto de arte em nossa sala de estar.

Nosso aparelho de som estéreo.

Temos um ótimo aparelho de som estéreo. Não é só um toca-discos para encher a casa com o som das óperas do meu pai. É também um gravador de rolo da Sony que vai operar uma reviravolta na minha vida. Ramones, The Clash e Patti Smith ressignificarão o mundo lá fora para mim, um processo que já havia começado com The Who e Bob Dylan, e a obsessão especial que desenvolvi por David Bowie, que, a princípio, imagino como integrante de uma dupla. Eu achava que Hunky Dory era o nome de seu parceiro, não de seu quarto álbum.

10 DE MAIO DE 1978

Um grande dia para um aprendiz de astro do rock de 1,70m, mas que jura ter 1,72m. É meu aniversário de 18 anos, mas isso é o de menos.

Não somos bons em comemorar aniversários na minha família. É verdade que é incrível ganhar uma nota de 5 libras do meu pai, mas não é por isso que o dia de hoje é especial.

Este é o dia em que vou aprender a fazer uma grande fuga, como Houdini. Melhor do que qualquer truque da corda indiana, vou fazer minha vida em preto e branco desaparecer para reaparecer em cores. Este é o dia em que vou escrever minha primeira música de rock 'n' roll e o primeiro single do U2. Devo agradecer ao milagre de Joey Ramone. E seus irmãos milagrosos. Mas sem Edge, Adam e Larry — meus próprios irmãos milagrosos —, ninguém jamais teria ouvido nada disso.

Monday morning
Eighteen years of dawning
I said how long.
Said how long
It was one dull morning
I woke the world with bawling
I was so sad
They were so glad.
I had the feeling it was out of control
*I was of the opinion it was out of control.**

Chamei a música de *"Out of Control"*† porque me dei conta — e Fiódor Dostoiévski pode ter dado uma mãozinha nisso — de que nós, humanos, temos pouca ou nenhuma influência nos dois momentos mais importantes de nossa vida: nascimento e morte. Parecia o tipo certo de foda-se para o universo que uma boa música de punk rock exige.

* Segunda-feira de manhã/ Dezoito anos de começos/ Eu disse "quanto tempo."/ Disse "quanto tempo"/ Era uma manhã cinzenta/ Eu acordei o mundo com meu choro/ Eu estava tão triste/ E eles tão felizes/ Eu sentia que as coisas estavam fora de controle/ Eu acreditava que as coisas estavam fora do controle.

† A música foi lançada em 26 de setembro de 1979, em um EP chamado *Three*, com outras duas músicas: "Stories for Boys"e "Boy/Girl". A ordem das canções foi selecionada pelos ouvintes do programa de rádio da RTE de Dave Fanning, e Dave foi o primeiro DJ a tocar nossa primeira música. Ele foi a primeira pessoa a tocar todos os nossos novos singles desde então. (N. do A.)

IRIS

3

Iris (Hold Me Close)

The star,
that gives us light
Has been gone a while
But it's not an illusion
The ache
In my heart
Is so much a part of who I am
Something in your eyes
Took a thousand years to get here
Something in your eyes
*Took a thousand years, a thousand years.**

Imagine um homem de 55 anos cantando para a mãe diante de vinte mil pessoas, todas as noites.

Quer dizer, que diabo é isso?

É difícil perder a mãe aos 14 anos, mas talvez ele já devesse ter superado. De verdade.

Como vocalista do U2, sou alvo de uma quantidade considerável de assédio. Justo ou não, faz parte do trabalho, e na maior parte do tempo eu curto. Nada que se compare com o tipo de merda da

* A estrela/ que nos dá a luz/ Já se foi há tempos/ Mas não é uma ilusão/ A dor/ No meu coração/ É uma parte enorme de quem eu sou/ Algo em seus olhos/ Levou milhares de anos para chegar até aqui/ Algo em seus olhos/ Levou milhares de anos, milhares de anos.

qual eu mesmo me acuso, especialmente no palco, quando todo tipo de coisas psicodélicas e psicológicas podem estar acontecendo. Tem muita estática naquele palco e naquela multidão.

Que diabo é isso?

A pergunta acima? É um exemplo das acusações mais insanas que ouço em minha mente pouco antes de começar a cantar "Iris". É como se meu demônio pessoal estivesse ao meu lado, semeando dúvidas a cada passo. Um diabinho grafitando mensagens de impacto por todas as paredes do meu amor-próprio. Mas acontece que o diabinho sou eu; então, por que eu me submeteria a isso?

Alguém disse que rezar é como estar no mar bravio a bordo de um barquinho sem remos. Tudo que você tem é uma corda que, em algum lugar distante, está presa ao porto. Com essa corda você pode se aproximar de Deus.

As músicas são as minhas preces.

CACHOS NEGROS E AS BELDADES DA IGREJA

Tenho pouquíssimas lembranças de minha mãe, Iris. Meu irmão, Norman, também não se lembra de muita coisa. A explicação simples é: depois que ela morreu, nunca mais se falou dela em nossa casa.

Temo que tenha sido pior do que isso. Raramente voltamos a pensar nela.

Éramos três homens irlandeses e evitamos a dor que sabíamos que viria ao pensar nela e falar sobre ela.

Em 2014, no álbum *Songs of Innocence*, eu me permiti olhar para o passado e levantar pedras sob as quais sabia que havia seres rastejantes assustadores. Em "Iris" tentei tecer os fios de memória que eu tinha da minha mãe.

Eu me cantaria para ela.

Eu a encontraria.

Três dias antes do lançamento do álbum, entrei em pânico. Abandonei a ideia de mandar a música "Iris" ao éter dos lançamentos musicais, de colocar no mundo a canção de um homem de 54 anos que chora pela mãe morta. "Iris" pareceu, no último minuto, exagerada em todos os sentidos: suave demais, ampla demais, exposta demais,

demais para uma banda ter que sofrer em nome de um cantor. Sendo inicialmente um lançamento digital para 500 milhões de pessoas (esta é outra história, chegaremos a ela), tentei tirar a música do álbum. Não era como se um milhão de CDs ou LPs tivessem que ser enviados para um aterro sanitário. Mas o digital também tem prazos, e eu tinha perdido o meu. A Apple havia subido o álbum em seus inúmeros sistemas virtuais, e tirar a faixa significaria explodir o mundo.

Ou algo igualmente ruim.

Olhei para a parede me perguntando por que a ferida ainda estava tão aberta assim, por que Iris ainda doía depois de tantos anos. Quantos, exatamente? Estamos em 2014, quarenta anos depois. E em setembro — quarenta anos exatamente naquele mês.

Sério? Qual era a data exatamente? Eu não conseguia lembrar. Mandei uma mensagem para meu irmão. Ele também não lembrava. Ele ligou para nosso tio Jack, que também não conseguia lembrar, embora lembrasse que "Gags" Rankin — nosso avô — fora enterrado em 9 de setembro, porque foi essa a última vez em que ele viu a irmã.

O álbum foi lançado em 9 de setembro. Sem que ninguém soubesse, *Songs of Innocence* chegava ao mundo na mesma data em que falei com minha mãe pela última vez. Qual seria o sentido desses acasos felizes? Coincidência? Por valorizar o mistério de cada rima cósmica, tomei isso como algo reconfortante, sinal de que eu estava fazendo a coisa certa.

Free yourself to be yourself
*If only you could see yourself.**

Essa frase — "Liberte-se para ser você mesmo" — se tornou meu mantra, e as lembranças começaram a voltar.

Iris, com seus cabelos escuros, rindo. Seu humor ácido. Rir na hora errada era seu ponto fraco. Meu pai, Bob, da parte pobre de Dublin, levou Iris e sua irmã Ruth ao balé, e acabou envergonhado com as risadinhas abafadas agudas como uivos que ela dava ao ver as marcas das coquilhas nos *collants* dos bailarinos.

* Liberte-se para ser você mesmo/ Se ao menos você pudesse ver a si mesmo.

Lembro que com 7 ou 8 anos eu era um menino malcriado.

Iris correndo atrás de mim, agitando uma longa bengala que seu amigo Onagh Byrne garantiu que me disciplinaria. Eu, temendo pela minha vida enquanto Iris me perseguia pelo jardim. Mas, quando me atrevi a olhar para trás, ela estava rindo muito, sem levar um pingo de fé nessa disciplina medieval ou na maldade do filho.

Eu me lembro de estar na cozinha, vendo Iris passar o uniforme escolar do meu irmão, o zumbido baixo da furadeira elétrica do meu pai no andar de cima, onde nosso pai faz-tudo estava pendurando uma prateleira que tinha feito.

De repente, o som de sua voz, gritando. Um som desumano, um ruído animal.

"Iris! Iris! Chame uma ambulância!"

Corremos até a escada e o avistamos no topo, segurando a ferramenta elétrica, aparentemente tendo perfurado a própria virilha. A broca havia escorregado, e ele estava rígido com o temor de nunca mais ficar rígido novamente. "Eu me castrei!", gritou ele.

Também fiquei em estado de choque ao ver meu pai, o gigante do número 10 da Cedarwood Road, caído como uma árvore. E eu não sabia o que aquilo significava. Iris sabia, e também ficou chocada, mas não era esse o olhar em seu rosto. Não, o olhar em seu rosto era o de uma bela mulher contendo o riso, e, depois, o olhar de uma bela mulher que não conseguia conter o riso à medida que aquilo tomava conta dela. O riso de uma garota ousada na igreja cujos esforços para não cometer sacrilégio só causam uma explosão maior quando tudo finalmente irrompe.

Ela pegou o telefone, mas não conseguiu ligar para a emergência; estava morrendo de rir. Meu pai se recuperou. O casamento sobreviveu ao incidente. E essa lembrança ficou marcada.

Iris era uma mulher prática. Ela mesma era uma faz-tudo. Sabia trocar o plugue de uma chaleira e costurar: cara, como ela costurava! Ela se tornou costureira em meio período quando meu pai se recusou a deixar que ela trabalhasse como faxineira na Aer Lingus, junto com suas melhores amigas da Cedarwood Road.

Houve um grande embate entre os dois, a única briga de verdade de que me lembro. Eu estava no quarto tentando escutar o que diziam e ouvi minha mãe enfrentá-lo com um discurso furioso em defesa própria, dizendo "você não manda em mim". E, para ser justo, ele não mandou. Mas a súplica teve sucesso no ponto em que a ordem havia fracassado, e Iris desistiu da oportunidade de trabalhar no aeroporto de Dublin. Anos depois, não era pouca a dor que eu sentia ao encontrar suas grandes amigas Onagh e Winnie ao pousar no aeroporto. Iris tinha partido, mas por vezes eu conseguia vê-la ao lado delas.

MANHÃS DE DOMINGO NAS DUAS IGREJAS DE SÃO CAINNECH

Hold me close, hold me close and don't let me go.
Hold me close like I'm someone that you might know
Hold me close the darkness just lets us see
Who we are
*I've got your light inside of me.**

Bob era católico; Iris, protestante. O casamento deles escapou ao sectarismo da Irlanda na época. E, como Bob acreditava que minha mãe era quem devia decidir sobre a instrução religiosa das crianças, nas manhãs de domingo, meu irmão e eu ficávamos com nossa mãe na igreja protestante de São Cainnech de Aghaboe, em Finglas. Depois, meu pai ia para a missa na igreja católica, mais acima na mesma rua. Que também se chamava São Cainnech de Aghaboe.

Confuso? Sim!

Cerca de um quilômetro separava as duas igrejas; mas, na década de 1960 na Irlanda, um quilômetro era muita coisa. Os "Prods" naquela época tinham os melhores hinos, e os católicos tinham o melhor equipamento de palco. Gavin Friday, meu vizinho de rua, costumava dizer: "O catolicismo apostólico romano é o glam rock da religião", com suas velas e cores psicodélicas — azuis berrantes, escarlates e roxos —, suas bombas de fumaça de incenso e o som do sininho. Os Prods usavam mais os sinos maiores, porque, como Ga-

* Me abrace forte, me abrace bem de perto e não me solte./ Me abrace forte como se eu fosse alguém que você conhecesse/ Me abrace forte, a escuridão só nos deixa ver/ Quem nós somos/ Eu tenho a sua luz dentro de mim.

vin disse, "eles podiam comprá-los!". Para boa parte da população na Irlanda, riqueza e protestantismo andavam de mãos dadas. Ser rico *e* protestante era ter compactuado com o inimigo — isto é, a Grã-Bretanha. Esse era o pensamento bastante distorcido nas décadas de 1960 e 1970. Na verdade, a Igreja da Irlanda forneceu muitos dos insurgentes mais famosos, e ao sul da fronteira sua congregação era modesta em todos os sentidos. Pessoas muito simples, muito simpáticas. Na verdade, em vez de intolerância e preconceito, o excesso de gentileza é que era o problema. Nas festas nos jardins e nas feiras só o que podia matar alguém era o pão doce. A Igreja da Irlanda só mataria alguém por excesso de gentileza!

Meu pai era extremamente respeitoso com a comunidade eclesial com a qual se ligara por casamento e, então, depois de frequentar a missa sozinho um pouco adiante, ele voltava de sua São Cainnech para esperar do lado de fora da nossa São Cainnech até que sua esposa e seus filhos saíssem, e depois nos levava para casa.

Iris e Bob cresceram na parte pobre de Dublin, perto da Oxmantown Road, uma área conhecida como Cowtown porque às terças e quintas sediava a feira agropecuária. Ao lado do Phoenix Park — que, reza a lenda, era o maior parque em um centro urbano de toda a Europa —, aquele era um lugar onde Bob e Iris adoravam passear e ver os cervos correrem soltos. Algo incomum para um "Dub", como os moradores da parte pobre da cidade eram conhecidos, Bob jogava críquete no parque, e a mãe dele, Vovó Hewson, ouvia a BBC para saber o resultado das partidas.

O críquete não era um jogo popular entre a classe trabalhadora na Irlanda. Adicione isso ao meu pai economizando para comprar discos de suas óperas favoritas, levando a esposa e a irmã dela ao balé — e depois proibindo Iris de se tornar uma "Moça da Limpeza", como ele chamava, embora as amigas dela fossem —, e você talvez ache Bob um pouquinho esnobe. Os interesses dele não eram a norma na rua em que morava, sem dúvida. Na verdade, toda a família era um pouco diferente. Meu pai e o irmão dele, Leslie, sequer tinham o sotaque carregado de Dublin. Era como se sempre falassem com a voz que usavam ao telefone.

O nome de família do meu pai, Hewson, também é incomum, por ser ao mesmo tempo protestante e católico. Quando estive em um pub chique durante uma turnê no Reino Unido, uma vez vi o alvará da decapitação de Carlos I, que tinha um tal John Hewson entre os sete signatários. Um republicano? Bom. Um dos capangas de Cromwell? Ruim.

Quando criança, eu podia ver que os Hewson tendiam à introspecção, enquanto os Rankin pareciam mais à vontade comigo mesmo. Os Hewson eram dados a pensar demais. Meu pai, por exemplo, não ia visitar os irmãos e irmãs caso eles não quisessem vê-lo. Ele precisava ser convidado. Minha mãe — uma Rankin — dizia a ele para simplesmente ir. Seus parentes viviam aparecendo uns na casa dos outros. Qual é o problema? Somos família. Os Rankin riem o dia todo, e se os Hewson não são capazes de fazer o mesmo, ao menos temos um gênio que nos mantém entretidos. Um grande gênio.

Talvez eu tenha um pouco disso.

Há outra diferença. A família Rankin é propensa a aneurismas cerebrais.

Das cinco irmãs Rankin, três morreram disso. Incluindo Iris.

JESUS, IRIS E JOSÉ!

Minha mãe só me ouviu cantar em público uma vez. Interpretei o faraó no musical *José e o deslumbrante manto de mil cores*, de Andrew Lloyd Webber. Na verdade, tratava-se do papel de um imitador de Elvis, então, foi isso o que eu interpretei. Vestido de Elvis, fiz beicinho e trouxe a casa abaixo. Iris riu sem parar. Ela parecia surpresa que eu soubesse cantar, que eu levasse jeito para a música, o que é estranho, porque eu insinuava isso com bastante frequência.

Quando era bem pequeno, na época em que minha cabeça ficava na altura do teclado, o piano me encantava. Havia um no salão paroquial, e todo tempo que eu conseguia ficar a sós com ele era considerado sagrado. Eu passava um tempão descobrindo o som de cada tecla, ou o que acontecia se eu pressionasse um dos pedais. Eu não sabia o que era ressonância; não podia acreditar que uma ação tão simples poderia transformar a nave da nossa igreja em uma catedral. Eu me lembro da minha mão encontrando uma nota e depois procurando outra para rimar com ela. E outra. Nasci com melodias na cabeça e estava à procura de uma maneira de ouvi-las no mundo.

Iris não buscava esse tipo de sinal, por isso não viu.

Iris não era romântica; era pragmática. Uma mulher frugal que fazia as próprias roupas. Quando minha avó decidiu vender o piano dela, minhas insinuações sobre como ele ficaria bem na nossa casa não poderiam ter sido menos sutis.

"Não seja bobo, onde a gente vai colocar isso?". Nada de piano na nossa casa. Não tinha espaço.

Iris teve uma segunda chance de resolver isso. Quando eu tinha 11 anos, meus pais me mandaram para a St. Patrick's Cathedral, uma escola no centro da cidade famosa por seu coral de meninos. Na entrevista, o Sr. Horner, o diretor, perguntou se eu teria algum interesse em fazer parte do coral. Meu coração se animou, mas eu tinha o nervosismo de uma criança de 11 anos que reivindicava um talento ao qual ainda não tinha feito jus. Iris, percebendo meu constrangimento, respondeu por mim.

"De jeito nenhum. Ele não está interessado em cantar."

Para uma criança tão evidentemente prometida à música, o comportamento da minha mãe pode parecer um pouco estranho, um pouco fora de contato com o filho mais novo, mas não acho que seja o caso. Iris era uma solucionadora de problemas, não uma criadora de problemas. Ela só estava sendo prática.

DA CATEDRAL AO TEMPLO

Once we are born, we begin to forget
The very reason we came
But you I'm sure I've met
Long before the night the stars went out
*We're meeting up again.**

Em setembro de 1972, eu tinha 12 anos e estava no meu primeiro ano na Mount Temple. A St. Patrick's Cathedral não tinha sido boa para mim, e eu também não fui bom para eles. A gota d'água foi uma professora de espanhol conhecida como Biddy, que eu estava convencido

* Uma vez que nascemos, começamos a esquecer/ O real motivo pelo qual viemos/ Mas você eu tenho certeza que conheci/ Muito antes da noite em que as estrelas se apagaram/ Vamos nos encontrar novamente.

de que riscava o meu dever de casa sem nem olhar para ele. Eu me sentia violentado, mas o que começou como uma brincadeira acabou transformando também a mim em um valentão. Quando o tempo estava bom, Biddy ia com seu Tupperware transparente até um banco de parque para almoçar à sombra da magnífica St. Patrick's Cathedral, a maior do país. Os meninos da escola St. Patrick's não podiam ir ao parque na hora do almoço, mas encontrei uma maneira de subir nas grades e, um dia, com ajuda de alguns cúmplices, arremessei um cocô de cachorro que caiu dentro do Tupperware dela. Uma vingança por ela cagar para o nosso dever de casa. Talvez tenha caído um pouco de cocô no cabelo dela, também, o que era muito ruim. Não surpreende que, no final daquele semestre, Biddy quisesse esse merdinha aqui o mais longe possível, e sugeriu-se que eu poderia ser mais feliz em outro lugar. Então, fui para a Escola Experimental Mount Temple.

A Mount Temple foi uma libertação.

A escola era um experimento de educação mista e não denominacional, algo notável na época para a conservadora Irlanda. Em vez de classes A, B e C, as seis classes do primeiro ano eram D, U, B, L, I e N. Éramos estimulados a ser nós mesmos, a ser criativos, não usávamos uniforme. E tinha meninas. Que também não usavam uniforme.

O desafio eram as duas viagens de ônibus para chegar lá, a longa jornada ao centro da cidade do lado noroeste e depois para o nordeste. A menos que você pedalasse, que foi o que meu amigo Reggie Manuel e eu começamos a fazer. Foi em uma ladeira sem fim que aprendemos a segurar no caminhão de leite, e não sei se já me senti tão livre quanto naqueles dias pedalando para a escola com Reggie. O clima não permitia que andássemos de bicicleta o tempo todo e nos condenava ao trabalho penoso da viagem de ônibus, mas a compensação vinha às sextas-feiras, porque estaríamos no centro depois da aula e teríamos a chance de ir até a Dolphin Discs, na Talbot Street. A chance de olhar para capas de álbuns como *Raw Power*, dos Stooges, ou *Ziggy Stardust*, de David Bowie.

HOMENS E MULHERES QUE CAÍRAM NA TERRA

A única razão pela qual eu não estava na Dolphin Discs às 17h30 em 17 de maio de 1974 é que uma greve de ônibus me fez ir de bicicleta para a escola. Já estávamos em casa quando as ruas ao redor da loja foram pelos ares com a explosão de um carro-bomba na Talbot Street; outro explodiu na Parnell Street, e mais um, na South Leinster Street, tudo em questão de minutos, em um ataque coordenado por um grupo extremista leal ao Úlster cujo objetivo era demonstrar ao Sul o que era terrorismo. Uma quarta explosão ocorreu em Monaghan, e a contagem final de mortos ficou em 33 pessoas, incluindo uma jovem mãe grávida, toda a família O'Brien, e uma francesa cuja família sobrevivera ao Holocausto.

Naquele dia, não desviei de uma bala: mas de uma carnificina. O irmão de 11 anos de Guggi, Andrew Rowen, que a gente chamava de Guck Pants Delaney, não teve a mesma sorte. Ele e o pai, Robbie Rowen, estavam estacionados na Parnell Street quando o ataque aconteceu. O pai trancou Andrew no carro enquanto tentava resgatar pessoas da destruição. Andrew observou horrorizado os corpos desmembrados e sem propósito ao seu redor. Anos depois, liguei para perguntar se ele se importaria se eu escrevesse sobre aquele dia em uma música chamada "Raised by Wolves". "Um segundo", disse ele, e, quando retornou à linha, me contou que estava segurando um estilhaço do carro-bomba original. Ele guardou um pedacinho da bomba por quarenta anos, evidência de um trauma que levou um pedacinho dele. Palavras dele mesmo. Aos 15 anos ele estava nos jornais por atirar em um intruso que invadiu a loja de bicicletas da qual estava cuidando. Aos 20, viciado em heroína, dormia nas ruas de Londres. Escrevi nossa música "Bad" sobre Andrew.

O Dalai Lama diz que só podemos começar a meditar verdadeiramente sobre a vida meditando sobre a morte. Meio gótico, mas tem um quê de verdade. A finitude e a infinitude são os dois polos da experiência humana. Tudo o que fazemos, pensamos, sentimos, imaginamos, discutimos é moldado pela noção de que nossa morte é o fim ou o começo de outra coisa. É preciso muita fé para não ter fé. Grande força de caráter para resistir aos textos antigos que sugerem uma vida após a morte.

Aos 14 anos, nada disso era abstrato.

SEQUÊNCIA DE SONHOS ACORDADO

Quinta-feira, 12 de setembro de 1974, meu aniversário de 14 anos. Meu pai está carregando minha mãe nos braços em meio a uma multidão que se abre como quando a bola branca da sinuca acerta o triângulo de cores. Está correndo para levá-la ao hospital. Ela desabou ao lado do túmulo durante o sepultamento do próprio pai.

"A Iris desmaiou. A Iris desmaiou."

Minhas tias, meus primos. Suas vozes sopram como uma brisa por entre as folhas. "Ela vai ficar bem, ela vai ficar bem. Ela só desmaiou."

Ela ela ela... sussurros ao vento... des des des desmaiou... Irisssssssss desmaiou. Antes que eu, ou qualquer outra pessoa, pudesse pensar ou piscar, meu pai já tinha colocado Iris no banco de trás do Hillman Avenger, com meu irmão Norman, 21 anos, nomeado piloto de fuga. Mas não havia como fugir da tragédia naquele dia. Fiquei com meus primos para me despedir do meu avô, e então meio que acabamos voltando para a casa da minha avó, no número 8 da Cowper Street, com sua pequena cozinha que é uma fábrica de sanduíches, biscoitos e chá.

O sobrado com dois andares superiores, dois subsolos e banheiro externo parece abrigar milhares de pessoas, todas sendo milagrosamente alimentadas.

Apenas três noites antes, meu avô havia dançado e cantado ao som de Michael Finnegan na comemoração de seus cinquenta anos de casamento. Tinha se divertido tanto que os filhos temeram que acordasse à noite e não conseguisse chegar a tempo ao banheiro, então deixaram um balde ao lado da cama. Meu avô deixou esta vida chutando o balde. Isso mesmo, ele realmente chutou o balde e teve um infarto fulminante na noite das bodas de ouro.

Neste dia, a família Rankin, irmãs, irmãos e primos, está toda espremida nesta casinha de tijolos vermelhos e, apesar de ser o funeral do vovô, e, apesar de Iris ter desmaiado, somos crianças, correndo de um lado para o outro, rindo com os primos. Até que uma porta se abre. Ruth, a irmã mais nova e melhor amiga de minha mãe, chega com o marido, Teddy, que está chorando.

"A Iris está morrendo. A Iris está morrendo", diz ela. *"Ela teve um derrame."*

Tio Ted está começando a chorar, mas todos querem ouvir a história e se aglomeram em volta deles para desvendar as notícias.

Iris é uma das oito crianças do número 8. Ela tem quatro irmãs — Ruth, Stella, Pat, Olive — e três irmãos: Claude, o mais velho,

Alex, o próximo, e Jack, que é casado com Barbara, um casal que se tornou minha outra família próxima, com quem dividimos um *trailer* durante as férias. Jack e Barbara estão perto de Ruth e Teddy. Admiro Barbara, que de muitas maneiras substituirá minha mãe, e sinto o peso do luto. É como se a força da gravidade dobrasse.

Barbara luta para ficar de pé. Ruth, a mais próxima em idade, e em muitos outros aspectos, de minha mãe, imediatamente assume o papel da irmã mais velha e começa a se organizar.

Tudo isso está acontecendo um momento antes de alguém perceber que eu, o filho mais novo de Iris, também estou presente. Talvez eu não precise estar ouvindo essas notícias, assim, agora. Mas ouço. Tenho 14 anos e estou estranhamente calmo. Digo às irmãs e irmãos da minha mãe que vai ficar tudo bem. Mas não está tudo bem. E nem vai ficar.

Tudo será diferente.

Três dias depois, Norman e eu somos levados ao hospital para nos despedirmos da nossa mãe. Ela está viva, mas mal. O pároco, Sydney Laing, cuja filha estou namorando, está presente. Ruth está do lado de fora do quarto do hospital, chorando. Com Barbara. E meu pai, cujos olhos parecem ter menos vida do que minha mãe. Norman e eu entramos na sala de emergência em guerra com o universo, mas Iris parece em paz. É difícil imaginar que uma grande parte dela já tenha partido. Sou lembrado de que com uma fé do tamanho de um grão de mostarda é possível mover uma montanha. Mas esta montanha é a mortalidade da minha mãe, e ela não sairá do caminho. Seguramos a mão dela e dizemos adeus. Soa um clique, mas não ouvimos. O som de um interruptor. A máquina que mantém Iris quente é desligada. Eletricidade, esta bobina mortal. Partiu.

The stars are bright but do they know
*The universe is beautiful but cold.**

Às vezes, como diz um velho Spiritual, me sinto como uma criança órfã de mãe. O que acontece diante da perda de uma mãe? Algo dentro do filho sente que a mãe escolheu ir embora?

* As estrelas brilham, mas será que elas sabem/ Que o universo é lindo, mas frio.

O abandono é provavelmente a raiz da paranoia. John Lennon, Paul McCartney, Bob Geldof, John Lydon, tantos cantores de rock perderam as mães em tenra idade. Deve haver algo nisso. Um amigo me fala de um abandono semelhante no hip-hop. No carro deles, quem conduz o veículo é o abandono do pai.

VERSOS DE CANÇÃO: DE IRIS A ALI

Grandes sons de bateria, grandes temas, grandes emoções. Sempre amei músicas grandiosas. As músicas são minhas preces. As músicas também são onde moro, e, se você mora em suas músicas, quer se certificar de que há espaço suficiente nelas. O tamanho de uma música é importante. Suas emoções precisam caber nela e muitas das emoções que eu não conseguia expressar quando jovem, morando no número 10 da Cedarwood Road, encontraram expressão nas músicas do U2.

Essas músicas se tornaram minha casa.

Ao escrever "Iris", me vi passando de cantar sobre minha mãe para cantar sobre Ali, o que é compreensível, mas imperdoável. Um homem nunca deve transformar a mulher amada em sua mãe. É uma cilada na qual uma garota carinhosa pode cair e que um garoto egoísta pode explorar, mas aconteceu naquele momento. Eu estava cantando para Iris e, de repente, não estava mais.

You took me by the hand
I thought that I was leading you
But it was you made me your man
Machine
I dream
Where you are
Iris standing in the hall
*She tells me I can do it all.**

* Você me pegou pela mão/ Eu pensei que estava te guiando/ Mas foi você que me fez seu homem/ Máquina/ Eu sonho/ Com onde você está/ Iris de pé no corredor/ Ela me diz que sou capaz de tudo.

The Man-Machine, do Kraftwerk, foi o primeiro presente que comprei para Ali, que parecia ouvir principalmente a coleção de *crooners* do pai. Eu não sabia, mas Ali se tornaria aquela que acreditaria em mim, agora que minha mãe não podia mais ser essa pessoa. Eu não sabia, mas anos depois, quando meu pai faleceu, Ali me explicaria que de alguma forma eu o culpava pela morte de Iris, e que a raiva dentro de mim, uma raiva que ainda pode me dominar, jazia nisso.

Iris playing on the strand
She buries the boy beneath the sand,
Iris says that I will be the death of her
*It was not me.**

A raiva que é o rock 'n' roll.

Toda a raiva que leva você para fora da página e para cima do palco. Toda noite você canta para ela e por meio dela.

Eu não a matei; você a matou ao ignorá-la.

Você não vai me ignorar!

Iris.

Você não está mais cantando a música; a música está cantando você.

Libertar-se da inibição é a jornada mais importante para qualquer artista; é a mais difícil. Mas, quando você consegue, o palco se torna o lugar onde você se sente totalmente em casa, onde, de uma forma estranha, você é totalmente você mesmo.

Yeats entendeu isso.

Ó corpo que o som move, ó brilho que o olhar lança,
Como podemos separar o dançarino da dança?

* Iris brincando na praia/ Ela enterra o menino na areia,/ Íris diz que vou matá-la/ Não fui eu.

5
GUGGI
10
Home of BONO
'a baritone who
thinks he is a tenor'
CEDARWOOD
ROAD
"and BOB HEWSON an actual tenor
140
MR FRIDAY 2U

4

Cedarwood Road

I was running down the road
The fear was all I knew
I was looking for a soul that's real
Then I ran into you
And that cherry blossom tree
Was a gateway to the sun
And friendship once it's won
It's won . . . it's won.[*]

Meu pai era um tenor muito, muito bom. Ele conseguia comover as pessoas com seu canto, e para comover as pessoas com a música, primeiro é você quem tem de se emocionar com ela.

Vejo meu pai parado na sala de estar da Cedarwood Road, em frente ao aparelho de som com duas das agulhas de tricô da minha mãe nas mãos. Ele é o maestro. Ele regia Beethoven, Mozart e Elisabeth Schwarzkopf cantando as *Quatro Últimas Canções* de Richard Strauss.

Agora, ele está ouvindo *La Traviata* de olhos fechados, perdido em devaneios.

Está absorto na música, não mais presente. Meu pai não sabe exatamente a história de *La Traviata*, mas pode senti-la. Pai e filho em

* Eu estava correndo pela estrada/ E só conhecia o medo/ Eu estava em busca de uma alma real/ E encontrei você/ E aquela cerejeira/ Foi um portal para o sol/ E a amizade, uma vez conquistada,/ Está ganha... está ganha.

desacordo, amantes que se afastam e se reconciliam. Ele sente a injustiça do coração humano. O dele é partido pela música. Meu pai não nota que estou na sala olhando para ele. Por muitos anos, ficarei sem saber qual era a ópera que se passava em sua cabeça, mas a música era nitidamente sua única fuga. O resto ele mal parece notar.

Existem apenas alguns caminhos para transformar uma criança em um exibicionista que canta em estádios. Você pode dizer que a criança é incrível, que o mundo precisa ouvir sua voz, que ela não deve esconder uma "candeia debaixo do alqueire". A alternativa a isso é simplesmente ignorar. Talvez seja mais eficaz. A falta de interesse do meu pai, o tenor, pela voz do filho, não é fácil de explicar, mas pode ter sido essencial.

Após a morte da minha mãe, a Cedarwood Road vai se tornando sua própria ópera. Estou trancado em uma casa com três homens acostumados a gritar com a televisão e que agora gritam uns com os outros. Vivemos em meio à raiva e à melancolia; vivemos em meio ao mistério e ao melodrama.

O tema da ópera é a ausência de uma mulher chamada Iris, e a música vai crescendo para manter o silêncio que envolve a casa cada vez que seu nome é mencionado. O que nunca acontece, porque é assim que esses homens tentam lidar com a dor, fingindo que ela não existe.

Assim como Iris não está lá.

Três homens lidando com a própria dor sem nunca falar sobre ela. Um desses homens é apenas um menino que, consequentemente, até hoje tem poucas lembranças da mãe para dragar do rio de silêncio que tentou afogá-la. Um rio de silêncio em que nosso próprio herói pode se afogar até que o irmão mais velho jogue a corda que salvará sua vida.

Ele o puxa para uma jangada que o levará até a margem. A jangada é um violão, ao mesmo tempo um salva-vidas e uma arma.

Meu irmão, Norman, sempre foi um solucionador de problemas do tipo mais prático, um engenheiro, um reparador, um mecânico de tudo ao redor, capaz de desmontar as coisas e remontá-las novamente. Qualquer coisa. O motor da própria moto, um relógio, um rádio, um aparelho de som. Norman adorava tecnologia e música, e as duas coisas se juntaram no grande gravador de rolo cromado da Sony que ficava no centro da mesa, e ocupava um lugar de destaque em nossa "sala boa". Norman era suficientemente empreendedor para descobrir que um gravador de rolo significava que ele não precisava continuar comprando música. Se pegasse emprestado um álbum de um amigo por uma hora, a música seria dele para sempre. Sua vasta coleção de canções e álbuns ocupou a maior parte da minha vida íntima no início dos anos 1970. De Beatles a Bowie, passando pelos Rolling Stones, The Who e até artistas mais *folk* como Bob Dylan, Leonard Cohen e Neil Young.

Como Norman, sete anos mais velho do que eu, já trabalhava quando eu estudava na Mount Temple, os rolos eram minha única companhia quando voltava da escola. Em alguns fins de tarde eu ficava com muita fome, mas absorto de mim e de onde estava. Assim como meu pai, eu ficava diante do aparelho de som e deixava a casa pegar fogo enquanto ouvia a ópera. *Tommy*, do The Who. Uma ópera-rock. A fumaça de carvão enchia a cozinha e se infiltrava na sala de estar.

Norman me ensinou a tocar violão. Ele me ensinou o acorde de dó, o acorde de sol e, muito mais difícil, o acorde de fá, em que é preciso segurar duas cordas com um dedo.

E é especialmente difícil quando as cordas estão altas em relação ao braço do violão, como era o caso no violão barato que ele tinha. Mas sob sua orientação aprendi a tocar "If I Had a Hammer" e "Blowin' in the Wind". Ele tinha um *songbook* dos Beatles que me levou mais longe. Ali, não havia apenas acordes e partituras; o livro estava cheio de pinturas surreais de suas canções. Enquanto meu amigo Guggi tentava copiar as imagens, eu aprendia a tocar "I Want to Hold Your Hand", "Dear Prudence" ou "Here Comes the Sun" no violão do meu irmão.

Norman e eu brigávamos muito. Ele tinha um temperamento difícil, mas era um garoto inteligente que, como o pai, devia ter frequentado a universidade. Norman ganhou uma bolsa de estudos para uma instituição muito bem-conceituada chamada simplesmente de High School, uma renomada escola protestante de ensino médio, com inclinação para matemática e física, mas famosa por ter sido a *alma mater* de William Butler Yeats. Mas Norman nunca se sentiu muito bem-vindo lá, com seu uniforme de segunda mão, seus livros de segunda mão e a religião de segunda mão de seu pai católico. Ele se sentia inferior aos meninos protestantes da Zona Sul de Dublin.

Meu irmão era um otimista por natureza, exceto quando a melancolia o dominava. Quando isso acontecia, ele ficava realmente para baixo. Ele era próximo de Iris, e eu o ouvia conversando com ela sobre as garotas de quem gostava e sobre como achava difícil se aproximar delas. Lembro de Iris ajudando Norman a cuidar da acne. Assim como o filho, Iris também era uma mecânica, mas uma mecânica de corações.

MEU LADO *NERD* SECRETO

Não lembro exatamente quando aprendi a jogar xadrez, mas provavelmente era verão na cidade litorânea de Rush, nos arredores de Dublin, na costa norte. Vovô Rankin — o pai da minha mãe — tinha um velho vagão de trem que transformou em chalé de veraneio. Não havia muito o que fazer na "cabana". Havia jogos de cartas como paciência e 22, mas mesmo quando criança eu não me interessava muito pela sorte enquanto tema. Eu estava interessado no meu pai e, se ele não estivesse jogando golfe, lendo ou saindo com seus cunhados, eu tentava chamar sua atenção. Ansiava pelo carinho dele. Eu me lembro de caminhar pelo cais e do calor de sua mão em meu pescoço.

Quando eu tinha uns 8 ou 9 anos, ele me ensinou a jogar xadrez, e rapidamente aprendi as permutações e combinações, e comecei a elaborar minhas próprias aberturas antes de estudar aquelas já testadas e comprovadas.

No começo pensei que ele estava me deixando vencer, mas acabei percebendo que não. Era assim que eu conseguia desviar a atenção dele daquilo em que estava pensando e colocá-la em mim. Ser melhor do que ele, ganhar dele! Bob não gostava de perder, e talvez tenha sido nessa época que descobri que eu também não. Enquanto jogava, aprendi uma das lições mais importantes da minha vida: o xadrez não era um jogo de sorte, mas de estratégia, e que uma boa estratégia em geral supera a sorte. Supera até o azar.

Muito antes de minha vida adolescente ser esmagada e elevada por duas grandes forças, meninas e música, criei uma vida secreta com jogadores de xadrez locais. Niall Byrne, a duas casas de distância, e Joseph Marks, da Cedarwood Park, dois garotos brilhantes. E divertidos também. À medida que melhorávamos, ficava mais difícil encontrar com quem jogar; então, começamos a jogar em torneios de xadrez para adultos. Não é preciso ser um gênio da psicologia para descobrir por que derrotar os adultos era uma emoção superior a qualquer outra. Eu adorava enfrentar adultos que começavam a partida lendo seus jornais com desdém — porque jogar contra crianças não estava à altura deles. O xadrez relâmpago era um dos meus favoritos. Estar sentado lá, aos 10 anos, irritando pessoas cinco vezes mais velhas, perseguindo-as em volta de um tabuleiro de xadrez. Aquilo era outro nível de diversão.

Eu estava começando a perceber que, embora pudesse fazer com bastante facilidade coisas que muitas pessoas achavam difíceis, eu achava difíceis muitas coisas que os outros achavam fáceis. Não tenho certeza se é dislexia, porque eu não tinha problemas para ler, mas ao mesmo tempo em que ia bem na escola, eu começava a ficar ansioso por não conseguir me destacar. Meu rendimento melhorou quando comecei na Mount Temple, e me saí melhor nas matérias do que na St. Patrick's, mas, quando Iris morreu, perdi toda a concentração.

Os professores lamentavam meus garranchos; as cartas que meu pai mandava a eles sobre mim tinham uma caligrafia tão bonita. Perguntavam como eu não tinha percebido que deixara de escrever trechos inteiros de redações ou como eu conseguia entender a matemática mais avançada, mas não a mais elementar. Eu não sabia explicar.

Embora adorasse poesia e história, eu não me sentia tão inteligente quanto meus amigos. Comecei a me sentir burro, e, por causa disso, fiquei com raiva. Eu estava com medo de, no fundo, ser mediano. Não percebi que toda a minha vida seria confrontada com o conceito de que qualquer um é mediano. "Nenhum homem precisa ser medíocre caso se aceite como Deus o fez", é como o poeta Patrick Kavanagh coloca a questão.

Eu estava perdendo minha autoconfiança de todas as maneiras. Parei de jogar xadrez. Eu adorava, mas parei porque comecei a achar que não era uma coisa "legal" e não tinha uma mãe para me dizer que nada considerado legal era "legal".

Longe do tabuleiro de xadrez, Bob e eu competíamos verbalmente, e embora não falasse muito com ele, eu lhe dava o suficiente para brigas ocasionais. Tínhamos brigado muito antes de Iris morrer, mas brigamos mais depois. Muito mais. Nossas brigas eram principalmente verbais, e só ocasionalmente ele falava em se conter para não me bater. Na verdade, desde meus 14 anos, ele sabia que o resultado disso não seria bom para ele. Seriam coisas imprevisíveis. Norman dava corda. Ele voltava do trabalho e eu ficava em casa assistindo à televisão, sem fazer meu dever de casa, sem ter preparado o lanche da tarde. Ele reclamava um pouco. Eu rebatia. Talvez Norman ou eu acabássemos no chão. Bob chegou a me dar alguns safanões, mas nunca reagi, embora o tenha segurado algumas vezes.

Sleepwalking down the road
Not waking from these dreams
Alive or dead they're in my head
It was a warzone in my teens
I'm still standing on that street
Still need an enemy
The worst ones I can't see
*You can... you can.**

Mas há algo entre um pai e um filho. Uma atmosfera espessa, uma espécie de parede de ar que, se perfurada do lado do filho até chegar ao pai, por meio de um golpe, e fará as coisas nunca mais serem as mesmas.

Norman estava com raiva.

Bob estava com raiva.

Eu estava com raiva.

Parte da minha raiva era saber que eu tinha algo, mas não ser capaz de descobrir o quê. Saber que eu era inteligente, mas não conseguir ser inteligente na escola.

Mas sentia raiva com relação à minha mãe, também. Eu tinha fé de que ela iria sobreviver, e ela não sobreviveu. Disse para a irmã dela que ela ia sobreviver. Consolei minhas tias, disse que todos nós superaríamos aquilo.

Mas nem sempre nossas preces são atendidas da maneira que desejamos. Eu não sabia disso na época.

* Vagando sonâmbulo pela estrada/ Sem acordar desses sonhos/ Vivos ou mortos, eles estão na minha cabeça/ Minha adolescência era uma zona de guerra/ Eu ainda estou de pé naquela rua/ Ainda preciso de um inimigo/ Os piores eu não consigo ver/ Você consegue... você consegue.

Isso é parte da minha raiva e talvez eu até tenha, de um jeito louco e irracional, colocado a culpa nele, o chefe da casa, responsabilizando-o pela destruição da mesma.

A culpa deve ser dele se todos estamos nessa encrenca.

A ÓPERA QUE BOB ERA

Embora Bob Hewson estivesse comprometido com a música, em harmonia com minha mãe ele também não sugeriu que tivéssemos um piano. E nunca me perguntou como estava indo meu progresso com a música. Ele adorava falar sobre ópera, mas não com os filhos. Ele lia Shakespeare; pintava e atuava. Para um dublinense da classe operária, não era algo inédito, mas era incomum. Bob tinha um gosto refinado.

Mas a música era a sua grande paixão. Após a morte de Iris, por anos ele faria nossos familiares se debulharem em lágrimas em reuniões de família ao cantar "For the Good Times", de Kris Kristofferson. Ainda me pergunto se ele estava cantando do ponto de vista da minha mãe "I'll get along, and I'm sure you'll find another" ("Eu vou ficar bem, tenho certeza de que você vai encontrar alguém") etc. Bastante manipulador, meu pai podia partir um coração como se fosse um ovo cozido com seu falsete. Ele realmente era um bom tenor, e certa vez me disse que eu era "um barítono que acha que é tenor". Um grande balde de água fria e bastante preciso.

Eu sou um barítono que acha que é tenor.

Quando penso em ópera e em meu pai, não penso só nele se entregando a *La Traviata* ou *Tosca*, ou, mais tarde, no palco com a Coolock Musical Society, com o rosto coberto de maquiagem laranja, cantando de tudo, de *The Mikado* a *H.M.S. Pinafore.* Quando penso em ópera e em meu pai, penso em ópera no sentido torturado, porque embora Bob Hewson possa ter cantado ópera leve, era mais pesado do que isso. E "operístico" também é a palavra principal para descrever nosso relacionamento. Eu era um adolescente raivoso; ele, um adulto raivoso, um irlandês que não sabia o que fazer com um adolescente. Uma criatura de seu tempo, meu pai não estava tão interessado nos filhos; ele havia se tornado o único responsável por nós dois e não gostava disso. Eu estava interessado no interesse dele, mas também tinha verve artística, e artistas, acima de tudo, não gostam de ser ignorados.

If the door is open it isn't theft
You can't return to where you've never left
Blossoms falling from a tree, they cover you and cover me
Symbols clashing, bibles smashing
You paint the world you need to see
Sometimes fear is the only place we can call home
*Cedarwood Road.**

Você conhece este melodrama: filho culpa o pai pela perda da mãe e pelo fim de sua vida doméstica. O macho jovem enfrenta o macho velho.

Parricídio. A inspiração das grandes óperas. A música do U2 nunca foi realmente rock 'n' roll. Sob sua pele contemporânea está a ópera — uma música grandiosa, de grandes emoções liberadas na música pop do seu tempo.

Um tenor que não aceita ser barítono. Um homenzinho cantando canções gigantes.

Chorando, lamentando, tentando explicar o inexplicável. Tentando libertar a si mesmo e a qualquer um que lhe dê ouvidos da prisão de uma experiência humana incapaz de explicar o luto.

Talvez Bob não me levasse muito a sério quando adolescente porque podia ver que eu mesmo já me levava bem a sério. Mas ainda sou capaz de ouvir a voz dele, na minha cabeça, especialmente quando canto. Achei que ele estava sendo um obstáculo, mas talvez só estivesse buscando terra firme para o filho, e não havia muito disso em Dublin na década de 1970. Bob achava que sonhar era se decepcionar, e ele não queria isso para mim.

Tenho que agradecê-lo pela paciência.

Nunca consegui me desculpar por ter sido tão idiota — até ele partir.

* Se a porta estiver aberta, não é roubo/ Você não pode voltar para onde nunca saiu/ Flores que caem de uma árvore cobrem você e a mim/ Símbolos se chocando, bíblias se despedaçando/ Você pinta o mundo que precisa ver/ Às vezes o medo é o único lugar que podemos chamar de lar/ Cedarwood Road.

Depois da morte de Iris, o número 10 da Cedarwood Road deixou de ser um lar. Era só uma casa. Na maioria dos dias eu voltava da Mount Temple segurando uma lata de carne, uma lata de feijão e um pacote de purê de batata instantâneo. Cadbury's Smash era comida de astronauta, mas comer aquilo não me fazia sentir como o "Starman" de David Bowie ou o "Rocket Man" de Elton John. Na verdade, me alimentar daquilo não tinha muito a ver com comer. Mas pelo menos era fácil. Você coloca água fervente nas bolinhas secas e elas se transformam em purê de batata. Eu as colocava na mesma panela em que tinha acabado de cozinhar o feijão enlatado. E a carne enlatada. E comia meu jantar da panela sentado na frente da TV em cores, embora isso fosse uma coisa bem preto e branco de se fazer.

Não gosto de cozinhar, nem de pedir comida, o que pode ter a ver com o fato de ter sido obrigado a preparar minhas próprias refeições quando adolescente. Um tempo em que a comida era mero combustível. Costumávamos comprar um refrigerante barato chamado Cadet Orange porque tinha açúcar suficiente para nos dar energia, mas tinha um gosto tão ruim que tirava a vontade de comer ou beber por horas. Bebíamos aquilo depois que eu tinha gastado meu dinheiro da comida em algo mais importante — como o compacto *Hello Hooray*, de Alice Cooper.

Às vezes, uma compra musical dessas — *Abraxas*, do Santana, ou *Paranoid*, do Black Sabbath — exigia que eu investisse o dinheiro das compras de mercado da família toda. Nessas ocasiões, confesso, às vezes eu tinha que pegar emprestado todos os itens da lista de compras... sem devolver nada depois. Era fácil... exceto pelo pão de forma, difícil de esconder na jaqueta. Sendo honesto sobre minha desonestidade, eu não me sentia bem fazendo isso. Aos 15 anos, larguei uma vida de crime e castigo e voltei ao comércio e à venda de calendários.

PARTIDAS E MARMITAS

O destino e a sorte chegaram em 1975, quando Norman conseguiu um emprego no aeroporto de Dublin. Os aeroportos na década de

1970 eram ainda mais glamorosos do que a televisão em cores, especialmente se você fosse piloto.

Norman tinha tentado se tornar a piloto, mas sua asma o desqualificou para o programa de treinamento, e, em vez disso, ele acabou arrumando um emprego na Cara, o departamento de computação da Aer Lingus, a companhia aérea nacional. Computadores, Norman disse a si mesmo, eram ainda mais glamorosos do que aeroportos, e ele se comprometeu — assim que ganhasse algum dinheiro — a aprender a pilotar aviões pequenos.

Observar aviões decolando e pousando é uma meditação estranha e maravilhosa. Para pessoas como Norman, pode se tornar uma paixão que a tudo consome, e milhares de irlandeses obcecados por aeronaves apareciam no aeroporto de Dublin todo fim de semana para ver máquinas voadoras desafiando a gravidade, decolando para outro lugar, algum lugar diferente. Cada voo era um lembrete subconsciente de que havia uma saída da Irlanda, caso necessário. Nas décadas de 1950 e 1960, mais de meio milhão de irlandeses compraram passagens só de ida para fora do país.

A parte boa para papai, Norman e eu no número 10 da Cedarwood Road, a apenas três quilômetros do final da Pista 2, foi que Norman conseguiu convencer seus chefes na Cara a permitir que ele levasse para casa o excedente de comida preparado para os passageiros da Aer Lingus. As refeições às vezes ainda estavam quentes quando ele as trazia em suas latas para nossa cozinha, para serem aquecidas no forno por 23 minutos a 185 graus Celsius.

Era um cardápio altamente exótico: bife de pernil e abacaxi, um prato italiano chamado lasanha, ou um outro em que o arroz não era mais uma sobremesa com leite, e sim uma experiência salgada com ervilhas. Eu disse a Norman que aquela era a pior sobremesa que eu já tinha comido.

"Não é sobremesa, e, a propósito, metade do mundo come arroz todos os dias."

Norman sabia coisas que outras pessoas não sabiam. Imagine ter arroz doce como refeição principal todos os dias. Se meu pai e eu estávamos orgulhosos por Norman ter eliminado a necessidade de comprarmos comida ou mesmo de cozinhar, depois de seis meses só conseguíamos lembrar do sabor residual metálico das latas. Secretamente, à noite, passei a comer cereal de milho com leite gelado em vez da comida do avião.

Achei que a salvação tinha chegado na forma de outro milagre culinário, desta vez na Mount Temple, quando o fim da era da comida da lancheira foi anunciado e começou a era das merendas escolares. Imagine uma fanfarra de trombetas e aplausos dos ali reunidos; foi esse nosso grau de empolgação. Mas minha festa durou pouco. A merenda, explicou o diretor, o Sr. Medlycott, não seria feita na cantina da escola. Ela não era grande o suficiente. Em vez disso, chegaria de van em latas... do maldito aeroporto de Dublin! Seria aquecida, ele anunciou com orgulho, a 185 graus por 23 minutos, em fornos novos que a diretoria havia comprado.

Eu nunca tinha andado de avião, mas meu romance com a aviação já tinha acabado. Comida de avião para o almoço e comida de avião para o jantar era mais do que qualquer aprendiz de astro do rock poderia suportar. Com o tempo, o aprendiz e sua banda iriam para os céus, e naqueles primeiros voos da Aer Lingus eu olhava pela janela do avião e tentava ver a Cedarwood Road. Quando finalmente deixei a pequena cidade e a pequena ilha e sobrevoei suas planícies, seus subúrbios monótonos, minha mente se encheu de lembranças da cabine telefônica na rua, de adolescentes com garrafas e corações partidos, de vizinhos amáveis e amargurados, e dos galhos vibrantes da cerejeira entre a nossa casa no número 10 e a dos Rowen no número 5. Nesse momento, a comissária chegaria para colocar uma das pequenas bandejas de lata bem na minha frente.

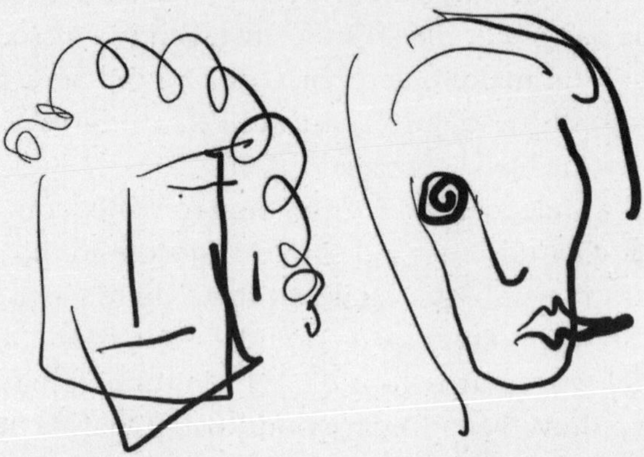

MR FRIDAY 2U + the G man

GAVIN & Guggi

I was coming to understand that you have the people you need right there beside you if you can see them. Guggi and I had so much in finding each other but we were missing something. Someone –

5

Stories for Boys

There's a picture book
With coloured photographs
Where there is no shame
There is no laugh
Sometimes I find it thrilling
That I can't have what
I don't know
*Hello hello.**

Eu tinha 11 ou 12 anos quando li *O Senhor das Moscas* pela primeira vez? A história de William Golding é sobre um grupo de estudantes britânicos, mais ou menos da mesma idade e um pouco mais novos do que eu era, que caíram de avião em uma ilha do Pacífico enquanto eram evacuados durante a Segunda Guerra Mundial. É uma história sobre como o medo que temos uns dos outros — ou o medo do "outro" em um sentido metafísico — pode moldar nossa imaginação e distorcer nosso pensamento. É uma história sobre o fim da inocência que até hoje molda meu pensamento e minha escrita. E uma história que serviu como esboço do primeiro álbum do U2, *Boy*, incluindo a capa e a sexta faixa, "Shadows and Tall Trees", que toma emprestado o título do capítulo 7 do livro.

* Existe um álbum de fotos/ Com fotos coloridas/ Onde não há vergonha/ Não há risada/ Às vezes, eu acho incrível/ Que eu não possa ter aquilo/ Que não conheço/ Olá, olá.

Who is it now? Who calls me inside?
Are the leaves on the trees a cover or disguise?
I walk the street rain tragicomedy
*I'll walk home again to the street melody.**

Caminhando pela Cedarwood Road certa noite, observei as luzes da rua encolherem e aumentarem minha sombra, e notei como os postes telefônicos formavam silhuetas rígidas, como coníferas murchas. As pessoas falando atrás da porta da cabine telefônica creme e verde pareciam sinalizar que, longe desses conjuntos habitacionais de construção barata e das hipotecas modestas das décadas de 1950 e 1960, havia outro mundo a explorar. Não havia muitas árvores em nossa rua. Eu me lembro da cerejeira, que milagrosamente surgia do concreto cinza e pedregoso do número 5, um crescendo de tons de pele, cor-de-rosa e bonito. Feminino. No início do verão, uma coisa luxuosa caía de seus galhos e perfumava a vida mais modesta da família Rowen, que morava lá. A árvore parecia tanto sexual quanto espiritual e, embora não fizesse sentido, também fazia todos os sentidos dançarem um pouco. Qualquer suburbano que passasse por ali era lembrado de que, em algum lugar lá fora, havia a possibilidade de uma vida de cores intensas.

APOCALYPSE NOW COM OS ROWEN

Eu e Derek Rowen, ou Guggi, somos melhores amigos desde que eu tinha 3 anos e ele, 4, isso apesar de sua alegação de que fez amizade comigo só porque tínhamos um balanço no quintal.

Guggi não só me deu o nome Bono, como dava a todos em sua família nomes novos e surreais. Como Clive Assobiante, seu irmão mais velho. E Homem de Força e Arran, seu irmão mais novo. Ou Delaney Calças Sujas, o irmão ainda mais novo. E Glennich Carmichael, sua primeira irmã.

Biddy Menininha de Mão Única, sua segunda irmã, que depois virou Olho de Gavião, e finalmente Radar, seu irmão mais novo,

* Quem é agora? Quem me pede para entrar?/ As folhas das árvores são um manto ou um disfarce?/ Eu ando pela tragicomédia da chuva na rua/ Voltarei para casa ao som da melodia da rua.

que apareceu na capa de dois dos primeiros álbuns do U2, *Boy* e *War*. Havia uma outra irmã que nasceu pouco antes de ele sair de casa; então, ele a chamou pelo nome verdadeiro, Miriam.

Mas Bono não é o único apelido que Guggi colocou em mim ao longo dos anos.

Eu tive muitos, cada um mais ridículo do que o outro. Os apelidos que dávamos uns aos outros não eram só para nos fazer rir, mas também para realçar alguma característica nossa que ultrapassasse nossos nomes de batismo, dados a nós antes que nossas personalidades fossem conhecidas. Os apelidos deveriam descrever sua alma, bem como suas características físicas. Bono era a abreviação de Bono Vox da O'Connell Street, mas o menino Guggi não era nenhum estudioso de latim. "Voz potente" foi uma tradução acidental. A Bonavox era uma loja de aparelhos auditivos na cidade e Guggi simplesmente adorava o barulho que o nome fazia na boca. Aos poucos, Bono Vox da O'Connell Street foi encurtado para Bonmarie, e depois para Bono. Anteriormente, eu tinha sido Steinvich von Heischen, e fiquei grato quando essa fase passou. Chamei o garoto do número 5 de Guggi porque era assim que a cabeça dele parecia para mim, se tentássemos representá-la em som. Uma pintura sonora. Diga "Guggi" e olhe para ele e você vai entender o que estou dizendo. Talvez.

Os Rowen — três irmãs e sete irmãos — moravam cinco portas depois de nós, embora mal desse para ver a casa deles por causa de todos os carros usados estacionados ao redor. Robbie, o pai de Guggi, era um homem fervorosamente religioso que estava preparado caso o fim do mundo chegasse de repente. O Sr. Rowen passava a maior parte das sextas-feiras lendo os classificados do *Evening Herald* em busca de coisas que pudessem ser necessárias para o apocalipse vindouro. Coisas como quinhentos pneus. Ou um Oldsmobile 1957. Ou um jardim cheio de galinhas e perus. Estou falando de galinhas e perus vivos, não congelados, para serem comidos ou vendidos.

Às vezes eu pedalava até a Mount Temple com Trevor Rowen — o Homem de Força e Arran, que depois viraria Strongman. Guggi era asmático, e seu resfolegar, junto com a voz anasalada, faziam todas as garotas baixarem a guarda para ele. Uma alma genuinamente doce que, para se proteger, lançava mão de um humor selvagem e de brincadeiras de mau gosto. Arrumado e organizado, Guggi se preparava para a jornada escolar olhando para o espelho do corredor por alguns minutos para verificar se o visual estava perfeito, o jeans enfiado nas meias e o cabelo louro-acinzentado penteado num topete. Mais tarde, seria baixista do Virgin Prunes, um homem das cavernas impedido de ficar em sua caverna.

Andrew Rowen apareceria em três músicas do U2, "Running to Stand Still", "Bad" e "Raised by Wolves". Andy, que recebeu seu nome Delaney Calças Sujas aos 2 anos de idade após um acidente com a fralda, era conhecido por sua memória quase fotográfica. Ele provavelmente tinha o QI mais alto do que qualquer outra criança da nossa rua, e às vezes parecia que havia memorizado a *Encyclopædia Britannica*. Ele se lembrava do aniversário de 2 anos. E de muitas coisas que gostaria de ter esquecido. Sua marca registrada era responder a perguntas obscuras sobre qualquer assunto.

Um dia, enquanto fazia minha lição de casa no pequeno depósito de casa, vi pela janela Calças Sujas passando em um monociclo. Tocando trompete.

Junto com sua mentalidade apocalíptica, Robbie Rowen era aventureiro e muitas vezes me levava, com todos os seus filhos, a lugares que eu nunca teria ido. Ele nos levou para explorar as estradas rurais nos fundos do Aeroporto de Dublin para colher amoras em agosto. Para a Burrow Beach, para navegar em botes infláveis. Ele me ensinou a andar de moto, e me colocou em cima da primeira mobilete aos 8 e numa Honda 50, aos 10. E também me ensinou a vender coisas.

Já disse muitas vezes que venho de uma longa linhagem de caixeiros-viajantes, parentes do lado materno, e ainda me considero uma pessoa que trabalha com vendas. Vendo ideias, vendo músicas e, ocasionalmente, mercadorias. A venda de mercadoria começou com Robbie Rowen quando, em fevereiro de 1972, ele comprou um lote de calendários encalhados. Mil exemplares de 1972, baratos porque, bem, já haviam se passado dois meses do ano.

Guggi e eu batemos de porta em porta na vizinhança, tentando vender esses calendários com suas "fotografias profissionais". Quando perguntavam se não estávamos um pouco adiantados para vender o calendário do próximo ano, explicávamos que não, estávamos vendendo o calendário daquele ano.

"Mas, Sra. Byrne, a senhora não precisa dos primeiros meses, não é?"

Guggi me ensinou duas coisas que mudariam o rumo da minha vida.

1. Foi ideia dele dividirmos tudo meio a meio. Se ele tinha cinquenta *pence*, vinte e cinco eram meus. Da mesma forma, se estivéssemos numa turma maior, compartilhávamos tudo com todos. Era a forma como ele via o mundo.
2. Guggi me apresentou a ideia de que Deus pode estar interessado nos detalhes de cada uma de nossas vidas, um conceito que eu carregaria por toda infância. E pela vida adulta. (A ideia de que existe um Deus, agora reconheço, é absurda para muitas pessoas. Ainda mais que tal onipotência, caso existisse, pudesse estar interessada nas dores de crescimento de um adolescente.)

Quando Guggi me conta sobre as mudanças de humor de Robbie e sobre a ansiedade causada por tentar se esquivar delas, me parece notável que seu lado espiritual tenha sobrevivido. Apesar de toda aquela conversa sobre o paraíso, às vezes Guggi tinha a sensação de estar no inferno. E a mãe dele, Winnie, era o anjo da guarda.

"VOCÊ JÁ FOI SALVO?"

Em alguns domingos, eu acompanhava Guggi ao Merrion Hall, para um encontro da renovação carismática para os mais crentes. Os Rowen iam à igreja três vezes aos domingos, algo que eu nunca consegui entender, e à noite eles iam a um lugar chamado Departamento de Meninos na Associação Cristã de Moços (ACM).

"Você já foi salvo?"

Minha mãe estava rindo quando cheguei em casa naquela primeira noite. Estava familiarizada com o tipo de evangelização do Departamento de Meninos. Mas, ouvindo os oradores nessas reuniões, fiquei ainda mais atraído pelo Deus das escrituras que eles liam. Eu não tinha certeza de ter encontrado essa presença em nossa adorável pequena Igreja de São Cainnech de Aghaboe. Conheci e namorei brevemente a adorável filha do pároco, então, talvez eu estivesse distraído. Eu tinha alguma noção do divino, mas era algo incipiente e amorfo; então, quando comecei a descobrir pistas sobre a natureza dessa presença, fiquei fascinado. A Bíblia me prendeu. As palavras saíram da página e me seguiram até em casa. Encontrei mais do que poesia naquela escritura gótica da versão King James da Bíblia.

Logo comecei a gostar de uma tradução moderna, a *Good News Bible*, que descobri quando acompanhei Guggi em uma colônia de férias cristã da ACM em Criccieth, na península de Llyn, no norte do País de Gales. Eu nunca tinha ficado longe da minha família. Nunca tinha saído da Irlanda. Nunca vira devoção religiosa como aquela. Até os times de futebol e hóquei tinham nomes bíblicos; dava para jogar pelos Efésios ou pelos Gálatas. Foi um pouco louco, mas também comovente e persuasivo. Me deixei levar pela camaradagem, e fui tocado pela pregação.

Eu sempre era o primeiro quando chamavam ao altar, naquele momento "aceitem Jesus". Ainda sou. Se eu estivesse em um café agora e alguém dissesse: "Levante-se se você está pronto para aceitar Jesus", eu seria o primeiro a ficar de pé. Levei Jesus comigo a todos os lugares, e ainda levo. Nunca deixei Jesus de fora das ações mais banais ou profanas da minha vida.

Se eu estivesse familiarizado com aquela citação atribuída a Santo Agostinho ao dirigir-se ao Senhor — "Dai-me castidade e continência, mas não agora" —, eu a teria entendido. Nessas viagens ao exterior, Guggi e eu compartilhamos mais do que o interesse pelas escrituras. Nós éramos loucos por garotas, e nos oferecemos para namoradas de meninos mais velhos como voluntários para experimentos de beijo de língua. Nada a reclamar, mas precisávamos ter nossas próprias namoradas. Em Criccieth, fiquei de olho na nada mentirosa Mandy, sem dúvida a garota mais bonita de todo o País de Gales. Era como se as ondas do mar a tivessem deixado na praia, morena e linda em um biquíni preto. Eu tinha 13 anos, ela, 14. Eu queria muito ter 16 anos e fazer com que ela nunca me deixasse. Algo que ela fez com bastante facilidade, pensando bem.

GANGUES DO NORTE DE DUBLIN

Não tenho certeza se um psicólogo profissional concordaria, mas algo em mim entende que, até lidarmos com nossos maiores traumas, parte de nós permanece na idade em que os sofremos. Por muito tempo isso me manteve nos meus 14 anos, quando atingi a puberdade e Iris morreu.

Parte de mim ainda é aquele garoto espinhento. Já vi fotos do meu rosto sardento e redondo antes disso, a expressão aberta. Um rosto ousado, mas limpo. Aos 14 anos, um nariz começou a crescer em meio às espinhas; lembro de ver o ângulo começando a se formar na circunferência do rosto. Por sorte, outro ângulo chegou para equilibrá-lo: meu queixo. Ainda tenho algumas marcas de acne, mas não muitas. Meu rosto mudou, mas parte da minha visão de mundo congelou. As espinhas começaram a crescer por dentro.

Guggi e eu nos tornamos melhores amigos por uma série de razões, mas nosso relacionamento com nossos pais deve estar no topo da lista. Filhos em desacordo com os pais, o que há de novo? Expressávamos nossa angústia por meio de luta, artes marciais, boxe, luta livre, coisas que adorávamos. Batíamos uns nos outros regularmente. Não é verdade que damos ao mundo a forma da nossa dor? Guggi e eu não sabíamos que estávamos lutando contra nossos pais, mas encontramos substitutos suficientes; na verdade, havia uma fila. Então, fomos abrindo nosso caminho até o fim da adolescência à força.

Pode-se dizer que o que selou nossa amizade foi a sensação de exílio em casa. Com o tempo, a arte se tornou nosso passaporte. Música.

Escrevíamos canções bobas, pintávamos e desenhávamos um ao outro. O sombreado e os detalhes que Guggi conseguia fazer com uma esferográfica azul barata confundiam qualquer observador, principalmente meu pai, que adorava pintar com aquarela, especialmente em cima de fotografias em preto e branco.

Enfrentávamos nossos medos. Eles nos lançaram na direção do destemor, da hipérbole. Queríamos fundar nosso próprio país, ou pelo menos uma cidade ou um vilarejo. Ou uma aldeia, uma comunidade alternativa que chamaríamos de Lypton Village. Tínhamos nossa própria linguagem, nosso próprio senso de humor surreal. Éramos dadaístas antes de conhecermos esse movimento artístico.

Cansados de brigar com os punhos, Guggi e eu começamos a brigar com os dedos, eu, no braço do violão de Norman, ele, pintando e desenhando, nós dois, mostrando o dedo do meio para a estupidez do mundo de nossos inimigos. Nossa única fraqueza era um escárnio de superioridade. Ríamos um pouco demais.

Mas eu começava a entender que as pessoas de que precisamos estão bem ao nosso lado, caso sejamos capazes de enxergá-las. Meu encontro com Guggi tinha nos rendido muito, mas nos faltava alguma coisa. Alguém.

SR. FRIDAY PARA VOCÊ

In my imagination
There is just static and flow
No yes or no
*Just stories for boys.**

Entra Fionán Hanvey, do número 140 da Cedarwood Road, que em breve será renomeado Gavin Friday. Sr Friday para você. Um homem que mostraria a mim e a Guggi como era levar uma vida artística e qual o custo de vivê-la abertamente.

A mãe de Gavin, a Sra. Hanvey, deixava o filho sensível nos levar para a "sala boa" do 140 nas noites de segunda-feira, onde admirávamos a arte de Picasso e ouvíamos a arte de David Bowie e T. Rex. Em 1975, um ano antes do punk rock, antes do rugido do The Jam e dos Sex Pistols, desenhávamos, esboçávamos ou ouvíamos nossos fascínios musicais. Gavin era um menino de cabelo cacheado, tão bonito quanto Marc Bolan, do T. Rex, um rosto lindo com testa e mandíbula perfeitamente equilibradas, lábios bem desenhados e, em suas próprias palavras, "um nariz perfeito".

Conheci Fionán na Cedarwood Road, com um penteado *à la* Ziggy Stardust e tinta acrílica fluorescente para tecido em seu jeans, formando a palavra "ENO". David Bowie e Marc Bolan pareciam estar constantemente em sua mente. Ele era mais descolado do que nós. Guggi fez amizade com ele porque os dois estavam se esquivando do julgamento dos pais, mas nunca o conhecemos de verdade até uma festa que demos na minha casa, em que ele e os amigos Frank Mangan e Damian Kelly arrumaram tanta confusão que tivemos que botá-los para fora.

* Na minha imaginação/ Só há repouso e fluxo/ Sem sim ou não/ Só histórias para meninos.

Mais cedo, flertando com Ali e sua melhor amiga, Jackie Owen, esses garotos descobriram que garotas maduras eram muito mais rápidas e espertas em muitas coisas. Além disso, essas garotas eram "Prods". Gavin, que nunca se misturara com protestantes, ficou um pouco intimidado. Mas o sósia de Marc Bolan deixou sua marca e, a partir daquele dia, estaria sempre me informando de onde eu estava no mundo da música, e acabaria vagando ele mesmo pelo planeta U2, como um verdadeiro *Tyrannossaurus rex*.

Um aprendiz de astro do rock, com certeza, mas com uma coisa que o segurava e que também o impulsionava. Ele não sabia tocar instrumento algum e o som de sua voz era praticamente um uivo. Não é de admirar que a voz e a personalidade de Johnny Rotten fossem tão essenciais para muitos de nós. A todo vapor, os Pistols faziam música para os exércitos em marcha para atacar as muralhas de qualquer inimigo.

O conflito que tínhamos em comum com nossos pais: essa era a outra razão pela qual Guggi e eu, aos 16 anos, nos tornaríamos amigos de Gavin Friday por toda a vida.

Pais que, em algum momento, haviam *todos* atendido pelo nome de Bob.

Pascal Robert, pai de Gav, era um dos maiores obstáculos no caminho do filho rumo à liberdade de expressão. Com seu cabelo de *teddy boy* de *rockabilly* penteado para trás com muita brilhantina e rosto bonito marcado por linhas finas cor-de-rosa e vermelho provocadas pelo excesso de saideiras na Ballymun House, ele era um personagem e tanto para ter atravancando o caminho.

"Olá, Sr. Hanvey", dizíamos enquanto ele atravessava a rua de propósito para evitar o filho e seus amigos em seus trajes de batalha pintados com tinta acrílica fluorescente.

"Me chame de Pascal", retrucava ele. "Senhor é para os tolos."

"Sim, Sr. Hanvey."

A verdade é que Gavin tinha outros inimigos: sua aparência afeminada, mesmo maculada em nome do visual punk, era uma afronta à estética máscula e viril da época.

"Vou furar essa sua cara" me vem à mente como uma das grandes réplicas proferidas por algum ofendido pela boa aparência de Gavin. "Hanvey Bolsinha" ainda não tinha se assumido gay, mas a saraivada de golpes e abusos revelava mais sobre as pessoas que cruzavam o caminho dele e seus próprios pesadelos sexuais psicóticos do que sobre os de Gavin. Talvez houvesse algo desafiador em Gav que fosse a desculpa para a provocação, havia um quê de orgulho naquele menino que sobrevivera a várias tentativas de roubo de sua inocência. "As trevas se reúnem em torno da luz."

Gavin seria uma peça essencial na futura vida criativa do U2, tanto no surgimento de nossos discos quanto na execução de nossos shows.

Rock 'n' roll é o som da vingança, exatamente.

Relembrando isso, posso vê-lo subindo e descendo a Cedarwood Road.

No número 1 morava Anthony Murphy, rebatizado de Pod, um cara durão e gentil que sempre conseguia se manter firme e que logo se sentaria atrás dos tambores de guerra que Gavin e Guggi exigiriam quando sua banda chegasse, junto com Reggie Manuel, da Ballymun Avenue, que se tornaria empresário deles.

Dois grupos musicais nasceriam dessa comunidade: os Virgin Prunes — com Guggi e seu irmão Strongman, Gavin e o irmão mais velho do Edge, Dik — e o U2.

Dois grupos musicais que eram a imagem inversa um do outro. Se eles invocavam o inferno, nós buscávamos o céu.

Essas foram as famílias em que escolhemos estar, não aquelas em que nascemos. É quase um clichê, mas se Guggi e eu não tivéssemos encontrado essa outra vida, me pergunto onde teríamos ido parar tentando fugir de nossas famílias. Seria uma dança bem diferente.

NOV 1976 a big week for me at the ROCK N ROLL HIGH SCHOOL that was Mount Temple Comprehensive

6

Song for Someone

You got a face not spoiled by beauty
I have some scars from where I've been
You've got eyes that can see right through me
*You're not afraid of anything they've seen.**

No terreno do antigo internato Mountjoy and Marine, com seus prédios de tijolos aparentes e a torre do relógio tornada célebre por Christopher Nolan no livro *Under the Eye of the Clock* ("Sob o olhar do relógio", em tradução livre), fica a nossa escola. A Escola Experimental Mount Temple, uma das primeiras secundárias de educação mista e não denominacional da Irlanda.

Um prédio de ciências, um de matemática, e um pequeno anexo para economia doméstica, mas o edifício principal da Mount Temple é um prédio de blocos de concreto de um andar e três corredores — um verde, um amarelo, um roxo — cruzados no meio por um corredor mais largo conhecido como o Mall. O Mall foi onde vi Adam Clayton pela primeira vez, onde espiei Larry Mullen com sua linda namorada, Ann Acheson, e onde fiquei cara a cara com David Evans, a quem ninguém chamava de Edge ainda.

* Você tem um rosto que não foi estragado pela beleza/ Eu trago algumas cicatrizes de onde estive/ Você tem olhos que podem ver através de mim/ Você não tem medo de nada do que eles já viram.

Setembro de 1973. Começo a perceber que a vida de um romântico às vezes pode ser confusa para o coração. Tenho provas, estou lendo os sonetos de Shakespeare. Sei de uma coisa: apesar de toda a chateação dos hormônios e das angústias adolescentes, as garotas são mais interessantes do que os meninos, mental, física, espiritualmente. Estou impressionado ao entrar no meu segundo ano na Mount Temple e determinado a fazer minha admiração se converter em flertes. É na primeira semana de volta das férias escolares que reparo em duas belas alunas do primeiro ano indo para a aula e me jogo no caminho delas.

"Vocês sabem onde fica o laboratório de ciências?"

"Não, estamos no primeiro ano. Acabamos de chegar aqui. Você não é do segundo ano?"

"Estou perdido", respondo. "Provavelmente sempre vou estar."

As garotas riem do jeito que as garotas riem de garotos bobos que dizem bobagens e vão embora. Não me permito notar a falta de interesse e, em vez disso, me pergunto se a loura e eu tivemos alguma química. Talvez não. E com a outra? Definitivamente não. A amiga de cachos escuros, com uma blusa laranja que deve ter sido tricotada pela mãe, uma saia xadrez e botas Wellington. Quem se veste assim?

Ela não é recatada, mas parece exigir que ninguém preste atenção nela, inclusive eu. Esta é a primeira vez que pouso os olhos em Alison Stewart, mas ainda não sei que ela já andou de olho em mim, que sua amiga Sharon a instiga há um ano, dizendo que ela e eu fomos feitos um para o outro.

Não faço ideia disso neste primeiro encontro, mas algo nela me encantou. Seus olhos castanhos me levaram a outro lugar, seu tom de pele sugeria lugares mais distantes do que a usual teoria da origem espanhola do "irlandês de cabelo escuro". Ela parece inteligente também. Sei que gosto de garotas estudiosas. Garotas que parecem fazer o dever de casa, em cuja pele se forma um fino brilho de transpiração na biblioteca superaquecida. Garotas que parecem que vão fazer o *meu* dever de casa.

Demorou alguns meses, mas por fim convidei Alison — Ali, como ela prefere — para nosso grupo de jovens na paróquia de São Cainnech. Chamávamos nossas noites de sexta-feira de Teia, porque era disso que se tratava, uma armadilha de oportunidades igualitárias, porque as meninas estavam tão interessadas na presa quanto os meninos. Teia porque disfarçamos o salão da igreja, pendurando grandes redes e iluminando-o somente com uma lâmpada vermelha. Sugeri o bordão "Pegue sua mosca na teia". (Sim, eu sei.)

Outra sexta à noite, não muito depois, sob uma marquise de concreto no pátio da escola, beijei Alison Stewart pela primeira vez. Pura alegria. Apesar de um leve desespero. Beijar não fazia parte do currículo escolar, mas achei que era algo que dava para melhorar se a gente encontrasse o cúmplice certo. Alison pareceu sugerir que poderia haver espaço para melhorias.

Fazia apenas alguns meses que Iris havia morrido e eu não tinha ideia de que sua partida me deixaria nas mãos de outro guia espiritual, uma alma perfeita para transformar minhas próprias imperfeições na minha força. Com a fissão do átomo, a energia estava sendo liberada, mas naquele momento, ao lado do galpão de bicicletas, o subúrbio de West Finglas não parecia nem um pouco comovido ou alterado. Nem Alison Stewart.

Nós não marcamos de sair.

Disse a mim mesmo que ainda estava superando o término com a filha do pároco. E, de qualquer forma, eu estava saindo com Cheryl.

E também gostava da Wendy e da Pamela. E da Susan.

Resumindo? Eu estava em negação pela morte da minha mãe. Meu coração tinha sido partido e, passados meses de luto, começava a adormecer. Eu não queria que alguém o acordasse.

Nos anos seguintes, Ali e eu compartilhamos alguns momentos íntimos, mas a epifania só veio quando eu tinha 16 anos, no quinto ano. Meu amigo Reggie Manuel, que botava fé em nós dois, estava me dando carona para casa na garupa de sua Yamaha 100, quando tive uma espécie de visão de Alison Stewart atravessando o pátio da escola. Talvez os gases do escapamento do motor a gasolina de dois tempos tenham refratado a imagem, mas ela parecia flutuar, transformada em água bem na minha mente, a mais fria, mais cristalina e mais calma das águas. A onda de calor fez dela uma miragem, e naquele momento eu estava no deserto, um soldado desidratado e rebelde como aqueles que eu tinha visto em algum filme de arte sobre a Legião Estrangeira Francesa. Como se estivesse a cavalo, saí pelos portões da Mount Temple agarrando-me ao bom senso de Reggie. Havia uma música diferente na minha cabeça naquele dia, provavelmente "School's Out", do Alice Cooper, mas por favor substitua por "Teenage Kicks", do The Undertones, caso você precise de uma trilha sonora para este momento. Eu sabia que tinha que chamar o futuro para sair comigo.

Um encontro de adultos.

Naqueles poucos anos desde que nos conhecemos, nunca esqueci nosso primeiro beijo desesperado, mas à medida que meu rendimento escolar piorava e minha personalidade azedava, algo dentro de mim dizia que eu não era bom o suficiente para Alison Stewart. A única coisa que me fazia seguir em frente, enquanto Bob Dylan cantava para mim em "Tangled Up in Blue", eram as músicas que eu estava começando a ouvir na minha cabeça e o incentivo de amigos como Reggie Manuel, o Cocker Spaniel.

Foi Reggie também quem me convenceu a aparecer na casa de Larry Mullen certa tarde, graças a um aviso que Larry colocou no quadro da escola.

Reggie foi quem me levou até a casa de Larry na Rosemount Avenue, na garupa da Yamaha, para uma reunião que definiria o curso do resto da minha vida.

NA BATERIA

"Baterista procura músicos para formar banda."

O quão casualmente nosso destino pode chegar. Alguns candidatos responderam ao convite que Larry prendera no quadro de avisos da escola, e agora, após as aulas, estávamos todos amontoados no forno que era a cozinha do Larry.

Como enfiamos toda a bateria, os amplificadores e os aprendizes de astros do rock num cômodo tão pequeno na primeira vez que nos reunimos? Guitarra e baixo podem ter gritado por atenção com seus amplificadores e pedais de distorção argumentando sua presença em alto e bom som, mas foi a bateria que preencheu o espaço físico e musical.

Naquela primeira quarta-feira depois da escola, parecia que ninguém estava afinado além do Larry, que aparentava estar muito à vontade em meio a todo aquele caos metálico.

Bem, ele *estava* em casa. Era a cozinha dele. Tudo que até hoje eu amo na forma de tocar do Larry já estava presente naquela época — a potência primitiva dos surdos, o chute no estômago do bumbo, o estalo e o estouro da caixa quando ela reverberava nas janelas e paredes. Uma bela violência, modulada pela brilhante armadura de ouro e prata dos pratos que, estranhamente orquestrais, preenchiam frequências. Esse trovão interno, pensei, vai derrubar a casa inteira.

Logo notei outro barulho, esse externo, o som um tanto agudo de garotas rindo e gritando do lado de fora da janela. Larry já tinha um fã-clube, e, durante a próxima hora, ele nos daria uma lição sobre a mística do astro do rock. Ele abriu a mangueira do jardim em cima delas.

Adam Clayton estava no baixo. Eu não conseguia entender o que ele estava tocando, mas ele realmente parecia saber o que fazia. David Evans, apesar do barulho estridente ao seu redor, tinha a aura mais legal de todos. Ele não precisava estar em sintonia com mais ninguém, porque estava em sintonia consigo mesmo. Por um breve momento estiveram ali o irmão de Neil McCormick, Ivan, o amigo do Larry, Peter Martin, que tinha uma réplica de Telecaster branca que parecia ter acabado de sair da vitrine (ele ficou feliz em me emprestar, mas provavelmente não ficou tão feliz com meus dedos sangrando na guitarra toda), e o irmão mais velho do David, Dik, um conhecido gênio. Dik e Dave eram tão inteligentes que fizeram uma guitarra elétrica do zero. Tão espertos que ficavam tentando explodir um ao outro com experimentos de química e, de acordo com seu vizinho Shane Fogerty, explodiram o galpão do jardim dos Evans um dia. Eles tinham a reputação de malucos: malucos beleza, mas ainda assim malucos.

NA GUITARRA

Minha primeira lembrança de David Evans é geométrica. O rosto anguloso desse garoto que estava encostado na parede do Mall na Mount Temple, tocando um complicado solo de guitarra de um grupo de rock progressivo chamado Yes. Ele não parecia irlandês, nem galês — embora o País de Gales seja sua terra natal —, mas sim um índio americano. Ou pelo menos a minha imagem mental de um índio americano. Seu cabelo estava penteado para a frente e ele estava começando, acho que se pode dizer, a ficar descolado.

Em 1976 ele tinha 15 anos, um ano mais novo do que eu. Ele era da mesma sala de Ali, e diziam que eles eram os melhores alunos da classe deles. Também se dizia que ele tinha uma queda por ela, que eles poderiam ter saído para passear e coisas assim. Meu truque para impressionar Ali — com quem naquela época eu não estava tecnicamente saindo — foi ensiná-la a tocar "Something", de George Harrison. Na guitarra. Numa época em que eu ainda não sabia tocar guitarra. Agora eu tinha me deparado com um guitarrista de verdade. David Evans poderia tocar o que quisesse. O que pode ser um jeito breve de dizer que ele poderia ter qualquer coisa que quisesse.

Esse solo de guitarra muito intrincado que ele havia escolhido agora no corredor da escola era de um álbum do Yes chamado *Close to the Edge* — é, eu sei — e envolvia harmônicos, aquelas notas que lembram sinos pelas quais ele se tornaria famoso. Até hoje debatemos por horas por que eu acho o rock progressivo ruim. Edge sempre aceita meu ponto de vista e depois ignora completamente aquilo com que acabamos de concordar. O rock progressivo continua sendo uma das poucas coisas a respeito das quais discordamos.

Em uma viagem em família aos Estados Unidos, em 1977, Edge compraria sua primeira guitarra em uma loja na West 48th Street, em Manhattan. Era uma Gibson Explorer, do mesmo formato de sua cabeça, com um queixo grande e um cérebro cônico. Por volta da mesma época ele recebeu seu nome oficial de The Edge, embora oficialmente tivesse mais a ver com o som de seu cérebro do que com a forma dele. Quando Edge tocava guitarra, entrava em uma espécie de transe. Realmente não sabia o que estava fazendo, não sabia o nome dos acordes que estava tocando, e às vezes isso ainda acontece.

Edge sabe teoria musical suficiente para adivinhar, mas na verdade ele tateava a escala musical, procurando notas, uma ordem particular de notas que outras pessoas não usam. Procurando o espaço entre elas, as lacunas entre as notas. Procurando reduzir tudo à mínima expressão.

Edge é minimalista por natureza. Eu, não. Eu sou um maximalista.

Edge sabe blefar. Eu, não.

Você poderia estar sentado diante de Edge sem suspeitar que ele tinha quatro ases e um dois de paus. Ou nada. Um grande blefador.

Há coisas que você pode aprender com pessoas que não lhe dizem nada.

Como não reagir quando há uma crise. Como ficar parado e talvez até encontrar leveza em meio à gravidade de uma situação.

Edge é o silêncio contido em cada ruído. Ele é a luz contida na pintura.

NO BAIXO

Adam Clayton era um verdadeiro fiel do rock 'n' roll. A música é tudo o que ele sempre quis fazer. Ele tinha o estilo, a atitude, a ambição. O único problema era que não sabia tocar. Isso não foi uma desqualificação automática… na época, eu não sabia cantar. Mas Adam tinha uma espécie de dislexia musical em que podia tocar as partes mais sofisticadas ou as mais simples, mas nada entre elas. Essa combinação incomum significava que a discussão normal entre baixo, bateria e guitarra poderia ser um pouco aleatória e estressante em uma situação de ensaio. Edge, o mais talentoso musicalmente entre nós, preenchia as frestas. Ele queria desesperadamente que seu amigo de infância fosse seu companheiro de banda na adolescência.

Edge testemunhou Adam, de 8 anos, ser banido da família e dos amigos para ir àquilo que Brian e Jo, seus pais, descreveram como "os melhores internatos". Os Clayton, vizinhos da família Evans, em Malahide, imaginaram o melhor tipo de vida para Adam, o tipo de vida com que estariam familiarizados por conta das "colônias" e da classe alta britânica que Brian conhecia como piloto da Força Aérea.

Eles tinham aprendido sobre algumas das coisas boas da vida morando em bases da Força Aérea no Iêmen e no Quênia, e queriam garantir que seus três filhos, Adam, Sindy e Sebastian, não tivessem o mesmo tipo de criação humilde que eles tiveram. Infelizmente, isso criou um tipo de trauma cultural para Adam, que achava que não se encaixava em lugar nenhum. Pior ainda, ele se sentia excluído do sistema por não se conformar a ele. As feridas não eram evidentes no início. Na verdade, a armadura que ele usava naquele primeiro dia quando entrou na Escola Experimental Mount Temple era tão convincente e descolada que seu velho amigo de Malahide, David Evans, não o reconheceu.

Ele devia estar se borrando de medo ao andar pelo pátio com o que alguns teriam confundido com roupas chiques: cabelo *black power* louro e despenteado, casaco afegão feito de couro de ovelhas que pareciam ainda estar vivas e uma camiseta com a estampa "Pakistan 76" para parecer autêntico. Havia um badalo abafado que vinha das pulseiras de aço que tilintavam em seus pulsos. Que visão e que apresentação para impressionar os caras durões advindos de circunstâncias muito diferentes na Zona Norte de Dublin.

"Onde fica a área de fumantes?" perguntou ele, em um inglês perfeito digno da realeza.

Para os rapazes e moças que fumavam atrás do galpão de bicicletas, era um sinal claro... esse garoto não sabe de nada e sabe tudo. Eles se apaixonaram por ele. Adam evitava alunos e professores difíceis com a mesma estratégia. Modos perfeitos. Ele lia romances ingleses na aula de francês e tomava café durante a aula de matemática com a ajuda de um cantil que guardava em sua bolsa de couro.

"Impossível de se ensinar" foi a reação de um professor. "Inteligente demais para o currículo escolar" foi outra análise, provavelmente mais verdadeira. Adam ia levar a sério a arte e a vida, mas certamente não a escola. A escola era para se divertir. Raro é um homem tão à vontade em seu próprio corpo, celebrando ou zombando igualmente de todas as funções corporais e particularmente encantado com o próprio pau.

Tivesse ou não motivo, você nunca ficava surpreso ao encontrá-lo com o negócio para fora da calça. Conversando com ele e sua namorada, você perceberia no meio da conversa que Adam estava despreocupadamente se aliviando na grama. Se sua lendária corrida nu pelos corredores da Mount Temple foi parcialmente planejada — com sucesso — para que fosse expulso, também teve um componente de pura alegria.

Adam pode ter sido o cara mais engraçado da escola, mas ele foi a primeira pessoa a levar nossa banda a sério. Não demoraria muito para que ele convencesse alguém a imprimir cartões com a legenda "Empresário do U2". Seu sotaque elegante e o ar de confiança casual foram importantes para que ele ficasse impune apesar de todo tipo de comportamento incomum dele na Dublin dos anos 1970.

Quando não tinha dinheiro para a passagem, ele oferecia um "cheque" ao motorista do ônibus — o que queria dizer seu nome e endereço em um pedaço de papel em branco. Muitas vezes, ele era jogado para fora de qualquer jeito, mas alguns motoristas ficavam tão impressionados com sua fala mansa que o deixavam pegar uma carona.

Um empreendedor nato, Adam organizou nossos primeiros shows e contratou Steve Averill, o vocalista do infame grupo punk irlandês Radiators from Space, para ser nosso mentor e criar um nome para nossa banda melhor do que Hype. Steve era vizinho de Adam e Edge em Malahide e, apesar da atitude punk rock, era o cara mais simpático da Zona Norte. Ele se tornaria uma peça-chave na direção de arte da linguagem visual que desenvolvemos ao longo de várias décadas, mas começou o trabalho apenas sendo chapa de Adam e encontrando o nosso nome.

U2.

É isso, uma letra e um número, perfeitos para imprimir em tamanho grande em um pôster ou numa camiseta. Pensando nele como um avião de reconhecimento, tipo o U-2, eu gosto. Mas se eu pensar no nome como um trocadilho ruim, *you too,* "você também"... realmente não gosto. Acho que não votei nesse nome, mas certamente não vetei. Sou um entre quatro, e uma verdadeira banda de rock 'n' roll não é dirigida pelo vocalista. Liderada talvez, mas dirigida, não. Definitivamente vetei The Flying Tigers, que foi a segunda sugestão do Steve.

Tal era a confiança de Adam que levamos alguns meses para descobrir seu blefe musical, que ele não estava tocando as notas certas na ordem certa ou em qualquer tom específico. Não parecia importar. Em 1976, com o rock prestes a ser turbinado pelo punk, Adam incorporava aquele espírito, uma espécie de Sid Vicious elegante. Se Larry deu vida à banda, foi Adam quem acreditou que essa banda poderia nos dar uma vida.

Em nossos primeiros ensaios, Dik estava na banda, e não seria incomum eu cantar uma música, digamos, "Satisfaction", dos Rolling Stones, e descobrir que Dik estava tocando "Brown Sugar". Isso não porque ele não tivesse um ouvido musical muito afinado — ele realmente tinha —, mas porque Dik vivia em uma espécie de bolha impenetrável em que o que estava acontecendo em sua cabeça nem sempre era o que estava acontecendo na sala. Neste momento, diria Dik, em um universo paralelo, "Brown Sugar" era a escolha correta.

"Dik está realmente na banda?"

Larry não tinha certeza de o que fazer com Dik.

"Quer dizer, o Dik é um cara legal e tudo o mais, mas ele está na banda pra valer?"

Uma hora, ficou evidente para nós que Dik estava indo para a universidade e não poderia mais ensaiar conosco; então, a pergunta foi respondida sem Edge ter que explicar ao irmão que Larry não tinha certeza se Dik deveria estar na banda. Pouco depois de Dik sair, Larry se aproximou e perguntou: "O Edge está na banda pra valer?".

Edge estava na banda pra valer, e nas semanas seguintes ficou evidente que Larry, Adam e eu também estávamos. Nós quatro. Um pouco para nossa descrença e graças ao experimento que era um estabelecimento educacional progressista, começamos a ensaiar na sala de música da escola aos sábados. Graças também a alguns aliados no corpo docente, professores de música como o Sr. McKenzie e o Sr. Bradshaw, nosso professor de história Donald Moxham, e nosso às vezes orientador e às vezes professor de inglês Jack Heaslip.

Foi na sala de música que descobri que as músicas que eu não conseguia tocar no violão do meu irmão soavam muito melhor quando eu não conseguia tocá-las com Dave, Adam e Larry.

Não apenas as músicas dos Beatles ou dos Beach Boys ou Bob Dylan. Nossas próprias músicas. Foi na sala de música que descobri a composição musical coletiva. Por mais improvável que fosse ousar pensar que poderíamos escrever músicas, eu realmente tinha melodias na minha cabeça desde que me entendo por gente. E talvez porque Adam, por anos, tenha anotado ideias para letras, ninguém riu quando sugeri que tentássemos trabalhar em algumas de nossas próprias ideias. E quando o fizemos, elas soaram mais simples e convincentes do que as versões que estávamos tocando. *Covers* que não éramos muito bons tocando. Não é exagero dizer que o U2 começou a escrever suas próprias músicas porque nós não conseguíamos tocar as dos outros.

Passinhos de bebê para uma banda recém-nascida.

Para mim, aquilo foi quase como nascer, e tão confuso quanto. O punk rock deu um tapa na minha bunda nua e comecei a chorar. Quase afinado.

Foi também na sala de música que fizemos nosso primeiro teste, um ano e meio depois daquele primeiro encontro na cozinha do Larry. Era para um produtor de TV, Bil Keating, e aconteceu depois que Steve Averill nos explicou que, se conseguíssemos impressionar esse homem, poderíamos aparecer na televisão.

Televisão?

Um novo programa de artes para crianças chamado *Young Line*. Soava como a antítese do punk rock; no entanto...

Televisão!

Parecia que essa poderia ser nossa grande chance enquanto esperávamos a chegada do produtor de TV num dia na primavera de 1978. Isso poderia acarretar exposição nacional, dominação mundial.

Infelizmente, quando o caçador de talentos chegou à porta, estávamos no meio de uma grande briga sobre o que tocar.

Como começar e como terminar.

"Ssshhh, deixa o cara entrar... O que nós vamos fazer?"

"Abre a porta... abre a porra da porta."

"Ouvi dizer que vocês escrevem suas próprias músicas", disse o produtor de TV.

"Sim", respondi, entrando em pânico, até que de repente me inspirei com uma ideia muito desonesta que poderia funcionar. Olhei nos olhos honestos de Dave Evans, e de alguma forma ele sabia o que eu sabia que tínhamos que fazer.

"Sim, de fato", prossegui. "Esta é uma das nossas. Chama-se 'Glad to See You Go'".

Edge então faz o mesmo olhar que faz até hoje ao se comunicar no palco com Larry e Adam. Quase não é um olhar, é mais um tipo de comando psíquico que eles parecem entender, e imediatamente eles deram um cavalo de pau, tocando com fúria a não muito famosa música dos Ramones "Glad to See You Go".

Nós acertamos.

O sujeito não conseguia acreditar que aqueles meninos pudessem oferecer uma brutalidade tão melódica. Ganhamos a vaga no *Young Line* e, quando chegou a hora do show, naturalmente trocamos "Glad to See You Go" por uma de nossas próprias músicas, "Street Mission".

Ninguém percebeu.

Outro milagre atribuível a Joey Ramone.

UM RAIO CAINDO DUAS VEZES NO MESMO LUGAR

Ainda tenho que me beliscar para acreditar que aquela semana de 1976, a semana em que entrei para a banda que se tornaria o U2, também foi a semana em que formalmente convidei Alison Stewart para sair comigo.

Nada jamais seria igual. O céu não se abriu, a chuva não parou, e não estávamos admirando a cidade do topo de uma colina. Na verdade, estávamos no ponto de ônibus na Howth Road, esperando o 31A. Eram 16h30 numa quinta-feira quando demos nosso segundo beijo.

Embora o dia lá fora não parecesse tão interessado assim, dentro da minha cabeça sardenta a música estava se formando ao partir do barulho, uma linha melódica emergindo do estrondo. Na minha confusão encontrei clareza, esta jovem que era clara como uma nascente. Na minha visão ela estava andando em meio à água novamente. Ela se tornou água.

Eu mergulhei.

You let me into a conversation
A conversation only we could make
You break and enter my imagination
Whatever's in there
*It's yours to take.**

Quarta-feira era dia de meio período na Mount Temple, uma tarde livre como um pedaço roubado do fim de semana no meio da semana. Sempre estive desperto, sexualmente falando, mas ao lado de Ali eu estava bem mais, olhos fixos, sentidos sobrecarregados. Sua presença era perturbadora e reconfortante. Embora eu realmente quisesse ficar sozinho com ela, estava determinado a não me impor a essa pessoa perfeita porque eu criara certa reputação como homem no grupo de jovens. Mas, naquela tarde, convenci Ali a visitar o número 10 da Cedarwood Road, oferecendo um tour pelo meu pequeno quarto minimalista com seu único lustre sem cúpula e sua cama de solteiro minimalista. Não era um complô para levá-la para a minha cama — não conscientemente —, mas foi o que aconteceu. Que alegria. Nunca discutimos o sexo que não faríamos; nós apenas começamos a paquerar um ao outro de maneira doce, depois, bem-humorada, depois, séria.

* Você me deixa entrar numa conversa/ Uma conversa que só a gente poderia ter/ Você arromba e entra na minha imaginação/ O que quer que haja lá/ É seu, pode pegar.

A essa altura, ouve-se o som da porta da frente se abrindo. Nossa porta de entrada.

Entra meu pai, chegando mais cedo em casa inesperadamente. Ali olhando para mim estarrecida. Ela não conhecia o homem.

"O que nós vamos fazer?", nos perguntamos suspirando.

Entrar em pânico, pensei.

"Vá para debaixo da cama", falei.

"O quê?!"

Seu olhar dizia que eu devia estar brincando. Meu olhar dizia que não. Se ela não conhecia Bob Hewson, eu o conhecia muito bem.

"Eu não caibo aqui embaixo."

"Cabe, sim. Tem que caber."

Ela coube.

Bem na hora que meu pai chegou ao topo da escada e entrou no meu quarto.

"O que, em nome de Deus, você está fazendo na cama a esta hora do dia?"

"Estou doente", menti, embora agora estivesse me sentindo um pouco enjoado, como se estivesse na cena de um crime, como se eu fosse o crime.

"É... eh", sussurrei. "Uma dor de garganta."

De todos os dias para que meu pai, mestre da grande pantomima e da pequena ópera, demonstrasse carinho por mim, ele escolheu este. Escolheu este dia para se sentar na minha cama e me fazer todo tipo de pergunta sobre meu bem-estar. Alison Stewart, enquanto isso, sufocando sob o peso de dois Hewson, centímetros acima dela.

Esta é uma situação, ouso dizer, condição, de que ela não vai se esquecer facilmente.

the gibson
explorer
IRIS
PAUL
the yellow
house

7

I Will Follow

A boy tries hard to be a man
His mother lets go of his hand
The gift of grief
*Will bring a voice to life.**

Gosto da expressão "O elefante na sala", e em diferentes momentos já fui ou o elefante ou a sala. Podemos nos perder em situações ou conversas e não perceber o óbvio. Estamos procurando alguém para nos salvar ou uma solução para um problema e eles estão bem na nossa frente, escondidos à vista de todos.

Pendurada em nossa casa há uma obra de arte do tamanho de uma parede do cineasta Wim Wenders. "O Caminho de Emaús" é uma fotografia recente daquela estrada, nos arredores de Jerusalém, onde diz-se que amigos íntimos de Jesus caminharam com ele, sem saber. Alguns dias depois de sua crucificação. Há um boatos de que ele está vivo e ninguém consegue encontrar o corpo.

Seus amigos estão confusos, aflitos, aterrorizados... e alheios à identidade desse estranho até o momento em que ele se despede. Agora eles acordam para a possibilidade de que o próprio coração de sua fé esteja batendo forte ao seu lado. Se ao menos eles tivessem olhos para ver.

* Um menino se esforça para ser um homem/ Sua mãe solta sua mão/ O dom do luto/ Vai dar vida a uma voz.

Já peguei voos em que a pessoa sentada ao meu lado, a pessoa com quem eu estava evitando conversar, acabou tendo uma peça valiosa do quebra-cabeça da minha vida, sem a qual eu estaria perdido. Quando você está aberto, um caroneiro — um "aleatório", como minha filha Eve os chama — pode se tornar um anjo. Quando você menos espera. E não apenas pessoas. Os lugares também podem desencadear uma conexão rara até então oculta.

NOSSA FASE AMARELA, CHALÉ E QUEIJO

A terceira sala de ensaio do U2 — depois da sala de música na Mount Temple e do galpão de jardim de 2 metros por 3 metros do Edge — foi um pequeno chalé cujos fundos davam para um cemitério no norte do condado de Dublin. O cemitério em que minha mãe estava enterrada. Na Casa Amarela, como a chamávamos, tínhamos um aquecedor elétrico no qual Larry torrava os sanduíches de queijo dele e do Edge.

Eu e Adam não levávamos nada e, literalmente, comíamos o almoço deles. Adam e eu estávamos unidos em nosso amor pela comida roubada. Ele também gostava de sobras. No almoço da escola, Adam, "o mauricinho", ficava ao lado da tigela de restos e tirava da vasilha uma batata estranha que parecia não ter sido tocada ou três quartos de uma salsicha flutuando como um corpo em um mar frio de feijão. Vi Adam durante toda a nossa vida de turnê comendo as sobras de bandejas colocadas do lado de fora dos quartos de hotel, meio cheeseburger aqui, uma fatia de pizza fria ali. A dieta de Larry era mais exigente e menos pública, um restaurante geralmente mais discreto. Mais discreto em todos os sentidos. Larry era um adolescente bonito que não gostava de ser encarado por garotas ou garotos.

Agora, você pode perguntar, por que um cara como aquele quer ser um ícone pop?

Por que um cara tímido colocaria uma placa no quadro de avisos da escola convidando músicos para tocar em sua cozinha? Não posso responder totalmente a essa pergunta, mas estou muito feliz por ele ter feito isso. Muito antes de sua ideia pagar por todos os nossos almoços, eu dou crédito à generosidade dele por compartilhar o próprio almoço.

Edge, por outro lado, se esquecia de comer. Ainda esquece. Muitas vezes eu me perguntei se isso tinha a ver com o fato de que todos os dias, durante sete anos, sua mãe, Gwenda, lhe embalava sanduíches de queijo.

Todos os dias ele comia aqueles sanduíches de queijo. Nem sempre com entusiasmo, mas ele comia uma metade e eu comia a outra. Não que sua mãe não tivesse dinheiro para preparar um cardápio mais variado, ela só se esquecia de o que havia dado a ele de almoço no dia anterior.

A cabeça de Gwenda, assim como a do filho, muitas vezes estava longe.

O Oposto de Comfort Food

Sanduíches de batata frita

Qualquer coisa frita (O melhor de todos era o Aziabúrguer. Compre o hambúrguer e leve a azia de graça.)

Cereal (Café da manhã, almoço, jantar.)

Bacalhau defumado (Para um adolescente irlandês prestes a comer peixe, é importante que o peixe não tenha aparência ou gosto de peixe.)

Neste dia na Casa Amarela estou comendo um queijo-quente do Edge e um misto-quente sem queijo do Larry. Já é espantoso que eles estejam falando comigo, quanto mais abrindo seus Tupperwares para mim. Hoje, não pela primeira vez, andei gritando e reclamando com meus companheiros de banda por razões que, posso admitir agora, já não se sustentam. É a mesma merda de sempre. Eles estão tocando muito rápido ou muito devagar, ou simplesmente não estão na rua lá embaixo quando estou prestes a pular de um prédio alto.

Esse melodrama não é muito importante, e parece a coisa mais importante do mundo. Esqueça a Irlanda explodindo em chamas com ataques paramilitares ou o risco de um inverno nuclear com o qual todos vivemos no final dos anos 1970. Não, a questão mais urgente que a humanidade enfrenta neste dia do inverno de 1978 é que essa banda não está tocando bem o suficiente.

Você poderia entender esse argumento se (a) eles não fossem bons músicos ou (b) eu fosse melhor.

O que eu definitivamente não era, mas ainda assim minha cabeça gritante jorra uma invectiva imperdoável pela qual agora, todos esses anos depois, peço perdão. Este não foi um caso isolado. Este era um modo de vida em nossos ensaios. Em retrospectiva, talvez eu possa analisar a situação e vê-la como uma forma de evitar a vida, ferir para evitar a mágoa. Pode ser.

Ou, talvez, fosse só um comportamento péssimo.

Uma coisa é certa: como músico, minha compreensão está muito além do meu alcance. Posso ouvir a música na minha cabeça, mas não consigo tocá-la. Sou como alguém que não sabe pintar, que não sabe nem esboçar, e tenta usar as mãos de outros artistas. Grande parte da minha raiva vem da minha incapacidade de me expressar, o que vale para muitas pessoas. Tive só algumas aulas de violão; por isso, sou muito dependente desses três camaradas. Estou tendo que suprimir meu ego porque sem a capacidade de me expressar eu não tenho nada.

Menos do que nada.

Um vazio, um buraco negro.

Hoje, a única coisa à mão é um ego inflado.

Estou tentando explicar como é original e empolgante a nova música do Public Image Ltd., "Public Image", como seu niilismo é o último prego no caixão de todo o rock vindo do blues que crescemos ouvindo. Soa, digo entusiasmado, como uma furadeira elétrica em seu cérebro, ou uma faca elétrica atravessando a carcaça do passado, ou uma empilhadeira a remover qualquer obstáculo em seu caminho. (Você consegue visualizar.) É muito incisivo. Sem gordura, sem rebarba no som da guitarra. Está além do punk; é pós-punk. ("Pós-punk", sim, é assim que eles chamam. É assim que eles iam nos chamar.)

Uma ótima música, explico a todos — como se tivesse escrito o manifesto —, pode ser escrita em duas cordas sobre dois acordes. Eis o quão pós-punk é John Lydon. Passamos de três acordes para dois. Isso é minimalismo em seu máximo!

Estou tentando fazer o Edge tocar o som de uma furadeira elétrica no córtex espinhal, mas ele não sabe o que quero dizer. (Em retrospecto, vejo que isso foi como um grafiteiro dizendo a um grande pintor de paisagens para usar tinta em spray.) Edge está perdendo a paciência e estou ficando ainda mais frustrado. Tão frustrado que agarro a Gibson Explorer, aquela elétrica triangular de ficção científica que ele comprou com todas as suas economias em Nova York, e que estava pendurada no pescoço dele. Penduro a guitarra no meu ombro e começo a fazer um som esganiçado louco e perigoso.

"Vá em frente", diz ele. "Deixe vir. Você está quase lá."

"Está gostando?", pergunto, surpreso.

"Não tenho certeza se gosto, mas soa como uma broca de dentista. Deixa eu ver se consigo fazer alguma coisa com isso."

Neste momento cheio de ego e desprovido de ego, uma música que se chamará "I Will Follow" está se formando. Edge e Adam descobrem uma complexidade no zumbido que cria um harmônico atraente, e quando Edge vai para a parte mais grave (uma série de mis e rés, tocados nas cordas 2 e 3 para compor os acordes mi com baixo ré seguidos por ré com nona — caso você esteja interessado) depois de Larry dar uma de Joy Division com mais um preenchimento teutônico na bateria, eu crio o refrão e a letra.

If you walk away, walk away,
I will walk away, walk away
*I will follow.**

A repetição e a percussão de "walk away, walk away" são um mantra, são como o pedal *wah-wah* de Jimi Hendrix, um gancho rítmico que pega você sob a pele.

Sabíamos que tínhamos algo bom ali.

"Sobre o que é a música?", perguntamos um ao outro.

"A música é uma carta de suicídio", falei. "É sobre um garoto que quer encontrar a mãe e, mesmo que ela esteja no túmulo, ele vai atrás."

Pausa dramática.

O que não ocorreu a ninguém naquela sala de ensaio, nem a mim mesmo, foi Iris Hewson descansando debaixo da terra a menos de

* Se você for embora, for embora,/ Eu vou embora, vou embora/ Eu vou atrás.

cem metros de onde estávamos tocando. Em todo o tempo que ensaiamos lá, nunca pensei nisso ou sequer visitei seu túmulo uma vez. Minha mãe estava morta. Literalmente, mas também emocionalmente, para mim.

Era o que eu pensava.

A negação é um truque psicológico notável, às vezes necessário, eu acho. A verdade é que o apelo duradouro dessa música não é tão niilista quanto uma carta de suicídio. Em seu som ou em seu estado de espírito, é uma música sobre o amor de uma mãe. Uma música sobre o amor incondicional. Amor Ágape. Amor eterno. Mais comumente descrito como de mãe do que de pai.

Muita gente conhece a história que Jesus conta sobre o filho pródigo, um jovem que esbanja a herança do pai em esbórnias e depois de um tempo cai em desgraça e tem que voltar para casa humilhado, sem nem um chapéu para segurar. O que poucos leitores captam é a descrição do bom pai, que não está em casa esperando o retorno do filho pródigo, mas sim no campo mais distante procurando por ele, ansioso. É mais provável que seja a mãe.

*If you walk away, I will follow.**

AMOR IDIOTA E TEIMOSO

Há algo de inteligente e idiota no amor. Às vezes o amor não só preenche as frestas; ele nem as nota. Lentamente, mas sem hesitação, Ali e eu estávamos nos apaixonando, e enquanto estávamos investigando o amor em todas as suas manifestações, nos aproximávamos de um grupo de radicais cristãos chamado Shalom. Estávamos experimentando um efeito que ainda entendemos ser verdade hoje: quanto mais próximos nos sentíamos de nosso Criador, mais próximos estávamos um do outro.

O grupo Shalom estava praticando uma espécie de vida cristã ingênua do primeiro século que previa poucas posses, mas muitos milagres. Seus membros podiam não saber de onde viria sua próxima refeição, mas eles sabiam tudo da Bíblia. Era uma vida rigorosa e exigente que atraiu alguns personagens excêntricos.

* Se você for embora, eu vou atrás.

Sempre tive a sensação de que, quanto mais excêntrico, melhor. Já fazendo parte da turma de Lypton Village, que também se especializou em excêntricos, malucos e incendiários, achamos normal começar a sair com o pregador de rua Dennis Sheedy. Nós o encontramos do lado de fora do McDonald's, onde, acredite ou não, a cena punk de Dublin às vezes se reunia. O McDonald's na Grafton Street, que ainda tinha um quê de *americana* dos anos 1950 naqueles dias. Dennis dizia que as batatas fritas não eram feitas de batatas, mas de batatas em pó.

"Então, como é que de vez em quando vemos um pedaço de casca de batata?", perguntei.

"Eles põem um pouco para dar um efeito visual", foi a resposta do contador da verdade.

"Nem me peça para falar dos picles."

Dennis era uma espécie de Jeremias dos últimos dias, o profeta do Antigo Testamento, mas em vez de para o povo de Israel, Dennis estava falando ao povo de Dublin, pregando o Evangelho nas ruas do Centro da cidade, como a Henry Street. Admito que ele podia ser meio como um incêndio florestal; mesmo assim, tínhamos muito carinho por ele. Ainda tínhamos o mesmo carinho vinte anos depois, quando Dennis chegou ao Mr. Pussy's Café Deluxe de meia arrastão, salto alto e um batom rosa *shocking*. Ainda pregando, mas com um pouco menos de impacto. O amor é a lei suprema.

NOSSO PRIMEIRO ESCRITÓRIO... A CHUVA

A fé cega não o levará até lá, mas o fará começar.

Ela nos levou de ensaios na Casa Amarela para shows reais com pessoas reais pagando para nos ver. Shows que eram erráticos, às vezes surreais, mas ocasionalmente transcendentes. McGonagles era o local punk mas importante de Dublin na época, com direito a todos os apetrechos de um salão de baile dos anos 1940 arrastados relutantemente para os anos 1970 — o bar de vinhos com carpete pegajoso, as árvores de plástico falsas ao lado do palco. Mais tarde descobri que meu pai e minha mãe, Bob e Iris, costumavam dançar lá quando se chamava Crystal Ballroom. Nos deram uma vaga na segunda-feira, a noite em que o negócio da música saía da cidade, e se por um lado nunca ia estar cheio, por outro havia uma espécie de clientela, um público cuja atenção estava dedicada à bebida, mas que podíamos fazer se voltar para nós. Se fôssemos ser bons. Ou até ótimos.

Sempre tivemos empolgação nas primeiras filas diante do palco; garantíamos isso convidando nossos amigos, convencendo-os a se passarem por uma multidão animada. Ou talvez eles não estivessem representando. Andando pelo palco, eu podia ouvir Ali, Ann e Aislinn, nossas namoradas, gritando como se fôssemos os Beatles enquanto Gavin, Guggi e os Lypton Villagers mantinham a calma. Até que finalmente explodiam em espasmos de punk rock. O editor do jornal de música local *Hot Press*, Niall Stokes, estava sempre lá junto com Mairin, sua esposa, e Bill Graham, o principal crítico do jornal.

Foi Bill quem nos apresentou a Paul McGuinness, um aluno da Trinity College. Bill parecia acreditar no U2 tanto quanto nós, e visitar seu cérebro foi como ter acesso aos seminários aos quais eu nunca assistiria por ter decidido não ir para a faculdade, uma decisão de que meu pai ainda não tinha sido informado. Depois de Steve Averill, Bill rapidamente se tornou nosso segundo guia espiritual, e, ao nos conectar com Paul, nos apresentou ao nosso terceiro, que se tornou também o quarto, o quinto e o sexto. Não haveria parte de nossa vida que Paul não ajudasse a moldar, tornando-se o mais fundamental aliado, mesmo que nem sempre se sentisse assim.

Uma noite depois de um show estou com este homem que vai levar a banda recém-nascida que é o U2 para a adolescência e perto da idade adulta. Estamos em nosso primeiro escritório, a chuva. Nosso escritório é em qualquer lugar onde nos encontramos com nosso empresário, e esta noite nosso escritório é do lado de fora do McGonagles. Na chuva. É o início do nosso relacionamento, e ainda estamos avaliando um ao outro. Ele não nos entregou um contrato com uma gravadora do Reino Unido que nos financiaria enquanto caminhávamos rumo ao estrelato.

Estamos trabalhando em um acordo segundo o qual ele nos fornecerá esse maná do céu, mas enquanto o neon quebrado do clube chia e estala ao nosso redor, capto um "ainda não" em sua linguagem corporal. Estamos em conversas sobre conversas. Conversas que estão se transformando em uma discussão acirrada. Estou achando difícil engolir a informação de que não só o contrato de gravação não é iminente, como igualmente não iminente é a chegada da tão discutida van que pode pelo menos nos transportar para o lugar onde podemos nos dar ao luxo de comer fora de nossas próprias casas, talvez até dormir sem depender de nossos pais. Não tenho dúvidas de que uma van é o equipamento mais essencial para qualquer banda punk em ascensão. Tão importante quanto guitarra, baixo e bateria, eu digo a ele. Como se ele já não soubesse.

EU: "Na Irlanda é como uma banda vai de um show para outro e consegue lucrar, porque, caso contrário, nossos shows mal pagam o aluguel da van."

PAUL: "Me diz alguma coisa sobre algo que você entenda."

EU (PERDENDO SERIAMENTE O FIO DA MEADA): "Paul, você não consegue ver o poder transformador de um veículo desses? Se você fosse um empresário de verdade, conseguiria uma van para nós."

PAUL: "Não temos dinheiro para uma van, Bono. É muito cedo ainda."

EU (SEM FAZER SENTIDO): "Você tem um sotaque chique, mas parece que não tem o dinheiro que vem com isso."

PAUL: "Essa é uma frase louca! Bono, você precisa de um pouco de paciência e perspectiva."

EU: "Diz isso pro meu pai."

PAUL: "Pode deixar. Já falei com as famílias do Adam e do Edge."

EU: "Vamos dizer assim. Se você não vai conseguir uma van para a gente, nós — nós quatro da banda — vamos ter que arrumar uma. O que significa que precisamos de um contrato de gravação, o que significa que você precisa ir a Londres e resolver isso."

PAUL: "Bono, você só pode ir a Londres pela primeira vez uma vez, e a banda ainda não está pronta para ir a Londres. A banda ainda não atingiu o ponto certo."

EU: "Bem, se você não vai conseguir um contrato de gravação pra gente, então quem vai?"

PAULO: "Boa pergunta."

EU: "Está começando a parecer que você não está comprometido com a gente, não o suficiente; caso contrário, você nos encontraria uma van."

PAUL: "Como posso não estar comprometido o suficiente quando estou na chuva com você assim há quase quarenta e cinco minutos?"
EU: "Boa pergunta."

Paul era o único homem com quem eu precisava estar na chuva naquele momento. No momento certo, um estranho, um amigo ou até mesmo a paisagem física de que precisamos nos encontrará. Mas nem sempre descobrimos o seu papel.

O GOLPE MAIS LIMPO DO PLANETA

Avance alguns anos, depois que deixei a casa em que cresci no número 10 da Cedarwood Road. Meu pai continuou sofrendo ali. Tentei convencer o velho a se mudar, mas ele não cedia; então, um dia contei uma mentira boba, que eu tinha comprado um apartamento modesto na bela cidade litorânea de Howth, com vista para uma pequena praia. Ele estaria me fazendo um favor se pudesse cuidar do lugar enquanto alugava a Cedarwood Road, o que renderia algum dinheiro extra além da sua pensão. Ele ficou lá até morrer. Ele amava o lugar, e esse amor parecia recíproco.

Alguns meses depois que ele se mudou, minha tia Ruth ligou para conhecer o novo ambiente e contou que ela e sua irmã Iris — minha mãe, esposa dele — nadaram naquela praia durante toda a adolescência.

Ela disse que Iris nem se importava com a longa viagem de trem até Howth. Significava muito para ela tomar banho ali e deitar-se ao sol, nas raras ocasiões em que o sol se deitava com ela.

Avance mais algumas décadas, e Paul está me levando de carro para o pub The Ferryman, nas docas de Dublin. O Ferryman não mudou muito, mas as rodas cromadas do Jaguar XJ8 preto de Paul estão um pouco mais sofisticadas. Estou conhecendo Jon Pareles, crítico de música do *The New York Times*, que levanta questões que não posso responder fazendo rodeios ou mudando de assunto. Ele quer saber sobre minhas origens. Sobre mim.

"Como você se dava com seu pai quando era mais novo?"

Nesse ponto, dois caras durões entram no pub. Sei que são durões porque sinto os pelos da nuca se arrepiarem e não tenho pelos na nuca. Na casa dos trinta, mas com aparência de quarenta, um deles com um sorriso permanente, outro com dentes muito manchados de tabaco, e eles começam a jogar sinuca, mas eu os encaro enquanto eles estão me encarando, e depois de um tempo eles vêm falar comigo.

"Tudo beleza, cara? Tudo tranquilo? O que você conta?"

Se você estiver em uma parte perigosa da nossa cidade, pode ser útil saber o sotaque certo. Dublin se torna muito mais rica com toda uma série de dialetos.

ELE: "Você é da Cedarwood Road, não é? Eu me lembro de você. Você morava bem em frente à curva para a Cedarwood Grove. Número 10, não é?"

"Sim", respondi, secretamente satisfeito que minha escolha de local com o *The New York Times* tenha levado a um encontro autêntico com alguns dos personagens com quem eu tinha que lidar quando adolescente.

"Que memória boa", devolvi. "Não tenho certeza de que a gente se conhece. Esse aqui é o Jon. Como vocês se chamam?"

Ele me cortou.

"Não, a gente nunca se viu e você não ia querer ter me conhecido."

Eu não pisco.

Pareles pisca algumas vezes seguidas.

"Rá, nada, só estou brincando com você. Está tudo bem, você se deu bem. Estamos todos orgulhosos de você."

"Obrigado, cara," disse, me esquecendo de fazer o sotaque.

"Lembra que teve uns arrombamentos na sua casa? No começo dos anos 1980?"

"Sim", respondi, olhando para o Jon, seu rosto de repente um pouco mais pálido. "O que tem?"

"Eram só umas bobagens, televisores, um aparelho de som, e me lembro de uma vez, uma chaleira. Ah, sim, e um violão. Era o seu violão?"

"Não, era do meu irmão."

"A jaqueta de couro. Era do seu irmão?"

"Não, era minha."

"Umas fitas de gravador de rolo, nunca ouvidas, eram suas músicas?"

"Não."

Meu sangue estava começando a ferver. Eu estava fazendo as contas sobre os vários resultados desta conversa se a situação piorasse, se eu estourasse.

Então, do nada, surgiu uma coisa poética, algo que nunca entendi, mas que nunca esqueci.

"Sabe, a gente nunca fez bagunça", disse ele, olhando para mim com dignidade e desafio em seus olhos.

"Sabe, a gente nunca destruiu a casa do seu pai e, pra falar a verdade, teve uma vez que a gente fez uma xícara de chá e limpou tudo. A gente lavou e enxugou as xícaras."

Agora estou um pouco confuso porque o cara dos dentes de tabaco não estava mentindo, foi um episódio muito discutido em nossa família; então, aqui estamos diante do golpista mais asseado do planeta.

"Mas a gente roubou a chaleira… hahahaha!" Ele deu uma grande risada.

EU: "E qual foi o motivo disso?"

ELE: "A gente estava vendendo umas coisas. A pessoa às vezes fica sem saída, sabe. A gente sabia que o seu pai não estava sem saída. Ele tinha você. Estou certo? Entendeu? A gente nunca bagunçou nada; a gente não queria ser ladrão. A gente só queria comprar uns baseados. Simples assim."

EU: "O que você anda fazendo agora?"

ELE: "Acabei de sair."

EU: "O que você estava fazendo?"

ELE: "Puxando um tempo."

"Estava preso", eu disse, traduzindo para o *The New York Times*. "Pelo quê?"

"Um assaltinho à mão armada, sabe como é."

"É… não", fiquei sem dizer. Na verdade, assenti, como se fosse um cúmplice.

Olhei para o Jon, que olhava para seu gravador Aiwa, não mais um crítico, mas um repórter policial, ainda que de um crime cometido vinte anos atrás.

Se você estiver onde deveria estar, vai conhecer quem precisa conhecer.

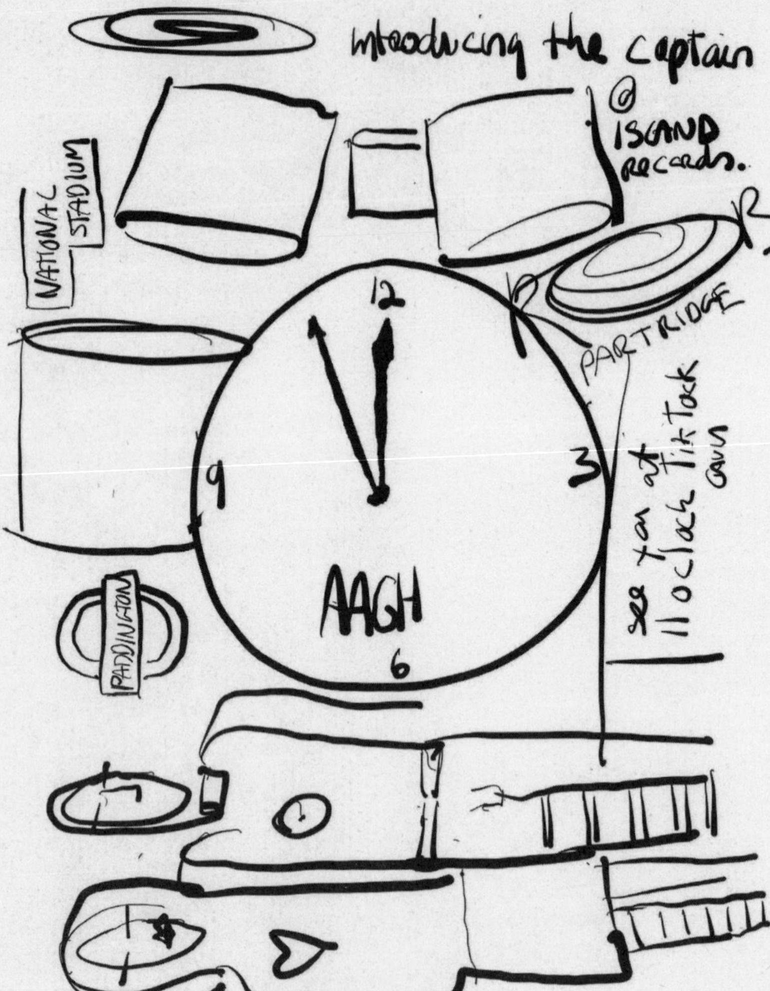
introducing the captain
@ ISLAND records.
NATIONAL STADIUM
PARTRIDGE
12
3
9
6
AAGH
PADDINGTON
see you at 11 o'clock Tik Tock

8

11 O'Clock Tick Tock

It's cold outside
It gets so hot in here.
The boys and girls collide
To the music in my ear.
I hear the children crying
And I see it's time to go.
I hear the children crying
*Take me home.**

O trem estabelece uma faixa de ritmo. Ele mantém seu próprio andamento, desacelerando e acelerando até que as cidades e vales com sotaque galês deem lugar aos aplausos e risos do interior da Inglaterra, que uma hora nos engole e descemos ao submundo de Londres. Aqui, nos túneis revestidos de azulejos, a batida do tambor aumenta de volume até sermos cuspidos numa plataforma da estação Paddington, Londres W2.

É isso.

O ventre da fera.

Orfeu no submundo com um toca-fitas em vez de uma lira.

* Está frio lá fora/ E aqui fica tão quente./ Os meninos e meninas colidem/ Ao som da música em meus ouvidos./ Ouço as crianças chorando/ E vejo que é hora de ir./ Ouço as crianças chorando/ Me leve para casa.

Orfeu e sua amada Eurídice, mas não é a sedutora Eurídice que precisará ser salva, é o próprio Orfeu. Ela está aqui para salvar sua vida porque sabe que se ele não se tornar quem é aqui, nunca terá uma vida. Esta é a história de como Eurídice salvou Orfeu de seu próprio inferno.

A história de como Alison Stewart me salvou. De mim mesmo.

Ali tinha fé. Ela acreditava em mim e tinha certeza de que o Deus para quem rezava poderia romper a distância entre o que tínhamos e o que não tínhamos, em termos de talento e custos. Nossa fé certamente foi a nossa balsa, e a fé é algo notável, até porque pode encobrir muita estupidez. Por exemplo, a forma como esses dois adolescentes irlandeses não tinham lugar reservado para ficar nesta primeira viagem a Londres. Naquela noite, dormimos na estação Paddington. (Com Guggi, eu já tinha aprendido a dormir em cabines telefônicas nas quais, em pé, cada um de nós se tornava uma cama para o outro.) Isso era menos Dante e Beatriz e mais Jonas e a Baleia, mas nossos corações eram como trens quando, na manhã seguinte, subimos os degraus até o chão iluminado pelo dia, para olhar de perto um mundo que só tínhamos visto nos noticiários ou vislumbrado na ficção.

O SACRAMENTO DA AMIZADE

Em todas as viagens que fiz, procurei um guia. Mesmo com a bússola da fé procuro a companhia certa para o passeio. Um guia espiritual encarnado em uma pessoa. O sacramento da amizade.

Aprendi sobre amizade com Guggi, e vi como isso abriu minha vida para novas possibilidades e aventuras. Descobri cedo que eu era colaborativo por natureza. Comecei a entender que o mundo não é tão assustador se, em cada esquina importante, alguém estiver esperando para caminhar com você na próxima parte da jornada.

Lentamente, após a morte de Iris, Ali se tornou minha companheira. Nem sempre tínhamos certeza de quem estava guiando quem, mas sentíamos que o espírito santo estava conosco e nos guiaria se estivéssemos abertos à possibilidade.

Reggie Manuel tinha me levado àquele primeiro ensaio com a banda, e agora era Ali quem me levava para Londres, onde eu certamente arrumaria um contrato de gravação para que pudéssemos divulgar nossa música e, talvez ainda mais importante, um contrato de gravação que pagaria pela intangível van e que, por sua vez, nos financiaria no início do caminho para o estrelato. Ou, no mínimo, isso impediria o velho de me mandar para a faculdade ou, pior, de me obrigar a conseguir "um emprego de verdade".

LONDON CALLING

Por fotos, tínhamos visto o que estava acontecendo na cena punk na King's Road, mas nada poderia nos preparar para essa mistura fluorescente de beleza e maldade, os trapos da raiva, a violência estilosa da butique de Vivienne Westwood e Malcolm McLaren chamada Sex. Sadomasoquismo parecia ser um tema recorrente, mas mesmo em meio à paródia você não podia deixar de se perguntar se havia algum subtexto em toda aquela submissão e dominação. Partes do punk rock britânico eram muito… britânicas. Os "novos garotos" podiam apanhar na imprensa musical de um modo que ia muito além da simples crítica. Uma espécie de surra. Para uma revolta da classe trabalhadora, vista pelos olhos de um adolescente irlandês, isso lembrava demais a humilhação de que tínhamos ouvido falar que ocorria nos internatos britânicos. Mas era realmente empolgante. Alguns escritores magnéticos surgiram, e essas críticas semanais eram uma ótima leitura. Se a crueldade às vezes desaparecia, isso era fruto da paixão. Havia regras sobre o que você podia ouvir ou vestir, um certo fundamentalismo que não parecia tão diferente daquele que eu estava lutando para transpor em casa.

Os Dez Mandamentos do Punk

Saberás de tudo quando tiveres 17 anos, com uma grande e segura certeza.

Proclamarás o ano zero e não honrarás o passado, porque só o novo importa.

Usarás uma vestimenta de jaqueta de couro e calças rasgadas, com acessórios com um toque de S&M, com os pés calçados por Doc Martens.

Tua camiseta — assim como tuas letras de música — terá um mote ofensivo.

Ficarás entediado, zangado, muito vazio, ou pelo menos levemente irritado.

Não terás mais heróis, nem aceitarás autoridade alguma.

Terás um adjetivo no sobrenome como Rotten ou Vicious.

Criarás uma conexão com teu público para que eles possam invadir teu palco ou para que recebas seu cuspe em teus olhos. Tu os deixarás fazer mosh.

Deverás falar a verdade com um falso sotaque londrino, mesmo que sejas irlandês ou tenhas frequentado uma escola pública inglesa pouco importante.

Não envelhecerás para que não venhas a perceber que a maior autoridade que terás de derrotar é a ti mesmo.

Às vezes, o punk britânico era uma experiência de uma escola de artes que havia escapado do laboratório para correr pelas ruas suburbanas com o proletariado. O punk em Londres estampava "NO FUTURE" em paredes e camisetas porque aquilo soava verdadeiro para uma geração de pessoas que sentiam que seu país estava à beira do colapso.

Sem futuro? Em nossa Dublin parecia não haver presente, muito menos passado ou futuro. Em nossa banda, nos sentíamos afastados de qualquer tradição que pudéssemos manter. Crescendo na Irlanda parecia que o futuro estava sempre em outro lugar.

Além da fronteira e além-mar, cidades, vilarejos e indústrias que outrora tornaram a Grã-Bretanha grande foram intimidadas e levadas a acreditar que seus novos problemas industriais jaziam na militância sindical e não no surgimento da globalização, um projeto que beneficiaria grande parte do mundo, mas que também cobraria de seus criadores um preço na forma de reciprocidade. O mundo estava mudando, e empregos do velho mundo nas indústrias de aço, carvão e vapor agora eram desempenhados por menos dinheiro, muitas vezes pelos mesmos países que os britânicos colonizaram. Em breve, a Índia e Bangladesh independentes exigiriam sua participação no livre mercado, ao mesmo tempo em que forneceriam mão de obra muito mais barata.

Muitos de nós, nascidos na década de 1960, buscavam independência pessoal, o reinício de um relógio que não reconhecia mais nosso rosto. Estávamos procurando na música algum tipo de libertação. Ou de revolução. Nos sentíamos claustrofóbicos. Me identifiquei com a camisa de força usada pelo vocalista dos Sex Pistols. Seu nome era Johnny Rotten, e seus companheiros de banda se recusavam a estar no "*show business*" de uma maneira muito, digamos, chamativa, execrando os meios de comunicação e, ao mesmo tempo, usando-os para fazer suas execrações. A música deles era o ano zero, o *big bang* do punk, não tanto indignação, mas pura raiva. Era o som que muitos de nós ouvíamos dentro de nossas cabeças. Para nossa geração, "Pretty Vacant" foi um emocionante "foda-se" para qualquer coisa que tenha acontecido antes. Terror adolescente.

Aquilo substituiu o glam rock e a feminilidade da época, por uma espécie de machismo maníaco que descartava os binarismos tradicionais. Bowie como um arruaceiro que usa tinta em spray para pintar tanto camisetas quanto paredes. O single "God Save The Queen", dos Pistols, foi lançado no ano do Jubileu de Prata da Rainha Elizabeth, e eles foram banidos da BBC.

Johnny Rotten escreveu os versos "We mean it, man!" ("Estamos falando sério, cara!") e os cantou com um olhar malicioso: "No future for me." ("Não tem futuro para mim.")

Ideias para músicas se tornaram mais importantes do que a capacidade de pôr em prática essas ideias. Ter algo a dizer importava mais do que a maneira como você dizia. A imagem não precisava ser bonita para um menino ou uma menina. Pense no *American Idol* e imagine o seu oposto. Isso era o punk rock. O U2 também não teria ido longe nesses termos do *show business*. Quando vimos o The Clash tocar na Trinity College em Dublin, em 1977, foi como um convite para sair da plateia e subir ao palco.

O The Clash cantou sobre como eles queriam se juntar às revoltas raciais que testemunharam em Notting Hill em 1976: "White riot, a riot of my own..." ("Revolta branca, uma revolta minha...") Nós queríamos uma revolta também, mas nossa rebelião foi direcionada a um lugar muito mais nebuloso do que, digamos, "o *establishment*". Estávamos nos rebelando contra nós mesmos e, tudo bem, talvez contra a geração anterior de bandas.

Talvez esta tenha sido a última vez que uma guerra de gerações foi travada por meio da música. Lá se foram as labaredas e cabelos compridos dos heróis musicais do meu irmão. Até os Beatles usaram barba. (Elas teriam que ser raspadas.) Os Rolling Stones escaparam por um triz, mas o The Who tinha que se barbear. Mesmo que seus integrantes fossem bons em mau comportamento, o Led Zeppelin também deveria ser banido, principalmente porque eles eram adorados por seu irmão ou irmã mais velhos.

Descendo a King's Road no Chelsea com Ali, paramos em uma grande placa: "World's End". O lugar original do pub do Fim do Mundo. E não há lugar melhor para uma bebida neste momento de finais e começos. Todas as músicas anteriores a este dia não serão permitidas. As estrelas são agora o inimigo. "Chega de heróis", como dizia o The Stranglers.

Era emocionante estar nesta cidade que parecia a capital do mundo, pois o mundo estava mudando irrevogavelmente.

Eu não tinha medo.

O que havia a temer, além do fracasso, que eu já tinha de qualquer maneira? Eu estava com medo.

Medo de aquele não ser meu lugar.

Ali era mais punk do que eu. Ela nunca poderia ser outra coisa além de si mesma, o que era muito irritante porque ela não estava realmente querendo se libertar de nada. Exceto de seu namorado sério. Fui eu, não ela, quem se intimidou com os fascistas do estilo. Tirando uma manhã para explorar Piccadilly, ela não estava nem um pouco em dívida com o circo punk rock. Estava em sua própria categoria. Mas precisávamos de uma cama de verdade para dormir naquela noite e, embora juntos tivéssemos apenas 37 libras, também tínhamos fé do tamanho de um enorme ônibus vermelho londrino. Tudo se resolveria.

Não?

Tínhamos colocado a viagem nas mãos da Deus, e esperávamos que o divino agente de viagens resolvesse nossa confusão. *Tudo de que precisamos está bem debaixo dos nossos pés*, dissemos a nós mesmos. Só precisávamos ouvir alguma dica nesta metrópole cheia de buzinas. Ouvimos dizer que havia pousadas na Edgware Road, e caminhamos em meio a sugestões atraentes gritadas em sotaque londrino, misturado a sotaques jamaicanos e indianos, até chegarmos a um prédio vitoriano comum chamado Stewart House. Claramente um sinal.

"Seu pai vai ficar satisfeito."

Em nossas cabeças, éramos cristãos do século I nos sentindo meio radicais (mas talvez fôssemos simplesmente irritantes) enquanto encarávamos de olhos arregalados as tribos moicanas de Camden Lock na manhã de domingo, um grande A em negrito salpicado nas costas de suas jaquetas de couro pretas.

ALI: "O que significa o A? Adam and the Ants?"

Ali nunca tinha ouvido a banda, mas adorava o nome.

EU: "Não, é 'anarquia'."
ALI: "Isso tem a ver com moda, certo? Eles não são anarquistas de verdade?"

"Não sei, eu diria que alguns são pra valer", falei, andando com um pouco mais de machismo, soltando a mão dela enquanto explicava que "anarquista" significa "não estar sujeito a nenhuma regra".

ALI: "A nenhuma regra ou só às regras de alguma outra pessoa?"
EU: "Olha, esse é o nosso tipo de gente. Tenho certeza de que Johnny Rotten é um deles."
ALI: "Ele também não se descreveu como um anticristo?"
EU: "Ele estava brincando. É uma coisa irlandesa. Minha mãe costumava me chamar de pequeno Anticristo."
ALI: "Ela não estava brincando..."

Terminando de comer bacon e ovos, concordamos que Jesus era uma espécie de anarquista, e que o Espírito Santo era "como vento", como a Bíblia dizia. "Ninguém sabe de onde vem ou para onde vai."

Penso em como isso deve ter passado pela mente de Bob Dylan quando ele escreveu que "a resposta, meu amigo, está soprando no vento". Certamente era sobre isso que Van Morrison estava falando quando cantou sobre navegar rumo ao místico?

Ali tolerou esse pensamento furtivo e prestou atenção quando expliquei que Van Morrison e Bob Dylan foram os primeiros cantores a me incentivar a acreditar no que você não pode ver. Nós dois partilhamos da ideia de que aquilo que você não pode ver importa, e que para algumas pessoas importa mais do que a matéria. (Ou algo assim.)

Estávamos em Londres só porque Paul disse que não estávamos prontos para que ele levasse nossa música para lá, e decidimos que íamos fazer isso sozinhos. Então, agora que o Espírito Santo tinha encontrado um teto para mim e Ali, tudo o que eu tinha que fazer era conseguir alguns elogios da crítica. E assinar um contrato. E encontrar um produtor legal. E eu tinha sete dias para isso.

Fui para o West End e para os escritórios do primeiro andar do *Record Mirror*, perto da Shaftesbury Avenue. Inventei que tinha uma reunião marcada.

EU: "Vim encontrar Chris Westwood."
RECEPCIONISTA: "Ah, sim, espere um segundo."

Quase não acreditei quando Chris Westwood, um dos caras que líamos toda semana, apareceu na recepção. Isso foi mais fácil do que eu tinha imaginado.

EU: "Chris, adorei seu texto 'In Search of the Cure'. Esta é a nossa demo; somos o U2."
CHRIS: "Ah, ótimo, muito obrigado."
EU: "Volto em uma hora, então."
CHRIS (PARECENDO CONFUSO): "Uma hora?"
EU: "Sim, somos de Dublin e só estamos aqui por uns dias; então, só preciso saber o que você pensa. Pode ser?"
CHRIS (INCERTO): "Bom... tudo bem".

Fiz a mesma coisa com Dave McCullough, um conhecido crítico da *Sounds*, um semanário *indie* que era puro punk rock. Fomos apresentados a Dave por Philip Chevron, o contraponto de Steve Averill nos Radiators from Space, que gravou *Ghostown*, um dos melhores álbuns irlandeses de todos os tempos.

Minha sorte acabou quando cheguei na *NME*, o que foi uma pena, porque havia alguns críticos lá que eu gostava muito de ler. A reportagem de capa de Paul Morley sobre o Joy Division, com a fotografia em preto e branco de Anton Corbijn, me apresentou não só ao trabalho de Anton, como também a um mundo totalmente novo centrado na Factory Records de Manchester e no genial cantor Ian Curtis. Mas falar com dois dos três semanários de música não era nada mau, e ambos os críticos gostaram do que ouviram e quiseram conversar.

A demo tinha os melhores trechos de duas gravações de estúdio que fizemos. Uma tinha versões de "Shadows and Tall Trees", "The Fool" e "Stories for Boys" no Keystone Studios com Barry Devlin, e a outra, "Alone in the Light", "Another Time, Another Place" e "Life on a Distant Planet", gravadas no Eamon Andrews Studios. Eu tinha empacotado catorze cassetes para a viagem, planejando colocá-las nas mãos de todo o pessoal responsável por encontrar novos artistas nas gravadoras de Londres que eu conseguisse — em particular, Nick Mobbs, da Automatic Records. Ele contratou os Sex Pistols. Os verdadeiros Sex Pistols. Ele poderia muito bem ter contratado o Queen. Digo, ele poderia muito bem ter contratado a rainha.

E ele gostou da nossa demo. Uau. Essa foi fácil.

Eu tinha voltado a vender de porta em porta, um traficante cuja mercadoria eram as esperanças e sonhos de uma banda que, se por um lado sabíamos que não tinha quase nada em termos de façanhas, por outro esperávamos que pudesse ter "tudo" em termos de promessa. Meu amigo Simon Carmody, vocalista do grupo punk de Dublin The Golden Horde, tinha uma frase para descrever um talento mais evoluído do que o nosso, bandas que tocavam melhor ou só pareciam melhores, bandas modernas que pareciam ter tudo. "Eles têm tudo, menos '*it*'", ele dizia.

It, ele explicava, era a coisa, a química, a magia, a determinação indeterminada.

Nós achávamos que não tínhamos nada além de "*it*".

Quando eu ouvia os mais importantes programas noturnos da BBC Radio 1, muitas vezes uma banda parecia preterir a comunicação em prol de um conceito. Mas uma sessão no lendário programa de John Peel podia levar uma banda ao estrelato ou acabar com ela. Nós mandamos uma demo, que ele recusou. O homem cujo gosto quebrou os Undertones e Stiff Little Fingers não iria atravessar a fronteira irlandesa para ir atrás do U2.

Edge sempre tem a melhor opinião sobre as pessoas que não gostam do U2. "Elas simplesmente não estão se esforçando o suficiente", diz ele com sarcasmo.

Isso ressoava alto em meu ouvido quando entrei numa cabine telefônica vermelha para ligar para John Peel em casa, uma lembrança que me incomoda porque devo ter conseguido o número dele por meio de jornalistas musicais. Não deveriam ter me dado o número e eu não deveria ter ligado, mas eu queria ver se conseguia fazer John se esforçar mais com o U2. Eu era o Davi daquele Golias das ondas de rádio, que havia promovido todos, do Pink Floyd ao Roxy Music e David Bowie. Consegui falar com ele, mas o grande defensor dos *indies* não ficou nada satisfeito.

"O que está acontecendo? Quem é?"

"Ouça, eu sou de uma banda chamada U2 e eu queria..."

"Por que você está ligando para este número?"

"Sinto muito. Não posso demorar. Só tenho algumas moedas."

Não precisei de todas as minhas moedas. Ouvi a voz de uma mulher. Alguém desligou o telefone. Evidentemente eu também não estava na *playlist* da mulher dele.

Um ou dois dias depois, fui à BBC tentar pegar John a caminho de seu programa noturno. A segurança não me deixou passar, mas prometeu dar a John nossa demo. A história não registra se a fita chegou até ele e se ele tocou nossas músicas, só que ele nunca chegou a gostar do U2. Tenho certeza de que não teve nada a ver com a perseguição, ele só não estava se esforçando o suficiente.

O CONTRATO COM O EMPRESÁRIO

A Batalha da Grã-Bretanha tinha começado, mas eu tinha mais medalhas do que ferimentos, e retornar a Dublin depois daquela primeira semana em Londres deu uma sensação boa. Ali sentiu que tínhamos passado por algo importante juntos, e que estávamos nos tornando camaradas e companheiros.

Sabíamos que algo tinha mudado, e não apenas entre nós. Havia empolgação com a banda nos "inkies", como os jornais de música eram conhecidos. O punk rock tinha sido uma safra incrível para eles, cada um competindo para ser "a bíblia" dessa nova cena *underground* que agora estava se espalhando. *Melody Maker*, *Sounds* e *Record Mirror*, todos publicaram textos sobre nós com base nas fitas demo que entreguei em Londres. O *Record Mirror* estava particularmente entusiasmado e, quando finalmente chegamos a Londres como uma banda, eles nos colocaram na capa. O *Record Mirror* não era tão legal quanto a *Melody Maker* ou a *NME*, mas estar atraindo esse tipo de atenção como uma banda sem contrato quando ainda tínhamos 18 e 19 anos criou um certo alvoroço em Dublin.

Dublin sempre estava de olho em Londres.

"Viu?", falei para Paul McGuinness. "Você ainda acha que não estamos prontos para um contrato de gravação?"

"Bem, você não tem nem um contrato com um empresário", retrucou ele. "E se você quiser que eu trabalhe mais, sugiro que corrija isso."

Não sabíamos como encarar essa reação passivo-agressiva vinda de um homem que não tinha levado nossas demos a sério o suficiente para levá-las a Londres. Então, numa tarde de sábado, em outubro de 1978, nós quatro fomos "ter uma conversa" com Paul McGuinness em seu apartamento na Waterloo Road.

Uma ampla avenida arborizada em uma área famosa por seu endereço postal — Dublin 4 —, Waterloo Road é uma espécie de subúrbio para a *intelligentsia*, com todos os outros endereços ostentando um escritor ou editor, um publicitário ou executivo de TV, um comentarista ou alguém que estava sempre saindo nos jornais. O Dublin 4 abrigava a estação nacional de televisão e a rádio RTÉ, a antena de cento e dez metros da estação vigiando todo o bairro. Paul morava com a esposa, Kathy Gilfillan, em um apartamento numa grande casa georgiana de pé-direito alto, e belas escadas de granito que levavam a uma grande porta azul de carvalho.

Esse cara sabe viver, pensei. *Aposto que ele vai ter algo para a gente na geladeira*. Estávamos todos com um pouco de fome, e me foi delegada a tarefa de perguntar se podíamos fazer um sanduíche ou dois.

"Claro, pegue o que quiser."

Olhei à minha volta como se fosse a primeira vez que eu entrava em uma cozinha. Havia todo tipo de visões e cheiros que eu não conseguia distinguir. Essa Kathy deve ser uma *chef* ou algo assim. Foi com certa decepção, ao abrir a geladeira, que encontrei apenas um pedaço impenetrável de queijo duro como pedra, impossível de cortar. Essas pessoas não sabiam que em 1978 era muito fácil conseguir queijo em fatias ou mesmo macio, em triângulos de papel alumínio? Quando ofereci esse conselho ao homem que seria nosso empresário, ele me olhou incrédulo, como se eu fosse um neandertal.

"Acho que você inventou uma coisa inédita, Bono", disse ele, gargalhando. "Um sanduíche de queijo parmesão. Isso vai entrar pra história."

Enquanto eu tentava entender a piada, ele pegou um contrato de gestão, e explicou que se quiséssemos que ele nos levasse a sério, teríamos que fazer a mesma coisa. Se queríamos que ele viajasse para Londres para capitalizar esse interesse da mídia e conseguir um contrato de gravação para a banda, precisávamos primeiro assinar um contrato com ele.

Ficamos atordoados. Isso não era lá muito punk rock. Na verdade, parecia meio corporativo, e dissemos isso a ele.

"Bem, uma banda é uma corporação", respondeu ele em seu tom confiante de barítono adulto. "Só que muito pequena. Se você quer que ela fique maior é bom arranjar um advogado."

Na verdade, eu disse, nós pensávamos como "uma cooperativa". Paul gostou disso e, como descobrimos, ele não tinha paciência para músicos que negavam que precisavam ser organizados para fazer arte. Isso era um pouco *hippie* demais para Paul McGuinness.

Ele não gostava de *hippies*.

Na religião que era o punk rock, *hippies* eram os apóstatas. Punks — bons; *hippies* — ruins.

Paul estava falando a língua que tínhamos adotado: outra pista de que ele era o homem certo para o trabalho. Os pais de Adam e Edge conheceram Paul e ficaram impressionados com aquele jovem de classe média de vinte e poucos anos, formado numa faculdade, que lhes trouxe caramelo crocante de presente... sim, um caramelo crocante. Ou foi um abacaxi? Qualquer das opções me provoca risadas enquanto escrevo.

Mas havia muitas perguntas a serem respondidas antes que pudéssemos assinar um acordo que acarretaria vínculos judiciais no qual ele queria receber 25% dos ganhos brutos.

Como? Sim. Você leu certo. Vinte e cinco por cento.

Estávamos começando a entender a palavra "negociação". Não que tenhamos concordado com todas as exigências de Paul — não foi assim —, mas este foi o momento em que a ficha caiu sobre como é assim que o dinheiro vai embora. Nos sentimos desamparados e seguimos o conselho dele de consultar um advogado.

Algumas semanas depois, armados com a sabedoria de nosso advogado, voltamos ao apartamento de Paul para "negociar". Para o aborrecimento evidente e crescente dele, examinamos lentamente as cláusulas do contrato com as quais não concordávamos.

Num momento dramático, Paul saiu da sala e Kathy entrou, claramente não tão feliz em nos ver. Kathy era a arma secreta de Paul. Protestante do Norte, ela conheceu Paul quando estudavam no Trinity College. Eles gostavam de estar no mesmo nível de inteligência um do outro; era um caso em que a soma de um mais um dá três. Brincalhões quando achavam que estava tudo certo com você, eles nem sentiam a necessidade de resolver qualquer tensão que pudesse entrar na sala. Paul raramente ficava de conversa fiada. Kathy tinha um jeito de olhar através das pessoas, como se você não estivesse lá. Mais tarde, descobri que ela não conseguia ver as pessoas quando estava sem as lentes de contato. Ela era sexy de um jeito que eu não vira antes, se você acha sexy uma mulher que pode arruiná-lo intelectualmente. Eu acho. Desde o início ficou claro que Kathy era a empresária do nosso empresário. Apesar de toda a sua obstinação, para ele, a opinião dela importava mais do que a de qualquer outra pessoa.

"É ultrajante que vocês não assinem este acordo", disse ela. "Paul trabalha na indústria cinematográfica, e é lá que ele deveria permanecer. De todos os ângulos, esta é uma ideia maluca, e agora vocês estão dizendo que não confiam nele?"

"A confiança não deve ser uma via de mão dupla?", perguntou Larry.

"Você não está abrindo mão de nada", retrucou ela. "Paul vai abrir mão de tudo."

Foi difícil superar isso.

Sentindo o poder do casal e começando a perder nossa confiança na negociação, era hora do nosso próprio momento dramático. Também decidimos ir embora, explicando ao nosso anfitrião que precisávamos de tempo para pensar e nos retirando para nossa sala de guerra em uma hamburgueria chamada Captain Americas, na Grafton Street. Não podíamos pagar os *milk-shakes*, mas pelo menos eles não nos expulsariam.

Após uma discussão acalorada, chegamos a uma conclusão: demitiríamos Paul — do acordo que não tínhamos assinado — e contrataríamos Billy McGrath, que agenciava um grupo que admirávamos, chamado Atrix.

"Desculpe, mas não pude deixar de ouvir."

A pessoa que falou isso, um sujeito pálido de seus vinte e tantos anos, estava sentado na mesa ao lado enquanto conversávamos.

"Conheço a pessoa de quem vocês estão falando, Paul McGuinness", prosseguiu ele. "Vocês vão cometer o maior erro de sua vida se demitirem esse cara."

Ele disse que agenciava bandas de shows locais, e foi assim que conheceu Paul, que representava uma banda de *folk rock* chamada Spud. Seu nome era Louis Walsh, e mais tarde ele se tornaria o empresário do Boyzone e do Westlife, que figuram entre os artistas pop de maior sucesso da Irlanda, e ele mesmo ficaria famoso como jurado do programa de talentos *The X Factor*.

Não demitimos Paul McGuinness, nem ele nos demitiu. No fim, ambas as partes "negociaram" um acordo em que Paul receberia 20% do valor líquido após as despesas. Em outras palavras, a mesma quantia que cada um de nós.

Às vezes você não sabe quando tomou uma decisão que vai alterar o curso da sua vida. Desta vez nós sabíamos.

Sabíamos que, com Paul a bordo, estávamos em um tipo diferente de passeio.

O fato de ele e Kathy terem sido tão diretos e meio ansiosos era uma pista de como eles estavam levando aquela decisão a sério. Nos trinta e cinco anos seguintes, nós quatro nos tornamos uma cooperativa com Paul.

Empolgante. Mais do que empolgante.

Agora tínhamos um empresário totalmente comprometido e pronto para nos representar com "executivos da música" de Londres que estavam começando a "mostrar interesse" e falar sobre "nos descobrir" e "nos contratar".

O EDITOR MUSICAL

Bryan Morrison era um editor de música, outro executivo da indústria metido a besta e mal-humorado. Ele era, nos disseram, um cara importante, que representava nomes como Pink Floyd e Pretty Things. Quando ele voou para Dublin para nos ver ensaiar na Casa Amarela, estávamos determinados a mostrar a ele o melhor da Irlanda.

Nós o levamos ao pub local para almoçar, como é tradição. Nós não amávamos o pub, mas sem dúvida lá serviriam alguma coisa típica junto com os hambúrgueres semicongelados. O lugar não decepcionou em nenhuma das frentes. Um leve olhar de asco se estampou no rosto de Bryan enquanto ele descascava o pão revelando a carne pálida e rosada dentro, com uma leve guarnição de mofo verde. Ele logo se distraiu, pois a parte reservada do bar se mostrou mais barulhenta do que de costume para uma tarde de dia de semana. Na verdade, ouvindo através das paredes na parte mais ampla do bar, aquilo não era apenas barulhento; parecia um tumulto.

"Britânicos fora! Britânicos fora!"

Ah. O cântico familiar, acompanhado por interpretações *a cappella* de algumas canções rebeldes favoritas. Tudo muito intenso, com o nosso convidado de aparência nervosa evidentemente se perguntando se ele era o britânico que deveria sair. Tentamos contornar a situação, mas no final tivemos que explicar que provavelmente se tratava de uma reunião de um comitê local de alguma organização republicana que, a julgar pela escolha de músicas, não era... digamos, "não violenta".

Bryan, agora decididamente mais pálido, parecia achar que nós o tínhamos levado para uma armadilha, e nos prometeu um adiantamento de 3 mil libras pelo contrato de edição, e mais 3 mil depois de assinar um contrato de gravação.

Não era muito, mas foi muito... se é que você me entende. Ele ouviu nossas demos e imaginou que se podíamos escrever músicas como aquelas aos 18 e 19 anos, éramos um bom investimento. Tínhamos ouvido falar de bandas que assinaram contratos de edição por 30 mil ou até mesmo 50 mil libras, mas 6 mil nos daria uma van e o equipamento necessário para chegar a Londres e fazer alguns shows. E em Londres certamente conseguiríamos o contrato de gravação.

Tudo estava se encaixando até que, do nada, dias antes de partirmos, Morrison cortou o negócio pela metade. Ele estava calculando que teríamos que engolir os novos termos porque Paul já havia reservado os locais e organizado tudo. Ele estava errado.

Não seria a última vez que um rosto mudaria de anjo para demônio nos negócios, e não seria a última vez que não nos deixaríamos levar pelo dinheiro. Mas como pagaríamos a viagem? Depois de muito choro e ranger de dentes, recorremos, de boné na mão, às nossas famílias, que, entre elas, arrecadaram 1.500 libras. Foda-se o Morrison, pensamos, mas agora, em homenagem às nossas famílias, realmente precisávamos levar para casa aquele contrato de gravação.

Aquela grana nos levaria a Londres, à cidade onde certamente garantiríamos o Santo Graal que era um contrato de gravação. Agora tínhamos amigos na imprensa musical, e havia interesse suficiente até mesmo para que nosso empresário ficasse interessado. Só precisávamos estar nos cascos, o que significaria, pelo menos, ensaiar.

Foi por isso que, no caminho para os ensaios, após ser arremessado e ter atravessado o para-brisa do carro que Adam dirigia, Edge não foi direto para um hospital.

O destino chegou na forma de uma grande van branca do outro lado de uma pequena ponte. Não era uma van branca de turismo que levaria nossa banda a seu destino, mas uma van que passaria por cima do nosso destino. Uma van que Adam viu tarde demais para desviar.

Sendo o Edge, ele teve a presença de espírito de levantar a mão para proteger a cabeça enquanto atravessava o vidro. O corpo não saiu completamente, mas quando ele voltou para o carro, a parte de trás da cabeça bateu na moldura do para-brisa.

Uma cabeça ensanguentada e uma mão dilacerada, que sofreu o impacto principal. Ele estava em choque? Ele diz que não consegue lembrar, mas, seja como for, ele pegou a guitarra, caminhou um quilômetro e meio até o ponto de ônibus mais próximo, e lá se encontrou comigo e com Larry para nosso último ensaio com a banda antes de, naquela noite, reunidos com Adam, todos nós pegarmos a barca B&I para o outro lado do Estige, que era o Mar da Irlanda.

Mais tarde, um médico enfaixou Edge, mas em nossa travessia de barca para Liverpool ele estava sofrendo, alternadamente colocando a mão no gelo e segurando-a bem acima da cabeça. Os turistas não pareciam estar vomitando no mar agitado, mas nós quatro estávamos enjoados. Em turnê com dinheiro emprestado, correndo contra o tempo, e agora nossa única esperança real — a coordenação motora do Edge — estava seriamente ameaçada. Já em Liverpool ele foi direto para o hospital para ser atendido, mas não permitiu que o médico imobilizasse seus dedos da mão.

"Nós temos esses shows..."

Tocamos no Moonlight em West Hampstead na noite seguinte, no 100 Club alguns dias depois, e então no Hope and Anchor. Uma noite fomos anunciados como V2, o que, pensando bem, é na verdade um nome melhor do que U2.

Ficamos em um pequeno apartamento em Collingham Gardens, em Kensington, Londres. Era apertado, mas os locais dos shows também eram. Alguns deles lotavam com apenas cem pessoas, e não conseguimos atrair nem a metade disso. Às vezes nem um quarto. Ao mesmo tempo em que parecia ofendida com isso, a música parecia exigir um público maior. Essas pequenas plateias nos deixaram constrangidos. As lesões do Edge se curaram nas semanas seguintes, mas nossas performances ainda eram erráticas, de muito boas a não bonitas nem boas e, em algumas noites, de não ruins a muito loucas. Ou ambas.

Criei uma cena em que eu andava no meio da multidão — essa multidão muito, muito pequena —, pedia um cigarro e um isqueiro emprestado a um desavisado, que às vezes estava olhando para o outro lado ou sentado no bar. Engatilhava o isqueiro, como um caubói engatilharia uma pistola, e atirava faíscas na escuridão do local enquanto nosso técnico de iluminação, John Kennedy, ligava e desligava as luzes, criando um efeito estroboscópico deslumbrante. Contanto que as luzes estivessem apagadas e acesas, em sincronia exata com meus próprios movimentos de caubói. O que geralmente não era o caso. Essa espontaneidade calculada era o nosso show de palco na época. Até que deixou de ser. Desde então, melhoramos um pouco nos quesitos iluminação e performance.

Não conseguimos o contrato de gravação. Todos os selos nos dispensaram.

Certa noite, um caça-talentos enxergou potencial em nós e, na noite seguinte, trouxe seu chefe e se sentiu envergonhado com um show morno. Na CBS Records, um jovem Chas de Whalley perdeu o emprego tentando nos contratar. Seu chefe, Muff Winwood, irmão do cantor Steve e conhecido por nós a partir daquele dia como Duff Windbag, disse que cogitaria nos contratar se tirássemos o Larry. Desculpe, Windbag, sem chance.

Outro "não" veio de Nigel Grainge, da Ensign Records, cujo irmão, Lucian, foi junto com ele ver um show. Depois que seu amigo Chas foi demitido, Lucian se sentiu mal, e sempre ficou de olho em nós. Mas ele era da nossa idade, e naquela época estava quase tão desesperado quanto nós. Hoje em dia, ainda igualmente desesperado, Sir Lucian comanda a Universal Music, e controla um terço das gravações do mundo. Imagino que ele oficialmente seja nosso chefe, embora para nós seja o contrário. Paul o lembrava regularmente que ele entrou de graça no Moonlight Club, no norte de Londres, no verão de 1980. Lucian lembrava regularmente a Paul que ele está pagando a conta desde então.

Os críticos pareciam nos pegar nas melhores noites, e acabamos com algumas boas resenhas, mesmo nas revistas sagradas. Em nosso retorno a Dublin, as manchetes eram confusas. Alguns pareciam sugerir que o U2 era "a próxima sensação", que tínhamos "conquistado Londres".

Não parecia nada disso, e agora, quando penso em retrospecto, percebo que aquele jeito meio desconjuntado da nossa banda naquela infame primeira turnê pelo Reino Unido sempre foi parte de nosso chamariz. Há algo em nossa banda que nunca pode ser muito arrogante ou descolado. Nosso melhor trabalho nunca está muito longe do nosso pior, e quando nos tornamos muito profissionais ou muito descolados, nosso público parece encolher. É como se tivéssemos que apostar contra as probabilidades.

Quando os anos 1970 terminaram e os 1980 chegaram, passei a véspera de Ano Novo com a família da Ali. Não foi uma grande comemoração. Tínhamos acabado de tocar no Arcadia Ballroom na maravilhosa cidade de Cork, lar de Joe O'Herlihy e Sam O'Sullivan, que viajarão conosco pelo resto de nossas vidas. Foi uma noite cheia de magia, mas não a ponto de nos fazer esquecer que não havia sinal de qualquer espécie de contrato de gravação ou van. Nenhuma sugestão legítima de que poderíamos dedicar as nossas vidas a uma carreira na música. Assistimos à retrospectiva do ano na televisão: João Paulo II esteve na Irlanda e John Hume tornou-se líder do Partido Social-Democrata Trabalhista, e nenhum de nós podia prever o gigante que ele se tornaria. Para o U2, o ano parecia ter menos destaques e mais pontos de interrogação. A questão principal era se sobreviveríamos por mais um ano.

Eu estava me sentindo muito para baixo com tudo aquilo. Muita coisa parecia estar dando errado.

Acordando no primeiro dia do novo ano no colchão inflável na sala de estar do meu futuro sogro, sinto o frio. Está muito frio, estamos prestes a viver o dia mais frio do século na Irlanda. Mas a sala aquece quando Ali entra. Ela veste um robe de pele falsa laranja fluorescente que a mãe fez para ela, e ela é tão terrivelmente linda que o máximo que posso fazer é tentar parar de pensar no que pode estar escondido debaixo daquele robe.

"Você está deprimi-*do*?", pergunta ela, com ênfase cômica na sílaba final.

Deprimi-*do*.

Sim, imaginei, havia uma espécie de depressão em mim. O que eu poderia fazer?

Estou alimentando dúvidas crescentes sobre nossas perspectivas como um empreendimento musical ativo.

Terry, o pai de Ali, não se importa muito, mas meu pai está bastante preocupado. A verdadeira preocupação, no entanto, está dentro de mim, o medo de que este seja outro boletim marcado como "reprovado".

Adam está falando em voltar para Londres. Ele trabalhou numa peixaria e tinha um parente lá que lhe ofereceu um emprego de verdade. Fala-se do Edge indo para a escola técnica Kevin Street. Talvez Larry voltasse para o antigo emprego.

Os números não batiam. Não conseguíamos ganhar o suficiente para bancar uma vida como músicos.

Foi uma sensação de merda.

Era a sensação de fracasso.

"Fracasse. Fracasse de novo. Fracasse melhor", diz Samuel Beckett. Bem, eu tinha cumprido duas das três etapas.

Fracasso é a sensação que você tem ao ver uma van na qual sabe que deveria estar passar sem você dentro. Ou pior, passar por cima de você.

Fracasso é a sensação que você tem ao ver a multidão abrir caminho para o pessoal da gravadora quando eles saem no meio do seu *set* no Baggot Inn. É uma multidão pequena, e todos se conhecem e sabem que seus sonhos estão bem ali naquele lugar.

Até não estarem mais.

Deitado no colchão inflável na sala de estar da Ali, pareço ficar preso àquele show do Baggot Inn e, em particular, no momento da volta para casa depois do show. O chute ridículo que dei na minha bolsa do Arsenal enquanto a perseguia pela Grafton Street a caminho de pegar o último ônibus de volta para a Cedarwood Road. Não havia nada na bolsa além de roupas molhadas e encharcadas e o fedor da calça de couro sintético preto, empapada de suor. Vejo a cabeça risonha de Pod (Anthony Murphy), que morava no número 1 da Cedarwood Road e que foi o primeiro baterista dos Prunes. Pod consegue ver o lado engraçado desse chilique. Ele normalmente encontra alguma alegria nas situações.

Fracasso é um pesadelo recorrente em que volto a trabalhar num posto de gasolina no meio da crise do petróleo, com Norman sugerindo que eu considere uma carreira como "técnico de injeção de combustível". Minha tia Ruth conseguiu para mim este emprego no verão passado, no posto Esso na estrada para o aeroporto, e parecia perfeito. Eu poderia escrever letras nos longos intervalos que eu passava esperando os carros chegarem. Mas aí veio a crise do petróleo e, com ela, longas filas de carros, sem chance de escrever letras.

Mas talvez pior do que tudo isso?

Fracasso é quando você confirma aos inimigos que eles tinham razão quando disseram que você não valia grande coisa.

Estávamos cercados pelo fracasso, mas ele ainda não ia nos pegar. De alguma forma, mantivemos a fé. Ou talvez a fé tenha nos mantido. Por todo esse tempo, a fé nos impulsionava. Em um olhar que trocamos, ou dando um tempo ou promovendo um momento mais intencional juntos, Edge, Larry e eu acreditávamos que nossas preces mudariam as coisas. Nossas preces punk. Adam não estava lendo a mesma partitura do hinário, mas ainda acreditava que a música poderia nos salvar.

Havia um aspecto cômico nessa determinação de permanecer no jogo, como aquela cena em *Monty Python em busca do Cálice Sagrado* em que o Cavaleiro Negro está perdendo seus membros para a espada do Rei Arthur.

Um braço, outro braço, uma perna... mas mesmo assim o cavaleiro não se rende.

Arthur: "Olha, seu imbecil, você não tem mais braços."

O Cavaleiro Negro: "É só uma ferida superficial..."

Agora é difícil explicar porque, claro, nada é inevitável. É fácil cair numa narrativa que sugere que o destino teve você em suas mãos, mas essa narrativa não existia. Mas se você tem poder de permanência, e nós tínhamos, sempre existe a chance de uma nova ideia chegar e, algumas semanas depois de iniciada a nova década, essa ideia chegou.

Uma ideia sagaz. E ao mesmo tempo cínica, corajosa e maliciosa.

O AGENTE

Uma ideia que veio de Dave Kavanagh, responsável pelo departamento de entretenimento da University College Dublin. Dave tinha contratado a maioria das bandas punk inglesas quando elas tocaram na Irlanda, e agora estava fechando shows para o U2. Uma das pessoas mais inteligentes e engraçadas do ramo, ainda me lembro de algumas de suas falas favoritas, todas ditas com um sotaque levemente enrolado de Dublin. Muitas vezes dirigidas a Paul, ou a mim.

"Quando um homem reconhece a própria grandeza", dizia ele, "é essencial que ela seja reconhecida por todos os outros em todos os momentos... caso contrário, é extremamente doloroso."

Alguém que você não queria encontrar? Esta era uma "situação para duas balas". Se você atirasse na pessoa e errasse, "sempre tenha uma segunda bala em mãos para atirar em si mesmo".

Ao entrar em um local onde nossa boa sorte se percebe por toda a parte? "Vejo que o sofrimento prossegue."

Conhecido por ser um grande apostador, Dave me dizia que "o dinheiro preocupado nunca vence" e, quando perdia, que "as corridas foram o verdadeiro vencedor aqui hoje".

Esse grande apostador foi a pessoa perfeita para sugerir um dos grandes blefes da história da nossa banda. E se apostássemos no burburinho gerado pelos *inkies* e anunciássemos um show de boas-vindas como um retorno triunfal de um triunfo que não existiu? E se surfássemos na onda da boa vontade local e ela nos levasse para a praia em um local que normalmente estaria fora dos limites para uma banda local? O Estádio Nacional, por exemplo!

E se tocássemos no Estádio Nacional?

O verdadeiro Estádio Nacional.

Bem, na verdade, o estádio era uma arena de boxe na South Circular Road, um local importante com capacidade para 1.200 pessoas.

Talvez a gente consiga atrair umas duzentas. Quem sabe, 250.

Na noite de 26 de fevereiro de 1980, o preço da entrada no grande salão era que você estivesse respirando, mesmo que só de leve. De repente, começaram a dar ingressos para quem quisesse, e o local se encheu de todo tipo de gente. Gente que tinha um interesse vago em nós, gente sem interesse em nós, gente que nunca tinha ouvido falar de nós, gente sem residência fixa que procurava se aquecer, e gente cujo único interesse era nos ver fracassar. Tudo isso significava que tínhamos lotado metade da arena quando subimos ao palco para nosso retorno triunfante. E, se esse foi um show muito bom para nossos próprios padrões erráticos, para um homem pelo menos ele foi excepcional. Esse era o cara do A&R.

O CARA DO A&R

Havia um boato de que Nicholas James William Stewart era um oficial de relações comunitárias do Exército Britânico em Derry, e que tinha visto o The Undertones tocar. Como esse dândi alto, esse velho aluno da Harrow, podia se misturar entre os irlandeses, mesmo à paisana, seria um mistério para antropólogos em todos os lugares. Ele amava ouvir música muito mais do que se fantasiar, e largou o Exército para trabalhar para a Island Records. A Island Records, lar de Bob Marley, lar do audaz rastafári Lee "Scratch" Perry, lar do Roxy Music, os heróis do glam rock.

O capitão voou para Dublin depois de ouvir seu colega Rob Partridge se entusiasmar com essa banda, batizada com o nome de um avião de reconhecimento, que, furtivamente, havia se tornado grande o suficiente para tocar no Estádio Nacional.

Estádios eram comuns o suficiente para shows de grandes estrelas, mas o que uma banda adolescente desconhecida estava fazendo num lugar como aquele?

Em sua chegada, imagens de estádios de futebol ou rúgbi deram lugar à visão de um ringue de boxe bem mais modesto. Mas pelo menos fizemos o que sempre fizemos bem: blefamos. Se você construir, eles virão. E eles vieram. Talvez. Trezentos e setenta e seis deles mais 157 que nunca pagaram um centavo. Nós subimos no ringue — quer dizer, palco — em um dos gestos mais importantes de nossa vida.

Olhando para o maior público para o qual já tocamos, vi muitos rostos que reconheci e outros que não reconheci. Seja qual for a razão pela qual as pessoas apareceram, como fãs ou amigos, por curiosidade ou para testemunhar uma calamidade, depois de algumas músicas eles estavam torcendo por nós.

O pulso do Edge estava curado, nossa confiança, restaurada, e as músicas foram tocadas depois de muitos shows não tão bons. Naquela noite tive a sensação definitiva de que, mesmo que nossa música ainda não se encaixasse no tamanho do lugar, ela estava à altura da ocasião.

Naquele ringue daquela arena, não ouvimos o gongo; nem notamos o árbitro ou os juízes. Mas o único juiz que importava nos notou.

"A Island Records está pronta para contratá-los", disse o capitão Nick Stewart. "Nenhuma dúvida sobre isso. Não preciso nem confirmar com meu chefe. Vamos fechar negócio agora. A Island Records está dentro."

Eu fiquei tonto. Estávamos todos desorientados.

"Tem certeza?", perguntou Paul. "O último cara que tentou contratar a gente foi demitido."

"Tenho instinto e conhecimentos", disse o capitão.

Olhei para Edge, que olhou para Adam, que olhou para Larry, que olhou para mim. Parecia que tínhamos lutado dezesseis *rounds* contra Joe Frazier. Mas, curiosamente, aquele cansaço profundo que acompanha o fracasso agora começava a transbordar de nós. Sorrisos sinceros substituíram os de escárnio, e o "e daí?" foi substituído por "então, o que você achou?".

Não eram onze horas, era meia-noite e cinco. Ninguém ergueu um braço como um lutador vitorioso ou vestiu um cinturão sobre os cortes e contusões… e ainda assim parecia que tínhamos ganhado a medalha de ouro.

Paul acenou com a cabeça, um aceno de "isto é para valer", mas acho que só acreditamos totalmente um mês depois, quando nos encontramos no banheiro feminino do Lyceum Theatre em Londres. Assinamos um contrato de gravação mundial com a Island Records e nos tornamos músicos profissionais… no banheiro feminino de um dos teatros mais antigos do West End de Londres.

"O masculino está cheio, o feminino é mais iluminado", explicou nosso empresário, agora sendo pago para fazer esse tipo de proposta enviesada.

No início do século XIX, o Lyceum era a casa de ópera original de Londres que abrigara muitos Orfeus que desciam toda noite para o inferno sem aplausos. Agora estava apresentando um melodrama de um tipo diferente. Não apenas a música das bandas pós-punk com capa de chuva no palco nesta noite de março, mas algum tipo de ópera irlandesa arrivista, que começava a encontrar sua voz. No que me dizia respeito, o passado glorioso e decadente deste lugar era representado pelo La Scala, a verdadeira casa das óperas, aquelas que meu pai fingia reger com as agulhas de tricô da minha mãe. La Scala — "a escada" — este era o nosso caminho rumo à ascensão e à projeção.

Não pude deixar de pensar na Ali, até porque era o aniversário dela. Este Orfeu no submundo estava prestes a trocar seu toca-fitas por uma mesa de mixagem em um estúdio de gravação. No mito, Eurídice morre quando Orfeu olha para ela, e é nesse ponto que Ali e eu nos separamos das regras desse submundo. Não tenho dúvidas de que sou eu quem vai desaparecer, se alguma vez deixar de procurá-la.

… e eis que não foi nem por astúcia,
nem por medo, que eles ficaram tão quietos,
mas simplesmente por sua audição. Berros, gritos,
rugidos pareciam pequenos em seus corações. E ali
onde mal havia uma cabana para receber isso,
um abrigo de ânsia mais obscura,
com uma entrada cujos pilares tremeram, —
ali criaste para eles um templo de audição.

Sonetos a Orfeu, Rainer Maria Rilke

Assinamos na linha pontilhada, mas o cheque aparentemente estava no correio. Então, como na maioria das outras noites, eu precisaria pedir dinheiro emprestado para chegar em casa. Tirei o dinheiro do velho aluno da Harrow.

we can debate whether information or matter is at the heart of the physical universe, but there is no argument that the essential building block of the rock n roll solar system is the Van

9

Invisible

I've finally found my real name
*I won't be me when you see me again.**

A relação entre empresários e bandas de rock não tem um bom histórico. A indústria fonográfica está repleta de empresários inescrupulosos e artistas incontroláveis. O empresário pode ser a pessoa que leva você à terra prometida do rock 'n' roll ou aquela que bloqueia seu caminho. Para nós quatro, nosso contrato de gravação era um passaporte para esta nova terra estranha, mas ainda nos sentíamos como estrangeiros ilegais. Sem Paul McGuinness, talvez não durássemos muito.

Uma coisa mudou imediatamente, o que com certeza impressionaria meu pai, e talvez até Ali. Agora eu estava sendo pago para sonhar acordado. Trinta libras por semana, embora Paul fosse rápido em nos lembrar que eram trinta libras irlandesas, não libras inglesas.

"E o que você está recebendo, Paul?"

"Você não paga a um médico o que acha que pode pagar", respondeu ele. "No ramo do cinema, posso cobrar cem libras por dia. Estou abrindo mão do meu emprego para trabalhar por trinta libras por semana? Acho que não. Vou pegar emprestada a diferença."

"Mas eu pensei que estávamos todos no mesmo barco?", ponderei, sabendo que Paul não poderia viver com trinta libras por semana. Nunca.

* Finalmente descobri meu verdadeiro nome/ Não serei eu quando você me vir de novo.

"Agora sou o profissional e vocês são meus clientes. Suas trinta libras por semana são modestas, mas significativas. Vocês não precisam só de mim, existem outros profissionais que também serão essenciais. Um contador, um novo advogado e, se vocês quiserem passar de demos para gravações de verdade, um produtor. E vocês vão ter de pagar salários decentes a todas essas pessoas. E todos eles vão querer receber mais do que vocês podem pagar. É por isso que vocês precisam de mim."

O PRODUTOR

Produtores de discos estão mais para diretores de cinema do que para produtores de filmes. Eles não escrevem o roteiro, mas precisam obter as melhores interpretações possíveis do elenco e enquadrá-las da maneira certa. A banda do momento era o Joy Division, de Manchester, e o gênio da produção que fez seu disco de estreia, *Unknown Pleasures*, era Martin Hannett. Não havia chance de ele encarar uma banda desconhecida de Dublin. Mas foi isso que ele concordou em fazer, e eis que o talento sagrado de Martin Hannett veio para administrar nosso primeiro lançamento na Island Records.

"11 O'Clock Tick Tock" foi a nossa tentativa de cabaré à la Weimar. Gavin Friday me fez ouvir a música de Kurt Weill e estudar as letras de Bertolt Brecht, e isso estava se tornando aparente.

Imagine que estou cantando "lá, lá, lá, lá" com sotaque alemão, e você vai entender. A letra era um retrato de um show que fizemos com o The Cramps no Electric Ballroom de Londres, uma noite em que fiquei hipnotizado pelo ar ensaiado de desnorteamento, o cabelo gótico, os rostos brancos sepulcrais da plateia. O The Cramps era inteligente, assustador e legal, mas um pouco friamente apocalíptico para mim.

A painted face
And I know we haven't long
We thought that we had the answers,
It was the questions we had wrong.[*]

[*] Um rosto pintado/ E eu sei que não temos muito tempo/ Pensávamos que tínhamos as respostas,/ Mas eram as perguntas que estavam erradas.

Milenarismo. Uma canção para o fim do mundo. Martin criou uma paisagem sonora notável, que terminava com um solo de guitarra muito longo completamente contra as regras do punk rock. Mas, apesar das boas críticas, a gravadora foi contra a produção do álbum. Martin era experimental no estúdio, e também estava experimentando fora dele, e seus experimentos o levavam a alguns cantos escuros. Nós não nos importamos com isso, nós nos importamos com ele, um sujeito bem-humorado e luminoso, mas a gravadora não cedia.

Entra um segundo produtor, que voou para a Irlanda para nos ver tocar em Galway.

Quando Steve Lillywhite entrou no camarim do Seapoint Ballroom, parecia que poderia estar na nossa plateia. Apenas alguns anos mais velho do que nós e certamente muito jovem, ele tinha aquele tipo de atitude de chefe escoteiro inglês que você veria em programas de televisão para crianças.

"Ele parece com aquele cara do *Blue Peter*", disse Adam.

"E age como ele também", acrescentou Edge. "Exceto que nenhum apresentador de TV infantil produziu *The Scream*."

The Scream, o álbum de estreia do Siouxsie and the Banshees. Com sua simplicidade sobrenatural e o estilo Ramones, o álbum nos tocou porque sentimos como se ele tivesse sido feito por músicos que não eram músicos. Embora ele tivesse cabelos louros oxigenados e usasse uma jaqueta de couro, não havia nada de punk em Steve. Ele era completamente transparente. De todas as melhores maneiras. Ele não escondia nada. Havia uma espécie de cosmopolitismo no punk rock, um cansaço tipo "estou tão entediado com os EUA" que jamais teria a ver com o Steve. Ele tinha uma certa alegria, uma sensação de inocência. De longe, você poderia pensar que ele era legal, mas de perto sabia que ele não era... e nós ficamos muito aliviados.

O ESTÚDIO DE GRAVAÇÃO

Antes, Steve era o garoto no estúdio de gravação, mas conosco ele era como um de nós. Ele não tinha ideia de que era sua ingenuidade que o tornava ótimo. Que era a sua falta de cosmopolitismo que o tornava poderoso neste mundo. Steve era uma espécie de sinônimo de nós.

Ele chegou até nós depois de produzir os Psychedelic Furs e direto das sessões com Peter Gabriel em seu terceiro álbum solo. Steve estava determinado a nos fazer soar como nenhuma outra banda. O álbum se chamaria *Boy*, e nós — e ele — ficamos como crianças. Estávamos muito cansados de todas as turnês, e as sessões com Steve se transformaram em uma espécie de parque de diversões, nós cinco em uma onda de entusiasmo pela música.

Estávamos trabalhando no Windmill Lane, uma espécie de país das maravilhas da ficção científica. Com suas ilhas de edição de vídeo de última geração e salas para a produção de filmes no andar de cima, era diferente de qualquer edifício na Irlanda. Aquela era a velha e suja Dublin, uma cidade que mudava de forma bem na nossa frente, uma nova Irlanda que começava, no início dos anos 1980, a se libertar de seu passado, a se livrar de seu complexo de inferioridade.

Por que não poderíamos fazer música em nossa própria casa que estava muito à frente do resto do mundo?

Gravando "I Will Follow", usamos rodas de bicicleta como percussão, virando a bicicleta de cabeça para baixo no corredor do Windmill Lane e usando garfos e facas nos raios para efeito rítmico. Em uma pausa na faixa, jogamos garrafas de leite no ar e as deixamos quicar pelo corredor de azulejos, e suas contribuições musicais desafinadas eram uma novidade. Adam e Steve forjaram uma amizade particularmente próxima, ficando acordados até tarde depois de todos nós deixarmos o estúdio, passando a noite inovando nas linhas de baixo. "Vamos tentar" se tornou nosso mantra, e mesmo depois de tanto tempo, *Boy* ainda soa singular, único.

ENCONTRANDO A MINHA VOZ... MAS PRINCIPALMENTE A DOS OUTROS

Cantores costumam ser bons imitadores. Se eu ficar ao lado de alguém por tempo suficiente eu posso sair de perto tendo captado sua voz ou pelo menos seu sotaque.

Ouvindo Siouxsie Sioux repetidamente, peguei seu estilo de canto tenso *à la banshee* e, embora eu não conseguisse ter sua frieza *Kabuki*, ela certamente é uma das razões pelas quais o garoto da

Cedarwood Road não soa como você esperaria que um garoto da Cedarwood Road soasse. Está mais para uma garota de Bromley, sul de Londres. Ou um garoto de Bromley, o outro morador famoso daquele bairro sendo David Bowie, uma influência da qual nunca quis me livrar. Mas apesar do meu jeito de cantar, Steve conseguiu arrancar algumas boas *performances* de mim.

"Cante a letra", me dizia ele. "Não cante a pessoa que você quer ser. Cante a pessoa que você é."

Verdade seja dita, as letras não estavam prontas para serem gravadas. Ainda eram pensamentos ou esboços inacabados. Eu esperava que o que eu estava esboçando fosse mais interessante do que o que fazia a maioria dos letristas de primeira viagem, e achava também que esse tópico merecia rimas mais originais, pensamentos mais completos. Dito isso, havia uma clareza de propósito neste retrato do artista quando jovem... saboreando sua própria ingenuidade. Um hino a uma inocência que não estava sendo facilmente abandonada, uma rejeição do cosmopolitismo e do cansaço com relação ao mundo em uma época em que a perda da inocência era a espinha dorsal do rock 'n' roll. É essa rebeldia que me torna capaz de ouvir estas músicas ainda hoje, embora agora eu veja os tons mais obscuros sugeridos sob as capas dessa inocência.

"Na sombra, o menino encontra o homem."

Mais tarde, eu me encontraria explicando repetidamente aos críticos e fãs que a imagem da adolescência sugerida na música "Twilight" não significava que quando menino eu realmente conheci um homem mais velho nas sombras, embora eu me lembre de ter sido abordado por um estranho quando trabalhava no posto de gasolina na estrada para o aeroporto.

Nem "Stories for Boys" era sobre masturbação. (Se bem que, agora que reflito sobre isso...)

Vejo agora que "A Day Without Me" e "I Will Follow" carregam uma referência inconsciente ao suicídio. O suicídio oferece autoridade rápida sobre uma vida que sente que perdeu toda a agência.

Os tipos de garotos que escrevem canções ou poesias ou pintam quadros são os tipos de garotos que às vezes sentem demais. O tipo de garoto cujos sentimentos podem dominá-lo. Ao escrever isso agora, sou levado de volta aos arbustos verdes e às árvores frondosas na beira do terreno da Mount Temple. Sou levado de volta a um adolescente inquieto ao lado dos trilhos do trem e imaginando o conforto que eles podem oferecer se eu me deitar sobre eles e desistir da esperança e do amor.

Mas eu tinha fé.

Em algum lugar ali, eu tinha fé no próximo passo. Um passo, depois, outro. Os próximos passos na viagem para casa.

Aquele primeiro álbum, *Boy*, estaria em desacordo com a história do rock 'n' roll, na qual escapar da inocência, se não desfigurá-la, é o rito de passagem que você marca com sua música. Em *Boy* escrevemos uma ode a uma inocência que estávamos determinados a manter. Um pedaço de nós queria ser homens do mundo, mas outro pedaço maior sabia que éramos muito mais poderosos como meninos que não conheciam muito sobre "o mundo". Apesar de toda a minha curiosidade, eu queria escrever sobre o que estava acontecendo sob a superfície da pele porque a minha pele parecia porosa, hipersensível a tudo ao meu redor. Eu não precisava de nenhum estímulo adicional. Era como se eu não pudesse passar por alguém sem senti-lo intensamente. Eu queria escrever sobre o espírito humano porque estava tentando entender melhor o meu. Queria cantar sobre isso porque, por meio do canto, eu poderia me transportar para algum lugar em que eu quisesse estar.

Aquela imagem de capa de *Boy*, a fotografia do rosto de um menino tirada da bandeja de reagentes fotoquímicos antes que estivesse totalmente revelada, era um menino que mal estava no mundo. Um garoto da Cedarwood Road olhando maravilhado para o que está acontecendo ao seu redor. Foi no Clube de Fotografia da Mount Temple que pela primeira vez observei com admiração como as fotografias são reveladas mergulhando-se em produtos químicos uma folha papel fotográfico com uma imagem antes projetada sobre ele. Amei a imagem antes de estar totalmente formada, quando não estava em um mundo nem no outro, acabando de chegar ao papel. Era isso que eu queria para a capa do nosso álbum, e pedi a Guggi que falasse com seu irmãozinho Peter para ser o rosto de um menino entrando em foco.

O álbum causou uma séria impressão e, um país após o outro, o menino foi recebido nos braços abertos de um mundo que não esperava essa linda criança inocente.

O menino estava livre e correndo e, finalmente, ele agora tinha uma van.

Podemos debater se é a informação ou a matéria o que jaz no coração do universo físico, mas não há discussão quanto ao fato de que a pedra fundamental do sistema solar do rock 'n' roll é a van. Você não chega a lugar algum sem uma van; não é apenas um meio de transporte que separa o real do falso. A van é uma Tardis, uma máquina do tempo, do tamanho perfeito para a nova comunidade do rock 'n' roll: alguns músicos, um tour manager, um *roadie* ou dois, às vezes um empresário. Mais tarde, pode ganhar asas e se tornar um avião particular, mas sempre parecerá mais ou menos do mesmo tamanho do que a van.

Agora estou pronto para aceitar que o motivo de Paul McGuinness ter demorado tanto para comprar nossa própria van foi o fato de não querer dirigir uma. Dirigir uma van não era o motivo pelo qual Paul queria gerenciar uma banda de rock. Para Paul, até mesmo se sentar em uma van parecia ir longe demais, e muito distante de uma limusine.

O objetivo de conseguir o contrato de gravação era que agora podíamos pagar não apenas alguém para mixar nosso som, mas também alguém para ser nosso motorista. Em setembro de 1980, o U2 conseguiu uma van branca e um tour manager, Tim Nicholson, para dirigi-la. Uma kombi com miçangas de plástico e pele de carneiro falsa nos levaria para além de Dublin e Irlanda afora, subindo e descendo a M1 na Inglaterra e por toda a Europa. Nós éramos Aníbal com um elefante Volkswagen para nos levar pelos Alpes.

Playlist *da van, primeira turnê pelo Reino Unido (em cassete)*

The Associates, *The Affectionate Punch*

The Clash, *London Calling*

Peter Gabriel, *Peter Gabriel*

The Pretenders, *The Pretenders*

The Teardrop Explodes, *Kilimanjaro*

Joy Division, *Unknown Pleasures*

Skids, *Days in Europa*

Pauline Murray and the Invisible Girls, homônimo

David Bowie, *Scary Monsters (and Super Creeps)*

Echo and the Bunnymen, *Crocodiles*

Giorgio Moroder, trilha sonora, *Midnight Express*

Blondie, *Parallel Lines*

A BARCA

Adoro a feliz tristeza de desembarcar da van depois de entrar na barca B&I, deixando para trás os sons e cheiros e as gaivotas estridentes da Irlanda. As gaivotas seguem o barco por quilômetros e quilômetros até que de repente se cansam do próprio som amplificado. Não poderíamos estar mais animados com o nosso som.

O país libertou você; é o momento em que você está solto. Você é livre. Eu olhava para o rastro espumoso deixado por essa gigantesca embarcação devoradora de furgões e deixava que fosse apenas isso — um rastro para o meu eu antigo. Eu me sentia novinho em folha. É verdade que a bordo pode haver náusea e vômito, bebidas derramadas e sono intermitente, mas você está indo para "outro lugar" e, uma hora, vê a promessa de outra terra. E suas gaivotas. Você sobe de volta para o universo isolado da van e volta a dormir sentado, e, agora, a comer, conversar e ouvir música sentado. Mas para de vomitar sentado.

Enquanto ouvimos, o elefante branco nos leva por toda a Europa, primeiro para Londres e quatro shows no Soho em setembro de 1980. Entra outro membro inanimado do elenco.

O APARTAMENTO

Paul não gostava de dormir em furgões, mas compensava isso com um ótimo olho para acomodações elegantes, mesmo quando não podíamos pagar. Em 1980, ele fechou um acordo por um apartamento no subsolo na Orme Square, na Bayswater Road, em frente à entrada do Hyde Park, uma base a partir da qual podíamos moldar nossa primeira turnê no Reino Unido, a "Boy Tour".

Para pagar por essas boas instalações, não ficamos nos hotéis em que uma banda costuma se hospedar quando toca em cidades como Liverpool e Brighton e até Manchester. Depois de nossos shows, ainda com os figurinos empapados de suor, economizávamos o dinheiro voltando para Londres. De volta às luzes brilhantes e ao cinismo da capital. Claro que Londres era a Babilônia. Londres era o Egito. E Londres era ótima. Londres era a centrífuga de toda a música que nos interessava. Até por causa de outro membro do elenco nesta grande peça em que nos encontramos...

O LOCAL

"There's an A-bomb in Wardour Street" foi uma explosão que ouvimos no rádio em 1978 de outra de nossas bandas favoritas, The Jam, que, sem saber, nos levaria a tocar, dois anos depois, no Marquee Club na Wardour Street. Em Londres tocamos em todos os lugares, mas o *big bang* para nós foi o Marquee Club. Na primeira segunda-feira garantimos metade da lotação. Na semana seguinte, o lugar estava completamente lotado. Na terceira, as filas davam a volta no quarteirão.

Na quarta semana? Caos.

"O U2 poderia acontecer com qualquer um", era o que escrevíamos em nossos pôsteres e pequenos bottons redondos feitos em casa, e agora parecia que essa ostentação infantil estava se tornando real.

Certa manhã, chegamos ao local e encontramos o vocalista e baixista Lemmy, o ás de espadas no flush que era o Motörhead, ajudando nossa equipe a descarregar e montar nosso equipamento. Ele pediu para ficar trancado do lado de dentro na noite anterior para jogar *Space Invaders*, mas disse que o trabalho de *roadie* era uma boa maneira de baixar a adrenalina depois de todos aqueles alienígenas em que ele atirara na tela. Um protótipo precoce do punk e salvador do rock 'n' roll, Lemmy vinha nos ver muito naqueles dias, mesmo que não tivéssemos muito a oferecer a ele.

Um local atinge seu próprio status lendário, e fazer esses primeiros shows dava a impressão de que estávamos sendo comparados a todas as grandes bandas que tocaram aqui, que sabíamos que nunca alcançaríamos.

Era famosa a história de que o The Who tinha tomado o Marquee Club com seu supremo *rhythm and blues*, e nenhuma banda jamais teve a mesma alegria, o mesmo desespero e a rebeldia. Algumas bandas punk têm a raiva, a agitação gutural, o chocalho da morte, mas não têm a grandiosidade. Queríamos trazer um pouco dessa grandiosidade para o punk rock, e há momentos em que chegamos perto, como nas músicas "Twilight" e depois "Gloria". Para a grandeza você precisa de outro membro do elenco...

OS FÃS

Nossos fãs geralmente tinham a mesma idade que nós, e nós provávamos a nós mesmos e a eles que éramos os verdadeiros punks. Nós éramos fanáticos em nossa determinação de não submeter nossos valores às grandes cidades, mas levar a esses lugares nossos verdadeiros valores punks como respeito pelas pessoas que estavam pagando para nos ver. Fazíamos questão de parar e conversar, dar autógrafos. Queríamos nos fundir com nosso público de uma forma que nenhuma banda punk conseguiu. E como cantor tive que criar essa fusão, transformar o público como numa reação química, menosprezando a própria ideia de que eles eram uma multidão. Este não era apenas um núcleo de átomos instáveis colidindo uns com os outros; era uma reunião de seres sencientes que por aquelas poucas horas todas as noites desempenhavam o papel mais importante no drama, transportando a banda e, portanto, a si mesmos para algum lugar a que nenhuma das partes tinha ido antes. Encontrar algum momento que nenhum de nós havia ocupado antes, nem voltaria a ocupar.

Pense nisso.

Era como se estivéssemos procurando um portal para outro lugar, um mundo que não existia, uma noite fora de nós mesmos. Mas escapar da inibição não é fácil quando o próprio cantor é tão inibido que acha que precisa escalar para dentro da música em vez de apenas tocá-la. Será necessário algum tipo de truque para banda e público desaparecerem um no outro, algum ritual pseudorreligioso que se torna verdadeiramente religioso. Uma comunhão de banda e fã, ambos em busca de algum tipo de elevação, uma noite fora de nós mesmos.

Isso tudo acontece no...

PALCO

No escuro, o primeiro vislumbre é fundamental. As sombras da equipe atravessando o palco, verificando os cabos. "As pequeninas luzes vermelhas nos amplificadores", como Jim Kerr do Simple Minds destacaria, "são como luzes de pouso em uma pista; a espaçonave que você está pilotando esta noite retornará, mas não imediatamente".

A trajetória é tudo nesta viagem à Lua. Temos duas músicas, "11 O'Clock Tick Tock" e "I Will Follow", que podem fazer a decolagem necessária.

Mas dez, nove, oito, sete não têm nada a ver com um cantor de punk rock gritando UM, DOIS, TRÊS, QUATRO.

Será que as pessoas reunidas vão ficar de pé, ouvir e observar, ou também vão voar? Essa é a emoção pela qual a banda punk vive, a elevação vertical do público enquanto os músicos desafiam a gravidade e saem de seus corpos. Tem que acontecer na primeira nota, ou não vai acontecer.

Hidrogênio e oxigênio na temperatura certa. Estrondo. A liberação da energia de ligação.

Pessoas gritando seu nome, você esquecendo o seu. Se esquecendo de onde você vem.

O seu lugar é aqui e agora. Não se trata de um Oceano de rostos sem face; você está tentando fazer contato visual com todos. Mas não tem como fazer isso... até que consegue. Se você acertar, não olha só no olho de todos os que estão na primeira fila; olha no olho de todos no local. E ninguém deixa de imaginar que você pode seguir seu carro na volta para casa, que pode roubar sua carteira ou pregar seu evangelho ou que possa dar uns amassos com ela. Ou com sua irmã. O contato foi feito, real e imaginário. E estamos descobrindo outro personagem neste drama épico...

A NOITE

Às vezes, a noite inspira uma comunicação não planejada entre banda e público. Nesse momento, ou você acaba em cima deles ou eles, em cima de você. Você se ressente tanto do palco que pula dele e mergulha nos braços de qualquer um que te segure. Eles seguram você, arranhando, mordendo e beijando — eles não parecem se importar —, até que agora, na última música, você se vê deixando o palco para trás, abrindo caminho no meio da multidão e saindo pela porta dos fundos do local. Está caminhando para casa por um labirinto de ruas do Soho com nomes como Carnaby, Greek e Dean, uma hora acha o caminho para este endereço peculiar, na Orme Square.

Londres é facilmente descrita como Babilônia, e nós, inocentes do exterior, estamos apenas descobrindo o sexo, ainda indagando sobre o poder e a corrupção que tão facilmente o exploram. Eu estava curioso para saber o que estava acontecendo por trás dessas vitrines do desejo, para entender o que estava sendo comprado ou vendido naqueles becos, mas embora esse caminho estivesse cheio de pessoas interessantes, também estava cheio de clichês musicais, um caminho já muito trilhado. Desde a deliciosa descoberta do sexo no banco de trás de um Cadillac ou no banco da frente de uma Corvette — dependendo se você está ouvindo Chuck Berry ou Prince —, esse era um tópico bem dramático, mas não exatamente uma cena nova. O grande Philip Lynott conseguiu fazer isso com "Solo in Soho". Alguns anos depois, Shane MacGowan e o The Pogues também fizeram a mesma coisa com "A Rainy Night in Soho". Mesmo que quiséssemos, não saberíamos como pintar esses quadros, pois a questão é que você tem que cantar a sua vida. "Sex & Drugs & Rock & Roll" era uma música de Ian Dury que todos amávamos, mas, verdade seja dita, não sabíamos do que se tratava.

Eu não usava drogas desde que cheirei a graxa de sapato Lady Esquire, quando tinha 15 anos. Não precisava. Eu sentia o toque do deslumbramento. Sentia tudo com nitidez, as pessoas que encontramos, a sensação de estar em um corpo, de comer ou beber. Eu sabia que havia trevas no mundo, mas tinha certeza de que elas não nos dominariam; em vez disso, nos deixaríamos dominar pela beleza de nossas descobertas enquanto viajávamos por este mundo. Estações ferroviárias e metrôs, as pessoas comuns, um magnífico carvalho num parque, os edifícios vitorianos de tijolos aparentes da Inglaterra e do País de Gales, o esplendor georgiano de Edimburgo, de Glasgow, com seu ocasional olho roxo.

E os belos olhos perscrutadores do nosso público. Todas as noites, o show. O esfarrapado e às vezes glorioso show, depois do qual voltávamos para…

O CAMARIM

Depois da conquista, o inquérito. Muitas vezes eu fazia as perguntas difíceis, distraindo a banda de minhas próprias inadequações porque na verdade eles estavam se tornando uma tempestade de talentos, um trio potente muito unido e inovador. Eu sem dúvida era um para-raios. Tinha a fachada ideal para ser o líder, mas se você verificasse os fundos, eu não estava tão apto quanto deveria. Não em termos de arte. Como artista, eu era espasmódico, uma enguia elétrica em calças de plástico pretas, mais gritando com Deus do que cantando para os Céus. Eu deveria ter sido mais gentil com meus colegas de banda, que eram invariavelmente bons e muitas vezes ótimos, mas ocasionalmente todos os três se voltavam para mim.

Por que eu estava sendo tão idiota colocando o show e minha integridade física em risco ao subir na sacada?

Por que eu estava arranjando briga com os seguranças?

Ou me exibindo escalando uma pilha instável de alto-falantes?

Exibicionismo? Não é essa a razão para estar em uma banda de rock 'n' roll?

Pegávamos pesado uns com os outros. A lista do que deu errado durante um show era maior do que a lista do que deu certo; ainda assim, após a autópsia, sempre saíamos para conhecer os fãs, e, depois, íamos para a van e voltávamos para casa. Rindo uns dos outros, ouvindo alguma banda nova em fita cassete ou — nos shows ruins — deixando o silêncio tocar no rádio e pensando em como poderíamos melhorar como banda.

Ainda rezávamos e ainda trabalhávamos para descobrir como estar "neste mundo mesmo sem pertencer a ele". Como estar na van e não ser atropelado por ela.

Era preciso ter pena do Adam, no apartamento ou no hotel. Tudo o que um homem quer é viver o sonho das quatro cordas, mas há seus três companheiros de banda amontoados em seus quartos, agonizando sobre se esse sonho era uma visão que compartilhávamos. Três aprendizes fanáticos, trancados em oração e meditação, em vez de ouvir no último volume uma fita gravada por alguém. Uma noite num hotel, uma mulher, chegando para servir em um de nossos quartos, encontrou nós três orando e se juntou a nós. Conhecemos todo tipo de estranhos inesperados que nos incentivaram a encontrar a resposta para uma simples prece: em um mundo despedaçado, esta banda pode desempenhar algum papel? Estranhos ou anjos, parece que encontramos a pessoa certa na hora certa, novos atores limpando a garganta e preparando suas falas como…

O TOUR MANAGER

Estamos em 1983, voltando de um show no Bristol Beacon, anteriormente conhecido como Colston Hall. A primeira vez que tocamos em Bristol, em 1980, foi para algumas dezenas de pessoas no Trinity Hall, mas esta noite foi importante porque Bristol tem uma cena musical real, do Pigbag ao The Pop Group, e acabaria gerando uma das bandas mais importantes da história da música, o Massive Attack.

Edge está na frente no banco do passageiro fingindo dormir. Adam, chapado, olha pela janela. Larry está dormindo e eu estou quase. Nosso novo tour manager mora em Bristol, mas está nos levando de volta para Londres e falando muito sobre seu assunto favorito.

Abelhas.

A vida secreta das abelhas.

As abelhas significam muito para Dennis Sheehan; ele é apicultor, e é por isso que o Edge parou de fingir estar dormindo e agora finge estar acordado. Mas desde que Dennis se juntou a nós, há seis meses, já explicou a cada um de nós, separada e coletivamente, que "a envergadura das asas de uma abelha em relação à massa corporal não faz sentido, e a física não é capaz de explicar como elas conseguem voar". É por isso que Edge agora está dormindo. Antes de deixar que o tom meloso de Dennis me derrube, fico maravilhado não com o milagre da aviação que são as abelhas, mas com o milagre do Edge dormir com os olhos abertos e sua notável capacidade de acenar e grunhir em todos os momentos certos.

Em 1982, Dennis Sheehan, alguns anos mais velho do que nós, se tornou nosso tour manager. Nascido em Wolverhampton, na Inglaterra, criado na Irlanda, ele já trabalhou com Iggy Pop e Patti Smith, foi assistente pessoal de Robert Plant, e chegou à vida adulta trabalhando com o Led Zeppelin. Não fazemos ideia de que ele ficará com a nossa banda pelo resto de sua vida. Dennis tinha uma moral baseada no catolicismo de sua juventude, e ele se tornaria um de nossos guias enquanto viajávamos por este novo mundo. Em seu funeral, em 2015, depois de uma série de elogios emocionantes que retrataram sua bondade e força de caráter, Robert Plant sussurra em meu ouvido: "E não vamos esquecer — no seu tempo, um grande torcedor do West Ham United!"

Paul McGuinness pode ter garantido nossa entrada na terra prometida, mas ele não é o cara certo para lidar com alfândegas e impostos. Dennis era esse homem. Ele tinha uma estratégia que Paul e às vezes até a banda achavam estressante. Ele usava um suéter, isso mesmo, um pulôver de lã. Às vezes, até um suéter igual ao do Dênis, o Pimentinha, que simplesmente não era lá muito pós-punk. Nem engraçado. Mas é surpreendentemente eficaz com os funcionários de semblante frio da alfândega.

A GRANDE TURNÊ

A relação entre agentes de fronteira e bandas de rock não tem um bom histórico, com toda aquela história de vasculhar seus pertences, apreensões de drogas, exames retais. Nós, astros do rock, reconhecemos um predador natural quando vemos um. A menos que haja um contrato de gravação e uma caneta cheia de tinta, o cordeiro instantaneamente se deitará com o leão.

Estamos em Berlim, em 1981, sendo arrastados para uma pequena sala por funcionários da alfândega que acreditam que traficantes de drogas gostam de se vestir como bandas de rock. Nosso trabalho envolve fronteiras, a transposição delas. Fronteiras são uma grande atração para mim, deixar um país rumo a outro, deixar um jeito de pensar rumo a outro, deixar nossa adolescência para trás rumo à casa dos vinte anos, deixar a Alemanha Oriental rumo à Alemanha Ocidental.

O limiar é o lugar certo para se estar. O limite.

As zonas desmilitarizadas da psique, as zonas cinzentas do coração. A terra de ninguém é a terra do sim.

Álbuns são diários de viagem. Geográfica, filosófica, sexualmente. Um artista busca um território ainda a ser descoberto e, melhor ainda, encontrar lugares a caminho de outro lugar.

O poeta adora uma encruzilhada.

Berlim. Sarajevo. Istambul. Viver na Europa é uma bênção diária, esta Babel de diferentes línguas, todas querendo falar uma em comum. Coerência. Mesmo a louca Euro-Babel de Bruxelas é uma espécie de sanidade, se você contar o custo de todas as vidas perdidas por conta das fronteiras. A Europa tornou-se um fascínio. Cresci como um europeu sem saber muito sobre a Europa, mas nos anos seguintes embarquei em minha própria *grand tour*.

Europa. A milagrosa reconquista de terras que são Amsterdã ou Veneza.

Europa. Acordar em Madri do outro lado da rua da *Guernica* de Picasso pendurada ali mesmo no Museo Reina Sofía, a poucos minutos a pé do *Triunfo de Baco* de Velázquez, no Prado.

Europa. Tocar música no mesmo campo do Real Madrid ou onde o Barcelona joga seu futebol percussivo.

Europa. Descer as escadaria da Praça de Espanha em Roma e descobrir o quarto onde Keats viveu e morreu, sentir a fria humilhação das cartas suplicantes de um poeta.

Para você, um garoto suburbano de Dublin, poder voltar para seu hotel passando pelo Fouquet's em Paris e saber que aquele era o lugar onde James Joyce jantava quase todas as noites. Até mesmo ser barrado por não estar vestido adequadamente parecia vagamente poético. E merecia algum tipo de resposta poética. Comprei um peixe no mercado e o vesti com um terno novo da Comme des Garçons que eu não podia pagar e insisti em entregá-lo ao *maître* como presente. ("De James Joyce.")

Festivais na Europa nos ensinariam a nos comunicar em uma escala maior. Muitas vezes tocamos na mesma noite que o grupo escocês Simple Minds. A proximidade com a música extática da banda nos transformou, ao mesmo tempo que as letras de Jim Kerr mudaram a maneira como víamos as grandes cidades europeias pelas quais estávamos viajando juntos em turnê. As letras de Michael Stipe do R.E.M. mudaram a maneira como víamos os Estados Unidos. Ele também tinha uma das grandes vozes de qualquer lugar do mundo. Num festival em Milton Keynes, no Reino

Unido, ele nos diz que se sente muito orgulhoso por ter sua voz comparada à de Dolly Parton. Ao lado dele, Peter Buck, o gigante titereiro da guitarra, acredita tanto no rock 'n' roll que a música não tem como deixar de retribuir seu amor. Mike Mills no baixo e *backing vocals* mistura os anos 1960 e 1970 aos anos 1980. Bill Berry, o baterista, vai deixá-los logo após um mal súbito. Mas essa foi uma banda que fez o mundo inteiro querer visitar Athens, na Geórgia, não só eu.

Eu teria pagado para visitar esses lugares, mas estávamos sendo pagos para estar lá. Descoberta e exploração deveriam ser um fim em si mesmo, mas conforme pegamos a estrada, o itinerário da nossa banda já incluía locais de show e um público crescente para nos cumprimentar. Mesmo quando a plateia estava vazia, era uma grande aventura; mesmo quando não havia nada de heroico nessa "jornada dos heróis", ela parecia mítica. Uma epopeia com direito a roteiro e cenário, elenco e trocas de figurino e personagens…

O EMPRESÁRIO

Foi na van que conseguimos entender melhor Paul McGuinness.

Empresário? Mentor talvez defina melhor. Dementador, às vezes. Nós aprenderíamos mais sobre a indústria fonográfica com esse homem do que com qualquer outra pessoa, e isso porque ele estava sempre aprendendo sozinho, engolindo grandes garfadas de informações sobre o negócio: rádio americana, rádio francesa, os efeitos da política federal alemã na popularidade regional, a relação excessivamente confortável entre o empresário e o promoter local. Esse homem, mais do que qualquer outro fora da banda, queria fazer do U2 o grupo mais bem-sucedido da história da música, e se você estiver usando o sucesso financeiro como medida — o que ele fazia, mesmo que nós não o fizéssemos —, ele conseguiu. Ele entendia que uma banda precisava fazer negócios tão bem quanto faz música ou então o negócio iria prejudicar a música. A empresa que ele fundou, a Principle Management, faria as coisas direito, e Paul McGuinness levaria boas maneiras a uma indústria conhecida pela falta de modos. Ele seria nosso guia por terrenos que haviam triturado pessoas mais fortes e inteligentes do que nós.

Um guia que não viajava na classe econômica.

Paul não era um esnobe, mas podia esnobar qualquer um. Ele tinha um grande carinho pelas pessoas, mas acreditava no fundo de sua alma que elas precisavam dele muito mais do que ele precisava delas. O dinheiro não poderia pagar o trabalho dele como empresário; respeito era o preço. O boato era de que o dinheiro também não poderia pagar o trabalho dele como garçom. Quando estudante, trabalhando como garçom num restaurante, um cliente deixou uma ninharia de gorjeta, e Paul correu pela rua atrás da lanchonete, e devolveu as moedas enquanto dizia: "Você obviamente precisa mais disso do que eu."

Privilégio? Arrogância? Acho que era fé em si mesmo e, depois, em nós. Não fé numa mão divina, mas fé no projeto.

Um "per diem" soa como uma novena latina, e *era* uma espécie de "indulgência", essa diária que uma gravadora pagava a uma banda em turnê para que ela pudesse parar na beira da estrada e comer uma refeição adequada. Para Paul, Dennis e nós quatro, muitas vezes era peixe empanado com batatas fritas e algumas latas de cerveja, pois economizávamos nossas diárias para comprar umas garrafas chiques de bordô para saborear em nossas acomodações chiques no fim da semana e acalmar o Deus zangado que era o nosso empresário.

Paul ficava irritado porque nossa história não estava indo de acordo com o plano traçado por ele. Ele ficava irritado porque a imprensa musical inglesa não entendia o U2, segundo ele, porque os ingleses não entendem emoção: "A temperatura emocional de vocês está muito alta; eles querem que vocês sejam mais tranquilos."

"Eles entendem de moda, mas não de ópera", disse o homem cujo pai pilotava um bombardeiro na Força Aérea Real, um homem que cresceu como um adolescente *mod* em Bournemouth. Paul comemorava cada marco em nosso sucesso com um almoço "em algum lugar interessante", algum lugar onde a grande estrela fosse o *chef*. Mesmo no início da década de 1980, começamos a observar que as paradas em nossos passeios pela Europa pareciam ser agendadas perto de restaurantes com estrelas Michelin. Pergunte por que tocamos apenas uma noite em Marselha, mas, digamos, três noites em Lyon, e Paul nem responderia à pergunta.

"A propósito, você conhece meu amigo Paul Bocuse, o maior *chef* da França? Talvez do mundo."

Paul olhando para nós como se fôssemos os porcos para quem ele estava comprando pérolas. "Ah", diz o olhar em seu rosto, "se eu não tivesse deixado de trabalhar com cinema."

Embora concordássemos alegremente em marcar almoços de negócios — gravadora, agente, promoter local —, Paul nunca falava de negócios nessas mesas. Estava abaixo de sua urbanidade. Ele falava sobre história, política, a última biografia publicada, a indústria do cinema, fofocas da indústria fonográfica, até voltar ao que havia sido pedido para a mesa.

O negócio do U2 raramente estava no cardápio, mesmo que nós quatro estivéssemos à mesa.

A vida militar nunca abandonou Paul. Ele era o homem certo na hora certa, nosso Winston Churchill, com uma estratégia para levar a banda para Grã-Bretanha, Europa, Estados Unidos e o mundo. Ele se referia ao lançamento de um álbum como uma "campanha" para a qual uma sala de guerra e um gabinete eram necessários. Mas ele só ia para a batalha depois de uma garrafa de Taittinger, um Barolo 1947 e, às vezes, um Sauternes. Somente após a refeição elegante Paul McGuinness embarcaria na corrida alucinada para o teatro de guerra que era a indústria fonográfica, reunindo todas as tropas sob seu comando. Uma dose extra de armanhaque e logo ele estaria contemplando outras invasões — talvez a mesa ao lado, ou uma estação de rádio que não estivesse tocando nossa música. Enquanto estávamos debaixo, dormindo depois do almoço, Paul se levantava, seu rosto de abade caindo na risada ao conceber outro grande plano, passando a tarde movendo as peças pelo tabuleiro de uma maneira que ninguém tinha feito desde Brian Epstein, ou Kit Lambert, ou o resto daquela rara raça de grandes empresários do rock 'n' roll com sotaque de escola pública inglesa.

Eu amava Paul naqueles momentos à mesa, ilustrando brilhantemente o valor da nossa banda por nunca falar sobre nós. Adorava seu tom de barítono, sua sonoridade, seu domínio da língua inglesa.

Sentar com ele era ter uma aula magna na arte da conversação. Sem falar na arte de fazer bons pedidos em restaurantes. Todas aquelas reuniões de estratégia acabaram dando a Paul uma cintura grande para combinar com seu grande cérebro e seu grande coração. Um homem impressionante, assustador até, que parecia estar montado em um grande cavalo. Um homem que não nasceu em berço de ouro, mas que tinha a certeza absoluta de que nos daria um.

E um homem com personalidade. Um temperamento lendário. Capturado da melhor forma em uma ocasião no Boulevard Périphérique em Paris, em 1981, quando Paul tentou incendiar o próprio carro. Seu Lancia azul quebrou depois de ficar sem óleo, Paul estava farto do joelho de Larry no encosto do banco do motorista, e tivemos que contê-lo fisicamente quando ele removeu a tampa do taque de combustível e tentou jogar seu isqueiro aceso lá dentro. Larry pode ter rido um pouco demais.

Paul também podia ser muito emotivo, e em alguns shows as lágrimas escorriam pelo seu rosto, mas, geralmente, naqueles primeiros dias, ele era um homem feito para o combate. Nosso Churchill não fumava muitos charutos, mas se você entrasse no caminho dele ou da banda dele, é justo dizer que ele enrolaria você, fumaria e depois jogaria num cinzeiro.

Foi Roosevelt quem afirmou: "A única coisa que temos a temer é o próprio medo", mas foi Churchill quem viveu isso. O gênio de sua liderança não era apenas destemor, mas a fé em seus compatriotas, a fé em si mesmo e, quando se tratava da Segunda Guerra Mundial, a fé na América. A mesma coisa vale para nosso Churchill. Por mais que ele amasse o Reino Unido e gostasse de nossas explorações europeias, Paul havia descoberto que os Estados Unidos provavelmente seriam nossa terra prometida. Nosso êxodo seria para o oeste.

Antes de termos um lançamento formal planejado, Paul havia enviado cópias importadas de nosso álbum de estreia, *Boy*, para estações de rádio universitárias alternativas nos Estados Unidos, o que teve o efeito de apressar a Island Records e elevar nossa prioridade. Também significou que quando decidimos fazer uma pequena excursão de exploração da costa leste dos EUA, havia um pequeno grupo de exploradores para nos receber. A invasão irlandesa teve mais cara de expedição militar do que as famosas invasões britânicas dos Beatles ou dos Stones, mas todos os envolvidos sentiram que isso poderia ser algum tipo de providência divina. Para um estudante de rock 'n' roll, ou como se queira chamar — pós-punk ou pós-pós-punk —, essa música era e é um formato americano. Podemos ter nos abstido de usar certas sequências de acordes tornadas célebres por ícones americanos como Chuck Berry ou Robert Johnson, mas no fim das contas foi dessas fontes que grupos como The Who e os Rolling Stones beberam. Os Beatles eram um pouco diferentes, mas até eles adoravam Elvis e tinham nele uma fonte de inspiração. Seria nosso maior salto de fé até agora, um salto por cima de um oceano.

Em um dia frio e úmido de dezembro de 1980, minha primeira impressão do Aeroporto John Fitzgerald Kennedy é o nível de decibéis: vozes humanas abafando o som de aeronaves pousando, como se todos falassem por alto-falantes. A sala de bagagens é um parque de diversões de sotaques e tons de pele e tagarelice em altos brados. Mas as pessoas parecem estar gritando umas com as outras de maneira bem-humorada. Somente com os clientes as vozes aparecem cruzadas e distantes.

"Afaste-se, senhor!"

"Não ultrapasse a faixa!"

"Passageiros da Irlanda, por favor, preparem seus formulários amarelos..."

Larry está rindo da ideia de a Irlanda ser informada de que temos um "relacionamento especial" com os EUA.

"Eles dizem isso a todos", diz Adam. "Para os britânicos, com certeza, e eles têm um Dia de Colombo para os espanhóis."

"Devo dizer a eles que St. Patrick era galês?", pergunta Edge.

É mais engraçado ainda quando descobrimos que Paul chamou uma limusine preta para nos buscar. Somente nos EUA eles fariam um carro tão comprido assim. Em nossas cabeças, já tínhamos passado de espectadores de filmes; agora estávamos dentro de um filme. Paul pergunta ao motorista se ele pode achar a rádio WNEW no *dial*, pensando que existe uma chance minúscula de nosso single "I Will Follow" tocar. Em vez disso, como o bafo que embaça um para-brisa, enquanto nossa rota revela a majestade do horizonte de Manhattan, ouvimos o mantra "All or Nothing At All", a ode de Billie Holiday à fuga.

Estamos hospedados no Gramercy Park Hotel na Lexington Avenue, um estabelecimento bastante degradado não muito longe de Hell's Kitchen, e na rua onde fica um parque de mesmo nome. Andando da limusine até a esquina da rua em frente ao parque coberto de neve, nunca me senti mais em casa com meu casaco de pele falso até que um homem de aparência engraçada para em sua bicicleta e pergunta meu nome. Não consigo falar. Estou tão apavorado que só consigo emitir um pequeno som metálico.

"Bono", solto um balido. "Bono do U2."

Na noite seguinte, nosso primeiro show em Nova York em um lugar chamado The Ritz, Paul diz que algumas pessoas importantes vêm para nos ver. Não me parece assim do palco, não parece que haja alguém ali para nos ver neste sábado à noite. Parece que todo mundo está ali para se ver. Estou nervoso, compensando demais a sensação de ser o ruído de fundo da diversão de outra pessoa. Lá em cima, no mezanino que rodeia o clube, vejo pessoas absortas umas nas outras, cometendo o crime de sentar-se à mesa em um show de rock. Isso é uma ofensa digna de enforcamento para um carrasco como eu; então, decido envergonhar essas pessoas antes que elas nos envergonhem e saiam. Minha invectiva ansiosa não é bem o protesto punk que eu esperava. Nem tão imaginativo.

"Levantem-se", grito para eles, "Levantem-se… sim, vocês, seus velhos de terno… levantem-se. Se é que vocês conseguem."

Constrangedoramente, aconteceu que havia algumas pessoas importantes lá para nos ver naquela noite. Pessoas das gravadoras e estações de rádio que ouviram coisas boas sobre nós e se deram o trabalho de aparecer e dar boas-vindas à banda U2 em sua cidade. Eram essas pessoas que estavam sentadas em mesas no mezanino. Ops.

"Muito bem, Bono! Bom trabalho…"

Nos bastidores, Paul está com fumaça saindo por seus ouvidos de quem ouve tudo: "Você acabou de insultar as únicas pessoas que realmente vieram vê-lo esta noite. Muito bem… parabéns!"

Três noites depois, saímos do palco em Buffalo, Nova York, e ficamos sabendo que John Lennon tinha sido morto a tiros na cidade de Nova York. Senti como se tivéssemos perdido um sistema de navegação; era como se agora estivéssemos perdidos nos EUA. Apesar de toda a sua fragilidade e rebeldia arrogante, John Lennon era o mais próximo de uma consciência musical que nós tínhamos. Ao ouvi-lo cantar: "Oh my love, for the first time in my life / My eyes are open",* eu sabia que tinha ouvido um hino ao universo.

Quando a Estrela do Norte de sua própria fé está se apagando, quando você se sente como se estivesse em mares tempestuosos e com pouca visibilidade, quem são os faróis? John era uma luz para nós.

No ano anterior, 1979, comecei a escrever uma carta para ele perguntando se ele produziria *Boy*. Tínhamos escrito uma música chamada "The Dream Is Over" desencadeada por sua explicação casual

* "Ah meu amor, pela primeira vez na minha vida / Meus olhos estão bem abertos."

sobre o desaparecimento do Fab Four. Agora, quando nosso sonho estava começando, o sonho dos Beatles acabava. Nos anos seguintes, eu tentaria honrar suas loucas fantasias pacifistas com algumas das minhas. Sem ter ouvido Lennon, não acho que eu teria rasgado regularmente a bandeira irlandesa em três pedaços, segurando apenas o centro branco, para protestar contra a violência sectária em nossa ilha da Irlanda. Eu não subiria ao topo do cordame de um palco de festival segurando uma bandeira branca se não estivesse pensando nos atos "tolos" de John pela paz.

Ainda interrompo nossa canção adolescente "The Electric Co." com um canto de "Instant Karma!": "Well we all shine on / Like the moon and the stars and the sun."*

Nossa primeira mordida na maçã é agridoce, mas Paul sabe que para realmente entender o americano e fazer a América nos entender, teríamos que ir para longe do mar. A estratégia dele era não tocar no circuito universitário, mesmo que ali estivesse nosso maior público. As faculdades, disse ele, não eram reais; o público está apenas visitando o local. Ele queria que conquistássemos espaços urbanos reais, por menores que fossem, porque esse público é o coração de uma cidade e ficaria ligado a nós no futuro. Foi por isso que na primavera seguinte, apenas alguns meses depois, voltamos aos EUA para uma turnê de sessenta shows. Então um novo personagem chega ao palco...

O ÔNIBUS DE TURNÊ

Quando partimos para aquela primeira turnê pelos Estados Unidos em março de 1981, nossa van branca havia se transformado em um ônibus azul gigante que nos levaria pelo que Paul chamou de "a terra da nossa oportunidade". Sentar na frente com Billy, o motorista, parecia mais cinematográfico e menos romântico do que dirigir pela Europa. Agora o para-brisa era uma grande tela, e cada um de nós se revezava lá em cima, maravilhando-se com o tamanho do país pela janela.

As rodovias e nosso tempo nelas eram mais longos; as cidades eram mais altas e, fora da Costa Leste, mais difíceis de alcançar.

* "Bem, todos nós brilhamos / Como a Lua, as estrelas e o Sol."

Mas o ônibus tinha oito cápsulas retangulares semelhantes a caixões para dormir, com cortinas para garantir privacidade, e empilhadas uma em cima da outra no meio do ônibus. A sala silenciosa ficava nos fundos junto com um espaço compartilhado maior, que incluía mesas, e uma cozinha improvisada ficava na frente.

Você não poderia não estar lendo *On the Road*, de Jack Kerouac, ou *Crônicas de Motel*, de Sam Shepard, ou não perceber, ao olhar para cima, ao chegar em outra cidade, como nomes de lugares americanos também são títulos. Até o quarto de hotel mais barato se torna um palácio quando você pode contemplar a riqueza do delta do Mississípi.

Nova Orleans, uma fruta madura demais, um apodrecimento nobre, os grandes carvalhos, a umidade gotejante.

Arizona, que terra seca sobre a qual construir, que sol irracional sob o qual construir.

Maravilhoso, significando absolutamente uma maravilha. A tentativa americana de construir torres de aço e vidro a partir de areia derretida.

Texas, um continente plano de rodovias e campos, cidades espetando suas cabeças para fora do chão preto e pegajoso. Ouro preto e privilégio branco sobre ele, ainda lutando para se libertar da política racial e da guerra civil. O Cinturão Bíblico e sua ressaca anticristã deixando vergões nas costas nuas dos incrédulos.

Os relâmpagos bifurcados de Dallas e Houston, as tempestades de poeira e a estática intelectual de Fort Worth, a boemia de Austin.

Nashville, a fivela do Cinturão Bíblico onde canções de louvor vivem no escritório vizinho ao das canções de fanfarronice caipira, tão irlandesas que parecem familiares demais.

E as regiões costeiras liberais, as ondulações de São Francisco, o filé mignon, a livraria City Lights, e de volta ao leste para o Boston Celtics e a Ivy League, para Washington, Filadélfia e Nova York, onde começamos.

Foi um ano após o lançamento do nosso álbum de estreia, em outubro de 1980, que percebi como a estratégia de Paul estava certa. Edge e eu paramos em alguns sinais de trânsito em Los Angeles e notamos "I Will Follow" sendo tocada em uma estação de rádio em um carro à nossa direita. E também em outra estação, em um carro à nossa esquerda. Lindamente fora de sincronia.

O menino estava correndo. Tivemos que apertar o passo para acompanhar. Os shows vieram e vieram e vieram. Irlanda, Reino

Unido, Europa, Estados Unidos. De volta a Dublin, a imprensa estava nos aplaudindo por conta dos sinais de que iríamos "conquistar a América".

> Você não me vê, mas verá
> Não sou invisível

Mas não houve desfile com serpentinas quando voltamos, apenas "o velho", como Norman e eu às vezes o chamávamos. E ele estava determinado a esconder seu orgulho pelo nosso sucesso, um orgulho que tenho quase certeza de que estava logo abaixo da superfície. Ainda assim, havia algo reconfortante, algo correto, naquele insulto.

"Esta casa não é um hotel, a propósito. As mesmas regras continuam valendo. Não vá se sentir importante demais."

"Mas preciso disso para compensar pelo meu pau pequeno", gritei em resposta.

"Ah, você é muito engraçado" foi sua réplica não tão engraçada, seguida por um suspiro cansado.

Fui promovido para o quarto de Norman e me deitei na cama, olhando para o pôster que tinha acabado de pendurar com a capa que Peter Saville fez para o LP de estreia do Orchestral Maneuvers in the Dark.

"O que eu vou fazer com a Alison Stewart?" Ali.

Três letras preencheram minha mente.

Senti falta dela na estrada e foi bom descobrir que ela também sentia minha falta. Descobrir que nosso relacionamento não tinha sido prejudicado pelo tempo que ficamos separados enquanto a banda corria atrás do sucesso. Ela estava animada por mim, embora um pouco cautelosa com a bagagem que o sucesso poderia trazer. Constrangimento. O sucesso tem olhos curiosos. Você pode fechar as cortinas em torno de si mesmo ou pode ver as pessoas mais próximas a você fazerem isso.

O sucesso pode incentivar amigos e familiares a se tornarem um pouco cínicos ou respeitosos demais com seu olhar intrometido.

Eles ainda são os mesmos garotos que deixaram Dublin para tentar um contrato de gravação? O ponto de vista de Ali era: por que alguém iria querer continuar o mesmo?

Ela estava feliz porque sabia que a música era minha liberdade. Eu estava livre de ter que conseguir um emprego de verdade e livre de ter que provar algo para mim mesmo. Livre para explorar o mundo mais amplo e meu lugar nele.

Ou seria o "nosso" lugar nele. Me peguei pensando na primeira pessoa do plural, passando do Eu para o Nós.

> Não existe eles
> Só existe nós.

Sentado do lado de fora do número 10 da Cedarwood Road no meu Fiat 127 branco, contei como a gravadora tinha contratado uma limusine para nos levar a uma sessão de autógrafos em uma loja de discos de Los Angeles. Estávamos tão envergonhados que estacionamos a limusine na esquina e andamos os últimos 100 metros até a loja.

"Você foi assediado?", pergunta ela, me provocando.

Não, expliquei, sem a limusine ninguém nos reconheceu, e então tivemos que ir até todas essas pessoas de aparência legal e explicar que nós, essas pessoas sem graça, tínhamos as assinaturas que elas queriam. O pequeno motor diabólico parecia tremer com nossas risadas.

"Então seu ego ainda cabe nessa limusine?"

Ali estava me encarando com aquele jaleco branco e a prancheta com os quais me familiarizei ao longo dos anos. Uma maneira de olhar para mim como se ela fosse uma máquina de raio-X em busca de cortes e contusões, externas ou internas.

Ela olhou dentro de mim, ao redor e através de mim e sorriu. Ela sabe me interpretar. Ela me conhece. Ela sempre me conheceu.

Se Ali estava orgulhosa do que conquistamos com *Boy*, toda a nossa comunidade de amigos e familiares também estava.

Exceto por um pequeno grupo.

Os cristãos e aqueles que tocam a música do diabo não têm um bom histórico. Shalom, a comunidade da igreja local que significava muito para Larry, Edge e para mim, estava preocupada que estivéssemos nos afastando de nossa fé.

Expliquei ao nosso pastor, Chris Rowe, e para sua esposa, Lillian, que as coisas estavam melhores agora, que nosso pequeno grupo da igreja não precisaria se preocupar com fundos no futuro. Seríamos capazes de prover.

"É o Senhor quem provê", lembrou ele. Aquele foi um tiro de advertência. Havia mais por vir.

GODLY Vs GOD
J:3:16

10

October

October and the trees are stripped bare
Of all they wear.
What do I care?

October and kingdoms rise
And kingdoms fall
But you go on
*And on.**

Eu tenho, como o leitor está percebendo, alguma dificuldade para controlar a raiva. Eu não me enfrentaria em certas circunstâncias. A única pessoa que já me deteve em plena fuga foi esse presbiteriano zen a quem chamamos de Edge. Em um show da Boy Tour em New Haven, Connecticut, eu tinha perdido completamente a cabeça a ponto de realmente erguer a bateria de Larry e jogá-la na multidão. Adam e Larry procuraram abrigo, mas Edge ficou onde estava, e, enquanto eu corria em direção a eles, ele me acertou na lateral da cabeça. Isso me desacelerou. Nunca comece uma briga com alguém que ganha a vida com uma coordenação motora tão refinada entre o olhar e a mão! E aí eu me dei conta da vergonha daquilo tudo quando vi o bom povo de New Haven horrorizado com aqueles irlandeses dando uma de irlandeses.

Assim que me bateu, Edge já estava se desculpando. É claro. Esta é a marca do homem. Ele sempre foi assim. Ele não conseguia guardar rancor.

* Outubro e as árvores estão despidas/ De tudo que vestem/ O que me importa?/ Outubro e surgem reinos/ e outros desmoronam/ Mas você segue em frente/ Sempre em frente.

Ele nem conseguia se lembrar do rancor que deveria guardar. Só três, talvez quatro vezes, vi Edge tendo um colapso nervoso. A primeira vez foi em 1979, durante outro ensaio desastroso, com pessoas tocando em tempos e tons diferentes, e eu gritando com a banda como se os três fossem os culpados. Edge, sem dúvida ciente de que era o único que fazia sentido musicalmente, pegou a guitarra para jogar na minha direção, deu um passo à frente, pareceu lutar com o instrumento no ar, e então se deteve. Ele então colocou a guitarra cuidadosamente de volta no suporte, saiu da sala, bateu a porta e, antes que o som da batida chegasse aos nossos ouvidos, reabriu a porta e voltou para se desculpar. Esse era ele com raiva. Ele relutou porque aquela era a guitarra dele, e ele não queria quebrá-la. Ele ainda toca com a mesma guitarra.

Gravamos nossas primeiras ideias musicais num toca-fitas e, quando a tocávamos ao contrário, ela produzia um som estridente e balbuciante. Para mim, esse sempre foi o som do cérebro do Edge. Apesar de toda a sua tranquilidade, há algo que grita lá dentro. Mas ele tem uma força de vontade tão grande que foi capaz de comprimir o grito até transformá-lo em silêncio.

Quando comecei a ouvir *Marquee Moon*, do grupo Television, reconheci no som de Tom Verlaine e Richard Lloyd algo da qualidade estoica do Edge e de seu desejo como guitarrista de contar histórias. No punk rock, os solos de guitarra foram banidos por serem vistos como autocomplacentes. Podia haver um, desde que fosse curto, direto e muito melódico, mas se fosse mais longo, teria que contar uma história melódica. Alguns dos melhores solos estavam em *Marquee Moon*, e meu palpite era que, além de nos afastarmos do blues, deveríamos experimentar com a ficção científica. O blues eram notas com as quais as pessoas estavam muito familiarizadas, notas com as quais se tornou difícil surpreender as pessoas. Quando Lemmy estava no Hawkwind, havia algo de ficção científica em uma música futurista deles chamada "Silver Machine". E a mesma característica em um reverb em *Animals*, do Pink Floyd.

Edge alugou um delay de fita da Roland para experimentar nos ensaios, e com ele criamos o refrão de "A Day Without Me". Logo depois, na loja de música McCullough Pigott, em Dublin, ele encontrou um pedal de delay da Electro-Harmonix chamado Memory Man, do tamanho de uma caixa de chocolates, de aço inoxidável, com botões que se enraizou em seu pé. Não era digital. Era analógico. Você não digitava números; tinha que descobrir em que ritmo queria tocar. Você acertava um golpe e ouvia o tec-tec-tec e o eco-eco-eco se seguiria. O pé do Edge esteve naquele Memory Man e em seus substitutos até o ano 2000. O eco e o delay do Memory Man transformavam até o menor clube punk em uma catedral. Uma música de igreja em êxtase.

HINOS E ÁRIAS

Para um homem que passa tanto tempo no futuro, Edge sempre carregou um passado profundo em sua alma, provavelmente um vilarejo obscuro no País de Gales metodista. O pai de Edge, Garvin, era engenheiro mecânico, frequentava a igreja. A mãe de Edge era professora, frequentava a igreja. Ciência e fé não eram antagonistas em sua casa. Seus pais eram cantores de hinos e, no País de Gales, cantar hinos é como cantar rock num estádio.

> Guia-me, ó grande Jeová,
> Peregrino por esta terra estéril;
> Eu sou fraco, mas tu és poderoso;
> Segura-me com tua mão poderosa;
> Pão do céu, pão do céu,
> Alimenta-me até eu não querer mais.

Parece absurdo quando um ouvinte diz que ouve Bach ou Beethoven em nossa música, mas provavelmente o que a pessoa está ouvindo são os hinos que estão no DNA deste congregacionista contemplativo. Há uma combinação de notas — quintas — que se ouve na música grandiosa de coral; especialmente em Bach. Ouvindo esses hinos enormes, é possível sobreviver a qualquer perda. Você pode receber uma quantidade infinita de golpes. Pode tomar as decisões mais difíceis. Pode avançar contra todas as adversidades. Foi no Edge que encontrei uma marcha, encontrei aquelas enormes melodias comoventes de Charles Wesley, Isaac Watts e John Newton, e quando eu era jovem, aquilo era exatamente o que eu estava procurando. Minha alma precisava desesperadamente de um chacoalhão.

"New Year's Day", do álbum *War*, veio de um lugar parecido com a música clássica e, mais tarde, em "Where the Streets Have No Name" ou "I Still Haven't Found What I'm Looking For", há uma certa suspensão na música, aquele sentimento elevado em que as canções assumem um tom de hino, mantendo a tensão entre o gospel e o blues.

Os hinos foram uma das rotas que o gospel e o blues tomaram no caminho de volta da África e da América para o norte da Europa, o País de Gales, a Inglaterra, a Alemanha, e em algum lugar ali está nossa essência como banda.

Um exemplo precoce é Edge tocando um belo conjunto de notas num piano, que não soava como nada que eu já tivesse escutado em qualquer lugar. "October" é marcado pelo poder gentil de Edge, pela dor de sua solidão, por aquele desejo de pertencimento. A canção tornou-se um local para uma meditação sobre a impermanência.

Sobre a fé.

Todos nós compartilhamos a fé. Fé um no outro. Fé de que nossa união como músicos pode ser mais do que a soma de nossas partes. Foi a fé que quase acabou com a banda porque...

UMA CRÔNICA DO NOSSO ROCK DE RENOVAÇÃO CARISMÁTICA

... a fé religiosa pode ser um problema. A fé divide as pessoas. A fé divide as pessoas que têm fé e separa as pessoas que têm fé das que não têm. Mesmo dentro da banda pode haver divisão. Se Adam e Paul eram ateus ou agnósticos era irrelevante, mas Edge, Larry e eu passamos a ficar muito conscientes de que eles não estavam interessados nessa chateação de Deus. Paul ressaltava seu respeito pelas perguntas que estávamos fazendo, mesmo que não respeitasse nossas respostas, e hoje entendo que é preciso ter certa generosidade e tolerância para viver e trabalhar na companhia dessas almas em chamas. Paul e Adam foram muito pacientes com nosso fervor.

Mesmo absorto em tudo isso, não tive dúvidas de que preferia a companhia dos chamados incrédulos. Não só porque algumas das melhores pessoas que conheci não seguem nenhuma tradição de fé em particular, mas porque as pessoas que professam abertamente a fé podem ser — como posso dizer isso? — uma dor de cabeça. Num mundo em que é impossível evitar a publicidade, não quero a pessoa ao meu lado insistindo em me vender sua opinião sobre as Grandes Questões. Viver o seu amor é a resposta certa.

Guardo essa frase atribuída a Francisco de Assis, que disse a seus seguidores: "Vão ao mundo para pregar o evangelho e, se necessário, usem palavras." Precisamos menos de que nos digam como viver nossas vidas e mais de ver as pessoas levando vidas inspiradoras. Também estou profundamente consciente de que não posso viver de acordo com o distintivo que prendi na minha lapela. Sou um seguidor de Cristo que não consegue acompanhar. Não consigo acompanhar as ideias que me levaram inicialmente à peregrinação.

Tudo isso começou para nós no final dos anos 1970. Algo curioso estava acontecendo em Dublin. Dependendo de sua crença, você pode dizer que foi "avivamento", um movimento do Espírito Santo. As reuniões aconteciam por toda a Irlanda, e nelas as pessoas pareciam estar se rendendo ao seu poder superior de maneiras dramáticas, como ninguém tinha visto antes. Os adoradores cantavam em êxtase antes que o Espírito parecesse cair sobre eles e as melodias mudassem. Descobrimos mais tarde que isso se chamava Renovação Carismática, "carisma" sendo a palavra grega para "dom", um movimento que enfatizava os "dons do Espírito" do Novo Testamento, às vezes incluindo o comportamento a que as escrituras se referem como falar em línguas. Foi particularmente impressionante que na Irlanda isso estivesse acontecendo tanto com as igrejas protestantes quanto com as católicas. Esses avivamentos pentecostais no fim da adolescência fizeram com que eu, Guggi e outros da nossa gangue de arte de Lypton Village ficássemos com a guarda levantada.

As pessoas mais extrovertidas tendiam a ter os encontros mais dramáticos com o Espírito, enquanto as mais quietas e tímidas, bem, nem tanto. Mas se pudéssemos deixar de lado o melodrama, também dava para ver algo autêntico acontecendo, e estávamos tentando encontrar um tipo de lar espiritual fora das igrejas tradicionais.

Durante nosso tempo na Mount Temple, nossa professora de Religião, a Sra. Sophie Shirley, havia iniciado alguns encontros de oração incomuns. Como se tratava de uma escola não denominacional, ninguém sabia se ela era protestante ou católica, mas todos sabíamos que Sophie Shirley era uma alma especial, e a sala parecia vibrar de modo um pouco diferente enquanto ela nos conduzia pelas Escrituras. Aos 15 anos, eu achava suas aulas um conforto inesperado, a mensagem e o mensageiro desaparecendo um no outro. Quando ela dizia que cada fio de cabelo de nossa cabeça adolescente era contado. Algo significativo a julgar pelos nossos cortes de cabelo na época.

Ela começou a realizar encontros depois da escola às quartas-feiras na sala de música, o mesmo espaço em que a banda ensaiaria poucos meses depois. Alguns professores apareceram. Donald Moxham, que nos encorajou não apenas a ler a história, como a tentar fazer a nossa. Um questionador destemido das ortodoxias e um homem que um dia teria a coragem de me dar uma lição. Jack Heaslip, outro candidato pouco óbvio para essa religião "carismática" e inicialmente bastante cético, mas que logo se perdeu na atmosfera do avivamento.

Um *beatnik* dos anos 1960 por natureza, com barba longa e cabelos ralos, Jack era aberto e compreensivo com os alunos, independentemente de como eles estivessem. Irritados, tristes, confusos, culpados?

Jack era um sábio orientador pedagógico. Estudantes de 14 ou 15 anos envolvidos em comportamento sexual de risco? Ele ia encontrar preservativos. E nenhum assunto era tabu, o que significava que passamos a confiar nele. Eu confiei nele. Em particular depois de alguns incidentes convulsivos em que deixei minha raiva me dominar. Jack me explicou pacientemente a relação entre medo e raiva, e como a ansiedade pode se apresentar.

Como diretor ocasional, o Sr. Heaslip era o responsável pela disciplina dos alunos, mas tinha uma abordagem incomum. Se um aluno que tivesse dado um soco em outro ou quebrado uma vidraça fosse enviado a ele, ele perguntava ao próprio aluno qual deveria ser sua punição. A maioria dos alunos, ele nos contou mais tarde, escolhia uma punição pior do que aquela sugerida pelo regulamento, algo que ele considerava uma pista sobre a condição humana, o papel da culpa em manter as pessoas afastadas da religião. O papel da culpa em manter as pessoas longe de si mesmas. Autoaversão.

Os encontros de oração tornaram-se populares. Sophie Shirley, esses outros professores e talvez sessenta alunos dessa escola não denominacional, todos nós descobrindo um interesse no Jesus da Bíblia sobre o qual raramente lemos, mas que parecia aparecer quando aparecemos nós. Quando nos encontrávamos, cantamos canções simples e fazíamos preces pela paz em nosso país, e parecia que algo estava se mexendo. Em nossas almas, nossa escola, nosso país. E nessa mesma sala de música estava nascendo outro tipo de música extática, a música do U2.

REVIVENDO O AVIVAMENTO

No subúrbio, nosso encontro cristão do grupo Shalom, liderado por Chris e Lillian, teve uma vida totalmente contracultural. Eles tinham poucos bens e nenhum desejo por eles. E, não tendo nada, como as primeiras comunidades cristãs, eles tinham "tudo em comum". Era inteiramente anacrônico e também meio bonito.

Larry, Edge e eu víamos nesse modo de vida um tom de verdade. Para nossas mentes jovens aquilo soava como o modo sincero de se fazer as coisas, não que nós soubéssemos dizer qual era o modo falso. À medida que Chris nos conduzia por sua Bíblia e falava sobre como Deus se tornou humano na pessoa de um judeu palestino do primeiro século, as palavras pareciam ganhar vida. Nós éramos os alunos, ele era o professor, mas teria sido bom se, de vez em quando, Chris nos tivesse feito uma ou duas perguntas sobre o mundo fora de sua comunidade, do qual também fazíamos parte.

Enquanto nos sentávamos em volta da mesa da cozinha, em 1981, na esteira do sucesso de *Boy*, Lillian observou como as respostas de Chris foram recebidas por nós com um franco questionamento, e senti que ela entendia e simpatizava com o contraste. Ela via os grandes pontos fortes de Chris como um guia espiritual, mas também sua humanidade. Ele nasceu em outro tempo, a literalidade de sua leitura das escrituras sempre vencendo a poética. Nesse sentido ele era um fundamentalista com todas aquelas certezas e interpretações claras. Chris temia que nossa geração não ouvisse sobre o Evangelho radical de Jesus, que confundíssemos cristianismo com Igreja.

Como poderíamos ajudar com um problema desses? Tentamos explicar, sem dúvida de maneira desajeitada e ingênua, que talvez nossa geração precisasse de verbos, não de substantivos; precisava ser amada, não ensinada. Aquele cristianismo de adesivo de para-choque afastava as pessoas da igreja.

Ficou evidente que Chris viu nosso potencial como missionários sendo sobrepujado pela missão de nossa música. Pensei ter notado Lillian sorrindo para si mesma quando tentei convencer seu pastor de que nosso grupo poderia servir melhor a Deus usando os dons que recebemos, que certamente o Céu ficaria feliz se nossa banda fosse um sucesso e tivéssemos meios para ajudar um pouco mais aos outros aqui na Terra. Mas o pregador não conseguia ver as coisas desse modo. Ele era um bom pastor e nós éramos suas ovelhas desgarradas. Porém, na verdade, essa ovelha estava começando a pensar que às vezes até os pastores perdem o rumo.

Quando Edge perguntou a ela sobre uma história que estava circulando sobre esse casal carismático talvez ser um pouco fervoroso demais em sua evangelização, Lillian respondeu que optou por não se preocupar com sua reputação. "O coração humano é rebelde por natureza", disse ela, limpando o balcão da cozinha. "Então, lembre-se de que toda vez que você aponta um dedo, há três apontando para você."

Ela sorriu generosamente. Às vezes, um sorriso ou uma risada é mais confiável do que a seriedade infinita.

A princípio, o Shalom aceitou nossa aparência e nossos trajes. Gavin tinha estilizado seu corte de cabelo a partir de um filme de David Lynch, *Eraserhead*, e ele podia parecer bem intimidador. Às vezes ele usava uma saia com botas *bovver*. E bijuterias. Grandes anéis exagerados. No início, eles foram tolerantes com a música que ouvíamos, mas estava ficando evidente que isso era para nos atrair. Ao longo dos meses, as perguntas do Shalom começaram a nos cansar. A nossa música era efêmera, transitória? O verdadeiro chamado não era pregar o Evangelho? Quão real era nossa fé? Quão prontos estávamos para ser peregrinos? Chris parecia já saber as respostas.

Não há maior insulto a um jovem do que questionar sua paixão. Quão intensa ela é? Quão séria e comprometida? Um jovem quer ser desafiado a fazer coisas difíceis, senão impossíveis.

Como desistir de sua música.

Uma hora, aquilo foi demais para Edge. Ele não poderia viver com a aparente contradição entre estar em uma banda encontrando um público global e esse chamado mais humilde de servir a uma comunidade local. Ele estava se questionando sobre a utilidade da arte. O lado presbiteriano estava começando a vencer o zen.

Fui até a casa dos pais dele em Malahide certa noite e me sentei na cama dele. Eu tinha a sensação de que ele não estava interessado em falar sobre como nosso segundo álbum, *October*, estava ficando, mas não sabia exatamente o que se passava na cabeça dele. Não sabia que, quando cheguei, estava em uma banda, e que quando saísse, não estaria mais.

"Tenho um problema que não consigo resolver no U2", explicou ele. "Não tenho certeza se quero fazer música dessa maneira."

Edge não é um reclamão e não faz melodrama, mas ele estava sofrendo de alguma forma.

"Chris, Dennis, todos eles, eles estão fazendo perguntas que eu simplesmente não consigo responder."

"Que tipo de perguntas?" questionei, como se não soubesse.

"Sobre se podemos ser uma banda e ser crentes."

"Ah, essas perguntas. Olha, eu também estou com problemas, mas tem um sentimento especial quando a gente toca. É quando a gente para de tocar que me sinto uma merda. Mas não vou dizer que não sou desafiado por essas pessoas. Também não tenho respostas para as perguntas deles."

Mas Edge tinha uma resposta, radical.

"Existem tantos problemas, problemas confusos e complicados pelo mundo, e talvez fugir com o circo não seja o nosso chamado. Ou não é o que estou sendo chamado a fazer. Falei com Aislinn. Ela entende. Espero que você entenda. Estou fora, Bono. Realmente estou. Sinto muito."

Foi um choque ouvir Edge colocar as coisas de maneira tão clara, mas, logicamente, eu sabia o que viria em seguida.

"Bem, se você está fora, eu estou fora. Não tenho interesse em estar nisso se você não estiver lá... quem vai afinar as guitarras? É melhor falarmos com o Larry e o Adam. É melhor falarmos com o Paul; isso vai ser muito estranho."

Voltando para a Cedarwood Road no pequeno Fiat 127 que tinha acabado de aprender a dirigir, me senti em paz, embora talvez essa seja a palavra errada. Há um tipo de calma que pode tomar conta quando você toma uma grande decisão, uma decisão que é mais nobre do que aquela que realmente quer tomar. Pode haver um pouco de martírio nisso. Não parecia que eu estava deixando o U2, era mais como se eu estivesse me alistando no Exército e pudesse estar indo para algum local desconhecido com a chance de nunca mais ser visto. Você diz a si mesmo que está tudo bem, porque está agindo de forma honrosa, e que esse sacrifício é uma medida da seriedade de seu compromisso. Talvez hoje usássemos a palavra doutrinado. Talvez fosse esse o caso, embora nenhum de nós soubesse.

O que mais poderia explicar o motivo, depois de todo esse tempo e empenho e dos primeiros sinais de sucesso? Era uma pergunta que eu não conseguia articular, o que provavelmente explica esse outro sentimento que me acompanhava enquanto eu dirigia.

Uma tristeza enorme. E solidão.

Voltei para a Cedarwood Road e me sentei, ou desmoronei, nas escadas para ligar para Ali. Ela entendeu como alguém entende os amigos que decidiram fazer algo corajoso e difícil.

Falei com Larry, que também entendeu; ele tinha suas próprias perguntas. Só Adam não entendeu. Por que entenderia? Adam não fazia parte de nenhum encontro de oração cuspidor de fogo como o Shalom, mas é a medida do homem que ele tenha optado pela solidariedade conosco quando nos encontramos com Paul para dizer que não haveria uma próxima turnê.

Era uma batalha entre dois administradores, dois gestores, dois empresários que tinham uma missão para nós e estavam oferecendo orientação sobre como poderíamos seguir nosso caminho? Chris Rowe era um homem de Deus convencido de que o mundo seria um lugar melhor se ouvisse a mensagem radical de Jesus.

Paul McGuinness era um homem do mundo que pensava que o rock 'n' roll permitia que as pessoas fossem mais autênticas. Indo para um lado, seríamos missionários; para o outro, seríamos músicos.

Fomos falar com Paul, que nos ouviu. Houve uma pausa, a sala se aquietou, e então Paul falou.

"Devo deduzir disso que vocês têm falado com Deus?"

"Achamos que é a vontade de Deus", respondemos com sinceridade.

"Então vocês podem simplesmente ligar para Deus?"

"Sim", dissemos.

"Bem, talvez da próxima vocês devessem perguntar a Deus se não tem problema que seus representantes na terra quebrem um contrato."

"Perdão?"

"Vocês acham que Deus quer que vocês quebrem um contrato? Um contrato que eu assinei, em seu nome, um contrato para vocês saírem em turnê? Como pode ser possível para este seu Deus querer que vocês infrinjam a lei e não cumpram suas responsabilidades de fazer esta turnê?"

"Que tipo de Deus é esse?"

Bom argumento. É improvável que Deus nos faça infringir a lei.

Edge concorda e se convence de que há algo de importante em seguir em frente.

Repensar.

Paul (para si mesmo): *Xeque-mate.*

No fim da reunião, estávamos chegando à ideia de que essa turnê, pelo menos, iria em frente.

Na verdade, algo nunca nos pareceu certo nesse cristianismo "ou dá ou desce", nem no julgamento que vinha com ele. Isso foi exacerbado pela atitude das pessoas da igreja em relação a Adam, que não se identificava como crente, que não fazia parte de nenhuma fé.

"Então vocês não são uma banda cristã?", perguntavam essas pessoas a Adam.

"Estou numa banda com o Bono", dizia ele rindo. "Só por isso eu mereço um passe VIP para os portões do Paraíso."

Larry respondia: "Não quero estar em uma banda cristã. Quero estar em uma grande banda."

Edge tentava explicar que nossa música desejava estar livre desse tipo de categorização. Ele queria que a música do U2 parecesse e soasse como as pessoas do U2.

Eu também queria fazer música capaz de carregar nosso próprio peso, até mesmo o peso de nossas próprias contradições. Estar "no mundo, mas não pertencer a ele" era o desafio nas Escrituras que levaria uma vida inteira para ser descoberto. Como artistas, estávamos lentamente descobrindo o paradoxo e a ideia de que não somos obrigados a resolver todos os impulsos contraditórios.

LATIM É A LÍNGUA DO AMOR

Quando chegou a hora de trabalhar em nosso segundo álbum, *October*, não tive escolha a não ser improvisar, porque eu não tinha letras novas. No final da Boy Tour, perdi todas as anotações rabiscadas que fiz quando minha elegante bolsa de couro foi roubada de nosso camarim em Seattle. Não só todas as letras, mas todas as instruções sobre aonde ir, até mesmo que imagem devíamos ter em nosso caminho.

De volta a Dublin, sem letras para as músicas, cantei para sair dessa situação, e acabei cantando sobre isso.

I try to sing this song.
I, I try to stand up
But I can't find my feet.
I try, I try to speak up,
*but only in you I'm complete.**

* Eu tento cantar esta canção./ Eu, eu tento me erguer/ Mas não consigo encontrar meus passos./ Eu tento, eu tento falar/ Mas só em você sou completo.

A faixa "Gloria" foi inspirada em um salmo e num álbum de canto gregoriano, ironicamente dado a mim por Paul. Escrevendo rápido, sob pressão, eu estava falando em línguas, só que dessa vez era latim.

Gloria
In te domine
Gloria
Exultate
Gloria
Gloria
*Oh, Lord, loosen my lips.**

Essas músicas não eram as mais refinadas ou completas, mas tinham algo que pode ser mais importante: desespero. Elas também tinham algumas frases que capturavam sucintamente aquela primeira fase da banda, os olhos límpidos dos inocentes e o fanatismo para permanecer fora do mundo:

I can't change the world
but I can change the world in me.†

"Rejoice"

Mais tarde, quando o mundo se mostrou mais maleável, mas também quando tinha conseguido que nós ficássemos mais parecidos com ele, quase invertemos a advertência para uma admissão:

I can change the world,
but I can't change the world in me.‡

"Lucifer's Hands"

Essa é toda a minha vida, resumida bem aí. Nessas duas visões opostas. Mas essa tensão não era algo a ser apreciado em nossos vinte e poucos anos; na verdade, isso estava nos separando.

A banda parecia uma casa construída sobre areia em vez de uma igreja feita de pedra; uma casa prestes a ser engolida e varrida pela

* Glória/ Em ti, Senhor/ Glória/ Exultai/ Glória/ Glória/ Ah, Senhor, liberta meus lábios.
† Não posso mudar o mundo/ Mas posso mudar o mundo em mim.
‡ Posso mudar o mundo,/ Mas não posso mudar o mundo em mim.

tensão entre fé e arte. A palavra "reinos" não parecia grandiosa demais. Sentimos que o mundo inteiro estava debaixo d'água.

Edge certamente estava submerso. Eu o vejo agora, com 19 anos, sentado em seu quarto em Malahide, lutando para saber se queria estar nesta banda ou não, lutando com a questão de como ele ou nós podemos ser instrumentos de paz em um mundo em guerra consigo mesmo. Escolhendo deixar de lado aquilo que o mantém à tona, que mantém nossa banda à tona, seu dom musical.

Curiosamente, quando Edge saiu da banda, seguido por Larry e eu, nós a recuperamos. Nunca respondemos à pergunta sobre como poderíamos ser outra coisa senão uma obra de arte vaidosa e egocêntrica, mas, ao não responder, chegamos a uma mais interessante, sobre o egocentrismo que seria capaz de fazer uma pergunta como essa.

Só uma pessoa animada acredita que pode viver uma vida livre de preocupações mundanas. Talvez às vezes você tenha que recusar o chamado da religião, enfrentá-lo e dizer não. Uma religião que pode punir e degradar as pessoas provavelmente não está sendo honesta com Deus. A religião pode ser o maior obstáculo em seu caminho.

Woody Guthrie tinha um adesivo em seu violão que dizia: "This machine kills fascists" ("Esta máquina mata fascistas"). Edge encontraria uma versão metafórica para sua própria guitarra. "Esta máquina traz a paz." Estávamos chegando a uma resposta para uma pergunta que não tínhamos feito. A questão não era se nossas músicas poderiam salvar o mundo, mas se elas poderiam nos salvar.

A música tem uma função, pode levar as pessoas de A a Z, mas não vai fazer isso a menos que, primeiro, leve você — o cantor ou o músico — até lá. Antes que a música tente realizar suas muitas boas ações, seu primeiro trabalho é salvar quem faz a música, neste caso, o guitarrista em particular e esta banda em geral.

Mesmo depois de uma bem-sucedida "October Tour" pela Europa e pelos Estados Unidos, continuamos em dúvida se o U2 tinha algo útil para oferecer ao mundo. Fizemos um breve hiato. Enquanto Ali e eu prometemos nos casar, Edge prometeu encontrar a forma e a função perfeitas para nossas músicas. Ele teve uma ideia para uma que poderia ser útil, uma sobre uma ilha de quatro milhões de pessoas assistindo a uma guerra civil. Sem saber, essa música salvaria nossa banda.

the morning of our wedding day, August 31,
1982 I finally left home I can roll
cameras even now. the toaster we
couldn't train to stop smoking.
the DA[illegible] shaving in our kitchen
beside a boiling kettle, squinting
in his vest over the sink where he kept
a small MIRROR to clip carefully
around the moustache he BORROWED from
his DA. The blue disposable razor
SCRAPING ACROSS his white foamed
neck before the steamy splashing was
going to leave his face reddened. but hey
Bob is not [illegible] Bob Hewson is feeling
sharp as the [illegible] twin [illegible] he does not dispose of
TWIN BLADE

A + B = FAMILY

despite her discomfort Ali carried
the same serenity she always did, the kind
I would spend my life trying to inhabit
the kind of beauty that invites more of it from
those around her.

11

Two Hearts Beat as One

They say I'm a fool,
They say I'm nothing
But if I'm a fool for you
*Oh, that's something.**

Nem todo mundo na cena musical irlandesa ficou tão feliz com o sucesso inicial do U2 nos Estados Unidos. Nem mesmo todos no "vilarejo". Ser famoso nos Estados Unidos, como o The Clash descobriu, parecia quebrar um mandamento primordial do punk. "Não estou tão entediado assim com os EUA" era a mensagem nas camisetas vendidas no Camden Market, que tiravam sarro do hino do The Clash "I'm So Bored with the USA" ("Estou muito entediado com os Estados Unidos"). Os Virgin Prunes estavam cada vez mais felizes em serem vistos como um espelho às avessas, refletindo os vitrais do U2 em sua forma oposta, como uma rejeição.

UM FRUTO DE SABOR AMARGO

Os Prunes queriam ser um ataque aos sentidos, que se distanciava cada vez mais de qualquer coisa que pudesse se assemelhar ao rock

* Dizem que sou louco, / Que sou um nada./ Mas se sou louco por você, / Ah, isso é alguma coisa.

ou ao pop, e abraçava a Arte performática com *A* maiúsculo. É verdade que o punk rock tinha se tornado um pouco como *A revolução dos bichos*, mas a vingança de Gavin contra seus senhores não era tomar o lugar deles, mas mostrar-lhes o que haviam feito com ele.

Os Prunes jogavam cabeças de porco na plateia. Cabeças de porco do matadouro em que Gavin trabalhava das nove às cinco. Rock 'n' roll sempre foi o som da vingança, mas isso era levar a coisa para outro patamar.

Havia também alguma tentativa de compensar uma espécie de inferno irlandês. Na cabeça deles, essa sátira política ou religiosa era voltada contra um país que não tinha divisão entre Igreja e Estado, entre o norte e o sul da fronteira. No Trinity College, os Prunes foram convidados a mostrar seu trabalho "desafiador" para um público mais acadêmico, incluindo uma instalação de nome "Sheep". A obra mostrava Niall O'Shea, um amigo de Gavin, de quatro em um curral. Niall adorava usar suéteres de lã das ilhas de Aran, na costa oeste da Irlanda. Ele só pedia uma pausa para comer um sanduíche de hora em hora.

O dadaísmo foi a desculpa na noite em que descobri que meu Fiat 127 havia sido arrombado não por um ladrão, mas por meus amigos, que queriam transformá-lo numa instalação artística. Às três da manhã, uma comoção na rua me acordou, e quando abri a janela do quarto, fui bombardeado com ovos.

Embora morássemos apenas eu e o pai no número 10 agora, ele dormia com uma barra de ferro debaixo da cama. Para uma eventualidade como esta. Além de não achar engraçado ver seu carro envolto em papel de parede e uma espécie de papel machê feito de ovos e papel higiênico, minha preocupação era que eu não conseguiria explicar para o meu pai a tempo que aqueles invasores não eram ladrões de carro de verdade. Não ter tempo de explicar antes de ele sair correndo e bater em um dos surrealistas com seu cassetete caseiro. Ou ter um ataque cardíaco correndo atrás deles.

Esses não foram os melhores momentos do meu relacionamento com Gavin e Guggi, dois dos meus amigos mais antigos. Todos nós fomos tocados pelo fogo que era o grupo da igreja Shalom, mas enquanto Larry, Edge e eu nos sentíamos só chamuscados, outros se sentiam cheios de bolhas e queimaduras graves.

Nada disso ajudou quando Gavin anunciou em uma entrevista que se o U2 era Deus, então os Virgin Prunes eram o diabo. Engraçado. E nem um pouco engraçado. Houve também algumas risadinhas quando falei que ia me casar; tudo isso explica por que comecei a me afastar das famílias alternativas com as quais cresci na Cedarwood Road. Agora eu começava a me voltar cada vez mais para a minha outra família alternativa, aquela com quem tinha passado os últimos dezoito meses em turnê. "On the road" ("Estar na estrada") não significava mais estar na Cedarwood Road.

E assim Adam Clayton se tornou o padrinho do nosso casamento. Não poderia haver homem melhor. Não que, na época, relacionamentos monogâmicos fossem a especialidade dele, mas Adam foi o padrinho por algumas razões.

1. Ele seria a melhor pessoa para isso. Seria o melhor mestre de cerimônias e, o que é fundamental para um casamento irlandês, faria o melhor discurso de padrinho.
2. Como casamentos têm tudo a ver com símbolos, eu esperava que isso nos aproximasse, pois ultimamente não estávamos nos dando bem. Nós brigamos um pouco naqueles primeiros dias da banda, provavelmente quando Adam imprimiu os cartões de visita em que se lia "Empresário do U2", e começou a usar palavras como "apresentação", "circuito" e "fita demo".

Adam foi a primeira pessoa a acreditar que a banda podia ter um futuro, e talvez meu lado adolescente nem sempre apreciasse vê-lo se sobressair. Adam sabia que não tinha para onde ir. Desde os 15 anos, ele escrevia habilmente letras de música em sua caderneta da escola para fugir do tédio de estar no internato. Se sua experiência na elegante escola preparatória Castle Park e no St. Columba's College não fez nada por suas credenciais acadêmicas, aos 16 anos ele estava muito mais avançado em todas as matérias extracurriculares que os adolescentes admiram. Ele era um homem do mundo... o mundo em que nossa banda estava prestes a entrar.

Além disso, Adam era sofisticado.

Eu não era sofisticado.

Ele tinha aquele sotaque. Ele fumava. Quanto mais Maeve O'Reagan, uma das minhas melhores amigas de escola, se apaixonava por ele, mais esganiçada minha voz ficava. Ele era um ano mais velho do que eu, o que não significa nada quando ficamos mais velhos, mas, aos 16 anos, somando isso a todas as outras vantagens competitivas, significava que eu sempre teria que trabalhar duro para acompanhá-lo socialmente. E à medida que a banda começou a se encontrar, havia também aquele eixo Adam-Paul, os leões (britânicos) que não queriam ser jogados aos cristãos (irlandeses).

Não consigo me lembrar de como foram aquelas primeiras brigas com Adam; só me lembro da paz que brotou no meu casamento. Relacionamentos importam, sejam eles profissionais ou fraternos. Eles exigem nossa atenção. Principalmente se forem românticos.

"E SERÃO UMA SÓ CARNE"

Ali e eu éramos companheiros. Nosso romance era suave. A amizade estava no cerne dos casais que admirávamos ao nosso redor. Larry e Ann pareciam uma rima perfeita um para o outro. Ela era uma verdadeira companheira, tão sutil quanto um verso de Heaney. Ela nunca chamou atenção para si mesma, mas se você pudesse manter seus olhos nela, ela era a rosa branca mais perfeita, com um pescoço longo fazendo as vezes de caule e uma pele alva perfeita. Brincalhona e séria. Larry e Ann sempre pareciam estar rindo de alguma coisa.

Edge e Aislinn estavam à frente de todos nós na estrada. Tão estilosos separados, e ainda mais juntos. Falando sobre móveis, pisos, mesas, cadeiras, utensílios de cozinha. Uma dupla de *designers* no centro de um mundo que eles estavam projetando. Edge, o *nerd*, tornando-se um esteta na companhia de uma esteta. Tanta coisa para falar.

Sexo, por exemplo.

Para todos nós, tantas conversas sobre a natureza do sexo e da atração. Por que as pessoas se importam tanto com isso?

"Mas o sexo não é *o* símbolo da união entre Criador e Criação?" Existe "sexo casual"?

"Claro", vem uma resposta.

"Sim, se você tiver sorte", diz outro.

"Mas se não der em nada", diz uma terceira, "garotas se apegam a essas mágoas." Ali e eu encontramos nosso caminho.

Estávamos fascinados com a bela noção da Torá: "Portanto, deixará o homem seu pai e sua mãe, e se unirá à sua esposa: e serão uma só carne". Tenho certeza de que a unidade é a direção da viagem de todos os grandes amores, mas também aceito que isso não aconteça na hora, em uma cerimônia, como um casamento, por exemplo.

Pode acontecer em todo tipo de circunstâncias, diferente no meio da noite ou no meio do dia, quando um casal decide que um quer fazer parte da vida do outro mais do que deseja sua própria independência, e em um *continuum* prometem sua vida um para o outro.

Ali e eu realmente queríamos descobrir os mistérios que poderia haver dentro do nosso casamento. Embora eu não gostasse muito da Igreja, amávamos seus símbolos. Adorávamos a ideia do batismo. Adorávamos o conceito da Comunhão, o simbolismo do pão e do vinho, o milagre que sugeria. O artista performático em mim apreciava o ritual e a cerimônia, todos os quais, na superfície, parecem contrastar intensamente com a imagem tradicional de um casamento irlandês, o carnaval atabalhoado de uma grande festa em que a paixão logo pode se expressar em beijos roubados, uma trilha sonora de velhas queixas familiares gritadas por cima da música. Provavelmente há mais sexo nos arredores de um casamento irlandês do que no leito nupcial do casal feliz.

ADEUS À CEDARWOOD ROAD

Na manhã do nosso casamento, em 31 de agosto de 1982, eu finalmente saí de casa. Ainda consigo visualizar toda a cena. A torradeira que a gente não conseguia fazer parar de soltar fumaça na cozinha. Meu pai se barbeando ao lado de uma chaleira fervendo, semicerrando os olhos e vestido com seu colete diante da pia da cozinha, sobre a qual ele deixava um espelho pequeno, para aparar cuidadosamente o bigode que herdara de seu pai. Seu aparelho de barbear descartável de plástico azul deslizando pelo pescoço coberto de espuma branca antes de a água quente deixar o rosto vermelho. Bob não está constrangido. Bob Hewson está se sentindo tão afiado quanto às lâminas gêmeas da Gilette que ele não descarta.

Seu filho sentado à mesa da cozinha espalhando manteiga derretida nas torradas queimadas que temos na nossa casa. O filho está ouvindo o irmão andando para lá e para cá no banheiro do andar de cima. Os sons abafados de Norman cantando para si mesmo "Come on Eileen" dos Midnight Runners, primeiro lugar nas paradas. "Too--ra-loo-ra, too-ra-loo-rye, ay..."

Nas amplas lacunas entre nossas conversas ocasionais, fazia-se um silêncio solene o suficiente para me lembrar de que eu nunca mais passaria uma noite na Cedarwood Road. Eu não sabia como agradecer ao meu pai pelos anos de abrigo, mas tentei, e ele tentou aceitar.

"Ela é uma ótima garota. Não sei o que ela vê em você."

"Você está aqui dentro em algum lugar, pai, mas, sim, gosto não se explica, não é mesmo?" Uma pausa. Como perguntar isso?

"Iris e Ali... O que você acha?"

"Bem, sua mãe teria adorado ver você casado." Outra pausa. "Só para tirar você debaixo da saia dela!"

Ele está meio rindo, tentando não cortar o pescoço sob a espuma de barbear, esticando a pele do rosto enquanto fala.

"Ali é uma ótima garota. Ela é tudo o que sua mãe poderia ter pedido."

Pergunto a ele o que ele quer dizer com isso.

"Segurança", responde ele, olhando para mim.

Será que senti meu coração dar um tranco nesse momento?

A porta da cozinha estava aberta, e dava para ouvir a Sra. Brady conversando com alguém por cima do muro. Tínhamos bons vizinhos, a doçura angelical dos Blair, a prestatividade dos Byrne e dos Williams. Foi Andrew Williams, que morava um pouco mais acima, que ajudou meu pai a construir os armários da cozinha. Eu estava tentando não parecer tão interessado, mas o escritor dentro de mim tomava notas, deixando-me perceber todos os sentidos e sons. O estalo da torradeira, o respingo fumegante da toalha no pescoço vermelho do meu pai. Ele preferia fazer a barba ao lado da chaleira, onde a água poderia ser fervida até virar vapor, onde ele deixava um espelhinho para aparar o bigode. A casa estava arrumada naquela manhã, e meu pai também ia estar bem-arrumado para a ocasião. Ele se vestia para impressionar, um homem estiloso, "elegante", era o que as pessoas diziam. Bob Hewson tinha um certo estilo. Na hora seguinte eu me despediria da Cedarwood Road, dessa casa, dessa rua que eu mais amava do que odiava. Adeus à minha infância e adolescência. Adeus a mais uma coisa também.

Adeus à solidão de um menino que vivia sua vida exterior coletivamente, mas mantinha seu mundo interior muito, muito privado. A partir de agora esse "um" seria metade de dois.

Eu poderia me entregar à cerimônia, a Ali, à força que nos uniu, mas poderia eu dar a ela o melhor de mim quando, nesta fase, eu não fazia ideia de quem eu era?

Talvez eu estivesse mais para um quarto do que para uma metade. Mais talhado para uma banda do que para um duo.

Com multidões eu era arrogante, cômodo demais no quadro geral. Panorâmico. Eu sabia que podia amar em grande escala, mas será que podia sobreviver à intimidade de um *close*? Vestindo meu terno de casamento na manhã do último dia de verão, o que eu teria dito se você me perguntasse?

Eu teria dito: "Não sei fazer isso, mas achei alguém que pode me ensinar."

SIM

Em 1982, a banda estava começando a ficar famosa; então, havia uma boa multidão na igreja quando chegamos lá, e Adam e Norman tinham ido comigo e com meu pai no Hillman Avenger vermelho do meu pai. A Paróquia de Sant'Ana era originalmente parte do parque de Sant'Ana em uma propriedade da família Guinness.

Parecia que o meu terno de risca de giz é que tinha me alugado, e eu parecia ter um texugo na cabeça. Ou era uma escova de banheiro? Era um penteado e tanto, esta versão multiforme do *mullet* que ia ferir de morte a moda dos anos 1980. Ainda mais impressionante era a parte de cima, que era loira platinada. Legal. Havia mais cortes de cabelo ruins dentro da igreja e muitas pessoas do grupo de segunda à noite, cantando e louvando ao Senhor com entusiasmo. Jack Heaslip, o professor que salvou minha vida na Mount Temple, agora um padre anglicano, era o celebrante. Como sempre, ele estava calmo e solene, mas teria eu detectado um traço de pânico leve à medida que ele observava o barulho alegre de pandeiros e cantos desafinados de renovação carismática? Jack estava familiarizado com o Cristianismo carismático da época e até era capaz de se comover com ele, mas senti um pouco de preocupação de que esta pacífica capela da Igreja da Irlanda estivesse prestes a ser massacrada pela renovação carismática do Shalom.

Ali e o pai estacionaram na esquina, e quando ela entrou na igreja, parecia o tipo de beleza que você não tem como exagerar. Mas ela também parecia, ao se aproximar, um pouco desconfortável. Eu chegara ao altar um pouco atrasado. No dia em que eu deveria assinar o livro de ata de casamentos, estava explicando às pessoas por que não deveria dar autógrafos dentro de uma igreja. O que levou mais tempo do que se eu tivesse dado os autógrafos. Não, não foi meu atraso, ela sussurrou mais tarde. Foi a atenção, os fotógrafos que todos os nossos amigos tinham se tornado.

Além disso, ela acrescentou: "Parece que tenho um vaso de flores na cabeça."

Ali não sabia como dizer "não" ao cabeleireiro modernoso, ou mesmo "não gosto disso". Apesar de seu desconforto, ela tinha a mesma serenidade de sempre, do tipo que eu passaria a vida tentando habitar. O tipo de beleza que convida aqueles à sua volta a serem mais belos.

O que emerge das fotos do dia do nosso casamento é um retrato de duas pessoas que não poderiam estar mais longe da cultura roqueira que fazia delas celebridades. *Gauches*, ingênuos, nada cosmopolitas e completamente despreparados para os desafios de sua vida recém-compartilhada no mundo. E, no entanto, inversamente, em seu idealismo bruto e sem sofisticação, duas pessoas prontas para ameaças menos óbvias, mas mais perigosas. O cosmopolitismo, o cansaço com o mundo, a guerra que o mundo trava com um casal que decide manter sua união. O mundo lambe os lábios antecipando o fracasso moralista, não é? Soberba. "Eles tinham tudo, mas perderam."

O universo pode se maravilhar com esse amor perfeitamente imperfeito e as estrelas iluminam seu caminho, mas na Terra, se você prestar atenção às estatísticas, é como se o mundo estivesse atrapalhando o amor. Tenho certeza de que a essência do romance é o desafio, e o que pode ser mais desafiador do que dois corações jovens, de 22 e 21 anos, que decidem desafiar as probabilidades, desafiar os fatos já gastos que envolvem uma cerimônia antiga em um mundo moderno?

Enquanto olhava um pouco mais para aqueles olhos cobertos pelo véu, eu me perguntava se Ali estava pronta para assumir a vida que escolhi, e até mesmo se estava pronta para me aceitar "na alegria e na tristeza".

A recepção foi no Sutton House Hotel, que ficou famoso por causa da capa do álbum *Veedon Fleece*, do Van Morrison. Muito rapidamente tudo se tornou uma adorável bagunça. Apesar de todas as tentativas de transformar esta celebração de casamento num festival religioso, havia álcool suficiente para manter este momento de êxtase ancorado na terra. Seguindo a grandiosa tradição, a congregação ateou fogo a si mesma de sua maneira preferida: com o Espírito Santo ou com um monte de álcool. Adam foi o padrinho lá também.

Por volta das dez da noite, Ali e eu saímos da festa, serpenteando pela Howth Road em uma rápida peregrinação pelos lugares de encontros românticos que nos abrigaram quando adolescentes. Paramos nos campos de esportes da escola e passamos pela banca de jornal onde na metade do dia comprávamos um bolo de gengibre e uma garrafa de leite. Simbolicamente, repetimos o pedido para levar para nossa "suíte de lua de mel", e passamos nossa primeira noite juntos em um grande cômodo vitoriano rindo do fato de que as luzes não funcionavam e não conseguíamos nos ver. O U2 acabou tocando algumas músicas na recepção — uma com Barry Devlin, do Horslips, e outra com Paul Brady —, uma *jam* que me fez ficar de pé nas mesas. Orgulhosos do nosso *status* de banda de casamento punk, nos superamos ao queimar o quadro de luz do hotel. Alison e Paul, Ali e Bono, começamos nossa vida de casados no escuro.

DUAS CRIANÇAS

Tínhamos 22 e 21 anos, mas poderíamos ter 17 e 16. Duas crianças. Passamos a lua de mel na Jamaica, em GoldenEye, a casa onde Ian Fleming escreveu os livros de James Bond. Éramos convidados de Chris Blackwell, o homem que deu ao mundo a Island Records. A casa era muito chique, ao contrário de nós. Chegando em Kingston, eu me senti tão deslocado quanto naquela primeira chegada a Londres. Sem ninguém para nos encontrar, achei um telefone público, e deixei Ali lidar com a agitação local. Pessoas se ofereciam com toda a generosidade para nos ajudar com nossas malas. Ali tentava dissuadi-las.

"Senhorr Blackwell, senhorrrr Blackwell."

Nosso motorista apareceu em uma pequena van Nissan, olhos vermelhos como pimentão e fumando um grande baseado.

"Estou procurando o Sr. Blackwell."

Devia ser para nós. Foi um passeio acidentado ao longo da costa norte da Jamaica até a Baía de Oracabessa, no bairro de Ocho Rios. Todos os vilarejos pareciam pintados com aquelas cores vivas que fazem os europeus torcerem o nariz, até vê-las se contrastando belamente nas fachadas das lojas caribenhas ou nas praças das cidades tropicais. Os jamaicanos são instintivamente estilosos. Nosso motorista fala sobre Bob Marley sem nunca mencionar o sobrenome dele.

"Bob adorava um jogo de críquete... Bob era dono da GoldenEye... Bob era um bom jogador de futebol."

Imagino Marley de *dreadlocks* chutando uma bola de futebol em seu conjunto Adidas verde-limão, e posso ver como o mundo inteiro passou a usar roupas esportivas por conta do estilo dele. Nosso acompanhante novamente: "Você sabe que Bob só dirige carros BMW porque são as iniciais da banda dele? Bob Marley and the Wailers!"

Uma hora e meia de conversa fiada e linguagem gestual entre motorista e carga, e chegamos ao primeiro destino de nossa aventura conjugal. A essa altura o sol está dando trégua ao dia, e uma luz dourada pinta a cena para que GoldenEye pareça ainda mais romântica para esses olhos cansados e caídos da lua de mel. Ao ver o cantor com uma ave do paraíso na cabeça, uma mulher sai correndo da casa para nos cumprimentar.

"Sting!", grita ela. "É tão bom ver você de novo!"

Violet, como passamos a conhecê-la, é uma acolhedora fanfarra de cores como convém a este solar, situado no mais selvagem dos jardins bem planejados. As árvores de *akee* e amendoeiras plantadas pelo próprio Fleming são iluminadas por salpicos de limão e pelo carmesim da poinciana, tão extravagante que é conhecida localmente como "chama da floresta". Violet nos leva em direção ao mar, sob um pôr do sol laranja avermelhado, ondas quebrando contra as areias de corais quebrados trinta metros abaixo.

"O mar está bem bravo para essa época do ano", diz ela.

Alguns coquetéis de rum desferiram seus golpes de nocaute, e logo estamos deitados em nosso quarto em um leve estado de descrença, o delicado vento de uma hélice de mogno girando acima de nós. Nosso mundo está meio que girando. Estamos sendo puxados por alguma maré que pode nos levar a qualquer lugar. Inocentes viajantes no exterior. Exploradores, prontos para explorar um ao outro.

Aonde quer que formos, viajaremos juntos.

Fazia apenas alguns dias que eu tinha deixado a Cedarwood Road, e Ali, St. Assams Avenue, pela última vez, mas já estávamos sentindo a distância entre as certezas verde-acinzentadas de nossa criação irlandesa e as possibilidades mais exuberantes que se abriam para nós. Entre o céu cinza-claro de estar em casa e o sol amarelo incansável de estar longe. Entre a inocência e a experiência.

Dali em diante, Ali e eu procuraríamos um lar um no outro. Mas, dito isso, embora agora compartilhássemos um teto, notei que ainda estávamos a uma pequena distância um do outro. Uma distância empolgante. Uma distância eletricamente carregada que Ali me ensinou a respeitar. Uma distância da qual faíscas fulgurantes saltariam. A estática. A cinética. A estática novamente. A misteriosa distância entre um homem e uma mulher. Ela é magnética.

Nunca tínhamos morado juntos, e tínhamos consciência de nossa própria inibição. Nosso riso às vezes é um pouco nervoso? Tínhamos muita bagagem, e ela não estava em nossas malas. Passamos grande parte de cada dia desempacotando um ao outro. Passamos nossa vida na mesma tarefa. Todos nós humanos sobrecarregados por tantas coisas.

"Para que você trouxe isso?", pergunta Ali, enquanto estico essa metáfora até o limite. "Não precisamos disso."

"Eu não sabia que tinha isso", respondo. "Talvez eu precise me livrar disso."

Já havia algum anseio e aprendizado da minha parte. Eu queria ser um homem melhor para Ali. E entre os tutoriais de casamento, entre nadar e caminhar, fiz o que eu *de fato* sabia fazer. Fui trabalhar para o U2.

Escrevendo canções.

Edge estava em casa, escrevendo sozinho. Trabalhando na música que talvez respondesse a algumas das perguntas difíceis que ele estava fazendo a si mesmo sobre a banda e se estávamos prontos para enfrentar o mundo muito diferente que ficava do lado de fora de sua janela. Ele começou "Sunday Bloody Sunday" sem mim. Ele tinha um gravador TEAC de quatro pistas e uma Stratocaster preta. Com aqueles acordes rítmicos agitados, tenho certeza de que ele estava invocando o The Clash, que por sua vez estava invocando Bob Marley. Mas o seu dedilhado desses mesmos acordes foi o que lançou o feitiço em que caí ao retornar.

Nós costumamos brincar que algumas guitarras já vêm com músicas nelas. Bem, às vezes isso é verdade para sequências de acordes. Senti como se a melodia já estivesse lá. Claro que não era verdade. Em momentos como esse, Edge e eu viramos um. Sem Larry e Adam, não sei se o resto do mundo estaria interessado em nos encontrar.

Tínhamos um álbum para fazer. *War* era o nome que daríamos. Canções de confronto, canções de redenção também, moldadas pelo espírito da Jamaica. O espírito de Bob Marley. Mesmo agora, quando canto uma versão mais lenta de "Sunday Bloody Sunday", só o que ouço é a voz de Bob Marley, e sinto sua fusão de amor e raiva. A praia de três acordes que é o seu evangelho: amor, anseio por um mundo amoroso, e protesto, a raiva contra a injustiça atual.

Mais tarde, descobri que Sting havia escrito "Every Breath You Take" naquela mesma sala e, mais importante para mim, a deliciosamente lancinante "King of Pain".

There's a little black spot on the sun today
*That's my soul up there.**

Como *power trio*, o The Police só tem sua supremacia desafiada pelo Nirvana ou pelo Cream. As melodias de Sting são impecáveis, mas, assim como Paul Simon, ele permite que a certeza das melodias recue nas letras. Quando explora temas relacionados à vulnerabilidade, ele é imbatível e, claro, a ironia é tão dolorosa quanto majestosa.

As melhores composições jamais são conclusivas: são a busca por conclusão. Tive uma ideia para uma música que mais tarde se chamaria "Surrender", e outra chamada "Red Light". E uma chamada "Two Hearts Beat as One". Alguns dos melhores títulos são óbvios mesmo.

Ali e eu estávamos morando juntos, e agora estávamos começando a nos mover juntos. No papel, nosso casamento começou naquela semana da lua de mel, mas na verdade não era bem assim. Nós honramos um ao outro, fizemos votos sagrados, mas os maiores mo-

* Tem uma pequena mancha negra no sol hoje/ É a minha alma lá em cima.

mentos da vida podem não ser aqueles que notamos na época. Sem fogos de artifício, sem explosões, sem se apaixonar ainda mais agora que tínhamos tempo juntos.

Nós éramos os dramaturgos e a peça, os atores e os críticos. Animados e nervosos para começar nossa aventura juntos. Eu não fazia ideia de onde estaríamos em dez anos. Vinte. Trinta. Dobro a aposta. Quarenta anos.

Uma hora, descobriremos o que estava acontecendo naquele momento. Em vez de afundar em nosso amor, estávamos escalando em direção a ele.

Ainda estamos.

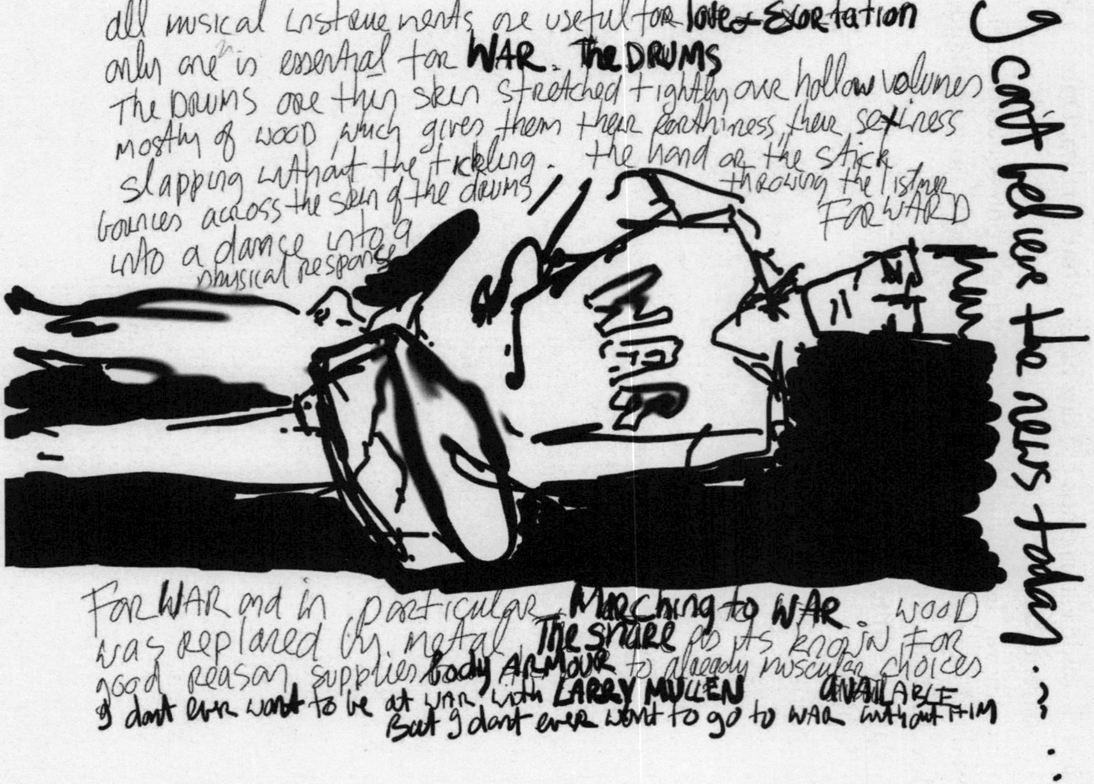

I can't believe the news today...
all musical instruments are useful for love-Exor-tation
only one is essential for WAR. The DRUMS
The DRUMS are thin skin stretched tightly over hollow volumes
mostly of WOOD which gives them their earthiness, their sexiness
slapping without the tickling. the hand or the stick
bounces across the skin of the drums
throwing the listener FORWARD
into a dance into a physical response
For WAR and in particular Marching to WAR. WOOD
was replaced by metal. The snare as its known for
good reason, supplies body ARMOUR to already muscular choices
I dont ever want to be at WAR with LARRY MULLEN
AVAILABLE
But I dont ever want to go to WAR without HIM

12

Sunday Bloody Sunday

I can't believe the news today
I can't close my eyes and make it go away
*How long, how long must we sing this song?**

Todos os instrumentos musicais se prestam ao amor e à exortação.

Só um é essencial para a guerra. Um tambor. Tambores são feitos de uma pele fina esticada sobre volumes ocos, basicamente de madeira, o que lhes confere sua naturalidade, sua sensualidade. Batidas sem malícia.

A mão ou a baqueta saltam sobre a pele do tambor, e levam o ouvinte a uma dança, a uma reação física.

Na guerra, e em particular na marcha para a guerra, a madeira foi substituída pelo metal. O tarol fornece uma armadura para as opções musculares atléticas já disponíveis. Há uma violência particular embutida no tarol, e o retumbar de um tambor marcial era exatamente o que queríamos para abrir "Sunday Bloody Sunday". Nunca quero estar em guerra com Larry Mullen, mas nunca quero ir para a guerra sem ele.

Desde muito jovem, Larry Mullen explicou seu ofício e arte assim: "Eu bato nas coisas para viver". E é verdade. Ele pode bater nas pessoas também, não física, mas mentalmente. A maioria das pessoas

* Não consigo acreditar nas notícias hoje/ Não consigo fechar os olhos e deixar passar/ Por quanto tempo, por quanto tempo teremos que cantar esta canção?

que entra em uma sala com Larry Mullen o acha impressionante, no sentido de que ele é um sujeito elegante e bonito, mas também no sentido de que ele pode desconfiar do motivo pelo qual você está diante dele. Desconfiar de suas intenções, de por que você está ali e, talvez, em um dia ruim, de sua razão de estar em qualquer lugar.

Bateristas nascem prontos, não são criados.

"VOCÊ PODE TENTAR DE NOVO?"

Por trás do futurismo panorâmico que era o vidro acústico do Windmill Lane Recording Studios nas docas de Dublin, Steve Lillywhite está produzindo nosso terceiro álbum, *War*, com a paciência que você precisa ter para ser um produtor de discos de primeira tendo só 27 anos. Dois anos depois do nosso primeiro álbum, não somos sofisticados musicalmente. Temos talento, mas tocar afinado e no tempo no ambiente asséptico de um estúdio de gravação moderno não é tarefa fácil para nenhum de nós. Olhares esquadrinhadores provocam inibição, e as partes musicais que chegaram intuitivamente podem mudar de maneiras sutis, tornando-as menos rítmicas ou menos ligadas aos outros músicos. Isso, por sua vez, leva a momentos constrangedores na sala de controle, em que palavras como "encruado" e "frouxidão" substituem "isso é meio chato" e "eu nunca gostei dessa".

É particularmente difícil para o baixo e a bateria — a base de qualquer gravação —, e atualmente eles estão sob inédito escrutínio com um sistema de microfones sensíveis que envolvem com suas pernas de aranha o amplificador do baixo e a bateria por todas as direções. Este não é um ambiente propício para a arte. O estúdio parece mais uma sala de cirurgia do que um palco, com cirurgiões debatendo a melhor forma de corrigir o problema em questão.

Cirurgia corretiva ou amputação? O paciente está sob o olhar e a atenção da equipe de produção, Steve Lillywhite e seu engenheiro, Paul Thomas. Há muitas paradas e recomeços. Os tons prosaicos de Steve agora são uma voz metálica que chega até nós por nossas "latas".

"Você pode tentar de novo?" é o eufemismo de praxe para "Isso não foi bom o suficiente". Larry Mullen está cedendo sob a pressão? Não exatamente. Ele pode aceitar as críticas implícitas de Steve

Lillywhite porque Steve é famoso por seus sons de bateria dominantes. E porque Larry sabe que essa é uma ótima música.

Todos nós parecemos saber. Steve nos disse que uma ótima música pode ser tocada em um violão com uma mesa servindo de bateria. E havia uma certa completude na expressão mais primitiva e crua dessa música que tocamos na mesa da cozinha em nossa sala de ensaio na praia de Sutton, onde Ali e eu morávamos. A rua onde Larry construiria sua casa anos depois.

Steve nos ensinou a testar nosso material meio que atirando na fogueira para descobrir se tínhamos um gancho ou um refrão bons o suficiente. Canções, dizia Steve, eram basicamente feitas disso.

Em uma música de Bob Dylan, o refrão pode ser uma frase, que você pensava que sempre existiu, por exemplo, "the times they are a-changin'". Nada de mais nisso — todo mundo sabia que os tempos estavam mudando —, mas a ênfase, "the times they are a-changin'", e o tom de voz criam uma contracorrente de perigo.

O gancho pode ser apenas um acorde de guitarra. Todo mundo que já entrou em uma loja de instrumentos conhece o *riff* de "Smoke on the Water", do Deep Purple.

"Ninguém presta atenção nas letras." Edge, que é um bom letrista, gosta de me provocar. Com "Sunday Bloody Sunday", a bateria era o gancho.

Lawrence Joseph Mullen Jr. integrava a Artane Boys Band, de Northside, Dublin. A banda marcial se apresentava em grandes ocasiões como o Dia de St. Patrick ou partidas de futebol gaélico no Croke Park. Sua função era animar, incitar o orgulho de ser irlandês. Foi Larry Mullen pai que encontrou uma vaga para o filho na Artane Boys Band, para que Larry Mullen filho parasse de tocar bateria na cabeça de Larry Mullen pai.

Procurando uma razão para permanecer na banda, Edge havia começado a amarga contemplação que se tornaria "Sunday Bloody Sunday", e transportou-se para um lugar onde a música pode sugerir outro tipo de mundo que, de acordo com nosso grupo da igreja, Shalom, estava doente e precisava ser curado. Edge queria que a banda cantasse sobre "os Problemas" na Irlanda do Norte, problemas que estavam causando tanta dor em nosso país e no Reino Unido, onde uma campanha de bombardeio do Exército Republicano Irlandês (IRA) estava em andamento.

Gostei do título que ele escolheu, emprestado de John Lennon, "Sunday Bloody Sunday", mas achei que precisávamos encontrar uma entrada original. Conseguiríamos deixar evidente a diferença abismal entre as pessoas que matam por uma causa política e aquelas que morrem por uma? Seria possível, em uma música, contrastar a Revolta da Páscoa da Irlanda de 1916 com o corpo decaído de um Messias, pendurado em uma cruz na primeira Páscoa, em 33 d.C.? E poderia soar como o The Clash?

(Por favor.)

Embora "I can't believe the news today" inconscientemente fizesse uma referência à letra de "A Day in the Life", dos Beatles, a música na verdade se refere ao que aconteceu na pitoresca cidade murada de Derry, na Irlanda do Norte, em 30 de janeiro de 1972, um dia tatuado na mente de cada irlandês de certa idade. Um dia de imagens que nunca conseguiremos apagar. O caos de uma grande multidão encurralada e espancada pela tropa de choque, o Exército Britânico intervindo com força mortal. Vinte e oito pessoas foram baleadas, catorze delas, fatalmente, durante um protesto pacífico da Associação dos Direitos Civis da Irlanda do Norte. Até hoje eu seria capaz de esboçar o rosto dolorido do padre Edward Daly segurando um lenço branco manchado de sangue enquanto caminhava dizendo "não atire" como se fosse uma prece. Eu tinha 11 anos, e fico de estômago embrulhado até hoje.

A banda conversou por horas sobre o estado de nosso país e o que Cristo faria com a religião iniciada em seu nome. Não muito, pensamos. O cristianismo parecia ter se tornado inimigo do radical Jesus de Nazaré. Havia algum indício de que Jesus queria uma Igreja? Nosso próprio grupo da igreja, Shalom, havia desmoronado sob o peso de um certo moralismo. Apesar de sairmos um pouco abalados da experiência imersiva do Shalom, tínhamos certeza de que nossa fé poderia sobreviver à nossa fé. Mas e nossa música? Isso era outro assunto. Se perdêssemos nosso propósito, nossa banda estaria de volta ao lugar onde começou: procurando uma razão para existir.

VOZ E BATERIA

Em turnê, em 2015, estou no centro da arena, na extremidade de um palco em passarela que se estende pelo chão e divide nosso público em dois. "Song for Someone" paira no ar enquanto digo "Eu sei que há muitas razões para duvidar, mas se houver uma luz, não deixe que ela se apague". Nesse momento de ternura explode a violência silenciosa *daquele* gancho de bateria.

Larry, agora com 53 anos, caminha pelo palco em minha direção, repetindo seu mantra de tarol, seu tambor marcial feito arma.

*How long? How long must we sing this song?**

Por muito tempo, na verdade, já mais de um terço de século. Larry tem uma concentração incomum; ele é obstinado. Ele presta apoio à plateia ao indicar que não pertence a ela. Ele é senhor de si mesmo. Uma capa protetora, firmada em sua sensibilidade artística, o cobre. Ele está frequentemente em guarda para que ninguém tire vantagem daquilo que poderia ser vulnerabilidade. Não há artista que eu conheça que não se veja emaranhado nessa dualidade, mas Larry teceu coisas interessantes com sua camada protetora. Não fico muito atrás, mas minha capa não é tão boa.

Ele é a pessoa mais *rock star* e a pessoa menos *rock star* que alguém poderia ser. Ele gosta — e não gosta — da vida que é fruto disso. Há algo profundo e primordial na relação entre um baterista e um vocalista, a mais antiga e primitiva das comunicações, o ritmo e a melodia. Batida e canto dos pássaros. A descoberta lenta e hesitante de que em uma grande banda somos sombra e abrigo um para o outro. "Necessidade" é a palavra que vem à mente.

Quando Larry ama alguém, ele ama completamente, e eu sou um dos beneficiários desse amor, que remonta a quando ele tinha 17 anos e eu 18, e a mãe dele, Maureen, morreu subitamente em um terrível acidente de trânsito. Ele e a família já haviam sofrido grandes perdas com a morte de sua irmã mais nova, Mary, cinco anos antes. Golpes cruéis são desferidos contra os corações mais bondosos.

Presumo que nossa dor compartilhada tenha gerado entre nós um vínculo a mais.

Maureen era um anjo. Sério. Um anjo de verdade. Estar ao lado dela, como eu costumava fazer antes ou depois dos ensaios, era sentir-se abençoado. Ela era extremamente pura, e idolatrava o filho ídolo irlandês. Ela o levava para ensaiar. Esperava por ele nos en-

* Por quanto tempo? Por quanto tempo teremos que cantar esta canção?

saios. Deixou Larry usar o cabelo comprido quando nenhuma das outras mães deixava, e esse negócio de cabelo era importante, porque acertar no visual era essencial para um aprendiz de ídolo, por mais inconsciente que fosse o aprendizado. O glam rock tinha sido o primeiro amor de Larry, razão pela qual ele colocou aquele anúncio no quadro de avisos da escola. Suas bandas favoritas eram Slade, The Sweet, T. Rex e David Bowie. Larry não suportava jazz, e o jazz foi a razão pela qual seu pai o deixou ter uma bateria. A chamada música séria nunca foi para o ouvido de Larry, e isso mostra como ele se tornou um astro pop: fingindo que ia tocar jazz.

Bateristas nascem, astros pop são embalados, mas astros do rock são os membros que se criam por conta própria nessa espécie que é o *Homo erectus* do *show business*. Eu me pergunto se Larry ama ser um astro do rock mais do que ele seria capaz de admitir, mas não tenho dúvidas de que ele é o mais bem equipado para esse papel no U2. Adam queria ser um astro e conseguiu — até que isso o tirou de seu pedestal e ele teve que ficar sóbrio. Eu fingi, ainda finjo, mas não sou totalmente convincente, apesar da visibilidade de que disponho. Edge sempre soube que era uma loucura, que esse não era o trabalho para um adulto. Larry tornou-se um astro do rock ao negar que essa tenha sido sua intenção.

Não havia nada que Maureen se negasse a fazer por nós naqueles primeiros dias em que tentávamos nos tornar uma banda. Ela nos levava para todo lugar em seu Morris 1300, e vestia um anoraque masculino com um capuz enorme, para o caso de começar a chover enquanto ela e Larry estavam guardando a bateria. Ela e Gwenda, mãe de Edge, foram nossa primeira equipe de estrada. A mãe de Adam, Jo, ocasionalmente aparecia, mas era como uma visita da princesa Margaret. Vestida como a realeza, cigarro na mão esquerda, cumprimentando com a mão direita, reclamando com Maureen que ela e Brian não tinham colocado Adam no internato para que ele tocasse baixo em uma banda punk. Isso não incomodava Maureen. "Desde que Larry esteja feliz, não me importo com o que ele faz."

O pai do Larry era mais duro com ele. Nosso prêmio por vencer um concurso de talentos foi uma série de sessões de gravação. No Keystone Studios da cidade, em novembro de 1978, o produtor — um produtor musical de verdade, que se tornaria um amigo de toda a vida — era Barry Devlin, cantor, compositor e líder da banda Horslips, que figura entre os grupos de folk elétrico mais bem-sucedidos do planeta. Estávamos nervosos e tocamos mal, um pouco admirados com a operadora de áudio que era muito mais sofisticada do que nós. O nome dela era Mariella Frostrup. Também não ajudou o fato de em duas horas ter havido uma batida na porta. O pai de Larry. Era hora de Larry ir para casa. E, a propósito, essa não era a banda de jazz que ele tinha concordado em deixar seu filho entrar.

Quando a mãe de Larry morreu, descobrimos que o sentimento de comunidade jaz não só na localização e na cultura, como também na experiência compartilhada. É a tristeza e não a alegria que muitas vezes une as pessoas, e Larry e eu nos aproximamos. Estávamos criando laços por conta de algo maior do que a música. Estávamos nos conectando tendo como base o motivo pelo qual a música é feita. O motivo pelo qual ela é um bálsamo para a dor dentro de nós, um curativo para as feridas que escondemos.

Talvez a vulnerabilidade que torna Larry um músico sensível explique como ele também pode parecer desconfiado com pessoas que não conhece. Ele é o guarda-costas da banda, aquele que pressente que os problemas se avizinham, e muitas vezes tem razão. Às vezes ele fica de pé, sem luvas, e pelo que posso perceber não há absolutamente nenhuma ameaça no ambiente. Mas ele é o antídoto perfeito para uma pessoa como eu, que procura problemas.

Como músico, ele dominou a arte de permanecer estudante.

"Não sou muito bom nisso."

"Sou um artífice."

"Não sei bem do que se trata toda essa coisa pretensiosa. Só toco bateria."

Na verdade, Larry tem uma visão muito mais complexa da vida e da música do que deixa transparecer, mas, como acontece com um grande ator, quando ele diz essas coisas, elas soam sinceras. Um desejo de sinceridade está no cerne de sua expressão, e essa sinceridade fornece a eletricidade para o show do U2. O cantor e o baterista desta banda têm personalidades muito diferentes. Eu sou o curioso, ele é o cauteloso. Há momentos em que eu apresento a ele a mundos que ele talvez não adentrasse, e momentos em que ele me protege de mundos que eu jamais deveria adentrar.

ESTA NÃO É UMA CANÇÃO REBELDE

Depois de Edge nos fazer atravessar a fronteira com seu esboço de uma música sobre "os Problemas", a banda não conseguiu me impedir de me embrenhar cada vez mais por um território espinhoso. Sinto que tenho uma espécie de tique perverso quando me dizem para não dizer ou fazer algo. Isso torna tudo mais atraente. "Sunday Bloody Sunday" não era apenas um assunto perigoso sobre o qual cantar no sentido das armadilhas óbvias para um garoto do Sul. Na verdade, era perigoso no sentido de que, ao ouvi-lo, algumas pessoas iam querer nos machucar. Gente de ambos os lados da divisão sectária. Para os unionistas fanáticos, aquilo era uma traição. Para os nacionalistas e republicanos fanáticos, era uma campanha publicitária, para despertar um sentimento de indignação pelos 28 civis desarmados mortos a tiros enquanto faziam uma manifestação pacífica.

A canção nos veio após a morte de Bobby Sands, que fazia greve de fome, em 5 de maio de 1981. Sands era uma alma poética que deu a vida para argumentar que o IRA Provisório estava em guerra, e que os combatentes presos mereciam o mesmo *status* de qualquer prisioneiro de guerra, como o direito a não usar uniforme de presidiário. Não era um pedido desarrazoado, mas parecia passar despercebido a seus apoiadores que o IRA não seguia a Convenção de Genebra. Ou qualquer outra convenção.

Quando seu protesto na prisão passou despercebido pela primeira-ministra britânica, Margaret Thatcher, Sands levou sua greve de fome a outro patamar. Agora ele não vestia nada além de um cobertor, e se recusava a usar o banheiro. Este "Protesto Sujo", com prisioneiros espalhando fezes pelas paredes de suas celas, foi um dos momentos mais angustiantes da campanha do IRA para expulsar os britânicos da ilha da Irlanda.

Esses paramilitares não tinham apoio majoritário nem ao norte nem ao sul da fronteira. Nem mesmo entre a acossada minoria católica em Ulster, e ainda assim eles decidiam quem vivia ou morria em sua luta para redesenhar o mapa da Irlanda. Ainda assim, o fato de Sands ter decidido tirar a própria vida aos 27 anos depois de se recusar a comer por sessenta e seis dias despertou todo tipo de emoções conflitantes em nacionalistas comuns como eu.

Foi mais do que apenas uma tragédia. Foi também uma morte que se tornou a mais poderosa arrecadação de fundos internacional na história do IRA, principalmente nos Estados Unidos, onde a banda se sentiu compelida a resistir a quaisquer ideias românticas sobre a luta armada em nosso país. Em nossos shows e entrevistas, oferecemos uma contranarrativa sobre a não violência, tentando secar o fluxo de caixa do IRA, sabendo que isso colocaria armas e bombas nas mãos de combatentes que mutilariam e matariam para instalar à força sua versão da Irlanda. Combatentes não eleitos decidindo se um pub em Belfast ou Manchester era um "alvo legítimo". Ou se um desfile de aposentados e veteranos da Segunda Guerra Mundial podia ser estraçalhado sem aviso prévio.

Claro, depois de cada nova atrocidade, nas comunidades republicanas mais radicais, havia uma lamentação pela "infeliz perda de vidas". Por uma semana ou duas… até que o furor se acalmava e voltavam a fazer vista grossa e aplaudir "nossos meninos". Essa duplicidade enfurecia as pessoas ao norte e ao sul da fronteira. Isso me irritava, o que ajuda a explicar minha introdução estridente de "Sunday Bloody Sunday" num show em Red Rocks, Colorado, uma noite em que teríamos um público maior do que o normal, pois o show estava sendo filmado para ser transmitido na televisão do Reino Unido.

Enquanto Edge arpejava lamentoso na chuva e Larry ribombava, eu vomitava: "Esta não é uma canção rebelde!", com toda a superioridade moral que pude evocar.

O que faltou em eloquência foi compensado pela brevidade. Parecia o momento certo para divulgar que não estávamos dispostos a ter nossa música cooptada para dar continuidade ao sofrimento de inocentes como os que perderam suas vidas ou seus entes queridos naquele dia sombrio de janeiro.

Essa versão nos levou ao topo das paradas com o LP ao vivo *Under a Blood Red Sky*, e ao topo da lista de coisas detestáveis para todo simpatizante republicano. As coisas nunca mais seriam as mesmas para nós na Irlanda.

Como banda, nunca trabalhamos nossa "veia irlandesa". Eu estava cada vez mais frustrado com a forma como a "veia irlandesa" poderia ser feita refém pelo movimento republicano, um movimento que acreditava na restauração forçada de um único país na ilha da Irlanda. Um movimento que começava a se apropriar de gerações anteriores de agitadores e lutadores pela independência, inspirando-se profundamente em uma riqueza de poesia, canções folclóricas e folclore cujos autores não teriam nada a ver com esses pistoleiros.

Para mim, ser irlandês não era ser protestante ou católico. Alguns dos maiores revolucionários contra o domínio britânico foram protestantes irlandeses, de Wolfe Tone a Maud Gonne e Roger Casement. Meu pai era católico, mas ele também não engolia a retórica desses chamados combatentes da liberdade.

"Sou católico", me dizia ele. "E posso te dizer que a divisão de nossa pequena ilha teve muito mais a ver com manter o estaleiro Harland & Wolff na união do que com proteger os protestantes. Eles queriam a indústria naval e o linho. O sul só aceitou a fronteira sob a ameaça de guerra de seu Lloyd George, mas apesar de toda a injustiça, esses pistoleiros não representam a maioria em nenhum lugar desta ilha, nem ao sul da fronteira, nem ao norte.

"Ignore os clichês deles", acrescentava, antes de soltar uma de suas falas favoritas de Sean O'Casey. (Só que não era de Sean O'Casey; ele inventou.) "O que é a Irlanda senão a terra que impede que meus pés se molhem?"

Além disso, ele se casou com uma mulher de "outra comunidade". Ele estava falando meio sério ao sugerir que todos os países eram falsidades — "São histórias que contamos uns aos outros" —, e desconfiava de quem controlava a narrativa.

Dito isso, ele ficou um pouco chocado ao me ver no palco nas Montanhas Rochosas num gesto de arte performática que envolvia rasgar a bandeira irlandesa. Muitas vezes, uma bandeira era jogada em mim durante os shows, e às vezes eu retirava as partes laranja e verde, reinventando-a como uma bandeira branca e tentando algum apoio para a não violência. Mais tarde, comecei a enfatizar a bandeira branca como imagem de rendição espiritual, mas naquele momento nos permitimos uma espécie de pacifismo militante.

Esse excesso de explicações nem sempre era bem visto em casa, e um número crescente de pessoas questionava nosso patriotismo. Foi uma descoberta lenta para alguns. Dois anos depois, tocando no Croke Park na "The Unforgettable Fire Tour", em 1985, embarquei na mesma apresentação de corte de bandeira, e parte do público não aguentou. Após o show, o carro em que Ali e eu estávamos ficou preso em uma rua transversal de Dublin, com uma conflagração furiosa nos cercando, batendo no teto, gritando em apoio aos homens violentos que eles próprios rapidamente se tornavam. Um jovem fora de si, com uma bandeira irlandesa enrolada em seu punho, tentou quebrar o para-brisa ao lado do rosto de Ali. Algo mais se quebrou. Nós éramos peixes em um aquário, e as piranhas do outro lado do vidro tinham sido fãs do U2 apenas algumas horas antes.

As coisas estavam mudando para o U2 na Irlanda no fim dos anos 1980. Por um tempo era como se fôssemos a seleção nacional levando o ouro para casa. Ainda éramos heróis locais, mas houve uma pequena mudança de humor. No mundo fora do U2, os anos 1980 pareciam uma luta pela alma tanto quanto pelo tamanho do país. A fronteira foi ficando cada vez mais internalizada, a ilha, mais tribal. Nem a mistura de origens da banda, nem nossas teologias individuais se encaixam facilmente em nenhuma das tribos.

Em uma entrevista à *Hot Press*, Gerry Adams, líder do Sinn Féin, teve a coragem e a franqueza moral de questionar "a luta armada" ao lado da qual ele e seu partido marcharam, e até mesmo lideraram. No mesmo artigo, ele escolheu o aromático termo "fede" para me descrever. Como avaliação da minha higiene pessoal talvez possa se considerar isso apenas uma indelicadeza, mas, como afronta, enviou um sinal tácito aos republicanos radicais de que eu era, e não há outra palavra para isso, um merda. Para aqueles já chateados com o fato de o U2 ter custado ao Comitê Irlandês de Ajuda do Norte (NORAID) um valioso financiamento do IRA por parte dos Estados Unidos, dada a nossa oposição aos paramilitares em geral, esta foi a permissão para que mais do que simples simpatizantes na mídia ficassem no encalço da banda, e no meu em particular.

Mas, na verdade, após o boato de que haveria um sequestro, quando a Divisão Especial veio nos ver, eles previram que Ali seria o alvo mais provável. Ainda não consigo digerir bem isso por infinitas razões.

A profunda esperança da banda é de que a Irlanda, por meios pacíficos e democráticos, um dia se torne uma Irlanda unida novamente. Ironicamente, achamos que o maior obstáculo para esse fim é a militarização das diferenças por paramilitares.

ALGUNS INCIDENTES SEM GRAÇA

Amo estar na Irlanda do Norte, e para a banda tocar em Belfast é o ponto alto de qualquer turnê. Amo os nortistas por seu humor ácido. Lá, ninguém perdoa.

Depois de abrirmos para o Squeeze, em 1979, fomos convidados para uma festa pós-show, com todos muito animados, até que nosso carro foi parado e cercado por soldados britânicos. Um oficial, em tom brusco do norte da Inglaterra, ordenou que puséssemos as mãos na cabeça e nos convidou a ficar encostados em uma parede.

"O que vocês têm no porta-malas do carro?", perguntou ele com veemência.

A resposta era: uma bagagem bem cara, na forma de nosso baixista, Adam Clayton, que vinha acenando para os pedestres toda vez que a mala do carro abria com o movimento… sem considerar que, em Belfast, uma mala de carro pode ser o esconderijo favorito de um franco-atirador em vez de um bom lugar para ficar de cantoria.

Não tendo aprendido a lição, naquela noite estávamos hospedados no Europa de Belfast, que tinha a reputação de ser o hotel mais bombardeado do continente — trinta e três vezes. Ainda muito jovens, estávamos um pouco animados demais por estarmos em um hotel, fosse ele qual fosse. Paul McGuinness estava no bar quando surrupiamos a chave dele na recepção, subimos para seu quarto e reviramos o lugar. Embrulhamos a televisão nos lençóis, viramos os móveis de cabeça para baixo e deixamos uma mensagem com espuma de barbear no espelho do banheiro: "Sabemos onde seu carro está parado". Acho que a gente deve ter pensado que ele acharia graça e, mesmo que não achasse, certamente ele apreciaria nossa abordagem sofisticada de astros do rock em relação à quartos de hotel. Nunca saberemos. Meia hora depois, tendo devolvido a chave em segurança para a recepção e tentando esconder nossa felicidade, encontramos Paul no bar — e dali vimos um desconhecido e pedir justamente a chave do quarto que havíamos detonado. Pois é, quarto errado. Nossas mais sinceras desculpas a você, hóspede, seja quem for.

A lição que fica é: se você vai fazer piada com coisa séria, certifique-se ao menos de estar fazendo a piada para a pessoa certa.

"Concessão" está entre as palavras mais subestimadas do dicionário. Se a paridade das dores para os dois lados foi a essência do Acordo de Belfast em 1998, isso só foi possível porque, muito antes, extremistas de ambos os lados haviam sido convencidos a considerar um acordo. No Acordo de Belfast, todos saíram ganhando porque ninguém ganhou.

Algumas das melhores palavras da língua inglesa estão entre as mais chatas, e algumas das mais românticas podem estar entre as mais inúteis. A palavra "paz", por exemplo, não tem sentido fora de um contexto.

O DESACORDO DE BELFAST

Em 1997, Tony Blair e Bertie Ahern foram eleitos para altos cargos no Reino Unido e na República da Irlanda, e acreditavam ter um mandato de seus respectivos eleitorados para tentar concertar uma paz duradoura para a Irlanda. O senador George Mitchell, que era o enviado especial do presidente Bill Clinton, tornou-se o diretor das negociações de paz que se seguiram. Participaram oito partidos políticos diferentes da Irlanda do Norte, três deles ligados a grupos paramilitares (dois legalistas, um republicano), sendo os dois principais partidos o Partido Unionista do Ulster (UUP), liderado por David Trimble, e o Partido Social-Democrata e Trabalhista (SDLP), liderado por John Hume. David Trimble arriscou sua reputação com a comunidade protestante mais tradicional que jurou nunca negociar com terroristas. Hume viveu a "não violência", e em algumas ocasiões quase morreu por esses elevados princípios. Tantos rostos desconhecidos merecem crédito pela concessão, mas do ponto de vista do U2, John Hume foi o Martin Luther King dos Problemas Irlandeses.

Hume também criou a cooperativa de crédito de Derry, que ajudou muitos católicos a conseguirem moradia na Irlanda do Norte. Uma iniciativa desafiadora porque, até 1968, apenas proprietários de imóveis podiam votar nas eleições locais. Na ocasião de sua morte, em agosto de 2020, escrevi uma pequena homenagem que foi lida na missa na Catedral de St. Eugene, em Derry.

Buscávamos um gigante e encontramos um homem que tornou nossas vidas maiores.
Buscávamos superpoderes e encontramos lucidez de pensamento, bondade e persistência.
Buscávamos uma revolução e a encontramos em salões paroquiais com chá e biscoitos e reuniões noturnas sob luz fluorescente.
Buscávamos um negociador que entendesse que ninguém sai ganhando a menos que todos ganhem e percam alguma coisa, e que a paz é a única vitória.

Seria de se imaginar que haveria apoio maciço de pessoas comuns que queriam se ver livres daquele *apartheid* religioso que perdurava na Irlanda. Mas o gosto amargo às vezes é difícil de cuspir, então, quando a hora do referendo chegou, em 1998, a situação era complicada. O amargor se mantinha. A prefeitura de Belfast, administrada por unionistas, fez um cartaz gigante em que se lia "Belfast says NO" ("Belfast diz NÃO". (No Natal tiveram a bondade de adicionar um E e um L, transformando a frase em "Belfast says NOEL" ["Belfast diz NOEL"]). Sem graça, mas engraçadinho. Como os votos dos jovens não pareciam garantidos, três dias antes do referendo fomos convidados a participar do Concert for Yes (Show pelo Sim) junto com a banda Ash, de Downpatrick. Ficamos felizes, mas só concordamos sob a condição de que os dois líderes dos partidos opostos subissem ao palco para trocar um aperto de mãos. E mais uma coisa (que parecia ainda mais implausível): nem o líder do UUP, David Trimble, nem o do DLP, John Hume, poderiam discursar.

Pedir a um político que comparecesse a uma grande reunião e não discursasse era como pedir a um comediante que subisse ao palco e não contasse uma piada. Ambos os homens ficaram perplexos. Sentimos que o simbolismo suplantaria qualquer palavra, e advertimos que qualquer político que falasse em um show de rock arriscaria ser vaiado. Então, eles concordaram. Eles entraram andando, um vindo da esquerda e outro, da direita, John Hume e David Trimble. E em um momento que simbolizava o motivo pelo qual eles mais tarde ganhariam o Prêmio Nobel da Paz, apertaram as mãos por cerca de três segundos. Quando entrei para erguer as mãos deles, eles não sabiam que estavam copiando o gesto de uma fotografia de Bob Marley em 1978, na qual dois políticos de lados opostos — Michael

Manley e Edward Seaga, representantes de facções em guerra na Jamaica — se reuniram no palco em Kingston. A fotografia cristalizou algo, uma imagem muito mais poderosa do que palavras.

Haveria um longo caminho a percorrer rumo a uma paz duradoura, mas em 22 de maio de 1998, Ulster disse sim.

No dia seguinte à votação a Irlanda começou o lento desmonte de siglas preconceituosas — UDA, UVF, IRA — se afastando da violência e os paramilitares prometendo trocar o fuzil ArmaLite pelas urnas. Um processo ainda em andamento.

Do lado sindicalista, David Ervine desempenhou um papel significativo. Gerry Adams, apesar de negar seu envolvimento na "luta armada", merece sua parte do crédito. É preciso muita coragem para mudar de rumo quando o custo de sua trilha anterior foi tão alto.

Martin McGuinness saiu dos holofotes paramilitares para a luz do dia da *realpolitik*. Ele admitiu estar na liderança sênior do IRA, e quando ele também mudou de curso, isso mudou o curso da história... depois, ele se tornou uma das metades dos "Chuckle Brothers", como ficou conhecida sua amizade com seu antigo arqui-inimigo, o reverendo Ian Paisley.

Saindo de um evento em Nova York, em 2008, senti uma presença atrás de mim, e quando me virei vi Gerry Adams. Ele estava doente, então, perguntei como ele estava e disse a ele que tinha muita estima pelo fato de que, durante a campanha para cancelar as dívidas dos países pobres, ele fez uma visita tranquila aos escritórios do Jubileu 2000/Drop the Debt em Londres. Quando ele estendeu a mão, estendi a minha e a apertei. Foi provavelmente um momento mais difícil para ele do que para mim. Dei valor ao gesto.

Se não fossem a insônia consciente do presidente Bill Clinton e as disputas noturnas entre as várias partes em conflito ou a meticulosidade de seu cavaleiro errante George Mitchell, não tenho certeza se teríamos paz na Irlanda. Sinto o mesmo em relação a Bertie Ahern e ao primeiro-ministro do Reino Unido, Tony Blair, que passaram incontáveis horas conversando, em vez de guerreando. Clinton e Blair também estavam iniciando uma transformação — ainda incompleta — nas relações entre as antigas potências coloniais e o continente africano. Havíamos pressionado ambos para o cancelamento da dívida. Nenhum chefe de Estado trabalhou mais por isso do que Blair e seu ministro da Fazenda, Gordon Brown. Eles também dobraram o orçamento de ajuda externa do Reino Unido. Isso pode parecer abstrato, mas a morte por picada de mosquito ou água contaminada não é nada abstrata.

No terceiro mandato do governo de Tony Blair, jantamos no número 10 da Downing Street. Fizemos piada sobre a outra vida que ele poderia ter levado se continuasse como vocalista da banda de rock Ugly Rumours. Ele tinha a aparência, a presença de palco, a linha melódica. Eu me referia a ele e a Gordon Brown como os Lennon e McCartney do desenvolvimento internacional, de tão prolíficos que eram. Tony Blair não era de beber, mas consegui que abrisse uma garrafa e ele bebeu um copo e meio. Eu talvez tenha bebido dois e meio. Talvez ele tenha esquecido a hora — eu certamente esqueci que ele era o primeiro-ministro britânico —, mas logo depois da meia-noite ele se lembrou de que estava atrasado para uma ligação importante. Um pânico bem-humorado se estampou em seu rosto quando ele pronunciou uma frase de uso tão dolorosamente corriqueiro que quase não captei seu significado. "Você se incomoda se eu não acompanhá-lo até a porta?"

Ali estava eu, um irlandês, com acesso livre na residência privada do primeiro-ministro britânico. A mudança chega tão casualmente, pensei, antes de perceber que na verdade eu não sabia como sair dali.

Indo para as escadas, logo estou completamente perdido, uma criança em uma loja de departamentos entrando e saindo dos quartos, acendendo e apagando as luzes. Aqueles rostos familiares nas paredes olhando para mim — Winston Churchill, Margaret Thatcher, Harold Wilson.

E eis que surge ele, David Lloyd George, o primeiro-ministro que dividiu nossa ilha em norte e sul sob a ameaça de guerra.

"Olá, posso te ajudar?"

Um adulto de uniforme me encontra e gentilmente me acompanha até a saída.

Para promover a paz na Irlanda, Blair estava disposto a arriscar sua reputação ao sancionar reuniões secretas com líderes de organizações paramilitares. Se sua reputação inicial como primeiro-ministro se tornou sinônimo de paz, ele certamente a colocou em risco ao ficar ao lado de George W. Bush em uma guerra nada popular no Iraque.

O homem que uniu as pessoas também estava pronto para dividi-las.

"TONY BLAIR — CRIMINOSO DE GUERRA."

A manchete de um jornal irlandês em março de 2007, na manhã seguinte a uma cerimônia na residência do embaixador britânico em Dublin, onde recebi o título de cavaleiro honorário da távola redonda composta por Blair, Brown e Sua Majestade, o Governo da Rainha. Por serviços prestados na tentativa de combater a pobreza nas antigas colônias dela. No entanto, não foi bem nesses termos que a coisa foi colocada.

A manchete do jornal? Uma declaração do meu colega de banda Larry, que não compareceu à cerimônia. Duvido que ele e eu alguma vez concordemos sobre Tony Blair. Minha própria declaração, tanto na época quanto hoje, é um mantra mais pessoal: "Concessão é uma palavra cara. A falta de concessão custa ainda mais."

UM SINO TOCANDO

Em 2015, voltamos ao palco com a longa passarela da "Innocence + Experience Tour". "Sunday Bloody Sunday" chega ao fim, e a banda caminha em fila indiana em direção ao palco principal. Larry para e é deixado sozinho na passarela, uma figura solitária tocando uma batida solitária em meio a uma multidão enorme.

Ele segura as baquetas sobre a cabeça. Seu tarol está prestes a introduzir o apocalipse que é "Raised by Wolves" com um carro-bomba de Dublin explodindo em nossas telas.

Ele toca o tarol. É um tiro de revólver.

GOOD, better, best.....

ENO + LANOIS

GUCK PANTS Delaney
and how the best of us can
be made better or worse by
the company we keep.....

13

Bad

If you twist and turn away
If you tear yourself in two again
If I could, you know I would
If I could, I would let it go
Surrender.[*]

Meu pai, Bob, trabalhava para o correio. Assim como o de Brian Eno. Meu pai não entregava a correspondência, mas por orientação dele eu de fato entreguei, um trabalho que fiz durante as férias no inverno de 1976. Não é fácil, com o clima, os endereços, todos os tipos diferentes de carta. Brian nos dizia que podia traçar sua linhagem até Rafael, no século XVI. Achei incrível que Rafael tivesse um carteiro em sua descendência, mas Brian não estava falando de carteiros; ele estava falando sobre escolas de arte. Para Brian, a linhagem de ideias é mais importante do que o sangue. Você é dono de suas ideias. Embora o U2 nunca tenha frequentado uma escola de arte, nós frequentamos Brian. Brian Eno era tecladista do Roxy Music, grande grupo britânico da era do glam rock. Não há como fazer álbuns muito melhores do que os dois primeiros do Roxy Music, uma espécie de modelo para o punk rock, com suas cores vivas, sexualidade fluida e experimentação. Em fotografias

* Se você se debater e virar a cara/ Se você voltar a se partir em dois/ Se eu pudesse, você sabe que eu faria/ Se eu pudesse, eu deixaria pra lá/ Renda-se.

de época, Brian está vestindo penas de avestruz, e quando um teatro estava lotado para o Roxy Music, ele geralmente estava com a cabeça enterrada na caixa de areia de seu sintetizador, fazendo todo tipo de ruído de neon que, a princípio, podem não parecer lá muito musicais.

Ele tinha produzido David Bowie.

Ele tinha produzido Talking Heads.

Havia rumores de que tinha sido convidado a produzir a banda Television, o que era toda a confirmação de que precisávamos de que ele poderia nos levar a outro nível. Em 1983, nos víamos como uma banda de rock à imagem do The Clash, mas provavelmente éramos mais como o The Who. Nossas músicas tinham um anseio espiritual e um melodrama que não combinava muito com a esperteza de rua do The Clash. Mas quando falamos com a Island Records sobre trabalhar com Brian, eles desdenharam.

O diálogo foi mais ou menos assim.

"Vocês são a primeira banda do Reino Unido que pode ter o sucesso do The Clash ou do The Who. Brian Eno não gosta de rock. Vocês estão doidos?"

"Não."

"Vocês já ouviram o último álbum dele?"

"Não."

"Acabou de sair."

"E?"

"É um álbum com cantos de pássaros."

O álbum se chamava *Ambient 4: On Land*.

Nós éramos uma banda de rock, eles tinham razão quanto a isso, mas isso era o que nós *éramos*, não o que seríamos. Ainda não sabíamos bem o que era, mas tínhamos um palpite, uma epifania lenta, que Brian Eno nos ajudaria a desvendar.

Quando liguei para Brian, ele não ficou particularmente curioso com relação ao nosso trabalho. Não acredito que ele estivesse fingindo quando disse que não tinha ouvido nenhuma de nossas músicas. Demonstrando claramente que pensava em recusar, ele já se desculpava antes que a conversa por telefone engatasse, mas fez uma confissão: um amigo seu, o trompetista Jon Hassell, disse a ele que havia algo em nossa banda que ultrapassava as cores usuais do espectro do rock. Algo diferente, "outra" coisa.

Isso aparentemente intrigou Brian porque, como ele explicou, no ano de 2050 as pessoas vão se lembrar da era do rock com um pensamento: como todos soavam parecidos. As mesmas batidas ásperas, os mesmos sentimentos mais tristes, como os do *blues*, e a mesma postura antissistema. Achei isso difícil de aceitar, sabendo o quão diferentes éramos, digamos, do Echo and the Bunnymen, sem nem falar dos Beatles. Agora eu sei que é verdade.

Ele me disse que modular de lá menor para ré deveria ser proibido, antes de perguntar se estaríamos interessados em fazer um álbum sem acordes menores. No mínimo, disse ele, devíamos garantir que o sexo do acorde não ficasse claro. Ele falava de menor ou maior. Aproveitei minha chance.

"Mas é isso o que Edge faz com seu estilo de guitarra", expliquei. "É isso o que fazemos como banda. Compartilhamos um acorde de guitarra, geralmente um acorde suspenso, e tentamos evitar aquelas *bluenotes* óbvias que o colocam em um tom menor ou aqueles acordes maiores óbvios que tornam as coisas alegres e sorridentes."

Brian Eno estava ficando interessado.

A conversa engatou. No final da ligação, ele mencionou um jovem colaborador canadense, Daniel Lanois, que fazia um trabalho incrível ao gravar artistas fora dos ambientes normais de estúdio. Isso combinava com nossa ideia de lugar para gravar este quarto álbum de estúdio — no salão de baile do Slane Castle, em uma famosa propriedade rural de Henry Mountcharles, um amigo de Adam. Aquele salão de baile era conhecido por suas qualidades acústicas incomuns.

"Vocês topam trabalhar com o Daniel Lanois?", perguntou Brian.

"Claro", respondi. "Se você também for."

Um acordo foi firmado, e esses dois homens, por motivos muito diferentes, entraram em nossas vidas. Daniel, para desenvolver um nível de musicalidade que nunca teríamos encontrado sem ele. Brian, o iconoclasta ateu, com uma queda secreta por ícones russos e música gospel, para explodir o passado. E não deveria haver acordes menores.

O MAGO DO DESEJO DE VIAJAR

Lorde Henry Mountcharles estava interessado em música e tentava encontrar um modo de bancar as contas do seu castelo, e foi aí que nós entramos. Foi o esplendor do som que nos atraiu; queríamos música grandiosa, operística. Foi naquele salão cantando "Pride (In the Name of Love)" que pela primeira vez me senti como o tenor que meu pai nunca pensou que eu poderia ser.

Em nosso primeiro encontro, fiquei impressionado pelo fato de Brian se parecer mais com um arquiteto do que com aquilo que eu imaginava que um ex-integrante do Roxy Music se pareceria. Ele vestia um paletó de couro com gravata de couro e camisa, mas não do jeito punk antigo. Era elegante. Realmente elegante. Quase impecável. No entanto, seis meses depois, quando terminou de produzir *The Unforgettable Fire*, ele não parecia tão elegante assim. Era um homem exausto, que implorava para ser levado ao aeroporto e dormia com frequência no chão embaixo da nossa mesa de mixagem. Apesar de ele cobrar um valor alto pelo trabalho, no estúdio foi a humildade de Brian que me impressionou. Dizem que ele teve problemas com o Talking Heads, supostamente porque queria trabalhar com David Byrne como artista solo. Ele certamente não sentia isso por mim; ele se concentrou em cada membro da banda, e fez todos se sentirem muito especiais.

Larry não sabia como lidar com ele, mas "Danny Boy" Lanois deu conta disso. Danny chegou com todos os tipos de bateria, e partiu direto para uma conversa sobre como poderíamos criar uma abordagem rítmica única para o rock sem usar baterias eletrônicas, que também estávamos usando.

Larry não gostava de baterias eletrônicas. A razão pela qual Larry Mullen não gostava de baterias eletrônicas é porque o próprio Larry Mullen é uma bateria eletrônica. Ele tem um *timing* incrível. Ele poderia entrar para o Kraftwerk.

Danny e ele tiveram uma relação de trabalho maravilhosa.

"Você já tentou desligar seus taróis da mesa de mixagem?"

"Você já tentou tocar tímpanos?"

Embora Danny tivesse chegado como parceiro de seu camarada Brian, inicialmente era quase uma relação de adoração. Descobrimos que este homem era um músico excepcionalmente talentoso. Nunca vi alguém segurar um instrumento como ele, fosse bateria, violão, *slide*, maracas. Muitos podem afirmar que amam a música, mas muito poucos, na minha experiência, podem afirmar que são correspondidos. A música amava Daniel Lanois. Como o rei Davi na Bíblia, afligido por um demônio que só a música pode acalmar, quando a música ia bem, Danny também estava bem. Quando a música não ia bem, o poço profundo dentro dele parecia perturbado, e ele podia resmungar e ficar irritado. A música era oxigênio para Danny; sem ela, ele sufocaria.

Foi o desejo de viajar que nos atraiu para Brian. Costumávamos falar sobre as três cores primárias do rock 'n' roll — baixo, bateria, guitarra —, mas há momentos em que essa paleta parece limitada e você quer expandir as possibilidades de um grupo como o U2. Como um grupo, você pode ter inveja de artistas solo, artistas que podem simplesmente trazer um novo conjunto de músicos. No espaço de um ano, David Bowie deixou de trabalhar com Mick Ronson e os Spiders from Mars e foi trabalhar com Carlos Alomar. Ele passou do drama-rock inglês por excelência para o R&B americano com uma pegada de *soul music*. Ele mudou de banda; ele mudou seu som.

Isso não é tão fácil se você está *em* uma banda. Os Beatles usaram a orquestração e as proezas de George Martin como arranjador para levá-los a novos locais acústicos e harmônicos. De certa forma, crescemos com a música eletrônica em meados da década de 1970, não apenas Kraftwerk, como também o Can. Edge tinha trabalhado com Holger Czukay. Mas em 1984 estávamos experimentando o desejo de viajar musicalmente. Não queríamos os vocais frios da música eletrônica, mas imagine como seria ouvir Van Morrison cantar com a D.A.F.? O que Donna Summer estava fazendo gravando com Giorgio Moroder? Na verdade, Brian trouxe a música "I Feel Love" para o estúdio com David Bowie quando eles estavam trabalhando no *Low* em Berlim, um momento em que eles entenderam que tudo tinha que mudar.

Foi com esse pensamento que começamos a trabalhar na música "Bad". A maioria das pessoas não ouve a semelhança entre Lou Reed e Van Morrison, não percebe que eles bebem dos mesmos arpejos, das mesmas sequências de acordes. Que eles invocam o mesmo feitiço, um com sua narrativa impassível sobre Nova York, o outro, com sua alma e voz extraordinárias, entre os maiores cantores masculinos, certamente no topo junto com Sam Cooke ou Elvis. Com "Bad" estávamos atrás da intensidade comovente de Van Morrison e da poesia de rua de Lou Reed. Infelizmente, a poesia não era tão eloquente assim.

Infelizmente, a música nunca foi finalizada.

Infelizmente para o letrista, Brian Eno adorava o som de músicas inacabadas.

Felizmente, para as pessoas que pensam que "Bad" é um dos nossos melhores momentos, Brian conseguiu o que queria. E embora eu me pegue todas as noites preenchendo as lacunas dessa letra cuja maior parte ficou por escrever, percebo como é uma música feita para a boca, uma invocação, algo a ser cantado com a língua. Vejo como isso transporta as pessoas.

Percebo que é impossível evocar o clima confuso que envolve o uso de drogas injetáveis, especificamente heroína. Eu pensava no irmão mais novo de Guggi, Andrew "Delaney Calças Sujas" Rowen, enquanto borrifava/espalhava tinta na tela. Impressionismo, expressionismo, dar passos maiores do que as pernas. É uma impertinência imaginar que eu me colocaria no lugar do Calças Sujas, mas era isso o que eu estava fazendo. Uma tentativa consciente e inconsciente de empatia, tratou-se de uma conversa com alguém que não estava presente. Levaria anos até que isso pudesse acontecer. Era impossível não amar Andy — ainda que ele fosse um fantasma tentando reaver seu corpo. Sua família e amigos temiam perdê-lo para a epidemia de abuso de opiáceos que foi o flagelo de tantas cidades e subúrbios no início dos anos 1980. Mas poucos laços são tão fortes quanto o vício. Tentei. Fracassei. "Fala inarticulada do coração" é como Van Morrison chamava esse tipo de poesia.

"VOCÊ PODE ME DAR UM AUTÓGRAFO?"

Foi naquele julho de 1984, enquanto estávamos gravando *The Unforgettable Fire* com Brian e Danny, que o Slane Castle se tornou o local de o que viria a ser um grande show de Bob Dylan.

Bob Dylan ocupou o mesmo espaço para mim na poesia que Yeats ou Kavanagh ou Keats, mas ele tinha duas outras qualidades que o colocavam ainda mais alto no meu céu: suas indagações celestiais e seu senso de humor terreno. Em seus primeiros shows no Greenwich Village, Bob Dylan fazia imitações de Charlie Chaplin entre as músicas, e há algo de malandro nele. Não há como não gostar disso. No final da década de 1970, ele lembrou ao mundo que o cristianismo surgiu como uma seita judaica, e permitiu que se soubesse que ele teve alguma visão de Cristo que salvou sua vida. Visões são obrigatórias para poetas, mas o humor, não. Bob Dylan me fez rir alto de suas gravações mais do que qualquer outro artista, e mesmo que eu não o conhecesse pessoalmente em 1984, estar dormindo no lugar que esse trovador viajante do tempo estava prestes a agraciar com suas músicas foi um presente especial. Minha empolgação era tamanha que mal consegui falar no dia do show, que foi quando um desconhecido me deu um tapinha no ombro.

"Você pode me dar um autógrafo?", perguntou Bob Dylan.

Agora vejo que isso foi algo típico de Bob Dylan, inverter a situação completamente. Esbarrar em Bob Dylan? Como assim? É como esbarrar em William Shakespeare. Eu sabia que estava em solo sagrado, embora o solo sob meus pés não me parecesse tão sólido. Eu não era digno de amarrar os cadarços de seus mocassins, mas recuperei o equilíbrio e o desafiei para uma partida de xadrez.

Isso mesmo: uma partida de xadrez.

Bob Dylan tinha me convidado para os bastidores, para uma espécie de tenda onde eu o entrevistaria, junto com Van Morrison, para a revista *Hot Press*, e faria aos dois perguntas sobre seu amor pela música típica irlandesa. Bob recitou "The Auld Triangle", canto tornado célebre por Brendan Behan e seu irmão Dominic. Não quatro estrofes, não cinco... todas as seis. Ele sabia, de cor, as estrofes que nem a maioria dos irlandeses conhece. Ele me disse que cresceu ouvindo baladas irlandesas, que nos seus tempos de West Village ele passara muitas noites ouvindo Clancy Brothers e Tommy Makem. Ele exaltou as virtudes da Família McPeake. McPeake? Eu nunca tinha ouvido falar dos McPeake. Van disse que eles vieram do norte da Irlanda, o que pode explicar por que eu, como sulista, não os conhecia. Algo estava se encaixando.

"Como você não conhece essas coisas?", me perguntou Bob. "Isso é essencial para o mundo, e ainda mais para a Irlanda."

Eu me arrisquei a responder.

"Não sei, parece que nossa banda vem do espaço sideral, do subúrbio de uma capital cujas tradições não são nossas, um lugar de dor que não nos interessa; estamos tentando recomeçar.

"Tudo o que é antigo é nosso inimigo", continuei, acrescentando graciosamente: "Com algumas exceções."

Nesse ponto, o artista mais sério e importante da minha vida foi botar sua maquiagem de palhaço.

Precisei que o astro de *Don't Look Back* me mostrasse que era essencial saber de onde você vinha antes de ir a qualquer lugar. O desejo de viajar teria que ocorrer em ambas as direções.

Daquele dia em diante, além de avançarmos rapidamente rumo ao futuro com Brian Eno, estaríamos escorregando como água por um ralo rumo ao passado com Daniel Lanois, descendo para os bueiros e saindo pelos rios e valas em que tudo isso é revolvido e usado como adubo. É daí que vem toda a música: da água. (Enquanto escrevo isso , percebo que é uma coisa bem Bob Dylanesca.)

Naquela noite, o homem imprevisível convidou Carlos Santana e eu para acompanhá-lo em "Blowin' in the Wind", mas não tenho certeza se ele estava ciente do clima com o qual queria dividir o palco. Clima esquisito. O menino sem passado ousou improvisar/reescrever uma das canções mais famosas da história das canções famosas.

Desde os nossos primeiros dias como banda, eu costumava improvisar as letras à medida que cantava, mas os perigos dessa abordagem deveriam ser óbvios na frente de um campo cheio de fãs de Dylan que se atinham a cada palavra da letra. E que me enforcariam a cada palavra que eu mudasse. A imagem mais bonita — uma noite de verão, de costas para o rio Boyne, um castelo em uma colina com vista para um crescente de devotos reunidos — estava prestes a ficar feia. A princípio, pude sentir algum orgulho local na plateia — esse é um dos nossos, no palco com o grande homem —, mas rapidamente isso se transformou em olhares de perplexidade. Depois, espanto. Depois, vergonha.

"Ele não sabe a letra."

"Ele está inventando a própria letra."

"Eles não são muito bons."

Saltei ao vazio e descobri que não podia voar. Eu estava soprando no vento. Estava explodindo ao vento, um peido enorme.

Jovem, confiante... e completamente equivocado.

"Eu mudo as letras o tempo todo", me confessou Bob depois, muito gentil com relação ao que acontecera. "Nada é imutável."

ESTICANDO A TELA COM ENO

Brian Eno acorda cedo, desce ao estúdio de gravação antes do café da manhã, e monta uma cena em que há espaço para a criatividade e para o risco. Brian é excepcional. Como os amigos de Danny em Nova Orleans, os Neville Brothers, diziam, observando-o transformar cantos de pássaros em peças do sintetizador: "Isso não é impressionante? Esse é um outro nível de merda." Um olhar de soslaio para Danny: "Onde você arrumou esse gato?"

Brian abominava o jargão dos músicos. Nunca usamos a palavra *riff*, por exemplo. Ele chamava de "figura". Uma "figura de guitarra". Ele não falava de "som", mas de "sônica". Todos os dias ele escrevia seus pensamentos em diários de capa dura preta, às vezes, palavras soltas, às vezes, um desenho ou diagrama. Num dia podia ser algum conceito esotérico, acadêmico; no outro, podia ser uma imagem lasciva. Mas ele levava isso a sério. Brian adorava falar sobre sexo, não de um jeito vulgar — o que achávamos que não era legal —, mas de um jeito científico. Por exemplo, um trecho maravilhoso em *A Year with Swollen Appendices*, em que ele descreve a sensação de ter uma ereção enquanto nadava na pequena piscina anexa ao restaurante La Colombe d'Or, em St. Paul de Vence. Brian rindo da própria intelectualidade.

A natureza intelectual de nossas perguntas, especificamente das minhas, às vezes pode parecer pretensiosa. Exceto com Brian. Sair com Brian era um passe livre para ser pedante. Ele não se interessava pela conversa, a menos que ela tomasse um rumo diferente. Por exemplo, conversamos muito sobre a cultura africana e sobre como aquela música atonal de chamada e resposta estava dando origem a uma nova forma na cultura popular chamada hip-hop. Era impressionante como essa música africana original estava chegando agora por meio de todos esses aparelhos eletrônicos — *samplers* e baterias eletrônicas — criados por engenheiros britânicos como Clive Sinclair ou *designers* americanos como Roger Linn.

Fiquei fascinado com o trabalho do cineasta de Galway Bob Quinn, que investigou as origens da música irlandesa e chegou ao norte da África e ao Oriente Médio. Em razão do trabalho de musicólogos, antigas melodias irlandesas podiam ser rastreadas como pegadas através do Sahel e adentrando o Oriente Médio. Ali e eu tínhamos acabado de voltar do Cairo atrás dessas músicas.

Uso a palavra "investigação" para descrever esse período porque era onde estávamos, um lugar de investigação em música, religião, política. Como uma banda composta por dois protestantes e meio e um católico e meio, não era natural que nos apegássemos ao "modo de ser tradicional dos irlandeses", porque nenhum de nós tinha uma noção clara de o que era isso. Talvez tenha sido uma coisa boa, porque se estivéssemos guiando nosso desejo de viajar pela música ao olhar pelo espelho retrovisor, a Irlanda provavelmente precisaria fazer um pouco menos disso.

Muitas de nossas jornadas subsequentes como banda começaram nessas conversas no Slane Castle enquanto trabalhávamos em *The Unforgettable Fire*.

Uma linha que levaria a *The Joshua Tree*, três anos depois, com paradas nos Estados Unidos com a Anistia Internacional, minha estada com Ali na Etiópia, o Museu da Paz de Chicago, e compondo uma música com Keith Richards para apoiar o movimento contra o *apartheid* chamada "Silver and Gold".

Todas essas jornadas podem ser rastreadas até uma mesa de cozinha em um castelo com Brian e Danny. Talvez esta tenha sido a primeira vez que nos sentimos artistas. No tutorial que foi nosso tempo com Brian Eno, começamos a levar a sério as minúcias de nossa própria vida.

"É tudo o que vocês têm", disse o filho do carteiro. "É isso. Seus pensamentos, eles decidem quem você é."

I was discovering that adventures
in the wider world are often
attempts to discover who we are
when we are alone in our ROOM
with the lights off

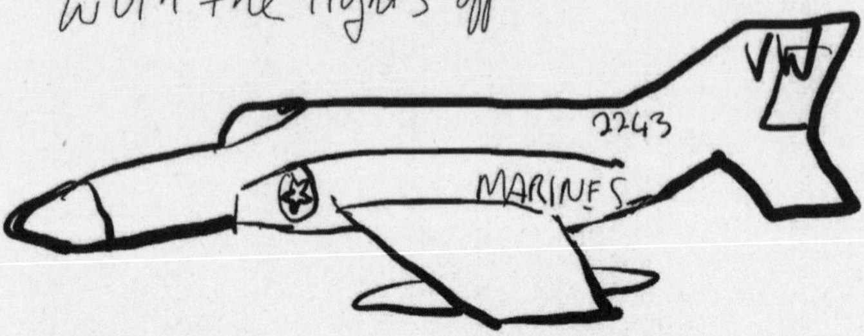

outside its America ....
inside its America too

Bullet the Blue Sky
Bullet the Blue Sky

14

Bullet the Blue Sky

In the locust wind
Comes a rattle and hum.
Jacob wrestled the angel
And the angel was overcome.

You plant a demon seed
You raise a flower of fire.
See them burnin' crosses
*See the flames, higher and higher.**

A violência é uma das minhas memórias mais nítidas da infância. Violência no norte do país, violência na esquina, violência a portas fechadas, nas casas dos vizinhos. Violência mental, um amigo gay sofrendo intimidação. Por mais improvável que fosse, sempre parecíamos estar à beira de um confronto. *Bullying.* Quando adolescentes, Guggi e eu discutimos uma estratégia dupla.

1. Fazer amizade com o inimigo se for possível.
2. Se não der, convencer a nós mesmos de que dá para encher o cara de porrada.

* Com a nuvem de gafanhotos/ Vêm estrondos e zumbidos./ Jacó lutou contra o anjo/ E o anjo foi vencido.// Você planta uma semente demoníaca/ E cria uma flor de fogo./ Veja-os queimando cruzes/ Veja as chamas, cada vez mais altas.

Uma estratégia nem um pouco nobre, e é claro que nem sempre seguimos essa fanfarronice, mas no final da adolescência espera-se que você já tenha superado esse pensamento. "Vamos ser homens do mundo", diz meu companheiro Carmodog, "mas não deste mundo."

A guerra era um tema recorrente até na minha vida espiritual. Com um marca-texto amarelo fluorescente, grifei uma passagem bíblica favorita, a epístola de São Paulo aos Efésios: "Revesti-vos da armadura de Deus, para que possais resistir às ciladas do demônio. Pois não é contra homens de carne e sangue que temos de lutar, mas contra os principados e potestades, contra os príncipes deste mundo tenebroso, contra as forças espirituais do mal (espalhadas) nos ares."

Ótima letra. Achei que Nick Cave também devia estar lendo isso. Talvez Shane MacGowan. Certamente a velha guarda, Bob Dylan e Leonard Cohen, conheciam o lado gótico da Bíblia King James.

Ainda que isso hoje possa soar um pouco como se eu dissesse "Avante, Soldados Cristãos", de certa forma ainda vejo o mundo em guerra consigo mesmo. A diferença é que hoje em dia estou mais propenso a tentar identificar algo que não esteja muito bem em meu próprio comportamento do que no de outra pessoa. Aos poucos, percebi que, se queremos entender as forças contra as quais estamos lutando, é útil tornar-se amigo da ideia a que você está se opondo. Antes de lutar contra ela.

Um demônio que você já conhece. Subindo no ringue, o lutador mais bem preparado é aquele que tentou compreender seu oponente. Principalmente se o oponente for você mesmo.

O SOM INGLÓRIO DAS ARMAS

Eu descobria que aventuras pelo mundo muitas vezes são tentativas de descobrir quem somos, quando estamos sozinhos em nosso quarto com as luzes apagadas. Isso não explica exatamente por que, no fim da primavera de 1986, numa época em que a região estava em meio a convulsões, revoluções e violência, convenci Ali a visitar a América Central.

Entendo que "libertação" é uma palavra a que devemos nos agarrar com todas as forças, mas é sensato lembrar que "libertação" também é a palavra a que mais pessoas mortas se agarraram. A libertação como ideia custou muitas vidas. Eu me interessei pela teologia da libertação, uma fusão de princípios politicamente de esquerda e ideias bíblicas nascida na América Latina. Os cristãos nos Estados Unidos teriam admirado o conhecimento bíblico desses crentes mais ao sul e seus sacerdotes radicais, mas não se empolgariam tanto com a visão deles: uma visão segundo a qual as forças políticas dos Estados Unidos mantinham o povo da América Central sob custódia

A Nicarágua teve uma revolução que muitos nos Estados Unidos temiam que se espalhasse para o norte, temiam que deixasse a fronteira com o México vulnerável, exposta a uma tomada por marxistas e leninistas. O vizinho El Salvador parecia a prova dessa paranoia, e, com a mentalidade clássica da Guerra Fria, os Estados Unidos apoiavam sua junta militar. Simplesmente porque não era comunista. Com medo de que os mocinhos se tornassem comunistas, apoiamos os bandidos que os mantêm sob controle.

Em El Salvador, pessoas estavam desaparecendo. Indo de carro até um vilarejo, pouco depois de voarmos para a capital, San Salvador, passamos por um corpo na beira da estrada que acabara de ser jogado para fora de um 4x4 em alta velocidade. Parando, vimos que havia um bilhete preso no peito do morto: "Isso é o que acontece com quem tenta fazer a revolução."

Mais tarde, contaram por que ninguém mais se aproximou do corpo. Até os moradores desviaram o olhar. Quem fosse identificado como alguém que conhecia aquele homem podia ser o próximo corpo na beira da estrada. Estávamos acordando para o pesadelo de El Salvador em meados da década de 1980.

Em meio ao horror, havia algo quase cômico na maneira como a polícia secreta, responsável por fazer as pessoas desaparecerem, viajava sempre nas mesmas caminhonetes japonesas com vidros fumê. Não parecia muito secreto. Mas eles não eram tão burros quanto pareciam. Era uma estratégia de intimidação. Estacionar um desses veículos do lado de fora de uma escola ou igreja era um aviso: "Estamos aqui; estamos de olho. Podemos garantir que ninguém mais te veja… nunca mais."

Muitas pessoas foram levadas em ataques matinais e nunca mais foram vistas. Escrevi a letra de "Mothers of the Disappeared" depois de conhecer mães salvadorenhas que não apenas sofreram a dor de perder seus entes queridos, como foram submetidas ao insulto adicional de não conseguirem recuperar seus corpos. Ali ainda não era mãe, mas eu a vi lutar com uma perda que ela era capaz — e ao mesmo tempo não era capaz — de imaginar. Contudo, o governo que patrocinava a polícia secreta era financiado pelos ianques, pelo Ocidente.

Dias depois, entramos em território rebelde na companhia de voluntários da CAMP — Central American Mission Partners —, uma ONG estadunidense de direitos humanos que oferece proteção e ajuda para os ameaçados de morte. Lá estava nosso guia local e informante, Saul; lá estava Dave Batstone, líder do nosso grupo, junto com o amável Harold Hoyle, que havia pegado uma carona do norte da Califórnia com uma prancha de surfe no teto de sua BMW desgastada, e Wendy Brown, outra americana idealista determinada a se juntar a nós no que se pode descrever como um experimento coletivo de sensível jornalismo *gonzo*. Ali e eu definitivamente não deveríamos estar lá.

Ao sairmos de nossos veículos e entrarmos na mata a pé, ouvimos o que parecia um céu resmungando e sentimos o chão tremer. Estávamos a uma certa distância, mas dava para ver aviões militares circulando uma pequena cidade na colina ao longe, lançando o que nos disseram ser bombas incendiárias em um enclave controlado pelos rebeldes. A estratégia do governo era dar à cidade um prazo de evacuação e depois esperar capturar ou matar os guerrilheiros enquanto fugiam. Se não cumprissem o prazo, bem, quem se importava? Eles chamavam isso de "estratégia do aquário vazio" — esvazie o aquário e os peixes morrerão. Essa é a face da política quando ela está longe das ordens escritas que deram origem a esse assassinato.

O clima do dia estava particularmente úmido e pegajoso; suor quente se transformava em suor frio, que brilhava em nossos rostos vermelhos. Eu tinha sensações que não experimentava desde a adolescência, um nó no estômago, uma agitação agourenta. Meu orgulho machista não deixava minha boca falar sobre nenhuma ansiedade, e, de qualquer forma, nossos guias salvadorenhos não estavam tão incomodados assim, pois aparentemente entravam e saíam desse perigo todos os dias. Caminhamos por uma hora ou mais por um cume pela mata tropical, quando um grupo de rebeldes armados passou por nós. Alguns tinham apenas 15 ou 16 anos, e o olhar desafiador de um dos camaradas me marcou. O clima nos olhos dela parecia dizer muito mais do que eu podia entender, além de "Eu te desafio a não enxergar o fogo em mim". Eu sabia o que ela queria dizer.

Outro dia, atravessando uma pastagem a pé, fomos parados quando soldados rebeldes saíram do meio do mato e começaram a disparar tiros acima de nossas cabeças. Nós congelamos, com os corações palpitando e parando, temendo o pior, até que ouvimos suas risadas zombeteiras. Quando seus rostos surgiram por entre as árvores, seus sorrisos largos deram lugar a risos travessos. Eles estavam só tentando assustar os ianques.

Foi a primeira vez que ouvi tiros ao vivo fora de um estande de tiro, e foi um som que nunca vou esquecer. Uma espécie de "pá, pá, pá" em vez de "bum, bum, bum". Um som inglório.

Em uma encosta, encontramos um mote grafitado na parede de uma sede de fazenda: "Foda-se Jesus!" Ali e eu ficamos chocados com esse grafite, tendo em mente tudo o que aprendemos sobre como os padres radicais retratavam Cristo como amigo dos pobres.

"Não, não, não é Jesus Cristo", explicou nosso guia, revirando os olhos e pronunciando os J como R. "Esse é 'Ressu', que mora na próxima esquina. Foda-se esse 'Ressu'!" Até mesmo ali não havia problema em dar risadas; na verdade, era essencial. Não tão diferente do que acontecia na própria igreja, ao que parecia, pois podia-se encontrar mais de um Jesus em El Salvador e na Nicarágua.

É justo dizer que meu sonho adolescente de ser correspondente de guerra não explica de maneira adequada nossas atuais coordenadas geopolíticas, além de apoiar essa pequena agência de ajuda e desenvolvimento. Eu tinha um desejo de ir mais fundo, uma necessidade de entender o mundo à minha volta, uma compreensão que eu sabia que teria a ver com mostrar, e não com contar, envolveria sensações e visões. Um tipo diferente de narrativa.

Quando voltei para casa na Irlanda, expliquei a Edge o que tínhamos visto, e trouxe algumas gravações de reportagens para mostrar para a banda no estúdio que montamos no Danesmoate. Nós nos perguntamos: será que Edge conseguiria fazer o som daqueles aviões de combate voando baixo? E Larry, o som do chão tremendo? Adam poderia nos aterrorizar com o estrondo de seu baixo? Poderíamos contar a história dessas pessoas nesta música, "Bullet the Blue Sky", que estava surgindo do baixo de Adam?

Mesmo que não pudéssemos, íamos tentar, e "Bullet the Blue Sky" se tornou a tela na qual pintaríamos nosso mural da América Central. Em que eu pulverizaria meu primeiro discurso.

And I can see those fighter planes
And I can see those fighter planes
Across the mud huts as children sleep
Through the alleys of a quiet city street.
You take the staircase to the first floor
You turn the key and you slowly unlock the door
As a man breathes into his saxophone
And through the walls you hear the city groan.
Outside, it's America
Outside, it's America
*America.**

Nenhum de nós poderia imaginar quanta improvisação aquela versão original de "Bullet the Blue Sky" teria. O lançamento de *The Joshua Tree*, em março de 1987, e os anos que se seguiram viram a banda constantemente martelando a política externa dos Estados Unidos. Não havia dúvidas de onde estávamos. Atrás das barricadas. No início dos anos 1990, na "ZOO TV Tour", eu satirizava o governo dos Estados Unidos todas as noites. Atrás das barricadas.

LÁ FORA É A AMÉRICA

Avance até um sonho que tive recentemente com o Pentágono. No sonho, é 23 de janeiro de 2008, e estou sentado em uma mesa de carvalho de 6x6 no quarto 3E880, no fundo da fortaleza de cinco paredes, com o secretário de Defesa dos Estados Unidos, Robert Gates. Uma falange de generais — não tenho certeza se eram três, quatro,

* E eu vejo esses aviões de combate/ E eu vejo esses aviões de combate/ Cruzando casebres de barro enquanto crianças dormem/ Pelos becos de uma rua silenciosa da cidade./ Você sobe a escada até o primeiro andar/ Você vira a chave e lentamente destranca a porta/ Enquanto um homem sopra em seu saxofone/ E através das paredes você ouve o gemido da cidade./ Lá fora é a América/ Lá fora é a América/ A América.

ou zero estrelas — sentados com sua equipe em volta de uma das extremidades da sala tendo que me ouvir falar. Estou constrangido. Mas não o suficiente. Esses heróis de guerra não podem se sentar à mesma mesa que o chefe dos militares dos Estados Unidos? Até mesmo quando ele está só falando com o cara que escreveu "Bullet the Blue Sky"?

No sonho, a parte assustadora não é o poder de fogo combinado dos homens do complexo militar-industrial. O que é assustador é como me sinto cômodo e como acho esse homem e seu alto escalão inteligentes de um modo fascinante.

O que é mais assustador é que isso não é um sonho.

É uma lembrança.

Evidência irrefutável de que, vinte anos depois de escrever essa música, já não se trata de "lá fora é a América". Agora estou dentro da América. Bem dentro. Escalei a barricada.

Mesmo que eu tenha feito isso para defender o argumento — algo que agora fazemos constantemente com os militares dos Estados Unidos — de que investir na USAID é investir em paz e segurança em lugares distantes onde o empobrecimento é um convite para maus atores e estados falidos, um convite ao caos sociopolítico.

E mesmo que o secretário de Defesa concorde que no mundo em desenvolvimento é mais barato prevenir os incêndios do que apagá-los.

É um grande salto em relação à situação da América Central de 1986.

Agora, até um ex-comandante supremo da OTAN, o general Jim Jones, lidera o mesmo coro. E — ouça essa — até o futuro secretário de Defesa de Donald Trump, general James "Mad Dog" Mattis, repreendeu seu próprio presidente, e aqui faço uma paráfrase: "Se você quer cortar a USAID, me compre mais balas."

Mesmo depois de tudo isso, meu subconsciente ainda está preocupado como o fato de que esse pacifista esteja tão à vontade no Pentágono. Isso sem contar a consciência real dos pacifistas que formam o U2.

Eu me diverti um pouco com esses impulsos aparentemente contraditórios de estar em ambos os lados da barricada. Trabalhei isso diante da banda e do nosso público, e muitas vezes usei "Bullet the Blue Sky" como um prédio alto do qual saltar.

Canto; represento.

Eu me exponho, virando o jogo contra mim mesmo.

A linha de baixo de Adam Clayton dá o tom. Na verdade, não tenho certeza se está em algum tom — ninguém consegue descobrir —, mas a banda é conhecida por tocar a música por sete ou oito minutos e essa linha de baixo nunca se exaure.

É junho de 2015 no United Center, em Chicago, e estou realmente fazendo isso, gritando em um megafone estampado com estrelas e listras, numa longa diatribe, o tipo de insulto normalmente reservado para ideologias extremas ou as personalidades que as enfrentam. Esta versão da música vem de uma conversa com o dramaturgo irlandês Conor McPherson. Ele é um jazzista além de dramaturgo.

This boy comes up to me
His face red like a rose on a thornbush
A young man, a young man's blush
And this boy looks a whole lot like me
And the boy asks me
Have you forgotten who you are?
Have you forgotten where you come from?
You're Irish
A long way from home
But here you are, all smilin' and makin'
*out with the powerful.**

A boca todo-poderosa está no meio de uma batalha campal entre meu eu mais jovem e o mais velho. À medida que os mais jovens intimidam os mais velhos por serem "parte do problema e não parte da solução", parece um exercício de autoflagelação, mas no final da música o pragmático do tempo presente enfrenta muito bem seu passado de pregador.

Tenho usado esse recurso retórico para capturar a dialética no âmago de *Songs of Innocence* e *Songs of Experience*, álbuns inspirados

* Um menino se aproxima de mim/ Seu rosto vermelho como uma rosa no espinheiro/ Um menino, corado como um menino/ E esse menino se parece muito comigo/ E o menino me pergunta/ Você se esqueceu de quem você ?/ Você se esqueceu de onde vem?/ Você é irlandês/ Muito longe de casa/ Mas você está aqui, todo sorridente e/ se misturando com os poderosos.

na coleção homônima de poemas de William Blake do século XVIII. Dizem que falar consigo mesmo é um sinal de problemas com a saúde mental, mas esse tipo de autorreflexão falada não era só divertido; isso me ajudou a ver mais claramente o cosmopolitismo que talvez tenha se apoderado de mim nos últimos vinte anos, um cosmopolitismo para o qual eu provavelmente não teria paciência aos 20 anos. Quando jovem, eu enxergava o mundo de modo monocromático, em preto e branco, com alguns tons de cinza. (Talvez.) Na maioria das vezes era nós e eles. Eu e meus amigos, eu e Ali, eu e a banda, contra o mundo.

Não há problema em sentir raiva. Como John Lydon escreveu e cantou (em "Rise", do Public Image Ltd.), "Anger is an energy" ("A raiva é uma energia"). É certamente uma energia com a qual me sinto cômodo, torcendo e acreditando que seja uma raiva justificada. Às vezes, porém, infelizmente, sou levado pela variante hipócrita, a raiva que não é aceitável. A raiva nada bonita, a raiva nada boa.

Mas e se a raiva for justificada?

Não se contenha.

Tiranos dominam o mundo desde sempre. Os países, em sua maioria, são governados por gangues.

"Elite" é outra palavra para gangues. Dificilmente há uma história de um país importante que não esteja envolvido em algum tipo de violência geopolítica.

E um tirano pode assumir muitas faces. Desde o papel de vilões mais óbvios, como Putin ou Stalin, que expurgava russos que usavam óculos porque as pessoas que liam livros eram uma ameaça para ele, ou Mao Tsé-Tung, que proibia pássaros coloridos e flores porque eram exuberantes. Até os ocidentais vencedores da guerra, que jogaram uma bomba atômica em Nagasaki e bombardearam Dresden depois de terminada a guerra, ou quando eu já tinha nascido, e eles secretamente jogaram bombas incendiárias no Camboja para impedir uma vitória na Guerra do Vietnã. E as atrocidades paramilitares mais perto de casa planejadas para protestar contra as atrocidades comuns das Forças Armadas.

Mas há outro tipo de tirano. A circunstância.

Na qual seres sencientes como eu e você não conseguem encontrar seu rumo porque não conseguem encontrar comida.

our language remembers the word "keening" to explain the unexplainable

15

Where the Streets Have No Name

I want to run, I want to hide
I want to tear down the walls
*That hold me inside.**

Há uma névoa subindo da terra. A terra vermelha da Etiópia está expirando. A terra respira. Está viva, já nas últimas, mas está viva. Há um tênue palpitar sob a epiderme de barro vermelho, um ritmo sob o piso de lona da barraca onde Ali e eu vínhamos dormindo no último mês.

A barraca está armada em uma cidade chamada Ajibar, na província de South Wollo, no norte da Etiópia, num lugar que serve como central de abastecimento e orfanato. É outono de 1985, durante a fome etíope. O mundo não via uma fome como essa desde Bangladesh e Camboja, dez anos antes. Esta é uma grande fome que, além de virar a vida de uma grande nação de cabeça para baixo, está prestes a virar nossas minúsculas vidas, a de Ali e a minha, do avesso. Nunca mais seremos os mesmos. Hoje fomos acordados por um batimento cardíaco vulcânico que agora está acelerando a caminho de uma parada cardíaca.

Uma batida tão intensa que faz tremer o chão em que dormimos como uma fera sendo perseguida por meninos com um facão. Na

* Quero correr, quero me esconder/ Quero derrubar os muros/ Que me prendem aqui dentro.

verdade, *se trata* de uma fera sendo perseguida por meninos com um facão.

Não uma fera *muito* selvagem, mas uma fera sendo abatida na grama úmida ao lado de nossa barraca. Quando espio para fora da barraca, vejo a bizarra tourada chegar ao fim, a criatura caindo no chão, sua garganta cortada enquanto o vapor sobe de um rio de sangue que serpenteia pela grama. Um grupo de meninos está rindo, seus olhos do tamanho de seu apetite. Meninos com sorrisos tão amplos quanto suas perspectivas poderiam ter sido, se tivessem nascido em outro lugar. Mais amplas ainda são as diferenças que dilaceraram este país, e deixam a Etiópia em queda livre com um governo neocomunista autocrático que causa mais estragos do que a casa real do imperador Haile Selassie, derrubada há pouco mais de uma década.

Ao longo do mês passado, encontramos o riso e o bom humor desafiador de muitos, mas os gritos de alegria desses meninos nos lembram como são as crianças na maioria dos lugares. Nos lembram que em um curto período nos acostumamos à agonia silenciosa diária que acompanha as barrigas inchadas pela extrema desnutrição e pela pobreza. Regularmente, o zumbido baixo da tristeza entra em uma crescente. Pode ter se tornado muito comum, mas a morte aqui ainda é significativa. E o luto é operístico, não como os soluços a que estamos acostumados em casa. Eis aqui um lamento de gelar o sangue, um grito perturbador que ecoa no grande abismo entre os vivos e os mortos. Talvez há muito tempo na Irlanda, em nossa própria fome em meados do século XIX, também tenhamos emitido esse som junto com nossa dor. Nosso idioma preserva a palavra *keening* ("lamentação") para explicar o inexplicável, e o som ainda é ouvido em partes da Irlanda.

Mas a carnificina que observamos pelas abas da tenda é diferente.

Mal administrado e mal planejado é o lento massacre que descreve a obscenidade particular da fome em um mundo de abundância. Hoje, pela primeira vez em muito tempo, algumas pessoas neste campo obterão a proteína de que precisam dessa carne. É o amanhecer do nosso último dia nesta pequena cidade do interior, cuja característica mais notável podemos vislumbrar a quilômetros de distância: uma elevação histórica que, segundo ouvimos, foi um dos refúgios do imperador Menelik, e que é associada na lenda etíope à rainha de Sabá, a Salomão, à linhagem de Davi e às escrituras hebraicas.

Algumas manhãs em Ajibar, o chão fica úmido e coberto por uma leve névoa, que revela paisagens misteriosas à medida que se eleva. Caminhantes cansados que viajaram a noite toda para chegar aqui emergem da nuvem baixa como espectros, fantasmas em luz cinzenta. Muitas vezes há famílias, às vezes, estrangeiros, caminhando juntos em duplas ou trios. Alguns estão por conta própria; carregam crianças mortas, lutando para aceitar a perda do filho. Pessoas que lembram orações em busca de comida ou ajuda de qualquer tipo. A aflição deles tem proporções bíblicas. Tendo sobrevivido a uma guerra, agora eles lutam para sobreviver a uma paz brutal, marchando à força ao som de um ditador diferente, que alguns sugerem usar a fome como arma para destruir a resistência. Aqui neste canto da história, eles continuam sendo um povo que jamais foi conquistado.

Ao longo do último mês, fomos voluntários num orfanato, trabalhando em um programa educacional com teatro e música. Colaborando com o eletricista local, criamos quatro peças de um ato tipo pantomima com músicas — depois traduzidas para o amárico — que ajudavam a explicar conceitos básicos de saúde e nutrição.

Sou conhecido por dois nomes, Dr. Bom Dia e a Moça de Barba. Estamos aqui para mostrar solidariedade ao povo deste país e para entender melhor a questão mais importante, embora seja um clichê, que o mundo já enfrentou. Uma pergunta que venho tentando responder em minha vida desde então: por que há fome em um mundo de abundância? Como as pessoas podem carecer de comida em um mundo em que há montanhas de açúcar e lagos de laticínios? E o que pode ser feito?

Há dias em que a cerca de arame farpado no campo evoca imagens dos campos de concentração da Segunda Guerra Mundial, até que você lembra que o arame não é para nos manter dentro, mas para manter os outros fora. Esta é uma central de alimentos, e, às vezes, grandes multidões famintas forçam os portões. É um visual estranho e perturbador quando pessoas boas gritam com os fracos e cansados mandando-os recuar ou ir embora. O ferro corrugado parece muito fora de sincronia com seus arredores. A conclusão é a de que estamos tentando ser úteis, mas aqui não temos certeza de o que isso significa. Então, por que viemos?

A linha da pobreza é muitas vezes como definimos se uma civilização está funcionando, se os ganhos que ela obteve são para muitos ou para poucos. Com suas raízes no pensamento judaico-cristão, o mundo ocidental inscreveu em suas cartas fundacionais uma exigência de no mínimo se dar conta da distância que separa pobreza e privilégio. "Tratar os outros como você trata a si mesmo" é uma armadilha posta no caminho do domínio econômico ou até mesmo cultural.

Presumo que para Ali e para mim isso seja parte de uma peregrinação para entender melhor uma paisagem que até agora está fora de vista — exceto por reportagens como a cobertura da fome feita por Michael Buerk para a BBC. Suponho que o single do Band Aid, "Do They Know It's Christmas?", e o Live Aid que se seguiu nos tenham feito chegar aqui. No single, escrito por Bob Geldof e Midge Ure, tive que cantar o verso mais perturbador de toda a letra: "Well tonight thank God it's them instead of you" ("Esta noite, dê graças a Deus que são eles, e não você").

Quando Bob me entregou a letra, eu disse: "Canto qualquer verso, menos este..."

Talvez seja esse o pensamento que me trouxe até aqui.

Eu me diverti criticando Bob, conhecido ateu, por escrever "uma canção de Natal". Não passou despercebido para ele que uma das mais antigas igrejas cristãs do mundo foi fundada por coptas etíopes no século IV, que definitivamente sabiam a data do nascimento de Jesus — aliás, sendo ortodoxo, 7 de janeiro, não 25 de dezembro.

Presumo que também houve aqui alguma investigação religiosa de nossa parte, mesmo que não estivéssemos inteiramente cientes disso. Lembro de ouvir o pregador americano Tony Campolo explicando que existem 2.003 versículos das Escrituras que se relacionam com os pobres, que a pobreza perde apenas para a redenção nas prioridades de Deus encontradas no Antigo e no Novo Testamento. É um tema que você pode acompanhar de Moisés a Tomé com sua dúvida, da Torá até as bem-aventuranças. Surpreendentemente, apenas uma vez Jesus fala sobre julgamento, e, quando o faz, fala sobre como tratamos os pobres:

Também estes lhe perguntarão: "Senhor, quando foi que te vimos com fome, com sede, peregrino, nu, enfermo, ou na prisão e não te socorre-

mos?". E ele responderá: "Em verdade eu vos declaro: todas as vezes que deixastes de fazer isso a um destes pequeninos, foi a mim que o deixastes de fazer".

E, no entanto, por alguma razão, até mesmo hoje em dia, as pessoas de fé pensam que a sua vida sexual — ou a de outras pessoas — é mais importante para Deus do que, digamos, a situação dos sem-teto. A vida dos mais pobres entre nós jaz no cerne do Cristianismo, mas às vezes a religião parece ser o que acontece quando Jesus, como Elvis, sai de cena. Torna-se um clube de bênçãos mútuas para os carismáticos e aqueles que só enxergam o próprio umbigo.

"O AMOR QUE EXPULSA TODO O MEDO"

Estádio de Wembley, julho de 1985. Live Aid. Um momento colossal na carreira do U2. Na de muitos músicos. Uma transformação na forma de enxergar na música pop alguma utilidade prática para o mundo. Quero deixar registrado que não acho que a música pop tenha qualquer obrigação de ajudar além de ser uma fonte de três minutos de pura alegria, uma melodia que que é como um beijo roubado, uma pílula da verdade cantada e engolida. Dourada ou não.

A música para mim sempre foi uma tábua de salvação em tempos de turbulência. Ainda é. Isso é suficiente para justificar sua existência; o sagrado serviço de levar uma alma de um ponto a outro não deve ser subestimado. Somente o fato de dar a alguém um motivo para se levantar da cama de manhã já conta muito. A música como o amor que expulsa todo o medo. A música é a sua própria razão de existir.

Dito isso, há também uma história da música a serviço do bem maior, um testemunho magnífico dos ideais e da firmeza de músicos como George Harrison organizando um concerto para Bangladesh. Mas nunca antes houve uma reunião como o Live Aid, em que se arrecadou dinheiro para apoiar os etíopes em uma nova fome. Uma audiência global, um palco em dois continentes, e um grupo inédito de astros que garantiria dezesseis horas de enorme audiência.

UMA LICENÇA PARA INVENTAR

Quais são as chances de dois ativistas contra a pobreza nascerem a poucos quilômetros um do outro e ambos fazerem parte de bandas de rock? A verdade é que Bob Geldof abriu a porta e eu entrei. Ele me mostrou, como irlandês, que as histórias, quanto mais bem descritas, adquirem mais relevância.

Nós o conhecemos primeiro não como ativista, mas como vocalista do The Boomtown Rats, garotos elegantes do (Sul) Southside que se faziam de grosseiros, ao passo que nós, os novatos mais jovens, éramos meninos grosseiros do (Norte) Northside que fingiam ser elegantes. Bem, pelo menos dois de nós.

Bob Geldof tinha o dom da palavra, tanto quanto qualquer virtuose que estivesse demonstrando seus talentos no palco principal naquele dia em Wembley, em Londres, ou no JFK Stadium, na Filadélfia. Ele era Miles Davis, Eric Clapton, Ginger Baker, e isso apenas numa conversa. Ele era um gênio do vocabulário e da comunicação. As palavras fariam qualquer coisa por ele. Era como se as palavras soubessem o respeito que ele tinha por elas e decidissem dar a ele permissão especial para improvisar. Era eloquente até na verborragia. Ele tinha licença para inventar à medida que falava. E se por um lado ele era um mestre da belicosidade, por outro sempre tinha um argumento pertinente a defender. Seus golpes visavam a encontrar as defesas fracas em um corpo político que se acostumou com a hemorragia da vida humana. Na tela e na imprensa, Bob soltava palavras como uma granada de mão; quanto mais explosiva, melhor. Consoantes cortantes quebrando o baque surdo de vogais caindo em algum especialista perplexo.

"Foda-se o discurso. Ligue para o número. Dê-nos o dinheiro, tem gente morrendo agora, então, me dê o dinheiro."

Explosões de eletricidade estática que estalavam e chiavam sobre uma mesa, sempre enérgicas, sempre liberando energia. Não posso imaginar que algum dia vou presenciar tamanha excelência na palavra falada, e quando ocasionalmente tento seguir os passos de sua invectiva, acabo soando infantilmente rebelde e inarticulado. Um estudante nanico ao pé de um colosso. Mas realmente obscenas, como Bob disse a qualquer pessoa que tenha sintonizado o Live Aid, eram as estatísticas de gente que morria desnecessariamente.

Quanto ao show em si, por mais influente que tenha sido no arco da nossa banda, confesso que acho doloroso demais assistir. É um pouco humilhante que, durante um dos melhores momentos da sua vida, você esteja com o cabelo tão feio assim. Há quem diga que meu cabelo sempre foi feio, mas quando sou forçado a ver imagens do U2 tocando no Live Aid, só vejo uma coisa: o *mullet*. Todos os pensamentos de altruísmo e raiva justificada, todas as razões certas para estarmos lá, tudo isso foge da minha mente, e só vejo o cabelo mais feio de todos os tempos. Recatado na parte da frente, porra-louca na parte de trás, como bem disse alguém. Assim como nunca se deve pensar que um homem passa a ferro sua jaqueta de couro, nunca se deve pensar que ele passa a ferro o cabelo. E se você acha que isso soa como vaidade de artista, bem, que seja.

Live Aid, Band Aid e seus derivados arrecadaram um quarto de bilhão de dólares para pessoas cujas vidas não deveriam depender de caridade. Anos depois, descobrimos que o continente africano estava gastando fortunas toda semana pagando empréstimos antigos a países ricos que os forçaram a tomar dinheiro emprestado durante a Guerra Fria. Toda semana, caralho, como poderia ter dito Bob. Se desviando do tênue verniz da caridade, essas cifras evoluiriam para uma discussão muito mais dura sobre como a injustiça se disfarçava de azar.

Se por um lado foi a caridade que levou Ali e eu a irmos para a Etiópia, por outro, quinze anos depois, foi a justiça que me mandaria de volta. A campanha Drop the Debt me levaria de volta a uma geografia onde teria que desaprender muito do que eu pensava sobre "pobreza". Terras e paisagens urbanas que transformariam minha visão sobre o potencial humano e seu desperdício. Um continente magnífico que me alçaria para fora de mim mesmo e me ensinaria muito.

O PAÍS DA IMAGINAÇÃO

Enquanto estamos nessa jornada na Etiópia, alguns outros instantâneos me vêm. Instantâneos literários. No meu caderno, escrevi uma frase que sei que é o título de uma música. Mesmo que eu não saiba sobre o que é a música. "Onde as ruas não têm nome" é a frase, e, refletindo, suponho que quero escrever sobre esse "outro país", o país da imaginação. Quero me libertar de minha própria inibição; quero fugir do esconderijo, derrubar as paredes que me prendem dentro de mim. Quero tocar a chama.

Por um lado, é uma letra adolescente, mas, por outro, é sobre algo mais maduro. No meu caderno, escrevo declarações um pouco absurdas, como, por exemplo, nossos shows vão "revelar em vez de esconder". Algumas são difíceis de ler agora, mas sinceras mesmo assim. Se tenho pouca ideia de o que são algumas dessas anotações, na Irlanda, Edge está trabalhando na música que se tornará "Where the Streets Have No Name". Ele não tem nenhuma referência de letra. Edge está em um mundo diferente, curtindo a agitação de uma nova *dance music* que bomba nos clubes da Europa, o *trance*, cujo ritmo ideal é de 120 batidas por minuto. Enquanto escrevo anotações que não entendo, Edge está construindo uma casa de máquinas que transformará um estádio de concreto nos arredores de uma cidade em uma espaçonave capaz de transportar uma plateia para outro universo. A melodia de "Streets" é muito mais sofisticada do que meu esboço de uma letra, mas juntas elas se tornarão mais do que a soma de suas partes, e, para qualquer pessoa em um show nas décadas seguintes, essa música se tornará um convite para fazer uma jornada metafísica rumo às possibilidades do rock 'n' roll.

Se alguma vez uma música conseguiu fazer jus a um faturamento absurdo, "Where the Streets Have No Name" é essa canção. Devemos tê-la tocado mil vezes, e não importa o quão ruim seja o show, o quão ruim seja a banda ou, mais provavelmente, o cantor, até hoje, quando tocamos "Streets", é como se Deus andasse pela sala.

The city's a flood, and our love turns to rust.
We're beaten and blown by the wind
We labour and lust
Your word is a whisper
In the hurricane
*Where the streets have no name.**

* A cidade é uma enchente, e nosso amor enferruja./ Somos açoitados e varridos pelo vento/ Trabalhamos e ansiamos/ Sua palavra é um sussurro/ No meio do furacão/ Onde as ruas não têm nome.

Se a letra nasceu em uma central de alimentos na Etiópia devastada pela fome, é ainda mais bizarro que quinze anos depois uma empresa de automóveis tenha nos oferecido 23 milhões de dólares para usar "Streets" em um comercial. Não vou dizer que não sofremos. Mas não por tanto tempo. Era uma quantia absurda de dinheiro para recusar, mas recusamos com base em um comentário discreto feito pelo grande amigo e herói, Jimmy Iovine. "Vocês podem aceitar o acordo", disse ele. "Mas precisam estar preparados para substituir aquele momento que vocês chamam de 'Deus entrou na sala', por 'Ah, são os caras no comercial daquele carro'."

Best to arrive at her foot defenseless
to have half a chance at challenging her
own almost unbroachable defense system
Its the only way over that drawbridge
inscrutable but not unknowable Ali will let her soul
be searched only if you reciprocate and she is
ready for the long dive
there is anyway a kind of off colour
romance to a deserted seaside town in the
winter, your hearts opera scored by the sound
of the tide crashing on a stony beach, shushing
any thing as the waves try to make up their mind whether
they are leaving or staying. white waves hissing black stones
white waves hissing black stones
shushing all around them . ssh ... ssh

16

With or Without You

Through the storm,
We reach the shore
You gave it all
*But I want more.**

As paredes da torre Martello eram feitas de granito e tinham dois metros de espessura. Era um forte que continha três quartos circulares, dois banheiros e uma cozinha embutida nas paredes. A sala de estar era como um iglu de granito com uma cavidade de respeito fazendo as vezes de lareira, outra abertura para uma escada em caracol de pedra maciça que levava ao que só pode ser descrito como o mirante em que dormíamos. Um farol. Uma sala envidraçada de onde podíamos ver o passeio marítimo da cidade costeira de Bray.

Não tenho certeza se você chamaria isso de casa, mas foi a primeira residência que Ali e eu tivemos e a primeira onde moramos, e parecia muito romântico depois de ter ficado entocado na sala de ensaio da banda na praia em Sutton. Na época de sua construção, torres Martello como essa eram tecnologia militar séria, uma linha de defesa do século XIX contra Napoleão, que sempre se esperava que invadisse a Inglaterra pela Irlanda. A ideia era que de cada torre de vigia se pudesse ver a próxima na costa, e, se um inimigo fosse avistado, dar o alarme acendendo uma fogueira no lugar que tínha-

* Em meio à tempestade/ Chegamos à margem/ Você deu tudo/ Mas eu quero mais.

mos transformado em nosso quarto. Anteriormente havia um grande canhão onde ficava a cama, um pouco de humor aqui para os recém-casados.

Blue-eyed boy meets a brown-eyed girl
*The sweetest thing.**

Sendo gentil e graciosa, minha garota de olhos castanhos surpreende as pessoas com sua franqueza e humor; educada, mas sem qualquer afetação. Você talvez não esteja preparado para a interpretação tenaz que ela faz do mundo ou das pessoas à sua volta. Inescrutável, mas não incognoscível, Ali só deixará sua alma ser revistada se você retribuir e ela estiver pronta para o longo mergulho. Melhor chegar ao forte dela indefeso para ter uma chance que seja de desafiar seu próprio sistema de defesa quase impenetrável. É o único caminho para cruzar aquela ponte levadiça.

Ali teria sido mais feliz com uma vida mais simples do que a que acabamos tendo, e não demorou muito depois do nosso casamento para eu começar a sentir que ela estava se distanciando da vida que levávamos. Embora não seja exigente de maneira egoísta, Ali jamais foi "apenas" minha namorada, e jamais seria "apenas" minha esposa. Em todas as acepções, nenhum de nós sabia o que a palavra "esposa" significava, nem tinha qualquer noção de quão valioso esse relacionamento seria para cada um de nós. Éramos sócios igualitários em uma aventura que não tínhamos imaginado. Nosso caminho.

Ingênuos, só que não. Quando prometemos "até que a morte nos separe", captamos sua literalidade e sua poética, e que essa coisa de casamento era uma grande loucura: pular de um penhasco acreditando que você pode voar. E só descobrir em queda livre que de fato é capaz de fazer isso. Nós desafiamos as probabilidades, deixamos tudo a cargo da Providência divina, e não precisamos olhar para muito longe para ver que, embora o casamento seja um ótimo analgésico, também pode ser a fonte da dor. Estávamos prontos para o passeio, mas havia percalços desde o início, como, digamos, minha imaturidade. Casado aos 22 com mentalidade de 18.

* Garoto de olhos azuis encontra garota de olhos castanhos/ A coisa mais linda.

Estávamos começando a pensar que um de nós levaria mais tempo do que o outro para descobrir como lidar com a vida de casado, e que esse "um" não era Ali. Ela também estava percebendo que havia três outros homens em seu casamento. Homens de quem ela gostava muito, mas homens que estavam levando seu marido para longe, não apenas nas loucas fantasias dele, mas fisicamente, levando-o para todas as partes do mundo.

"Se você quer um amigo, arranje um cachorro", como reza a famosa frase que o 33º presidente dos Estados Unidos, Harry Truman, não disse em sua chegada a Washington, D.C. Ao voltar para casa depois de outra turnê, eu não estava rindo daquela velha pérola quando descobri que Ali de fato havia arranjado um cachorro e eu não fora envolvido na decisão. Ela olhava feliz nos olhos desse *border collie* chamado Joe, e eu ficava me perguntando por que *eu* não era o melhor amigo daquela mulher, levado em longas caminhadas para latir em seu encalço.

Incidente 1. Ali era vegetariana, então, fiquei emocionado ao chegar em casa uma noite e sentir o aroma de guisado irlandês na cozinha. Ela explicou que não era para mim; eram os ossos que ela pegara no açougue. Para Joe. O cachorro. Contive o riso e comi o jantar do cachorro.

Estávamos casados havia menos de dois anos, e dava para ver Ali em momentos prolongados retornando ao vasto silêncio que guarda dentro de si. Nossas caminhadas semanais pelo calçadão podiam ser tingidas de melancolia.

De qualquer forma, há uma espécie de romance desbotado em uma cidade litorânea deserta no inverno, a ópera do seu coração marcada pelo som da maré quebrando sobre uma praia pedregosa, calando tudo enquanto as ondas tentam decidir se estão partindo ou chegando. Ondas brancas beijando pedras negras, silenciando tudo em volta delas.

Shhh... shhh.

As ondas convidavam ao silêncio e ao devaneio, e nós aceitávamos o convite, deixando-nos perder na adoração dessa velha senhora vitoriana que era o passeio público perto da torre, observando-a diante de nossos olhos deslizando para o mar. Vestígio de outra era romântica, a Inglaterra vitoriana pode ter abrigado muita hipocrisia, mas o casamento de Vitória e Alberto não foi uma delas. Ela passou quarenta anos vestida de preto após a morte dele, os dois inseparáveis ao longo do tempo. Se ela tivesse vindo para Bray, teria encontrado uma rima perfeita para as cidades litorâneas inglesas em Bournemouth ou Blackpool.

Capitais dos namoricos de verão. Mas os dias de glória do passeio já se foram, porque os irlandeses, assim como os ingleses, descobriram os climas quentes e a cerveja gelada barata das praias da Espanha. As danças e casas de chá dos primeiros flertes vitorianos agora substituídas pelos prazeres mais salgados e açucarados de peixe empanado e batatas fritas, sorvete Mr. Whippy e viagens com as crianças rumo aos carrinhos de bate-bate e aos fliperamas. Na Bray de meados da década de 1980, os únicos casais que passeavam em suas roupas elegantes eram fantasmas de outra época. Se não quiséssemos nos juntar a eles, teríamos que reinventar nosso próprio romance, para que nosso amor não seguisse o caminho desses grandes hotéis fechados.

Ali também estava tendo que viver com Keats, Shelley e Byron, os poetas românticos que eu estava lendo, que talvez não fossem a melhor companhia. Eu tinha lido "A torre", de W. B. Yeats, e agora estávamos morando em uma. Poupe-nos do cenho franzido de homens sérios que leem e escrevem poesia.

Foi em uma caminhada por Bray Head até Greystones que, considerando sua solidão, comecei a entender algo sobre a minha. Ali se desviava para trás das ameias para se proteger de mim. Ela viu que a vida do escritor não era apenas um desejo de viagens mentais, como também físicas. Ela preferia que eu estivesse totalmente ausente do que me ver ausente quando estivesse em casa. Com a banda decolando, ela lutaria por sua independência, ao se matricular na University College Dublin para estudar ciências sociais e políticas, e — ela sempre quis pilotar aviões — ao ir regularmente ao Aeroporto Weston, em Lucan. Estávamos começando a entender o quão complexa é a busca por uma casa, especialmente se você tem alguma dor oculta lá. E que as pequenas coisas são muitas vezes as mais importantes.

Incidente 2. Em março de 1986, trabalhando em *The Joshua Tree* no Danesmoate, percebi que Ali não estava falando comigo. Essa observação foi seguida por alguma linguagem de sinais que revelou que eu tinha esquecido seu aniversário. Ai, meu Deus. Isso não era bom para nenhum casal jovem, mas, para um homem que se candidatava ao emprego de romântico e morava em uma torre redonda, era o cúmulo. Meu pedido de desculpas — e presente de aniversário atrasado — veio na forma de uma música, "Sweetest Thing", e um fim de semana eu entrei no estúdio para gravá-la quando a única outra pessoa por perto era Pat McCarthy, nosso operador de estúdio/assistente de engenharia que no futuro iria mixar Madonna e produzir o R.E.M.

Baby's got blue skies up ahead
But in this, I'm a raincloud,
Ours is a stormy kind of love.
Oh, the sweetest thing.

I'm losing you, I'm losing you
*Ain't love the sweetest thing?**

Toda a amarga ironia foi aceita, e "Sweetest Thing" foi como uma colherada de açúcar, mas Ali não ficou tão convencida assim com outro presente, uma pintura, chamada *Easter*. Tentei capturar Jesus ao estilo de um ícone religioso, com uma boa dose de esgrafito passando a sensação de que se tratava de uma relíquia antiga.

"Você deixou até Jesus desbotado", disse ela brincando.

Nada impressionada com a pintura, ela perdoou meus pecados, dos quais ter esquecido seu aniversário era apenas um símbolo, e eu fui poupado do *purdah*. Nenhum de nós queria perder o que tínhamos, mesmo que não tivéssemos certeza do que era.

"Se a música é um presente, então presumo que realmente seja dona dela e possa fazer o que quiser com os royalties, certo?"

"Claro", respondi. "Mas preciso esclarecer isso com a banda."

"Por quê?", disse ela em reprimenda. "Você não pode me dar? Não era um presente seu?"

Ela estava brincando comigo, mas não sobre os royalties, que ela continua a enviar para a Chernobyl Children International.

* Sobre o meu amor paira um céu de brigadeiro,/ Mas nele eu sou uma nuvem de chuva,/ Nosso amor é de um tipo tempestuoso./ Ah, a coisa mais linda./ Estou te perdendo, estou te perdendo/ O amor não é a coisa mais linda?

Ao mesmo tempo, ela me surpreendeu ao notar que minha faceta mais autêntica se sobressai quando estou pintando ou desenhando. Surpreso talvez porque quando estou pintando ou desenhando, não percebo mais nada. É uma meditação. E é divertido. Eu me vejo capaz de estar em dois mundos ao mesmo tempo, totalmente imerso na tela e totalmente absorvido pela música que estou ouvindo. Eu também ria muito, algo que minha companheira dava pela falta nesses tempos sérios, enquanto empurrávamos a pedra que era o U2 morro acima. O que explica por que Ali incentivou meu retorno à pintura em 1986, época em que eu tentava consertar um relacionamento ferido com alguns de meus amigos de infância.

Acho que mencionei que nem Gavin, Guggi, nem ninguém dos Virgin Prunes foi convidado para o nosso casamento. As várias brigas entre as duas bandas cobraram seu preço, mas Ali percebeu que era disso que eu estava sentindo falta, ser criticado por meus companheiros do sexo masculino, o humor surreal que nos alegrara quando adolescentes. Eu sentia falta da proximidade que tínhamos em outros tempos. Se um meio-termo não pudesse ser encontrado na música, talvez pudesse ser encontrado na tela, e foi assim que nosso grupo de quartas à noite "pinte a cidade da cor que você quiser" se tornou algo recorrente ao longo da gravação de *The Joshua Tree*. Enquanto pintávamos, nos rendíamos às *playlists* do conceituado pintor e desenhista norte-irlandês Charlie Whisker, e entrávamos em sintonia com suas gravações de blues, gospel e folk, que estavam em perfeita sintonia com a ode à América que a banda estava fazendo.

Depois de largar os pincéis, chegávamos à cidade, onde, depois das onze da noite na Dublin de 1986, havia muito pouco para se fazer. Acabávamos em bares que funcionavam clandestinamente depois da hora de fechamento, bares interioranos ou boates suspeitas, nos quais Guggi sempre contava a mesma piada quando as pessoas me reconheciam, e dizia: "Oi, sou Jim Bowie, irmão do David." Nem da primeira vez teve graça.

Não fomos adolescentes beberrões — exceto por Adam, ninguém na banda bebia muito —, mas agora tínhamos relaxado um pouco, e caminhávamos rumo àquilo que Ali chamava de "problemas divertidos". Quando eu tinha 9 anos, Guggi e eu fizemos um pacto de nunca crescer, de nunca nos tornarmos parte do mundo adulto porque, bem, nossos pais eram adultos e estávamos meio que em guerra com eles. Estar em uma banda de rock acabou sendo a desculpa perfeita para um crescimento tão atrofiado.

Tive que aceitar a advertência de Ali de que, ainda que não precisássemos de segurança, certamente precisávamos de alguém para nos levar para casa. Aí surge Greg Carroll, um jovem bonito e elegante de Auckland que nos conheceu na "The Unforgettable Fire" em 1984 e ficou conosco quando voltamos para a Irlanda. Greg tornou-se uma espécie de assistente pessoal para nós, o que incluía responsabilidades relativas ao transporte noturno depois que cometemos o erro de certa noite capotar o carro na entrada da garagem do Adam.

A adolescência chegou aos vinte e poucos anos. Adolescência tardia catalisada pela esposa se perguntando se isso curaria o poeta de sua grave fase romântica. Curou. Ou quase.

"UM RIO QUE DESÁGUA NO MAR"

Gravar *The Joshua Tree* foi uma maré de sorte para nós quatro, uma época em que eu mal conseguia dormir por causa da emoção do trabalho que me esperava ao acordar. Não era trabalho. Não era nem um estúdio de gravação.

Danesmoate era — e é — uma imponente casa georgiana, do outro lado da parede da Columba's, uma das escolas públicas mais elitistas da Irlanda. O lugar, que pertenceu ao dramaturgo Tom Murphy, era bastante espartano quando o encontramos, uma vasta propriedade rural, com um pequeno rio serpenteando por um terreno arborizado. O nome Danesmoate faz alusão a "forte", e aquela se tornou nossa própria cidadela musical nas montanhas, com vista para toda a cidade.

A cidade que estávamos olhando em nossas cabeças era imaginária. Provavelmente americana. Não era para ser um álbum conceitual, mas tínhamos um conceito vago no fundo que guiava tanto a letra quanto a música que eu chamava de "As Duas Américas", que deveria ser uma visão conflitante e contrastante, não apenas do Norte contra o Sul, rica *versus* pobre, nativa *versus* nativista, mas talvez mais importante, da América real *versus* a América imaginada.

Os irlandeses enxergavam os Estados Unidos da mesma forma que o Reino Unido enxergava a Irlanda: um lugar que nos pertencia. Uma colônia que era como uma migração de pássaros ou, no nosso caso, de peregrinos. Uma terra prometida para entrar. Havia mais irlandeses na América do que na Irlanda, as pessoas se gabavam. Era um lugar com o qual podíamos brincar, uma paisagem em que podíamos nos perder, e sua literatura agora colonizava minha imaginação como haviam feito seus filmes anteriormente. Na livraria City Lights de São Francisco, encontrei um exército e uma marinha de poetas e romancistas, contadores de histórias como Flannery O'Connor e dramaturgos como Sam Shepard, e poemas como "America", de Allen Ginsberg. Sam Shepard havia escrito o roteiro do filme em *close* e panorâmica de Wim Wenders, *Paris, Texas*, que você poderia colocar no fundo enquanto estávamos gravando as músicas.

Brian e Danny estavam de volta ao nosso *campus*, professores de departamentos muito diferentes, embora eu tomasse cuidado para não caracterizar Brian como "o intelectual" e Daniel como "o instintivo". Brian tinha uma "sensibilidade" incrível, e Danny, ideias musicais maravilhosas. Brian operava o estúdio como se fosse um único instrumento, e em sua faculdade de arte ainda éramos calouros.

Qualquer pedaço de madeira compensada que Danny segurasse se tornava um objeto sagrado quando ele tocava.

Nosso produtor foi Mark "Flood" Ellis. Flood tinha o visual perfeito para a sala de máquinas e frequentemente citava Scotty de *Jornada nas Estrelas*. Mesmo quando nos avisava que "os cristais de dilítio estão se acumulando", Flood ainda conseguia levar a *Enterprise* para casa. Se você assistir à abertura da série de ficção científica *Jornada nas Estrelas*, dos anos 1960, talvez ouça uma referência à abertura na guitarra infinita de "With or Without You".

Como sempre, Adam trouxe alguma inovação maluca na forma de algumas assinaturas de tempo que nenhum de nós tinha ouvido antes; depois, ele nos prendia ao chão com seu minimalismo de uma nota só e um só dedo em algo como "With or Without You". Larry trouxe a alegria da descoberta, com Danny incorporando novas baterias e brinquedos de percussão enquanto renovavam a parceria que haviam feito em *The Unforgettable Fire*. O tímpano é um tambor raso que ele usou em "A Sort of Homecoming", mas que só iria tomar conta das lojas de bateria em todos os lugares após "Where the Streets Have No Name".

Enquanto trabalhávamos na música, Mary Gough, esse espírito boêmio, administrava a casa, preparando as refeições e, principalmente, se deliciando com nossa adolescência atrasada. O Blue Light era o *pub* onde íamos tomar um drinque no fim de uma longa sessão de gravação. Dois, se fosse uma boa sessão. Ou três. Estávamos nos tornando bons de copo antes de entender que em certos quesitos não se deve buscar a excelência. Estávamos ficando bons nas motos também, uma tendência das bandas de rock adolescentes, um amor que tem raízes na América, a estrada aberta e as calças de couro. Guggi gostava de motos japonesas assim como das Harley-Davidsons de que Larry, Adam e eu gostávamos. Edge, que acabara de se tornar pai, não tinha permissão para andar numa moto veloz.

Foi o motociclismo que testemunhou o começo da amizade do nosso novo camarada Greg Carroll e de Guggi, todos nós juntos na estrada. Enquanto Ali e eu estávamos a caminho do Texas para o Farm Aid, os dois foram até Waterford para se encontrar com membros de um grupo de motociclistas fora da lei chamado Freewheelers. Quando estavam voltando para Dublin, perto de Donnybrook, um motorista, sem ver Greg, fez uma curva fechada na estrada principal e atingiu Greg em cheio. Greg nunca se recuperou do impacto, e morreu no hospital na manhã seguinte. Foi como a morte de um parente próximo. Ainda posso ouvir a voz de Guggi, normalmente tão masculina e segura, soando estranha e esquisita enquanto ele dava a notícia por telefone para Ali e para mim em Austin.

Nossa pequena comunidade na Irlanda ficou traumatizada com a notícia, mas aí tivemos que ligar para a família de Greg na Nova Zelândia e tentar explicar o inexplicável. É impossível dizer a uma pessoa que alguém que ela ama não existe mais, pelo menos não nesta vida. Decidimos que não deveríamos deixar o corpo de Greg viajar sozinho a grande distância até sua casa na Nova Zelândia, e por isso formamos um grupo para levá-lo na longa jornada até Kai Iwi, nos arredores de Whanganui. Os maori têm uma visão muito evoluída sobre como enterrar seus mortos. Sua versão de um velório irlandês é chamada de *tangi*. Em um *tangi* maori tradicional, você fala diretamente com o ente querido que perdeu, ri com ele, pede desculpas quando o decepciona. É uma experiência imersiva poderosa, na qual você deixa ondas de raiva e tristeza, raiva e risos tomarem conta de você. Eu nunca tinha visto Ali sofrer tanto. Não vi isso novamente até a morte de Michael Hutchence em 1997.

Algumas semanas depois, no estúdio de Danesmoate, Brian Eno estava trabalhando em seu teclado Yamaha DX7, no qual podia criar ritmos inusitados. "Two Tribes" era uma batida dele que para nós lembrava o Taiti ou os Mares do Sul, e se tornou a base de uma música que chamamos de "One Tree Hill", depois do lugar com vista para Auckland onde passamos um tempo tão especial com Greg. A música poderia carregar a dor que nós não conseguíamos.

I'll see you again when the stars fall from the sky
*And the moon has turned red over One Tree Hill.**

O ACORDO DA SEXTA-FEIRA SANTA: FIONÁN HANVEY

O anseio por amor, ou a perda dele, é o tema das grandes canções de amor. Eu estava apaixonado e ficando com medo de nunca escrever uma música de amor verdadeiramente grande porque meu coração estava feliz, não partido. Com fissuras, mas sem fraturas.

Sim, havia tempestades elétricas ocasionais soprando de qualquer lugar, mas nada mais ameaçador do que a tensão causada por Ali e eu querendo ser o melhor que pudéssemos um para o outro, enquanto temíamos que isso não fosse possível. A tensão em minha mente era uma escolha entre artista e família. Eu me sairia bem nos dois? Deveria me render ao clichê de tomar juízo e me acalmar ou ao clichê do "garoto colonial selvagem", a vida despreocupada e egoísta do artista?

"Não há inimigo mais sombrio da boa arte do que o carrinho de bebê no corredor", foi como resumiu o crítico inglês Cyril Connolly. A menos que você queira escrever sobre as contradições de sua nova vida. A menos que se atreva a escrever sobre esse carrinho, sobre embalá-lo para lá e para cá. Minha descoberta foi perceber que eu tinha que escrever sobre o momento em que estava. O desenfreamento. A tensão. Esse medo de perder a criatividade ou maltratar a criação. Não há nada que um homem possa fazer — imaginar, escrever, desenhar ou cantar — que seja tão bonito quanto aquela criança naquele carrinho. E, no entanto, o artista vive com medo disso. Por

* Vou te ver de novo quando as estrelas caírem do céu/ E a lua ficar vermelha sobre One Tree Hill.

quê? Porque trata-se verdadeiramente de criação. A criatividade suprema. A mulher tem essa vantagem sobre o homem.

Comecei a aprender que, com Ali, nós não só podíamos ser nós mesmos como, juntos, podíamos ser todas as versões de nós mesmos. Jamais se tratou de uma situação binária do tipo "ele sempre fora de casa", "ela sempre dentro de casa". Ela era todas as mulheres de que eu precisava, mas feliz/infelizmente não todas ao mesmo tempo. Teríamos que esperar um pelo outro. Tive que aceitar que era impossível conhecê-la. Havia algo insondável nela. Ela era um mistério que merecia mais do que uma simples rima, e eu nunca deveria cometer o crime do sentimentalismo em sua honra. É melhor escrever para ela uma música sexy, um hino erótico. Bem, sim, mas...

"With or Without You" é uma música que pode não conter Ali, mas pelo menos capturou um pouco de sua beleza sombria e de nossa dualidade agridoce. Foi também o fruto de ouvir muito Roy Orbison. Estávamos tentando escrever uma música como "Cheree", do Suicide, um clássico momento eletrônico *underground* de intimidade, escuridão e romance. Algo com a melodia e o caráter operístico de uma música de Scott Walker. Quando eu tinha 14 anos, com meu próprio coração partido, "Without You" de Harry Nilsson parecia explicar para mim mesmo: "I can't live, if living is without you" ("Não posso viver se viver é sem você").

Mas conter todos esses pensamentos em sua cabeça deixa seu cérebro como uma coqueteleira e, quando você despeja tudo, isso se torna algo completamente único. Queríamos um som que ninguém tivesse ouvido antes, e conseguimos. Exceto por uma coisa. Ultrapassamos a pista e pousamos em um lugar chamado sacarina. Criamos aquela coisa terrível que um verdadeiro grupo de artistas nunca poderia admitir. Uma música pop feia.

Pop era uma espécie de palavrão na época, e se alguém se deparasse com uma emoção fácil ou um refrão óbvio demais, era como se tivesse peidado na sala. E com Brian Eno e Danny Lanois por perto, ninguém ousou admitir o peido. "Meu Deus, você está sentindo esse cheiro? Uma música pop!"

Abandonamos "With or Without You".

A pessoa que a tirou do lixo foi Gavin Friday, mais *indie* do que todos nós e que, em termos de sedição, não devia em nada a esse insurrecionista da arte que era Brian Eno.

"O que há de errado com a música pop?", questionou ele. "Ouça a melodia; é um clássico. É como um Scott Walker."

Só não está funcionando, ele insistiu, porque ela chega ao clímax cedo demais, não dá para acreditar que o cantor possa chegar à emoção daquele grande refrão tão rapidamente. O problema é o arranjo, ele disse, não a música.

A música, que se tornou um dos nossos maiores sucessos, abre com um sussurro, que cresce lentamente para a ópera de um grande refrão, que só surge uma vez, no final. Com o tempo, o Sr. Friday encontrou um papel como uma espécie de parteira de nossos álbuns, que chega tarde, quando todos sabem a opinião uns dos outros sobre tudo e não suportam mais olhar na cara de ninguém. Gavin entra na sala com ouvidos não contaminados e um fórceps.

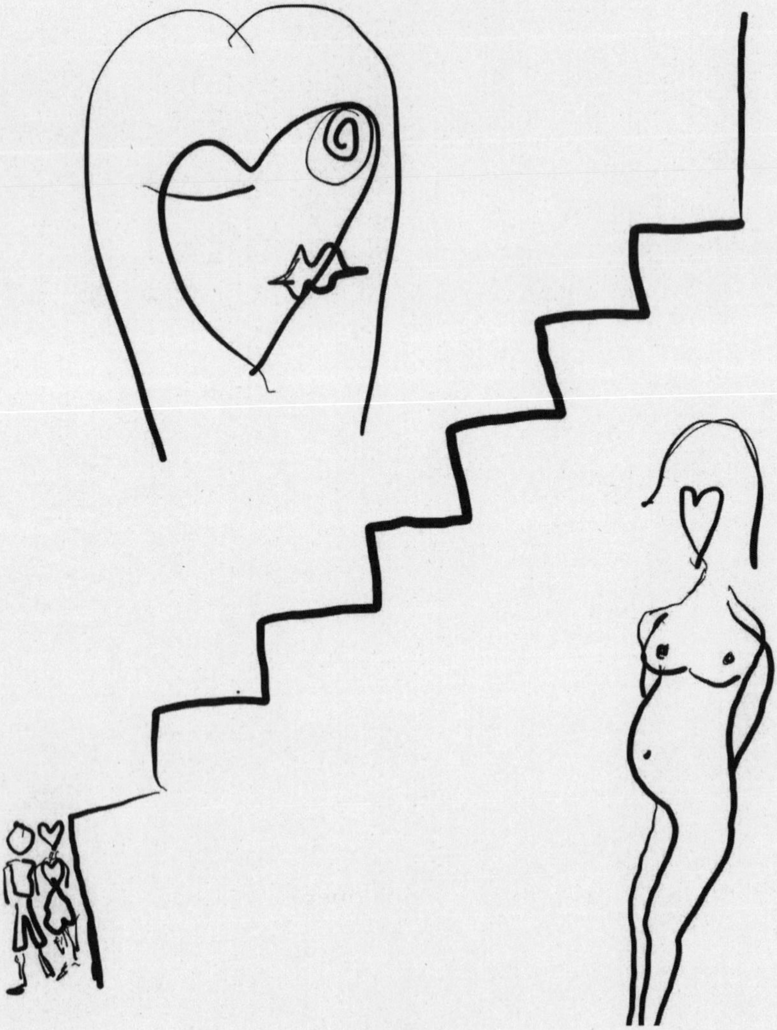

17

Desire

Lover, I'm off the streets
Gonna go where the bright lights
And the big city meet
With a red guitar, on fire
*Desire.**

Los Angeles. Nesta cidade, há mais pessoas que vivem de sua imaginação do que em qualquer outra. Amo Los Angeles desde o momento em que a banda e eu chegamos aqui, em 1981, quando a cidade parecia mais longe de casa do que qualquer outro lugar em que eu já tinha estado. Adorava aquela distância. A fachada das lojas pareciam cenários, não havia centro da cidade, mas, olhando para as colinas, vislumbrei uma arquitetura que me fascina até hoje. Edifícios modernos que parecem novos sessenta anos depois, sinal de uma cidade na qual os arquitetos das décadas de 1950 e 1960 tiveram mais liberdade de criação do que em qualquer outra cidade à exceção de Brasília. Neutra, Lautner, Meier, Niemeyer. Se é verdade que desde a virada do milênio o mundo está se voltando mais para o Oriente do que para o Ocidente, então essas cidades do Círculo do Pacífico estão mais próximas do centro das coisas do que nós, europeus. Sydney, Hong Kong e Pequim compartilham a circunferência deste

* Amor, estou saindo das ruas/ Vou ao lugar onde o brilho das luzes/ E a cidade grande se encontram/ Com uma guitarra vermelha, em chamas/ Desejo.

novo centro com Vancouver, São Francisco e Los Angeles. Antigas cidades recém-desbravadas que pareciam estar de costas agora estão de frente para os acontecimentos do mundo.

As pessoas dizem que Los Angeles é hipócrita, mas eu sempre achei as pessoas de lá transparentes e sinceras. Era como se os babacas, golpistas ou vigaristas carregassem uma placa enorme que dizia que estavam "vindo para roubar você". Foi e é uma cidade de letreiros, de *outdoors*, até a Tower Records na Sunset Strip ficou famosa por suas gigantescas capas de discos, com as quais divulgavam a música da época. A cidade inteira parecia jovem e moderna.

Naquela primeira vez, em março de 1981, ficamos em um hotel bem rock 'n' roll chamado Sunset Marquis. Bastava sair pela porta e podíamos subir a colina e virar a esquina até a Sunset Strip, onde, apesar de todo o seu presumido cosmopolitismo, a fachada de neon — assim como nós aos 20 anos — parecia projetada de modo ingênuo. Sei que já havia uma parte mais barra-pesada, mas não éramos capazes de enxergá-la naquela época.

"GLASNOST" NO CLUBINHO

O deslumbramento que uma megalópole provoca nos impede de enxergar seu lado sombrio. Nosso primeiro show foi no Reseda Country Club com público de seiscentas pessoas, entre elas o crítico do *L.A. Times* Robert Hilburn, um gênio da síntese, conhecido por suas análises concisas e desprovidas de melodrama. A banda, o empresário, a gravadora e o agente não poderiam ter pedido boas-vindas melhores ao país/*country club* que sua crítica elogiosa publicada na primeira página do caderno de cultura do jornal. Meses depois, estávamos de volta, e tocamos no Hollywood Palladium; um ano depois, no Sports Arena; e, em 1987, no Coliseum. Com um público que cresceu de seiscentos para oitenta mil em sete anos, e, como começamos a nos sentir em casa em Los Angeles, depois da turnê de *The Joshua Tree*, decidimos nos mudar para lá.

Mudar para a cidade foi uma boa maneira de estar disponível durante a pós-produção do filme-show da turnê dirigido por Phil Joanou, *Rattle and Hum*, e de trabalhar com Jimmy Iovine em novas músicas para a trilha sonora. Edge e sua família alugaram uma casa no The Flats, em Beverly Hills, e Adam, Larry e eu nos mudamos para uma casa em Bel-Air, que logo seria demolida. Uma casa que poderíamos tratar como um clube. Uma casa onde começamos nossa própria *glasnost*, batizada com o termo que Mikhail Gorbachev usava para descrever a nova política de transparência que ele estava promovendo na União Soviética. Sempre tivemos uma certa cautela por proteção, talvez com medo de perder os valores de nossa cidade natal, mas talvez por isso tivéssemos eliminado certas pessoas de nosso círculo de confiança. Será que tínhamos ficado com tanto medo de nos deixar transformar pelo sucesso que acabamos correndo o risco de permanecer exatamente os mesmos? Seria possível superar nosso calvinismo importado e fazer as pazes com o sucesso? Poderíamos tentar. Era hora de desfazer essa imagem pública ligeiramente cristalizada. Afinal, como Paul McGuinness nos lembrou, "seria uma pena parecer uma banda burra demais para desfrutar do fato de estar em primeiro lugar nas paradas".

She's the candle burnin' in my room
Yeah, I'm like the needle
The needle and spoon
Over the counter, with a shotgun
Pretty soon, everybody's got one
I'm in a fever, when I'm beside her
Desire
*Desire.**

E assim aconteceu que em Los Angeles, em 1988, começamos a aproveitar um pouco mais a vida, e tivemos algumas experiências novas, e expandimos nossa tolerância para comportamentos aceitáveis. Vivemos intensamente todos os clichês. Andar de moto e beber tequila, às vezes ao mesmo tempo. Dirigir sem capacete — o que em breve se tornaria ilegal — para bares abertos até a madrugada percorrendo a rodovia 101 e retornar ao clube apenas quando o sol laranja surgisse sobre as montanhas do leste. O que eu queria na época era me divertir. Quando Ali chegou, de início ficou horrorizada com essa adolescência tardia prolongada, mas, depois de

* Ela é a vela ardendo no meu quarto/ Sim, sou como a agulha/ A agulha e a colher/ Sobre a bancada, com uma espingarda/ Logo, logo todos terão uma/ Tenho febre quando estou com ela/ Desejo/ Desejo.

refletir, ela decidiu que poderia ser uma "fase necessária". Ela até se juntou a nós, mas só depois de conseguir que aceitássemos ter um motorista e um carro para explorarmos os restaurantes e bares da cidade, rumo ao submundo do Centro de Los Angeles, em clubes como o Flaming Colossus, ou o WWIII. Foi uma época romântica, em que percorríamos a Mulholland Drive olhando para esta cidade de luzes minúsculas e conhecemos Michael Hutchence, do INXS, e sua bela amiga australiana, a cineasta Lian Lunson. Ali e eu estávamos começando a aceitar que nosso casamento poderia lidar com os desafios que enfrentaríamos à medida que a banda se tornasse cada vez mais bem-sucedida.

She's the dollars
She's my protection
Yeah, she's the promise
In the year of election.
Oh, sister, I can't let you go
I'm like a preacher stealin' hearts at a travellin' show
For love or money, money, money ...
And the fever, gettin' higher
*Desire.**

ATITUDE E ALTITUDE VIA QUINCY JONES

Ter filhos eram outros quinhentos. Mesmo depois de seis anos de casamento, aos 28 eu não tinha certeza se conseguiria dar conta de ser líder de banda e pai. Eu estava com medo dessas responsabilidades, mas também tinha medo de me sair mal nelas.

Certa noite, dirigindo para casa ao passar por Bel-Air em um carro preto comprido, Charlie, o motorista, parou para comprar cigarros. Na volta, ele confessou que ouviu nossa conversa sobre o produtor Quincy Jones e, por ser amigo do Sr. Jones, ligou para ele para ver se podíamos passar lá. Como assim? Nossos sentimentos eram conflitantes, desde vários níveis de constrangimento por nosso motorista ter

* Ela é a banca/ É a minha proteção/ Sim, ela é a promessa/ Em ano de eleição./ Ah, irmã, eu não posso te deixar/ Sou como um pregador roubando corações numa trupe itinerante/ Por amor ou por dinheiro, dinheiro, dinheiro.../ E a febre aumentando/ Desejo.

forçado nosso ídolo a nos receber até, bem, um certo prazer. Fomos convidados para um drinque tarde da noite na casa de QUINCY JONES! Antes que pudéssemos recusar (até parece...), estávamos parando do lado de fora de uma mansão linda em Bel-Air, e na calçada para nos receber estava o próprio Quincy Jones. A última vez que o vimos, estávamos sentados atrás dele no Grammy, em que *The Joshua Tree* surpreendeu a nós e a todos os outros ao tirar de *Bad*, de Michael Jackson, produzido por ele, o prêmio de Álbum do Ano. Foi uma noite histórica para um bando de irlandeses, que saíram com um Grammy cada e tiveram uma noite tão divertida que quase não me lembro de nada. Uma das lembranças mais vívidas era da dignidade de Quincy, que parecia um cruzamento entre o regente de *bebop* mordaz que era e o habilidoso jazzista afro professor do pop que estava se tornando. Esse mesmo talento intocável, que agora levava Ali e eu para sua sala de estar com janelas do chão ao teto e vista para toda Los Angeles, apontou marcos da cidade no horizonte. Passamos por uma escultura de madeira do que parecia ser um homem africano, com a mandíbula projetando-se para frente em alguma tempestade imaginária.

"Essa se chama *Atitude*", explicou Quincy. "Você precisa de um pouco disso." Conversamos até o sol nascer e descobrimos que Quincy Jones nunca ia para a cama antes de o sol nascer. Ele segue os horários dos músicos de jazz.

"É ótimo estar vivo", murmuramos.

"É ótimo estar vivo?", rebateu ele. "É crucial, rapaz!"

Às quatro da manhã, estávamos um pouco altos, mas ali começou uma amizade que perdurou, na qual esse gênio da música americana nos brindou com sua sabedoria e uma outra coisa, que nenhum de nós poderia prever. Caso você peça para alguém descrever os talentos de Quincy, poucos colocarão a paternidade no topo da lista. Descobrimos que ele tinha seis filhos de quatro casamentos e parecia muito próximo de todos eles. Suas ex-esposas pareciam morar na mesma rua. Muito típico do jazz, e bem pouco irlandês. Seus filhos, adolescentes descolados, estavam subindo em cima dele, mordendo o pai, fazendo cócegas em suas orelhas. Perguntei à mais nova, Rashida, que mais tarde se tornaria uma atriz e diretora de sucesso, se ela se importava com o fato de o pai não ser como os outros pais da escola.

"Não, não, não. Amo que ele seja diferente. Teve uma época, quando eu tinha 11 anos, em que cheguei a querer um pai mais normal, mas superei isso."

"Quantos anos você tem?"
"Doze."

DAR À LUZ VOCÊ MESMO

Quando Ali e eu estávamos voltando da casa de Quincy, um interruptor invisível foi acionado. Estávamos falando sobre crianças e sobre como um modo de vida convencional não é o único caminho para a paternidade: como as pessoas que vivem de sua imaginação também podem viver no mundo real de reuniões de pais e professores, idas e vindas à escola para deixar e buscar os filhos, e de estar presente nos aniversários. Mesmo que estar presente nem sempre signifique estar fisicamente lá. Havia um cheiro no ar e, quando passamos pelo portão da sede do clube, um veado atravessou a estrada.

Parecia que o céu tinha vindo ao nosso encontro, e que poderíamos ter tocado as estrelas.

Ficamos do lado de fora na umidade do verão e deixamos que as estrelas nos tocassem.

Passado um mês, Ali engravidou. Fiquei em êxtase. Na verdade, nem tanto assim. Fiquei apavorado. Ali tinha feito o teste no banheiro, e pressenti o resultado quando ela saiu. Senti a emoção dela. Senti a minha. Pânico. Fingi estar dormindo. Foi só por cinco minutos, mas em um ato de completa covardia eu a deixei sozinha novamente. Eu estava tentando me preparar para uma vida totalmente nova. Se eu queria criar filhos, eu mesmo ainda tinha que amadurecer.

Do que eu tinha tanto medo assim? A pista pode estar na reação de meu pai quando voltamos a Dublin para contar a ele.

"Vingança!", disse ele repetidamente. "Vingança. Vingança."

Ele riu bem na nossa cara. Ele não estava tentando ser grosseiro, mas sua risada me deixou magoado. Em algum lugar lá no fundo eu tinha medo de que meu pai tivesse razão, e eu daria à luz alguém como eu. Ah, o autodesprezo do artista dando as caras no momento exato…

Ali me disse que me amava por inteiro, que adorava até as partes problemáticas da minha alma. Que ela me amou quando eu tinha 4 e 8 e 12, que ela me amou antes de me conhecer, aos 13 anos, quando ela ouviu falar de um menino que era capaz de fazer todo mundo rir, mas que também podia zombar de você. Ela não precisava que eu fosse outra pessoa. Ela me amava.

Escrevi para ela uma música chamada "All I Want Is You", mas a coloquei como protagonista. Ela é a cantora da música. Tornou-se uma das nossas músicas de sucesso mais duradouro até hoje, e o oposto da interpretação que praticamente todo mundo faz dela.

You say you want diamonds on a ring of gold
You say you want your story to remain untold.
All the promises we make
From the cradle to the grave
When all I want is you.

You say you'll give me a highway with no-one on it
Treasure, just to look upon it
All the riches in the night.
You say you'll give me eyes in the moon of blindness
A river in a time of dryness
A harbour in the tempest.
All the promises we make,
from the cradle to the grave
*When all I want is you.**

Rattle and Hum vendeu quatorze milhões de cópias, mas como era um álbum duplo, costumávamos dizer a nós mesmos que eram vinte e oito milhões. O que revela muito sobre nossa natureza competitiva... e nossa arrogância irlandesa.

As críticas foram menos estimulantes. As pessoas não achavam tão original quanto *The Joshua Tree*, e tinham razão. Como poderia ser? Este era um disco ao vivo, e, embora tivéssemos escrito músicas novas, alguns críticos alegaram que não entendíamos as raízes da

* Você diz que quer diamantes em um anel de ouro/ Você diz querer que sua história permaneça secreta./ Todas as promessas que fazemos/ Do berço ao túmulo/ Quando tudo que eu quero é você./ Você diz que vai me dar uma estrada vazia/ Um tesouro, apenas para admirar/ Todas as riquezas da noite./ Você diz que vai me dar olhos na lua da cegueira/ Um rio em estiagem/ Um porto seguro na tempestade./ Todas as promessas que fazemos/ Do berço ao túmulo/ Quando a única coisa que eu quero é você.

música sobre a qual nos debruçávamos. Nossa aventura em meio ao Tradicional Cancioneiro Americano era rasteira. Me consolei com a crítica a uma homenagem anterior à música americana, quando *Exile on Main St.* rendeu aos Rolling Stones as piores críticas de toda a sua carreira. Talvez os americanos tenham o direito de serem guardiões mais exigentes de sua própria mitologia.

BOLANDO TUDO DE NOVO

O filme, dirigido por Phil Joanou, realmente deu certo. A parte em preto e branco foi filmada como se a banda fosse formada por quatro Robert De Niros em *Touro Indomável*, enquanto as panorâmicas em cores de Jordan Cronenweth não se pareciam com nada visto antes na MTV. Agora éramos *mainstream*, justamente quando o punk estava ressurgindo, prestes a se tornar grunge, e quando a música eletrônica estava renascendo na Europa, com os descendentes do Kraftwerk prestes a ensinar o rock a voltar a dançar. Eu sabia que o *mainstream* não era onde queríamos estar, mas não estava interessado em retornar ao punk: já tinha dado. Eu estava interessado no que acontecia na Europa. Em particular, em Berlim.

"Acho que está na hora de colocar um ponto-final nessa fase americana", falei para a banda.

"Acho que os americanos concordam", retrucou Larry.

As coisas começaram a se concretizar na véspera do Ano Novo, em 1989, quando tocamos no Point Depot, em nossa cidade natal, e tentamos lembrar o que tínhamos a dizer quando estávamos fazendo música pela primeira vez nesta cidade. B. B. King dividia o palco conosco, com seu maravilhoso naipe de metais fazendo o acompanhamento, e, para uma banda nascida do punk que se gabava de ter vindo do ano zero, fomos beber direto na fonte, da raiz, como nunca antes. Mas em algumas noites aquilo parecia arraigado demais, preso demais à terra, com os elementos extático e aéreo de nossa música reprimidos e pesados. Balbuciei um pedido de desculpas.

"Este é só o fim de uma fase para o U2; temos que nos afastar e bolar tudo de novo."

Foi alguns meses depois, em uma festa barulhenta em casa, que me vi resmungando para Adam, seu largo sorriso um pouco ofuscado pela mancha de vinho tinto em seus dentes.

"Você precisa relaxar. Nós conseguimos... chegamos até aqui. Não estamos a caminho de nada. Quem mais chegou até aqui?"

"O que você quer dizer com 'conseguimos'?", perguntei, irritado. "Conseguimos o quê?"

"Conseguimos fazer o que sempre quisemos, e ao mesmo tempo vendemos um monte de discos. Ganhamos todos esses Grammys. Estamos vivendo essa vida."

Adam estava rindo. Por que eu não estava?

Será que era porque eu tinha a suspeita estraga-prazeres de que em meio ao nosso maior sucesso era quando estávamos mais vulneráveis? Eu não conseguia tirar da cabeça a pergunta irritante sobre o que estava por vir. O pensamento irritante de que não tínhamos chegado de jeito nenhum.

Foi por isso que montamos a banda? Foi por isso que saímos de baixo da mesa da cozinha de Larry e fugimos de todos aqueles santarrões? Só para sermos ricos e famosos?

"Se ao menos tivéssemos sido espertos", murmura Adam, baixinho. Ele está sorrindo? Eu não estou.

Talvez Adam estivesse certo.

Me peguei pensando de novo no alerta de Paul McGuinness: "Seria uma pena parecer uma banda burra demais para desfrutar do fato de estar em primeiro lugar nas paradas." Se fui burro — e já fui —, eu também receava que, quando você pensa que está no topo, é quando se toca de que está no fundo do poço. Eu estava começando a sentir que era hora de colocar abaixo a arvore de Josué, antes que alguém aparecesse com uma motosserra.

PARTE II

Posso mudar o mundo, mas não posso
mudar o mundo em mim.

— Sydney Cricket Ground, janeiro de 1994

Memphis
Jordan
JoJo

18

Who's Gonna Ride Your Wild Horses

You're dangerous, 'cos you're honest.
You're dangerous, 'cos you don't know what you want.
Well you left my heart empty as a vacant lot
*For any spirit to haunt.**

O STS Studios ficava acima da Claddagh Records na Crow Street, em uma área de Dublin conhecida como Temple Bar. Hoje é um lugar maravilhosamente barulhento e bagunçado, com música que vaza dos pubs para as ruas, músicos itinerantes e músicas de bebedeira, uma espécie de versão local do French Quarter de Nova Orleans. Mas, em 1989, era uma extensão de antigos armazéns e comércio varejista falido aguardando ordens de desapropriação e despejo compulsórias do governo, que queria transformar a área inteira na garagem de ônibus da cidade.

A Claddagh Records era um empório lendário de folk que vendia de tudo, desde o protesto popular de *folkies* modernos como Moving Hearts até gravações antigas e raras, como Seamus Ennis e seu famoso álbum de gaita de foles, *The Pure Drop*. O lugar cheirava a brechó quando nós quatro subíamos as escadas acarpetadas e mofadas até o sótão escondido de um estúdio de gravação, o lugar onde

* Você é perigosa porque é sincera/ Você é perigosa, porque não sabe o que quer./ Você deixou meu coração vazio como um terreno baldio/ Para que qualquer espírito possa assombrá-lo.

gravamos fitas demo de algumas de nossas músicas mais populares. Com um pequeno banheiro e cozinha, era como uma quitinete romântica, exatamente o oposto da estética modernista de ficção científica do Windmill Lane. Talvez por isso tenhamos nos sentido tão em casa. Era o espaço morto de um músico e viajante do tempo muito vivo chamado Paul Barrett, que construiu os STS Studios como uma espécie de casa na árvore na cidade. Paul tinha algumas qualidades de pássaro, incluindo sentar-se em um assento incomum que ele havia projetado e descreveu como um poleiro.

"Isso força o alinhamento da minha coluna", explicou ele. "Vou patentear."

Havia algo de inventor em Paul, e é por isso que o chamamos de doutor. Não era o Dr. Who nem o Dr. Why, mas o Dr. How: vamos ouvir *como* essa música soaria com um naipe de metais? Ou uma banda marcial? Dr. How, como ficaria um solo de saxofone aqui? Paul era o Brian Eno da Terra-média, que dava a um grupo de jovens músicos a impressão de que poderia evocar qualquer som em seu teclado de interface MIDI de última geração, um pequeno sintetizador e sampler digital Fairlight CMI que provavelmente valia mais do que o prédio.

E ele era um viajante do tempo também, pois o bom doutor conseguia levar nossa música até a década de 1950 e trazê-la de volta, e foi assim que encontramos a simplicidade *à la* Buddy Holly de "Desire" em 1988. O Dr. How podia nos levar em uma visita à música *country* dos anos 1960 para descobrirmos uma canção como "All I Want Is You". O STS Tardis podia nos levar a qualquer lugar, desde a sonoridade bombástica dos anos 1970 de "Bullet the Blue Sky" aos anos 1980 com "Pride (In the Name of Love)", e rumo a " The Unforgettable Fire", que encarava o futuro.

O fato de o doutor não ser deste mundo não chegava a incomodar; nós também estávamos procurando uma música que ainda não tínhamos ouvido. De vez em quando, nossas cabeças podem se voltar para o passado, mas nossos pés marcham principalmente rumo a um futuro que ainda não ouvimos. Nunca gravamos melhor juntos do que no STS; o baixo e a bateria em particular pareciam se ligar em um nível químico. Será que era porque o lugar era muito apertado? Estávamos quase gravando um em cima do outro, como quando estávamos na cozinha de Larry ou no galpão do quintal do Edge. Era como voltar ao útero.

E por falar nisso…

Foi um telefonema de um doutor mais mundano, em 9 de maio de 1989, que me fez sugerir o cancelamento da sessão daquele dia no STS. Faltavam quatro dias para o parto de Ali, e o obstetra sugeriu que era hora de dar entrada no Hospital Mount Carmel para pensar na possibilidade de induzir o parto. Disfarcei minha ansiedade ao sugerir à Ali que isso talvez fosse uma forma mais gentil de despejo para uma criança que está se sentindo muito à vontade em sua acomodação temporária. Nem agora soa engraçado. Eu ia cancelar a sessão para ir buscá-la. Ali não quis nem saber disso. Ela preferiu dirigir até o hospital e me pegar no caminho. Fingi ficar magoado, mas entendi que me deixar dirigir era algo que Ali nunca tinha aceitado. Com meu primeiro carro, bati em um poste de luz na Willow Park Avenue. Quando eu dirigia, Ali tecia comentários e fazia sugestões úteis: "Sinais de trânsito não são conselhos; são ordens."

Ela arrumou uma mala que incluía *Folhas de relva*, de Walt Whitman, e os poemas tristes de Langston Hughes, exemplares da *Q* e da *Rolling Stone*, e um pequeno cantil de uísque.

Supostamente para molhar a cabeça do bebê. Previdência. Fórceps. Franqueza. Ali aturou por muito tempo minha incapacidade de suportar vê-la passar por qualquer incômodo, por mais necessário que fosse. Agindo como se já não tivesse preocupações o bastante, ela já estava se perguntando como a coisa toda ia se desenrolar com meu lado neandertal que pensa coisas como "Se você fizer minha mulher chorar, eu vou fazer você chorar também".

É possível que um homem se sinta mais inútil do que quando está assistindo enquanto sua parceira dar à luz? Na melhor das hipóteses, você é um tocador de gaita de foles enquanto ela parte para a batalha; na pior, você é a razão pela qual ela está em guerra.

Será que um homem sente mais admiração pela mulher do que quando ela enfrenta o trauma do parto e arrisca a própria vida para trazer ao mundo uma nova? Eu tinha em mãos um pequeno gravador à pilha Sony que usava para gravar divagações e melodias, e me ocupei gravando os batimentos cardíacos do bebê, um ritmo suave, mas significativo, captado pelo ultrassom. Talvez algum dia eu escrevesse uma música inspirada naqueles batimentos: um pensamento criativo projetado para conter meu crescente terror. A última vez que eu tinha estado em um hospital com uma mãe fora com a minha, e tive que me despedir dela. Inconscientemente, estava temendo pelo pior.

E aí o pior aconteceu. O batimento cardíaco do bebê estava diminuindo. No começo era algo quase imperceptível, uma arritmia leve, mas, enquanto eu estava gravando, percebi que estava fora de ritmo. Disse isso para uma das enfermeiras, mas ela não parecia preocupada. Ele desacelerou novamente, e desta vez ressaltei que eu entendia mais sobre ritmo do que a maioria das pessoas. Larry Mullen Jr. foi meu professor. Eu sabia dizer se essa batida estava acelerando ou desacelerando, e agora o baterista no coração do nosso bebê estava ficando cada vez mais lento. Dessa vez minha preocupação foi levada a sério, e houve uma mudança no tom do diálogo. Outra enfermeira e depois um médico chegaram em rápida sucessão, e, antes que eu percebesse, Ali foi levada embora.

Graças a Deus pela ciência. Pela medicina. Pelos médicos e enfermeiros. Eles guiaram nossa menina em meio a uma tempestade furiosa; eram homens e mulheres em jalecos brancos e luvas de plástico que acalmavam as ondas agitadas com sua placidez milagrosa.

Silêncio! Cale-se!

Jordan Joy Iris Still Water Hewson nasceu às 21h36, para encerrar um brilhante e belo décimo dia de maio. No meu aniversário. E com 2,4 quilos, que presente delicado. Nós lhe demos o nome do rio Jordão, o rio da música gospel, em que a doce carruagem balança suave, e um bando de anjos surge para me levar para casa. Depois que ela foi retirada da UTI neonatal, uma enfermeira sugeriu que poderia estar um pouco traumatizada por sua entrada estressante neste mundo, e que dormir no peito do pai poderia ser bom.

"Ela ainda não sabe que está separada da mãe, então, seu batimento cardíaco vai acalmá-la."

Com esse pensamento poético comecei a me sentir útil. Quando ela tiver 21 anos, eu vou ter 50, pensei. Enquanto escrevo isto, ela tem 32 anos.

A razão pela qual de fato não dormi nas semanas seguintes tinha pouco a ver com a minha sincronização com a rotina de amamentação da Ali e tudo a ver com o meu terror de rolar sobre uma menina de dois quilos enquanto ela dormia em cima de mim. Jordan e eu. Deitado ali, eu sentia o nosso vínculo. Gêmeos cósmicos, nossos corações emparelhados. Ela ainda está bem aqui.

Se Jordan nasceu em uma tempestade, sua irmã, Eve, *era* a tempestade.

Em julho de 1991, ela invadiu a Bastilha que era a nossa casa, Temple Hill, com uma mecha de cabelo preto e um *timing* cômico que não consegue conter nem mesmo quando está triste. Ela nasceu às 7h59 no sétimo dia do sétimo mês, então nós a chamamos de Eve porque "Eve" está no centro de "seven".

O nascimento de Eve veio com uma intrusão que nunca teríamos esperado, quando uma coluna de fofocas revelou seu sexo um mês antes de nós mesmos sabermos. Uma das ultrassonografias de rotina de Ali vazou para uma jornalista conhecida pelas matérias sensacionalistas, sempre em busca de algum podre ou alguma fofoca de alguém. Sabia-se que as pessoas morriam de medo de serem mencionadas em sua coluna, mas o tamanho de sua crueldade nos foi revelado uma noite quando um assessor dela sussurrou em meu ouvido que, a menos que Edge cooperasse com a coluna divulgando informações sobre seu divórcio, as coisas não correriam nada bem para ele. Se ele concordasse em cooperar, iam "cuidar" dele.

Ou nem tanto.

A fama não goza de tanta fama assim na Irlanda. Assim como acontece no caso do sucesso, os irlandeses desconfiam da fama. Uma irlandesa que pensa assim é Catriona Garde, que trabalha comigo há vinte anos. Garde de batismo, guardiã por natureza, ela encara a fama como um balão de ar quente que precisa ser estourado. E para isso ela tem uma agulha afiada. Todos sabemos no fundo que médicos e enfermeiros, professores e bombeiros são os verdadeiros heróis de qualquer história. Talvez isso explique por que, embora pudéssemos ter decidido nos mudar para Londres, Nova York ou Los Angeles — faz mais sentido para uma banda, que precisa ficar em contato com a arte e a indústria fonográfica — nunca deixaríamos de criar nossos filhos em Dublin. Não há melhor exemplo do respeito natural e da meritocracia da Irlanda do que *The Late Show*, nosso *talk show* de maior audiência, que é uma mistura improvável de celebridades da telona e da telinha com pessoas que são famosas em seus bairros. Toda a cultura, não apenas a das celebridades. Uma mulher em Cork que teve uma visão de Nossa Senhora junto com, digamos, Madonna.

Na década de 1990, seu anfitrião, Gay Byrne, era o homem mais famoso da Irlanda. Sempre que nossos filhos estavam recebendo um pouco de atenção demais ou eram muito reconhecidos, nós os lembrávamos de que ninguém jamais seria tão famoso quanto Gay Byrne. Como todo mundo no país, eles não perdiam seu programa especial de Natal. Mas se ele não é cantor, ator, comediante, como é tão famoso? Ele era famoso, eu explicava, porque tinha valores concretos. Ele sempre apoiou o nosso país em momentos de necessidade. Ele fazia as pessoas se sentirem respeitadas, levadas em conta, e ele, mais do que muitos, acredito eu, conseguiu convencer comunidades inteiras a abandonar a guerra civil.

Se você vai ser famoso, claro, seja engraçado, seja irreverente. Dê ouvidos tanto a quem grita quanto a quem sussurra. Mas, acima de tudo, seja útil. Esse sempre me pareceu ser o *modus operandi* dele; um que se tornou sagrado em nossa família. Simples. Direto. Faça-nos úteis, querido Deus. Estamos à sua disposição. Como podemos ser úteis neste mundo em que nos encontramos?

BRINCADEIRA: INFÂNCIA E INFANTILIDADE

Os filhos fazem você voltar a ser criança. À medida que cresciam, eu me peguei cantando para eles, melodias e letras de músicas que eu não sabia que lembrava e que não sei explicar como as conhecia. Alguém deve tê-las cantado para mim. Voltar à infância foi bom porque eu estava aprendendo que não se deve apenas "entrar no Reino dos Céus como uma criancinha", como também que esse é o modo para acessar sua criatividade. A vida de adulto é o inimigo. Meu palpite é o de que o crescimento atrofiado de muitas figuras criativas pode ser explicado pelo domínio de sua vida adulta, por se esquecerem de brincar, pararem de brincar na caixa de areia com imagens, música ou palavras.

Depois do meu medo inicial de ter filhos, à medida que as meninas cresciam conosco nos anos 1990, eu sabia que poderia me entregar a isso.

É verdade o que nos dizem que as crianças nos ensinam a crescer, mas as nossas também nos ensinaram a não ir longe demais. Elas inspiraram uma certa ludicidade infantil, pueril. Eve era a encarnação do lúdico. Uma artista desde os 2 anos de idade, ela não me surpreendeu quando, na época da nossa "Elevation Tour", em 2001, quando tinha acabado de completar 10 anos, tenha ficado sob os holofotes junto com a banda, ao entrar no palco quando íamos tocar "Mysterious Ways" e dançar com o pai.

A ludicidade foi a inspiração para a letra de "Elevation", a ludicidade que as crianças podem ter. Do tipo que um pai pode vivenciar ao levar seus filhos para a escola… de roupão, recém-saído da cama, cantarolando ao som do rádio. "Constrangedor" era a palavra que eu mais queria ouvir de suas bocas. Eu queria vê-las reclamando e fazendo cara feia porque às vezes é a função de um pai ser bobo. Eu não me preocupava com os olhares de outros motoristas que levavam crianças em outros carros. A inibição era o único empecilho, porque, se eu me permitisse ser livre, talvez nossos filhos também o fossem. Deixo que as crianças se atrevam e me provoquem em alguma diversão boba, como sair do carro no meio de um engarrafamento e dançar a coreografia de "Everybody", dos Backstreet Boys. Eu sabia algumas das coreografias deles de cor, depois de aprendê-las com as meninas. Era uma época em que momentos como esse só ficavam registrados na memória. Um tempo antes de os *smartphones* nos fazerem parecer imbecis.

Jordan me fazia lembrar da minha própria vida repleta de imaginação e eu tinha inveja de sua surrealidade. Ela foi a centelha de inspiração para a composição de "Staring at the Sun", do disco *Pop*. Em um dia de verão na França, eu a observei explorar cada canto da piscina como se fosse sua própria consciência. Seus olhos, bem abertos sob a água, da cor das flores de jacarandá, totalmente à vontade nesta Atlântida. Ela estava inventando a si mesma, já naquela época escrevendo a própria história, uma escritora sendo escrita. Me pergunto se escrever é um tipo de vida subaquática: você tem que vir à tona, mas se tudo corre bem, não dá vontade de fazer isso.

As meninas frequentavam a Dalkey School Project National School (DSP), onde os prédios, janelas e portas eram pintados em cores primárias, todos projetados em uma estrutura contemporânea que parecia ter sido construída com tijolos de chocolate. A DSP era uma escola independente não denominacional, com todos os valores corretos e um lugar maravilhoso de aprendizado. A escola nos protegeu como família e garantiu que nossos filhos fossem tratados da mesma forma que os de qualquer outra pessoa, e isso era essencial porque, como Seamus Heaney apontaria, o "privilégio furtivo" pode começar cedo.

Na escola, Jordan conheceu um professor que explicaria a ela (e a nós) que, mesmo na escola primária, a chave era fazê-la aprender sozinha. O amor pelos livros, a leitura, ele explicou, vai contribuir muito mais do que eu para a educação dela. Se ela adora livros, não há lugar para onde ela não possa ir; ela pode ficar só na superfície ou mergulhar fundo. A atenção desse homem foi um grande presente e colocou Jordan num rumo que a levou a estudar poesia e ciência política em uma boa universidade. O nome de seu professor era Iarla Ó Lionáird, um homem cujo canto eu estudei e com o qual aprendi, por seu papel como integrante tanto do Afro Celt Sound System quanto do Gloaming.

Aprendi um outro nível de determinação com Eve. Ela era disciplinada até quando o assunto era disciplina. É um talento ser capaz de ativar e desativar esse lado em si mesmo. Afeita às travessuras, desde cedo ela dava muito valor à diversão, e conseguia extraí-la de lugares pouco acessíveis, ou quando o bom humor geral havia sido usurpado pela seriedade alheia. Eve tinha um talento nato para o pastelão. Aos 4 anos, quando os adultos a entediavam, ela pedalava perto da mesa de jantar em um triciclo infantil usando um capacete de adulto. Quanto mais você ria, mais ela endurecia o semblante. Nenhuma explicação. Arte performática.

Ela se iniciou no método de Stanislavski aos 5 anos, quando, depois de assistir ao filme *E.T.*, passou a usar dentro de casa seu casaco de moletom com o capuz sobre a cabeça, e só atendia pelo nome Elliott. Chupando o dedo enquanto abria seu caminho rumo ao planeta verde.

Dois derradeiros talentos deram as caras desde o início. Eve sabia dançar muito bem. Eve sabia como fazer você rir, mesmo contra a sua vontade.

Uma cena para reprisar: "You Are What You Are (Beautiful)" de Christina Aguilera tocava nas caixas de som uma tarde quando reparei que o rosto de Eve estampava uma careta.

Every day is so wonderful
Then suddenly it's hard to breathe

Now and then, I get insecure
From all the pain,
*I'm so ashamed.**

É uma bela letra de Linda Perry, e o clipe homenageia os adolescentes que se sentem deslocados. Pergunto a Eve se ela está bem, se tem alguma coisa que a gente possa conversar. "É difícil explicar", diz ela. Eu me pergunto se é o tipo de vida em que ela nasceu que é difícil de explicar.

Espero ter sido um bom pai, mas outros poderão avaliar isso melhor do que eu. Não tenho orgulho das vezes em que não fui um bom pai, quando perdi a paciência, quando não consegui controlar minha raiva. As meninas viram isso. Os meninos, mais raramente. Seria isso herança do meu pai e do meu relacionamento com ele? Eu sabia que não queria com meus filhos o tipo de relacionamento que tive com meu pai e talvez tenha sido a ludicidade o que me salvou. Esses foram anos felizes em nossa família, e deixar as crianças na DSP antes de sair para passear em Killiney Hill ou na praia com Ali era uma maneira tão boa de começar o dia quanto qualquer outra que eu pudesse imaginar.

"PRIVILÉGIO FURTIVO"

Privilégios furtivos podem atingir os adultos com ainda mais força. Aprendemos nos anos 1990 a nos divertir. Em retrospecto, posso ter me tornado bom demais em viver a boa vida, um pouco livre demais com as liberdades, mas não deixamos os frutos do sucesso estragarem nossa vida familiar. As meninas eram nossa prioridade, e mesmo que o U2 me tirasse de casa mais noites do que a maioria dos pais, quando voltava a Temple Hill ou à França, eu tentava compensar isso. Agora eu poderia estar mais presente do que a maioria dos pais trabalhadores, ou até mesmo do que aqueles que saem para uma jornada de trabalho das 9h às 17h, que acaba sendo, por conta do transporte, das 7h às 19h, e só podem ver seus filhos à noite ou

* Todos os dias são maravilhosos/ E de repente fico sem ar/ Volta e meia, eu fico insegura/ Por conta das mágoas,/ Me sinto tão envergonhada.

nos fins de semana. Além disso, tivemos todo tipo de apoio ao longo dos anos. Ali era a equipe titular. Eu era mais frequentemente o único reserva.

Nós, que amamos o que fazemos e faríamos isso de graça, nunca devemos esquecer que somos 1% do 1% das pessoas que já viveram. No quadro geral da história, praticamente não existimos. Estar livre de preocupações financeiras é o presente que nosso público deu à nossa banda. Sermos livres. Fazer o que amamos, amar o que fazemos. Quase ninguém pôde viver desse modo. A história tem sido uma escalada difícil para nossos ancestrais, e sei que ficar de pé usando fraldas pretas não se compara, mas não quero esquecer que a história do U2 é uma aberração da natureza. Um cisne negro. Pessoas mais talentosas do que eu enfrentaram derrocadas, mas desde que o sucesso chegou para essa banda no final dos anos 1980, a liberdade tem sido nossa história e a história de nossas famílias. Devemos muito disso a você, seja quem for, que está lendo este livro.

A década de 1990 também teve seus momentos sombrios, e alguns não foram de nossa própria autoria. Descobrimos que um famoso líder de uma gangue em Dublin estava planejando sequestrar as meninas, que seu pessoal estava de olho em nossa casa havia vários meses e desenvolvera um plano elaborado. Anos depois, a filha dele escreveu um livro no qual contava que ouvira o pai discutir a trama. Esse era o tipo de notícia capaz de tirar o sono.

À medida que, um a um, os filhos chegaram aos 12 anos de idade, conversei com todos os quatro sobre como eles agora deveriam se tornar adolescentes problemáticos, e como eu não via problema nisso.

"Você me tortura. Tento te cercear. A gente briga. Ficamos sem falar um com o outro, e aí vêm uns anos difíceis. Você sai dessa fase, e aí a gente se reencontra quando você estiver com 20 anos, e nos aproximamos de novo."

É assim que costuma ser, explico. Por outro lado, sempre acrescento: "A gente podia, sei lá, pular essa parte".

E todos eles disseram: "Sim, vamos pular essa parte." E foi o que eles fizeram.

Mas, é claro, se você falar com a mãe deles, que não caiu na estrada como o pai, ela talvez conte uma história diferente sobre como as meninas podem ter sentido a falta do pai para torturar e como eu talvez tenha perdido isso também.

UNTIL THE END OF THE WORLD

where Edge and I take a train into a subway / bomb-shelter in the capital of Ukraine AND Mikhail Gorbachev once leader of the 'UNFREE WORLD' knocks on our door in Dublin to offer a teddy bear for a picnic

19

Until the End of the World

Haven't seen you in quite a while
I was down the hold, just killing time.
Last time we met it was a low-lit room
We were as close together as a bride and groom.
We broke the bread, we drank the wine
Everybody having a good time
Except you.
*You were talking about the end of the world.**

O trem faz um barulho ritmado. É primavera, 2022, e o ruído me faz lembrar da viagem que Ali e eu fizemos rumo a Londres quarenta e cinco anos atrás com minhas fitas de "demonstração" das canções do U2, com a missão de conseguir um contrato de gravação, e uma vida ainda por ser vivida.

Ali não está comigo nesta viagem da Polônia à Ucrânia. Edge e eu olhamos pelo vidro cheio de marcas e vemos lançadores de foguetes enfileirados até onde a vista alcança, apontando na direção da Rússia. Esses estilingues de ficção científica me fazem lembrar os

* Faz um tempo que eu não te vejo/ Eu estava no porão, só matando tempo./ A última vez em que nos vimos foi na penumbra de um quarto/ Estávamos tão próximos quanto um casal de noivos./ Repartimos o pão, tomamos vinho/ Todos se divertiam/ Menos você./ Você falava sobre o fim do mundo.

guindastes no porto de Dublin, bichos-paus gigantescos que contêm um enxame de mísseis de cruzeiro.

Nossa viagem de doze horas de trem até Kiev sofre um desvio por causa de "problemas nos trilhos"; um eufemismo para o constante bombardeio que ocorre nessa rota.

"Os russos deviam tentar o Google Maps, porque, com a tecnologia deles, vivem errando a gente", brinca Oleksandr, que está encarregado da ferrovia hoje.

Oleksandr, destemido, certamente é mais velho do que os 14 anos que aparenta.

"Não tem por que se preocupar, agora as janelas têm filtros antibomba. As janelas foram estilhaçadas algumas vezes..."

Que ótimo.

Edge e eu concordamos com a cabeça, como se estivéssemos fazendo nosso trajeto diário para o trabalho. Fico sempre perplexo de ver como seres humanos em circunstâncias ridiculamente anormais se agarram à normalidade como se não fosse nada além de um velho amigo que viram numa festa em que não conheciam mais ninguém. Olho pelo vagão para ver se nossa sombra está conosco. Nossa sombra é Brian Murphy, que há vinte e cinco anos cuida da segurança do U2, independentemente da hora do dia ou da noite.

Amanhã, 9 de maio, é o Dia da Vitória na Ucrânia e na Rússia, a vitória dos aliados contra os fascistas em 1945. Em Moscou, Vladimir Putin vai desfilar o enorme *Ilyushin Il-80*, uma aeronave que no caso de um ataque nuclear se tornará o "Kremlin Aéreo". Também desfilarão alguns dos mísseis de cruzeiro russos e algumas armas de destruição em massa (ADMs), apontadas para o restante do mundo.

Edge, a ADM (arma de devoção em massa) do U2, segura sua proteção habitual, seu violão, e o dedilha agora, tentando lembrar acordes de músicas que não tocamos há algum tempo. Douglas Alexander, ex-chanceler britânico que esteve em algumas zonas de guerra, oferece alguns conselhos de veterano de batalha enquanto vestimos o colete à prova de balas obrigatório. "Chegando a Cabul de helicóptero, nos mandaram sentar no colete... era mais provável que fôssemos atingidos por baixo."

Rimos mais do que devíamos. Douglas, que me aconselha há quarenta e cinco anos sobre basicamente tudo, se voluntariou para essa missão, assim como Martin Macklin, consultor do governo irlandês. Brian pega nossos telefones porque entrar numa zona de guerra com vários números de fora do país nos torna mais fáceis de rastrear, e supõe-se que estamos numa viagem secreta.

Esses dois vagões de trem já levaram 320 pessoas a áreas seguras, e com suas cortinas florais e seus elegantes vagões-refeitório eles dão a impressão de que você voltou aos anos 1940, com personagens como Roosevelt, Churchill e Stalin se encontrando para definir a guerra e a paz. Como eles fizeram na conferência de Ialta, na costa sul da Crimeia, uma parte da Ucrânia ocupada e anexada pela Rússia. Foi nessa conferência, afirmam os historiadores, que a mesa da Guerra Fria foi posta pela primeira vez.

Nossa viagem ocorre a convite do presidente Zelensky, que encontrei em Kiev na época em que ele trabalhava como ator e comediante. Na época em que ele não imaginava que estaria comandando a defesa de seu país com inteligência e coragem inflexíveis contra uma invasão russa. Ele é o epítome da coragem dos trinta e cinco milhões de ucranianos que ficaram no país para lutar, e que centram seus propósitos de vida nas comunicações diárias, reafirmando a sua integridade pessoal e a integridade territorial de seu país. É uma defesa dramática, que obriga as pessoas a serem criativas no combate. A arte da guerra. Quem teria coragem de mexer com essa gente?

O braço direito de Zelensky, Andrii Yermak, no passado foi produtor de cinema, e fico com a sensação de que essas pessoas são como nós, contadores de histórias que desejam que a história do Dia da Vitória mostre e demonstre que o espírito deles não se deixa abater por esses bombardeios brutais. Música é o que fazemos, é o que Edge e eu costumamos dizer. É assim que damos nosso testemunho.

QUATRO CAPTURAS DE TELA DE UMA ZONA DE GUERRA

1: No metrô, a grande profundidade, num *bunker* nuclear criado pelos russos em 1960, encontramos a banda local Antytila e seu vocalista Taras Topolia, que agora são soldados. Apresento uma releitura de "Walk on", e explico que "estamos todos acostumados a ver líderes mundiais que acabam se revelando comediantes, mas é no mínimo inusitado ver o contrário ocorrer."

And if the comic takes the stage and no one laughs
And dances on his own grave for a photograph
This is not a curtain call this is the greatest act of all
*A stand up for freedom...**

Tocamos ali mesmo "Sunday Bloody Sunday", "Angel of Harlem", "Pride" e "One". A multidão de cem pessoas mais parece uma de mil pessoas quando transformamos "Stand by Me", de Ben E. King, em "Stand by Ukraine" ("Apoie a Ucrânia").

2: Ao lado da enorme estátua de Taras Shevchenko, o mais famoso poeta e pintor do país, um jornalista pergunta a Edge se há um papel que músicos e escritores possam desempenhar numa situação como essa. "Bem", responde ele, olhando para a estátua gigantesca, "o império russo parecia achar que sim. Não é um buraco de bala o que se vê na cabeça do poeta?"

3: As luzes estão apagadas enquanto somos guiados por uma tocha por uma infinidade de corredores para encontrar o presidente Zelensky na sala de guerra. Ele e seu braço direito, assim como o resto do país inteiro, aparecem vestindo roupas camufladas casuais, em contraste com os homens cinzentos de Putin e de seu vizinho Lukashenko. A liderança ucraniana é como uma força vital com direção de arte que apresenta calmamente seus argumentos em favor da liberdade enquanto Putin sussurra nervosamente na direção dos quatro cavaleiros do Apocalipse.

Numa pequena mesa redonda, o presidente conversa conosco sobre histórias a ser contadas, sobre como sobrepujar a máquina de desinformação russa, que na Índia e em partes da África está agora se apropriando da narrativa. Ele se pergunta por que metade dos países que se abstiveram em uma votação na ONU em crítica à invasão russa eram africanos. Nos dizem que a Ucrânia em breve terá uma safra de 120 milhões de toneladas de grãos, mas que o bloqueio russo significa que esses grãos não poderão ser embarcados em navios e enviados para alimentar o mundo. A Ucrânia é fonte de cerca de um terço do trigo, da cevada e do milho que abastecem o mundo, e

* E se o comediante sobe ao palco e ninguém ri/ E dança sobre o próprio túmulo por uma foto/ Não se trata do agradecimento final, é o maior ato de todos/ A luta pela liberdade...

de metade do óleo de girassol do planeta. Tudo isso largado às traças enquanto os países mais pobres passam fome. O presidente discute como chegar a esses lugares que correrão o risco de enfrentar a fome sem esses alimentos. O fato de que o país dele está enfrentando um cerco e que ele esteja pensando em tudo oferece uma pista para que você veja quem ele é. Quem essas pessoas são. O moral deles é virtuoso, e também é estratégico.

4: Em Bucha, vemos em primeira mão como os militares russos participaram de um massacre. Nos dias seguintes, vou tentar não me lembrar dessas cenas. Não posso descrevê-las para você sem pôr em risco minha própria saúde mental. Pergunto ao sacerdote ortodoxo local sobre o Patriarca Ortodoxo de Moscou. Quero saber por que ele coopera com as mentiras contadas diariamente, mentiras que mutilam a verdade, que mutilam um povo.

"Qual é o Deus dele?", pergunto.

"Vladimir Putin", responde o sacerdote.

HISTÓRIA DELES OU DELAS

É impossível conceber o fardo histórico que algumas pessoas são capazes de carregar. Lemos sobre eles. Eles nos escrevem. A terra pode até girar em torno do sol, mas são as ações de poucos que provocam reviravoltas no mundo. Principalmente esses homens terríveis com nomes como Putin, Stalin, Mao ou Hitler. Às vezes, como Alexandre, o Grande, ou Napoleão, o Pequeno, indivíduos perigosamente falhos que, por meio de uma estratégia astuta e força de vontade, superam todos os rivais, e deixam uma marca na história da qual daríamos pela falta caso desaparecesse.

Outros parecem ter sido moldados pela história que estavam moldando. É como se a grandeza de sua tarefa os tornasse grandes e superasse seus defeitos. Eles têm nomes como Winston Churchill, Nelson Mandela, Martin Luther King e... Volodymyr Zelenskyy. Como Aristóteles ou Marx. Como Muhammad Ali, Beethoven ou Oscar Wilde. Como a história é escrita por homens e sobre homens, há nela menos nomes como Joana d'Arc, Juliana de Norwich, Rosa Parks, Mary Robinson, Marie Curie, Malala Yousafzai ou Greta Thunberg. A História raramente é a história delas.

Durante minha vida, ninguém teve impacto maior no mundo do que Mikhail Gorbachev. Embora Vladimir Putin tente fechar as portas do mundo digital, no meu universo a reversão da Cortina de Ferro ocupa quase o mesmo posto que Neil Armstrong andando na lua, o acontecimento mais inspirador que testemunhei na televisão. Mas, ao contrário da lua, o mundo em que Mikhail Gorbachev pousou foi um sobre o qual eu mesmo andei. Dois eventos que marcaram época: um que indicava a ambição humana de desafiar os limites de onde podemos viver; o outro em que se redesenhavam os limites de onde realmente vivemos.

MIKHAIL GORBACHEV E O CÓRREGO DO UÍSQUE

Aos domingos, nossa casa, Temple Hill, é uma estação de trem onde os trens estão atrasados e você nunca sabe ao certo quem vai descer na plataforma. Pregador ou vidente convidado, músico de viagem, autor em turnê de livro, qualquer configuração de amigos e familiares. Casa aberta, mentes abertas.

A campainha toca neste dia específico de janeiro de 2002, mas antes que eu possa subir as escadas Ali está a caminho. Abrindo nossa grande porta azul-marinho, ela fica cara a cara com um ursinho de pelúcia em tamanho humano. Olhando mais de perto, o urso está nos braços de uma figura modesta que a história terá como grandiosa.

Eu tinha esquecido de dizer a Ali que Mikhail Gorbachev poderia aparecer. Ele estava em Dublin, junto com algumas outras pessoas que mudaram o planeta, para receber a honraria Freedom of the City, e demonstrou algum interesse — por educação, imaginei — em passar algum tempo com nossa família.

"Não há necessidade de organizar nada", eu disse. "Nossa casa está aberta aos domingos." Quem o acompanhava era Nina Kostina, sua tradutora; um bom tradutor torna a conversação entre línguas estrangeiras não apenas possível, como também, de alguma forma, mais agradável. Depois de um tempo, o cérebro cria a ilusão de que vocês falam a língua um do outro. Ou seria o uísque? Com todos em volta da mesa, nenhuma pergunta era tabu.

Pergunta: "Nos piores dias da Guerra Fria, quão factível era a destruição mútua assegurada?"

Resposta: "Eu jamais poderia pensar numa opção como essa. Até mesmo quando era mais jovem, com toda a arrogância, eu sabia que, caso o destino me colocasse nessa situação, eu não escolheria essa opção."

Pergunta: "De onde veio sua bússola moral? O Estado estimula esse tipo de sensatez?"

Resposta: "Minha mãe e minha avó eram religiosas. Na casa dos meus avós, em uma mesa ficavam os ícones de oração ortodoxos da minha avó. Em outra, bem perto, meu avô comunista colocou um retrato de Lênin.

"É importante que as pessoas não esqueçam que a revolução na Rússia começou com os mais nobres ideais; meu avô acreditava nesses ideais."

Pergunta: "Você acredita em Deus?"

Resposta: "Não". (Longa pausa.) "Mas acredito no Universo."

Nesse momento o Universo interrompeu.

Ruidosamente, com pernas protéticas, uma garotinha entra na sala. É Anna, a afilhada de Ali, que veio passar o fim de semana conosco.

Ali conheceu Anna em uma visita à Bielorrússia.

Isso mesmo. Bielorrússia.

Anteriormente conhecida como a República Socialista Soviética da Bielorrússia. Da União Soviética.

Seu último líder foi Mikhail Sergeyevich Gorbachev.

Anna nasceu com graves deficiências físicas devido à contaminação radioativa a que seus pais foram expostos, após o acidente nuclear em Chernobyl. Só ela e o ex-chefe da União Soviética desconheciam a carga de ironia desse momento.

Em volta da mesa, um a um, sentimos a pungência desse encontro inesperado. Talvez o grande homem tenha percebido a mudança de humor e supercompensado, direcionando toda a sua atenção para Anna.

"Olá, e qual é o seu nome, mocinha?"

Anna se aproximou dele, e ele colocou a garotinha sentada em seu joelho.

"Anna", diz ela, com um sotaque carregado de Cork.

"Abreviação de Annastacia", explica Ali, talvez um pouco mais lívida. "Tem uma coisa que o senhor deveria saber, Sr. Presidente." Ela hesita. "Isso pode parecer uma armadilha." Mas realmente não era. "Você deve saber que nós, irlandeses, há muito tempo temos uma relação incômoda com a energia nuclear."

O presidente consulta sua tradutora e seu copo, meio que semicerrando os olhos para Ali.

"Em algumas das áreas da costa leste, ao longo da costa de Dublin, a incidência incomum de nascimentos de crianças com síndrome de Down e casos de câncer levantou muitas suspeitas sobre uma nuvem radioativa após um incêndio em 1957 na usina nuclear de Windscale, no Reino Unido".

Gorby é capaz de pressentir o próximo movimento, mas não tem ideia do que vem depois disso. Quincy Jones parece não ter certeza da direção que essa conversa está tomando. O uísque está sendo servido.

Às pressas.

"Senhor Presidente, dias após a catástrofe de Chernobyl, na Bielorrússia, foi detectada contaminação radioativa na Irlanda em água de filtros e até mesmo em amostras trazidas pela população local. Não foi nada, é claro, em comparação com o que seu povo teve que encarar, mas em nosso país as pessoas estavam tão cientes dos perigos da energia nuclear depois do fiasco de Windscale que deram atenção especial a Chernobyl. E na Irlanda a reação das pessoas de generosidade quanto à situação dos desalojados ucranianos e bielorrussos, pessoas cujas vidas sofreram reviravoltas durante anos. Até hoje mantemos contato."

Foi um pouco surreal observar Ali explicando sua conexão com a URSS e com a Rússia para o homem que detinha o poder supremo de decisão sobre aquela usina. Minha esposa é a tempestade mais silenciosa que já atingiu a cidade, e, para ela, falar assim requer certa concentração psíquica. Mas se ela estava nervosa, não estava descontrolada. Por um quarto de século, Ali trabalhou com uma ONG irlandesa, a Chernobyl Children International, desde que sua fundadora, uma mulher chamada Adi Roche, a convenceu a narrar um documentário de TV, *Black Wind, White Land*.

Ela fez viagens regulares para a região, se juntou a comboios de caminhões irlandeses e ambulâncias carregados de suprimentos, e assumiu o volante na viagem de dois mil quilômetros de Dublin a

Minsk. É ao mesmo tempo humilhante e revigorante notar todas as maneiras pelas quais seu parceiro é mais casca grossa do que você. Junto com outros voluntários irlandeses, Ali dormiu em sanatórios e deu banho nos pacientes psiquiátricos que o grupo encontrou acorrentados às paredes. Tendo se apaixonado pelos eslavos enquanto protestava contra as condições em que as pessoas tinham que viver, em uma viagem à Bielorrússia ela conheceu Anna, que mais tarde se tornou uma das milhares de crianças levadas para a Irlanda para serem submetidas a cirurgias.

Anna já havia sido adotada pela família Gabriel em Cork e, por ordem do acaso, foi neste fim de semana que Ali convidou sua afilhada, Anna, para passar uns dias conosco. Agora, com essa garotinha em seu colo, a voz de Mikhail Gorbachev se acalmou até se transformar em um murmúrio enquanto ele explicava que foi o desastre nuclear de 1986 em Chernobyl que o convenceu de que a União Soviética não poderia continuar como estava.

"Pensei comigo mesmo: se o Estado não é capaz controlar uma usina nuclear dessa importância, então o Estado não está mais funcionando como deve. O Estado acabou.

"O moral estava baixo. Estávamos com dificuldade para pagar os salários de nossas Forças Armadas, quem dirá os dos nossos cientistas, e não estávamos mantendo os reatores no padrão exigido.

"Quando vemos a devastação que a fissão de um átomo pode causar, isso é insustentável; isso nunca pode ser aceitável. A União Soviética não era mais viável; ela tinha que encontrar um novo rumo — um rumo que devia incluir a reaproximação com o Ocidente".

Portanto, este foi um momento em que Mikhail Gorbachev mudou sua própria história e a nossa. Descobrimos que a história não precisa nos moldar. O mundo é mais maleável do que imaginamos, e as coisas não precisam ser como são. A história é barro e pode ser esmurrada ou perfurada, encurralada ou até acariciada, e, assim, tomar uma forma totalmente nova.

QUATRO CAPTURAS DE TELA DA MC ANGELA MERKEL

Angela Merkel é uma mulher cujas políticas são muito mais clássicas do que o rock, até mesmo do que a polca. Ela cresceu a leste da Cortina de Ferro e, quando a cortina foi aberta, passou para o outro lado para governar uma Alemanha unificada. Tenho em mente quatro imagens que se destacam.

Print *1: Cúpula do G8 em Heiligendamm, 2007*

Com a campanha ONE, pressiono Angela Merkel a dizer por que não promete mais ajuda alemã ao exterior. Ela me olha bem nos olhos e cita seu pai, um pastor luterano de Berlim Oriental: "Meu pai me ensinou a nunca parecer mais do que você é, e a sempre ser mais do que você aparenta." Quando ela deixou o cargo, a Alemanha já havia mais do que dobrado o dinheiro que envia ao exterior para ajudar os mais pobres.

Print *2: Meia-noite em Berlim, agosto de 2012*

Nossa van para em um semáforo.

"Você nunca vai adivinhar quem parou ao nosso lado", diz nosso motorista. "É a chanceler Merkel."

Olho pela janela esperando uma carreata, mas são apenas dois carros, e na parte de trás do primeiro, com o rosto iluminado pelo brilho de seu laptop, está a chanceler alemã.

"Ela não tem vida pessoal?", pergunto brincando.

"Não", responde nosso motorista. "É por isso que a gente vota nela."

Print *3: Estação ferroviária de Munique, 2015*

Entre as imagens do século XXI que perdurarão estão aquelas de refugiados sírios chegando de trem e sendo recebidos por alemães que seguram mudas de roupas e sapatos de criança. Imagens para se contrapor às de setenta anos antes.

A Alemanha atual: uma razão para muitos de nós acreditarmos que a União Europeia deixara de ser uma ideia e se transformara em um sentimento, e que Angela Merkel tornara-se a cabeça e o coração da Europa.

Print *4: Edifício Bundeskanzleramt, 2018*

Estou prestes a apresentar a chanceler a cinquenta embaixadores da ONE de toda a Alemanha.

Angela Merkel para mim: "Você já ouviu 'This Is Nigeria', do Falz?"

"Chanceler, você está me dando dicas de músicas novas?"

"Estou surpresa que você não tenha ouvido falar, parece que faz muito sucesso."

Depois de dizer isso, MC Angela pegou seu iPad e achou para mim o clipe, uma homenagem da África Ocidental a "This Is America", de Childish Gambino.

"É realmente um tipo de dança."

E assim também é a política, uma dança.

Você encontra os passos que levam a um terreno comum. É uma coreografia, e isso é o que me move no momento.

Ah, e uma quinta imagem, que nunca vai decorar a porta da nossa geladeira: o desastre pós-Fukushima, 2011.

A chanceler Merkel concordou em desmantelar a rede de energia nuclear da Alemanha. Você pode pensar que eu estaria dando pulos de alegria. Não estou.

Veja bem, quase duas décadas depois da visita de Gorbachev, é janeiro de 2020 e, embora eu ainda esteja dormindo ao lado de uma ativista antinuclear, minha esposa não está.

Passei para o lado sombrio.

Estou em um prédio de escritórios de Seattle em que Ken Caldeira, um físico atmosférico do Carnegie Institution for Science, me explica que uma cidade é feita essencialmente de carbono.

"Olhe pela janela, mas, antes disso, olhe a janela. Fazer vidro requer energia — uma janela emite dois terços de seu peso em carbono. Observe como todos esses edifícios são feitos de concreto e vidro. O concreto é composto de uma parte de carbono, e outra parte de concreto. Cem toneladas de concreto significam cem toneladas de carbono."

Ken aponta para a rua, para os veículos, para os restaurantes e supermercados, sua cadeia de suprimentos alimentícios. Ele aponta em volta da sala em que estamos. "A mesa, as cadeiras... até este tapete tem pegada de carbono."

Ken está trabalhando com Bill Gates, que é bom com números e diz que a emergência climática se resume a dois deles: cinquenta e um bilhões (toneladas de gases do efeito estufa que lançamos anualmente na atmosfera) e zero (toneladas que precisamos lançar para evitar um desastre ambiental). Um consenso crescente sugere que não é possível chegar a zero apenas com energias renováveis, como a solar, a eólica ou das ondas marítimas. A capacidade dos acumuladores para essas fontes energéticas inovadoras provavelmente ficará bem abaixo dos requisitos na maioria das regiões, mas especialmente entre as populações em desenvolvimento na Índia e em países da África, onde fontes de energia novas e seguras são essenciais. Até mesmo combustíveis alternativos como o hidrogênio exigem uma evolução na ciência que ainda está a décadas de se concretizar.

Trinta anos depois que o U2 se juntou a Public Enemy, Big Audio Dynamite e Kraftwerk num show antinuclear para protestar contra a usina de Sellafield, no Reino Unido, a verdade inconveniente pode ser que a mesma fissão do átomo que transformou o urânio em material fóssil usado como arma e ameaçou os humanos de extinção após a Segunda Guerra Mundial pode agora ser um trampolim essencial se quisermos evitar a mais recente extinção no planeta.

Ali, por exemplo, não está convencida.

Ali pensa em Anna, sua afilhada.

Há dias em que estou do outro lado das barricadas. Até na minha própria cozinha.

ONE

in which, in Berlin, haunted by the ghosts of HANSA, the U2 group fall out and nearly become history ourselves until I am eventually reminded that I am one quarter of an artist without Edge ADAM and Larry.

20

One

You say love is a temple, love a higher law
Love is a temple, love the higher law
You ask me to enter, but then you make me crawl
And I can't be holding on to what you got,
*When all you got is hurt.**

3 de outubro de 1990. Chegando a Berlim para gravar *Achtung Baby*, o comandante da British Airways nos diz pelos alto-falantes que estamos no último voo a pousar enquanto o Muro está finalmente sendo demolido.

Saímos do avião e adentramos a história, e, como bons rebeldes irlandeses, fomos direto para a festa. Seria uma das maiores celebrações de rua de todos os tempos; só que não foi. O clima era de baixo astral, com os rostos das pessoas mais atordoados do que felizes.

"Meu Deus", observou Adam. "Esses alemães não sabem se divertir."

"Festa de merda!", gritou Larry.

Lentamente, percebemos que não estávamos na festa. Estávamos na manifestação. O apoio aos antigos costumes soviéticos não havia se extinguido por completo, e estávamos marchando ao lado de

* Você diz que o amor é um templo, o amor, uma lei maior/ O amor é um templo, o amor é a lei maior/ Você me pede para entrar, mas logo me faz rastejar/ E eu não posso me apegar ao que você tem,/ Pois tudo o que você tem é mágoa.

comunistas recalcitrantes que eram contra a queda do muro. "U2 protesta contra a queda do Muro." Daria uma bela manchete.

Naquela noite, dormi na cama de Brejnev. Não, não foi um sonho. Realmente dormi na cama de Leonid Brejnev, o homem que liderou a União Soviética por mais tempo do que qualquer um, exceto Stalin. Dennis Sheehan, nosso *tour manager*, me disse que o aluguel era uma pechincha. "Fica em Berlim Oriental, um bairro muito sofisticado, se é que você pode usar essa palavra aqui. É onde o politburo *costumava* se hospedar."

Acordo com um estrondo na manhã seguinte. O som da minha cabeça, privada de oxigênio e H_2O. Ao me levantar, vasculho o porão em busca de um copo de água. A cozinha, descubro mais tarde, fica do outro lado da rua. Não tem nada neste porão, exceto um astro do rock agarrando a própria cabeça, vestindo uma camiseta e sem cueca. Outro estrondo, desta vez não na minha cabeça. A porta da frente. Cautelosamente, subo as escadas, estico a cabeça para dentro do corredor, e vejo uma família de tamanho médio. Mãe, pai, filhos, avô. Eles não estão constrangidos pela minha nudez. Mas estão irritados.

"Quem está morando nessa casa?" pergunta o avô.

"Eu", respondo, semicerrando os olhos por conta da luz intensa da manhã. "O que vocês estão fazendo aqui?"

"ESSE SER MINHA CASA!", vem a resposta, o volume aumentado para onze. "ESSE SER MINHA CASA E CASA DO MEU PAI. NÃO SER SEU LUGAR E VOCÊ PRECISAR SAIR!"

Uma imagem estava surgindo, e parecia não fazer muito sentido explicar o acordo de aluguel de Dennis. Não havia como negar a ligação sentimental entre este homem e o lugar, e até hoje não tenho dúvidas de que ele ainda acredita que se deparou com um invasor. Essas pessoas não viam sua casa havia cinquenta anos. Havia um muro no meio do caminho.

BLITZ DE SALÃO

Número 38 Köthener Straße. Das amplas janelas dos andares mais altos do Hansa Studios, dava para ver o Muro de Berlim e a terra de ninguém que formava a zona desmilitarizada de cada lado da cicatriz que atravessava esta antiga e em breve nova capital da Alemanha. O lado ocidental tinha sido ocupado por uma mistura incomum de estilos de vida alternativos com seus *trailers* e agricultura em pequena escala. Galinhas corriam pelo epicentro de Berlim. Imagine a Trafalgar Square de Londres como um parque de *trailers* para uma comunidade de viajantes.

A sala em que estávamos gravando tinha sido um salão de baile da SS na década de 1930, e seus painéis de mogno eram um lembrete de que estávamos muito longe do futuro e a poucos passos de um passado sombrio. Nossos olhos de fanzine esquadrinharam o chão de taco chanfrado em busca de quaisquer pistas que nossos heróis musicais pudessem ter deixado para nós. Uma letra descartada no lixo por Nick Cave? Uma bateria eletrônica Roland TR-808 antiga com alguma programação de Conny Plank? Uma jaqueta de couro esquecida atrás de um sofá pelo próprio Thin White Duke?

Gravar no Hansa em Berlim com Brian Eno era um convite à arrogância. No Hansa, Eno já havia feito algumas das melhores gravações musicais que qualquer um de nós já tinha ouvido. Era muito arrogante de nossa parte imaginar que poderíamos criar algo parecido com *Low* ou "Heroes" de David Bowie, ou outras produções do Hansa, como *Lust for Life*, de Iggy Pop ou *The Firstborn Is Dead*, de Nick Cave and the Bad Seeds.

Mas um certo nível de arrogância é essencial para o processo criativo.

A simples ideia de que vale a pena compartilhar seus pensamentos ou sentimentos particulares com alguém que não seja seu parente ou amigo já é uma espécie de arrogância. A arrogância é a saída e a porta de entrada para a humilhação que a arte exige. Isso também envolve uma certa coragem dúbia, a de que, quando se encontra em águas turbulentas que não dão pé, você vai aprender a nadar. Outra ideia idiota, mas verdadeira, da qual a criatividade parece depender.

Junto com Brian, tínhamos também Daniel Lanois e Flood, que, como Eno, eram artistas por mérito próprio. O que poderia dar errado?

Que tal tudo?

Faltava algo importante. As músicas.

Nossas faixas demo promissoras eram exatamente isso. Nada de "Sunday Bloody Sunday" ou "Pride", nada de "Desire" ou "Angel of Harlem". As demos não eram ruins. Elas simplesmente não eram tão boas assim. Tudo isso levantava a questão: o que exatamente estamos fazendo aqui? Essa era uma sensação de merda.

Tínhamos um ou dois esboços de músicas e algumas partes que podiam resultar em uma ou duas outras. Um pouco de "Mysterious Ways" aqui, um pedaço de "Even Better Than the Real Thing" ali. E essa? Isso se tornará "Until the End of the World". Muitos bits, mas nenhum disco rígido. Fragmentos e fé.

Acreditávamos que esse lugar histórico, assombrado pelos fantasmas de alguns de nossos artistas vivos favoritos, seria o lugar em que essas presenças se tornariam presentes novamente, dentro de ótimas músicas novas. Acreditávamos que a ocasião compensaria aquilo que nos faltava.

Errado.

O que aconteceu foi entropia. O antigo salão de baile que deveria ser preenchido por música foi preenchido pela inibição, uma espécie de constrangimento. Aquela voz acusadora na minha cabeça repetia a pergunta: "O que estamos fazendo aqui?" Aquilo não estava só na minha cabeça; dava para ver nos olhos e ocasionalmente ler nos lábios de Larry e Adam. Larry não estava muito confiante com relação à bateria eletrônica, e Adam também não estava levando muita fé em alguns desses novos ritmos. Por que descartar esse tom que é nosso? "Nós nos tornamos a maior banda do planeta com a coleção de sons que você está dizendo que não podemos usar. Por quê? Qual é o problema? Eles são bem-sucedidos demais?"

"Familiares demais", retrucava eu. "Mais do mesmo. O que antes era impressionante vira clichê."

Danny também. Depois de conseguir domar um pouco Bob Dylan, célebre pela espontaneidade, no aclamado álbum *Oh Mercy*, ele preferiria que voltássemos para nossas raízes folk a partirmos para a música eletrônica. Eu queria os dois, como sempre. Menos é mais, mas mais é ainda mais. Edge entendia isso intelectualmente. Ele topava isso como um experimento artístico, da mesma forma que fizemos ao escrever a trilha, um ano antes, para a montagem de *Laranja Mecânica* que a Royal Shakespeare Company fez para o teatro. Ele também tinha um interesse semelhante em *dance music*, mas Edge levava mais a sério do que eu as limitações de nossa banda. Ele enxergava nossas limitações como algo positivo, não negativo. Sábio, pensei, mas vamos deixar a sabedoria para quando formos mais velhos.

A alegria da experimentação e o prazer de se perder em um território desconhecido foram substituídos pelo trabalho penoso e o ressentimento. O Muro podia estar caindo entre a Alemanha Oriental e a Ocidental, mas em nossa pequena nação musical os muros estavam sendo erguidos. Se a Guerra Fria estava acabando do lado de fora das janelas do Hansa, lá dentro estava apenas começando.

Estava frio em Berlim no inverno de 1990, muito frio, mas alguns dias parecia mais gelado no estúdio do que na rua. Até mesmo a comida quente no restaurante embaixo do Hansa estava fria, embora uma garçonete em particular tenha gostado de nós. Tenha gostado de Edge, especialmente, agora um homem solteiro novamente.

"Como vão as coisas, Edge?"

"Não vai dar em nada. Para conhecer mesmo as garotas, é preciso permanecer por um tempo em algum lugar."

Após o suspiro mais longo, Edge convidou a garçonete para sair, um momento que fez todo mundo franzir a testa. Edge: "Neste tipo de trabalho, um cara pode acabar sentindo como se estivesse em uma plataforma de petróleo do Mar do Norte."

DESCARREGANDO O LASTRO PARA PODER VOAR

A equipe. Flood, aquele com nome único e concentração ímpar, sempre foi uma boa companhia. Flood já tinha experiência de trabalho em plataformas remotas como essa, e sempre conseguia descobrir petróleo quando ninguém mais achava possível. Ele tinha o costume de deixar maços de cigarros — Marlboro vermelho — enfileirados no início da sessão e, no final, dava um passo para trás e media seu tempo na mesa de mixagem pela quantidade de maços que havia empilhado. Podia ser uma centena de maços. Podiam ser duzentos. No Hansa Studios, era como se ele estivesse sugando o cano de escapamento de um dos Trabis da Alemanha Oriental que enchiam a cidade.

Flood, assim como Brian, era uma espécie de talismã para o som que procurávamos. Seu trabalho na produção do Depeche Mode era ao mesmo tempo radical e acessível, uma combinação de que precisaríamos se não deixássemos nosso trabalho se tornar refém da inibição. Flood era o homem por trás daquele som de bateria na versão de Nick Cave de "Wanted Man", de Bob Dylan, um som tão primitivo que exigia que fôssemos ouvir a sala com nossos próprios ouvidos. Ele entendia o equilíbrio entre o que poderíamos criar tocando ao vivo em uma sala de maneira tradicional e criando música gerada e processada eletronicamente. Queríamos um pé no mundo analógico e outro no mundo digital. Um pé no passado, outro no futuro.

E nos dias em que o trabalho ficava um pouco desalentador, Flood era o homem que vinha dar certa frivolidade ao momento, especialmente em uma sessão em que tocamos nus. Exceto pela fita isolante que cobria nossas partes. Tudo em prol da arte, você me entende. A engenheira de áudio Shannon Strong revelou que, sob seu uniforme de plataforma de petróleo, composto de camisa militar preta e calças cargo, ela estava vestindo uma lingerie de tom vermelho vivo.

"Sei que vocês me enxergam como uma moleca, mas eu sou muito mais do que pensam", disse ela rindo enquanto o peludo Danny Lanois gritava de dor ao tentar arrancar a fita isolante do corpo. Foram o ouvido brilhante e o instinto de exploradora de Shannon, uma garota do Colorado que adorava a vanguarda, que a levaram para Berlim. Ela não nos disse que também era uma artista enrustida, e mais tarde mudou seu nome legalmente para Bambi Lee Savage.

Fosse a dificuldade de sair da nossa zona de conforto, fosse a comida ruim ou fossem apenas os dias frios e cinzentos do inverno de Berlim, nós quatro começamos a ficar mal-humorados. O sucesso não era garantido: é difícil dar um salto com um pé no passado e outro no futuro. E não ajudava ficar ouvindo a voz de alguém, quando estávamos prestes a pular, dizendo: "Gente, acho que não vamos conseguir."

Foi Brian quem entendeu que precisávamos despejar o lastro para decolar, e que isso poderia ser um ato de coragem.

Apesar de a cidade ser mítica, à noite pouco acontecia, a menos que sua ideia de diversão fosse sair com empresários da construção civil ou advogados, que agora decidiam quem era dono do quê, após a queda do Muro de Berlim. Era como a febre do ouro em Klondike, no Alasca, com hotéis cheios de gente entrando para fazer negócios. Não era bem como o Velho Oeste; estava mais para Velho Leste. Danny ficou a fim de uma funcionária do Palasthotel, que contou que havia trabalhado para a polícia secreta. O porteiro também.

"Todos os quartos deste hotel eram grampeados", disse ela. "Todos os quartos especiais."

Eles faziam parte da *Stasi*, mas com o fim da *Stasi*, todos ficaram desempregados. Muitas pessoas na RDA tinham se tornado informantes da polícia secreta, uma história que depois foi dramatizada no filme vencedor do Oscar *A vida dos outros*. Todo mundo espionando todo mundo. A paranoia agora fazia parte de nossa paleta.

A NECESSÁRIA SUSPENSÃO DA DESCRENÇA

Paga-se um preço para entrar em um estúdio como o Hansa?

De certo modo, sim, mas tem a ver com coisas simples, como preparação. Em nossa defesa, Edge e eu não queríamos deixar as demos prontas demais, porque é pela improvisação que Larry e Adam conseguem dar forma às músicas. Mas pode ser difícil tocar músicas sem letra. Ou melodia. Especialmente para Larry, porque ele realmente ouve as letras e toca para o vocalista. É preciso ter muita fé para improvisar, para construir sua casa de cima para baixo.

Quando funciona corretamente, é emocionante inventar coisas na hora, mas é frustrante quando você salta ao vazio e não encontra nada. O outro preço a pagar é a boa vontade. Disposição de estar lá e pensamento positivo. É preciso ter pensamento positivo.

A suspensão da descrença não é apenas crucial para a apreciação de uma obra de arte; é necessária para sua feitura. Não se trata de revirar os olhos quando algo dá errado, como se você dissesse: "Eu disse que a gente não devia estar aqui." Mas, da mesma forma, é difícil fingir empolgação de trabalhar com amigos quando a amizade está abalada. Certa manhã, já fazia uma hora que estávamos na sessão de gravação, afinados e prontos para tocar, quando reparamos que o banquinho de Larry estava desocupado, e percebemos que ele não havia aparecido. O fato de ninguém lembrar se tinha visto Larry naquela manhã foi o aspecto mais doloroso, que sugeria que não estávamos prestando atenção uns nos outros. Foi um momento triste.

Este foi o momento, como Larry observou, em que chegamos mais perto de terminar. Desde nossa última crise de fé em 1982, quase dez anos antes. O que remonta à razão de estarmos em Berlim. Naquela década, exigimos tanto da nossa música que, no final dos anos 1980, parecia que ela tinha se exaurido. Como se corresse o risco de ser acachapada pelo peso de sua própria seriedade — argumento defendido por críticos mais severos de *Rattle and Hum*. Talvez precisássemos atenuar um pouco a intencionalidade da música, mesmo que apenas de modo sutil. De sua utilidade e ativismo, sua prepotência. Estávamos ali para brincar com os fantasmas daquele estúdio sagrado — Nick Cave, David Bowie, Iggy Pop — e com os fantasmas pelos quais estes últimos tinham sido possuídos: Conny Plank, Kraftwerk, Neu! e Can. Mas estaria a qualidade de nossa própria comunicação traindo a presença sombria de clientes ainda mais antigos? Da época em que aquele lugar era um salão de baile nazista.

Por muitos anos tive um sonho recorrente em que eu arrombava a casa em que fui criado na Cedarwood Road. Eu não estava querendo assaltar, mas entrar sem ser notado pelo meu pai. Esse tinha sido um hábito na minha adolescência, quando eu às vezes esquecia a chave de casa e não queria acordar o velho. Escalar a calha e entrar pela janela do banheiro do primeiro andar não era exatamente uma escalada, mas sempre havia um momento de vulnerabilidade. Era quando eu tinha que sair da calha, encontrar a janela do banheiro com o pé esquerdo, e tentar alcançar a tela mosquiteira, que geralmente ficava aberta. Depois dava para estender a mão, abrir a janela direito e entrar em casa. Era ainda mais estranho tentar fazer isso no escuro, depois de alguns drinques, exausto após a caminhada do centro da cidade para casa.

Certa noite, no meio dessa operação, quando eu estava meio para dentro e meio para fora, meu pai acordou, e pensou que estava sendo assaltado.

"Paul! Paul?", gritou. "É você?"

"Sim", gritei sussurrando em resposta, tentando imitar os sons abafados de alguém que não está pendurado do lado de fora da janela do banheiro. "Estou no banheiro."

"Que horas são?", perguntou ele.

"Não sei", respondi, ainda abafando o som. "Quase uma."

"Vá para a cama."

"Ok, pai."

Em Berlim, tenho esse sonho pela primeira vez em anos. Mas desta vez não é meu pai quem aparece enquanto me estico na calha para colocar meu pé no parapeito da janela do banheiro. Desta vez é meu companheiro Guggi que aparece de dentro do banheiro, estende a mão em minha direção e me empurra para trás para que eu caia no varal do jardim lá embaixo.

Acordo debaixo do travesseiro e, suando frio, me pergunto por que meu subconsciente está me importunando. O sonho não é sobre Guggi. É sobre amizade. É um sonho sobre o medo de que seus amigos mais queridos possam decepcioná-lo quando você mais precisa deles. No momento em que você está vulnerável, tentando dar um salto precário no escuro.

No Hansa, imagino que é essencialmente isso.

"Vocês estão comigo ou não?" (Quando me tornei afetado desse modo?)

E, caso contrário, meu eu não tão esclarecido quer saber: quem tem uma ideia melhor de o que essa banda deveria estar fazendo agora? Quem pode elaborar isso e colocar no papel?

Esgarço a paciência e a imaginação de Edge até não poder mais quanto à nossa capacidade, mas ele sempre imaginou que se colocasse nossa amizade em primeiro lugar e meu instinto de sobrevivência em segundo, as coisas provavelmente correriam bem. O que em relacionamentos duradouros é uma probabilidade crescente. Minha frustração se deve à convicção de que agora é o momento que mais preciso dos meus amigos, exatamente quando estamos prestes a dar esse grande salto no vazio. Meu medo mais profundo é que eles não estejam lá para me apoiar. Por acaso estou com medo, no fundo, de que essa mudança de forma em nosso som e atitude possa ser difícil para o nosso público também? Ou que a hesitação da banda possa vir do fato de que as próprias músicas não estão à altura de nossos trabalhos anteriores?

Eu estava ciente de que podia ser eu quem estava levando a banda à beira da separação? É claro que eu lembrava como quase terminamos tudo isso da última vez, quando Edge decidiu que não podia continuar. Por que eu colocaria tudo em risco de novo?

O que deu em mim? O que me deu?

Por que estou disposto a apostar tudo, ou pelo menos a banda, nessas intuições, nesse instinto de que, se adentrarmos mais as trevas como artistas, dependeremos mais da luz? Que de alguma forma encontraremos uma janela aberta. Porque não há destino manifesto. Não há garantia de que isso vai funcionar.

AMOR E IMORTALIDADE

Em Berlim, éramos peregrinos em uma jornada santa rumo à fonte de alguma música sagrada, e entre nossos anfitriões estava o grande diretor de cinema Wim Wenders. Este *auteur* cinematográfico boêmio explicou que nas filmagens de *Paris, Texas*, a equipe estava ouvindo nosso álbum *Boy*, e agora ele retribuía a gentileza ao se tornar nosso guia espiritual durante nossa estadia. O filme *Asas do Desejo*, de Wim, em que um anjo se apaixona por uma simples mortal, virou meu filme favorito. Fiquei tão dividido com relação à ideia de ter que escolher entre o amor e a imortalidade que isso começou a me inquietar no meu próprio trabalho. Vi o filme uma dezena de vezes, e consegui compreender tanto o olhar cinematográfico perscrutador do diretor quanto a influência que os anjos na poesia de Rainer Maria Rilke tiveram sobre ele. A colisão de muitas das preocupações de Wim: o instantâneo e o eterno, a imagem congelada e a vida entrópica. Perguntas que me tiravam o sono à noite: seria possível abdicar da vida eterna por um momento de amor verdadeiro? Mas um momento de amor não é sempre eterno?

Wim providenciou para que víssemos uma versão preliminar de seu novo filme, *Até o fim do mundo*, e, fascinado pelo título, levei para casa e escrevi uma história completamente diferente, uma conversa entre Jesus e Judas. Lendo *The Book of Judas* ("O Livro de Judas"), do poeta Brendan Kennelly, percebi a potência que há em travar uma conversa tão mítica como essa.

I took the money
I spiked your drink
You miss too much these days if you stop to think
You lead me on with those innocent eyes
*You know I love the element of surprise.**

"Until the End of the World"

* Peguei o dinheiro/ Batizei sua bebida/ Você perde muito hoje em dia se parar pra pensar/ Você me engana com esses olhos inocentes/ Você sabe que eu adoro o elemento-surpresa.

Como não consegui encontrar uma melodia memorável para o verso, a música acabou no modo conversacional, o que abria espaço para esse tipo de letra. O timbre da sua voz determina o tipo de vocabulário que pode usar em uma música. Os tenores deveriam aprender italiano porque o tenor foi inventado nesta paisagem extremamente romântica — a paisagem da vogal. *Sono. Io. Alto.* A ópera não é igual para os cantores em alemão; é mais difícil encontrar vogais nesse idioma, mais difícil acertar as notas altas. Enquanto trabalhávamos em *Achtung Baby*, escrevi uma nota mental para mim mesmo: "Cante mais baixo, use a tecnologia se precisar". Em "The Fly", por exemplo, usei distorção eletrônica para chegar a uma personalidade diferente, mas em "Until the End of the World", usei uma conversa. Com Jesus.

In the garden I was playing the tart
I kissed your lips and broke your heart.
*You, you were acting like it was the end of the world.**

Houve dias em que fazer este álbum parecia ser o fim do mundo para nós. *Ele não está exagerando?*, você se pergunta. *Não é como se você estivesse indo para uma mina de carvão todas as manhãs.* Certo. Admito. Eu sei. São egos masculinos se enfrentando. Mas somos uma banda, um quarteto. Ao contrário de um artista solo, estamos tentando concretizar uma visão compartilhada. Isso pode ser a fonte de uma alegria incomparável... ou uma espécie de torpor terrível.

Felizmente, há momentos em que a agonia se transforma em êxtase.

Em nossa última semana no Hansa, estamos fazendo uma música que se chamará "Love Is Blindness". Estou incentivando Edge a contar a história de sua vida, neste momento, por meio do instrumento com o qual ele se expressa melhor. É uma história que ele deve contar, mas uma história que ele nunca pode contar com palavras. Uma história dolorosa demais até para ser contada a si mesmo. A história é sobre seu casamento, que acabou, e como ele está se separando da mãe de suas filhas, essas três garotas que ele ama mais do que a vida. Ele também ama a mãe das filhas, mas eles não conseguem mais

* No jardim, eu estava me fazendo de indecente/ Beijei seus lábios e parti seu coração./ Você, você agia como se fosse o fim do mundo.

fazer com que a relação seja mutuamente satisfatória. No estúdio, Edge não tem onde se esconder de seus amigos e, com sua guitarra, não tem onde se esconder de si mesmo. Enquanto estamos ali, ele começa a exorcizar esses demônios, mas depois passa a exercitá-los. Dizer que ele está perdendo a paciência não dá conta do sentimento; é como se ele estivesse descarregando toda essa raiva reprimida, a mágoa e a tristeza, em sua guitarra. Lutando contra seus sentimentos castigando a guitarra que tem em mãos, batendo nela, tentando arrancar suas cordas. Para o resto de nós, parece que o mundo está desabando sobre este homem e sua guitarra, que eles estão se fundindo, o homem se tornando objeto inanimado ou vice-versa.

E, em meio a essa trovoada, percebo uma beleza furiosa, uma pequena sintonia que emerge da dissonância, uma melodia incipiente que será inesquecível para quem quer que ouça essa música. Há uma potência no fato de se estar presente durante o ato da criação, e me considero sortudo por ter estado presente em um momento como este no Hansa Studios.

Com Edge o tom sempre vem primeiro; o tom é tão importante quanto a progressão de acordes, o refrão, a letra. O som em si é o que Edge ocupa, e o que ocupa Edge é o som.

UMA ESPÉCIE DE INVOCAÇÃO

Perdemos a confiança no Hansa, e isso começou a provocar desgastes. Nós éramos um, mas, bem, você sabe o resto. *Achtung Baby* teve um parto difícil. Quase perdemos o bebê. Mas quando ele chegou, logo esquecemos as dores do parto. A espera, a ansiedade, o desejo pela música imbui as canções finais de algo diferente. É uma espécie de invocação.

Um componente-chave para a excelência é que o trabalho tem que corresponder a um profundo desejo pessoal de realizá-lo. A música que você está escrevendo e gravando tem que ser, acima de qualquer outro critério, uma música que você mesmo tem vontade de ouvir. "One" era uma dessas músicas. Nós a escrevemos porque realmente precisávamos ouvi-la. Era composta de duas sequências de acordes descartadas que Edge criou para uma parte de "Mysterious Ways". Quando ele juntou as duas, aquilo foi um convite para cantar uma música novinha em folha.

O Dalai Lama tinha escrito para nós, não muito antes, pedindo que fizéssemos parte do Festival of Oneness ("Festival da Unidade"). Eu não sabia bem o que o Dalai Lama pretendia, mas ele me pareceu uma figura poética em uma situação trágica. Respondi, educadamente, explicando por que não podíamos participar do festival e, depois de "respeitosamente, Bono", acrescentei um P.S.: "Um, mas não o mesmo".

Eu tinha, e ainda tenho, desconfianças em relação à ideia de unidade. Não acredito na homogeneidade da experiência humana. Acho que não somos todos um. Podemos ser um, mas não acho que temos que ver as coisas da mesma maneira para sê-lo. Um pensamento anárquico: somos um, mas não somos os mesmos. Temos a oportunidade de nos apoiar uns nos outros, mas isso não é uma obrigação: nós apenas temos a oportunidade.

Improvisei uma letra sobre um filho que conta ao pai religioso que é gay. Sobre uma amante pega descobrindo o sexo fora de um casamento sem sexo, e explicando como ela chegou a esse ponto. Parte do drama é que a música começa no meio de uma discussão: "It's getting better, or do you feel the same? Will it make easier on you, now you've got someone to blame?" ("Está melhorando ou você se sente da mesma forma?/ Agora que você tem alguém em quem botar a culpa, as coisas ficarão mais fáceis?")

Você está ouvindo conversas e tira sua própria conclusão, assim como aquela mulher do Palasthotel que ouvia o que se passava nos quartos que ela e seus amigos da *Stasi* grampeavam. Todas as intimidades de diferentes salas se entrelaçam em uma história sobre como as pessoas são mais iguais do que diferentes. Ainda assim, elas permanecem diferentes. *Não temos que fingir que somos todos iguais, e não temos que nos escorar uns nos outros. Mas, na verdade, gostemos ou não, temos a oportunidade de nos apoiar uns nos outros.*

Há um grande sentimento de camaradagem no cerne de uma banda de verdade. E quando a camaradagem se esvai, a musa costuma sair correndo pela rua atrás dela. Tenho um desejo excessivo de companhia e especificamente de colaboração. Gosto de passar tempo sozinho, mas minha inclinação sempre foi pegar o que aprendo sozinho e dobrar ou quadruplicar em parceria.

Sem a banda, não consigo fazer a música que ouço na minha cabeça. Sem minha parceira, não posso ser o homem que desejo ser. Meu sucesso vem da colaboração.

A MÚSICA QUE PRECISÁVAMOS OUVIR

Quase trinta anos depois, em novembro de 2018, e no palco de uma Berlim muito unida, me peguei explicando esse período nesta cidade para a multidão. Explicando para a banda, para mim mesmo. É o último show da turnê, e Brian Eno está aqui, junto com Flood, e expliquei como os dois e Danny foram cruciais para nós naquele período. Com Larry ainda na bateria, Adam e Edge se preparando para a próxima música, me lembrei de tudo: não apenas de como nos desentendemos enquanto estávamos gravando *Achtung Baby*, de como perdemos a paixão de integrar a banda, mas também como "One" foi uma música que nos salvou.

Escrevemos a música que precisávamos ouvir.

Expliquei ter entendido que no final sou um quarto de um artista sem Edge, Adam e Larry. Como sou metade de uma pessoa sem Ali. Placas de saída piscando nas arquibancadas, olhei em volta do palco para meus codependentes e me dei conta da minha própria gratidão. Somos um e por uma fração de segundo somos, sim, iguais.

The Fly

in which I begin to get out of my own way by discovering the importance of not being earnest... and start channelling Elvis before Elvis turns up in my Chicago hotel room hoping to become the leader of the free world

21

The Fly

It's no secret that the stars are falling from the sky
It's no secret that our world is in darkness tonight.
They say the sun is sometimes eclipsed by a moon
*Y'know I didn't see you when she walked in the room.**

Ater-se ao seu primeiro amor verdadeiro não parece uma vitória menor contra o mundo e as chances improváveis de essa aposta dar certo, mas descobrimos que essa não é uma razão boa o suficiente para duas pessoas ficarem juntas. Quando o casamento de Edge e Aislinn acabou, todos sentimos uma espécie de perda da inocência. Todo o nosso grupo de amigos ficou um pouco abalado. Eles foram os primeiros a ter filhos, de certa forma os primeiros a virar adultos. Se eles não conseguiram fazer o casamento perdurar, quem conseguiria?

Ali e eu nos examinamos um ao outro com mais intensidade. Era como se estivéssemos fora de nós mesmos, pairando sobre nosso próprio relacionamento, olhando para ele. Será que tínhamos nos comprometido muito cedo ou feito promessas que não entendíamos como seria custoso cumprir? A resposta para ambas as perguntas provavelmente era, sim, junto com um sonoro não para a ideia de

* Não é segredo que as estrelas estão caindo do céu/ Não é segredo que esta noite nosso mundo está na escuridão./ Dizem que às vezes o sol é eclipsado por uma lua/ Você sabe que eu não te vi quando ela entrou no quarto.

que cometemos um grande erro. É verdade, agora que estávamos criando duas meninas, vivíamos nosso próprio momento *Achtung Baby*, e vi que nossa música tinha que ser capaz de contar mais histórias íntimas como essas.

Seja real ou imaginária, sexual ou espiritual, a infidelidade é um assunto que você não pode ignorar caso se considere um memorialista do coração. "The Fly", o primeiro *single* lançado de *Achtung Baby*, não era apenas uma imagem da insignificância de um homem perante sua libido inconfessa, como também era um reconhecimento de quão irritante essa libido pode ser.

A man will rise, a man will fall,
from the sheer face of love,
like a fly from a wall.
*It's no secret at all.**

Aqui o sexo tem a função de inseticida, e por que eu não falaria de um assunto que, caso Sigmund Freud estivesse minimamente certo, está próximo do centro da personalidade? "The Fly" me deu permissão para ser promíscuo no trabalho com o U2, e quem sabe até fora dele. Mas se você imagina que ver o pai de seus filhos no palco com um olhar feliz de um menino de 13 anos possa ser alarmante para a parceira de um superastro do rock, você estaria... errado. Ali jamais esqueceu como aquele menino de 13 anos fazia ela rir. Ela se divertia com a adolescência tardia de que nós dois desfrutávamos como casal. E tinha certeza total e absoluta de que meu universo tinha um único sol. Se, de vez em quando, ela achava que estava sendo eclipsada por uma lua qualquer, eis que ela surgia, minutos depois, para restabelecer a gravidade. E eu, para restabelecer a gravidade dela, mas isso era mais raro.

O NASCIMENTO DE "THE FLY"

Mudando para Los Angeles para fazer *Rattle and Hum* no final dos anos 1980, começamos a quebrar a imagem daqueles quatro homens

* Um homem se erguerá, um homem cairá/ da pura face do amor,/ Como uma mosca da parede./ Isso não é segredo algum.

de aparência séria do encarte de *The Joshua Tree*. *Achtung Baby* elevou a temperatura, e nos deu mais liberdade para não sermos arrastados pelo peso de nossa própria bagagem moral. Era hora de liberar algum lastro. O balão que poderia facilmente ter estourado, em vez disso, chiou e fez barulho em sua trajetória imprevisível rumo à descontração.

Descrevemos "The Fly" como o som de quatro homens que colocaram *The Joshua Tree* abaixo.

No momento em que eu estava procurando uma oportunidade de me mostrar como um artista muito sério, Ali estava ao meu lado me dizendo que sentia falta da ousadia que eu estampava no rosto na adolescência. Mas, ao me soltar, também tive medo de ser chamado de hipócrita. A resposta estava me encarando com aquela expressão ousada no rosto.

A resposta foi eu mesmo me declarar um hipócrita.

Na música, no palco e diante das câmeras, tive que encontrar um personagem que pudesse assumir meus piores excessos. Um astro do rock fantástico. Um superastro do rock. E daí se eu nunca me senti como um, e só interpretava esse papel em meio expediente? "The Fly" sabia o quão séria pode ser uma brincadeira, enxergava o humor como uma arma, tinha noção de que os comediantes têm mais oportunidades do que os compositores de dizer o que ninguém quer ouvir.

Parte dada, parte ataque artístico, parte bufão shakespeariano, adorei a liberdade que encontrei ao assumir meu papel de bobo da corte contrariado. Foi-se o velho e prudente Bono, levando uma dedada no olho de sua sombra, a importância de não ser o Bono prudente.

Além disso, o visual ficou ótimo! Roubei um pouco de todos os meus heróis e muito do *'68 Comeback Special*, o já clássico programa de televisão que marcou a volta de Elvis aos palcos em 1968. A jaqueta de couro de Elvis, as calças de couro de Jim Morrison. Fora do palco, os óculos eram os Ray-Bans de Lou Reed; no palco encontrei esses óculos incríveis, *funkadélicos*, com lentes enormes, como os olhos de uma abelha. Na verdade, o responsável pelo nosso guarda-roupa "Fightin' Fintan Fitzgerald" encontrou esses óculos em um brechó de Londres. Durante a gravação eu os deixava no estúdio, e me divertia com eles quando a música perdia a diversão. Eu punha os óculos e dizia para a equipe de produção que podia ver o futuro. "E então, como ficou a mixagem final?", perguntou Flood, nosso engenheiro de áudio. "O Fulham vai subir para a primeira divisão?"

Antes eu tinha que perguntar para Edge, que todo mundo sabia que vinha do futuro, como era lá. Ele costumava refletir por um instante antes de dar sua resposta, que era sempre a mesma. "É melhor."

Grandes Lorotas, Pequenos Astros do Rock

1. Os vocalistas são baixos. Bryan Ferry é uma exceção. Nick Cave é uma exceção. Ok, existem outros, mas geralmente os vocalistas não são altos. O palco é o nosso sapato plataforma.
2. A insegurança é a nossa melhor segurança.
3. Os vocalistas muitas vezes já saíram pela porta dos fundos na hora de pagar a conta.
4. A única coisa que interessa mais aos astros do rock do que eles mesmos são os outros astros do rock.

SONAMBULISMO COM A MUSA DAVID BOWIE

Eu tinha 12 anos quando vi David Bowie tocar "Starman" pela primeira vez no programa *Top of the Pops*. Ele era vívido. Luminoso. Fluorescente. Em termos de impacto, David Bowie foi o Elvis Presley da Inglaterra. Há muitas semelhanças: a dualidade masculino-feminino; a presença de palco magistral; como cada um criou silhuetas originais, formas recortadas agora tidas como óbvias, mas que não existiam antes. Bowie se inspirou no pingente em forma de raio de Elvis — o chamado "cuidando dos negócios" — para sua maquiagem em *Aladdin Sane*.

Eles eram gêmeos cósmicos, nascidos no mesmo dia com doze anos de diferença, e ambos pareciam vir de um outro mundo. Com Bowie, você tinha a suspeita sorrateira de que, se convivesse com ele, encontraria uma porta para outros mundos. Na minha mente adolescente, "Life on Mars?" era realmente sobre a vida na Terra. Estamos realmente vivos? Isso é realmente tudo o que existe?

Em um dia de primavera na velha e suja Dublin, enquanto estávamos gravando *Achtung Baby*, David chegou no rio Liffey vestido como o capitão de um navio. Ele realmente estava vindo de seu iate, ainda que tivéssemos preferido que fosse uma espaçonave. Estávamos na nossa fase de "roubar dos ladrões"; então, não tivemos vergonha de tocar para ele um álbum tão obviamente influenciado por sua música. Ele me disse que achava que "The Fly" precisava de retoques, mas foi tranquilizador em relação a algumas outras músicas... muito generoso da parte dele, considerando que estava sendo plagiado. Ele creditou algumas semelhanças à influência de Eno sobre todos nós, e não apenas sobre ele, e nos lembrou que ele mesmo tinha sido um colecionador. Ele abordou o assunto com a música "Fame", escrita com John Lennon.

Fame (fame) what you like is in the limo
Fame (fame) what you get is no tomorrow
*Fame (fame) what you need you have to borrow.**

Como estava passando mais tempo em Dublin, ele queria saber dos bares e clubes locais, e talvez por estar vestido de capitão, pensamos que poderia gostar do nosso *pub* local, o Dockers, na Liffey, nos fundos do Windmill Lane Studios. Talvez ele tenha imaginado que era algum tipo de bar temático sobre Marlon Brando em *Sindicato de ladrões*? Porque, na próxima vez em que apareceu para nos ver, o homem vindo de marte pediu para nos encontrar no Dockers, mas pareceu intrigado por ver que o lugar estava cheio de estivadores de verdade. E das famílias dos estivadores. Para aumentar a surpresa, dele e deles, David estava vestindo um terno azul-metálico mais brilhante do que o sol, a ponto de parecer que ele andava com um refletor, e por um longo instante ele conseguiu o impossível. Criou silêncio em um bar irlandês barulhento. Um silêncio estupefato seguido pelo inevitável crescendo de gozação e risadas, elogios e zom-

* Fama (fama) o que você gosta está na limusine/ Fama (fama) o que você ganha é não ter futuro/ Fama (fama) o que você precisa tem que pegar emprestado.

barias grosseiras, que o Starman foi gracioso o suficiente para fingir não ouvir.

Outro domingo e Ali se apaixonou enquanto ele bajulava nosso pequeno fauno Jordan. Quando sua esposa e empresária, Coco, foi embora, pois Bowie ia dormir na nossa casa naquela noite, ela deu algumas instruções a Ali.

"David pode ser meio estranho durante a noite. Se ele entrar no seu quarto sonâmbulo e ficar na ponta da cama, diga para ele voltar para a cama dele. Ele costuma obedecer."

"E se ele não obedecer?", questionou a anfitriã.

"Ligue para mim."

David dormiu bem, mas Ali, acordada de madrugada com Jordan, de 2 anos, não.

Quando ela passou pelo quarto de David, a porta estava aberta e ela a fechou. Uma hora depois, a mesma coisa. Na manhã seguinte, perguntei a ela sobre os hábitos noturnos do homem que caiu na terra.

"Que criatura linda, como um dos anjos de Blake", disse ela. "Quase sai voando."

Correntes de platina. Raramente percebemos a sorte que temos de conviver com certas pessoas até que sua presença deixe de estar presente. Como fomos abençoados naquele momento por ter uma luz tão brilhante à nossa volta.

Veríamos muito David nos próximos anos, mas também haveria períodos em que ele desapareceria. Perto do fim de sua prolífica vida, tentei manter contato, mas ele ficou em silêncio. No lançamento de sua música "Blackstar", Jordan e eu demos uma caminhada de inverno por Killiney Hill, compartilhando um par de fones de ouvido para ouvir seu novo comunicado. Uma música arrepiante, "Blackstar" (batizada em homenagem a uma gravação inédita de Elvis) era mais jazz do que pop, mais Miles Davis do que Michael Jackson, mas, aos quatro minutos e vinte e cinco segundos, a música dá uma virada e volta à sua fase roxa dos anos 1970. Do nada, parecia que eu podia estar ouvindo *Hunky Dory* e que eu tinha 15 anos de novo — enquanto andava com minha filha de 26 anos, cujo artista favorito sempre foi David Bowie. Desacelerei no topo da colina com lágrimas nos olhos. Segurei Jordan com tanta força que ela percebeu que era ela que estava me segurando, lágrimas adolescentes quentes de meus olhos em seu rosto vermelho e frio.

No aniversário dele, meses depois, escrevi a David um bilhete mais longo do que o normal para dizer como nos sentíamos, e incluí o belo poema de Michael Leunig, "Love and Fear" ("Amor e medo"):

Só existem dois sentimentos.
Amor e medo.
Só existem duas linguagens.
Amor e medo.
Só existem duas atividades.
Amor e medo.

Incluí uma *selfie* em que Jordan e eu brindávamos a ele, e três dias depois acordamos com a notícia de que David tinha morrido. Uma parcela dos muitos fãs de Bowie morreu junto. O pôster caiu da parede no número 10 da Cedarwood Road. O U2 devia muito a ele. Até mesmo sua loucura, a "Glass Spider Tour", serviu de inspiração para nossa própria "ZOO TV Tour", que Robert Hilburn, do *Los Angeles Times*, chamou de "o 'Sgt. Pepper's' das turnês de rock". Um belo elogio de um bom crítico que certamente sabia que David Bowie sempre esteve em nossas mentes.

O NASCIMENTO DA "ZOO TV TOUR"

Foi *zoo radio* ("rádio zoológico"), termo criado para se referir a DJs maníacos e barulhentos que transmitiam de estúdios de rádio em que qualquer coisa poderia acontecer, que despertou a ideia de levarmos nossa própria emissora para a estrada. Uma emissora de televisão.

Podíamos fazer transmissões externas, receber imagens de satélite ao vivo, navegar pelos canais. Podíamos passar trotes telefônicos para a Casa Branca. Podíamos fazer tudo durante um show. Podíamos chamar a turnê de "ZOO TV".

E foi o que fizemos.

A construção dos shows do U2 há muito exigia a montagem de toda uma outra banda nos bastidores. O som é o mais importante, e para isso temos Joe O'Herlihy, que nos conheceu no Arcadia Ballroom, em Cork, sua cidade natal, em 1978. E nunca mais nos abandonou. Na época, ele era um aprendiz de feiticeiro, mas em algum momento se tornou um grande mestre, uma espécie de adivinho, que ouve menos com os ouvidos do que com o âmago.

Os arquitetos centrais que moldam e constroem o show são poucos. Muitos *designers* contribuíram, mas apenas alguns ficaram conosco, incluindo Mark Fisher e sua equipe. Mas ninguém teve um papel tão relevante quanto Willie Williams, que começou como nosso iluminador na "War Tour", em 1983. Lembro dele citando seu amigo Steve Fairnie, da banda pós-punk alternativa Writz, que declamava do palco: "Eu tenho uma visão, uma televisão". Willie também tinha TVs, e para a "ZOO TV Tour" ele as colocou no palco todo. Sem falar que ele pendurou aqueles Trabants da Alemanha Oriental em cima de nós.

Willie tem uma voz que parece passar por um sistema de amplificação próprio. Uma voz que ele pode aumentar ou diminuir à vontade, mas que é sempre clara e audível, independentemente do ruído de fundo e dos berros. Criado em Sheffield, Inglaterra, e, como nós, desviado da universidade pelo punk. Se nós éramos fãs num show do The Clash que decidiram subir no palco e ser a banda, Willie era fã em um de nossos shows. E em vez de invadir nosso palco, decidiu que poderia projetá-lo. Um *mosh* ao contrário. Agora no papel de nosso designer do show e absorto em cada detalhe de nossas produções, ele vive para a iluminação, e se o som é a força de Joe, a luz é a de Willie. Willie há muito tempo é fantástico em arenas e estádios, mas igualmente importante para uma banda em turnê, quando o moral é essencial, ele é um entretenimento à parte, e gosta de fazer seus shows ocasionais.

Flórida, noite de estreia, fevereiro de 1992. Kurt Loder da MTV está me perguntando o que aconteceu com o "cara normal, que vestia roupas normais".

"Você não gostava de mim quando eu era eu, então eu encontrei alguém novo."

A surpreendente capa em Technicolor de *Achtung Baby* oferecia um contraste gritante com a estética monocromática dos álbuns anteriores, e era hora do nosso show passar por mudanças também. Apesar de "ir a um show de rock para assistir televisão", como disse Larry, não parecer muito divertido, na era do grunge a ideia se mostrou contracultural de uma maneira bem crítica. Foi a era dos Pixies, do Pearl Jam e do Nirvana, da música despojada de tudo até ficar só no osso. As músicas de Kurt Cobain soavam como brigas de rua, enquanto Eddie Vedder fazia cirurgias cardíacas toda noite, exceto pelo espetáculo de luzes fluorescentes. Estávamos tão desconectados assim do espírito cultural da época, a volta às raízes do rock que era o grunge? Sim, estávamos. E estávamos adorando. Éramos fãs dessa nova safra de bandas, mas gostávamos do atrito com algumas das ideias mais falsas de autenticidade que envolviam a cena. Pedimos aos Pixies para fazer uma turnê conosco, e foi um ajuste estilístico perfeito.

Claro, eles eram rock 'n' roll de cores primárias brutais, mas e quanto às letras? Eram ficção científica.

Nossas próprias cores eram agora brilhantes — ultravioleta e azul elétrico —, e havia uma energia caótica na produção noturna da "ZOO TV Tour". Cortes rápidos e edições difíceis entre comédia e tragédia, entre o que era real e o que não era. A dualidade de *Achtung Baby* foi escrita em grandes painéis de telas de TV, que iluminavam nosso palco. Um futurismo lúdico e falso que foi capturado por uma de nossas estrelas-guia literárias, o profeta cyberpunk William Gibson, que escreveu: "O futuro está aqui. Só não foi amplamente distribuído ainda."

Toda noite, "The Fly" rastejava parede acima rumo ao que era nosso palco antes de cair visivelmente para trás e para baixo diante da multidão intrigada. Toda noite o show terminava com "Love Is Blindness".

Love is blindness, I don't want to see
Won't you wrap the night around me?
Oh, my heart,
Love is blindness.
In a parked car, in a crowded street
You see your love made complete.
Thread is ripping, the knot is slipping
*Love is blindness.**

* Amor é cegueira, eu não quero enxergar/ Você não vai envolver a noite ao meu redor?/ Ah, meu coração,/ Amor é cegueira./ Num carro estacionado, numa rua movimentada/ Você vê o seu amor se tornar completo./ A linha está rasgando, o nó começa a desatar/ Amor é cegueira.

ENTRA ELVIS, PELA ESQUERDA...

Na maior parte das noites, no palco, ligávamos para a Casa Branca de George Herbert Walker Bush. Sempre tínhamos algumas perguntas a fazer. Eu deixava alguma mensagem boba, como "Assista mais televisão". Tudo um pouco dada: talvez isso tenha vindo da Alemanha também.

Aquilo estava mais para travessura do que para manifestação política até setembro de 1992, quando conhecemos o então governador do Arkansas, William Jefferson Clinton. A regra na banda é: se você ficou com a suíte grande do hotel, tem que ser anfitrião das reuniões da banda e do pós-show. Mas esta reunião em particular foi depois do pós-show. Algumas horas depois da festa. Chegamos ao Ritz-Carlton em Chicago depois de viajar do show em Madison, Wisconsin, e às oito da manhã o quarto, que por acaso era meu, parecia ter hospedado um *poltergeist*, não um bando de astros do rock e um grupo de amigos e funcionários. Aprendizes de hedonistas, na verdade.

Edge e eu ficamos acordados até altas horas trabalhando em uma música que queríamos mostrar para Frank Sinatra. Agora quando ouço "Two Shots of Happy, One Shot of Sad", parece uma homenagem ao clássico de Frank "In the Wee Small Hours". Mas ao encontrar Frank Sinatra, não estávamos preparados para a chegada de Elvis.

Elvis era o apelido que alguns membros da equipe do governador tinham dado a seu destemido líder, e com seu andar arrogante e sorriso tão largo quanto o rio Tennessee, não era difícil entender o porquê. Devíamos ter nos preparado porque, depois de descobrir, na noite anterior, que estávamos hospedados no mesmo hotel, convidamos o candidato presidencial democrata favorito para se juntar a nós. Talvez o álcool tenha influenciado essa decisão, mas quando nosso sóbrio tour manager, Dennis Sheehan, se abaixou para colocar um convite sob a porta do candidato, foi dissuadido pelo Serviço Secreto.

"Eles se conhecem", explicou Dennis. "A banda uma vez falou com o governador em um telefonema num programa de rádio".

"Entrego seu bilhete ao governador pela manhã, senhor. Ele está dormindo agora; acabamos de chegar."

Dennis, destemido, viu uma oportunidade.

"Acabamos de chegar também", respondeu o homem da cidade de Dungarvan, certo de que a logística de viagem da comitiva de um candidato presidencial não poderia ser tão diferente da que ele comandava. "Nós, que nos movemos no ar quando todo mundo está dormindo", disse Dennis com um sorriso.

O funcionário do Serviço Secreto permaneceu impassível.

"Os rapazes estão só oferecendo pizza. Nada de mais."

Bem, talvez um pouco de mais. Depois de seis meses de uma turnê em que fazíamos uma paródia dos astros do rock, as máscaras estavam servindo bem demais. As madrugadas estavam ficando mais longas, e quando o governador entrou pela porta de nosso rescaldo de festa, mesmo nós sabíamos que essa não seria uma boa oportunidade de tirar fotos. Quanto a todos os homens e mulheres do futuro presidente, eles estavam pensando apenas em controlar possíveis estragos, na rapidez com que poderiam passar por esse desvio improvisado pela Babilônia do rock.

Mas não Bill, de Little Rock, Arkansas. O futuro presidente viu quatro irlandeses se divertindo um pouco, quatro caras que ele tinha o poder de transformar em seus melhores amigos. Descobriríamos que esse superpoder especial era tão letal quanto qualquer programa de mísseis balísticos, igualmente capaz de garantir que a mensagem que um presidente deseja passar fique bem clara. Charme em grande escala. Charme nuclear.

Rindo alto enquanto examinava os destroços de garrafas de vinho vazias e caixas de pizza, ele se virou para seus assessores com as mãos estendidas.

"Bem, acho que uma banda de rock é assim."

Depois sentou-se para discutir o processo de paz irlandês, Miles Davis e Frank Sinatra. Ele era um homem de coração e mente abertos, e ficou evidente que seria capaz de entabular uma conversa com quem quer que fosse. Qualquer pessoa mesmo.

"Vocês já foram a um jogo dos Bears?"

"Governador, nunca fomos a um jogo de futebol."

Depois que ele nos convidou para ir de carona com sua comitiva a um jogo do Chicago Bears, nossa amizade foi selada; por isso, quando Bill Clinton ganhou a eleição, semanas depois, seus novos melhores amigos ficaram um pouco tristes por não receber um convite para a posse em janeiro. Foi um lapso, sem dúvida.

A MTV estava dando uma festa chamada "Rock the Vote", e Larry e Adam formaram uma banda cover híbrida chamada Automatic Baby com Michael Stipe e Mike Mills do R.E.M. para tocar

"One". Ter um presidente sulista na Casa Branca foi um momento especial para esses músicos sulistas. Mas Edge e eu? Não fomos convidados nem para o pós-show. Ainda assim, um dos conselheiros do presidente, Mike Feldman, manteve contato, e, alguns anos depois, quando precisei marcar uma reunião com meu novo melhor amigo e agora líder do mundo livre, finalmente consegui um convite.

MENOS É MAIS... MAIS É AINDA MAIS

A "ZOO TV Tour" atravessou o Atlântico confiante. Embora montada na América, a turnê fora projetada para o misto de crise e oportunidade que era a nova Europa. Desde que o Muro caíra e a Cortina de Ferro fora aberta, havia muita expectativa de que agora a Europa livre seria maior e mais unida, um lugar onde muitas vozes diferentes poderiam falar com a mesma voz. Ou com voz nenhuma.

Bruxelas por vezes era a Eurobabel. Será que essa torre de Babel do globalismo iria fazer os nacionalistas saírem às ruas? Sim… e não. Sim, o número de gangues neonazistas estava aumentando, e o primeiro conflito militar aberto na Europa desde a Segunda Guerra Mundial estava eclodindo nos Bálcãs. Mas também não. Muitos de nós amávamos, adorávamos, essa ideia super-romântica de uma nova Europa. Parecida com os Estados Unidos, mas lembrava mais um mosaico do que um cadinho de culturas. Origens culturais e palimpsestos preservados, tradições e línguas protegidas.

Essa estética dramática era a base da "ZOO TV Tour", e nos levou a escrever mais músicas unidas sob o nome Zooropa, pois era para lá que estávamos indo. Guardas de zoológico e animais de circo, todos a bordo. Será que teríamos como gravar um álbum no intervalo entre as etapas norte-americana e europeia, no intervalo entre os shows em ambientes fechados e as "transmissões externas"?

Adaptar a produção interna para um ambiente externo já era difícil o suficiente, mas um novo álbum seria possível? Talvez. Se nós nos entregássemos à grandiosa loucura que era isso. Foi o que fizemos. Com mais loucura do que grandiosidade.

Enquanto escrevo, noto que uma tendência ao absurdo muitas vezes pode ser atribuída à minha mente inquieta, e que isso pode ser difícil para as pessoas à minha volta. Especialmente Edge, que provavelmente não dormirá nos próximos meses. (A menos que seja com a cabeça encostada em uma mesa de mixagem.) Se não fosse por parte do material que ele preparou quando começamos a trabalhar em *Zooropa*, apesar de nossas improvisações em estúdio com Adam, Larry e Brian Eno, não haveria álbum.

Seria ridiculamente caro, mas tentaríamos ampliar o ataque multimídia da "ZOO TV Tour" para um estádio. Agora, ainda mais exagerado, com TVs gigantes e uma coleção *vintage* de carros Trabant da Alemanha Oriental, instalação artística pendurada no alto do cordame. Reaproveitados como holofotes. Mais é mais, como passamos a dizer. Maximalismo.

Amo estádios por um motivo simples: quem está nas arquibancadas consegue ver o palco. Adoro o vozerio potente e cheio da multidão nesses caldeirões de concreto, em contraste com o campo aberto, em que o som de uma multidão cantando flutua na noite. Cresci assistindo a partidas de rúgbi com meu pai e meu irmão, e adorávamos particularmente os jogos da Irlanda contra o País de Gales. O canto coral galês das arquibancadas leva você a um outro patamar e arrepia até os cabelos das nucas dos oponentes. É verdade que multidões reunidas para fins de coletividade ficam expostas a confabulações e tentativas de manipulação. Ou seja, tem seu lado bom e seu lado ruim.

De todos os julgamentos da história que recaem sobre Adolf Hitler, os crimes do *show business* raramente fazem parte da lista. O *führer* tinha um talento nato para sistemas de som, e shows em estádios faziam parte de sua cartilha letal. Ele e Joseph Goebbels entenderam o poder do espetáculo para potencializar as visões sombrias do Terceiro Reich. Albert Speer, arquiteto favorito de Hitler, foi contratado para construir o imponente cenário das Reuniões de Nuremberg, e foi consultor na construção do novo estádio para os Jogos de Berlim, em 1936. O Terceiro Reich: na moda, no estilo, no design. E tudo com intenção assassina. Leni Riefenstahl, sua cineasta favorita, fez *O triunfo da vontade* e *Olympia*, nos quais celebrava a visão de Hitler sobre a *Herrenrasse*, a raça superior.

Nosso plano era satirizar isso na "ZOO TV Tour". "Zombar do diabo", sugere C. S. Lewis em seu *Cartas de um diabo a seu aprendiz*. Usar esse monstro multimídia para enfrentar o levante neonazista na Europa era tentador demais para deixar passar. Todo o nosso ataque artístico foi projetado desde o início para ser um tragicômico comício antifascista. O show abria todas as noites comigo entrando no palco em passos militares.

"Achtung, baby!"

Decidimos nos apropriar de cenas de *Olympia* para nossa abertura da "ZOO TV Tour" muito antes de sabermos que em junho de 1993 estaríamos nos apresentando no próprio Estádio Olímpico de Berlim. Que momento, quase sessenta anos depois, voltar a exibir o trecho no estádio em que aquilo foi filmado. A vida imita a arte. A arte imita a vida. E o risco de ofensa? A sátira política tinha sido uma ferramenta tão eficaz para os dadaístas e surrealistas, e seus ataques artísticos incomodavam tanto os nacional-socialistas que eles estiveram entre os primeiros a serem perseguidos pelo Terceiro Reich. O neonazista espera ser recebido com violência nas ruas; esta é a linguagem de seu machismo suavizado, o *sex appeal*, especialmente para homens jovens. A zombaria é uma arma mais perigosa, mais difícil de combater. O humor arranca as calças militares do homem fascista, expondo-o ao ridículo. Um jornalista nos perguntou se a banda estava com medo de que a estrutura física do Estádio Olímpico nos oprimisse. Respondi que não, mas se Berlim estava com medo, deviam pintar o estádio de rosa. Estaria eu ficando um pouco abusado? Isso terminou abruptamente quando a turnê chegou à Itália, onde ficou claro que a guerra na Bósnia estava revelando tendências genocidas no Mar Mediterrâneo, há muito consideradas extintas.

A ARTE IMITA A VIDA... E A MORTE

Bill Carter era um cineasta americano independente e trabalhador humanitário. Ele estava morando em Sarajevo durante a Guerra da Bósnia, no auge do que se tornaria o cerco mais longo — quase quatro anos a partir da primavera de 1992 — de uma cidade nos tempos modernos. Um jovem arrojado de 25 anos, Bill tinha um destemor que lhe permitiu arriscar a vida e passar pelo corredor polonês de franco-atiradores sérvios para escapar do cerco e cruzar a fronteira para a Itália. Só para ver nosso show em Bolonha. Ele era um fã. E por mais engenhoso que fosse, Bill estava em uma missão para aprofundar o relacionamento entre sua banda favorita e sua cidade adotiva de Sarajevo. Ele nos ouviu falando sobre a guerra na antiga Iugoslávia e como os bósnios estavam enfrentando praticamente um genocídio; e como isso envergonhava uma Europa desunida que não respondeu. Mencionei que atiradores de elite estavam alvejando antigos vizinhos a partir das colinas em volta da cidade, como alguém que atira em peixes em um barril.

Cerca de catorze mil pessoas seriam mortas durante o cerco, e a população da cidade caiu para quase cem mil habitantes. Isso era o inferno, e o diabo reservava um lugar especial em seu coração desnaturado para Sarajevo, até porque a cidade já foi conhecida como a capital da tolerância na região. Por mil anos, muçulmanos, cristãos e judeus conviveram pacificamente ali.

Nos bastidores na Itália, Bill nos contou sobre a vida do outro lado do mar, bem na fronteira da Europa, onde os bósnios se escondiam em abrigos contra os bombardeios constantes. Eles tocavam música alta para abafar os sons da destruição, disse Bill, e eles estavam assistindo à MTV, incluindo nossa banda, protestando enquanto a Europa virava as costas. Ele tocou mensagens de amor para nós gravadas por fãs presos no cerco, e perguntou se iríamos tocar para a cidade em apuros.

"Claro", respondi, sem olhar à minha volta, o que não é bom comportamento em uma instituição democrática como o U2.

E poderíamos contar a história de como essa cidade de muitas tradições era harmoniosa, antes que a direita sérvia tentasse destruí-la? De como Sarajevo se orgulha de sua mistura única de muçulmanos e judeus, católicos e cristãos ortodoxos? De como todos eles costumavam se sentir seguros ali?

"Sim." De novo.

O primeiro "sim" foi irresponsável. Ficamos sabendo que o burburinho de pessoas que faziam fila para a abertura de uma padaria acarretou ataques de morteiros; então, a aparição de uma banda poderia provocar o caos. Mas o segundo "sim"? Que tal acertarmos uma conexão via satélite ao vivo? Para todos os shows europeus? Se Bill em Sarajevo pudesse reunir um grupo de pessoas de diferentes religiões e etnias, eu falaria com eles ao vivo todas as noites do palco.

Com um programa chamado *The Real World*, a MTV foi pioneira naquilo que mais tarde ficou conhecido como *reality show*, em que os espectadores eram convidados a entrar no apartamento e assistir à vida cotidiana de um grupo de jovens legais. Tudo bem divertido, mas uma versão altamente controlada e bastante editada da realidade.

O *reality show* que adentrou o caos estruturado de nossa produção da "ZOO TV Tour" não seria editado nem controlado. Qualquer coisa podia acontecer, e em algumas noites, acontecia. No estádio de Wembley, em Londres, por exemplo, o clima rapidamente azedou quando, depois de algumas perguntas inócuas do cantor, as três garotas de Sarajevo na câmera se sentiram rejeitadas.

"O que vocês vão fazer sobre nossa situação aqui em Sarajevo? Nada, essa é a verdade!"

"Vocês vão voltar para sua saída desta noite, para suas boas vidas, e se esquecer de nós. A gente vai morrer, e seria melhor para nós e para vocês se a gente morresse rápido."

Não houve resposta. Nenhuma sequência. Apenas nada a dizer.

Setenta mil pessoas e quatro membros da banda dilacerados por uma contraposição brutalmente real. Uma noite transcendente de rock 'n' roll caindo de volta na realidade. Quase não houve aplausos quando os acordes de teclado de "Bad", que agora soavam mais como uma fuga, começaram; pelo menos essa sempre foi uma música que abria espaço para momentos tristes.

As críticas ao show foram terríveis. Nos acusaram de exploração, mas, em nossa defesa, quando começamos essas transmissões ao vivo, o cerco de Sarajevo não estava recebendo a cobertura que merecia. Quando chegamos a Londres, a guerra na Bósnia estava em todas as capas, o que fez parecer que estávamos pegando carona em vez de fornecer alguma ajuda.

Ainda assim, pelo menos uma pessoa foi incitada a reagir ao que testemunhou no Estádio de Wembley naquela noite: Brian Eno foi trabalhar para a War Child, determinado a ser mais útil para seus vizinhos europeus sob ataque. Um ano depois trabalharíamos lá com ele, formando uma banda de conveniência chamada Passengers. Em nosso único álbum juntos, *Original Soundtracks 1*, lançamos a música "Miss Sarajevo", com libreto e ária cantados por Luciano Pavarotti.

Outra música que saiu desses shows em Londres foi "The Ground Beneath Her Feet", uma faixa escrita com o ensaísta Salman Rushdie, que saiu de seu esconderijo depois de vários anos para se juntar a nós no palco do Estádio de Wembley. Salman precisava de proteção 24 horas por dia após a publicação de seu romance *Os versos satânicos*, que alguns acreditavam retratar o profeta Maomé de maneira desrespeitosa. O aiatolá Khomeini do Irã decretou uma *fatwa* — que dava permissão e incentivava "todos os bravos muçulmanos" a matar Rushdie e seus editores sem demora por blasfêmia ao Islã.

Sendo a "ZOO TV Tour" como era, no momento em que o grande escritor corajosamente subiu ao nosso palco diante de oitenta mil pessoas, eu estava com a fantasia completa de Mr. MacPhisto, vestido de diabo, e agora cara a cara com o autor de *Os versos satânicos*. Suas sobrancelhas perfeitamente arqueadas se arquearam ainda mais, e disse minha única fala boa no meu melhor tom lento e sedutor, uma afetação que desenvolvi depois de ver Steven Berkoff interpretou, anos atrás, Herodes na *Salomé* de Oscar Wilde.

"É inevitável que a gente acabe se desentendendo com nosso biógrafo, não é?" Os empecilhos da arte na vida real… e em ameaças de morte reais.

Even better than the real thing

in which, in Australia, ADAM loses 'the plot' and we nearly lose ADAM
the band is degenerating until
ADAM learns to breathe underwater
and (BELIEVE IT OR NOT!) Friedrich Nietzsche comes to
the rescue with the right turn of phrase
and we discover the FLAW is
sometimes even better than the
perfect thing

22

Even Better Than the Real Thing

Give me one more chance, and you'll be satisfied.
Give me two more chances, you won't be denied.
Well, my heart is where it's always been
My head is somewhere in between
*Give me one more chance, let me be your lover tonight.**

O garoto-problema que corria pelos corredores da Mount Temple agora percorria os corredores dos hotéis de luxo de Paris, Nova York e Sydney. O barato que Adam Clayton tirava do oxigênio e dos cigarros na escola há muito havia sido substituído por coisas mais fortes. Sempre rimos das histórias de Dennis tentando acordá-lo depois de que ele havia passado alguns dias na farra, o dia todo e a noite toda. Despejando água em sua cabeça adormecida.

Esvaziando um balde de gelo sobre ele para garantir que ele não perdesse o voo ou o trem. "Certo, estou indo."

Aquela capacidade rara que ele desenvolveu de atender o telefone no quarto do hotel. Enquanto dormia. "Estou entrando no banho." Sei, Adam.

Pessoas da equipe buscavam chaves-mestras do hotel, e uma vez chegaram a subir por um andaime até a janela e invadiram o quarto

* Me dê mais uma chance, e você ficará satisfeita./ Me dê mais duas chances, e você não vai se arrepender./ Bem, meu coração está onde sempre esteve/ Minha mente está em algum lugar no meio do caminho/ Me dê mais uma chance, me deixe ser seu amante esta noite.

para acordá-lo. Sempre profissional, ele acabava começando o dia com os olhos turvos e um balde de café pendurado no pescoço, mas o fogo com o qual ele estava brincando começava a brincar com ele. A bebida, outrora sua companheira de aventuras, agora o controlava. As drogas haviam prolongado sua capacidade de ficar acordado até tarde e ainda meio que funcionar — o suficiente para beber mais.

Ele foi a vida e alma da festa até que deixou de ser. Sydney marcou o momento. Pode até ter sido o fim da juventude de Adam, mas aquilo ainda era melhor do que a outra alternativa. O fim de Adam. E quase o fim do U2.

ADAM NO FUNDO DO MAR

Em novembro de 1993, Adam Clayton estava tão empolgado por estar em Sydney que se esqueceu de ir dormir na noite anterior ao primeiro show. Havia uma razão em especial para estar empolgado em voltar ao país que todos amávamos. Durante os dois shows estávamos fazendo um filme para a TV para marcar o fim da nossa "ZOO TV Tour", um grande encerramento para uma longa *graphic novel*.

Amamos um *gran finale*. Estávamos encerrando uma turnê que não apenas redefiniu as turnês para nós como alterou os parâmetros do que se pensava ser possível fazer em arenas e estádios. Agora a turnê estava se retirando, mas o baixista, não.

Depois de perder a linha com a bebida e as drogas, Adam acabou na companhia de alguns festeiros cuja missão era não deixá-lo sair da festa. Uma farra de proporções tão épicas que ele só conseguiu se lembrar do que aconteceu muito depois, quando leu os relatos de quem conseguia se lembrar, as lembranças que foram vendidas para a imprensa.

Adam saiu pelas ruas tentando seduzir uma das cidades mais sedutoras que há. Sydney, seu rosto saindo da água como uma estrela de cinema. Sydney, uma cidade em que todo mundo está a caminho de algum lugar numa terra que não poderia ser mais distante de qualquer outro. Sydney, seus braços estendidos numa ponte que podia ser tão longa quanto você desejasse. E, sim, nosso herói queria que ela fosse longa. E assim ele teve a cabeça e o coração pisados, não pela grande beleza de Sydney, mas por uma versão adolescente do que é a liberdade de estar longe de casa. Sydney é o lugar onde Adam Clayton perdeu sua juventude e onde esgotou seu estoque de desculpas para explicar por que, aos 33 anos, parte dele ainda tinha 13.

Ele se divertiu à beça; e sofreu horrores. E só ficamos sabendo quando ele não apareceu na passagem de som para o primeiro show no Sydney Cricket Ground. A banda e a equipe de filmagem estavam no palco fazendo marcações para a gravação quando Paul McGuinness entrou no palco e foi direto até onde estávamos confabulando com uma intencionalidade que sugeria que algo estava acontecendo. Havia um chamado estampado em seu rosto, e ele disse meio que sussurrando, meio que gritando: "Adam não apareceu."

EU: "O quê?"

PAUL (COMO SE ESTIVESSE FALANDO COM UMA CRIANÇA): "Eu disse que o Adam não apareceu, ou seja, ele não vai aparecer aqui."

EU: "Você diz no horário? Para esta passagem de som?"

Sydney, presumi, havia arrasado com o meu padrinho de casamento, e ele estava dormindo para se recuperar de uma longa noite.

LARRY: "Que horas ele voltou para o quarto?"

EDGE: "Só temos que resolver o posicionamento das câmeras. Stuart fica no lugar dele." (Stuart Morgan era/é o técnico de som de Adam, e estava à altura da tarefa).

LARRY (SE APROXIMANDO, UM OLHAR FILOSÓFICO NO ROSTO): "Humm. Ele está bem?"

PAUL: "Não, ele não está bem. Ele vai sobreviver, mas vocês não estão me ouvindo. O Adam não vai faltar só na passagem de som. Ele não vai vir para o show de hoje."

Silêncio.

PAUL: "Vocês vão ter que tocar sem ele."

As palavras soaram como numa cena em câmera lenta de um filme de terror. As vozes ficaram mais lentas e mais baixas, como se estivessem vindo debaixo d'água, que era onde Adam estava, e onde todos nós estávamos agora. Submersos na água marrom de lodo e salgada no fundo do porto de Sydney. Ele foi encontrado trancado e inconsciente em um quarto de hotel em Sydney após uma noite de farra descomunal. Os aspectos práticos de uma gravação para a TV de repente se tornaram irrelevantes em comparação ao bem-estar de nosso companheiro de banda, mas Paul nos garantiu que ele ia ficar bem. Só que não naquela noite.

Palavras que nenhum de nós jamais tinha imaginado ouvir enquanto estivéssemos nesta banda.

"O que a gente vai fazer?", foi a pergunta que todos nós fizemos. Juntos. Cancelar o show? Ou tocar sem Adam? As pessoas já estavam a caminho do local; a equipe de filmagem estava pronta. Stuart Morgan não era só um bom técnico, era um baixista talentoso. Só Adam sabia as linhas de baixo de nossas músicas melhor do que Stuart. Talvez ele pudesse substituir Adam nesse show inteiro.

Talvez Adam fosse aparecer no meio do show. Muitos "talvez".

LARRY: "Se a gente puser o uniforme da 'ZOO TV Tour' nele, ninguém vai perceber."

EDGE: "Isso não vai dar certo na TV, Larry."

LARRY: "Era uma piada."

EU: "Ele vai conseguir vir amanhã à noite?"

"Acho que sim", diz nosso *tour manager*, Dennis Sheehan. "Já vi situações piores."

Bem, pensamos, como se trata de um evento para a televisão, talvez pudéssemos dar um jeito. Tínhamos duas noites para fazer um filme sobre o show. "Vamos escolher as melhores partes de Adam amanhã. Se ele conseguir aparecer."

Quando entramos no palco naquela noite, na frente de quarenta e cinco mil australianos, parecia que nossos superpoderes tinham se esvaído. Nunca estivemos num palco sem um de nós quatro, não desde que Larry quebrou o pé num acidente de moto em 1978 e foi substituído pelo bonitão de jaqueta de couro Eric Briggs. Já estive no palco sozinho muitas vezes. Já estive no palco com Edge. É um sentimento diferente sem os quatro. Nós conseguimos. Nós nos recuperamos. Adam está em recuperação desde então.

Pensando nisso, fico imaginando se parte do problema de Adam não era exaustão. A banda tinha produzido dois discos em dois anos e meio enquanto fazia uma turnê em ambientes fechados e ao ar livre durante três. Até mesmo para nós era trabalho demais. Adam tinha questionado a necessidade da constante reinvenção, de sonhar tudo de novo e de novo. Ele queria aproveitar a vista do topo do mundo. Quem podia rebater tais instintos? Bem... eu. Seu colega de banda, que dizia, a qualquer um que desse ouvidos, que havia outra vista mais interessante, mais acima ou mais abaixo, ou logo adiante, dobrando uma esquina. Em qualquer lugar, menos aqui, na comodidade do cômodo sucesso. Eu estava paranoico, pois temia que o U2 pudesse acabar tendo a ideia de prerrogativa de que tínhamos ouvido falar em relação a algumas bandas de rock dos anos 1970 cuja inspiração para compor músicas se esgotara, mas que achavam que sua presença no palco era motivo suficiente para a multidão se curvar. Íamos continuar sendo estudantes e recusar o convite para sermos deuses do rock. A menos que pudéssemos ser deuses irônicos do rock, que era o motivo central da "ZOO TV Tour".

Porque vender um monte de discos não prova nada além da sua popularidade. Se você tem a oportunidade de ser grandioso, precisa de uma métrica que não seja só a presença de algumas de suas músicas no topo das paradas. Tudo o que eu queria ouvir eram as músicas que o U2 não tinha gravado ainda. Tudo o que eu era capaz de enxergar eram os shows que ainda não havíamos feito. Se seguíssemos em frente, podíamos fazer aquilo que ninguém fez. Mas só se continuássemos em movimento, juntos e mantivéssemos alguma humildade. Só se continuássemos desconstruindo a banda.

E construindo de novo.

No ciclo desta banda, como em todo ciclo criativo, há nascimento, morte e renascimento.

Criar uma banda, destruir uma banda, refazer a banda.

Gerar, degenerar, regenerar.

E neste exato momento, na "ZOO TV Tour", estamos na parte degenerativa. E a jornada de Adam é meio que emblemática. Mas eu tinha que me questionar também. Qual era a minha droga?

Esse romper insistente de barreiras, de onde isso vinha? Era algum tipo de disfunção? Por acaso eu não sei dizer quando as coisas já bastam? Teria eu escrito para mim mesmo uma música como "Lemon", de nosso disco de 1993, *Zooropa*?

A man builds a city, with banks and cathedrals
A man melts the sand so he can see the world outside
A man makes a car, and builds a road to run (them) on
A man dreams of leaving, but he always stays behind
And these are the days when our work has come asunder
*And these are the days when we look for something other.**

É obsessão? Continuar achando que algo ainda está fora de nosso alcance? Encontramos um filão com *Boy* aos 20 anos. Achamos outro aos 26 com *The Joshua Tree*, mas descobrimos todo um novo filão a aproveitar aos 30 com *Achtung Baby*. Não estávamos escrevendo músicas pop que todo mundo iria lembrar daqui a cem anos, como os Beatles, mas estávamos criando um sentimento especial em nossa música e abordando assuntos ainda inéditos no rock 'n' roll. E quando tocávamos ao vivo, algo muito raro acontecia na química entre a banda e a plateia.

Os ventos eram favoráveis, e não era hora de parar.

Passei a enxergar a banda como uma corrida de revezamento. Há momentos em que um integrante parece estar andando mais rápido do que os outros. Adam era assim no começo, de longe o mais avançado. Em nossa maratona em conjunto, em Sydney a estrada terminou para ele, mas ele também abriu uma estrada nova. Não é uma estrada plana; é uma ladeira, uma colina infinita na qual ele ainda se encontra. A mesma colina que o filósofo Nietzsche costumava subir; o homem que escreveu que, para que algo grandioso aconteça em sua vida, é preciso seguir "longa e obedientemente na mesma direção".

Essa tem sido a escalada íngreme de Adam rumo à recuperação, sua regeneração pessoal, há três décadas. Nunca estive no AA, mas percebo a espiritualidade contida nos 12 passos no conceito de

* Um homem constrói uma cidade com bancos e catedrais/ Um homem derrete a areia para poder ver o mundo lá fora/ Um homem faz um carro e constrói uma estrada para rodar/ Um homem sonha em ir embora, mas sempre fica para trás/ E estes são os dias em que o nosso trabalho se desfaz/ E estes são os dias em que buscamos algo diferente.

"respirar embaixo da água", uma frase que ouvi do frei franciscano Richard Rohr. Assumir a responsabilidade por seus atos é um dos passos mais importantes, junto com a entrega de si mesmo a um poder superior.

Adam se entregou ao seu próprio poder superior. Ele nunca foi uma pessoa religiosa, tendo saído do Shalom quando nós ainda estávamos sob servidão, e ficava incomodado com a nossa cristandade. Mas acabou ajoelhando conosco, procurando se salvar de si mesmo.

Procurando ajuda em algo maior do que ele próprio.

É algo extraordinário, o momento da entrega. Se colocar de joelhos e pedir ao silêncio que salve você, que se revele.

Se ajoelhar, implorar e se lançar ao espaço, sussurrar baixinho ou bradar a sua insignificância. Cair prostrado e pedir para ser carregado.

Tornar-se humilde com sua família, seus colegas de banda, e descobrir se há um rosto ou nome para aquele silêncio.

Mysterious Ways

in which I wonder what is really going on with my ma and my DA and muse on the mysterious distance between a man and a woman while Edge's muse takes me on a dance where we all fall in love with the supermodels but my own supermuse isn't falling for it . .

23

Mysterious Ways

Johnny, take a walk with your sister the moon
Let her pale light in, to fill up your room.
You've been living underground, eating from a can
You've been running away from what you don't understand.
(Love)
She's slippy, you're sliding down.
*But she'll be there when you hit the ground.**

Em julho de 1969, todo mundo está falando sobre a lua. Neil Armstrong acabou de pisar lá, e o presidente Kennedy fez isso, diz meu pai, "não porque era fácil, mas porque era difícil". É uma imagem que vai me acompanhar ao longo dos anos, uma imagem do impossível transformado em possível pela fé e pela coragem, pela ciência e pela estratégia. A lua se tornou minha de uma forma diferente para sempre, um símbolo da busca romântica, que afeta as marés de nossa natureza humana. Às vezes até mesmo de um modo um tanto inconveniente, se você acreditar nas pessoas que trabalhavam no sanatório no extremo da Cedarwood Road.

* Johnny, vá dar uma volta com sua irmã, a lua/ Deixe a sua luz tênue entrar, para inundar seu quarto./ Você tem vivido enclausurado, comendo de uma lata/ Tem fugido do que não entende./ (Amor)/ Ela é escorregadia, você está escorregando./ Mas ela vai estar lá quando você tocar o chão.

"Na lua cheia os loucos realmente enlouquecem", dizia-se. "Claro, não somos feitos de água?", disse uma enfermeira para a mãe de Gavin, Anne Hanvey.

A lua sorri no bar do porto esta noite, e numa sala esfumaçada meu pai e Barbara conversam sobre o pouso poeirento da Apollo 11 no Mar da Tranquilidade.

"Faz bilhões de anos que não é um mar."

"Claro, Bob, faz apenas alguns anos que descobriram que a lua não era um pequeno sol. Sabia? Como um pequeno sol que brilha à noite. Em vez de reflexo da luz do sol."

"Em que planeta você está?"

Meu pai olha na direção de meu tio Ted. Agora estão falando de eclipses e eu, o estudante entre estas grandes mentes, imagino como nossa grande bola de fogo amarela pode ser obscurecida pela menor das luas. Imagino também se não é isto o que está acontecendo com a minha mãe enquanto meu pai parece muito concentrado nesse papo deveras intelectual com meu tio. É tudo matemática, ele diz, tudo depende dos ângulos envolvidos num eclipse.

RECONHECIMENTO DE ÍRIS

Tenho só 9 anos, mas também sou dono de uma perspectiva, de uma compreensão do que está acontecendo. Depois, de volta ao *trailer*, estou olhando para minha mãe, Iris, enquanto ela lava a areia de seus pés na pia, seus cachos escuros molhados do mergulho. Neste momento ela é a mulher mais bonita do universo.

Os sons de minhas primas conversando do lado de fora do *trailer* é sempre mais interessante do que o dos meninos. Os meninos rosnam, as meninas cantam. Os meninos gostam da minha companhia, mas, com exceção de Guggi ou Niall Byrne, prefiro a companhia das meninas. Para alguém que vai passar a vida na estrada e no estúdio na companhia de homens, já estou tentando nivelar as coisas com a companhia de mulheres. Mulheres em músicas, mulheres no cinema, mulheres em revistas. Garotas na nossa rua. Amo desenhar e pintar mulheres, particularmente pintar sobre fotografias, como meu pai. Aquarelas. Observo ele amavelmente colocar vermelho sobre lábios em preto e branco, e verde claro nos olhos de minha mãe. Amo meu pai amando minha mãe nestes momentos.

Ele pinta sobre as fotografias de minhas tias também, e meu apreço pelas mulheres cresce.

A VANTAGEM DE NÃO SABER QUE VOCÊ NÃO SABE DANÇAR

Nos anos 1990, nós não apenas começamos a frequentar casas noturnas; nós construímos uma. Éramos os donos. Chamava-se Kitchen. No térreo do Clarence Hotel, em Dublin. Mas na realidade foram as festas em casa que se tornaram nossa tradição. A cozinha. De novo. Ouvíamos Prince, George Clinton e o Funkadelic, James Brown, o Undisputed Truth. Ouvíamos *indie dance* britânico como Happy Mondays e New Order, como Massive Attack e Soul II Soul. Nosso gosto por música americana evoluiu do blues, country e rock 'n' roll para as expressões urbanas do hip-hop e a música que aqueles rappers estavam ouvindo, como Wu-Tang Clan, A Tribe Called Quest e N.W.A. E tinha Lauryn Hill. Depois da qual não há mais nada a dizer.

Durante o dia, ouvíamos as bandas de garagem e grunge americanas — Pixies, Nirvana, Smashing Pumpkins, Pearl Jam, Hole. Adoramos a volta dos britânicos às paradas com o Oasis, com sua atitude hip-hop e suas melodias chamativas. Que grandes anos para a música, que grande voz a de Liam Gallagher, e que grandes composições ele tinha à sua disposição. Seu irmão, Noel, elevando o grau de dificuldade para quem quisesse estar no mesmo nível, elevando cada vez mais o patamar (com Liam empoleirado nesse patamar).

E, sim, o Radiohead. Chega a dar vontade de tirar os sapatos para ouvir um talento tão sagrado como esse. O Radiohead dominava as caixas de som certas horas em nossas festas em casa, normalmente no fim da noite, quando as pessoas estavam mais meditativas, prontas para relaxar. A música tendia a ser em tons menores.

Mas principalmente era por artistas negros, pelo funk clássico antigo, como Sly and the Family Stone, que Edge e eu nos interessávamos, não só porque tarde da noite estávamos dançando em nossa cozinha, mas porque, como Edge apontou, era música cheia de balanço feita com pouquíssimos acordes menores. Se Edge não ficava acordado a noite toda dançando, ficava acordado a noite toda em seu estúdio em casa dissecando a dança, explorando a anatomia de o que tornava esses ritmos e batidas tão chiclete.

Talvez seja por isso que se chame *home studio*: Edge estava morando nele. Era a nossa casa que ele estava construindo. Essas novas *demos* tinham a alegria que procurávamos em nossa música, mas com um fundo mais funk. Elas nos renderam nossa música mais *sexy*. Elas nos renderam "Mysterious Ways".

A gênese lírica desta música foi uma conversa com Jack Heaslip na qual ele brincou com a ideia de que o gênero de Deus não está claro no hebraico bíblico original. Na realidade, um dos nomes de Deus, El Shaddai, significa "aquele com seios". Se a maior força criativa do mundo é uma mulher dando à luz, então é claro que a maior força criativa do universo é provavelmente um espírito feminino.

"No início Deus criou o céu e a terra" é como a Bíblia começa. "E a Terra não tinha forma e era vazia; e as trevas cobriam o abismo".

Até que a divindade age. "E o Espírito de Deus pairava sobre as águas".

"O mundo se move no quadril de uma mulher". David Byrne. Sexo pode ser embaraçoso.

Quer dizer, escrever sobre sexo, se você quiser evitar clichês. Nossa banda nunca foi muito "sexo, drogas e rock 'n' roll". Houve sexo, houve drogas, e houve rock 'n' roll, mas nenhum de nós nunca entrou de cabeça realmente nesse clichê em três partes. Nem Adam, que, para ser justo, de fato se esforçou. Como letrista, porém, eu amava a brincadeira e o flerte de algumas músicas dançantes da época. Faixas como "Sexy M.F.", do Prince, "You Don't Love Me (No, No, No)", da Dawn Penn, e "Back to Life (However Do You Want Me), do Soul II Soul tinham uma leveza que eu desejava. A gravidade estava se tornando pesada demais. Eu queria leveza.

Na década de 1990, nosso mundo imaginário adolescente de Lypton Village havia crescido e se tornado uma comunidade mais ampla baseada numa tolice surreal semelhante. Estávamos nos tornando adultos, mas não exatamente. Botar a casa abaixo é totalmente diferente quando é sua própria casa que está sendo destruída. Devíamos ser adultos, mas alguns de nós pareciam estar recusando o papel. Guggi e eu tínhamos prometido quando crianças que não nos tornaríamos nossos pais, que continuaríamos sendo divertidos e brincalhões... o que significava uma festança alegre. Era basicamente uma diversão inocente, mas na vida noturna dentro das boates, alguns dos nossos realmente tiveram problemas com álcool e drogas.

Saindo dos vinte anos, entrando nos trinta, estávamos intoxicados pela companhia uns dos outros.

Expressamos muito disso dançando e, em nosso estado entorpecido, tínhamos a grande vantagem de não saber que não sabíamos dançar.

Eu costumava dizer que os irlandeses são como os brasileiros, exceto por três diferenças cruciais: nós quase nunca nos classificamos para a Copa do Mundo; evitamos a nossa própria nudez; e nem sempre dá para reconhecer que a nossa dança é de fato uma... dança.

Este período foi melhor para alguns de nós do que para outros. Edge certamente encontrou seu ritmo. O zen-presbiteriano acabou por entrar em contato com seu lado dançante, e a natureza da música da banda refletiria isso. E aquele momento também apresentou Edge à sua parceira de dança para toda a vida.

A MUSA MORLEIGH STEINBERG

Foi em 1992 que conhecemos Morleigh Steinberg. Estamos na "ZOO TV Tour". Adam está em plena loucura de astro do rock. Pus meu pé na água. Larry está tentando sobreviver. E Edge se tornou um parceiro, não apenas para o cantor, mas para o baixista. É o baixo de Adam que abre o momento mais sexy do show.

It's all right, it's all right, it's all right
She moves in mysterious ways.
Johnny, take a walk with your sister the moon.
*Let her pale light in, to fill up your room.**

Edge está dançando no palco com a mulher da música. Não está? Certamente a música deve ter sido escrita para esta mulher. Tirando o fato de que esta dançarina do ventre sobre o palco tem o menor dos ventres. Morleigh Steinberg ocupa a posição de musa no centro da música porque tem uma compreensão inata de que a musa frequentemente controla o artista que a pinta. Esta musa está no comando.

* Está tudo bem, tudo bem, tudo bem/ Ela se move de formas misteriosas./ Johnny, vá dar uma volta com sua irmã, a lua./ Deixe a sua luz tênue entrar, para inundar o seu quarto.

Morleigh Steinberg chamou nossa atenção pela primeira vez por ter aquilo que a banda dizia ser a axila mais atraente do mundo. Veja o suspiro coletivo quando ela levanta os braços no filme de Matt Mahurin inserido no videoclipe de "With or Without You". Nascida em uma família de artistas da Califórnia, Morleigh foi cofundadora da ISO, uma trupe de dança de vanguarda que se pendurava no teto, carregava uns aos outros no palco em patins, atirava uns aos outros em estruturas cobertas com velcro. Em termos de experiência teatral surreal, é difícil competir com a ISO, dançarinos que usavam vestidos de baile e deslizavam sobre o palco como se fosse uma pista de gelo. De joelhos, com pranchas com rodinhas escondidas pelos vestidos. A trilha sonora tocando *Danse Sacrée et Danse Profane*, de Debussy.

Nós nos tornamos mais teatrais com a "ZOO TV Tour", e surgiu a questão da coreografia, algo pelo qual nunca tínhamos sido conhecidos. Morleigh trouxe a solução, uma grande ajuda para Gavin, Willie Williams e Catherine Owens, nossos guias para essas grandes produções itinerantes. Conhecemos uma dançarina do ventre no Busch Gardens, na Flórida, e uma semana antes de abrirmos a versão para ambientes fechados da turnê, convidamos essa mulher, que também dançava com cobras, para se juntar a nós. Ela se revelou um momento maravilhoso no show, mas, admiravelmente, em retrospecto, ela abandonou a turnê reclamando do uso de plástico nos bastidores e nos acusando de não sermos idealistas o suficiente. Morleigh interveio. Magra como um narciso, ela não era uma escolha óbvia para o papel de dançarina do ventre, mas havia algo em sua química com a banda que era fora do comum. A dança em "Mysterious Ways" começou comigo, mas acabou com Edge, o integrante da banda que de fato tinha o dom da dança. A vida imitaria a arte.

Um quarto de século mais tarde, depois de dois filhos com Edge e de várias turnês que não poderiam ter existido sem os dons coreográficos de Morleigh, eu por exemplo não seria capaz de atravessar o palco sem ela. Eu me sinto à vontade no palco, mas não sou um artista nato. Há uma diferença. Preciso pensar e me preparar para estar centrado no meu corpo. Não sou dançarino, mas Morleigh me ensinou a me mover. E, mais difícil ainda, ela me ensinou a ficar parado.

A coreografia ou a dança nunca fizeram parte da nossa língua franca.

Pular, lançar o corpo para a frente, para trás, pavonear, se jogar sobre a multidão e escalar pilhas de alto-falantes? Sim. Acompanhar o ritmo? Menos.

A abertura da "ZOO TV Tour" me mostrava sendo baleado nas costas ou subjugado pela descarga elétrica nas rajadas de guitarra de Edge no início de "Zoo Station". Depois, havia a marcha em passo de ganso.

Me dizendo quando me acalmar e acompanhar a batida. Nada disso era natural para mim.

Edge sempre disse que olho para o meu corpo como se fosse uma inconveniência. Posso estar fora de contato com meu lado físico e tive que aprender a entender como o corpo se move no tempo e no espaço se você estiver no palco. Morleigh começou comigo apenas respirando, sentindo meu corpo. Um aquecimento de ioga, acho. Alongamento. Princípios do pilates. Eu jamais participaria do exercício de improvisação "Eu sou uma árvore", e não me imagino andando de patins pelo palco, mas comecei a gostar de me sentir conectado ao meu corpo. E felizmente, quando deixei de lado um pouco da tensão que me mantinha tão duro nos shows, minha voz melhorou. A voz se estendeu e relaxou, se tornando mais capaz de atingir as notas altas do que quando eu as forçava pela laringe. Morleigh tem o dom de entender a habilidade física que o palco exige, conquistada com muito esforço depois de uma vida dedicada a isso.

TOMADO PELA SUPERMUSA

Quando você convida a Musa a entrar, ela pode trazer suas irmãs. Na improvisação vibrante que foi a "ZOO TV Tour" entraram Christy Turlington, Helena Christensen e Naomi Campbell. Três mulheres que admiramos até hoje. A *top model* era a coisa mais próxima que nossa geração tinha das estrelas do cinema mudo. O glamour que seduz. Muda diante das lentes, mas, fora dos holofotes, inefavelmente eloquente. E nunca aquiescência, apenas autoridade. Autoridade feminina. Nós nos apaixonamos por essas supermulheres; um de nós ficou de quatro.

Foi num voo atravessando o Atlântico que me peguei sentado ao lado da própria "Naomi Sopas Campbell", como expliquei a Adam Clayton quando ajudei a convencê-la a se encontrar com ele naquela noite em Nova York. Havia anos que Adam tinha uma queda enorme por Naomi, a ponto de alguns meses depois ele a pedir em casamento. Ela aceitou. Nunca ficou mais emocionante do que isso, mas isso... isso foi bem emocionante.

Naomi não apenas quebrou o teto de vidro da moda da maneira mais espetacular, ela o estilhaçou em fragmentos feitos sob medida. A presença e a personalidade dela na passarela da mais alta moda mudou esse mundo para as mulheres negras de um modo como ninguém antes dela havia feito, exceto Iman, que deixou sua serenidade em greve para protestar contra o racismo da moda.

Por mais talentosas que Naomi, Christy e Helena fossem no mundo da moda, elas continuaram a evoluir e revolucionar os papéis que deveriam aceitar alegremente. Elas não tinham só agentes; elas próprias tinham agências, poder de fato, não só superpoderes. Eram mulheres que não iam se deixar levar pelos olhares dos homens, nem se deixariam deslumbrar pelo brilho de estar sob o escrutínio das mulheres.

Foi depois de experimentar complicações com seu próprio parto que Christy fundou a Every Mother Counts, e voltou o olhar para as mães dos países em desenvolvimento, mulheres que morrem no parto. Noventa e nove por cento dos óbitos maternos acontecem nos países em desenvolvimento.

Helena pegou aquele olhar e o voltou para si mesma, e se tornou uma fotógrafa requisitada por mérito próprio. Ela colaborou com o Alto-comissariado das Nações Unidas para os Refugiados (ACNUR), com a ONE e com a EDUN, e subverteu as imagens estereotipadas das pessoas mais vulneráveis do mundo.

A MUSA NA GESTÃO

Quando Ellen Darst, que dirigia nossa operação nos Estados Unidos desde os primeiros dias, nos deixou em 1992, percebi que ela nos legou uma ética particular que explica de alguma forma a forte tradição de mulheres poderosas que mantiveram nossos shows na estrada desde então. É a ética do mentor, e Ellen se tornou mentora de muitas mulheres talentosas que nos inspirariam e nos desafiariam. Há algo de acadêmico nela, séria com seus óculos, ela era a nascente de um grande rio de sabedoria. A mentoria é a base, os pilares e o telhado de qualquer organização de sucesso.

A musa sempre esteve envolvida de alguma forma em nossa equipe de gestão, que desde os primeiros dias foi liderada por uma sucessão de mulheres dinâmicas. Sem essas mulheres em posições de poder, a indústria fonográfica se torna um feudo masculino, um clube do Bolinha, um monte de homens dando ordens uns aos outros. Reflita sobre isso. Começamos como quatro músicos e um empresário, todos homens. Levamos a banda para a estrada com homens, e entramos no estúdio de gravação com mais homens.

Isso não fazia bem a ninguém.

Eu gostaria de poder dizer que se tratou de um esforço intencional em prol da igualdade de gênero, mas acho que Paul simplesmente contratou mulheres que eram mais inteligentes do que muitos dos homens que se pavoneavam à nossa volta.

Se a banda era intensa, eu provavelmente era o mais intenso, pois mesmo estando já na casa dos trinta ainda sentia que tinha muito a provar. Mas essas mulheres eram como o vento nas velas de nossas naus, e na companhia delas eu me acalmei. Foi no meu aniversário de 35 anos que as mulheres de nossa tribo organizaram uma viagem em um ônibus de dois andares por alguns dos lugares antigos da minha juventude, incluindo um dos meus *pubs* favoritos, o Grave Diggers, ao lado do cemitério de Glasnevin. Larry, Adam e Edge estavam viajando, mas quando chegamos ao jantar, eles estavam representados por pessoas que usavam enormes cabeças de papel machê desenhadas pela enorme trupe de marionetes Macnas.

Penso na alma gêmea de Larry, Ann Acheson, principalmente nos aniversários. Ali e Ann sempre tiveram um vínculo muito próximo. Assim como Ali, Ann faz parte de nossa história desde o princípio, é alguém que percorre a trajetória do U2 desde o início. E sempre ótima em aniversários. Já mencionei que dançar não é meu forte? Foi Ann quem me deu um dos presentes de aniversário mais inspiradores, um par de sapatos de dança, numa caixa azul, e dez aulas de salsa com uma professora cubana. Mais do que isso, para garantir que eu de fato usaria o presente, Ann prometeu fazer as aulas comigo. Semana após semana nos encontrávamos na cidade, no antigo estúdio de ensaio da Factory, e eu dançava o chá-chá-chá para acompanhar a sá-sá-salsa dela.

Tivemos a sorte de fazer parte de uma comunidade diversa e longeva, talvez porque não medíssemos esforços para fazer o outro rir.

Supermulheres S.A.

Falei com Anne-Louise Kelly diariamente durante a década de 1980 e até a década de 1990. Como ela já cuidava da banda em toda a Europa, bem como na Austrália, na Nova Zelândia e no Japão, ela tinha QI, inteligência emocional e energia suficientes para alimentar Dublin inteira.

Sua pupila, Barbara Galavan no futuro comandaria uma importante editora de música — seu cliente mais famoso, Bill Whelan e seu espetáculo *Riverdance* — enquanto Suzanne Doyle administrava meu próprio mundo por um tempo, antes de abrir uma agência de talentos com um elenco de lendas tradicionais irlandesas como Finbar Furey e compositores contemporâneos como Declan O'Rourke.

Quem trabalhava com Ellen nos Estados Unidos era Keryn Kaplan, nossa mãe judia muito antes de ter seus próprios filhos, uma estrategista brilhante que cuidaria de nós por trinta anos.

Do outro lado do oceano, em Londres, a tecladista de nossos antigos rivais New Versions virou nossa assessora de imprensa e está conosco até hoje. Com uma perspicácia intensa e o olhar de um romancista, Regine Moylett decidiu cedo que éramos uma história que ela estava interessada em fazer acontecer.

Sheila Roche chegou como se fosse um comercial que anunciava a década de 1980, com sua faixa de cabeça *à la* Olivia Newton-John dando lugar em seguida a terninhos com ombreiras. Poucos colegas eram um reflexo dos nossos tempos como Sheila — desde o namoro com Adam até o casamento com Aileen Blackwell, passando da indústria da música ao ativismo político com a (RED) e a criação da WRTHY, uma agência de impacto social dirigida por mulheres.

Sharon Blankson conhecíamos desde adolescentes, primeiro trabalhando com a Stiff Records, depois, com a operação de

Regine e, em seguida — e desde então —, nossa estilista, que comanda o departamento de figurino, nos mantendo na moda, se não totalmente em voga. Nós a apelidamos de Shaker, sem perceber que a fonética da palavra "Sheikha" sugeria feminino de Sheik, "Princesa". Shaker era a elegância que tinha acabado em má companhia.

Cecilia Mullen, irmã de Larry, que dirigiu nosso primeiro fã-clube, era o ponto de contato entre nós e muitos fãs do U2, e parte da família o suficiente para não apenas ler nossas cartas, mas redirecioná-las para nós: "Não é apenas uma carta de um fã."

A MISTERIOSA DISTÂNCIA ENTRE UM HOMEM E UMA MULHER

Embora dançar em cima da mesa quando se trata de sua própria cozinha talvez não soe como a Babilônia do rock 'n' roll, nos anos 1990 estávamos reencontrando uma inquietação e um flerte que tínhamos nos anos 1970 e que se perderam nos anos 1980. Ali e eu rimos muito um com o outro e um do outro. Dançar é flertar. A última gota de romance que o século tinha para oferecer antes que o sexo pudesse sequestrar um momento bobo e transformá-lo em sério. O flerte é parte da eletricidade estática de algumas amizades. É algo essencial com meu primeiro amor.

"Eu não confiaria em um homem que não te achasse atraente", digo a ela.

"Eu não confiaria em uma mulher que te achasse interessante", responde ela.

Stuck in a moment you can't get out of
in which a sort of sabbatical summons us
to Matisse's chapel and paradise in
the south of France but the laughter
of our carnival is thrown into darkness
and I realize that I love my heroes
even more for growing old... and
then Matisse offers illumination

24

Stuck in a Moment

And if the night runs over
And if the day won't last
And if your way should falter
Along the stony pass
It's just a moment
*This time will pass.**

Foi parte fantasia e parte folia, parte rosário e parte rosê. O dia em que cochilei na Chapelle du Rosaire de Vence, a hipnotizante capela projetada e construída por Henri Matisse logo após a Segunda Guerra Mundial. Teria sido excesso de umidade ou falta de humildade?

De qualquer forma, levei uma cutucada na costela de um padre visitante que achou desrespeitoso deitar nos bancos. Achei respeitoso estar tão cômodo que pudesse adormecer nos braços daquele lugar. Outras vezes, quando me vi sozinho aqui, cantei nesta capela. Parecia o certo a fazer. Mas o verdadeiro show em Vence é aquilo que Matisse chamou de "a música dos reflexos da luz", que toca nos pisos de mármore branco de Carrara. Mesmo quando olha para baixo, você se sente elevado.

* E se a noite terminar/ E se o dia não durar/ E se o seu caminho vacilar/ Pela trilha de pedras/ É só um instante/ Ele logo vai passar.

Há vinte e cinco anos sou atraído pela paz deste lugar. A combinação da frieza monocromática do retrato que Matisse fez de Cristo crucificado, os desenhos de uma só linha em azulejos brancos, e a profusão de cores em seus vitrais desafiadores não figurativos me faz voltar várias vezes.

Tentei explicar ao padre que o vitral é a origem do cinema, e como esses são os primeiros exemplos do uso de um projetor.

"É o sol que impulsiona cada narrativa; o vitral é o filme. Os católicos são grandes contadores de histórias, mesmo quando são apenas cores puras, como esses verdes, azuis e amarelos."

"Faz eu me lembrar", continuo, "dos vitrais da Igreja de São Cainnech de Aghaboe, onde eu ia quando menino com minha mãe."

Ele não podia estar se importando menos.

Dirigindo pelo Val d'Enfer na Provença e descendo o litoral sul da França pela primeira vez em 1986, senti que já tinha estado ali antes. Só que não tinha. Cézanne havia me levado até lá em suas pinturas, que estudei e até copiei na adolescência. Ali e eu adoramos, e continuamos voltando.

Em maio de 1986, passei a noite sozinho nas águas azuis de Nice. Eu estava escrevendo a letra de "With or Without You". Não estava sozinho; tive a companhia do tormento. Pelo menos uma música sobre tormento. Também estava terminando duas outras músicas, "One Tree Hill" e "Walk to the Water". O Cap Estel era adorável como uma senhorinha, "une grande dame", como dizia a placa. Eu era um bebê nos braços de uma tia velha. Não conseguia acreditar no céu azul-turquesa ou no *chiaroscuro* que refletia na água azul-turquesa, nas falésias recortadas dos Alpes Marítimos, estradas como a Grande Corniche, praias com nomes como Petite Afrique.

Eu nunca me acostumaria. A luz me dominava.

Fazia sentido que os pintores procurassem sua claridade, especialmente no inverno, quando não há umidade e o sol mais baixo dá nitidez aos traços de um rosto ou de uma cena. Eu também não podia acreditar no modo como os franceses viviam. *La belle vie.* Algum tipo de equilíbrio. Como é que ninguém parecia estar acima do peso com tantas confeitarias pela cidade? Os franceses são comedidos com as coisas que amam. Exceto pelos cigarros.

E se você está começando a ter um rosto famoso, como era nosso caso no início dos anos 1990, os franceses valorizam a privacidade.

Na verdade, eles não estão muito interessados em mais ninguém além de si mesmos — ao contrário dos irlandeses, que bajulam todo mundo. Observo as interações calorosas entre os moradores enquanto eles meio que cantam uns para os outros do outro lado do balcão da farmácia ou da banca de jornais e como, quando um estranho chega, eles agem como se não pudessem vê-lo. Como em bares ou cafés eles te olham como se dissessem "o que é que você quer?". "Te dar dinheiro", respondo. Isso não é uma queixa. É estranhamente revigorante ser reconhecido e ignorado.

Todos nós nos apaixonamos pelo litoral sul da França, e Nice se tornou um caso de amor que duraria a vida toda. Nós quatro começamos a passar férias lá na década de 1990. Juntos. Ao mesmo tempo. Convenci todo mundo a ir ver uma propriedade em ruínas, cor-de-rosa extensa e decadente à beira-mar.

"Este é um grande desafio", disse Edge.

"Isso é loucura", disse Adam.

Edge e eu andamos pela propriedade, sentindo que se levaria uma vida inteira para restaurar sua antiga grandiosidade. E assim tem sido. Já faz trinta anos, fazendo música, criando nossos filhos, passando férias com amigos. Longos e preguiçosos almoços de verão, seguidos de idas a Cannes à noite, para boates com nomes como Opéra e Bâoli. Às vezes, dormir em alguma praia. Ali e eu fomos aos poucos nos habituando à ideia de que estávamos casados durante a década de 1990, e, embora fôssemos pais recentes, ainda encontrávamos tempo para a diversão que a liberdade traz. Tivemos a sorte de ter nossa babá, Saoirse — que significa "liberdade" em irlandês —, e mais sorte ainda por ela levar a diversão tão a sério quanto levava cuidar de nossos filhos. Estávamos trabalhando duro havia quinze anos e, com o fim da "ZOO TV Tour" em 1994, caímos em uma espécie de período sabático prolongado. "Pronto para o gás hilariante. Pronto para o que vem a seguir." Pronto para experimentação. Para noites e madrugadas. Procurando luz e procurando ser um pouco mais leves. Encontrar luz em todos os lugares, até mesmo em um globo de espelhos feito em casa, dançando até o sol raiar. No dia seguinte, acordar com nossos filhos. Nos agarrando a eles como se fossem nossas versões mais jovens. Prontos para o romance.

"A vida é muito séria para ser assim tão séria." Essa era a frase de Ali.

IMPRESSIONISTAS: MICHAEL E HELENA

Sempre me senti um pouco farsante como astro do rock, comprometido só até certo ponto. Conheço alguns legítimos, e Michael Hutchence era um deles. Um astro do rock como manda o figurino, ele dispunha das ferramentas essenciais para o trabalho. Ele era extremamente masculino e extremamente feminino. Confere. Conseguia viver intensamente, mas viajar com pouca bagagem. Confere. O nome de sua banda era INXS, que era um trocadilho ruim, assim como Beatles. Confere. Namorava uma *top model* dinamarquesa. Super confere. Morava no alto de um morro perto de Cannes com Helena Christensen, que era uma potência na frente e atrás das câmeras. Eles moravam em um terreno com um olival, e quando o sol nasceu depois de nossa primeira noite hospedados lá, Michael estava perambulando nu depois de um mergulho na discreta piscina cinza-ardósia em seu jardim. Um astro do rock como manda o figurino.

Oito ou dez de nós — Ali, Edge, o músico Andy Gill, do Gang of Four, sua companheira, a autora e ativista Catherine Mayer — desistimos da viagem de volta, depois da festa da noite anterior.

"Você sabe que as oliveiras não morrem necessariamente." Este é Michael falando; estamos todos acordando.

"Ainda há oliveiras da época de Cristo em Israel. Parecem mais bonitas quanto mais velhas e mais contorcidas ficam. Assim como nós."

"Coloque uma calça!" Esta é Helena, mas Michael a ignora e, em vez disso, pega uma toalha para nos servir um café da manhã irlandês. Ele sabe, como o resto de nós, que a toalha vai cair enquanto nos serve o café da manhã.

"Sou vegetariana", diz Ali.

Almoçávamos com frequência no Colombe d'Or, uma antiga pousada na entrada da cidade medieval de St. Paul de Vence, não muito longe da capela de Matisse. Os comensais são observados pela arte pendurada na parede. Arte, diz o boato, dada por antigos clientes para quitar suas grandes contas — clientes como Matisse, Picasso, Miró, Chagall, Léger, Braque. Quando você come à sombra das figueiras, não demora muito para começar a sentir que é natureza-morta.

Parecia estar escrito que Ali e eu nos tornaríamos amigos íntimos da *top model* e de seu astro do rock. A Grande Dinamarquesa era uma companhia cheia de gargalhadas com um rosto triste de Modigliani quando não estava rindo. O que era pouco frequente. Rindo de você, assim como rindo com você. Nós nos vingamos dando o nome dela à nossa cachorrinha mal-humorada para que, quando ela aparecesse, tivesse que ouvir: "Saia já da cadeira, Helena!" ou "Pra fora agora, Helena!"

"Bomba H" era o nosso apelido para ela. Michael e Helena eram um tipo de fusão atômica.

Um grande sedutor não quer seduzir apenas todas as mulheres na sala, quer seduzir também todos os homens. Toda criatura viva. Michael era um homem apaixonado por mulheres, por homens, e por tudo o que existe entre os dois, e ainda assim, quando você estava sob seu olhar, era a única pessoa que existia para ele naquele momento. Na cidade, ele era uma ótima companhia para sair.

Não era tão bom quando se tratava de voltar para casa. Durante um longo fim de semana de farra, ele era capaz de incendiar a si mesmo e a todos com quem estivesse, mas ao acordar no seu sofá na segunda de manhã, estamparia um sorriso como fachada para a sua automutilação.

"Você", dizia ele com malícia, "destruiu minha vida para sempre." Era elegante em todas as situações, e tinha a pele coberta de cicatrizes de catapora que você nunca viu em fotos e uma leve língua presa, o que deixava as mulheres com as pernas ainda mais bambas. Que irritante.

"Você está exagerando essa língua presa?", perguntei certa manhã.

"Não seja ssssuperficial", disse o homem mais *sexy* do mundo, zombando de mim.

NOSSO PRÓPRIO NIRVANA

Tarde da noite em 1994 e Michael e eu estamos deitados em uma praia pedregosa observando a lua dançar na água. A conversa vai do doce ao amargo, até chegar a Kurt Cobain, que tirou a própria vida. Estamos murmurando. Estou fumando. Fumando como fuma quem bebeu demais, desajeitadamente, cinzas caindo no peito.

"Você não acha que se ele tivesse segurado a barra", diz Michael, "teria superado isso? Se ele tivesse vislumbrado a vida que poderia ter tido."

Estou ouvindo. Ele está falando.

"Odeio quando dizem que ele não conseguiu lidar com a fama, é uma desculpa esfarrapada."

"Foda-se", respondo. "Quem aguenta um astro do rock chorão? Kurt Cobain era grande demais para estar naquele clube. A história real dele oferece pistas reais sobre problemas reais. Aquelas músicas contêm muito desespero, junto com a pura alegria de tocar da banda. É difícil resolver um problema que está pagando as contas de todo mundo."

"Sim", responde Michael, encarando a escuridão do Mediterrâneo, plano feito um lago. "Essa quietude daqui. Se ele tivesse esperado, cara, ele ia ter encontrado uma saída de qualquer buraco em que estivesse. Não precisava ser um túmulo."

Eu o vejo atirar uma pedra que quica pela baía enquanto a manhã espreita sobre a colina de St. Laurent. Helena interrompe.

"E por acaso uma noite como esta salvaria a vida de alguém que seja? Do que vocês estão falando? Vocês são muito engraçados, não é mesmo?"

Como uma grande atriz, a Bomba H tem um *timing* perfeito, sabe quando soltar a fala certa para obter o efeito máximo.

Ela era Carole Lombard, e ele, Clark Gable. Ela tem ritmo; só não a deixe cantar. Tarde demais. Agora ela está cantando. Helena tem o hábito de cantar no seu ouvido enquanto você ouve música. Completamente desafinada.

"Você gosta do meu canto? Melhorou um pouco?"

"Não."

Ela canta mais alto.

Michael dizia que as maiores *groupies* dos astros do rock são outros astro de rock. Astros são fascinados uns pelos outros. Deve ser uma espécie de narcisismo. Tentam descobrir como outra pessoa está lidando com a fama. Até que ponto os outros dependem da segurança. Será que eles dão um autógrafo se alguém interromper uma refeição em família? Bruce Springsteen sempre dá autógrafos — caso não se importem em esperar até que ele saia do restaurante. "É surpreendente e um pouco doloroso", diz ele sorrindo, "quantas pessoas não esperam."

Foi no verão de 1992, em Copenhague com Helena, que Michael teve uma discussão com um taxista enquanto andava de bicicleta. O taxista deu um tapa na cabeça dele, que o derrubou, e quando ele caiu no chão, abriu a cabeça e nunca se recuperou completamente. Perdeu o olfato e parte do paladar. — até o beijo se tornou diferente —, ao passo que sua capacidade de controlar seu temperamento parecia se dissipar, o que pode explicar por que os antidepressivos se tornaram uma muleta para ele. A insegurança do grande amante aumentou um pouco.

O relacionamento de Helena e Michael acabou quando Paula Yates, esposa de nosso amigo Bob Geldof, se apaixonou por Michael, e ele se apaixonou ainda mais por ela. Afiada como um salto agulha, com uma perspicácia mortal, eu a conhecia desde os 18 anos, e aprendi com ela algo sobre a importância de não ser prudente. Mas aqui estávamos nós, seriamente derrubados quando esse casal magnético, Bob e Paula, se desmantelou diante de nossos olhos. E esse outro casal magnético, Michael e Paula, apareceu. Paula adorava Michael em um momento em que ele precisava de toda a adoração que pudesse obter, pois as coisas não iam nada bem dentro e fora do palco para o INXS. Ali e eu tínhamos a sensação de que isso ia dar errado, e que essa intensidade não poderia durar a vida inteira. Nenhum de nós sonhou que ambos morreriam tão cedo. Michael tirando a própria vida em novembro de 1997, e Paula, de overdose, menos de três anos depois. Ainda hoje mal consigo acreditar que acabei de escrever isto.

À medida que o comportamento deles mudou, nossa amizade ficou tensa, e passamos a nos sentir incomodados durante suas visitas. Se não estivéssemos desorientados com isso, deveria ter sido a maior honra quando, naquele dia, em 1996, Michael e Paula convidaram Ali e eu para sermos padrinhos de Tiger Lily. Os dois estavam em queda livre, numa espiral pelo redemoinho de um uso recreativo de drogas que se tornou um trabalho árduo para todos, especialmente para a família deles, especialmente para os mais jovens.

Paula tinha sido uma ótima mãe, e Michael, com a solicitude que lhe era característica, teria sido um ótimo pai. Era demais para os amigos suportar aquilo e fazer vista grossa. Ali estava louca de preocupação para saber como isso estava afetando uma criança recém-nascida; então, nervosamente tentamos explicar que, enquanto eles estivessem na condição em que estavam, preferíamos não representar o papel de melhores amigos. Preferimos *ser de fato* os melhores amigos, e isso significava ser sinceros. A amizade não é um negócio sentimental.

Foi um momento difícil, e nós dois nos sentimos nauseados. Será que nossa rejeição faria eles repensarem suas vidas? Não. Isso só os fez pensar novamente em nós. Lamentamos esta decisão. Não só porque não deu certo. O fato de podermos viver mais ou menos em paz com nossa consciência não releva o fato de que já não podemos conviver com nossos amigos. Eles se foram.

Two worlds collided
And they could never tear us apart.

— *INXS, "Never Tear Us Apart"**

PARAÍSO PERDIDO

Confesso que tenho um aspecto implacável em minha personalidade que pode me pegar de surpresa. Eu tinha uma intolerância para aquilo que percebia como problemas criados por mim mesmo. No passado, fui rápido em fazer julgamentos equivocados. Eu podia ficar com raiva se visse pessoas em lugares esquecidos do mundo implorando por um respiro, lutando contra a fome ou alguma doença para sobreviver, e depois visse gente privilegiada desperdiçando sua vida. Sei que esse é um pensamento profundamente doentio. Sei que as pessoas podem estar em um lugar tão sombrio que farão qualquer coisa para escapar dele, inclusive tirar a própria vida. Sei que não é uma resposta amorosa, mas essa foi a minha raiva ao escrever a letra de "Stuck in a Moment You Can't Get Out Of".

I will not forsake, the colours that you bring
The nights you filled with fireworks
They left you with nothing
I am still enchanted by the light you brought to me

* Dois mundos colidiram / E eles jamais poderiam nos separar.

I listen through your ears,
*And through your eyes I can see.**

Escrevi a letra como uma conversa unilateral onde deixo o cantor ser intolerante e não tão indulgente quanto deveria ser. Ainda odeio o culto à morte que adora dar as caras no rock 'n' roll. Foi em meados da década de 1990 que escrevi "Hold Me, Thrill Me, Kiss Me, Kill Me", que fala sobre como, se você não morrer na cruz aos 33 anos, as pessoas começam a pedir o dinheiro de volta. Há algo de verdade nisso. Chrissie Hynde me disse: "Bono, não queremos ter uma morte estúpida, sufocando com nosso próprio vômito, chapando numa piscina."

Chrissie falava de uma experiência terrível pela qual passara. Ela tinha perdido dois de seus companheiros de banda no The Pretenders, Pete Farndon e James Honeyman-Scott, e ainda não havia superado isso.

"Gosto que meus ídolos estejam vivos", me disse ela. "Gosto que eles envelheçam."

Também admiro meus ídolos mais ainda pelas rugas em seu rosto, pelos inchaços e hematomas, pelos cortes e cicatrizes. A cada ano que passa e que sigo tendo Bob Dylan na minha vida, eu o admiro mais. E, embora ela seja bem mais nova, a mesma coisa vale para Chrissie Hynde. Agora perdemos Johnny Cash, Frank Sinatra, Aretha Franklin e B. B. King, mas não antes que testemunhássemos eles descobrindo as versões mais velhas de si mesmos.

Viver bem, como alguém disse, é a melhor vingança. Na realidade, se você para para pensar, viver já é o suficiente.

No dia em que Michael foi encontrado morto em seu quarto de hotel em Sydney, lembrei do que ele me disse sobre Kurt Cobain. "Se ele tivesse segurado a barra." Parecia que todo o nosso mundo havia sido estraçalhado. Paraíso perdido. Todos aqueles verões eternos que nunca passaríamos juntos.

Ficamos de luto. Enquanto eu estava na "PopMart Tour" nos Estados Unidos, Ali estava em casa em Dublin, com o coração partido.

* Não vou abandonar as cores que você traz/ As noites que você cobriu com fogos de artifício/ Elas te deixaram sem nada/ Ainda estou encantado pela luz que você me trouxe/ Escuto com os seus ouvidos,/ E com seus olhos consigo enxergar.

Ela viajou com Lian Lunson — que tinha trazido Michael para nossa vida dez anos antes — para Sydney para comparecer ao funeral. Nick Cave cantou uma música nova.

I don't believe in an interventionist God
But I know, darling, that you do
But if I did I would kneel down and ask Him
*Not to intervene when it came to you.**

Nick Cave and the Bad Seeds, "Into My Arms"

A década de 1990 foi uma espécie de parque de diversões, mas depois da morte de Michael lembrei que em um parque de diversões você tem que saber a hora de ir embora. Por acaso estávamos gostando um pouco demais da boa vida? Todos nós temos que olhar para nossos umbigos de vez em quando, mas se você exagerar, a depressão está a um passo. No meu caso, a perspectiva é a única coisa que pode consertar isso. Se esse foi um período que passei explorando meu *id*, revelando meu Dionísio interior, acho que eu sabia que tinha que voltar o olhar para o mundo exterior, o mundo real fora do nosso pequeno paraíso, antes que outras partes dele se perdessem.

Acabei voltando para a capela de Matisse, e desta vez não cochilei; desta vez busquei iluminação. A iluminação é a experiência que todos alcançamos em capelas e igrejas, em mesquitas e sinagogas. Procuramos uma luz sem a qual nos vemos apenas pela metade. Minha mente me leva ao apóstolo Paulo e à sua epístola aos Coríntios, e porque ele acha que o amor é mais importante do que a fé e até a esperança.

"Hoje vemos como por um espelho, confusamente; mas então veremos face a face. Hoje conheço em parte; mas então conhecerei totalmente, como eu sou conhecido."

* Não acredito num Deus intervencionista/ Mas sei, querida, que você sim/ Se eu acreditasse ficaria de joelhos e pediria a Ele/ Para não intervir quando se trata de você.

Wake up Dead Man

in which, Andy Warhol leads us on a quest for making the instant eternal but we get lost en route and lose our album and the tour opening flops and failure introduces herself and our friendship is under threat (AGAIN!) Note to self Maybe I'm the one who needs to wake up

25

Wake Up Dead Man

Jesus, I'm waiting here, boss
I know you're looking out for us
*But maybe your hands aren't free.**

Andy Warhol era profundamente religioso. Quando criança, seu primeiro trabalho foi uma pintura do Menino Jesus de Praga. Em 1986, entre seus últimos trabalhos figurava *Sixty Last Suppers*, alguns estudos em preto e branco sobre a última ceia de Jesus na visão de Leonardo da Vinci.

Tenho 17 anos quando Gavin, de 18, me dá de presente um livro chamado *The Philosophy of Andy Warhol: From A to B and Back Again*. É uma série de diálogos, alguns bastante efêmeros, sem sentido, entre dois amigos. "'Para mim, pensar em nada é quase impossível', disse B. 'Não consigo nem quando estou dormindo'".

A: Vamos caminhar? Está muito lindo lá fora.
B: Não.
A: OK.

Sou atraído por diálogos porque nos melhores casos você não sabe aonde aquilo vai dar, só sabe que vai chegar a algum lugar

* Jesus, estou esperando aqui, chefe/ Sei que você olha por nós/ Mas talvez suas mãos estejam ocupadas.

bom. Pensei sobre o que Warhol estava dizendo, como tudo o que acontece é valioso dependendo de como você enxerga. Você pode estar fofocando com um amigo sobre alguém que conhece, mas um olhar mais atento percebe que há um tipo de dança em andamento, algo atraente na forma como falamos. O livro me comove. É 1977. Gavin e eu estamos saindo do cinema e discutindo sobre Andy Warhol. Assistimos ao seu filme *Bad* e estamos discordando seriamente sobre seu valor. Que eu não consigo enxergar. Mas concordamos em uma coisa: Andy Warhol, Lou Reed, Patti Smith, o Velvet Underground fazem cada vez mais parte de nossa conversa.

Essa conversa vai durar a vida toda, e vinte anos depois, em 1997, dez anos depois da morte de Warhol, o U2 irá homenageá-lo com o nome de um disco, chamando-o de *Pop*. Andy é sinônimo da *pop art*; chegamos a batizar a turnê desse disco de "PopMart Tour".

Reconhecíamos como o consumismo operava em sua arte. E, agora, na nossa. E a arte, no consumismo.

"Todas as lojas de departamento vão se tornar museus, e todos os museus se tornarão lojas de departamento", é como ele resume.

Não faltavam pessoas para herdar seu manto da *pop art*, mas poucos realmente quiseram isso. Jeff Koons não quis vestir esta coroa. Embora estivesse se apropriando de objetos da cultura pop em seu trabalho, ele era muito mais clássico em sua adaptação deles. Adorei seu humor ousado e meio mordaz, e ele concordou em nos conhecer para falar sobre uma proposta para a capa do álbum *Pop*. Ele não poderia ser menos parecido com Warhol em seu comportamento, totalmente livre de qualquer traço da contracultura. Talvez sua abordagem analítica e as frases curtas fossem resquícios do tempo em que trabalhou em Wall Street. A apresentação que fez para nós parecia uma defesa de tese de doutorado.

"Eu gostaria de colocar quatro gatinhos em meias penduradas em um varal", diz ele, falando em tom preciso e acadêmico. "Pois vocês são indivíduos. Cada um de vocês é representado por um gatinho, olhando para fora de uma meia, pendurado em um varal."

Esperamos que ele ria. Um sinal de que poderíamos rir também. Ele não ri. Está falando sério.

Ele entende que esses quatro suburbanos querem deixar sua imagem mais leve, abandonar algumas das bagagens pesadas e temas sérios que carregam há vinte anos. Da máquina de lavar de sua imaginação saem quatro gatinhos recém-lavados. Ele não está brincando. Ele entende e nós, não. Somos nós que deixamos de captar a sedição na sugestão feita por ele, uma imagem tão radical quanto a música que queríamos fazer.

Uma ideia brilhante que não usamos. Quase aconteceu, mas não aconteceu. No fundo, essa é a história de *Pop*. Quase foi. Não foi.

BEATLES OU STONES?

Se você é uma banda de rock formada no final dos anos 1970, ou você vê o mundo como os Beatles ou como os Stones. Queríamos ser os Beatles mais do que os Stones, no sentido de que os Beatles mudaram seu som em praticamente todos os álbuns.

Às vezes o produtor, George Martin, trazia músicos de orquestra ou quartetos. Às vezes, a banda solicitava músicos convidados como Billy Preston e Eric Clapton. Outras vezes, os quatro trocavam de instrumentos: Paul McCartney tocava bateria ou Ringo cantava "With a Little Help from My Friends". Quem seria capaz de adivinhar? Uau! Uma estratégia para manter as coisas com aparência renovada para eles e seu público, uma estratégia que gerou algumas das melhores músicas de todo reino das canções.

Em comparação, os Rolling Stones. Se você conhece bem o trabalho deles, feche os olhos e ouça-os tocar em sua cabeça. Mais do que uma música em particular, você ouve apenas um som. É o som deles. Eles o bancam. Sua marca registrada é um certo grito, uma trama de guitarra, uma marcha rítmica que chega o mais perto de ser negro do que qualquer outro garoto branco já conseguiu. Um som *sexy* e desinibido que estimulou garotos suburbanos como eu a procurar conhecer outras influências urbanas como o The Meters, os Isley Brothers, o blues em geral e, sim, a emoção que ainda tenho ouvindo *disco music*.

Os Rolling Stones assumiram muitas faces e facetas ao longo de cinquenta anos, mas os críticos tendem a ignorar a inovação sonora de "2000 Light Years from Home", ou as linhas exóticas que Brian Jones trouxe para uma música como "Paint It Black". Incomparavelmente ótimas, as músicas dos Rolling Stones têm dimensão infinita, mas na maioria das vezes trabalham com uma paleta de sons semelhante.

Afinal, são as mesmas pessoas tocando os mesmos instrumentos.

Se um artista solo como David Bowie pode usar músicos diferentes para criar sons diferentes, como uma banda como a nossa, uma banda com as mesmas quatro pessoas, cria variedade suficiente para manter o público interessado? Para nos manter interessados. Como fazemos isso ao longo de vinte anos?

Ao longo de quarenta anos? Permanecemos na nossa pista ou desviamos pela estrada em busca de um novo caminho que ninguém trilhou? *The Unforgettable Fire* e *The Joshua Tree* foram a resposta a essa pergunta para nós na década de 1980, e *Achtung Baby* e *Zooropa* a resposta na década de 1990. Mas, à medida que o novo milênio se aproximava, a questão voltou com uma nova insistência, pois parecia cada vez menos provável traduzir o rock para uma era que seria dominada por uma música mais voltada para o ritmo. Os anos 2000 apresentariam um mundo digital de zeros e uns em que o rap se revoltaria e a música *dance* eletrônica (*electronic dance music*, EDM) seria o único outro formato a desafiar a supremacia do hip-hop. Esse mundo digital permitiu que muitos artistas brancos tivessem acesso a um som mais negro e polirrítmico por meio de um algoritmo.

Ouça Joy Division, a grande banda de Manchester do fim dos anos 1970; depois, ouça New Order, que praticamente inventou a cena *rave* no início e em meados dos anos 1980. Joy Division, por mais experimental que seja, ainda soa como uma banda de rock. New Order é uma banda eletrônica, e com sua música "Blue Monday" começou a mudar o conceito do que seria uma banda de rock. Eles são basicamente a mesma banda que formava o Joy Division, sem o talentoso cantor Ian Curtis, que tirou a própria vida em 1980. Acrescentando uma nova integrante, Gillian Gilbert, o New Order, inspirado por inovadores da música eletrônica como Kraftwerk e Human League, começou a criar os fundamentos do que definiria a música pop por trinta anos — certamente a EDM que surgiu nos primeiros anos do século XXI. De repente, qualquer adolescente de verve artística poderia comprar ou alugar, estando em casa, em seu quarto, um sintetizador e uma bateria eletrônica ou, com o tempo, baixar programas em seu laptop. Eles podiam descobrir sons ou ritmos originais sem frequentar uma escola de música. Foi tão libertador quanto o punk rock, exceto que a natureza digital dessa música significava que a seção rítmica continha uma precisão que nem mesmo dez mil horas de prática proporcionariam. Sem acelerar ou desacelerar. Os ritmos, a princípio bastante simples, logo se tornaram mais sofisticados, e não surpreendeu quando artistas negros entraram nesse combate digital e levaram essa inovação a um novo patamar.

Tudo isso ajuda a explicar por que, em 1996, os quatro integrantes dessa banda de rock irlandesa muito branca ainda estavam tentando descobrir sua opinião sobre esse fenômeno. O que os Beatles fariam? À medida que o mundo mudava fora do Abbey Road Studios, os Beatles também mudavam, nem sempre criando esses vetores de mudança, mas certamente valendo-se deles e amplificando-os. Ora, até os Stones tiveram sucesso com "Miss You", sua versão punk da *disco music*.

Já tínhamos tido alguma sorte com *remixes* de *Achtung Baby* e *Zooropa* que chegaram às paradas de dança dos dois lados do Atlântico, com "Lemon" chegando ao primeiro lugar nos Estados Unidos. Na verdade, um pouco antes, o *remix* "Hollywood" de "Desire" foi nossa despedida dos anos 1980 feita nas pistas de dança das boates. Mas uma parte do processo sempre perturbaria o *status quo*, tanto dos fãs quanto da banda. Em um remix, talvez a guitarra, mas certamente a seção rítmica possa ser substituída por máquinas. O baixo e a bateria analógicos foram substituídos por ritmos criados ou aprimorados digitalmente. (Lá se vão Adam ou Larry.) Certo, isso pode ser bom em um *remix*, quando outro artista faz uma versão da sua melodia e da sua letra, mas em um álbum próprio do U2?

Problemático. O álbum tem que ser nossa expressão; então, se não estivéssemos todos prontos para a experimentação, se não estivéssemos todos prontos ou tomando as rédeas das máquinas que transformariam a interação humana que se dá pela música, bem, a próxima década poderia ser difícil. Os próximos mil anos, na verdade.

O INSTANTÂNEO E O ETERNO

Pop deveria ser o álbum em que exploramos nosso lado "New Order", devolvendo o U2 ao *mainstream* com uma reviravolta na forma de um disco para as pistas de dança. Havia outro problema. Por definição, *Pop* deveria ser popular. Inculto o suficiente para ser divertido, intelectual o suficiente para manter você interessado.

Pop era para ser música popular. Contemporânea. Como a opinião de Andy Warhol sobre notícias e celebridades. As grandes questões lado a lado com as pequenas. Nossa tentativa de tornar o instante eterno. Uma série de polaroides desse momento. Para guardar para sempre. Mas, à medida que os longos dias em 1995 se transformavam em longos dias e noites em 1996, ficava evidente que não tínhamos muito talento para o instantâneo, e que o eterno não estava à vista.

Começo a sentir que a banda não está muito convencida, o que explica por que a música não está rolando.

Um ótimo trabalho não acontece a menos que você se comprometa por completo. A criação do álbum *Pop* foi o momento em que começamos a entender o limite de elasticidade da nossa banda. Por mais que se possa esgarçar esse elástico, há dois pontos em que ele pode arrebentar. O ponto em que a banda deixa de se importar com as músicas ou o ponto em que as músicas deixam de se importar com quem está na banda.

Muito bem, Edge, de acordo com o pai do blues, B. B. King, é "o maior guitarrista base do mundo". E Edge, como qualquer um em qualquer fim de semana poderia ter notado, está mais interessado em *dance music* do que qualquer um de nós. Mas Edge não está convencido de que a *dance music* é a nossa cara. Para competir na *dance music*, ele me diz, você tem que usar máquinas para criar a música; então por que usar uma banda para criar música?

Falo do New Order. Falo de outra banda de Manchester, o Happy Mondays, que foi como fermento para o Black Grape e, embora não se trate só de baterias eletrônicas, tem tudo a ver com *loops* e *samples* digitalizados. Edge não está convencido.

"Flood acha que Larry vê baterias eletrônicas como alguém no corredor da morte vê uma corda. Na mente dele, você está pedindo para ele substituir a si mesmo."

"Não se trata de substituir", respondo. "Estou falando de multiplicar."

"Adam está começando a pensar que você nos imagina vestidos de Kraftwerk e fingindo ser futuristas alemães. Você sabe que nosso baterista é Larry Mullen, não Larry Müller."

"Muito engraçado", digo. "Você é superengraçado, mas..."

Não posso deixar isso assim. Estou tendo problemas para imaginar por que uma seção rítmica pode ser desafiada pelo advento da música eletrônica, mas acho que isso pode ser uma falha da minha imaginação. Começo a discussão novamente.

"Acho que você está errado. Adam é louco pelo ritmo, e foi feito para experimentar. Ele está sempre dizendo que está farto daquelas partes de baixo em quatro por quatro que ele tornou famosas.

"Olha, Adam e Larry adoram *dance music*. Larry ama Prince. Você o viu ouvindo 'Word Up!', do Cameo? Ele sabe a letra inteira. Adam ama Massive Attack, Soul II Soul, *dub*. A bateria eletrônica é só mais uma ferramenta em seu arsenal, como seus pedais de echo e fuzz. Eles estão no comando da máquina."

De qualquer forma, acrescento, não estamos fazendo um álbum eletrônico. São apenas algumas faixas. "Por acaso os Beatles achavam que estavam sendo substituídos pelos arranjos de cordas de George Martin?"

Edge olha para mim. "Quando Paul McCartney começou a tocar bateria, Ringo achou."

"Olha", prossegue ele, "o que é único no U2 é a experiência analógica feita à mão. Se nos distanciarmos muito disso, não estaremos aproveitando nossos pontos fortes.

"E mais uma coisa", diz ele, fazendo uma pausa.

"Essa música *dance* da qual você está falando, essa música, que é inclusiva por natureza, precisa de letras inclusivas."

Ele olha para mim antes de revelar o ás na manga.

"Você tem alguma letra inclusiva?"

Isso me calou. Por um momento.

"Ok, o que você está tentando dizer? Vamos, diga tudo."

"Esta nova música, 'Discothèque', a letra. Meio abstrata. Do que exatamente você está falando?"

"Amor", respondo. "Amor." É tão óbvio. Para mim.

You can reach, but you can't grab it.
You can't hold it, control it, no
You can't bag it.

You can push, but you can't direct it
Circulate, regulate, oh no
You cannot connect it—love.

You know you're chewing bubble gum
You know what that is but you still want some.
*You just can't get enough of that lovey-dovey stuff.**

"E o chiclete?", pergunta ele.

Bem, essa é a cena *rave*, drogas fazendo o papel de *junk food*...

"Certo, ótimo, isso está esclarecido então. As paradas de sucesso jamais vão enjoar disso."

Essa é uma conversa entre muitas. Conversas demais. Eu me pergunto por que não estamos em nossa melhor forma. É a ideia ou a execução? São as crianças? Os designers de interiores? Seriam a diversão e as brincadeiras de verões preguiçosos na França? São as distrações que o sucesso oferece para manter você longe dele? Será que tudo isso atenuou nossa decisão preliminar de "ferrar com o *mainstream* permanecendo nele"?

"Ou será que...", sugiro em voz alta, voltando à conversa. "Será que, querido Edge, nossos relacionamentos se cristalizaram a ponto de não nos desafiarmos a fazer nada além de música 'interessante'?"

"Provavelmente isso tudo", responde Edge, agora tão sério quanto eu. Ele sabe que fiz uso pejorativo da palavra "interessante". Essa palavra foi a crítica mais contundente ao disco do Passengers que fizemos alguns anos antes, quando Brian e Danny se juntaram a nós para formar uma banda alternativa. A ideia era confundir um público de rock e contornar o sucesso comercial. Foi um triunfo em ambos os aspectos.

Gravamos "Hold Me, Thrill Me, Kiss Me, Kill Me" para o filme *Batman eternamente*. A faixa foi produzida por Nellee Hooper, que foi tão decidido, inteligente e divertido que o chamamos quando começamos a trabalhar em *Pop*. Mas, mesmo com toda a sua disciplina, ele não conseguiu impedir nosso mergulho contínuo no mundo do "interessante". Mesmo em um álbum chamado *Pop*, em que queríamos capturar o estalo do momento.

* Você pode tocar, mas não pegar./ Você não pode segurar, controlar, não/ Você não pode capturar./ Você pode empurrar, mas não tem como guiar/ Circular, regular, ah não/ Você não pode conectar — amor./ Você sabe que está mascando chiclete /Você sabe o que é, mas mesmo assim quer um pouco./ Você simplesmente não enjoa dessa coisa de amorzinho.

Saindo do estúdio uma noite, ele se vira para mim: "Não é exatamente o *Thriller*, né?"

E, com, isso o produtor de álbuns clássicos de Björk e Sinéad O'Connor sai de cena. "Acho que não posso mais te ajudar."

VOCÊ PODE ALCANÇAR, MAS NÃO PODE PEGAR

Thriller, de Michael Jackson, foi um álbum pop com sete hits no top 10, mas nós ainda não tínhamos encontrado um. *Pop* não estava fazendo jus ao seu título. "Generoso" foi a palavra que Jeff Koons usou para descrever nosso instinto de fazer música popular, mas estávamos muito longe de qualquer lugar acessível ou memorável. Eu estava me sentindo perdido e perdendo a vontade de competir. Não apenas com as paradas pop, mas com a banda. Ouso dizer que o sentimento provavelmente era recíproco.

Estou falando com Morleigh em Nova York. Estamos no estúdio gravando um clipe para "Staring at the Sun", com direção de Jake Scott, filho do Ridley. É uma correria de profissionais criativos para cumprir um prazo, que é uma boa oportunidade para uma conversa. É o momento em que ela pode se transformar em um mergulho profundo em algo mais importante do que aquilo que você pensou que estava falando. Descobrimos que estamos falando de Edge, o homem da Morleigh, que também é meu homem.

EU: "Edge entende o risco que corremos?"

MO: "Não, porque vocês não estão correndo nenhum risco de fato."

EU: "O risco de nos tornarmos irrelevantes?"

MO: "O que é relevância? Você quer dizer popularidade?"

EU: "Mais ou menos, mas tem mais a ver com estar conectado ao momento em que se vive, estar conectado ao momento cultural."

MO: "Bono?"

EU: "Sim?"

MO: "Você não está feliz."

EU: "Não estou. A banda não se convenceu da minha visão, e até mesmo Edge pareceu desaparecer em uma toca de coelho.

Mixamos 'Discothèque' uma centena de vezes. Edge sabe que as permutações são infinitas, e desta vez parecia que ele queria ver como era o infinito."

Mo não diz nada. Olha para a frente.

EU: "Nós não temos aquelas grandes músicas. Só músicas interessantes."

MO (AGORA OLHANDO PARA MIM, OPTANDO POR NÃO REVIRAR OS OLHOS): "'Staring at the Sun' é uma grande música com uma bela melodia. Edge não escreveu essa melodia? Quais são *suas* grandes melodias nessa?"

EU: Não digo nada. olho para a frente.

MO: "Você não está feliz consigo mesmo. Talvez deva pegar leve comigo mesmo. E com todos os outros?"

Não digo nada. Sinto como se eu devesse ter pegado mais pesado. Comigo mesmo. Com todos os outros.

Estou melancólico e frustrado. Minha análise está correta? Tanto faz, mas a forma como eu exprimi isso sem dúvida não foi correta. Este é o meu pior lado, o lado de mim que intensifica cada vez mais a minha obstinação em uma discussão. O lado de mim que usa a franqueza fria e racional como arma contundente, um porrete. Do que estou com tanto medo? Estou com medo de quebrar a promessa que fizemos um ao outro quando crianças, de que não trocaríamos nossa visão da música por uma vida fácil. Estou com medo de estarmos nos tornando inimigos de quem costumávamos ser. Não é nem mesmo o medo de me tornar ultrapassado. É o medo de ter chegado lá e ido embora sem nunca ter merecido o posto.

Retomo a conversa. Isso é o que eu faço. Eu me empolgo. E esta é a parte de mim com quem você não gostaria de formar uma banda. Graças a Deus é Morleigh quem tem que me ouvir. Ela é uma artista. Ela entende a entropia e as coisas sombrias e turbulentas que envolvem a arte.

"Olhe para nós criando nossos filhos em nossas casas chiques, chegando aos 40 anos feito sonâmbulos. Nos preparando para a vida vista a partir do espelho retrovisor. Cansados e aposentados, mas ainda não prontos para a aposentadoria. O que vai acontecer quando descobrirmos que desperdiçamos nossa chance de realmente ser ótimos em vez de fingir que somos, que é o que estou fazendo agora?

"Sabe quem vamos culpar? Vamos culpar você e Ali, porque homens castrados que sentem a perda de seu poder encontram bodes expiatórios."

Agora estou discursando. Esta não é uma conversa com minha amiga e colaboradora e colega artista, mas uma discussão comigo mesmo. Estou discutindo em voz alta.

Não importa se você tem razão em um momento como este, porque você não tem.

Artistas são mestres em culpar o mundo exterior por suas falhas interiores. O problema são os radialistas, a gravadora, a imprensa. É minha galeria, meu agente, meu parceiro. É o dilema do artista: o problema não está lá fora, mas aqui dentro. Confundimos nossa autoestima com nossa autoexpressão. Confundimos nossa vida com nosso trabalho quando o trabalho não está dando certo. O pintor raramente culpa a tela. É a musa que leva a culpa pela desfiguração.

Quem estou tentando magoar aqui? O que me pegou nos meus trinta e tantos anos? A diminuição do ego ou um pensamento de que o U2 está prestes a se tornar um clichê e, como diz a música que acabamos de escrever:

> *Referee won't blow the whistle.*
> *God is good but will he listen?*
> *I'm nearly great but there's something missing.*
> *I left it in the duty free,*
> *But you never really belonged to me.*
> *You're not the only one staring at the sun*
> *Afraid of what you'd find if you stepped back inside.*
> *I'm not sucking on my thumb, I'm staring at the sun*
> *I'm not the only one who's happy to go blind.**
>
> — *"Staring At the Sun"*

* O árbitro não vai apitar./ Deus é bom, mas nos dará ouvidos?/ Sou quase ótimo, mas me falta algo./ Deixei no freeshop,/ Mas você nunca foi minha de verdade./ Você não é a única olhando para o sol/ Com medo do que encontraria se voltasse para dentro./ Não estou chupando o dedo, estou olhando para o sol/ Não sou o único feliz em ficar cego.

Morleigh e eu estamos desesperados, mas não exatamente pelas mesmas razões. Minha sorte é que somos grandes amigos que se tornarão grandes velhos amigos. Minha sorte é que ela vai me perdoar.

AS FITAS DEMO MAIS CARAS DA HISTÓRIA DA MÚSICA

Em março de 1997, o álbum *Pop* entra nas paradas como número um em vinte e sete países.

Não me importa.

Estamos nessa banda que se tornou tão grande quanto uma banda pode ser, e ainda estamos aqui. É como um time de futebol que ainda ganha o campeonato passado muito tempo.

O mesmo empresário. Os mesmos quatro jogadores. Nenhuma transferência. Mas tudo tem que acabar, não é? Chegamos ao auge? Você, Edge, aos 35 anos, quer estar em um grupo que já foi famoso? Não acontece com um romancista, nem com um cineasta, nem com um pintor essa ideia de que o seu melhor trabalho deve ser feito enquanto você é jovem. Por que isso deveria acontecer com uma banda de rock? (Esse é o meu depoimento no banco dos réus, meritíssimo.)

O U2 nunca seria Michael Jackson. Quanto a isso, estamos mais próximos da grande cantora gospel Mahalia Jackson.

Lookin' for to save my, save my soul
Lookin' in the places where no flowers grow.
Lookin' for to fill that God-shaped hole
Mother, mother-suckin' rock an' roll.
Holy dunc, space junk comin' in for the splash
White dopes on punk staring into the flash.
Lookin' for the baby Jesus under the trash
*Mother, mother-suckin' rock an' roll.**

— *"Mofo"*

* Procurando salvar, salvar a minha alma/ Procurando nos lugares onde as flores não brotam./ Procurando preencher aquele rombo em forma de Deus/ Mãe, filho da mãe do rock and roll/ Batismo, lixo espacial vindo se estatelar/ Brancos tolos drogados encarando o clarão./ Procurando o menino Jesus sob o lixo./ Mãe, filho da mãe do rock and roll.

O Nirvana é uma banda pop, Kurt Cobain costumava dizer; "Smells Like Teen Spirit" é uma música pop. Ele tinha razão. As grandes bandas de rock são realmente bandas pop. Passamos a amar algumas das músicas do álbum *Pop* quase tanto quanto adoraríamos ter tido tempo para terminá-las. Mas não há tempo para terminar. A turnê já foi montada, e os ingressos para a "PopMart Tour" estão à venda. Em algum lugar no caminho nossas prioridades mudaram. Jimmy Iovine nos encurrala; ele diz que o momento em que um artista muda é o momento em que ele para de colocar a gravação em primeiro lugar. Ele achava que o *Pop* poderia ser o conjunto de demos mais caro da história da música. A demo que não deu certo.

Não exatamente. Por pouco. É tudo quase. Ninguém se importa com quase. Quando fica pronto — e nunca ficou pronto —, *Pop* não é a festa que procurávamos. É a ressaca depois da festa.

POP. O SOM DE UM BALÃO ESTOURANDO

"Seguir uma banda de rock é como seguir um time de futebol." Paul McGuinness geralmente tem uma teoria, e em 1997 essa é a teoria dele. "Você quer que seu time ganhe a taça, mas na música, diferentemente do futebol, nem o artista nem o torcedor vão admitir isso."

O fã do Pink Floyd diz: "Queremos músicas novas; chega de ouvir *The Dark Side of the Moon*." Sério? O fã do Pink Floyd ama *The Dark Side of the Moon*.

Esse é o disco que não sai das paradas para eles. Você não pode forçar todos a amar os seus experimentos.

Do ponto de vista da crítica e das vendas, estamos no topo desde *The Joshua Tree*, embora estejamos começando a ficar sem ter para onde ir. Talvez essas novas músicas encontrem um rumo quando tocadas ao vivo. Talvez a "PopMart Tour" mude as coisas. Talvez não. Barbara Skydel, nossa agente nos Estados Unidos que nos atendeu com tanto cuidado desde que assinamos com o grande promoter/empresário Frank Barsalona, teme que o mundo tenha nos superado. As pessoas não entendem nosso aceno para a *pop art*.

"Esta é a hora do grunge, do som de Seattle, todo mundo está vestindo camisas de flanela xadrez e jeans rasgados e fazendo rock sério, enquanto o U2 está vestindo roupas que simulam corpos musculosos e tocando sob um arco do McDonald's. As pessoas não entendem, e o rádio não está tocando o disco. A banda pode estar em uma grande queda. Veja o gênio que foi Peter Frampton. O sucesso dele só foi igualado pelo fracasso que se seguiu."

Mesmo assim, a turnê.

A "PopMart Tour" poderia mudar a narrativa. Será que não? Se der certo na estrada, podemos mudar as coisas. E a ideia da turnê é ousada, em homenagem à *pop art*, tocando ao lado de esculturas de frutas como as de Claes Oldenburg e enormes animações de pinturas de Roy Lichtenstein e Keith Haring. E mais, como a capital do pop é certamente Las Vegas, vamos abrir a turnê em Las Vegas.

Não é incrível?

Hummm. Não tanto quanto o previsto.

O único lugar no mundo onde o show da "PopMart Tour" vai parecer normal é na capital mundial do entretenimento, Las Vegas.

Apesar de toda a nossa arte superdimensionada, esta é uma cidade que pode superar qualquer rival em termos de ironia exuberante. Esta é a capital do pastiche. Nossa "PopMart Tour" estará estacionada bem ao lado das Pirâmides.

A única cidade onde nossa produção vai parecer monótona. E é o que acontece.

E não tivemos tempo de ensaiar direito. Já mencionei isso?

E nossa filha Jordan, viajando conosco, foi mordida por um cachorro no dia do lançamento.

E se você é alérgico ao amaranto-do-deserto (aquela planta que sai rolando), o que é o meu caso, este é um dos poucos lugares do mundo onde pode ficar afônico.

Eu fiquei.

E todo mundo aparece para nossa grande noite de abertura, e não conseguimos tocar direito nossas músicas novas.

Pense numa humilhação. E isso era só o começo.

Estávamos perdendo dinheiro e também ímpeto. Estávamos perdendo o rumo. E, em alguns lugares, estávamos tocando em estádios com metade da lotação, o que não era lá muito *pop*-ulista da nossa parte. *Pop* era a ressaca antes da festa cara que era a "PopMart Tour". Ainda assim, no final da turnê em 1998, conseguimos arrancar à força algum tipo de vitória em meio a todas aquelas derrotas, em parte reinventando algumas das músicas — "Please", "Last

Night on Earth" — para que elas se aproximassem de como poderiam ter sido se tivéssemos terminado o álbum.

Quando chegamos ao final da turnê, estávamos quase prontos para iniciá-la. Os shows na Cidade do México foram incríveis. O filme, dirigido por David Mallet, continua sendo um dos meus momentos favoritos do U2.

Ainda assim, o som deste álbum era o som de um balão estourando. *Pop*.

Nosso balão. O carnaval da década de 1990 estava chegando ao fim e, embora as máscaras sempre tivessem o seu lugar, havia o perigo de parecermos aquelas pessoas que voltam para casa da festa ainda impecáveis. Esquecendo que ainda estão fantasiadas de galinha. Ou de ovo.

Ter uma conversa séria e parecer ridículo.

Chega de olhar para o umbigo. Precisávamos voltar à razão pela qual éramos uma banda. Havia bocas lá fora para alimentar, mas não eram as nossas. Era hora de acordar para o que realmente éramos, que estava por baixo da experimentação e da pintura no rosto. Uma banda de rock nada má com algumas grandes músicas antigas. Quando estamos em plena forma.

HORA DE ACORDAR

Andy Warhol ia à missa todos os domingos e trabalhou como voluntário em cozinhas comunitárias de Nova York por toda a vida. Ele nunca falou sobre Deus, mas seu primeiro e seu último trabalho são religiosos. No dicionário de arte, você descobre que a *pop art* tratava da morte de Deus porque, se o eterno não existe, então devemos viver no instante. Mas a missão da arte é tornar o instante eterno.

Não há contradição.

Pop. Tornar o instante eterno. Por pouco. Não exatamente.

Aquele último álbum que faríamos no antigo milênio era menos sobre a morte de Deus e mais sobre a morte de uma ideia — a ideia de que nós quatro naquela banda éramos invencíveis, indestrutíveis, que podíamos fazer qualquer coisa. Tornou-se o nascimento de um tipo de humildade que nem sempre combina com nossa arte, mas que pode ser necessária para nós como pessoas. Estávamos descobrindo que o limite da elasticidade dessa banda é o limite da elasticidade de quatro pessoas, quatro amigos cuja amizade se vê ameaçada quando alguém não se sente valorizado no processo criativo. Cuja música se vê ameaçada.

A música "Wake Up Dead Man" pouco tinha a ver com a estética polaroide do disco original que nos propusemos fazer. Achei que era uma música que tínhamos feito para Jesus no túmulo, mas talvez fosse uma carta de Adam, Larry e Edge para mim.

Talvez fosse eu quem precisava acordar.

Listen to the words, they'll tell you what to do
Listen over the rhythm that's confusing you
Listen to the reed in the saxophone
Listen over the hum of the radio
Listen over the sounds of blades in rotation
Listen through the traffic and circulation
Listen as hope and peace try to rhyme
Listen over marching bands playing out their time.

Wake up, wake up dead man
*Wake up, wake up dead man.**

* Ouça as palavras, elas lhe dirão o que fazer/ Ouça além do ritmo que está te confundindo/ Ouça a palheta no saxofone/ Ouça além do ruído do rádio/ Ouça além dos sons de lâminas girando/ Ouça em meio ao tráfego e à circulação/ Ouça tal como a paz e esperança tentando rimar/ Ouça além das fanfarras tocando em descompasso./ Acorde, acorde, homem morto/ Acorde, acorde, homem morto.

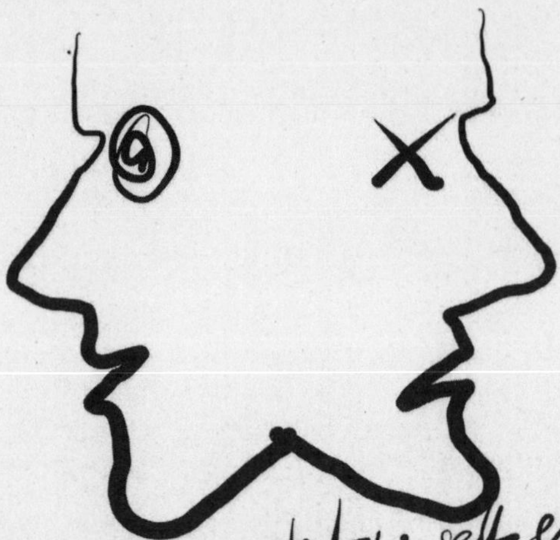

I got just enough low self esteem
to get me where I want to go

26

The Showman

The showman gives you front row to his heart
The showman prays his heartache will chart
Making a spectacle of falling apart
*Is just the start of the show.**

Um espetáculo. Um show. Fazer de si mesmo um show. Uma coisa curiosa para se fazer com uma vida. O mundo do espetáculo. Xamanismo. Muitos motivos para ir ao camarim ou ao palco.

Uma coisa que você deve saber sobre os artistas. Na busca pela verdade, somos capazes de dizer mais inverdades do que a maioria das pessoas. Em muitos sentidos, não somos confiáveis. Podemos emaranhar sentimentos. Parecer empolgados com a pessoa ao nosso lado quando ela nos causa arrepios. Podemos fazer você chorar enquanto rimos por dentro. Marlon Brando descreveu atuar como mentir para viver. "Engano" não é uma palavra que você associa a um grande artista ou a uma grande pessoa, mas confesso que meu papel nesse engano está em andamento. Quase tanto quanto a honestidade, o engano é um componente-chave para ser um artista, e o maior engano de todos é a autenticidade. Como o astro do rock 'n' roll

* O *showman* deixa você sentar na primeira fila de seu coração/ O *showman* reza para que seu coração partido chegue às paradas/ Fazer de sua ruína um espetáculo/ É só o começo do show.

que aparece para a sessão de fotos vestindo seu suéter mais antigo, rasgado propositalmente.

A coisa mais difícil de se fazer em um palco é simplesmente atravessá-lo, como o grande professor de atuação Konstantin Stanislavski definiu. Somos transformados pelos olhos do nosso público. O método Stanislavski, o qual Brando aprendeu, tratava de como ser o seu verdadeiro eu enquanto se entra no personagem que está interpretando. No rock 'n' roll, os diferentes tipos de artistas performáticos vão daqueles que estão tão satisfeitos por estar no centro das atenções (onde deveríamos estar) até aqueles cujo truque é preferir estar em qualquer outro lugar. No cinema, essa relutância pode ser uma vantagem, porque a câmera é atraída por atores que a desprezam e desconfia de atores que adoram estar diante dela. Aqueles que são muito grandes ou muito grandiosos nas suas expressões.

Esse sou eu.

Essa lição eu aprendi depois de uma de nossas primeiras aparições na TV, no programa britânico *Top of the Pops*, que na época representava o auge da atenção dedicada ao pop. Não estávamos prontos para o horário nobre, ou, para ser mais preciso, eu não estava pronto. "Histérica" é uma palavra que você pode usar para descrever a filmagem. Eu me movia como uma marionete tosca, uma caixa de surpresas com um olhar de espanto constante estampado em meu rosto. Isso pode explicar por que o U2 é um membro daquele seleto grupo cuja música perdeu posição nas paradas depois de aparecer no *Top of the Pops*.

A câmera pode buscar revelar a verdade, mas mais frequentemente a distorce.

"Meu conselho para você", refletiu Paul McGuinness, "com uma obra de arquitetura dessas no meio da cara, é nunca ficar na borda de uma lente grande angular."

Eu ainda não tinha descoberto como estar na TV. Eu me pergunto se a sabedoria de Brendan Behan se aplica: "Minha cabeça é grande demais para a televisão." Algumas pessoas têm um talento nato para isso, mas mesmo elas estudam porque a coisa mais difícil de se fazer em um palco é ser autêntico. Só consegui isso em certos momentos. É difícil eu me desligar. Realmente tenho que entrar na música para sair da minha cabeça. A inibição é o inimigo. A insegurança, não. Em um nível inconsciente, o público precisa saber que você precisa deles.

It is what it is but it's not what it seems
This screwed up stuff is the stuff of dreams
I got just enough low self esteem
To get me where I want to go.[*]

ESTUDO DE CASO UM: ELE FEZ DO JEITO DELE

Entra um dos maiores *showmen* de todos os tempos: Frank Sinatra. Hoje ele não está exatamente nas paradas ou entre os mais ouvidos nas plataformas digitais, mas no dia de Ano Novo de 2008 ele está lá comigo no meio de um *pub* em Dublin. Copos tilintando, batendo, estilhaçando na folia gaélica. Portas de vaivém, namorados caindo ou saindo das graças da estação, discussões familiares resolvidas ou retomadas. A alegria do malte e o desespero do gengibre, todos estão na fila para serem servidos nesta data, que marca um quarto de milênio desde que Arthur Guinness colocou pela primeira vez a escuridão aveludada em um copo de cerveja.

Há uma voz nos alto-falantes que faz todo mundo se distrair: é Frank Sinatra cantando "My Way". Sua ode à resistência completa quatro décadas este ano, e por razões que se acumularam durante toda uma vida, todo mundo canta junto.

É em meio a um clima curioso que ele chega esta noite na borbulhante Dublin. Uma crise financeira. O novo dinheiro irlandês foi apostado e perdido; o rabo do Tigre Celta está entre as pernas enquanto empreiteiros e banqueiros riem inquieta e intensamente do ano que passou, e engolem em seco com força quando pensam no novo ano a que vão sobreviver, sendo que o país quase não sobreviveu, e as pessoas que pegaram dinheiro emprestado para comprar ou alugar suas casas pagam o preço mais alto. Estranhamente, Frank está aqui para todos, os acusadores e os acusados.

Fico impressionado com o único atributo que falta em sua voz: sentimentalidade.

Em meio à incerteza quanto aos negócios, a vida amorosa, a existência em si, por que a voz de Sinatra é uma sirene de nevoeiro — tamanha confiança em tempos nervosos, permitindo que você se

* É o que é, mas não é o que parece/ É dessa coisa torta que os sonhos são feitos/ Minha autoestima é baixa o suficiente/ Para me levar aonde eu quero ir.

entregue ao romance, mas arrancando da sua cara seus óculos de lentes cor-de-rosa caso você se empolgue demais.

Um apelo à credibilidade.

Uma voz que diz: "Não minta para mim agora."

Fabuloso, não fabulista. Honestidade em estado bruto.

À medida que o ano passa, a emoção na sala é uma luta entre esperança e medo, expectativa e apreensão. Aonde quer que você vá, essa voz o leva pela mão.

Depois de voltar do *pub* para casa, abro um vinho, pronto para o vinagre que ele pode virar quando familiares e amigos exageram. Como estou prestes a fazer. Bem perto da porta da cozinha, olho para o outro lado e vejo algo amarelo: uma pintura que Frank me enviou quinze anos atrás, depois que eu cantei "I've Got You Under My Skin" com ele, em seu álbum *Duets*. Uma pintura feita por ele. Uma tela amarela louca de violentos círculos concêntricos que giram por uma planície desértica.

Francis Albert Sinatra, pintor, modernista. É um novo ano, e me permito uma gota de melancolia, para rebobinar o filme enquanto o projecionista em minha cabeça reproduz as lembranças de um homem que finjo conhecer por ter compartilhado com ele alguns momentos especiais. Um homem que conheço de verdade a partir de suas músicas.

SOB A PELE DE SINATRA

Edge e eu passamos algum tempo na casa de Sinatra em Palm Springs, olhando para o deserto e as colinas, sem qualquer sinal de vida rural. Muito Miles Davis. E muita conversa sobre jazz.

Foi quando ele me mostrou a pintura. Parecia que os círculos eram como o diâmetro de uma corneta, a campana de um clarim, então, eu disse isso.

Disse que tinha ouvido falar que ele era uma das maiores influências de Miles Davis.

"A tela se chama *Jazz*, e você pode ficar com ela."

(É por isso que estou olhando para ela agora, pendurada no pé da nossa escada em Temple Hill.)

"Sabe, garoto, você é o único homem que usa brinco com quem eu já simpatizei."

A sra. Sinatra descendo as escadas com um glorioso vestido carmesim, a elegância em pessoa, Frank com um grande sorriso: "Barbara, você parece um coágulo de sangue!"

"Miles Davis nunca desperdiçou uma nota, garoto — ou uma sílaba com um tolo." Depois, esta: "O jazz trata do momento em que se vive. Ser moderno não tem a ver com o futuro; tem a ver com o presente."

Estar presente é o que importa, não é? Eu estava com Frank Sinatra no momento em que ele esqueceu o presente, no momento em que ele não estava mais presente. Tínhamos nos encontrado naquele mesmo dia no deserto da Califórnia para gravar um clipe para "I've Got You Under My Skin". Com o diretor Kevin Godley e sua equipe em nosso encalço, dividimos um passeio de limusine até um bar de Palm Springs gerenciado por um dos amigos de Frank. A ideia era que Frank e eu tivéssemos uma conversa fiada, e Kevin gravaria tudo. A cena de abertura era Frank no bar sozinho esperando a chegada de um cantor irlandês, e foi o que eu fiz na primeira tomada. Mas quando pediram para Frank repetir a cena de abertura, uma câmera pifou, e ele ficou sozinho no bar por dez minutos a mais do que gostaria. A "tomada 2!" do diretor não apenas o tirou do momento; isso o tirou do bar e do clipe que estávamos gravando. Ele desapareceu. Alarmado por ter sido deixado sozinho por tanto tempo, o *showman* saiu de fininho, deixando eu e uma equipe de filmagem sentados no bar, com metade do dueto faltando para uma gravação completa.

Mais tarde, um telefonema de Barbara. Algum tipo de mal-entendido. Que tal irmos à casa deles naquela noite, encontrar alguns amigos, beber um pouco de uísque. Edge anda de um lado para o outro. Eu, não.

Veja bem, se nesta versão dos Estados Unidos estou bebendo uísque, eu normalmente bebo Jack Daniel's puro, sem gelo, que é um uísque do Tennessee para se ir bebericando aos poucos; então, por que estraguei tudo pedindo gengibirra?

"Você está bebendo uísque com gengibirra?", pergunta Frank. "Bebida de mulher."

Enquanto ele me leva o copo, sinto que está olhando para meus dois brincos e fazendo seu julgamento. Tenho certeza de que a palavra que ele está procurando, a palavra que acaba não dizendo, é "afeminado".

Bebi rápido para compensar e, para piorar, misturei as bebidas. No jantar — mexicano, não italiano —, bebemos tequila em copos enormes que pareciam aquários. "Nunca beba nada maior do que sua cabeça", pensei comigo mesmo enquanto Frank empurrava o nariz contra a taça.

E enquanto ele dobra cuidadosamente um guardanapo turquesa, Edge o ouve dizendo baixinho: "Lembro quando meus olhos eram azuis assim..."

Sério.

Mais tarde, alguns filmes foram exibidos no cinema da casa de Frank e Barbara, onde, dormindo em seus sofás brancos como a neve, levei um susto. Acordei com uma sensação de umidade entre minhas pernas. Meus sonhos com Dean Martin deram lugar ao pânico.

Primeiro pensamento: me mijei; fiz xixi nas calças ao lado de Sinatra. Segundo: não conte a ninguém. Terceiro: neste lugar todo branco, não se mexa; eles vão ver a mancha amarela sobre o assento. Quarto: elabore um plano.

Fiquei sentado envergonhado por vinte minutos. Mudo. Esperando o fim do filme, imaginando como eu explicaria essa derrota da Irlanda frente à Itália. Este sinal de que aquilo que antes era apenas incontinência verbal amadureceu e se tornou uma prova conclusiva de que ali não era meu lugar. Sou um idiota. Um turista. Estou de volta ao meu berço aos 4 anos de idade, antes que eu saiba como fracassar. "Mamãe, preciso me trocar... fiz xixi nas calças."

Bem, eu não tinha me mijado. Tinha derramado minha bebida. Acho que estava bêbado, chapado de Frank, um nanico que luta boxe contra a própria sombra seguindo os passos desse gigante.

"E AGORA, MEU AMOR? AGORA QUE ACABOU?"

Voltamos para o hotel. Vire à esquerda na avenida Frank Sinatra. Eu sabia que nunca mais beberia na companhia do grande homem. Não mais seria convidado. Errado. Duplamente errado. No ano seguinte, estou no bar da sala para empresários no andar de cima do Shrine Auditorium, em Los Angeles. É a noite do Grammy, e Frank me pediu para apresentar seu Legend Award.

Ele está um pouco angustiado. Eu idem.

Para o *barman*: "Faça valer a pena."

Estamos fazendo pedidos ao pessoal do bar em vez de pedir um ao outro para nos comportarmos.

Não bebo para ficar bêbado, não é? Eu bebo porque gosto do sabor, não é?

Então, por que estou imitando um bêbado mais uma vez? Frank acabou de me servir outro drinque, é por isso. Jack Daniel's desta vez, puro como ele sugere, e em um copo de cerveja. Estou falando com Susan Reynolds, assessora de imprensa e santa padroeira de Frank, e Ali, minha esposa e santa padroeira. Paul McGuinness pergunta a Frank sobre o broche em sua lapela.

"É a Medalha da Liberdade, a maior honraria concedida a civis, dada pelo presidente."

"Qual deles?", pergunta Paul.

"Ah, não sei, algum bem antigo. Lincoln, eu acho."

Legal, eu penso, e me pergunto se é preciso ser americano para ganhar aquilo. Me pergunto se minhas pernas estão começando a bambear. Me pergunto se eu deveria ter preparado algo para dizer caso nosso álbum *Zooropa* ganhe o prêmio de Melhor Álbum de Música Alternativa.

Fico dizendo para mim mesmo que não vamos ganhar. Até que acabamos ganhando. Minhas pernas me levam até o microfone, e digo a algumas centenas de milhões de pessoas que "o U2 vai continuar fodendo com o *mainstream*". Não é tão engraçado ou inteligente assim, mas de volta ao bar Frank se vira para a sala e diz: "Achei que gostava desse garoto. Eu amo esse garoto."

Tenho 33 anos.

Tomando um café, nos preparamos para o evento principal. Quando chego ao palco, eu me tornei um João Batista bem irritante preparando o caminho para o nosso messias italiano. Com andar arrogante e uma cigarrilha acesa nos lábios, estampo aquele sorriso de escárnio que dou quando estou muito, muito nervoso. Eu fumo; portanto, estou agitado. Eu tusso. Eu discurso.

Enquanto saio do palco, o cenário se abre para revelar o prefeito de qualquer cidade que ele quiser, Frank em seu terno clássico, recebendo aplausos de pé na cidade que ele, mais do que qualquer um, tornou famosa. De todos os modos, isso é o que todos aqui pensam. Ele olha para a multidão, de cara séria, e fala sobre o *barman* nos bastidores, faz algumas piadas. Ele realmente está comovido e então, de repente, fica absorto. Não compenetrado no momento, alienado do momento. Simplesmente perdido. O Grammy corta para um comercial. O presente abandonou Frank por um instante, e os produtores e seus empresários entraram em pânico e deram fim àquilo.

Ser moderno não tem a ver com o futuro, ele me disse; tem a ver com o presente. Estar presente era a única coisa que Frank exigia de si mesmo e de sua arte, e quando ele começou a perder isso, deve ter sido aterrorizante. Os anos sempre roubarão sua glória à medida que lhe oferecem longevidade.

OLHOS AZUIS OU VERMELHOS

De volta a Temple Hill, na manhã seguinte à noite de Ano Novo, coloquei uma gravação de Sinatra cantando "My Way" que ele fez para um dueto com aquele outro mestre e maestro, Pavarotti. O dueto não faz jus a nenhum dos dois. Essas são as maiores entre as maiores vozes, mas há uma parte de mim que só deixa um desses italianos cantar em inglês. Por trás da fanfarronice, porém, descubro um aspecto da interpretação de Frank que me comove tanto que tive que conseguir uma cópia da tomada sem Luciano. Essa tomada revelou o vocal mais notável, e mostrou uma visão totalmente diferente da letra. O que era um orgulho quando Frank estava com 54 tornou-se, aos 79 anos, um pedido de desculpas.

A primeira foi gravada em 1969, quando Frank disse a Paul Anka, que escreveu a música para ele: "Vou largar o *show business*. Estou farto disso. Vou cair fora." "My Way" aqui é mais um pé na bunda do que uma despedida, e incorpora todo o orgulho masculino que um homem pode ter dos erros que cometeu no caminho daqui para todos os lugares. Na gravação posterior, o arranjo de Don Costa é o mesmo, as palavras e a melodia são as mesmas, o andamento, o tom... mas agora tudo se volta para um fim totalmente diferente. Agora a canção se tornou uma admissão de derrota comovente. A arrogância do cantor se esvaiu.

Como ele fez isso? A música se tornou um pedido de desculpas. Genuíno. O gênio do canto interpretativo. Dualidade. Havia duas músicas lá o tempo todo.

Esse "garoto" da Cedarwood Road teve a sorte de fazer um dueto com um homem de Hoboken que entendia a dualidade, que tinha o talento de ouvir duas ideias opostas em uma única música e a sabedoria para decidir qual lado revelar em que momento. Olhos azuis ou vermelhos.

Como a de Bob Dylan, Nina Simone ou Mavis Staples, a voz de Sinatra é aprimorada pela idade, pelos anos de fermentação em barris de carvalho rachados. Como comunicador, acertar as notas é apenas parte da história. Cantores, mais do que outros músicos, dependem do que sabem sobre o mundo, e não do que não querem saber. Embora haja um perigo nisso — a perda da ingenuidade, por exemplo, que tem certa potência —, as habilidades interpretativas geralmente são aprimoradas ao longo de uma vida de exageros.

Se, como Frank, você cantar como se nunca mais fosse cantar. *Se*, como Frank, você cantar como se nunca tivesse cantado antes. *Se*.

ESTUDO DE CASO DOIS: UMA VOZ MAIOR DO QUE O MUNDO

Entre aqueles que notaram os desdobramentos da nossa "ZOO TV Tour", que cambaleava pela Europa no início dos anos 1990, havia alguém notoriamente familiarizado com gestos grandiosos. Sendo italiano, Luciano Pavarotti tinha plena consciência de que o lugar que pegava fogo naquele momento ficava logo ao lado da casa dele. Quase dava para ver a Guerra da Bósnia de sua casa à beira-mar na costa do Adriático. Pavarotti estava profundamente preocupado com a guerra que acontecia "por cima do muro do seu jardim", e se sentiu compelido a ajudar. Ele poderia oferecer seu talento vocal singular de duas maneiras: como um intérprete que exprimiria e desabafaria os sentimentos complexos relativos ao conflito em uma canção, ou arrecadando fundos e convencendo as pessoas a fazer coisas que elas não necessariamente queriam fazer e elaborar algum tipo de pacote de ajuda para a zona de guerra. No fim das contas, este homem, que era dono de uma voz maior do que o mundo, decidiu fazer as duas coisas.

Um campeão mundial de queda de braço emocional, Luciano deve ter ligado para Temple Hill vinte vezes em meados da década de 1990 para saber se havíamos escrito para ele a música que com certeza não dissemos que escreveríamos para ele. A resposta era sempre não, porque, como eu havia tentado explicar, estávamos lutando para terminar uma de nossas próprias músicas, então, nem tínhamos pensado em mais uma para ele. Já havíamos embarcado em Passengers, um novo experimento musical com Brian Eno. Nem todos estavam convencidos de que esse experimento levaria a descobertas artísticas. Pavarotti tinha um bom inglês, mas havia uma palavra que ele parecia nunca entender.

A palavra "não".

Ele ficava ligando, falava com nossa governanta, Teresa, ou com Ali, ou com quem quer que atendesse o telefone. Uma hora, por azar ou sorte, eu atendi. Para minha surpresa, ele não perguntou da música, perguntou sobre mim, sobre a família. Comentei que estávamos ansiosos para passar o feriado da Páscoa na França.

"Que ótimo. Passar um tempo com sua esposa maravilhosa e seus filhos, sem pressão."

"Sim", falei. "Estou exausto."

Ele disse: "Perfeito, vai ter tempo para escrever a música, então."

Eu tossi e disse que daria o meu melhor.

"Deus encontrará uma música para esta festa das mais santas que há", disse ele. "Vai emergir de dentro de você. Você vai encontrar. Tenho certeza."

Ele estava certo. Nós encontramos mesmo a música.

Havia uma improvisação durante as sessões do Passengers que precisava de letra e de uma melodia e talvez de um cantor convidado. A ideia da letra veio de uma história que ouvi sobre como o povo de Sarajevo estava se defendendo contra o cerco com unhas e dentes, inclusive com um senso de humor surreal. Sob o manto da escuridão, um violoncelista clássico tocava sonatas nos escombros de prédios bombardeados. Um grupo de mulheres desafiadoras organizou um concurso de beleza de Miss Sarajevo. Suas faixas vinham com frases bordadas como "Tem certeza de que quer nos matar?".

O filme do desfile foi uma demonstração potente de mulheres que se recusavam a abrir mão de sua feminilidade por conta do ódio.

Gravamos a faixa de apoio de "Miss Sarajevo" e fomos visitar o tenor em sua vila em Pesaro. Essa lenda vivia de uma forma mais boêmia do que eu imaginava. Ele disse que tinha um estúdio em casa, mas quem poderia adivinhar que o microfone ficava no pé de sua cama? Ele cantava no quarto. Mas só depois de comer; então, esperamos enquanto a comida era preparada: uma tigela de macarrão do tamanho da Itália. Aí, ele teve que dormir. Ele só cantava depois de dormir.

Depois, ele comeu de novo. Então, esperamos. Continuamos comendo e bebendo até que chegou a hora de ele se levantar da rede e dirigir-se ao microfone.

Estávamos todos meio que de férias.

ALGUMAS COISAS SOBRE ÓPERA QUE OS CRÍTICOS NÃO VÃO TE CONTAR

Cantores de ópera não são meros atletas excelentes em salto em altura, ou artistas de circo cujas bizarras vantagens genéticas aplaudimos. Cantores de ópera devem, acima de tudo, comunicar emoções.

Empatia.

Tornar compreensíveis para o ouvinte histórias inacreditáveis é o seu dom, porque não existe vida comum para ninguém. Assim, as vozes dos cantores de ópera são melhoradas pela vida que levaram; quanto mais vida viveram, melhor a voz.

Empatia.

Por mais confusa que seja a vida, a voz humana revela os contornos emocionais e a paisagem espiritual, não apenas da música, mas do cantor que lhe conduz por ela. É disso que trata a ópera. Era disso que se tratava Luciano Pavarotti. Em poucas tomadas, ficou evidente que Luciano Pavarotti tinha vivido o suficiente para cantar para pessoas que estavam perdendo o controle de suas vidas. Ele tornou compreensível a dor surreal de Sarajevo.

Empatia.

Eu estava enganado em pensar que depois dessa música ele ia parar de nos assediar. Uma semana depois, ele estava ligando novamente. Tínhamos que tocar a música com ele em Módena em seu concerto anual de caridade. Continuei dizendo a ele que não; ele continuou me dizendo que sim. Falei com a banda. Revirar de olhos coletivo.

"Por qual razão você não vai tocar em Módena para mim?" perguntou ele.

"Estamos no estúdio", respondi. "Mesmo que eu quisesse, a banda não quer."

"Se eu falar com a banda, sei que eles vão dizer que sim."

Expliquei que eu conhecia todos muito bem e que isso já estava decidido, e não seria mais discutido.

"Você vai falar com eles mais uma vez?"

"Tudo bem", falei, para encerrar a ligação. "Vou estar com eles no estúdio amanhã."

"Em Dublin?", perguntou ele. "Na sua cidade natal eles vão entender. Uma oportunidade de fazer a coisa certa, não só para mim, mas para a humanidade. Diga a eles que eu disse isso."

Ok.

Ele ligou para o estúdio no dia seguinte. "Você está aí?"

Eu disse: "Sim, estou no estúdio."

"Espere, chego aí em meia hora."

"O quê?!"

"Estou saindo do aeroporto, estamos a caminho."

"Você está em Dublin?"

"Estou em Dublin. Quero falar com o restante da banda. Você me disse que eles estavam aqui, certo? Estou a caminho. Vamos conversar."

A banda não gosta de ser obrigada a nada, e eu não conseguia ver como isso poderia terminar bem. Contei a eles que Pavarotti estava a caminho, perguntando se podia nos visitar.

Larry: "Com quem ele está?"

"Acho que só com a Nicoletta, não tenho certeza."

Era um grande acontecimento receber a visita de um superastro global, mas eu estava mais preocupado do que lisonjeado. Coloquei minha reputação com o grupo em jogo e expliquei que deveríamos ser educados com o maior cantor do mundo caso ele nos fizesse um convite. Acabamos chegando a um acordo, que durou até o momento em que ele chegou.

Com uma equipe de televisão.

Estávamos sendo manipulados, mas nem todos na banda conseguiam ver a graça nisso. Luciano Pavarotti chegou e nos rendemos. Bem, metade de nós. Quando a ópera que era Pavarotti juntou sua equipe de TV e foi embora, Edge e eu havíamos concordado, diante das câmeras, em tocar em Módena, e em setembro de 1995, acompanhados por Brian Eno, estreamos "Miss Sarajevo" no concerto anual "Pavarotti and Friends", em apoio à organização War Child.

A vida é marcada por transformações improváveis, e foi em Módena que presenciei a transformação do meu pai. Quem não levaria o pai, o tenor, para conhecer Luciano Pavarotti, um dos Três Tenores? Edge levou seu próprio pai tenor galês, Garvin, e em algum momento Bob, Garvin e Luciano cantaram "Parabéns para você" para a esposa de Brian Eno, Anthea. Garvin Evans tentou a nota mais alta, num esforço sincero de superar o astro.

"Nós somos os três tenores, não somos?", disse ele brincando. "Não tem como enganar um público acostumado com um dó de peito!"

Não houve drama até a chegada de um brilho capaz de ofuscar até mesmo Pavarotti. Diana, a princesa de Gales, era uma estrela gigante, tornada ainda maior por seu recato. Edge mencionou que, como os pais dele iriam conhecê-la, talvez meu pai quisesse se juntar a eles. Eu sabia a resposta, mas decidi dar a ele uma chance, de qualquer maneira.

"Pai, você gostaria de conhecer a princesa de Gales, Lady Di? Gwenda e Garvin, que são galeses, vão encontrá-la com Edge."

"O quê? Como assim? O que ela está fazendo aqui? Ela está em todo lugar! Se eu quero conhecer a família real? É como perguntar se eu quero conhecer o cara que ganhou na loteria. Por que o ganhador da loteria é interessante? Por que eu ia me interessar por isso?"

"Eu sei, eu sei", falei, um pouco cansado. "Eu sei. Está bem. Só estava perguntando."

"De jeito nenhum. Não seja ridículo."

Uma hora depois, em nosso camarim, Luciano Pavarotti levou a princesa de Gales para nos cumprimentar, e a primeira pessoa que ela encontrou ao entrar em nosso *trailer* foi o meu pai. Com quase um metro e oitenta de altura e usando o mais lindo vestido branco-coral, Diana era especial. Papai derreteu. O choque de um encontro de perto com a família real britânica rapidamente virou uma paixonite adolescente.

"Como vai?", perguntou ela.

"Prazer em conhecê-la", respondeu ele, tremendo. "Estou muito bem, obrigado por perguntar." Oitocentos anos de opressão desapareceram em oito segundos.

Se você já se perguntou sobre a utilidade da realeza, eu sempre apontaria esse encontro. Oitocentos anos em oito segundos.

Here she comes, heads turn around
*Here she comes, surreal in her crown**

— *"Miss Sarajevo"*

Pavarotti roubou a cena em seu próprio show naquela primeira apresentação ao vivo de "Miss Sarajevo". Não importa como ele conseguiu fazer isso; ele desejou que aquilo se materializasse, e a música desejou materializar a melhor versão dele. A música, lançada pelo Passengers em *Original Soundtracks 1* no fim do ano, continua sendo uma das minhas gravações favoritas, provavelmente porque não sou responsável pela emoção dela. O grande homem com a voz de vulcão estava fazendo todo o trabalho pesado, e aqui está ele agora levantando a multidão com a promessa de construir um centro de música em Mostar para os sobreviventes bósnios da guerra, para quem restou pouco além das ruínas de sua dor. O grande lutador de queda de braço conseguiu o que queria de nós, e nós, seu público, tivemos que ceder. Quem não se comove com o objetivo final do grande mestre nesse jogo de xadrez? A parte do meio também foi um tanto sublime, mas é a jogada de abertura dele que ainda me faz rir, uma abertura bastante comum, mas clássica — a defesa siciliana. Seus cavalos, seus bispos por todos os lados e, claro, sua rainha, a princesa Diana. A suspensão da descrença era agora um decreto real. Na corte do mais alto drama, éramos peões.

É fácil satirizar um personagem do tamanho de Luciano Pavarotti com base na dimensão do homem, na sua personalidade, no seu talento, no seu dom inigualável. Mas por baixo daquele vulcão havia uma indignação magnífica, quente e liquefeita.

It's no secret that a conscience can sometimes be a pest
It's no secret that ambition bites the nails of success
Every artist is a cannibal, every poet is a thief
All kill their inspiration and sing about the grief.†

— *"The Fly"*

A ópera nunca está distante.

* Lá vem ela, cabeças se viram/ Lá vem ela, surreal em sua coroa.

† Não é segredo que às vezes a consciência é uma praga/ Não é segredo que a ambição rói as unhas do sucesso/ Todo artista é canibal, todo poeta é um ladrão/ Todos cantam sobre o luto depois de matar a inspiração.

Nem todo grande cantor é um grande artista performático. Será a honestidade? Será a conexão com o público? Será que acontece quando o artista precisa da música mais do que o público?

"Honestidade" pode ser a palavra certa e também a errada. A desonestidade é uma mentira mal contada. Prefiro a mentira à desonestidade. Os artistas que me cativam são os que desconfiam do palco ou que o acham muito limitante. Eles estão constantemente derrubando a quarta parede, aquele momento em que um ator fala diretamente para o público ou, no filme, direto para a câmera. Esses são os artistas que você sente que podem pular do palco e confrontá-lo no meio da multidão, empurrar você para fora do caminho, derrubá-lo no chão com a música deles. Ir para casa com você. Fazer uma xícara de chá para você. (Aceita açúcar?) Ou assaltá-lo. Criaturas selvagens e teatrais como Iggy Pop ou Patti Smith. O artista performático cinético despreza a distância que o separa de seu público. Não só a proximidade sentimental. Às vezes também a física.

Artistas que fazem um show de luz com suas emoções e transformam sua raiva em pirotecnia. Aqueles que o deslumbram com os efeitos especiais de seu pensamento. As pessoas não veem Bob Dylan ou Miles Davis como os mais teatrais dos *showmen* porque eles não fazem aquilo que consideramos "um grande show". Eles simplesmente deixam você entrar em contato com o humor deles. O que, para aqueles de nós que os amam, é a coisa mais generosa que poderiam fazer. Depois, há apenas os grandes *showmen* de quem você não consegue tirar os olhos. E Mick Jagger é o mais hipnotizante de todos.

Conexão com o público? Em nossa banda, sempre tentamos de tudo para levar nossa música até onde você está. A tecnologia foi nossa amiga nessa busca por conexão; desde monitores intra-auriculares que nos permitiram construir palcos-satélite na parte de trás do local do show e não sair do tempo por conta do *delay* até telas que funcionam como instalação de arte e não só como reforço de vídeo.

Mesmo se você estiver na parte de trás de um estádio ou de uma plateia de festival, ainda assim queremos ter sua atenção plena. Vou tentar qualquer truque para impedir você de divagar. Desde pular do palco até subir nos amplificadores. Se vejo pessoas indo pegar uma bebida durante uma música em particular, fico ofendido. Me sinto como um cachorro abandonado na chuva. Uma pausa para o xixi durante essa música? Sério?

Na Los Angeles Sports Arena, em 1983, subi em uma sacada com uma bandeira branca para falar sobre pacifismo, e quando alguém tentou puxar a bandeira da minha mão, comecei a bater no sujeito. Em nome da não violência. Depois, pulei da sacada num gesto que um crítico chamou de uma das acrobacias mais despropositadas que ele já viu.

Você poderia chamar isso de exibicionismo. É verdade, mas também chamo de busca por um simbolismo físico. É assim que justifico isso. Todas as experimentações para o mesmo fim, quebrando a barreira entre artista performático e fã. Como convidar os fãs ao palco para tocar guitarra ou dançar conosco. Ou apenas para ficar ali com a gente. Num show em Montreal em 2015, chamei cem pessoas para o palco, que havia sido construído para abrigar uma banda de quatro integrantes. Eu me empolgo.

Edge, ou Larry, ou Adam... ou alguém da equipe... alguém precisa intervir de tempos em tempos, me fazendo prometer que não vou me deixar levar assim. Mas esse é o objetivo. A música transporta as pessoas. Por qual outro motivo um homem de quase 60 anos ainda pularia nos braços de um grande e forte rapaz ou de uma moça e faria com que eles o carregassem pelo palco? É um símbolo do que realmente está acontecendo, de que esse público ainda carrega essa banda depois de quarenta anos.

MESSIANISMO CAÓTICO

Com o tempo, entendi que até o *show business* tem raízes no xamanismo, que a mais superficial das artes guarda a lembrança de questões muito mais antigas e profundas: a imortalidade, o espetáculo da morte e da ressurreição. A parte pseudorreligiosa de ser um astro do rock, um messianismo meio caótico.

Foi lendo *Death and Resurrection Show: From Shaman to Superstar* ("O show da morte e ressurreição: de xamã a superastro"), de Rogan P. Taylor, que entendi que o *show business* não é um ramo do xamanismo. É xamanismo. Desde tirar um coelho da cartola, passando pelo truque da corda indiana, até a pirotecnia do show de rock, no fundo temos essa necessidade de acreditar na magia, no ritual e na cerimônia. Temos um desejo inconsciente de que os artistas performáticos vivam num outro mundo, que tenham viajado para esse "outro mundo". Queremos ver pelos olhos deles. Queremos que eles sejam nossos videntes.

De Elvis a Jim Morrison, de Beyoncé a Umm Kulthum, esses superartistas regeneram nossa necessidade de acreditar no sobrenatural, que remonta a mitologias antigas. Na mitologia irlandesa, tínhamos uma supercriatura chamada Cúchulainn, que era capaz de bater em uma bola com um bastão e depois correr rápido o suficiente para pegá-la. Superpoderes: quadrinhos da Marvel e rock 'n' roll, a dieta adolescente da qual nunca nos cansamos.

Sabe, em todo esse negócio de mostrar em vez de contar, algo ainda me faz voltar ao camarim, aos móveis alugados tão familiares, à bandeja de frios com queijo suado e frios ressecados. De volta à ansiedade relativa a quão altas são as notas ou quão baixa é a energia.

Não é um milagre ou um truque.

São as duas coisas. E quando isso acontece, todos sabem que a transubstanciação ocorreu. O que o xamã está fazendo durante o show? Além de lutar contra problemas técnicos e ficar pensando se consegue atingir as notas agudas? Além de saber se a casa está lotada e se o *set list* está certo? Quando todo esse barulho se acalma, o momento em que sei que um show está realmente dando certo é quando sinto que a música está cantando para mim, em vez de eu a estar cantando.

Essa é uma ótima noite.

Em uma noite realmente ótima, você é o público e o público é você. Isso de fato pode acontecer.

Pergunta: Como se chama uma pessoa que antes do truque de mágica vê o coelho sendo colocado na cartola e ainda fica surpresa quando o coelho é revelado?

Resposta: Um mágico.

Essa é a mágica.

Na nossa banda, o show é onde terminamos nossas músicas, porque sem nosso público elas se sentem incompletas.

O xamã que antes pensava estar conduzindo a plateia fica humilhado ao perceber que é ele quem está sendo conduzido. Não apenas transmissor, mas também receptor. Há muita estática por aí. Muito apego. Todo mundo vivendo sua própria vida única em qualquer música. Magia novamente. Pense muito nisso e você nunca vai chegar lá.

Ser um *showman* provavelmente foi o que me salvou. Quando coloco a maquiagem e assumo o personagem do Sr. MacPhisto em nosso programa, sou capaz de falar palavras que normalmente não sairiam da minha boca. Dê uma máscara a alguém, como disse Wilde, e ele lhe dirá a verdade.

Tirar a máscara também é revelador, como descobri em turnê, em 2018, tirando a maquiagem de palhaço do meu rosto ao vivo no palco e olhando para a câmera enquanto conversava com Ali em casa na Irlanda. Na frente de vinte mil pessoas, descobri regularmente um momento de vulnerabilidade que beirava a fragilidade. Esvaziar em vez de preencher o momento, constrangimento como gesto dramático. Se existe honestidade para o *showman* — e lembre-se que eu disse que não existe — isso é o mais próximo que chegamos.

Um momento a caminho da rendição.

É a instrução passada pela música que mais importa, a letra e a melodia. Se você obedecer à música, chegará ao lugar com que todos nós cantores sonhamos.

A experiência de ser cantado. A experiência de não carregar a música, mas ser carregado por ela.

Isso não acontece quando você quer, mas quando acontece, o esforço técnico, físico e espiritual simplesmente desaparece. É fácil. Não pesa nada. Tão desinibido quanto uma criança num parquinho. É um faz de conta mais verdadeiro do que a própria verdade, e do qual todos participam. É uma liberdade que contagia.

Há ciência por trás desta magia. Os tijolos e a argamassa de alta tecnologia de um estádio construído para rugidos e brados da rivalidade são agora uma teoria do campo unificado que diz que somos um e o mesmo. O público e Edge, Adam, Larry e eu nos fundimos. Não há eles, somente nós. Esta nave de concreto da era espacial que alguém pousou nos arredores de um centro urbano está agora iluminada e decolando rumo a algum destino desconhecido. Pessoas que não se conheciam ou não gostavam umas das outras estão cantando a mesma música. Um público que chegou separado irá embora junto, a comunidade reunida com um propósito encontrou outro.

Quando isso acontece, sei que ultrapassamos o entretenimento e chegamos a outra coisa, e isso fica tão claro para o cantor quanto o nariz em seu rosto.

Mesmo em grande angular.

PRIDE (IN THE NAME OF LOVE)

in which the millennium turns and I accidentally start a new band – NOW PLAYING – the White House and World Bank as I finally understand what our visit to Ethiopia fifteen years ago was all about. and we try to make 'DROP the Debt' a hit SONG and my days of dissorientation are about to be reorientated...

27

Pride (In the Name of Love)

One man caught on a barbed wire fence
One man he resists
One man washed up on an empty beach
*One man betrayed with a kiss.**

Você não pode deixar de sentir que entrar no Salão Oval é entrar na história enquanto ela está sendo escrita. Ninguém quer entrar parecendo que o invadiu. Em 16 de março de 1999, entrei pelas portas de carvalho de cor creme parecendo mais um gatuno do que o ativista sério que eu fingia ser. Achei que um sobretudo de caxemira preta combinaria com a ocasião, mas na viagem de Nova York para Washington o sol apareceu, a temperatura aumentou, e tive que tirar meu respeitável sobretudo crombie, e entrei para a história vestindo uma camiseta preta e calças cargo. Um *roadie* em vez de um verdadeiro astro do rock, mas talvez não tão inapropriado. Eu esperava poder "ajudar" William Jefferson Clinton, o 42º presidente dos Estados Unidos.

Eu estava acostumado a fazer parte de um coletivo de quatro pessoas, mas agora também estava me tornando parte de um coletivo em todo o mundo, um tenor cantando o grito de guerra dos

* Um homem preso a uma cerca de arame farpado/ Um homem, ele resiste/ Um homem levado pelo mar a uma praia deserta/ Um homem traído com um beijo.

ativistas contra a pobreza, uma música ficava mais alta à medida que nos aproximávamos da virada do milênio.

No tênue esplendor dessa sala reverenciada, o presidente pareceu achar graça na roupa pouco formal de seu convidado das 14h30. Um visual muito diferente da ressaca de veludo molhado que eu estava usando da última vez que nos encontramos naquele quarto de hotel em Chicago. Sua expressão levemente intrigada tinha menos a ver com meu traje e mais com a dedicatória que deixei em um livro de poesia de Yeats: "Esse cara também escreve umas letras bacanas!"

Um sorriso surge como uma onda naquele rosto de campo de batalha enquanto o presidente se pergunta em voz alta se a arrogância de meu escrito era forjada ou real. Ele estava claramente familiarizado com a poesia de W. B. Yeats, e folheou o livro e em seguida pousou-o cuidadosamente sobre a escrivaninha Resolute. "Esta escrivaninha foi enviada pela rainha Vitória", explicou ele. "Mas o presidente Kennedy gostava de lembrar às pessoas que era feita de carvalho irlandês."

Achei que me lembrava de ter visto esse famoso móvel no passado, na capa de uma revista, com um John F. Kennedy Jr. de três anos rastejando por baixo dele. Na escrivaninha de hoje há uma foto do presidente e de Hillary com Chelsea, que parece sábia aos 15 anos. Uma biografia de Robert Kennedy. Uma Bíblia. Um busto de Jefferson. Meu cérebro estava se atomizando, mas minha primeira reação foi tentar desacelerar as moléculas do ar.

Bill Clinton tinha feito a primeira visita presidencial de monta à África subsaariana em vinte anos, e não precisava ser convencido da importância estratégica do continente, que em cinquenta anos teria o dobro da população da China e abrigaria um terço dos jovens do planeta.

Diminua o ritmo o suficiente para fazer uma proposta nada simples de uma ideia complexa que pode transformar a vida de milhões das pessoas mais pobres do mundo. Uma ideia que ganhava força entre uma variedade de ativistas contra a pobreza a quem fui apresentado, e que se reuniram sob a alcunha de Jubileu 2000. Ensaiei o discurso da proposta com eles, então, fui com tudo, e descrevi minuciosamente como os países mais ricos detinham as chaves que poderiam abrir as portas da prisão da pobreza para os países mais pobres. Então, disse como era hora de levar a sério a anulação das dívidas históricas e impagáveis dos países mais pobres, e que dia 1º de janeiro de 2000 poderia ser a data simbólica para permitir que eles zerassem seus próprios relógios.

O presidente foi gentil, mas não pude deixar de reparar em seus olhos. Iam de um lado para o outro. Eu tinha a sensação de que outros assuntos ocupavam sua mente. Como não? Guerras e boatos de guerras. Boatos em cima de boatos. Uma tentativa de *impeachment* um mês antes, que os democratas chamaram de golpe de Estado. Desde o início com a primeira-dama, ele entrou em uma das maiores lutas que alguém poderia se lembrar: a batalha campal pela reforma da saúde. É difícil para nós, europeus, entender como o acesso à saúde pode ser um tema tão controverso, mas a política na capital estava se tornando cada vez mais pessoal. O homem mais poderoso do mundo estava descobrindo quanto poder ele não tinha. Como se não tivesse coisas o bastante com que se preocupar, eis que aqui havia um astro do rock malvestido tentando fazê-lo se preocupar com mais uma. Caso eu conseguisse fazer com que ele me desse atenção.

"A virada de um milênio, Sr. Presidente. Que momento para ser líder do mundo livre."

"É verdade."

"O senhor deve ter planejado algum pronunciamento à altura, não é mesmo?" Minha impertinência não parece incomodá-lo.

"Hillary está comandando um Conselho do Milênio da Casa Branca; estamos planejando um monte de coisas em todo o país."

"Algo que envolva o resto do mundo? Uma ocasião tão histórica assim, única, quero dizer… é uma ocasião que só ocorre a cada mil anos."

É claro que estou rindo ao dizer isso, mas, além do meu constrangimento em salientar o óbvio para um dos homens mais inteligentes que alguém já conheceu, pensei ter ouvido o som de uma caixa registradora entrando em um caça-níqueis. Ou talvez um zumbido quando seu grande cérebro deu um tranco. Essa ideia entrando na cabeça dele como tinha entrado na minha. Estariam aqueles olhos azuis ficando mais azuis? O presidente estava se sentando um pouco mais empertigado? Vi quando ele voltou a si, à sala, à conversa, e agora estava se inclinando na minha direção. "Conte-me mais sobre essa ideia do milênio. Já estamos abatendo parte da dívida. Com o Banco Mundial."

"Com todo o respeito, Sr. Presidente, o processo do Banco Mundial parece ter nascido morto, e essas são as palavras do próprio presidente, Jim Wolfensohn. Estamos falando de algo maior, de exigir que os países mais ricos marquem o milênio ao anunciar um recomeço para os países mais pobres. Abolir o que esses países veem como 'escravidão econômica' causada por antigas dívidas da Guerra Fria."

Eu agora havia prendido a atenção dele.

"Quem seria o 'nós' aqui?", pergunta ele.

"Há muitos ativistas no mundo todo trabalhando em prol disso, principalmente igrejas e ONGs. E só uma banda de rock até agora, mas ela também está trabalhando em prol disso."

"Prossiga."

"Escravidão econômica é um conceito espiritual, Sr. Presidente: combater uma injustiça que o mundo ocidental explorou por séculos. Descobri que 'redenção' é um termo econômico."

Bill Clinton começou a destrinchar a ideia feito um peru de Natal. Uma criança do Sul dos Estados Unidos criada em meio à segregação racial. Bill, de Little Rock, Arkansas, sabia o que era injustiça. Ele também era um mestre do simbolismo político. Mais algumas perguntas e ele me mandou pelo corredor da Ala Oeste com instruções para falar com alguns de seus conselheiros mais próximos, as pessoas que podiam fazer a coisa acontecer.

Eu estava começando a sentir desânimo, a achar que estava pisando em areia movediça e que estava prestes a ser engolido por ela. Que eu estava completa e totalmente fora da minha alçada, e que a única maneira de sobreviver era me adaptar. É um sentimento, estranhamente, o qual gosto de ter mais do que a maioria das pessoas.

A MOEDA-CORRENTE DA FAMA E COMO GASTÁ-LA

O Jubileu 2000 não foi só mais uma ONG. Foi um movimento social e um daqueles raros momentos em que a religião fazia algum sentido prático para pessoas que não ligavam muito para ela. Não se tratava de caridade; era justiça. Essas pessoas estavam usando frases como "economia do sabá". Sempre gostei do conceito de sabá, mesmo que seja apenas uma hora de sabá. Em uma terça-feira. Sempre tentarei reservar algum tempo na semana para um sagrado descanso. Um tempo para parar de fazer e começar a ser.

Jubileu, aprendi, era um conceito bíblico: "um ano de jubileu", descrito pelo profeta hebreu Isaías como um ano das graças do Senhor. Na tradição judaica, a cada sétimo ciclo de sete anos, você deve liquidar as dívidas de um povo e libertá-lo de suas amarras. Foi assim que Jesus começou seu próprio ministério, "para libertar os oprimidos". Canções de redenção. Essa não é do Bob Marley?

A anulação da dívida havia sido proposta inicialmente por Desmond Tutu e pela Conferência de Igrejas de Toda a África, mas foram dois britânicos, Martin Dent e Bill Peters, que pensaram em atrelá-la ao milênio. Recebi uma carta de um dos principais ativistas do Jubileu, Jamie Drummond, que tinha uma indignação moral e o tipo de mente inquieta que mantinha uma discussão consigo mesmo e com todos ao seu redor que me parecia familiar. Depois de um telefonema, encontrei duas das pessoas para quem ele trabalhava, Ann Pettifor, cuja conversa cortante e perspicácia a faziam ir direto ao ponto, e seu companheiro quieto, mas irônico, Adrian Lovett.

Quanto mais eu passava tempo na companhia desses ativistas do Jubileu, mais sentia que isso poderia ser mais do que apenas um projeto paralelo; poderia ser uma banda da qual eu iria querer participar. Eu sabia que não ia lançar um disco solo ou ter uma carreira solo, mas tinha o desejo de aproveitar essa fama e usá-la para algo mais útil do que conseguir uma mesa em um restaurante disputado, embora isso seja útil. "Fama é moeda-corrente", dizia eu a quem me desse ouvidos. "Quero gastar a minha nas coisas certas."

À medida que a campanha popular crescia e tomava a forma de um abaixo-assinado jamais visto, com 24 milhões de assinaturas de pessoas de 155 países (incluindo algumas impressões digitais), o Jubileu estava em busca de porta-vozes. Para fazer a América aderir à campanha, eu precisava de gente com tino comercial. Os próprios Estados Unidos tinham muitas dívidas, e também tinham muita influência no Fundo Monetário Internacional (FMI) e no Banco Mundial. As igrejas dos Estados Unidos haviam se organizado, mas a campanha ainda não tinha se espalhado por Washington, D.C. Conheci o advogado Bobby Shriver por sua mãe, Eunice, irmã de John F. Kennedy. Ela sugeriu que eu estudasse os argumentos a favor e contra o cancelamento da dívida. "Informe-se sobre todos os lados da questão."

Precisei voltar a estudar. Bobby marcou uma reunião em Harvard com o economista liberal Jeffrey Sachs. Seguindo o conselho de Eunice, convidei o professor Sachs para almoçar com Robert J.

Barro, economista conservador. Isso se tornaria nosso modelo por vinte anos: tentar unir esquerda e direita em prol da mesma causa antes que cada um se entrincheirasse em seu lado. Barro não estava muito convencido, mas cedeu um pouco ao pensar que o cancelamento da dívida poderia estar vinculado a reformas e ao combate à corrupção. Ele afirmou sua posição na *BusinessWeek*: dois vivas com ressalvas para o cancelamento da dívida.

O professor Sachs, no entanto, entrou de cabeça, e escreveu artigos de opinião, fez discursos e botou os alunos do Centro de Desenvolvimento Internacional de Harvard para trabalhar nisso. Às vezes parecia que eu tinha ido morar com ele e sua esposa, Sonia. Eles também não apenas sofriam com minhas perguntas idiotas, mas as estimulavam, antes de respondê-las meticulosamente. Eles ficavam indignados com a forma como os pobres muitas vezes pagavam o preço pelos planos malfadados dos ricos.

Conforme eu estudava política econômica — com Ali erguendo uma sobrancelha para os relatórios do Banco Mundial e do FMI empilhados na mesinha de cabeceira —, Bobby me ensinava sobre política americana.

"Mesmo que o presidente asine o cheque para cobrir o perdão da dívida, fazer com que ele seja descontado pelo Congresso não vai ser fácil. Esses são outros quinhentos. Os democratas não podem fazer isso. Precisamos de republicanos. Sou um Kennedy, e você é um astro do rock. Vamos ter sorte se eles retornarem um telefonema."

Bobby tinha razão. Capitol Hill teria que se tornar nossa segunda casa.

MEU NOVO BAIRRO: A CAPITAL

Um dos maiores personagens da minha vida nos últimos vinte e cinco anos foi a capital dos Estados Unidos da América. Washington D.C. Passei semanas e meses lá: detestando alguns dias que pareciam anos e algumas de suas hierarquias e protocolos, mas amando outros que se estendiam para encontrar um novo horizonte de possibilidades… se os políticos fossem capazes de superar a política.

Os planos originais para a cidade foram elaborados por um engenheiro francês conhecido pelo apelido de "o Garoto". Pierre Charles L'Enfant conseguiu esse grandioso emprego a pedido de George

Washington. A cidade deveria ser organizada em torno de duas instituições: a casa do presidente e o Congresso. Dois grandes eixos perpendiculares para que um pudesse ficar de olho no outro. Os edifícios neoclássicos fariam uma ode ao Iluminismo, a ordem nas tradições romana e grega. As colunas gregas sustentam a maior ideia que alguém já teve de um país. É como se a capital gritasse uma palavra para o mundo: "Grécia". Essa era a imagem da democracia mais madura.

Mas como ela amadureceu?

Parte de mim teria que amadurecer lá também, para enfrentar o desafio de colocar minhas próprias ideias com relação ao coletivo em segundo plano.

Sempre me vi como uma espécie de vendedor — vendendo músicas, ideias, a banda e, nos meus melhores dias, vendendo, bem, esperança. Se pudéssemos colocar essa música da anulação das dívidas nas paradas, seria um tipo diferente de esperança, talvez para milhões de pessoas.

Para fazer isso, porém, eu teria que me juntar a uma nova banda, sem ser expulso daquela em que já estava. Disse a mim mesmo que isso fazia parte da nossa história como banda, que desde 1982 nós quatro tínhamos prometido não pensar só em nós mesmos, e enxergar no mundo outras necessidades mais prementes do que um disco de sucesso. Mas, para ser justo, também tínhamos prometido a nós mesmos lançar um disco de sucesso.

Ainda assim, minhas certezas habituais não pareciam tão sólidas assim. Eu estava prestes a fazer amizade com pessoas que sempre presumi que eram o inimigo. E brigar com outras que pensava serem amigas. Eu estava prestes a descobrir que a esquerda não detém o monopólio da compaixão pelas pessoas que vivem na pobreza, que existem conservadores compassivos que se sentem igualmente aviltados por esse tipo de desigualdade.

Nossa iniciativa em prol do cancelamento da dívida precisaria ser grande o suficiente para abrigar não apenas freiras e punks, donas de casa e sindicalistas, como também as pessoas da direita e da esquerda. E com essa estratégia poderíamos dobrar o tamanho da nossa campanha e a pressão sobre os políticos.

Qualquer que fosse a sala da Casa Branca em que eu estivesse, eu me lembrava que o sucesso do U2 me rendeu um excesso de recompensas e deferência, mas que devo ter sempre em mente a quantidade de coisas a que essas pessoas tiveram de abdicar, trabalhando muitas horas e morando longe de suas famílias. Tentando fazer o melhor possível de suas vidas e o melhor possível para seus eleitores.

DEFENDA UM ARGUMENTO, NÃO DEZ

Dito isso, tive uma intuição muito boa de que, ao me juntar a esse novo grupo de ativistas impertinentes, isso não seria lá muito bem recebido pelos dirigentes do meu grupo habitual de impertinentes, aqueles que me fizeram chegar aonde cheguei. A fama como moeda-corrente é uma coisa; a credibilidade do U2 como moeda-corrente é outra.

Paul McGuinness era um verdadeiro estudioso da política americana e imediatamente vislumbrou o perigo. Ele vinha me dizendo há algum tempo que esses ideais altivos de criar uma ponte entre os dois principais partidos políticos nos Estados Unidos eram — francamente — absurdos.

"O que é essa história de 'Sr. Bono vai a Washington'? Você acha que pode ajudar a criar algum tipo de união em meio a uma política que se tornou completamente descontrolada, desequilibrada?"

Entendi isso como uma tentativa carinhosa de me passar um sermão, mas não me deixei convencer.

"Há uma frase em um dos sermões de Martin Luther King em *Strength to Love* ('Força para Amar')", falei. "Ao enfrentar o medo a coragem o domina..." Paul olhou para mim, as sobrancelhas estilo Churchill erguidas. "Mesmo com um olho aberto...", acrescento.

"Talvez ajude o fato de eu chegar a esta cidade como um forasteiro," continuei. "De qualquer forma, sou um bom aluno. E tenho ótimos professores."

Na capital, encontrei-me na casa à beira do Potomac da irmã de JFK, Eunice, e de seu marido, Sargent, e com a família Shriver aprendi muitas coisas que mudaram a minha vida. Quando Bobby e eu começamos a tentar fazer *lobby* em prol da nossa causa em meio à turbulência do Congresso americano, seus inigualáveis pais ajudaram a aprimorar nosso discurso. Para um orador de pub-rock como eu, foi um pouco surreal me sentar à mesa da cozinha com Eunice e Sargent revisando meus esforços toscos.

"Defenda um argumento, não dez!", "Isso não faz sentido.", "Você perdeu a minha atenção."

As críticas deles tinham fundamento, pois eles haviam trabalhado nos discursos do próprio JFK. Em outra época, Eunice Kennedy Shriver poderia ter se candidatado à presidência. Mas essa bela alma acabou fazendo algo não menos relevante, pois fundou aquilo que ficou conhecido como Special Olympics ("Olimpíadas Especiais"), que deu a milhões de jovens com deficiência intelectual uma oportunidade de se destacar no esporte. Quando de sua morte, a família capturou perfeitamente sua essência: "Ela era a personificação de uma prece."

BURACOS DE RATO E CISTERNAS

Seria apenas uma visita rápida, mas pelo menos era uma reunião. Lawrence Summers, que acabara de assumir o cargo de Secretário do Tesouro, não estava preparado para "perder um tempo precioso conhecendo um astro do rock sem sobrenome que cantava em um grupo homônimo a um avião espião". Ele chegou na companhia de duas jovens muito inteligentes, que contribuíram durante a minha apresentação e que levavam as coisas de volta aos trilhos quando seu chefe ocasionalmente tamborilava com os dedos impacientemente. Sheryl Sandberg, que viria a ser a segunda na linha de comando no Facebook, era na época a mais jovem chefe de gabinete do Departamento do Tesouro, ao passo que a conselheira Stephanie Flanders mais tarde se tornaria a editora de economia da BBC.

Eu sabia que não estava fazendo jus aos argumentos. "Você precisa falar usando frases e parágrafos", foi minha anotação para mim mesmo. "Considere pontos finais e vírgulas, mesmo na conversa." Larry e as duas Valquírias foram embora, deixando este mini-Thor cuidando de suas feridas até Sheryl voltar: "Isso não poderia ter dado mais certo. O secretário topou." Ok. Talvez esqueça a pontuação.

Depois de conquistar o apoio dos democratas, como iríamos conquistar o apoio dos republicanos?

"Andando por aí com um Kennedy é que não vai ser", diz o Kennedy.

Bobby acha que seu cunhado, posteriormente eleito governador da Califórnia, Arnold Schwarzenegger, pode ter algumas sugestões.

"Vá encontrar John Kasich, de Ohio", me diz Arnold. "Ele tem coração, além de cérebro."

O congressista Kasich me deixa perplexo em nossa primeira conversa. O assunto é o Radiohead.

"Bono, qual é o seu álbum favorito: *OK Computer* ou *The Bends*? Eu gostava mais do *The Bends*, mas meu gosto está mudando."

Mais tarde, digo a Thom Yorke, cantor e letrista do Radiohead que é praticamente um "sufi" — que, além de ser muito talentoso, se dispôs a ir protestar conosco —, que John Kasich estava perguntando por ele. Faço isso em parte para irritá-lo. Não tenho certeza se quero que esse tipo de gente goste da nossa música. "Ele não é um desses caras que fica cortando o orçamento? Não chamam ele de 'tesoura' ou algo assim?"

"Sim", respondo. "Ele é um conservador fiscal com uma visão econômica do mundo com a qual a nossa galera geralmente não concorda."

Thom me lança um olhar que diz: "Nesse aspecto, a gente nunca vai concordar."

Lembro a mim mesmo que já faz muito tempo que estou longe da minha base, e que me privei de uma arma crucial dos ativistas políticos mais combativos: rivalidade com relação ao inimigo. Não é tão fácil ir para a batalha sem isso.

Era inegável que o Congresso dos EUA era controlado por conservadores que não gostavam dessa ideia de perdoar US$ 435 milhões em dívidas de países que eles pensavam ser liderados por governos corruptos. (Esse dinheiro era só a primeira parcela, e essa era apenas a parte dos Estados Unidos, mas se não tivéssemos sucesso na capital dos EUA, não teríamos em lugar nenhum.) E o acordo bipartidário não ganharia fôlego suficiente até que pessoas como Kasich arregaçasse as mangas numa luta no plenário da Câmara dos Deputados. Foi o que ele fez.

"Gastamos mais dinheiro do que isso em Washington só deixando as luzes acesas à noite; portanto, gastar menos de um bilhão de dólares para ajudar as pessoas a melhorar suas economias e ajudar as pessoas que estão morrendo diante de nossos olhos é a coisa certa a fazer."

Igualmente combativo, mas não a princípio em nosso nome, foi Sonny Callahan.

O congressista republicano do Alabama está girando em uma cadeira de couro em seu escritório no Capitólio. Como presidente do Subcomitê de Apropriações da Câmara, braço da Comissão de Operações Exteriores, ele é o responsável pela bolsa dos pobres do mundo. Ele está falando retoricamente para os visitantes reunidos e evitando me olhar porque, de alguma forma sincera, ele quer falar sobre o cancelamento da dívida pelas minhas costas. Mesmo que eu esteja bem na frente dele. Ele parece um xerife que inspeciona a cena de um crime. É um sujeito ácido. Seu estômago está roncando, e ele também.

"Essa verba para o perdão da dívida vai desaparecer num buraco de rato", diz ele a todos. "Vou ser direto. O Bonio aqui [sou eu] pode ter padres no púlpito trabalhando para ele, pode até ter o apoio do papa em Roma, pode estar surfando uma onda de popularidade com alguns de nossos amigos, mas eu defendo o contribuinte dos EUA, e nada de bom vai sair disso para ele."

Ele pausa para respirar... mas não terminou.

"Ele [sou eu] pode tentar me enrolar com esse papinho de fim de noite, mas estou aqui para explicar a vocês por que estou tentando impedi-lo [eu de novo]. Sei que esses dólares não vão chegar até as pessoas a quem devem chegar. Então, vou me colocar no caminho dele [eu mais uma vez] para impedir isso."

Bonio [ainda eu] não está apenas incomodando Sonny; ele está no gabinete de Sonny. Ele repete o mantra várias vezes, como se fosse Van Morrison em uma música. "Esse dinheiro vai desaparecer num buraco de rato.

"Esse dinheiro vai desaparecer num buraco de rato."

"Esses bandidos que se chamam presidentes e primeiros-ministros, essas pessoas estão comprando malditos jatos Gulfstream como se fossem tênis da Nike."

"Congressista", respondo. "Por mais revoltados que estejamos com a corrupção, as pessoas para quem prometemos esses recursos estão ainda mais revoltadas e estão mais organizadas do que nunca para acompanhar a alocação desses recursos."

No fim, Callahan não deteve Kasich. Ele acabou saindo do caminho. John, que iria concorrer à presidência, foi auxiliado por seu colega conservador Jim Leach e, no Senado, por Spencer Bachus, que trabalhou com pugilistas democratas como Chris Dodd, Teddy Kennedy e Joe Biden.

Posso confirmar que Joe Biden estava citando poesia irlandesa mesmo naquela época e não apenas para os irlandeses, e, sim, ele às vezes usava gravatas verdes para que os hibernófilos se sentissem mais à vontade. Desconcertante em sua cordialidade, ele podia ser igualmente em sua franqueza ao falar sobre as dificuldades enfrentadas pelas pessoas em prol das quais ele trabalhava em sua cidade e em suas viagens ao exterior. "Católico" como adjetivo e substantivo.

TOP DOS PAPAS

Se, por um lado, a canção que fizemos para a campanha de cancelamento da dívida estava subindo nas paradas americanas, o que realmente precisávamos era de um sucesso mundial. No verão de 1999, em Colônia, Alemanha, Youssou N'Dour, Thom Yorke e eu nos juntamos a cinquenta mil apoiadores do Jubileu para cercar uma cúpula de líderes mundiais em uma corrente humana. Alguns dias depois, a chefe cada vez mais impaciente do Jubileu, Ann Pettifor, me ligou com outra ideia.

"Estamos progredindo, mas não rápido o bastante. Acho que temos que encontrar uma maneira de conhecer o papa."

Sua Santidade João Paulo II e a Igreja Católica estavam anunciando a ideia do Jubileu desde o início, mas precisávamos de algum tipo de proclamação pública. E, em setembro de 1999, conseguimos.

Cem dias antes do novo milênio, o Papa João Paulo II entra na sala do Palácio de Castel Gandolfo, a residência papal de verão, com um andador. Ele vem ao nosso encontro apesar de estar bastante debilitado fisicamente. Mas está conosco. Presente. Dando sua bênção pública à campanha do Jubileu 2000. Mais do que sua bênção. Ele dá à proposta uma carga intelectual mais radical e urgente do que qualquer um de nós esperava.

Nosso grupo neste dia de setembro de 1999 inclui Quincy Jones, Bob Geldof, Ann Pettifor, Jeff Sachs, o economista nigeriano e professor Adebayo Adedeji, o prefeito de Roma, Francesco Rutelli, e Laura Vargas, líder da coalizão Jubileu 2000 no Peru. Castel Gandolfo é tão labiríntico quanto o Vaticano, e passamos de uma sala a outra numa espécie de *video game* em que cada uma delas pode ser nosso destino. Isso nos dá tempo para contemplar os afrescos, para nos maravilharmos com as pinturas renascentistas.

"Isso é muito hip-hop", diz Quincy.

Bob Geldof dá risadinhas porque Quincy não consegue parar de fazer comentários maliciosos sobre a surrealidade da situação. Trinta de nós na sala com o papa, cujos sapatos Gucci de cor vinho aparecem sob a batina.

"Que sapatos maneiros", diz Quincy, não tão silenciosamente quanto poderia ter sido. "Baita pisante descolado."

Ninguém quer ficar rindo na igreja, mas você não consegue se segurar. Até perceber como o papa está levando nossa missão a sério. Como ele está determinado a estar vivo e conosco, a ler esta declaração em nome das comunidades mais pobres do mundo.

"A lei do lucro por si só não pode ser aplicada ao que é essencial para a luta contra a fome, a doença e a pobreza", diz o papa. "São os pobres que pagam o preço da indecisão e do atraso."

Sua presença acalma nosso riso nervoso. Até Bob fica um pouco emocionado.

Ele está olhando para mim?

Tenho certeza de que está olhando para mim. Sua Santidade está olhando para mim.

Questiono meu próprio narcisismo, faço um interrogatório completo. Sim, ele definitivamente está. Ele está olhando para mim. Eu me mexo. Seu olhar me acompanha. Então, eu entendo tudo.

Meus óculos.

Meus óculos de lentes azuis da Dolce & Gabanna.

Será que ele acha que usar óculos escuros é desrespeitoso? Às vezes escuto isso das pessoas, mas geralmente é muito complicado explicar para elas que uso os óculos por conta das enxaquecas que em dado momento enfim serão diagnosticadas como um sintoma do glaucoma. Tiro os óculos e fico segurando ele com a mão apoiada em uma das laterais do corpo.

Agora ele está olhando para os óculos nas minhas mãos.

"Tenho certeza de que ele está olhando para os meus óculos escuros", sussurro para Quincy.

"Tenho certeza de que estou olhando para os mocassins dele", retruca ele. "Pontífice estiloso esse." Talvez tenha sido isso que me deu a ideia quando Diarmuid Martin, um bispo de Dublin, me apresentou.

"Santo Padre, este é o Sr. Bono, e ele é um cantor e fez muito pelo Jubileu."

Ao me aproximar do bispo de Roma, entrego a ele não apenas, como planejado, uma cópia de *Poemas* de Seamus Heaney, como também um presente adicional.

Meus óculos. Meus óculos de lentes azul-claras.

Ele retribui com um presente próprio, um terço.

"Esta é uma grande troca", digo, sem saber se aquele polonês que já foi ator, goleiro e combateu na Guerra Fria vai achar graça. Sem problemas. Ele ri. Mais do que isso, ele evidentemente entende o poder de um símbolo, porque agora pega os azuis e os coloca em si mesmo. Olhando através deles para nós, ele dá um sorriso que só pode ser descrito como, desculpe minha linguagem, diabólico. E enquanto a câmera do fotógrafo oficial do Vaticano trabalha, sei que acabamos de colocar "Cancele a dívida" nas primeiras páginas de todos os jornais do mundo.

Resultado!

Sorrio, beijo o anel papal e, olhando para cima, noto Jeff Sachs sorrindo de volta para mim. Foram os ativistas da igreja e a discrição do QG do Jubileu que nos abriram essa porta, mas Jeff, mais do que qualquer um na sala, ajudou a dar forma ao que o papa dirá hoje.

Terminada a cerimônia, depois que Sua Santidade já havia saído, não consigo parar de pensar no poder da foto quando combinado com o poder dessas palavras. Isso vai viralizar, e nunca tínhamos ouvido falar em viralizar.

"Posso ver uma dessas fotos?", pergunto a qualquer um que tenha ficado para trás. "Podemos aprovar uma para a imprensa?"

A resposta vem em um timbre irlandês agora familiar. "Bono", diz o bispo Martin com firmeza, "você nunca vai ver essas fotos. Nunca."

Entendendo o alcance que essas imagens poderiam ter — os pôsteres, as camisetas —, o inteligente futuro arcebispo põe um fim imediato naquilo.

Claro que no dia seguinte tivemos bastante cobertura, mas foi só quando João Paulo II morreu, seis anos depois, que um dos fotógrafos do Vaticano, agora aposentado, deixou essa imagem em particular ser vista. Jamais esqueceria a maravilhosa travessura deste papa, e já usei muitas vezes aquele terço.

A bênção papal deu à campanha do Jubileu a propulsão moral de um bilhão de católicos, bem quando precisávamos. No dia seguinte, a equipe e eu estávamos em um avião de volta para Washington, D.C., nos preparando para as reuniões anuais do Banco Mundial e do FMI. Depois de alguma insistência, recebi um convite de Gene Sperling, que perguntou se eu podia ir no domingo até a Casa Branca para uma discussão quando não houvesse ninguém por perto e ele pudesse se concentrar. Gene, um incomum economista de sangue quente, explicou que recentemente tinha sido convidado para a cabine principal do Air Force One, na qual encontrou o presidente gritando com ele e segurando uma carta.

"Gene, você pode me dar uma boa razão pela qual não conseguimos resolver essa questão da dívida? É sério isso? Só me explique por que não podemos fazer a coisa certa.

Trabalhei duro naquela carta. Às vezes, uma única carta é mais eficaz do que horas de discussão cara a cara.

A carta levou a esse convite inesperado, e foi por causa dela que o homem que — junto com o secretário do Tesouro Larry Summers — tem que fazer a matemática funcionar abriu mão de seu sábado para se aprofundar na política e na economia.

GENE: "Se fizermos isso, quem — além do Reino Unido — mais vai seguir os nossos passos na Europa? Jim Wolfensohn, no Banco [Mundial], está se esforçando muito, mas e o [Michel] Camdessus no FMI? Você passou um tempo com ele? Não sei se ele concorda com o modo como vocês querem fazer isso."

EU: "Na verdade, eu o conheci ontem, e o chefe do FMI não é o diabo que eu pensava que fosse. Eu o imaginava em um grande escritório instruindo um bando de estudantes de metrado sobre como forçar Estados soberanos a adotar programas de ajuste estrutural."

GENE: "Isso já aconteceu. Para ser justo..."

EU: "Ele é católico, então, eu peguei meu terço — aquele que Sua Santidade me deu em troca dos meus óculos azuis."

Gene não tem certeza se deve acreditar em mim: "Prossiga."

EU: "Ele puxou a manga do paletó e, em volta do pulso, também usava um terço. Um terço budista dado a ele pelo Dalai Lama. Ele é um homem humilde, nada parecido com o Lúcifer que eu esperava."

GENE: "Humilde? Ou só mais humilde do que você?

Eu já disse que gostava do Gene?

GENE: "Obrigado pelo seu trabalho nisso. O presidente realmente quer ajudar mais, só não tenho certeza se podemos colocar isso no orçamento este ano, mas estamos tentando encontrar uma maneira."

EU (SENTINDO A REJEIÇÃO): "Gene, estamos em setembro de 1999, e na mente do público — e do papa — todo o argumento depende do milênio. Se perdermos esse ciclo orçamentário, perderemos o momento. Se você está preocupado com o Congresso, prometo que vamos ajudá-lo a obter a aprovação do Congresso."

Terminamos a conversa com uma discussão confusa sobre a diferença entre cancelar os 90% dos valores devidos aos Estados Unidos, que é o que o Tesouro considera plausível, e os 100% que os ativistas do Jubileu pedem. Reitero, como fizemos tantas vezes no ano passado, que, embora 90% possam parecer muito, essa é praticamente toda a dívida que nunca será paga de qualquer maneira. Isso não libera novos recursos para os países; eles vão pagar a mesma quantia só para cobrir os 10% restantes.

Tento uma última coisa na minha saída. "O presidente parece querer uma linha melódica. 'Cancelar 90% das dívidas dos países mais pobres' não é uma."

Dias depois, voei de volta para Nice, onde as crianças e Ali estavam de férias com meu irmão, Norman, seus filhos, e meu pai, Bob. De volta do aeroporto, puxei uma cadeira ao lado do meu pai.

"Bem, sendo franco com você, ouvi dizer que Clinton fez a coisa certa. Achei que era uma ideia maluca, mas parece que vocês encontraram alguém louco o suficiente para colocar isso em prática."

Estou perplexo.

"Do que você está falando?"

"Sim", Norman entra na conversa. "Está dando no rádio a manhã toda. Bill Clinton anunciando o perdão da dívida de trinta e seis dos países mais pobres."

Eu devo ter parecido muito surpreso. "Você sabia, não é?"

"Eu não. A última coisa que eu soube, alguns dias atrás, foi que eles me disseram que era improvável." Pedi licença para entrar em contato com a equipe do Jubileu. Consegui falar com Bobby.

"Estamos tentando entrar em contato com você... Clinton realmente conseguiu. Ouça isso: 'Hoje estou orientando meu governo para que seja possível perdoar 100% da dívida que esses países têm com os Estados Unidos... quando for necessário ajudá-los a financiar necessidades humanas básicas e quando o dinheiro for usado para isso.'"

Fiquei sabendo que, na manhã de 29 de setembro, William Jefferson Clinton, 42º presidente dos Estados Unidos — com a ajuda de Gene Sperling, Larry Summers e Sheryl Sandberg —, decidiu seguir em frente com o perdão da dívida. Ele reescreveu o discurso na comitiva a caminho das reuniões do Banco Mundial. O que não é uma longa jornada. Quer dizer, dá para ir a pé.

ENQUANTO SOBEM OS CRÉDITOS...

Só no caso de você ter esquecido o congressista Sonny Callahan.

Dois anos depois, voltaríamos ao seu gabinete, dessa vez com um maço de fotos, evidência do que havia acontecido como resultado da liberação do dinheiro após o cancelamento da dívida em Uganda. Ativistas locais, liderados por Zie Gariyo, foram a chave. O rosto um tanto triste de Sonny se ilumina enquanto mostramos uma lista de projetos educacionais, e explico que o dinheiro foi rastreado de forma independente para garantir que chegasse aonde deveria ir. Mostro fotos de cisternas recém-construídas.

"Congressista Callahan, voltamos para agradecer por alocar esses US$ 435 milhões para a Conta 150. Apesar de suas críticas. Senhor, tenho orgulho de dizer que esses dólares dos impostos dos EUA foram para cisternas, não para buracos de rato. Você deve se orgulhar também. O resultado foi diferente daquele que alguns de seus funcionários previram."

O congressista Callahan ergue os olhos, olha diretamente para mim, seus olhos irlandeses de Ulster sorrindo.

"O que há de diferente nisso", diz, "não é o trabalho bem-feito. As pessoas neste prédio fazem isso todos os dias. Não é sempre que alguém volta para dizer 'obrigado'. Gente chique adora pedir dinheiro, mas nunca diz como foi gasto. É muito raro que um de vocês, metidos a bonzinhos, voltem para agradecer."

Bobby Shriver começa a rir. "Congressista," diz ele, "posso agradecer também e dizer o quanto gostei de ver você magoar o Bono?"

"Como eu fiz isso?", indaga ele, espantado.

"Ao chamá-lo de 'gente chique'."

Todo mundo ri. Menos eu.

UMA TRILHA SONORA PARA A MUDANÇA

Não era impossível medir a eficácia da coalizão de organizações que o Jubileu 2000 reuniu. Embora tenha demorado até 2005 para que todas as promessas fossem feitas e cumpridas, a maioria dos economistas concorda que, sem o Jubileu 2000 e seus milhões de apoiadores, o cancelamento de mais de US$ 100 bilhões em dívidas dos países mais pobres não teria acontecido. O Banco Mundial estimou que cinquenta milhões de crianças a mais foram para a escola com as economias que os governos fizeram quando não tiveram mais que pagar dívidas antigas da Guerra Fria.

Essa matemática era música para mim. E essa reviravolta na minha vida mexeu comigo. Ao dedicar meu tempo a esse movimento em prol da justiça, as recompensas que eu recebia eram muito maiores do que o tempo dedicado. Ao passar tempo com pessoas que de outra forma nunca teria conhecido, eu estava começando a me entender melhor. Eu estava grato. Mas isso amplificou aquela pergunta incômoda: nossa banda queria criar uma trilha sonora para a mudança ou ajudar a criar a própria mudança?

Fugi desta pergunta.

Sempre deixei que as músicas me indicassem que rumo seguir. Foi "Sunday Bloody Sunday", em 1983, que nos fez cantar sobre o sectarismo na Irlanda, e "Where the Streets Have No Name", quatro anos depois, que nos levou para a África. Em 1984, foi "Pride (In the Name of Love)" na qual abordamos as relações raciais nos Estados

Unidos. Jim Henke, da *Rolling Stone*, me deu um exemplar de *Let the Trumpet Sound* ("Que soem as trombetas"), a biografia de Martin Luther King Jr. escrita por Stephen B. Oates. Jim estava viajando com a gente na "War Tour" em 1983, quando estávamos ficando conhecidos como ativistas da não violência e quando eu estava bem ciente de que precisava começar a viver de acordo com aquilo que pregava. (Até que ponto um cantor com problemas para controlar a raiva pode defender a causa da não violência?)

Let the Trumpet Sound me fez ir mais fundo. Voltei às escrituras. Li Tolstoi, Gandhi, os discursos de MLK, pessoas que me converteram de vez à não violência. Ainda assim, quinze anos depois, havia algo que não se encaixava bem no meu novo papel. E o que tudo isso significaria para o U2?

Estava a minha nova banda atropelando a minha antiga?

Paul temia que eu estivesse me desvirtuando. Edge, Larry e Adam apoiavam meu novo rumo, mas também se preocupavam com o tempo que eu estava dedicando a isso. E com o quanto esse tipo de trabalho poderia se tornar caído.

Bob Geldof me disse que depois do Live Aid tinha gente que jogava dinheiro nele quando ele andava pela rua. Não doações, mas moedas de um centavo. Astros do rock nesse tipo de empreendimento são um convite à sátira.

Será que eu aguentaria aquilo? Aguentaria.

Eu não tinha certeza se a banda aguentaria. Ou se eu devia pedir a eles que aguentassem. Eles sempre me apoiaram, mas talvez essa coisa de perdoar as dívidas fosse demais.

Minha mente me levou de volta à "Joshua Tree Tour" na década de 1980, quando fizemos parte da campanha em prol da declaração do Dia de Martin Luther King, um feriado nacional para homenagear sua vida e os afro-americanos que fizeram os Estados Unidos. Alguns estados estavam se recusando, incluindo o Arizona, liderado por um governador reacionário recalcitrante, Evan Mecham. Tendo concordado em tocar em Phoenix antes de percebermos o que estava começando ali, sem querer furamos o embargo cultural, contradizendo nossa própria posição. O que fazer? Antes do show, decidimos fazer campanha contra Mecham e o racismo em seu estado, e em nossas coletivas toquei na ferida. O show seria o auge dessa confusão, mas ao chegar descobrimos que tínhamos recebido ameaças de morte — e talvez não apenas de brincadeira — que diziam que se tocássemos "Pride" no show, eu não chegaria ao fim da canção.

Fingi que não estava tão incomodado assim com a informação, e confiei que nossa equipe de segurança seria mais diligente e adotaria medidas adicionais. O local foi varrido em busca de armas de fogo e explosivos, e tomamos a decisão de seguir em frente como planejado. Começamos "Pride" confiantes, mas na terceira estrofe eu tinha perdido um pouco da coragem ou, pelo menos, da concentração. Não era só melodrama quando fechei os olhos e meio que me ajoelhei para disfarçar o fato de que estava com medo de cantar o resto da letra.

Shot rings out in the Memphis sky.
Free at last, they took your life
*They could not take your pride.**

Em meio à ansiedade que eu sentia, posso não ter percebido a ação do complexo de messias em mim, mas foi só quando abri os olhos que percebi que não conseguia ver a multidão. Adam Clayton estava bloqueando a visão, parado bem na minha frente. Ele ficou na minha frente durante toda a estrofe.

* Tiros ressoam no céu de Memphis./ Livre enfim, eles tiraram sua vida/ Eles não conseguiram tirar o seu orgulho.

PARTE III

Começamos aqui como quatro meninos meio inocentes da Zona Norte de Dublin. Esta noite voltamos como homens dispostos a acreditar que no fim da experiência, com certa sabedoria e boa companhia, talvez possamos reaver aquela inocência.

— The Point, Dublin, novembro de 2018

Finnegan's Sorrento
anything strange or startling?
BLACK BUSH
DA

28

Beautiful Day

The heart is a bloom
That shoots up through the stony ground
But there's no room
*No space to rent in this town**

"Algo de estranho ou alarmante?"

É assim que o meu pai começa nossas conversas. Nos encontramos no nosso pub "local" em Dalkey. O Finnegan's é um feudo; tem suas próprias leis e costumes. Diz-se que a forma do tempo muda quando se cruza aquela porta. Já senti isso. Trata-se de uma monarquia constitucional, com Dan Finnegan como chefe de Estado, e os seus filhos de fato no comando do governo junto com o mais velho, Donal, o primeiro-ministro. Donal tem um metro e noventa, mas, dependendo da hora e do estado do Estado, pode parecer ter dois metros. Eu não me meteria com Donal Finnegan. Os Finnegan são pessoas bacanas, mas há um código a seguir. Uma rigidez. Compreensivelmente, Dan não gosta que crianças fiquem tempo demais no pub. Houve ocasiões em que Dan teve que recorrer a táticas pouco ortodoxas para proteger seu principado contra o republicanismo arrivista de um menino de 8 anos que ficava se afastando das pernas do pai para ir incomodar os funcionários atrás de algumas ba-

* O coração é um botão de flor/ Que irrompe do solo pedregoso/ Mas não há lugar/ Não há espaço para alugar nesta cidade.

tatas fritas com sal e vinagre. Para o pai. Depois de jogar um pouco de água fria na criança, Dan a devolve à mesa com uma revirada de olhos. "Poderia estar fervendo." Na mosca.

Dan governa uma democracia meritocrática, e quanto mais famosa nossa banda fica, mais sou tratado como todo mundo. É assim que deve ser. E eu só ficava incomodado quando ele era mais gentil com pessoas que ele não conhecia tão bem quanto eu. Como meu pai. Dan Finnegan amava o meu pai. Eles compartilhavam o amor pela ópera e pelos musicais de teatro, e Dan reconhecia quando outro príncipe estava presente, alguém que realmente sabia cantar. Na ocasião em que meu pai silenciou o lugar cantando "The Way We Were" seguido de "The Black Hills of Dakota", Dan olhou para mim com uma espécie de pena, e imaginei que ele devia estar falando baixinho: "Pense como você poderia ter ido longe se tivesse a voz do seu pai."

Domingos ao meio-dia costumavam ser tranquilos no Finnegan's, com a luz entrando pelas janelas foscas e revelando algo que lembrava mais um clube de golfe do que o bar de *Star Wars* da noite anterior. O carvalho escuro e a chama azul sobre o carvão que estalava num canto. Não era um "reservado", no sentido literal de uma sala à parte em um pub irlandês, mas bem que poderia. Esses encontros ali faziam com que eu e Bob ficássemos mais próximos. Estávamos longe de ficar nos abraçando carinhosamente, mas, bem, estávamos todos nos esforçando para ser homens agora. Bob gostava do ambiente que lembrava um campo de golfe, e nesses passeios de domingo ele agia como se a qualquer momento seu filho fosse jogar a bola no banco de areia.

"Algo de estranho ou alarmante?"

O católico pede Bushmills Black Bush, um uísque feito por protestantes do Condado de Antrim, no norte da Irlanda. Nós nos encaramos. Evitamos falar de assuntos íntimos.

De vez em quando, conversamos de fato. Bob está passando por alguns problemas pessoais, e veio aqui precisamente para não falar deles. Além disso, ele não está bem de saúde. Eu não tinha ideia de o quão mal ele estava.

Eu também tinha acabado de passar por um susto. Acharam alguma coisa na minha garganta e queriam fazer uma biópsia. Acabou não sendo nada de mais, mas caiu uma ficha. Eu estava cruzando a fronteira dos quarenta, a metade do caminho de uma boa vida, e, pela primeira vez eu me dava conta da minha mortalidade. E da mortalidade das pessoas que eu amava. Como Michael Hutchence. Como meu pai.

Era esse o pano de fundo quando escrevi uma música chamada "Kite".

Something is about to give
I can feel it coming
I think I know what it is
I'm not afraid to die
I'm not afraid to live
And when I'm flat on my back
*I hope to feel like I did.**

Meu pai estava ficando orgulhoso das conquistas da banda. Ele ainda fazia o papel de durão, mas dava para ver o orgulho. Como no sorriso em seu rosto quando estava balançando o punho para mim da mesa de som em Houston na "Unforgettable Fire Tour", em 1985. Eu tinha colocado meu pai sob o holofote do palco. "Senhoras e senhores... pela primeira vez nos Estados Unidos, e principalmente, pela primeira vez no estado da Estrela Solitária, o Texas... por favor cumprimentem meu pai, Bob...." O som da multidão parecia um 747 decolando sobre sua cabeça. Um som do tamanho do Texas. Foi um momento marcante.

Acabamos ficando sozinhos no camarim depois do show. Ele me estendeu a mão, me fitando com os olhos injetados. *Esse pode ser um momento ainda mais marcante*, pensei comigo mesmo. Será que vou receber um elogio do meu pai?

"Você é muito profissional", diz ele, muito profissionalmente.

Com o passar do tempo, ele se acostumou com o fato de o filho ser amado e odiado, que é o preço da popularidade na Irlanda. Ele praticamente adotou outra família, os Lloyd, para não ficar dependente demais dos filhos. Ele tinha as próprias amizades.

Ele tinha a sociedade musical. Tinha o golfe. Ele achava divertido que eu tivesse me dado tão bem porque era o Norman, meu irmão ambicioso, o empreendedor, quem achávamos que se daria bem na vida. E ele achava hilário que eu estivesse desperdiçando dinheiro

* Algo está prestes a ceder/ Posso pressentir/ Acho que sei o que é/ Não tenho medo de morrer/ Não tenho medo de viver/ E quando estiver deitado/ Espero sentir que vivi.

tão rapidamente quanto estava ganhando. E que eu continuava ganhando mais dinheiro.

"Quando você vai arranjar um emprego de verdade?", me pergunta ele com um sorrisinho maroto. Ele ainda me dá uma nota de cinco libras todo Natal.

Estamos ficando amigos? Pelo menos estamos nos encontrando. Conversando. Virei o jogo num domingo em 1999.

"Algo de estranho ou alarmante?" É a primeira vez que faço a pergunta dele.

"Estou com câncer", diz ele, impassível.

Pedregulhos despencam sobre a sua cabeça assim, de uma montanha que você não vê quando não está olhando para cima. Quando você não está olhando para nada. A mudança na vida de alguém transformará completamente a sua, só que não é a sua vida o que está em discussão aqui, é? Este é o momento em que Bob Hewson descreve sua própria situação como "a sala de embarque". Não estou pronto para abrir mão do homem que estou começando a conhecer. Não estou pronto para ser órfão. Por acaso alguém está? Deixe-me mudar de assunto tão rápido quanto mudei naquele dia no Finnegan's. É surpreendente para um cantor, mas quando as coisas se tornam muito emotivas, posso ficar muito aturdido. Não sei se fui de muita ajuda para Bob Hewson naquele dia, se bem que, independentemente como ele era, duvido que estivesse querendo a minha ajuda.

Qual é a relação entre sexo e morte? O instinto de transmitir o seu DNA fica mais intenso quando avistamos o fim da linha. Um cônjuge morre, um pai, um filho, e em seguida seu corpo pede vida. Durante o tempo em que ele esteve doente, Ali e eu escrevemos dois capítulos novos no livro da vida de Bob: seu primeiro neto, Elijah Bob Patricius Guggi Q, nascido em 1999, e o segundo, John Abraham, nascido em 2001.

QUANDO A GRAVAÇÃO É UM DIA DE FOLGA

Eu tinha me entregado à política e a campanhas, à economia e às finanças, um mundo de ternos, sanduíches e luz fluorescente. Para ser um ativista convincente, eu tinha que aprender os fatos, absorver os detalhes chatos, que é o preço a se pagar pela mudança política. Sem propaganda. Sem frases de efeito. Apenas lição de casa de verdade. Ao mesmo tempo em que gravávamos nosso primeiro álbum em quatro anos.

Inesperadamente, houve um efeito colateral incrível. Isso transformou a música, mais uma vez, em algo que eu fazia nos meus dias de folga. O estúdio se tornou o parque de diversões dos primeiros dias, quando tínhamos tempo limitado para ensaiar juntos. Quando o tempo de gravação era tão caro que tínhamos que fazer tudo às pressas durante as sessões para conseguir registrar o necessário em poucas semanas. Quando você estava no estúdio, tinha que estar tinindo, presente de corpo e alma. Nada de ficar deitado numa sala de descanso vendo TV à tarde, sem tempo para o torpor de explorar cada possibilidade de outro remix. Voltar ao estúdio se tornou algo que eu ansiava fazer.

Foi como voltar à adolescência, quando eu trabalhava num posto de gasolina durante a crise do petróleo nos anos 1970, com meu corpo querendo estar em qualquer outro lugar enquanto olhava para a longa fila de carros aguardando. Entediado e desesperado para voltar ao ensaio da banda, em que o som dos amplificadores era mais alto do que as buzinas dos carros, o baixo, mais profundo do que a vibração dos caminhões que iam rumo à estrada do aeroporto.

O ativismo não me entediava, mas era muito difícil encontrar linhas melódicas de primeira em pastas de documentos cheios de estatísticas. Eu passava os voos de ida e volta a Washington, D.C. estudando e já tinha reuniões engatilhadas assim que chegava, do café da manhã até a hora de dormir. Os dias em que eu estava de volta em casa se tornavam uma enxurrada de ligações a fazer e bilhetes na minha lista de tarefas diárias escritos por Suzanne Doyle, minha assistente, que acabou sendo alvo de críticas do pessoal do Jubileu.

"Presume-se que vocês deveriam se importar com os direitos humanos", ouvi Suzanne dizer a Jamie numa ligação no fim de uma longa noite. "Você podia começar mostrando alguma consideração pelos meus direitos!" Ela fecha os olhos, depois dá uma piscadela. Foi engraçado.

Nossa música tornou a ser um refúgio.

Talvez isso explique como escrevemos uma música tão alegre quanto "Beautiful Day", e porque *All That You Can't Leave Behind* é frequentemente considerado um de nossos três melhores discos, junto com *The Joshua Tree* e *Achtung Baby*. Deve ser a alegria. A alegria de estar de volta ao estúdio. A alegria da amizade e da família. A alegria de estar vivo. A vida é curta. Ali compartilhava comigo esta inspiração. Ela havia voltado para a faculdade, e tinha saído de lá formada em Ciências Sociais e munida de uma ambição por ajudar os outros parecida com a minha. Mas nossos filhos eram sua primeira parada. Eu dizia a mim mesmo que estava presente na vida deles tanto quanto qualquer pai que está abrindo um negócio. Qualquer pai que está colocando comida na mesa. E Ali dizia isso para as crianças. "O pai de vocês está fora colocando comida na mesa de outras pessoas. Pessoas menos privilegiadas."

Olhando para trás, vejo o egoísmo que havia naquele ato. Eu saía para lutar contra a injustiça no exterior, mas isso deixava Ali na mesa da cozinha. O mundo da militância havia me afastado temporariamente da minha mulher. Ela tinha o direito de esperar mais de mim na criação de nossos filhos, mas conscientemente decidiu não exercer esse direito e me deixou livre. Aqueles anos pertenciam a ela, e ela abdicou deles por mim porque acreditava na causa pela qual estávamos trabalhando, nas pessoas que estávamos defendendo.

Seja como for, eu não me sinto muito confortável quanto a isso.

O CORAÇÃO É UM BOTÃO DE FLOR

Em relacionamentos, percebi que um parceiro pode começar como um amigo e, depois, se tornar uma paixão, e, então, uma mãe ou um pai de suas crianças, e se você tiver sorte, o parceiro continua — ou volta — a ser um amigo. É uma visão um tanto morna de uma vida romântica, mas que é duradoura. Tive essa sorte.

As grandes amizades sobrevivem a quase todos os percalços. Elas vingam em meio aos dejetos da decepção e dos dramas compartilhados. É difícil imaginar uma força tão poderosa quanto o amor romântico, mas a amizade quase se equipara. Alguém certa vez disse que a "amizade é maior do que o amor" e entendi o que isso queria dizer. Pode não ser tão melodramática, grandiosa ou apaixonada quanto o amor, mas a amizade é muitas vezes mais profunda e mais ampla. Grandes amizades explicam por que nos apegamos com tanta firmeza a esta vida, porque ela se esvai muito rápido. À medida em que Ali e eu nos tornávamos melhores amigos, eu estava ciente da rede mais ampla de amizades profundas em que ambos fomos criados, este sacramento de amizade que incluía a banda e a comunidade à nossa volta. Relacionamentos que tínhamos escolhido, que não herdamos por sangue. Pandemias à parte, ainda abraço as pessoas quando as encontro, o que remonta aos dias no Shalom, quando era assim que nos cumprimentávamos. Acho que nunca apertei a mão de alguém sem antes pensar nisso.

Meu instinto ao saudar um amigo é dar um abraço.

A gravação de *All That You Can't Leave Behind* foi um momento alegre e não tomado pelas nossas periódicas "diferenças musicais". Talvez isso tenha ocorrido porque decidimos fazer um disco que tinha mais a cara do U2, tanto temática quanto musicalmente. A origem da banda era a nossa amizade, mas como estas páginas revelam, nem sempre estamos em perfeita conexão. São relações profundas e duradouras, mas que sofreram mais percalços do que o normal. Decisões difíceis na arte e nos negócios são tomadas ao se defender uma posição e deixar que seus três amigos mais íntimos acabem com você. Pode ser doloroso. E reconheço meu papel, meu excesso de teimosia ao defender uma ideia na qual acredito e o quanto isso deve ser cansativo.

Tenho o hábito de usar as fraquezas do U2 ao nosso favor, numa tentativa de transformá-las em fortalezas. Será que foi isso que aconteceu nos anos 1990? Havia chegado o momento de criar um disco que priorizasse nossos pontos fortes, de fazer coisas que ninguém além de nós é capaz de fazer. De fazer as coisas que eu consigo fazer, e que outras pessoas acham um pouco difíceis. Uma certa franqueza de sentimentos, coisas que não são consideradas "legais". Mais do que qualquer um, Brian Eno acreditava que o U2 nunca deveria se render ao que era considerado "legal". Em termos de temperatura emocional, ele nos disse, nossa música era quente, mais para o sul do que para o norte da Europa. A nossa música lembrava a música latina, ele dizia, a missa, a ópera, o êxtase.

Eno tinha ido a Dublin.

"Vamos fazer mais um disco juntos, Brian."

"Por que devíamos fazer isso?", respondeu ele, não sem razão.

"Vamos fazer cada música ser algo irresistível", respondi. "Vamos ser menos obstinados, e só fazer uma música se ela precisar ser cantada, vamos fazer um disco de comunicações essenciais."

Para alguém que é um ótimo orador, Brian Eno é também um grande ouvinte. Sabia, perguntei a ele, que não existe uma música de nenhum gênero chamada "I Love You"? Que tal fazermos uma música assim, sem segundas intenções nem ironia, sem reviravoltas nem subterfúgios? Quase à beira do constrangimento. Uma abordagem do amor diferente da que o rock 'n' roll costuma fazer.

Brian pondera em voz alta: "Deve existir uma música chamada 'I Love You'. Sei que existe 'Ich Liebe Dich' e 'She Loves You'".

Cito "I Will Always Love You", porque Brian ama Whitney Houston; Eno, o ateu que ama cantores gospel.

Ele está se virando para olhar pela janela da sala em Temple Hill. Não estou conseguindo convencê-lo.

"'I love you'" Ele está pensando em voz alta.

Pressiono. "Você acha que já existe?"

"Desculpe, não, eu estava pensando se é possível abordar um tema novo e ainda assim usar a palavra 'amor'".

Sou todo ouvidos.

"Será que você consegue escrever uma música sobre o seu pai?", pergunta ele. "Você estava falando sobre os livros de memórias que os soropositivos escrevem para seus entes queridos, para depois que eles falecerem. Um disco como um livro de memórias é uma ideia."

Estou pensando.

As conversas que não dá para evitar, as imagens que deve levar com você quando partir, nossas relações interpessoais. Estou pensando no meu pai e naquele pólipo na minha garganta, o pensamento persistente de que posso estar com câncer também. Que o velho está morrendo e agora seu filho jovem não é mais tão jovem assim. Não é mais indestrutível, que inconveniente. Estou pensando em Ali e nos nossos filhos. Penso em idade e mortalidade, em amizade e família. Sabia que podia escrever músicas sobre isso, mas o truque seria não desbancar para a melancolia; escrever com confiança, mas também com sinceridade.

A primeira vez que achei ter conseguido foi quando gravamos a música que se tornaria "Beautiful Day". Não era "I Love You", mas era uma frase igualmente inócua e alegre. Estávamos procurando uma qualidade extática. Para cantar um refrão como "It's a beautiful day", precisávamos que o céu clareasse, que o sol surgisse, que se abrisse algum tipo de estrada ascendente. Edge encontrou isso, aquele eco repetitivo que ele tornou famoso nos anos 1980, mas desta vez, se atrapalhou ao tentar reproduzi-lo, e ficou imediatamente envergonhado. Todos nós ficamos.

"Meu Deus, isso parece o U2."

"O problema é", me arrisquei, com cautela, "que parece o Edge do U2." Ao ouvir isso, Edge deu a resposta perfeita.

"Eu *sou* o Edge do U2. Posso soar assim se eu quiser."

Acho que todos nós ficamos de pé e assobiamos. A modéstia de Edge é um dos alicerces da sua música, e de vez em quando lembro que ele é o guitarrista mais influente não apenas de sua geração. Pergunte para qualquer guitarrista.

A música havia decolado, e nos tirou de onde estávamos em nossas vidas, nos colocou em órbita e nos devolveu à Terra em quatro minutos e cinco segundos. Afinal, qual é o sentido da decolagem se, ao estar acima de nós mesmos, não tivermos a vantagem da perspectiva?

A parte do meio da música é uma brincadeira com a fala do astronauta Neil Armstrong, da missão Apollo 11 à Lua: "De repente me ocorreu que aquele pontinho bonito e azul era a Terra." Ele podia tapar com o polegar tudo aquilo de mais querido para ele mesmo.

Tudo o que podemos deixar para trás. Tudo o que estamos deixando para trás. Se não resolvermos a crise climática.

See the world in green and blue
See China right in front of you
See the canyons broken by cloud
See the tuna fleets clearing the sea out
See the Bedouin fires at night
*See the oil fields at first light.**

Então a liberação de Noé da quarentena depois de quarenta dias de subida do nível do mar.

See the bird with a leaf in her mouth
After the flood all the colours came out.†

* Veja o mundo em verde e azul/ Veja a China bem na sua frente/ Veja os cânions cortados pelas nuvens/ Veja os cardumes de atum saltando no mar/ Veja as fogueiras dos beduínos à noite/ Veja os campos de petróleo ao amanhecer.

† Veja o pássaro com uma folha no bico/ Depois do dilúvio, todas as cores brotaram.

E sim, depois da confusão de cada um falando sua própria língua na história da Torre de Babel, surge o "arco-íris", que ainda por cima é o pano de fundo para falar de como devemos acolher a nossa diversidade, e não apenas ecologicamente.

> *It's a beautiful day.**

O mundo acordará para sua beleza. Não se trata apenas do mundo natural ou até mesmo do sobrenatural. Somos nós.

Mas Edge nos trouxe de volta à Terra também. Nosso homem pode fazer paisagens sonoras que nunca ouvimos antes, como os sons chiclete de "Elevation", mas ele também se diverte com aquilo que não é extraordinário.

Como a sua parte de guitarra em "In a Little While". Este acompanhamento um tanto *blues* nunca envelhecerá porque nunca pareceu novo. Os acordes são o gospel clássico de Brian Eno. Cantei a letra toda em poucas tomadas depois de uma longa noitada. Minha cabeça inchada estava pronta para dormir, mas ainda assim...

> *Man dreams one day to fly*
> *A man takes a rocket ship into the sky*
> *He lives on a star that's dying in the night*
> *And follows in the trail the scatter of light.*†

"When I Look at the World" tem uma perspectiva parecida.

> *I'm in the waiting room*
> *I can't see for the smoke*
> *I think of you and your holy book*
> *While the rest of us choke.*‡

Sempre penso que esta última estrofe foi cortesia do meu pai.

---

* É um dia lindo.

† O homem sonha em voar algum dia/ O homem leva um foguete para os céus/ Ele mora numa estrela que vai morrendo pela noite/ E segue no rastro da luz se dissipando.

‡ Estou na sala de espera/ Não vejo nada por conta da fumaça/ Penso em você e seu livro sagrado/ Enquanto o resto de nós sufoca.

Este álbum composto basicamente de músicas extáticas ganhou algumas críticas igualmente extasiadas. Chegou ao número um em trinta e dois países, e ganhou sete prêmios Grammy. Gavin Friday criou o símbolo de um coração dentro de uma mala para a arte da capa, que acabou virando o símbolo da turnê que se seguiu. Construímos um palco em forma de coração e convidamos nossos fãs mais fervorosos a entrar nele. Tocar na "The Elevation" Tour era como tocar em dois locais ao mesmo tempo: uma boate dentro de uma arena. Nossa banda decolou novamente, e levantou voo com uma confiança radiante. Mas agora estava ficando mais difícil sair de casa, sabendo que Bob estava em uma sala de embarque completamente diferente.

Nos seus últimos dias de vida, estávamos em turnê pela Europa, e depois dos shows eu voava de volta para casa para ficar de vigia noturno ao lado de seu leito no hospital, dormindo em seu quarto em um colchonete que a equipe preparou para mim. O Beaumont Hospital ficava tão perto do aeroporto que muitas vezes eu já estava sentado lá em silêncio uma hora e meia depois dos alaridos de um bis. Na manhã seguinte, conversávamos com os olhos ou com palavras, dependendo de seu estado de saúde. Nesses turnos à noite no hospital em seus últimos dias, eu o desenhei enquanto ele dormia. Isso me ajudou a ficar próximo dele, com meus rabiscos fazendo as vezes de preces. Ao desenhar o rosto de alguém, você acaba conhecendo a pessoa retratada a fundo. Parece incômodo, mas não foi.

Quando Norman chegava para me render, Bob e eu sabíamos que tudo ficaria bem. Mesmo que não ficasse.

Meu irmão foi mais útil para meu pai nesses dias difíceis e sombrios. Mesmo que eu pudesse ter estado mais tempo lá, não sei se estava preparado psicologicamente para encarar o fato de que alguém morria diante de mim. Não sou tão útil quanto o meu irmão, ponto final. Desde que me entendo por gente, o Norman sempre conservava tudo. Brinquedos, trenzinhos, bicicletas, motocicletas, rádios e gravadores. Não dessa vez.

Bob Hewson era um registro de muitas vidas vividas, e agora estávamos perdendo a chance de acessar uma biblioteca de informação que poderia nos ajudar a entender melhor quem éramos. Ouvir as respostas de muitas perguntas. Perguntas sobre a nossa mãe. Sobre as viagens em família do passado, quando a família não parecia ser o motivo da viagem. Sobre a dor nas costas que o deixava mal-humorado e desligado. A culpa que ele guardava na sua cabeça de cantor. Sobre toda a raiva que isso parecia despertar em seu filho mais novo.

Não apertaríamos mais o *play*. O rolo direito do gravador estava terminando, e o fim da fita estava prestes a ficar esvoaçando até que alguém finalmente apertasse *stop*. Norman não tinha como consertar isso. Mas Norman foi uma presença constante; e sua presença fazia tudo melhorar.

E É VOCÊ QUANDO OLHO NO ESPELHO

Quando meu pai começou a decair, éramos amigos o suficiente para que eu não me sentisse abandonado, mas sempre havia um indício disso em sua independência. Parricídio é como chamam o assassinato do pai pelo filho, mas e se, como meu amigo Jim Sheridan — diretor de cinema e gênio da psicologia — sugeriu, "o filho, no fundo, acredita que o pai foi responsável pela morte prematura da mãe? É ridículo, claro, mas as emoções não precisam fazer sentido; só precisam se fazer conhecidas!"

Então essa raiva é um rugido, tudo bem. Uma raiva que primeiro enche os pulmões, e depois dá ritmo ao pulso quando o sangue começa a correr pelas veias. Um rugido que pode encher estádios, encher milhares de corações enquanto esvazia o seu. Uma raiva que pode quebrar ossos e promessas. Agarrar professores e alunos pela garganta. Uma raiva que vai intimidar os valentões e bater nos fotógrafos que estão apenas ganhando dinheiro tentando roubar um de seus momentos. Uma raiva que pode se jogar de sacadas e cair nos braços de uma multidão. Uma fúria nuclear que pode alimentar uma banda de rock ou deixá-la em ruínas. *How to Dismantle an Atomic Bomb* foi como chamamos um álbum alguns anos depois.

Boa pergunta, Jim.

Passei a vida tentando entender minha própria raiva e, caso seja possível, tentando reinterpretá-la. Parte dela tinha a ver com depender de outras pessoas, mas parte tinha a ver com meu pai. Uma parte dela é justificada, mas outra é volátil e extrusiva.

Depois que Bob faleceu, Ali achou que minha agitação estava piorando, e que eu estava ficando um pouco mais agressivo em minhas relações com as pessoas. Ela sugeriu que eu talvez devesse me submeter às perguntas de um terapeuta. Esquivei-me dessa sugestão, mas, talvez inconscientemente, optei por outro tipo de inquisidor. Quando topei a entrevista da *Rolling Stone* com seu lendário editor e dono, Jann Wenner, não previ que eu estaria deitado no divã de um psiquiatra, mas, ei, as entrevistas que ele fez com Bob Dylan e John Lennon me impactaram tanto quanto algumas das músicas deles.

Wenner evidentemente pesquisava os temas sensíveis de seus "pacientes", e realmente se aprofundou no meu relacionamento com meu pai. Ao final de algumas longas sessões, ele me surpreendeu com uma percepção que eu mesmo não tive após todas as minhas preces e meditação.

"Acho que seu pai merece um pedido de desculpas", disse ele, me repreendendo. "Você consegue se colocar no lugar dele? Seu pai perde a esposa e tem que criar os dois filhos, e um deles avança contra ele com unhas e dentes. Um dos filhos acaba derrotando ele ao conquistar todas as ambições que ele não se permitia ter por medo."

Tudo bem, então…

UM BARÍTONO QUE PENSA QUE É TENOR

Páscoa de 2002. Ali e eu visitamos a pequena capela em Èze, França, uma igrejinha de pescadores no topo de uma colina que já testemunhou muitas coisas. Há milênios que sangue escorre por essas trilhas rochosas que dão no mar, em uma comunidade que já teve de se defender de piratas, exércitos e marinhas. E, agora, de turistas como eu. Do púlpito barroco, um braço solitário sobressai da parede segurando uma cruz, e um barco de pesca pende do teto. Depois da missa — que às vezes fica melhor, acho eu, se você não fala a língua muito bem —, voltei para os bancos por conta própria. Sentei lá e pedi desculpas a meu pai, Bob Hewson. Eu tinha perdoado meu pai por seus próprios crimes passionais, mas nunca pedido perdão pelos meus.

Tough, you think you've got the stuff
You're telling me and anyone
You're hard enough
You don't have to put up a fight
You don't have to always be right
Let me take some of the punches

For you tonight

Listen to me now
I need to let you know
You don't have to go it alone

And it's you when I look in the mirror
And it's you when I don't pick up the phone
Sometimes you can't make it on your own

We fight, all the time
You and I, that's alright
We're the same soul
I don't need, I don't need to hear you say
That if we weren't so alike
You'd like me a whole lot more

Listen to me now
I need to let you know
You don't have to go it alone

And it's you when I look in the mirror
And it's you when I don't pick up the phone
*Sometimes you can't make it on your own.**

— *"Sometimes You Can't Make It on Your Own"*

Nunca saberei se teve a ver com o fato de eu ter pedido perdão naquela capela, mas depois que meu pai morreu, algo mudou. Já ouvi falar de pessoas que saem do confessionário livres do peso que carregavam. O que mudou para mim foi a minha voz. Senti que consegui

* Durão, você acha que entende das coisas/ Você diz a mim e a todos/ Que é casca grossa o bastante/ Você não precisa brigar/ Você não precisa ter sempre razão/ Deixe-me tomar alguns socos/ Por você esta noite/ Agora, preste atenção/ Preciso que você saiba/ Que você não precisa lidar com isso sozinho/ E é você quando eu olho no espelho/ E é você quando eu não atendo o telefone/ Nem sempre se consegue fazer tudo sozinho/ Nós brigamos o tempo todo,/ Você e eu, tudo bem/ Somos a mesma alma/ Eu não preciso, não preciso ouvir você dizer/ Que se a gente não fosse tão parecido/ Você gostaria muito mais de mim/ Agora, preste atenção / Preciso que saiba/ Que você não precisa lidar com isso sozinho/ E é você quando eu olho no espelho/ E é você quando eu não atendo o telefone/ Nem sempre a gente consegue fazer tudo sozinho.

alcançar algumas notas a mais; senti que estava me tornando um tenor de verdade em vez de fingir. Eu podia alcançar aquelas notas altas como um sino de igreja, de um jeito que antes era impossível para mim. É claro que isso não tem nenhum embasamento científico, mas ouvi dizer que quando alguém próximo morre, a pessoa deixa uma espécie de presente derradeiro, um testamento invisível em que você herda uma bênção especial. O último presente de Bob Hewson para mim foi aumentar o que ele me deu muito antes. Agora eu era um verdadeiro tenor, não mais um barítono que pensava que era tenor.

And when I get that lonesome feelin'
And I'm miles away from home
I hear the voice of the mystic mountains
*Callin' me back home.**

Quando Norman e eu carregamos orgulhosamente o caixão de Bob para fora da Igreja da Assunção em Howth, a congregação de velhos amigos e parentes cantava "The Black Hills of Dakota". Na recepção no Marine Hotel, um caminhão parou do lado de fora do Condado de Antrim e descarregou cem garrafinhas de uísque Black Bush. A princípio achei que se tratava de algum tipo de promoção, mas não era nada além de uma gentileza aleatória do norte para o sul, dos protestantes para os católicos. Esse é o tipo de coisa que acontece no universo de Bob Hewson.

* E quando tenho aquela sensação de solidão/ E estou a quilômetros de casa/ Ouço a voz das montanhas místicas/ Me chamando de volta pra casa.

the door through which
Right now we are his mirror as he
tightens the belt of his trousers and locks
us both in his gaze, one eyebrow raised
suggesting a collegial questioning of his appearance
but with no interest in the reply
NO THEM
theres ONLY US
OPEN
things fall apart
the centre cannot
hold.....
mere ANARCHY
is loosed UPON THE WORLD.
we are another mirror Harry Belafonte now
in his early seventies has been fighting injustice
since before we were born
our movement will pass

29

Crumbs from Your Table

From the brightest star
Comes the blackest hole
You had so much to offer
Why did you offer your soul?
I was there for you baby
When you needed my help
Would you deny for others
*What you demand for yourself?**

Estou sentado na cama de Harry Belafonte. Só tem uma cadeira neste pequeno quarto de hotel, e Bob Geldof está sentado nela enquanto vemos nosso anfitrião se vestir. Eu me lembro do antigo provérbio francês que diz que "Nenhum homem é grande aos olhos de seu camareiro", mas Harry Belafonte é grande mesmo enquanto está vestindo as calças.

O que estou fazendo aqui? A banda de apoio de Harry Belafonte já teve como integrantes Charlie Parker e Miles Davis. Ele é o rei do Calipso; cantou a "Banana Boat Song (Day-O)", uma música incluída no primeiro disco a vender um milhão de cópias. Ele também é um encrenqueiro que lutou a vida toda pela igualdade. E tão bonito que provavelmente nunca teve que checar o visual no espelho.

* Da estrela mais brilhante/ Vem o buraco mais negro/ Você tinha tanto para oferecer;/ Por que foi oferecer a sua alma?/ Eu estava lá pra lhe apoiar/ Quando você precisou da minha ajuda/ Você negaria aos outros/ Aquilo que exige para você?

Somos seu espelho enquanto ele fecha o cinto e olha para nós dois, com uma sobrancelha erguida sugerindo um questionamento colegial sobre sua aparência, mas sem interesse na resposta. Somos outro tipo de espelho. Belafonte, agora com 70 e poucos anos, tem lutado contra a injustiça desde antes de nascermos. Com sua combinação de charme e admoestação, ele escreveu o manual para todo artista-ativista que surgiu depois dele. Nos anos 1960, ele nos lembra, marchou junto com o amigo Martin Luther King Jr. no movimento em prol dos direitos civis, e enquanto amarra os cadarços de seus sapatos — algo que eu faria com alegria —, conta uma história que mudou a minha vida desde que a ouvi.

Dos dramaturgos irlandeses — Wilde e Beckett, Synge e Behan —, ele passa para os irlandeses na política, e esperamos que ele vá demonstrar admiração semelhante com a chegada ao palco da realeza irlandesa, os Kennedy. Não exatamente. Harry Belafonte acusa Bobby Kennedy de ser moroso, um obstáculo no caminho das investidas do movimento em prol dos direitos civis. Quero argumentar que não era assim que eu via as coisas. Mas aí me lembro que não sou negro, não estava lá e, seja como for, Harry tem a palavra. Sua voz soa como se um pedal de distorção estivesse preso às cordas vocais, o que confere uma carga de melodrama às suas expressões mais corriqueiras. E com este sussurro teatral ele nos leva de volta ao passado.

"Quando Jack Kennedy nomeou Bobby como procurador-geral, em 1961, foi um revés tão grande para nossa luta que causou um dos debates mais acalorados que já tivemos na SCLC [Conferência das Lideranças Cristãs do Sul].

"Todo mundo estava falando sobre Bobby Kennedy. Que ele não era inspirador como o irmão John, o presidente. Que era conhecido por ter desaconselhado JFK de tentar conciliar nossa agenda com a do Partido Democrata. Bobby tinha certeza de que, se a Casa Branca se aproximasse demais do movimento pelos direitos civis, isso custaria caro aos democratas no Sul, lugar em que a população já achava uma afronta o fato de um católico deter o cargo mais alto do país. Segundo se diz, ele confessou: "Olhe por debaixo da superfície e você verá que muitos dos que carregam a bandeira do Partido Democrata não são exatamente contrários à escravidão."

À medida que a conversa se tornava mais acalorada, Harry se lembrou de como ele foi falar com Martin Luther King, que estava ficando cansado das reclamações sobre Bobby Kennedy.

"Martin esmurra a mesa para chamar a atenção de todos. 'Alguém aqui tem algo de positivo a dizer sobre o nosso novo procurador-geral?'"

"'Não, Martin, é isso o que estamos dizendo'", vem a resposta. "'Não há nada de bom nesse homem; ele é um caipira irlandês, não tem tempo para se dedicar à luta do homem negro.'"

"Dr. King", disse Harry, "já tinha ouvido o bastante, e encerrou a reunião. "Senhores, estou liberando vocês para irem em busca de algo positivo a dizer sobre Bobby Kennedy, porque essa será a porta pela qual nosso movimento terá de passar."

Caso eu não soubesse bem o que tinha ido procurar aos pés de Harry Belafonte, de repente tudo ficou claro. A busca por um meio-termo. Até mesmo com os seus adversários. Principalmente com os seus adversários. Um momento de luz para mim e uma convicção que moldou minha vida como ativista a partir daí. A ideia simples, porém profunda, de que não precisa concordar em tudo se a única coisa com a qual concorda é suficientemente importante.

Mas, espere, a aula não acabou.

Harry Belafonte ainda não tinha dispensado seus alunos.

"Anos depois", prossegue ele, "quando Bobby Kennedy estava morrendo no chão da cozinha de um hotel de Los Angeles, ele se tornou um herói dos direitos civis. Um líder do nosso movimento, não um retardatário, e me pergunto até hoje se o interpretamos mal naqueles primeiros dias. Nunca vou saber, mas ainda lamento sua perda."

"E vocês encontraram?", quis saber Bob, fazendo a pergunta que estava em nossa cabeça. "Quando vocês voltaram a se reunir, tinham encontrado aquela característica positiva que o Dr. King estava procurando?"

"Encontramos. Bobby era próximo de seu bispo, que por sua vez era próximo de alguns de nossos clérigos do Sul. Encontramos uma porta por onde daria para passar."

A PORTA DA FRENTE, DOS FUNDOS E LATERAL DE GEORGE W. BUSH

Em 2001, quando George W. Bush se tornou o 43º presidente dos Estados Unidos, todos os nossos contatos no governo anterior foram demitidos. As mulheres e os homens que os substituíram não tinham motivos para nos ver como amigos. Para piorar, eles tinham bons motivos para sequer pensar em nós. E não só os novos rostos em volta da mesa do gabinete, mas o comandante em chefe, o próprio presidente. Isso não se dava só porque eu era visto como amigo de Bill e Hillary. Era pior. Poucos anos antes, na "ZOO TV Tour", a banda subiu ao palco fazendo uma brincadeira com o discurso que o pai de George Bush (o presidente George H. W. Bush) fez no Congresso, reimaginado como uma paródia de "We Will Rock You" do Queen.

Durante várias noites liguei para o pai dele do palco. Bem, liguei para as telefonistas da Casa Branca.

"Mande o presidente assistir mais à TV."

Eu ligava com tanta frequência que uma noite percebi que a mesma telefonista estava atendendo o telefone da Casa Branca.

"Me diga", perguntei, "qual é o seu nome?"

"Telefonista Dois", respondeu ela.

A Telefonista Dois se tornou a minha favorita. Até convidei-a para um show. Ela disse: "Eu trabalho à noite."

Retruquei: "Eu também."

Mas a Telefonista Dois nunca apareceu e, embora eu muitas vezes perguntasse por ela, nunca mais nos falamos.

Meu número de telefone não seria incluído na agenda de nenhum dos novos habitantes da Ala Oeste. Nem mesmo da Telefonista Dois. E isso era um problema, porque o movimento do qual fazíamos parte precisava ter esse novo governo como aliado para concluir o trabalho de cancelar as dívidas dos países mais pobres. E tinha a questão da AIDS. A rápida disseminação do vírus HIV na África e na Ásia agora ameaçava minar os benefícios do cancelamento da dívida nas economias em desenvolvimento. Kofi Annan captou isso de forma precisa: "A AIDS é muito mais do que uma crise sanitária. É uma ameaça ao próprio desenvolvimento."

Mas como fazer amizade com George W. Bush? Por qual porta poderíamos passar? E, de qualquer forma, de que tipo de movimento fazíamos parte agora? A grande coalizão que foi o Jubileu 2000 havia prometido encerrar suas atividades no fim do ano 2000… com as dívidas canceladas ou não. E elas não foram canceladas. Mas quando esse encerramento foi discutido, me dei conta de que eu adorava fazer parte dessa nova banda. Eu não queria me separar dos meus novos camaradas.

Enlouqueci Jamie Drummond, mas por mais louco que ele tenha ficado, ele me deixou são. Ele estava profundamente informado com relação a qualquer assunto sobre o qual precisássemos conversar, e se certificou de que eu também estivesse. Quando as pessoas saíam das reuniões achando que eu era mais inteligente do que esperavam, na verdade estavam falando do Jamie. Uma torneira de dados e análises duramente conquistadas que simplesmente não dava para fechar. Exceto quando começamos a falar sobre o time do Condado de Mayo chegar à final do campeonato irlandês de futebol gaélico. A torneira parava de pingar, e as canecas de Guinness começavam lentamente a puxar nosso "ativista baseado em evidências" para um tipo diferente de conversa. Sem Jamie não haveria banda.

Bobby era um estrategista político da melhor qualidade, acho que era algo inato, mas ele parecia preferir ficar nos bastidores a tomar a frente do palco. Se você perguntar, ele vai dizer que foi a morte de seu melhor amigo, o fotógrafo Herb Ritts, causada pelo HIV, que o inflamou.

Lucy Matthew, uma ativista do Jubileu que trabalhou na Zâmbia, era a adulta do grupo, que nos lembrava que não devíamos confundir acesso com sucesso. Ela tinha o talento de fazer grandes problemas parecerem muito menores do que eram. Seu temperamento não é exatamente solar, seu brilho é mais metálico, mas esse brilho nos fez seguir em frente quando nossas luzes ocasionalmente esmaeciam.

Convidei eles e Bob Geldof para ir a Dublin em agosto de 2001 e decidir se deveríamos continuar. Todos se reuniram na minha cozinha na manhã seguinte ao jogo contra o Slane Castle. Ali também. Ela estava às voltas com nosso filho recém-nascido, John, enrolado em seu pescoço, e com Eli, de 2 anos, enrolado em sua perna. Ela me olha como se eu fosse uma criança prestes a entrar numa escola nova. Preciso saber que ela vai estar em casa quando eu voltar. Tenho um momento fugaz de dúvida sobre a decisão que estamos prestes a tomar. Fugaz.

Bobby, Jamie, Lucy e eu não só gostávamos de trabalhar juntos, como também tínhamos uma estratégia em que acreditávamos:

a de não fazer o jogo de esquerda versus direita ou de legal versus chato. Estávamos ocupando um espaço em que parecia haver pouca companhia, um espaço do qual os críticos poderiam fazer pouco por considerá-lo um centro moderado, mas que eu imaginava como um centro radical. Saímos da mesa decidindo que essa banda ainda tinha algum trabalho a fazer... mas primeiro precisávamos de um nome.

Poderíamos ter chamado a banda de WONK.

Por sorte não o fizemos. Geldof sugeriu DATA, com base em três questões prementes que continuavam surgindo com ativistas africanos: "dívida, AIDS, comércio (*trade*)". Lucy e Jamie defenderam um tipo de "Acordo DATA", em que o ativismo sobre dívida, AIDS e comércio teria um lado B, um compromisso com democracia, responsabilidade e transparência para a África.

Nos anos que se passaram desde então, frequentemente me arrependo por não termos parado para pensar um pouco mais detidamente sobre o que nos dava o direito de achar que tínhamos de assumir esse trabalho, de abrir caminho pelos corredores do poder. Presumimos que tínhamos o direito de fazer isso por ver que os problemas da desigualdade global haviam sido criados principalmente pelo Hemisfério Norte, e que, portanto, caberia a nós do Norte resolvê-los. Agora reconheço o quão arrogante era essa posição. Aprendi um pouco tarde a sabedoria de um provérbio senegalês: "Se você quer cortar o cabelo de um homem, certifique-se de que ele esteja na sala."

UM SEGREDINHO OBSCENO

"Foram os católicos que elegeram Bush." O centro radical tinha alguns aliados naturais. James Carville foi uma estrela da chamada estratégia de terceira via de Bill Clinton para conquistar a Casa Branca. Agora, no pós-guerra, ele ainda detinha poder como consultor democrata, com o apelido de Ragin' Cajun, suas ideias expostas no estilo gótico do sul à la Flannery O'Connor, com sua voz rouca e as frases semiautomáticas. Com a cabeça que parecia um projétil, Carville era um animal político que sabia que havia caçadores escondidos em cada mata, pelo simples fato de que ele era um deles. Um nativo da Louisiana que conseguia atrair os pássaros para longe das magnólias antes de pegá-los em sua rede, Carville cunhou o mantra — "É a economia, seu burro" — que ajudou a eleger Bill Clinton.

Bobby Shriver correu atrás dele porque ninguém domina a estratégia política como Carville: como ela deve se basear em uma compreensão muito profunda do seu adversário, quase ao ponto da empatia. "Bush acredita que foi eleito pelos conservadores compassivos", explica Carville. "Você quer se aproximar de Bush? Então, você tem que fazer amizade com os católicos, e tem que fazer amizade com os cristãos."

Ah, e mais uma coisa, acrescenta ele. "Tem um segredinho obsceno sobre as eleições e promessas dos candidatos."

Uma pausa breve.

"A maioria dos presidentes quer cumprir essas promessas. De verdade."

Talvez a porta pela qual nosso movimento poderia passar fosse a mesma que MLK encontrou. Talvez o compromisso religioso pudesse ser novamente a chave da porta.

Num nível mais prosaico, talvez eu precisasse melhorar meu guarda-roupa se quiséssemos entrar na Casa Branca novamente.

Diziam que o 43º presidente havia reinstituído a formalidade do 40º presidente, Ronald Reagan, e a era de ouro que ele representava para os conservadores. Dizia-se que o ex-governador do Texas usava paletó e gravata no Salão Oval, que o estilo colegial esguio do 42º presidente tinha ficado no passado. Como preparação comprei uma gravata, mas mesmo assim não consegui agendar uma reunião com o chefão. Que tal Paul O'Neill, Secretário do Tesouro? O homem que assina as notas de dólar americano que queríamos que não fossem mais gastas em caças, mas que fossem usadas para construir salas de aula e clínicas, um tipo melhor de defesa, argumentamos.

Outra recusa educada. Perguntamos mais uma vez. E mais uma. Desta vez, pessoalmente para Tim Adams, o exigente chefe de gabinete do secretário. Não lembro se usei a gravata, mas finalmente conseguimos nossa brecha.

Tim nos daria vinte minutos com o secretário apenas para darmos um alô, "por cortesia".

"VOCÊ JÁ ESTEVE NA ÁFRICA?"

Paul O'Neill tinha um jeito especial de lidar com as palavras. Ele as cuspia o mais rápido possível, com o mínimo de enrolação possível.

"Direto" não basta para descrevê-lo. Mas, despojado da polidez habitual, ele parecia incrivelmente sincero e confiável. Ele também era um lutador. E, assim como muitos grandes lutadores, tinha a língua levemente presa.

"Você já esteve na África?"

"Algumas vezes, Secretário."

"Ok, Ok, você viajou para lá, mas você já trabalhou no continente? Sabe, eu trabalhei em todo lugar com a Alcoa. Você já ouviu falar da Alcoa? Você já ouviu falar da Guiné? Bem, se você acha que este governo vai lhe dar um centavo a mais para gastar em alguns dos países mais corruptos do mundo, você é mais louco do que eu já penso que é."

"Certo. Começo a entender o que o senhor quer dizer, Secretário."

Ele não tinha acabado.

"Esses ditadores mequetrefes roubam de seu próprio povo. Sabe, nós nem acreditamos nos relatos de nossa própria agência governamental de ajuda sobre como eles gastam o dinheiro que despejamos nesses países; então, por que acreditaríamos em você?"

Lembrei do meu mantra e comecei a procurar um meio-termo, algum tipo de abertura.

"Corrupção, o senhor tem razão, Secretário, é algo que mata tanto no continente africano quanto qualquer doença. Mas pode-se dizer isso de todos os nossos países em diferentes estágios de desenvolvimento, incluindo a Irlanda."

Bobby Shriver entra na conversa, e sugere que novos líderes estão surgindo na África com posições mais escrupulosas, que vão além do fato de terem sido nossos amigos ou inimigos durante a Guerra Fria.

"Há uma nova África surgindo", me ouvi dizendo, "das ruínas do colonialismo e das guerras por procuração entre o Ocidente e o Oriente."

"Bobagem."

Eu já disse que Paul O'Neill era direto?

"É uma absoluta bobagem, você está lendo os jornais errados."

Nosso tempo parecia ter se esgotado — teriam esses sido os vinte minutos mais rápidos da minha vida? —, mas enquanto éramos postos para fora da sala de modo educado embora veemente, coloquei meu pé na porta por tempo o suficiente para capturar a atenção do secretário O'Neill.

"Se eu conseguir lhe mostrar dez países africanos que estão tomando o rumo da boa governança e da prestação de contas, o senhor reconsideraria?"

"Se conseguir me mostrar cinco ficarei feliz em conversar mais, mas não acho que vamos nos ver novamente. Obrigado, Sr. Bono, tenha um bom dia."

"FILHO, DEIXE-ME COLOCAR AS MÃOS EM VOCÊ"

Tínhamos que procurar os "conservadores compassivos" que o presidente Bush acreditava serem responsáveis por sua eleição, e tínhamos que convencê-los de que perdoar dívida e enviar o dinheiro dos contribuintes dos EUA para o exterior a fim de combater o HIV/AIDS era um ato ao mesmo tempo compassivo e conservador. As pesquisas sugeriam o contrário. Quando questionados em 2001, mais da metade dos cristãos evangélicos disseram que "provavelmente ou definitivamente não ajudariam" nem mesmo os órfãos da AIDS. Eles acreditavam que essa "nova praga", como a síndrome às vezes era chamada, não era algo com que deveriam se preocupar. Muitos achavam que a doença era fruto da imoralidade sexual; alguns até alegaram que se tratava da justiça divina condenando vidas pecaminosas. A ideia de que Jesus talvez tenha morrido por todos, não só por aqueles que se consideravam moralmente retos, passou despercebida para essas pessoas, assim como qualquer paralelo que se pode fazer com os chamados intocáveis dos dias de Jesus, os leprosos, aqueles que ele procurava acolher e curar.

À medida que eu começava a visitar influentes líderes religiosos, mencionei para eles os 2.003 versículos na Bíblia sobre os pobres e disse que, depois da redenção pessoal, a preocupação com os pobres é o tema dominante em todo o livro. Não se trata de quem está fazendo sexo com quem. Em uma reunião em Washington com três dúzias de cristãos de destaque, citei Jesus, numa citação que ele mesmo faz de um profeta anterior, Isaías.

"O Espírito do Senhor está sobre mim, porque me ungiu; e enviou-me para anunciar a Boa-Nova aos pobres, para sarar os contritos de coração. Para anunciar aos cativos a redenção, aos cegos a restauração da vista, para pôr em liberdade os cativos."

Não é exatamente rock 'n' roll... mas tudo bem.

Eu estava começando a ver que a Bíblia era uma porta que eu poderia usar para alcançar pessoas que, de outra forma, não alcançaria.

Amar o próximo, eu costumava dizer, não é um conselho. É uma ordem. Certo? Quem quer que seja o nosso próximo. Quem quer que seja.

Corta para uma reunião no gabinete do senador Jesse Helms. Estou tentando não pensar que ele é um dos personagens por trás da história de nossa música "Bullet the Blue Sky", um homem da Guerra Fria que defendeu a intervenção dos EUA na América Central na década de 1980. Trata-se do senador arquiconservador da Carolina do Norte, inimigo não apenas dos ativistas da AIDS — ele a chamava de "doença gay" —, como também dos artistas, graças às suas tentativas de censurar o National Endowment for the Arts. Ele também tentou obstruir os trabalhos do Legislativo referentes ao projeto de lei que tornava o aniversário de Martin Luther King um feriado. Em 2001, Helms ocupa um trono poderoso como presidente da Comissão de Relações Exteriores.

E aqui está ele, colocando as mãos na minha cabeça.

"Filho, quero abençoá-lo. Deixe-me colocar minhas mãos em você."

Ele tem lágrimas nos olhos e, mais tarde, vai se arrepender publicamente da maneira como falou no passado sobre a AIDS. Um choque tão grande para a esquerda quanto para a direita. Foi a analogia da lepra das escrituras que o comoveu. Ele tinha que seguir Jesus. Ainda assim, em momentos como esse, sinto como se eu tivesse adentrado o drama da vida de outra pessoa e fico com a impressão de que um dia vou conhecer o roteirista.

Edge fica particularmente chateado ao saber desse encontro. Estou abusando da paciência da banda e do nosso público. Estou prestes a abusar um pouco mais.

UM CASAL MUITO ESTRANHO

Corta para o Aeroporto Internacional de Kotoka em Accra, Gana. Agora faço parte de uma operação militar. A partir do momento em que o "Air Force America" pousou com meu novo melhor amigo, o secretário do Tesouro Paul O'Neill, era como se fôssemos um exército invasor. Cantores de rock entendem de circo itinerante, mas nada se compara a viajar com a comitiva do Tio Sam. Era como aquelas caravanas do Velho Oeste. No entanto, apesar de toda a agitação logística, esse grupo heterogêneo de economistas, burocratas e jornalistas parecia sinceramente comprometido a problematizar os clichês que todos nós nutrimos sobre o continente. Paul O'Neill estava acordado às cinco da manhã e, às seis em ponto, estava sentado à espera. (Não tendo ido para a cama antes das cinco, às vezes eu chegava um pouco atrasado. E geralmente era perdoado.) "A Turnê do Casal Muito Estranho", como foi apelidada, rapidamente capturou a imaginação de uma mídia determinada a ver se havia alguma substância na afirmação de George W. Bush sobre conservadorismo compassivo.

Pedimos às organizações locais que marcassem reuniões com profissionais do sexo, médicos, educadores de AIDS e ativistas. O Tesouro organizou visitas à Bolsa de Valores, a um escritório de processamento de prontuários odontológicos, a uma fábrica de automóveis da Ford.

Porém, com o passar dos dias, comecei a observar algo paradoxal, mas também animador. Se o ponto de vista do secretário O'Neill e de sua equipe de teóricos monetários estava sendo alterado pelas histórias comoventes com que nos deparávamos por conta da pandemia de AIDS, meu ponto de vista também estava mudando quando comecei a entender o papel da indústria e do comércio domésticos, e especialmente da infraestrutura, em tirar as pessoas da extrema pobreza.

Ao mesmo tempo que comecei a prestar mais atenção aos dados econômicos que revelam as origens da pobreza de um país, Paul e a esposa, Nancy, junto com Julie, sua filha, acabaram passando mais tempo do que o planejado conversando com enfermeiras, médicos e pacientes em clínicas e hospitais.

Ainda me lembro como, em uma visita a uma clínica em Soweto, eles ficaram chocados ao descobrir que, embora os Estados Unidos custeassem o medicamento nevirapina para mães grávidas, para evitar que transmitissem HIV para seus filhos ainda não nascidos, não havia financiamento para ARVS (medicamentos antirretrovirais) para salvar a vida da própria mãe. Se por acaso eu não fiquei com os olhos marejados, os O'Neill ficaram. Estávamos todos mudando.

You speak of signs and wonders
I need something other

I would believe if I was able
*But I'm waiting on the crumbs from your table.**

Quando o secretário e eu nos abraçamos e nos despedimos no aeroporto, eu sabia que, apesar de nossas diferenças, agora tínhamos um aliado no governo Bush. Saímos do continente começando a acreditar que a Casa Branca de Bush poderia empreender ações relevantes contra a AIDS na África, e eu estava empolgado em Dublin para contar a Edge tudo sobre o assunto.

Tomando uma Guinness no Finnegan's, descrevi os fatos transformadores da "integração regional" e alguns dos detalhes mais sutis da Bolsa de Valores em Gana. Meu pulso acelera quando me lembro que voei em um bimotor da Cessna sobre o porto de Dar es Salaam para ter uma visão melhor dos navios cargueiros e das ligações ferroviárias.

"Bem, precisamos te levar de volta ao estúdio o mais rápido possível", diz Edge, levando uma caneca de Guinness aos lábios com um rosto perfeitamente impassível. "Você está emanando poesia."

Não muito depois, estamos nos preparando para voltar ao estúdio com o produtor Chris Thomas para compor as músicas de *How to Dismantle an Atomic Bomb*.

Estou na estrada quando recebo a notícia.

Paul O'Neill, o homem que tinha a chave do cofre dos EUA, havia sido demitido.

* Você fala em sinais e milagres/ Eu preciso de outra coisa/ Eu acreditaria se pudesse/ Mas estou esperando pelas migalhas da sua mesa.

Miracles
"in science and in medicine
I was a stranger and you
took me in"

GOD BLE$$ AMERICA

30

Miracle Drug

Beneath the noise
Below the din
I hear your voice
It's whispering
In science and in medicine
I was a stranger
*You took me in.**

Sabe quando você está num hospital? Aquele cheiro nos corredores? O cheiro de detergente. De limpeza. Exceto quando o hospital está desabastecido. Aí, o cheiro é outro. O cheiro é o das pessoas que não puderam se lavar, que não têm acesso a um chuveiro. Pessoas que cheiram à fumaça das fogueiras que fizeram na área do hospital para cozinhar o que quer que encontraram para comer. Este é o cheiro que enche minhas narinas no hospital em Lilongwe, capital do Malawi. Este é o cheiro de um hospital que respira com a ajuda de aparelhos, no qual não há como tratar a ameaça letal invisível que se esconde pelas enfermarias.

* Por baixo do barulho/ Abaixo do estrondo/ Eu ouço a sua voz/ Está sussurrando/ Na ciência e medicina/ Eu era estrangeiro/ Você me acolheu.

UMA PEÇA EM TRÊS ATOS AO LONGO DE DOIS ANOS. NOVE CENAS DA VIDA DE UM ATIVISTA AMADOR NO COMBATE À AIDS

Ato 1, Cena 1: Nas enfermarias com a Irmã Anne em Lilongwe, Malawi (A Santa)

No início de 2002, estou na África na companhia do professor Jeff Sachs e sua esposa, Dra. Sonia Sachs. Hoje vamos nos encontrar com a Irmã Anne Carr, que me conta que nasceu em Dublin, foi criada em Cork, e passou a vida trabalhando como médica missionária em maternidades ou clínicas móveis em vilarejos remotos.

Nos encontramos no sobrecarregado hospital de 750 leitos da cidade comandado pelo Dr. Mwansambo, que nos conta que está com 300% de ocupação. Parece mais um edifício garagem, com andares empilhados um em cima do outro, e passarelas externas que percorrem o comprimento de cada andar. Forasteiros não são bem-vindos no hospital, mas eu passo rápido pelas portas, e ninguém me pergunta nada.

"Eu disse a eles que você é meu sobrinho", diz Irmã Anne para mim.

Gosto desta mulher imediatamente. A freira que todo mundo reconhece caminha com o astro de rock de quem ninguém nunca ouviu falar pelas filas de pacientes que tomam os corredores. Eles foram recém-diagnosticados, explica Anne, são soropositivos. Estão esperando para serem atendidos numa antessala onde irão ouvir de um profissional de saúde que não há tratamento para sua doença. Aqui eles precisam se preparar para morrer.

Nas enfermarias, a cena é ainda mais perturbadora. Três ou quatro pacientes numa cama, às vezes dois na parte de cima, a cabeça de um nos pés do outro. Às vezes, outros dois na parte de baixo. Todo mundo se preparando para morrer.

Enquanto andamos, me arrisco a olhar para os rostos que aguardam na fila, antecipando seu desespero, sua raiva ou seu ódio. É impossível não ficar furioso quando se sabe que, se um branco ocidental como eu contrair esta doença, não equivalerá a uma sentença de morte. Eu conseguiria um tratamento. Contudo, não há raiva nos rostos que retribuem o olhar, apenas resignação. Estas pessoas estão sendo informadas de que vão morrer e estão quase se desculpando pelo inconveniente.

Não há raiva à vista, apenas bons modos. Eles escondem seu constrangimento; são educados e amáveis. Disfarçam sua dor com gratidão aos cuidadores que lhes deram a pior notícia possível. Enquanto esperam para morrer, devem também viver com o estigma — o estigma de ter sido testado, de ser soropositivo.

A raiva está em outros olhos que me observam. Nos olhos da equipe do hospital. Como se sente um profissional de saúde que pode diagnosticar, mas não tratar, e que deve dizer a seus pacientes que nada pode ser feito por eles? Essa raiva é muda. Não se expressa por gritos, nem por palavras. Mas eu a percebo. Mais do que isso, posso senti-la, e quero que você que lê estas páginas a sinta também. A raiva se estampa no fundo dos meus olhos. Estou com raiva de um mundo que permite que isso aconteça. Quando minha família e meus amigos querem saber por que eu passo tanto tempo nos corredores do poder, encontrando todas essas autoridades, apertando todas aquelas mãos... eu só descrevo esta cena.

Este hospital em Lilongwe.

Vinte anos depois que o HIV foi identificado pela primeira vez, e cinco anos depois que os cidadãos dos países ricos ganharam acesso a tratamentos medicamentosos transformadores, ainda não há um acessível ou viável aqui. Por que você se importaria em fazer o teste, mesmo se pudesse? O Leste e o Sul da África nos primeiros dias do século XXI são o epicentro da epidemia. Em Botsuana, 38% da população adulta é soropositiva. Mais de um terço dos adultos irá adoecer e morrer. Você pode olhar à sua volta num mercado lotado e imaginar as pessoas sumindo. Não foi exagero quando o presidente de Botsuana, Festus Mogae, declarou, "Estamos ameaçados de extinção". Este vírus não está matando só os jovens e vulneráveis; está matando enfermeiras, médicos, professores, fazendeiros, contadores, advogados. Mães e pais. Se nenhum tratamento chegar, as esperanças e os sonhos de uma região inteira desaparecerão.

A Irmã Anne não sente tanta raiva quanto eu.

Estou sentado em seu escritório, e tudo o que consigo absorver é o cheiro insuportável de merda. O escritório dela fica em cima de um bueiro.

"Como você se acostumou com isso?", pergunto.

"Com isso o quê?"

"Com esse cheiro", digo.

"Que cheiro?", pergunta ela, com cara de espanto. E depois me dá uma piscadela.

A Irmã Anne lida com a morte ou dando-lhe broncas ou pegando-a pela mão. Ela ri muito, mas não há ninguém que leve mais a sério o objetivo de transformar a vida dos pobres. Este é o serviço dela, ela reconhece o seu Deus nestas pessoas com quem convive. Lembrei daquele versículo da Bíblia que diz que quando servimos os menos afortunados, estamos servindo a Deus. Quer saibamos ou não. Se eu ficar perto da irmã Anne, talvez fique perto de Deus.

E, no entanto, há o fedor.

Ato 1, Cena 2: África do Sul
Não perca seu tempo, Sr. Bono (Os profissionais)

Malawi e África do Sul, estas são as visitas que me radicalizaram. Radicalizaram todo nosso time na DATA. Ficar com raiva não bastava; tínhamos que nos organizar e conseguir respostas para perguntas difíceis. Perguntas sobre o custo dos tratamentos e como tornar o acesso universal aos medicamentos antirretrovirais uma realidade. Acreditávamos que o HIV era uma batalha que ultrapassava os argumentos sobre compaixão ou bom desenvolvimento, as conversas sobre índices de retorno no investimento de recursos. Conheci gente da Campanha de Ação de Tratamento (TAC) que lutava com todas as suas forças pelo acesso universal aos medicamentos para a AIDS e até hoje nunca me deparei com um ativismo movido por uma força igual àquela. A raiva deles não era muda. Era estrondosa e insistente como um alarme de incêndio. A formidável Prudence Mabele (que morreu em decorrência da AIDS em 2017, aos 45 anos) foi uma das primeiras mulheres na África do Sul a tornar público o fato de ser soropositiva. Ela me olhava direto nos olhos enquanto explicava que estava perdendo o funeral de um parente — uma morte por HIV — para estar nesta reunião comigo.

"Espero que o senhor não esteja desperdiçando o nosso tempo, Sr. Bono", disse ela. "Porque alguns de nós não têm tempo a perder."

A Médicos sem Fronteiras havia doado medicamentos antirretrovirais para o TAC, mas não em quantidade suficiente. Isso levou a decisões impensáveis sobre quem deveria receber esta medicação que salva vidas e quem não a receberia. Quais colegas. Quem da família. Qual irmão.

O cofundador Zackie Achmat estava numa greve medicamentosa, e se recusava a tomar os medicamentos antirretrovirais até que eles estivessem disponíveis para todos os sul-africanos. O TAC estava lutando contra a indústria farmacêutica na Justiça por ela se recusar a permitir que versões mais baratas, genéricas de seus medicamentos fossem fabricadas, e o movimento teria vitórias marcantes como uma em Pretoria, que forçou o Estado a fornecer nevirapina para toda mulher grávida soropositiva.

O fato de esses medicamentos caros serem comuns no mundo rico, mas negadas ao mundo pobre, parecia concretizar a desigualdade. Descrever a injustiça global.

Ato 1, Cena 3: Kampala, Uganda
Encontre uma família que vai cuidar de seus filhos (as instruções)

Quando me encontro com mulheres da TASO — a Organização de Apoio contra a AIDS — alguns dias depois num prédio de concreto que ocupa toda uma quadra em Kampala, Uganda, esta realidade não poderia ser mais clara.

Discretas e objetivas, as mulheres descreveram sua situação como se estivessem explicando as regras em uma sala de aula, que eram mais ou menos assim.

AS REGRAS PARA SE PREPARAR PARA MORRER

> Encontre uma família que vai cuidar de seus filhos. Prepare um livro de memórias para eles cheio de amor.
>
> Eduque aqueles na sua comunidade que não têm HIV. Abrace e reze com aqueles que têm.
>
> Cuidem uns dos outros.

As mulheres estão tranquilas enquanto explicam, enquanto nos mostram os livros de memórias que estão criando para seus filhos: fotos, lembranças, história da família, cartas para ocasiões futuras, conselhos. Mensagens de amor imortal. No escritório dele depois da visita, o Dr. Alex Coutinho, o diretor, se emociona ao nos contar que muitas vezes é ele quem tem que decidir quem recebe os poucos medicamentos antirretrovirais disponíveis.

Segurando essas pílulas em minha mão, sinto a superfície gelatinosa que contém vida ou morte, e o *showman*/vendedor em mim sabia que tínhamos os recursos visuais para vencer o debate. Assim como no Jubileu 2000, esta era uma discussão sobre justiça, não sobre caridade. Se o acesso aos antirretrovirais é uma questão de localização geográfica, "um acidente de longitude ou latitude", como eu costumava explicar, então eu acreditava que podíamos vencer o caso no tribunal da opinião pública. Se pudéssemos fazer isso, poderíamos vencer na política.

Eu iria usar essa ideia em "Crumbs from Your Table", que gravamos alguns anos depois:

Where you live should not decide
Whether you live or whether you die
Three to a bed
Sister Anne, she said
*Dignity passes by.**

— *"Crumbs from Your Table"*

Mas a ideia já era um refrão em minha vida mesmo antes de ser um refrão de música. Um refrão de que precisávamos para sermos tocados nas rádios — da opinião pública.

"Sua morada não deve ser uma sentença de morte."

Ato 2, Cena 1: Centro de Manhattan, Nova York
Sede da News Corp com a Eminência Parda ou Montador de Cadafalsos

Para que políticos tomassem decisões corajosas que beneficiassem pessoas a milhares de quilômetros de distância, além dos legisladores, tínhamos que envolver os formadores de opinião. Isso explica por que alguns meses depois estou com Bobby Shriver na sede corporativa da News Corp no Centro de Manhattan, quase na esquina da nova Times Square recém-Disneyficada. Não havia nada de espe-

* Onde você mora não deveria determinar/ Se você vive ou morre/ Três em cada leito/ A Irmã Anne disse/ Que a dignidade passa ao largo.

cial no escritório na época, mas, pensando em retrospecto, consigo ver que era especial: naquele lugar, uma revolução de direita seria nutrida furtivamente, revolução essa que abalaria os alicerces da democracia americana.

Estamos sentados com Rupert Murdoch, que, anos antes, havia inaugurado a Fox News, que já está ungindo os âncoras de TV belicosos e incendiários de direita que vão transformar em arma o descontentamento de todo um grupo de eleitores dos EUA. As pessoas que acham que a mídia convencional é uma *intelligentsia* progressista que as menospreza, alheia à sua dor e a seu medo. Nos próximos anos, à medida que a globalização parece não funcionar mais para muitos americanos, cada vez mais o medo vai se transformar em raiva. Juntamente com a ascensão da internet, o custo da guerra no Iraque, a crise financeira e a migração em massa, essas pessoas sentirão seus bolsos esvaziando enquanto suas contas se acumulam. Essas pessoas se tornarão a base de apoio de Donald Trump quando ele se candidatar à Casa Branca — não que haja qualquer evidência de que ele já tenha se incomodado com a situação desses eleitores no passado.

Rupert Murdoch é diferente de Donald Trump. Um pensador sofisticado, camuflado por coloquialismos. Australiano. Mas há uma semelhança. Rupert Murdoch gosta de dizer aquilo que algumas pessoas querem dizer, mas não dizem. Há algo nele de seu avô pregador presbiteriano, mas a versão atualizada dos tormentos do inferno é uma manchete no *The Sun* ou no *Post*; uma manchete que ele acredita revelar outro fato acobertado pelo *establishment*.

O *establishment*?

Qualquer pessoa poderosa ou ligada à política, rica ou famosa. (Incluindo, com o tempo, ele mesmo. Alguns anos depois, ele provará do próprio veneno por conta do escândalo de escutas telefônicas no Reino Unido em que seu *News of the World* se envolveu.) Pode-se argumentar que os métodos que o império dele emprega para apurar esses fatos revelam um déficit moral pior do que as hipocrisias que expõe. Rupert Murdoch não concorda. E o que eu acho? Acho que isso é menos importante no momento do que colocar os jornais da *News Corp* do nosso lado, e não contra nós.

Até onde posso levar essa estratégia já descrita como "Encontramos o inimigo, e ele em parte tem razão". Este é certamente um ambiente tóxico para qualquer um que queira estar na capa da *Rolling*

Stone. Curiosamente, sou estimulado a correr esses riscos pelo editor ultraprogressista dessa revista (e meu antigo terapeuta) Jann Wenner, que ri enquanto me lembra do velho provérbio do jornalismo que diz "nunca arranje uma briga com o dono do jornal".

"Você ou ele?", respondo.

Sentado ao lado de Rupert está Roger Ailes, que será forçado a renunciar ao cargo de CEO da Fox News, mas não antes de ajudar a transformar Donald Trump, uma estrela do *reality show The Apprentice*... numa estrela de *reality show* na Casa Branca. Ao lado dele está o colega australiano de Murdoch, Col Allan, editor-chefe do *New York Post*, que nesta cidade é como o *Clarim Diário*, se você é fã do Homem-Aranha. Estou pronto para o ceticismo habitual sobre a eficiência da ajuda, e tento explicar por que os americanos devem se preocupar com uma pandemia de saúde na África. Então, aguardo o julgamento do homem que faz presidentes e primeiros-ministros, a eminência parda ou montador de cadafalsos. Rupert Murdoch segura a expressão desfeita primeiro apoiando o rosto nas duas mãos, depois em uma.

"Obrigado, Bono, por nos visitar hoje e por apresentar seu ponto de vista sobre HIV/AIDS, uma doença que reconhecemos estar arruinando a vida de milhões de pessoas em todo o mundo. Mas... mas... mas... se você está perguntando se a *News Corp* pode se envolver em uma campanha tentando influenciar o presidente dos Estados Unidos com relação a esse assunto, a resposta é não. Um 'não' definitivo e inegociável."

Eu me senti como um tolo em uma missão tola, e acenei para Bobby enquanto nos preparávamos para agradecer a todos pelo seu tempo.

"Mas... mas... Eu não terminei."

O improvável revolucionário não tinha acabado.

"Quero que você saiba que *se* o presidente dos Estados Unidos tomar uma iniciativa histórica contra a AIDS do tipo que você está defendendo, então nós aqui neste prédio seguiremos a maré."

Assim que saímos pela porta, Bobby ligou para Karl Rove, assessor-chefe do presidente Bush.

"Ei, Karl, temos uma surpresa: Rupert Murdoch acabou de nos dizer que se o seu chefe tomar um grande iniciativa com relação à crise da AIDS, ele dará todo seu apoio. Vamos lá, cara, você consegue fazer isso."

Ato 2, Cena 2: Washington, D.C.
Ódio e amor pela Dra. Condoleezza Rice (A mulher da barca)

As duas pessoas no governo que sempre abriam as portas para nós e estavam sinceramente interessadas no que a DATA estava fazendo eram Josh Bolten, um assessor econômico sênior que se tornaria o Chefe de Gabinete do presidente Bush, e a Dra. Condoleezza Rice, sua Conselheira de Segurança Nacional. "O presidente", disse ela, "me deu permissão para tentar entender o que você está fazendo."

Isso explicava a confiança com que ela havia deixado Bobby, Lucy, Jamie e eu entrar em seu escritório. Fizemos reuniões que acabariam com o conteúdo das mochilas de Jamie e Lucy espalhados por toda a mesa da Dra. Rice e por todo o chão do escritório, enquanto ela se debruçava sobre folhetos da Christian Aid ou dados da Oxfam. Esta não era uma imagem que a maioria das pessoas iria conciliar com a imagem rígida e correta do governo Bush, mas era inspirador que a Dra. Rice estivesse aberta a qualquer informação relevante. Tudo o que ela pedia eram comprovações e *insight*. Ao pedir café para nós, ela também nos fez perguntas difíceis sobre se esses números de fato batiam. Eles batiam, e foi por isso que ela continuou nos convidando a voltar.

Acontece que o governo Bush estava muito menos interessado na África e na pandemia de AIDS do que na marcha da liberdade, do Afeganistão às monarquias do Golfo Pérsico, especialmente o Iraque. O argumento deles é o de que a liberdade é fundamental para o progresso, para que o capitalismo ao estilo americano possa turbinar essas economias. Colocado de forma grosseira: se esses ditadores e extremistas religiosos saíssem do caminho, o comércio faria seu trabalho e a engenhosidade das pessoas nesses países faria o resto. O argumento até poderia conter algum resquício de coerência se não ignorasse completamente tanto a profundidade do tribalismo étnico e religioso quanto o impacto devastador do HIV/AIDS. Uma economia bem-sucedida geralmente não é aquela em que a mão de obra se amontoa em corredores de hospital ou morre, com duas ou três pessoas por leito.

Depois do Onze de Setembro, o governo estava começando a levar o continente africano muito a sério, pelo menos como parceiro —

ou protagonista — na guerra contra o terror. Dito isso, foi o poder transformador do comércio que continuou a orientar o pensamento do presidente sobre o desenvolvimento. O economista do Tesouro John Taylor e a embaixadora sul-africana Jendayi Frazer estavam entre aqueles com quem conversamos sobre as ideias que ficaram conhecidas como Millennium Challenge Account (MCA), uma proposta de centenas de milhões de dólares em novas doações para países que se comprometeram com a boa governança e a aceleração de suas economias. Poderia ser para uma rodovia na Tanzânia ou uma represa no Níger, mas os números precisariam bater, e isso teria que se encaixar em um manual fiscalmente conservador. Lideranças como John Kufuor, de Gana, e Joaquim Chissano, de Moçambique, aderiram porque esse era um novo tipo de relacionamento com os EUA, distante do clientelismo e mais próximo da parceria.

O perigo era que a MCA começou a ser considerada a grande ideia, guiada pelo representante de segurança nacional Gary Edson, e parecia que a porta estava se fechando para uma iniciativa contra a AIDS. MCA? Rigorosa e séria. Iniciativa contra a AIDS? Terna e fofa. E cara. Muito cara. Era uma preocupação. Mas no meio dessas conversas, a voz da Dra. Rice era firme e precisa. Condi, como agora chamávamos a futura Secretária de Estado, era uma acadêmica, uma pensadora sofisticada, uma pianista de nível clássico, e uma falante fluente de russo. Nascida em Birmingham, Alabama, ela era uma "crente", no sentido de que parecia ter fé religiosa, mas não do tipo alegre e que aplaude; sua igreja não era daquelas em que as pessoas dançam pelos corredores. Quando se exercitava de manhã cedo, às vezes ao lado do presidente, ela me dizia que às vezes ouvia rock 'n' roll, e essa era uma imagem da classicista que eu não conseguia tirar da cabeça.

"Que artistas?", perguntei.

"Na verdade, Led Zeppelin é um dos meus favoritos", respondeu ela. Por que não fiquei surpreso? Porque nada era surpreendente naquela mulher que era mais durona do que qualquer um, essa presença agressiva na Casa Branca e depois no Departamento de Estado, que passava tranquilamente dos noturnos de Chopin para "Whole Lotta Love". Na condição de membro longevo da Anistia Internacional, tive de pressioná-la quanto à tortura de extremistas islâmicos sob custódia. "Os EUA não acreditam na eficácia da tortura, pois com ela se extraem informações imprecisas, e incita os outros a fazerem a mesma coisa com os nossos combatentes."

Essa conversa teria que ficar para outra hora.

Condi tinha um ouvido capaz de triar as desavenças relativas a diferentes assuntos e achar a melodia predominante para o presidente. Ela era a soprano no coro que eu estava começando a acreditar que faria George W. Bush mudar de opinião. Mas no momento, apesar de todo o acesso, não estávamos fazendo progressos em uma grande iniciativa contra a AIDS.

Nossa ansiedade ficou mais aguçada em março de 2002, com a notícia de que a MCA pró-negócios, aquilo que Bobby chamou de "financiamento inicial para novas democracias", seria anunciada sem menção à emergência da AIDS. Como havíamos ajudado a moldar a iniciativa, explicaram que eu deveria ficar ao lado do presidente Bush quando ele a lançasse ao mundo no Banco Interamericano de Desenvolvimento. Eu devia fazer uma pausa para enfatizar que tratava-se de US$ 5 bilhões adicionais em auxílio para o desenvolvimento — e vindos de um governo republicano — para construir infraestrutura, como estradas, redes elétricas e siderúrgicas. Era um grande momento para os países que se beneficiariam. Também era um grande momento para a DATA.

E foi constrangedor.

Muito constrangedor.

Nossos apoiadores vinham fazendo campanha pelo acesso universal aos medicamentos contra a AIDS, e isso não seria mencionado.

Constrangedor para mim também.

Muito constrangedor.

Uma foto com um presidente pugilístico que, tendo invadido o Afeganistão com sucesso, estava agora tagarelando sobre a guerra no Iraque. Com sua retórica de caubói e sua arrogância adicional, George W. Bush agora estava até mesmo afastando os conservadores moderados. Uma guerra no Iraque era vista como um passo longo demais dado por um presidente que tentava abarcar o mundo com as pernas e estava excessivamente cativado pelos neoconservadores da direita de seu partido. Num erro de cálculo, os neoconservadores acreditavam que, se a significativa maioria xiita iraquiana expulsasse seus senhores sunitas e se tornasse uma democracia, o Irã e outros países na região provavelmente seguiriam o mesmo caminho, no que seria o prenúncio de uma estratégia conhecida no mundo das relações exteriores e no Conselho Atlântico como a Pax Americana. (Pax?)

Publicamente, eu me mantive afastado das notícias sobre o Iraque. Para um irlandês boca grande, isso foi quase impossível, mas eu me forcei a ficar calado. Em particular, conversei com a Dra. Rice e com Karl Rove sobre as tropas britânicas que chegaram à Irlanda do Norte e, a princípio, tiveram uma recepção calorosa da minoria católica que eles estavam lá para proteger. Muito rapidamente, essas tropas se tornaram o inimigo. Para gerar alienação, não há nada melhor do que ser parado e revistado em sua própria rua por soldados que falam uma "língua". Em um momento de franqueza, Rove suspirou e disse: "Bem, digamos assim, Bono, que, se estivermos errados, você não terá que lidar com a gente por muito mais tempo, tem uma eleição chegando."

Isso colocou meu próprio pequeno conflito em perspectiva, mas em que tipo de foto eu estaria entrando? Eu seria o bode expiatório progressista, que aplaudia o lançamento de algo de que nossa equipe havia participado, mas não era nossa razão de ser? Enquanto isso, a emergência da AIDS, exatamente aquilo que descrevemos como o fulcro moral de uma geração, era preterida.

Eu corria o risco de desperdiçar o tempo de Prudence Mabele enquanto dava um endosso tácito a um presidente belicista.

Eu já podia ouvir as vaias, e isso vindo da minha própria banda. Nossos fãs, assim como nossos críticos na mídia, reclamariam.

"Jogue a verdade na cara dos poderosos... onde está sua bandeira branca da não violência agora?"

Certamente, disse a mim mesmo, se este fosse o maior aumento de ajuda dos EUA em dez anos, eu poderia conviver com o massacre da mídia. Mas e a banda? Eles não tinham nada a ver com isso. Deus abençoe a paciência deles. A ótica, como aprendemos a dizer mais tarde, estava toda errada, e ficamos nervosos. Bobby ligou para Condi para explicar que, sem algum tipo de iniciativa de acompanhamento sobre HIV/AIDS, o anúncio da MCA não funcionaria para nós. Enxergávamos esses dois elementos como parte da mesma estratégia.

Condi, que nunca perdeu a calma, perdeu a calma. "Ela está *muito* puta da vida", foi nesses termos que Bobby colocou.

Se renegássemos a iniciativa, isso poderia ser o fim do trabalho da DATA com o governo. Eu estava em apuros. Eu não queria decepcionar Condi nem a Casa Branca — além disso, a MCA *de fato* era um lance importante —, mas também não queria parecer o bode expiatório. Eu mesmo precisava falar com ela. Na tarde de uma quarta-feira, passei apressado pela segurança da Casa Branca no Portão Oeste, pelas câmeras de TV, pelo saguão da Ala Oeste, onde os fuzileiros navais e as recepcionistas sentadas na antecâmara do lado de fora de seu escritório já não me estranhavam. Condi fechou a porta depois que entrei para termos uma conversa que imediatamente senti que estaria entre as mais importantes da minha vida. Com suas estantes de mogno e cadeiras confortáveis, não é um escritório incomum, mas Condi tem um poder incomum, profissional, mas nunca frio. Mas será que o sorriso dela está um pouco mais sério do que o normal? Está ela tão nervosa quanto eu? "Bono, eu sou uma pessoa que valoriza os relacionamentos; relacionamentos são tudo para mim, e se você não aparecer ao lado do presidente amanhã, você vai criar um constrangimento."

Um soco direto.

"O Millennium Challenge Account prevê US$ 5 bilhões em dinheiro novo. Se isso não é suficiente para você, sinto que nosso relacionamento está chegando ao fim. Da minha parte, certamente."

"Condi, claro que agradecemos o acesso, você sabe que realmente somos gratos, mas por favor entenda que somos iguais aos representantes de todas as organizações que estão trabalhando nisso noite e dia, ano após ano. O problema é que nossa proximidade com esse governo também despertou suspeitas de que vamos nos vender. O acesso aos medicamentos antirretrovirais é o único que interessa a este movimento."

"Suspeitas de quem?"

"A Global AIDS Alliance, para começo de conversa; até mesmo nosso bom amigo Dr. Paul Zeitz está nos chamando de vendidos, dizendo que estamos dando cobertura para a inação do governo na emergência da AIDS."

"Bono, vamos chegar ao problema da AIDS. Só que não agora. O combate à AIDS é um dos quatro ou cinco pilares que contribuirão para uma boa política de desenvolvimento."

Irmã Anne volta à minha memória, seu escritório sobre o bueiro. Estou no escritório de Condi, um dos mais poderosos do mundo, mas preciso que ela esteja no escritório da irmã Anne. Gostaria que Prudence estivesse aqui para olhá-la nos olhos. Acredito que Condi está cometendo um erro. Ela acredita que quem está errado sou eu. Mas também quero acreditar nela; acredito que ela quer fazer a coisa certa. Sinto como se eu tivesse passado a conhecê-la nesses últimos dois anos, que tenho uma noção de quem ela é debaixo de sua armadura elegante. Acho que ela sabe quem eu sou também. Tento uma última vez.

"Condi, este pequeno vírus é mais do que apenas uma emergência de saúde monumental; ele está desfazendo todo o trabalho do seu governo."

(Eu poderia ter continuado. Continuei.)

"Nós entendemos, e vamos fazer isso, ok? Dou a minha palavra", disse ela. "Vamos fazer. Acredite em mim. Qualquer relacionamento real requer confiança."

Não há argumento possível contra isso. E havia algo diferente na maneira como ela disse isso. Eu não sabia ao certo o que era, mas sabia o que não era. Eu sabia que não estava sendo manipulado. Eu confiei nela.

"Ok, deixe-me entender isso direito. Você está se comprometendo com uma iniciativa de combate à AIDS?"

Sim.

Tudo dependia da próxima pergunta: "Uma iniciativa histórica?"

Pausa. "Sim."

Estendi a mão e ela estendeu a dela. "Ok. Vou estar lá amanhã."

Respirei fundo.

Saí do escritório de Condi para enfrentar meu próprio pelotão de fuzilamento, e tive que fingir que não tinha me decidido. Marcamos uma teleconferência com membros do conselho da DATA, incluindo a Open Society de George Soros e a Fundação Bill e Melinda Gates. O tom da discussão atendeu às minhas expectativas: Bobby achou que podíamos simplesmente sair incólumes disso, e Jamie e Lucy ficaram um tanto alarmadas. Teria eu perdido completamente o fio da meada? Jamie está preocupado com nossa reputação entre a esquerda, na qual jaz a maior parte do ativismo da AIDS; e Lucy está abalada por eu não ter definido qualquer parâmetro para "histórico".

Explico que entendo que nossa honra como organização — e minha honra como indivíduo — está em jogo, mas acredito que é um risco que devemos correr. Se nosso relacionamento com a Casa Branca terminar, o risco para nossa reputação não é nada quando comparado com o risco para a vida das pessoas para quem afirmamos estar trabalhando.

Minha explicação não foi convincente, e meus colegas ressaltaram que nossa organização se chamava DATA, mas parecia que tinha acabado de fazer um acordo sem data alguma.

Antes que a ligação caia, ouvimos o inconfundível e leve sotaque húngaro de George Soros.

"Bono?"

"Diga, George."

"Bono, você se vendeu por um prato de lentilhas."

No dia seguinte, com a indigestão do prato de lentilhas, estou de volta ao esplendor ainda mais tênue do Salão Oval para encontrar George W. Bush pela primeira vez. Me lembro de Bill Clinton sentado atrás daquela mesa, mas isso é passado. Quando Jimmy Carter esteve sentado lá, correram boatos de que Willie Nelson trouxera alguns fármacos até a Casa Branca, e que ele os teria fumado no telhado. Também trago drogas, três pequenos comprimidos, que entrego ao atual ocupante da cadeira. Medicamentos antirretrovirais.

"Sr. Presidente, pinte esses comprimidos de vermelho, branco e azul se preciso for, mas na África eles serão a melhor propaganda de todos os tempos para os Estados Unidos da América."

Enquanto saímos para a comitiva presidencial, lembro de Harry Belafonte me contando sobre o Dr. King e o bispo de Bobby Kennedy. Já encontramos aquela porta?

Pela janela da limusine presidencial, as folhas verdes estão renascendo nas árvores e novos brotos surgem nos jardins enquanto passamos correndo neste dia de primavera. Na calçada, as pessoas param para ver a longa cauda do dragão desta comitiva, talvez vinte e cinco veículos que se movem em uníssono, puxados pela cabeça do dragão gritando com suas luzes piscantes. As pessoas param e acenam. Mais do que eu imaginava. Bobby Shriver uma vez me disse que desde o assassinato de seu tio Jack — JFK — em uma comitiva presidencial em Dallas, uma ambulância sempre vai em meio aos outros carros. Só por desencargo. Um pensamento sinistro.

É 14 de março de 2002, cinco meses desde que os Estados Unidos levaram a guerra de volta ao Afeganistão e seis meses desde o Onze de Setembro.

"O senhor é bastante popular aqui", digo enquanto ele acena em resposta às pessoas na calçada.

"É", responde ele suspirando. "Nem sempre foi assim. No começo," — faz uma pausa — "as pessoas só me mostravam o dedo do meio."

Eu rio porque ele é engraçado.

E eu não sou burro. Cinco bilhões de dólares é muito dinheiro para gastar nos países mais pobres, mesmo que não seja para combater o HIV/AIDS. Alguns meses depois, o governo de fato começou a tomar a direção que os ativistas vinham discutindo no Congresso. Até mesmo o homem-foguete, Sir Elton John, pousou numa audiência da comissão do Senado para apresentar provas, ao mesmo tempo em que fez um pedido: que a nação mais rica da história acabe com a pior pandemia da história.

Sabíamos que havia líderes nos corredores do Congresso que apoiariam algo muito maior. Nancy Pelosi disse que combater a AIDS nos Estados Unidos era a razão pela qual ela estava no Congresso. Vinte anos depois, a familiar mas contundente líder democrata estava igualmente comprometida com essa guerra no resto do mundo, nunca se esquecendo do que testemunhara em seu próprio distrito de São Francisco. Ela e suas colegas da Califórnia Maxine Waters e Barbara Lee não fizeram prisioneiros, exceto pela própria doença. Havia também o médico conservador Bill Frist, que conheci em Uganda, onde ele estava trabalhando como cirurgião cardíaco no hospital local. Durante suas férias. Seu conselho? "Você pode fazer qualquer coisa em D.C., desde que a ideia não seja sua."

John Kerry, veterano militar condecorado tão durão quanto qualquer atleta de *ironman*. Sofri um acidente de bicicleta e passei seis semanas de cama. Kerry sofreu um acidente de bicicleta e acho que nem percebeu. E havia o leão da montanha de Vermont, Pat Leahy, cujo rugido era mais poderoso quando alguma hiena ameaçava seu orgulho de proteger os mais pobres.

Nós pressionamos insistentemente.

Houve um anúncio de US$ 500 milhões para impedir a transmissão de mãe para filho deste vírus perverso. O senador Jesse Helms pressionou o próprio presidente quanto a isso. Mas essa quantia não estava nem perto do que era necessário para uma iniciativa histórica contra a AIDS, passava longe de uma resposta que tivesse o mesmo tamanho do problema. Falando com repórteres no Rose Garden, o presidente Bush plantou uma semente. "À medida que percebermos o que funciona, vamos disponibilizar mais verba."

Ato 2, Cena 3: Falando com Oprah para falar com a América...
e um diagnóstico de Anthony Fauci (a rainha e o médico)

... uma semente que não deve cair em terreno pedregoso. Li no *Boston Globe* um artigo em que Andrew Natsios, chefe da USAID, ridicularizava o argumento para combater o HIV com terapias antirretrovirais... Os africanos, disse ele, "não compreendem a noção ocidental de tempo [...]. Muitas pessoas na África nunca viram um relógio de parede ou um relógio de pulso na vida. E se você disser para eles que é uma hora da tarde, eles não sabem do que você está falando".

Embora ele tenha se desculpado pelo comentário, era chocante que alguém — quem dirá o chefe da USAID — pudesse sugerir que não se pode confiar que um bilhão de pessoas de todo um continente vão tomar seus medicamentos corretamente. Quando Bobby Shriver recebeu um telefonema da Casa Branca, nossos temores se intensificaram. "Você não vai acreditar nisso", disse ele. "Eles estão dizendo que Tony Fauci está bloqueando algo grande e ousado."

Dr. Anthony Fauci? O brilhante imunologista e especialista em HIV? Chefe do Instituto Nacional de Alergia e Doenças Infecciosas?

"Aparentemente, a recomendação dele é seguir por etapas."

O Everest estava ficando mais alto, mas eu tinha que estar em Chicago para uma escalada mais desafiadora: o programa de TV diurno mais popular do país, apresentado por Oprah Winfrey. Não para falar de música, mas de AIDS. Não consegui dormir na noite anterior, mais nervoso com 250 pessoas no estúdio do que com qualquer show em um estádio.

Conversamos sobre a apresentação da banda no Super Bowl depois do Onze de Setembro, dissemos o nome daqueles que tinham morrido, e discutimos como a América — que libertou a Europa na guerra — tinha se tornado tão impopular em algumas partes do mundo. Falamos sobre paternidade e sobre gastar a moeda-corrente da fama. Então, Oprah vai direto ao ponto: o que a AIDS na África tem a ver com os dez milhões de espectadores dela, muitos deles, ela diz, mulheres em casa preocupadas com seus próprios filhos?

Certo... bem, Oprah... do jeito que eu vejo, trata-se do valor que você dá à vida de uma criança. Talvez você precise explicar isso para um fã de música, talvez tenha que explicar isso para os homens em geral, mas para certo tipo de pessoa você não precisa explicar isso.

"Não acho que é preciso explicar para uma mãe que a vida de uma criança na África tem o mesmo valor do que a vida de seu filho."

Há um estremecimento. A plateia do estúdio explode. Estamos todos surpresos com a reação. É um som extraordinário, o som da conexão. Fale com Oprah, como alguém nos disse, e você está falando com os EUA. Ela ligou os pontos.

Aliviado por tudo ter corrido bem, eu estava pronto para voltar para Dublin e me juntar à banda da qual costumava fazer parte, quando Bobby falou novamente no Dr. Fauci.

"Você tem que ligar para ele em D.C. Precisa falar com ele antes de ir."

"Mas eu estou indo agora."

"Pare no caminho. Diga a ele que você se encontra com ele em qualquer lugar. Se ofereça para ler histórias para os filhos dele dormirem. Faça o que for preciso."

Quando Lucy, Jamie e eu aparecemos na casa de tijolos aparentes do Dr. Fauci em Georgetown, reparei, pela janela, em sua esposa, Christine, e em suas filhas. Ela estava ajudando com a lição de casa? Senti falta dos meus filhos e queria estar em casa, mas precisávamos entender as preocupações do Dr. Fauci. Que, ao que parece, não eram exatamente como os vazamentos da Casa Branca haviam revelado. E ele não ficou nada feliz em ouvir seu nome sendo usado para impedir a ampliação dos esforços. Acabamos conversando sobre o trabalho de campo do Dr. Paul Farmer no Haiti. Outro médico brilhante, Farmer adaptou um sistema que desenvolveu para reduzir os surtos de tuberculose em comunidades rurais pobres. O sistema era conhecido como DOTS (tratamento diretamente observado, curso curto), e revelou que, quando as pessoas adotavam uma estratégia de monitoramento dos regimes medicamentosos uns dos outros, as taxas de adesão ao tratamento eram mais altas do que na Europa ou na América.

"O acesso aos antirretrovirais é nosso dever moral, e podemos tornar isso possível", disse o Dr. Fauci quando saímos. "Vocês aumentam a pressão e eu ofereço os fatos da ciência".

Ato 2, Cena 4: No coração dos EUA com
Agnes, Ashley, Chris e Warren (os jogadores)

"Eu sou caminhoneiro. Você disse que metade dos caminhoneiros do Sul da África vão morrer por causa da AIDS?"

"Isso", respondi. "A menos que eles consigam remédios que estão nas prateleiras de qualquer farmácia por aqui."

Pedindo caneta e papel para uma garçonete atrás do balcão, este motorista de caminhão, com o rosto coberto por tatuagens, que passou batido por mim numa parada da I-80, me entregou seu número de telefone.

Isso aconteceu durante a "Heart of America Tour", uma viagem para a outra América, longe das costas e das grandes cidades, quando começamos a sentir que as pessoas queriam ajudar. Onde comecei a entender que aqueles que chamam o Meio-Oeste dos Estados Unidos de "território de passagem" provavelmente de fato nunca tinham feito uma parada ali.

Começando no Dia Mundial da AIDS em dezembro de 2002, a turnê foi planejada para mostrar aos políticos do governo e do Congresso que americanos comuns se preocupavam com pessoas em outro continente que conviviam com e morriam de AIDS. Escolhemos os principais distritos estratégicos, como o de Henry Hyde, presidente do Comitê de Relações Exteriores da Câmara, e fomos a igrejas, escolas e lanchonetes locais, além de visitar os jornais locais.

Era um circuito de turnê eclético e uma comitiva de campanha com a qual eu nunca havia viajado: um coral infantil de Gana, a atriz Ashley Judd, o comediante Chris Tucker, Lance Armstrong, e um carrossel de médicos especialistas em AIDS, incluindo Jim Kim, que mais tarde administraria o Banco Mundial. No último minuto, lembramos que precisaríamos de alguém para tocar o som e as luzes — liguei para Rocko Reedy, o stage manager de longa data da banda.

Problema resolvido.

O momento que ficou marcado no tempo? Agnes Nyamayarwo, de Uganda, contando a história real de o que a AIDS estava fazendo em seu país.

Os EUA são física e demograficamente uma massa de terra muito maior e menos percorrida do que aquela que a maioria dos grupos de rock em turnê conhece. Por vinte anos na banda adoramos fazer turnês pelo Meio-Oeste e pelo Sul dos EUA, sentindo a honradez comum das pessoas que valorizam temas conservadores como boas maneiras e autonomia, embora muitos deles tenham opiniões políticas muito diferentes das nossas.

Tom Hart, um ex-ativista do Jubileu 2000 que agora lidera a defesa da DATA em Washington, D.C., deu um sábio conselho: "Só não fale em armas. Um assassino já basta em uma viagem como essa." Os americanos, ao que parece, têm o mesmo problema com armas de fogo que nós irlandeses temos com o álcool. O problema é que não achamos que temos um problema.

Warren Buffett, o venerável investidor e CEO da Berkshire Hathaway, pode ter se tornado o homem mais rico do mundo, mas o "Sábio de Omaha" ainda era tão americano quanto qualquer um que você possa imaginar. Com sua filha, Susie, ele foi dirigindo ver nossa noite de estreia.

Afetuosamente tímido, ele não tem nada de arrogante, e quando me sentei num canto com ele para ouvir seu conselho, fiquei impressionado com sua capacidade de pensar com clareza e de inventar aforismos.

Conselho Sábio

Aprendi muito com o "Sábio de Omaha" ao longo dos anos.

Sobre misturar negócios com amizade: "Prefiro não investir em uma empresa em que eu não gostaria de almoçar com o CEO."

Sobre decepcionar as pessoas: "Minha palavra favorita é 'não'. Realmente adoro o som dela."

Sobre exercício e uma dieta saudável: "Eu não caio nessa."

Sobre o estresse: "Tampouco caio nessa."

Sobre doar sua fortuna: "Não estou dando nada que signifique algo para mim. Uma fortuna pessoal não tem utilidade para mim."

"O que você está pedindo para as pessoas fazerem aqui esta noite?", perguntou ele.

"Estamos colocando um cartão-postal em cada assento", expliquei, "para facilitar o contato das pessoas com líderes do Congresso e senadores."

"Isso é muito fácil", respondeu. "As pessoas não confiam em você se pedir que elas façam coisas muito fáceis. Peça para fazerem coisas mais difíceis, e você aumenta suas chances."

"Ok, obrigado, mas o que você acha da nossa premissa básica, de que a América deveria mostrar mais liderança em uma pandemia que está causando estragos na África?" (Em termos de porcentagem do produto interno bruto, o orçamento de ajuda dos EUA era metade do orçamento da maioria dos outros países industrializados — 0,15% nos Estados Unidos em comparação com 0,4% no Reino Unido ou 0,9% na Noruega.)

"Não apele para a consciência da América", respondeu ele. "Apele para a grandeza da América. É assim que você vai conseguir o que quer."

Eu jamais poderia esperar ouvir duas percepções psicológicas tão penetrantes, uma sobre cidadãos e outra sobre o país. A segunda foi a base de todas as campanhas que montamos nos Estados Unidos. Ao contrário dos europeus, e especialmente dos irlandeses, os americanos não são motivados por culpa. Mas, se você oferecer a eles o papel da cavalaria, eles vão lhe acompanhar.

A estrela de todos os shows era Ashley Judd, que eu conhecia desde os 17 anos, quando éramos fãs de sua mãe Naomi e da irmã Wynonna, as Judd. Ela era tão brilhante como ativista quanto como atriz, e tornava acessíveis pensamentos complexos com suas frases brilhantemente construídas e sua comunicação calorosa. Ovações de pé a seguiam. Wynonna se juntou a nós por algumas noites, e emprestou sua voz extraordinária. Chris Tucker também tornou as coisas mais leves no palco e nos bastidores, e, como tinha acontecido em uma viagem anterior à Etiópia, as pessoas nos atropelavam para conseguir chegar até ele. Sua humildade era tão impressionante quanto seu bom humor.

Noite após noite descobrimos que o coração da América batia; sentíamos seu calor enquanto viajávamos pela paisagem invernal de lugares como Iowa City, Louisville e Chicago. A chamada bússola moral dessas pessoas era real e, embora pudéssemos ter uma visão diferente do norte magnético, até mesmo o mais cínico entre nós sentiu uma onda de ânimo quando encerramos a turnê no Wheaton College, em parte por ser a *alma mater* de muitos cristãos influentes, incluindo Mike Gerson, redator de discursos do presidente Bush.

Agnes continuou a roubar a cena, e descreveu sua vida como enfermeira e ativista em Uganda diagnosticada como soropositiva em 1992. Ao ouvi-la no palco, percebi que ela falava sempre sobre os números — mas não apenas sobre quanto custaria ao Tesouro dos EUA combater o HIV. Os números de sua vida diária: o ano da morte de seu marido, o número de filhos que ela perdeu e os que sobreviveram, a duração de um diagnóstico, a idade de seu filho mais novo, e a hora do dia em que ele morreu. Percebi com que frequência passamos por cima dos detalhes da vida das pessoas, quando esses detalhes *são* na verdade nossas vidas.

O lirismo numerário de Agnes raramente era mais alto do que um sussurro, e então vinha o coral de estudantes de Gana com idades entre 4 e 18 anos, que raramente eram mais silenciosos do que um parque de diversões. A vida os levara ao santuário que era a casa de sua maestrina, Ruth Butler Stokes, em Acra. Tentei capturar o brilho deles em uma música que Dr. Dre estava mixando para nós, chamada "Treason". Ensaiando em um estúdio em Los Angeles, Andrews, um dos jovens coralistas, veio até nós com o que ele sentiu ser uma mensagem dos céus destinada ao doutor.

"Acho que o doutor está em perigo. Posso fazer uma oração de segurança com ele?"

Me perguntei de qual doutor ele estava falando, mas descobri que Dr. Dre estava aberto à ideia de uma oração, ainda que não estivesse exatamente saltitante com o atraso na gravação. Esse mestre das batidas, esse neurocirurgião da música sabia muito bem que tinha feito alguns inimigos ao longo dos anos, tanto que era acompanhado por um esquema de segurança digno de um presidente.

Outra música que saiu daquela sessão de Dre, uma colaboração com Dave Stewart e Pharrell Williams, foi "American Prayer", que Beyoncé Knowles acabou cantando na frente de Mandela no concerto 46664 em 2003, com Andrews pregando a seu lado. Mesmo aos 22 anos, ficou claro que Beyoncé era capaz de interpretar a coreografia da mudança política melhor do que a maioria das pessoas.

Para uma figura tão grandiosa assim, ela entendeu a lição menos grandiosa de que muitas vezes a história muda de maneira mais prosaica do que poética. Só fui entender isso quando tinha o dobro da idade dela.

"Querido Madiba", escreveria ela depois, "você possibilitou que muitas pessoas como eu rejeitassem as impossibilidades e entendessem nossas capacidades. Fizemos dos seus sonhos os nossos... seu trabalho e seu sacrifício não foram em vão."

Ela me faz pensar em outra grande cantora romântica, Alicia Keys, que vi gravando "What's Going On?", de Marvin Gaye, em 2001 para o coletivo Artists Against AIDS Worldwide (Artistas Contra a AIDS no Mundo Todo). Do outro lado do vidro da sala de controle, estou assistindo ao nascimento de uma estrela. Ela está vendo a luz vermelha se acender. Olhando através de mim e do mundo que olha para ela pela janela da sala de controle. É um olhar que quer quebrar o vidro que pode separá-la de sua música. Ou de seu ativismo. Ela é indivisível dos valores que conduzem sua música em direção à justiça. Aos 22 anos, ela fundou a Keep a Child Alive. E por causa dela, inúmeras crianças estão vivas.

Em nosso último dia da "Heart of America Tour", nós nos despedimos, e eu rapidamente pulei dessa banda de volta para minha outra banda, correndo para encontrá-los na estreia em Nova York do filme *Gangues de Nova York*, de Martin Scorsese, para o qual escrevemos a música "The Hands That Built America".

Ato 3, Cena 1: Dublin, assistindo nervoso à TV tarde da noite...
Esperando aquela ligação ("Da ciência e do coração humano/Não há limite")

28 de janeiro de 2003, e estou de volta à música em Dublin quando chegou a notícia de que o presidente Bush faria algum tipo de anúncio sobre AIDS em seu Discurso sobre o Estado da União.

A banda e nossos parceiros estavam em um restaurante em St. Stephen's Green com Chris Thomas, que trabalhou com todo mundo, de Beatles e Pink Floyd a Roxy Music e INXS. Não consigo me concentrar. Não consigo pensar na música; só consigo pensar no Estado da União. Condi ligou para dizer: "Vocês vão ficar felizes hoje à noite. Estou muito orgulhosa do presidente. Vocês vão conseguir o que queriam. Vamos anunciar no Estado da União."

Perguntei a ela: "Qual é o número? Preciso saber o número."

Ela respondeu: "Ainda não posso dizer o número. Eles ainda estão acertando alguns detalhes. Mas vai ser grande, e vai ser importante. Ligo para você antes do discurso."

Durante o jantar, fico descontrolado. Sussurro para Ali que tenho que sair; ela é a única que sabe do que se trata. Eu me desculpo e vou para casa, que é onde estou sentado tarde em uma noite de inverno com o fogo tremulando e nossos dois cachorros, Chanty e Helena, subindo em mim enquanto a CNN traz uma imagem de George W. Bush entrando para sua fala ao Congresso dos EUA. Na multidão que o aplaude, noto um dos meus heróis, Dr. Peter Mugyenyi, um médico ugandense que foi preso no início daquele ano por tentar levar medicamentos genéricos para a AIDS a Kampala.

Esta é uma justaposição impossível.

Estou nervoso. Até os cachorros estão ficando nervosos. Sem contar os assuntos familiares, será que algum dia eu esperei tanto por um anúncio quanto esperei por esse? E então, o telefone toca. Não é Condi, é Josh Bolten ligando da parte dela.

"Ok, aqui está o número. São US$ 15 bilhões nos próximos cinco anos."

Por um momento, fico um pouco tonto. É dinheiro novo, diz ele, sabendo que vou me preocupar que tenha sido realocado de alguma outra despesa importante. "É algo inédito."

"Uau, sim, é mesmo. Obrigado, Josh, por favor, agradeça a Condi e ao presidente… na verdade, agradeça a qualquer estranho que você encontrar hoje à noite."

O programa seria chamado PEPFAR — Plano de Emergência do Presidente para Alívio da AIDS —, e vejo o presidente pedir ao Congresso que destine US$ 15 bilhões ao combate à AIDS, começando com catorze dos países mais atingidos. Até a Covid-19, seria a maior intervenção de saúde para combater uma única doença na história da medicina.

Penso na intensidade dos meus últimos dois anos e fico perplexo com a persistência dos ativistas que vêm fazendo isso há décadas, grupos como ACT UP, que são incansáveis. Penso em Agnes ou em Prudence ou na Irmã Anne, ou em qualquer uma das pessoas responsáveis por eu estar aqui. Impulsionados pela perda de suas famílias, de amigos, de colegas. Eles foram nossos alicerces.

Chega um fax de Rupert Murdoch. Meu estranho lugar neste ecossistema ativista nunca parecerá familiar. Uma mensagem curta: "Parabéns, me avisa se eu puder fazer alguma coisa."

Respondo com suas próprias palavras de nosso primeiro encontro. "Caro Rupert, obrigado por sua gentil mensagem, você poderia, por favor, 'seguir com a maré'?"

A maré chegou, uma cobertura jornalística calorosa espalhou-se por seu império de mídia conservador, até mesmo na Fox News.

Mas... mas... os remédios, não.

Ato 3, Cena 2: Pegando as lentilhas na Casa Branca... e incomodando o presidente (o presidente)

... pelo menos não dentro do cronograma que o presidente havia prometido em seu discurso sobre o Estado da União ou no dia seguinte, quando ele falou da urgência de levar os remédios para as pessoas em bicicletas e motocicletas. Fui ver o presidente na Casa Branca, agradeci o seu discurso, mas perguntei por que tantos meses depois nada de concreto havia acontecido. Meu comentário sutil rapidamente se transformou em exagero, o que pareceu irritar o presidente a ponto de ele começar a bater com a mão na Mesa do Resolute.

"Perdoe-me por interrompê-lo, mas não faço discursos porque gosto de ouvir o som da minha própria voz. Eu estava e estou falando sério, e sim, há problemas logísticos, mas vamos resolvê-los."

A próxima parte desta história tem trechos censurados. Ela envolveu uma declaração à imprensa e um astro do rock excessivamente zeloso importunando o homem cuja iniciativa salvará a vida de mais crianças, mulheres e homens do que qualquer coisa desde a invenção das vacinas. Mais tarde vou pedir desculpas pelo meu comportamento estridente... e serei perdoado.

Nos anos seguintes, mais de US$ 100 bilhões do dinheiro dos contribuintes dos EUA seriam investidos para garantir que essas crianças, mulheres e homens não perdessem suas vidas devido a uma doença evitável e tratável. A resposta teria quase a mesma proporção da emergência.

Cem bilhões de dólares. É bastante lentilha.

Vertigo
(steve jobs) RED

31

Vertigo

The night is full of holes
As bullets rip the sky of ink with gold
They sparkle as the boys play rock and roll
*They know that they can't dance—at least they know.**

Vertigem.

A sensação que tenho no momento em que grito a operação matemática truncada em pronúncia truncada: "Unos. Dos. Tres. Catorce!"

Tontura.

A contagem regressiva para "Vertigo", o momento antes de a música decolar. Vertigem. Vou tentar descrever como é.

Talvez a matemática não esteja tão truncada assim. Foi Bruce Springsteen quem disse que esse verso de abertura está, na verdade, correto quando se trata de uma banda de rock. "Pois na arte, no amor e no rock, é melhor que o todo seja muito maior do que a soma das partes, ou você está apenas esfregando dois gravetos para tentar fazer fogo." Isso é mais do que verdade no caso do U2, mas há uma outra parte na mistura que é qualquer banda de rock de verdade, e não se trata de uma pessoa, mas do público. Os críti-

* A noite está cheia de perfurações/ Das balas que rasgam o céu de nanquim com ouro/ Elas cintilam enquanto os garotos tocam rock and roll/ Eles sabem que não podem dançar — pelo menos eles sabem.

cos falam do quinto elemento de uma banda de quatro pessoas em referência ao empresário, como Paul McGuinness, no nosso caso, ou ao produtor, um Brian Eno ou um Danny Lanois. Às vezes essas pessoas, entre outras, se transformam em todos os quatro membros de nossa banda, mas elas vão ser as primeiras a admitir que uma banda como o U2 só revela sua faceta mais autêntica no palco. Com nosso público.

U2 ao vivo para estar vivo.

No entanto, por mais esforço que a banda faça para transportar para os discos o sentimento que existe nos shows, quase sempre é impossível. Exceto no caso de "Vertigo", uma música que chega tão perto do som de uma banda se libertando de si mesma quanto qualquer outra que já gravamos. Foi Steve Lillywhite, um dos nossos primeiros colaboradores de estúdio, de volta conosco em 2004 para ajudar a terminar nosso álbum *How to Dismantle an Atomic Bomb*, que nos indicou o caminho das pedras. "Vocês precisam tocar essa música como se estivessem em uma casa de shows pequena", disse ele, com o mesmo sorriso de menino que conhecíamos desde que ele produziu nossos três primeiros álbuns de estúdio. O dom de Steve era uma espécie de clareza ingênua, nascida da experiência. Quando eu empacava em uma letra, ele me desafiava.

"Quanto dura a música, Bono?"

"Três minutos e meio", respondia eu.

"E quão difícil pode ser isso?" Steve sempre queria saber: "Qual o refrão, qual o gancho, qual o sentido?".

Se não fica boa tocada no violão, então não é uma música de verdade. Me apego com mais força agora do que antes a todos esses *insights*.

Até nos conhecer, em 1980, Steve era o mais jovem em qualquer sala que trabalhasse. Vinte e cinco anos depois, gravando "Vertigo", tanto ele quanto nós continuávamos sem saber o que era um emprego normal, e eu o imagino agora acendendo a luz vermelha em nosso estúdio nas docas de Dublin. Embora, pensando melhor, não havia luz vermelha, e estávamos gravando no sótão de um armazém ao lado. Mas não há como confundir o som que fizemos, um trio no limite de sua elasticidade, tão econômico e eficaz quanto só um *power trio* pode ser. Há muito pouca informação sendo comunicada pelos instrumentos, o que significa que o ouvido humano pode tolerar a música em volume mais alto. Mesmo em um volume mais baixo, "Vertigo" soa muito alta.

UMA RAPOSA ATRAVESSOU A RUA

Eu estava sentado no Renards Nightclub em Dublin com o extraordinariamente talentoso ator Cillian Murphy. Renards, raposas em francês, em homenagem a seu dono, Robbie Fox, que recebeu o U2 em bares e boates baratas desde meados dos anos 1980. Um homem bom e generoso, nascido e criado em Ballymun, Robbie tem uma infeliz semelhança com o traficante de armas saudita Adnan Khashoggi. Muitas vezes brinquei com ele que um bigode como o dele pode causar muitos problemas a alguém. Ele muitas vezes brincou comigo que eu não sou engraçado. Parte da diversão de sair tarde da noite é se meter no tipo certo de problema, e o Renards fica feliz em hospedar a combustão espontânea que esperamos ao sair a essa hora. Assim como o de um cavalo ou de um barco, o de uma boa boate costuma ser ruim. Renards, de raposa, de astúcia, o que me faz questionar: "Se você é tão astuto, está fazendo o que aqui?" Uma pergunta que qualquer pessoa com mais de 30 anos deve fazer regularmente. O que estou fazendo em uma boate de madrugada, agora que já passei dos 40 anos? (Uma pergunta que ainda me faço, agora que passei dos 60.)

As respostas que costumo dar:

1. Dançando. Não é mentira, mas não é totalmente verdade.
2. Fazendo a saideira. Mais verdadeiro.
3. Fingindo que não estou ficando velho. Ainda mais verdadeiro.
4. Ficando perto de pessoas que ainda não cresceram. Verdadeiro demais.
5. Encontrando um lugar para ir com meus amigos depois que os bares fecham. Toda a verdade e nada além disso.

Eu tinha falado sobre algumas dessas respostas com Cillian, que, sendo muito mais jovem do que eu e um bom homem de Cork, me ajudou a rir de algumas delas. Talvez estivéssemos "um pouco sobrecarregados", como dizem os irlandeses, quando a conversa rumou para a honestidade, a saída da estrada principal que uma grande noite pode ser. Senti que estávamos indo nessa direção.

E essa direção era uma conversa sincera sobre nossas vidas como artistas. Mano a mano, sobre o efeito da fama sobre a forma. Somos transformados por isso? Sim, e por que não? Dizer não à mudança é um triste tipo de imobilidade. Aprimoramento é o que desejamos, sugeri, enquanto uma garçonete com maquiagem gótica e um grande crucifixo latino nos servia champanhe em um balde de gelo feito de peltre. Uma raposa atravessou a estrada; um lobo uivou de uma colina distante. (Você entendeu...) Conversamos sobre a genialidade de Pat McCabe e o filme que fizeram a partir de seu romance *Breakfast on Pluto* ("Café da manhã em Plutão") que tinha Cillian no elenco — junto com Gavin Friday, sentado a alguns *clubbers* de distância. Honestidade, concordamos, é a fração irredutível da criatividade, e alcançar isso nunca se torna mais fácil. Nesse ponto, Cillian agarrou o volante e fizemos uma curva fechada à esquerda para *vino veritas*.

"Eu era um grande fã", falou ele. "Adorava as suas primeiras músicas. Amei *The Joshua Tree*..."

Pausa dramática.

"... mas aí eu não consegui continuar te acompanhando."

Ele começa a recitar a letra de "One Tree Hill".

We turn away to face the cold, enduring chill
As the day begs the night for mercy, love.
A sun so bright it leaves no shadows
*only scars carved into stone on the face of earth.**

E aqui chegamos à pergunta dele. "Para onde foi o seu lirismo? Antes você escrevia sobre amor real e vida real, escrevia sobre personagens como Victor Jara ou os grevistas em 'Red Hill Mining Town'".

Pausa.

"'Vertigo?' O que é esta música? Com quem você está falando?"

In vino veritas. Não há como não admirar isso. Este grande ator não consegue contar uma mentira, nem para a pessoa que lhe serve champanhe. "Vertigo", explico, é sobre nós. Estou escrevendo sobre eu e você.

* Nos viramos para enfrentar o frio, persistente frio/ Enquanto o dia implora à noite por compaixão, amor./ Um sol tão brilhante que não deixa sombras/ apenas cicatrizes esculpidas em pedra na face da Terra.

Lights go down, it's dark
The jungle is your head can't rule your heart
A feeling so much stronger than a thought
Your eyes are wide
And though your soul it can't be bought
Your mind can wander...
The night is full of holes
As bullets rip the sky of ink with gold
They sparkle as the boys play rock and roll
They know that they can't dance
At least they know

I can't stand the beats
I'm asking for the cheque
The girl with crimson nails
*Has Jesus round her neck.**

Nesse momento, com a garota de unhas carmesim, ou alguém muito parecido, perguntando se queríamos outra bebida, e nós dois rindo, digo a Cillian: "Você tem que escrever sobre o que você conhece, escrever sobre onde você está." Sou grato por conhecer Cillian e sua parceira, Yvonne, e encantado por ainda vê-los nos shows do U2, mas ainda mais grato pelo artista excepcional incapaz de mentir.

EM CASA COM O MINIMALISTA MÁXIMO

Em outubro de 2004, um mês antes do lançamento de "Vertigo", Edge, Paul McGuinness, Jimmy Iovine e eu fizemos uma visita a Steve Jobs. Nós tínhamos um palpite que achávamos que poderia beneficiar tanto a Apple quanto o U2.

* As luzes se apagam, está escuro/ A selva é que sua cabeça não pode governar o coração/ Um sentimento é muito mais forte do que um pensamento/ Seus olhos estão arregalados/ E embora a sua alma não possa ser comprada/ A sua mente pode vagar.../ A noite está cheia de perfurações/ Das balas que rasgam o céu de nanquim com ouro/ Elas cintilam enquanto os garotos tocam rock and roll/ Eles sabem que não podem dançar — pelo menos eles sabem.// Não aguento as batidas/ Estou pedindo a conta/ A garota de unhas carmesim/ Tem Jesus em volta do pescoço.

Steve morava com a esposa, Laurene, e os três filhos numa discreta casa em estilo Tudor de alvenaria e pedra numa rua próspera em Palo Alto. A anglofilia deles também foi a inspiração para um jardim inglês cheio de flores silvestres e coisas comestíveis, com um portão que se abria a alguns metros de uma porta da frente que ele nunca trancava.

A Apple era conhecida por fazer comerciais inovadores, e seus últimos anúncios do iPod eram *pop art* moderna em tons fluorescentes. Essa nova música, "Vertigo", sugerimos, era perfeita para um desses anúncios. Se concordássemos com os termos. Havia a pequena dificuldade de que não fazíamos comerciais. Nunca tínhamos feito. Era uma decisão tomada com base em princípios que estava ficando cada vez mais cara. Comendo quiche e tomando chá verde, Steve explicou que estava lisonjeado, mas não tinha o orçamento que uma banda como a nossa esperaria.

"Na verdade, Steve", falei. "Não queremos dinheiro. Só queremos estar no comercial do iPod." Steve ficou surpreso. Os comerciais continham apenas as silhuetas dançantes de fãs de música, com os icônicos fones de ouvido brancos na cabeça, e artérias brancas bombeando a música de minúsculos mp3 players agora chamados de iPods.

"Talvez seja hora de mudar a ênfase dos comerciais para artistas e fãs", acrescentou Edge. "Você não acha que ficaríamos muito bem em relevo?"

Intrigado, Steve disse que, se o acordo era aquele, ele não teria que pensar duas vezes, mas precisaria consultar sua equipe criativa.

"Mas tem outra coisa", acrescentou Paul McGuinness. "Embora a banda não queira dinheiro, algumas ações da Apple, mesmo que uma quantidade simbólica, podem ser uma cortesia."

"Desculpe", disse Steve. "Isto não é negociável."

Silêncio.

"Bem", sugeri timidamente. "E que tal nosso próprio iPod? Um iPod personalizado do U2 em preto e vermelho?"

Steve parecia perplexo. A Apple, disse ele, é conhecida pelo *hardware* branco. "Ninguém vai querer um preto."

Ele pensou por um momento.

"Posso te mostrar como seria, mas você não vai gostar."

Mais tarde, quando, ele mostrou o design para nós, nós amamos. Amamos tanto que ele chegou a pedir a Jony Ive, o gênio do design da empresa, que avaliasse a possibilidade de novo, e está bem, talvez até experimentasse um componente vermelho no dispositivo também. Para refletir a capa do nosso álbum *Atomic Bomb*. Jony era a arma secreta de Steve. Inglês. Jeitão de escola de arte, mas estudou desenho industrial. Um sujeito que contava piadas com o rosto impassível, e tinha a beleza de um monge budista anabolizado. Dois meses depois, esse homem que poderia dar lições de boas maneiras a um cavalheiro foi a Dublin carregando o iPod U2 como se estivesse portando a arca da aliança. Para nós, ele estava. O iPod estava prestes a transformar a Apple, que deixaria de ser um fabricante de *hardware* e *software* de primeira classe, mas de porte médio, para se tornar um Godzilla global. Como Paul costumava nos lembrar, mesmo que tivéssemos recebido metade do que a banda poderia cobrar por um acordo de patrocínio, aquelas ações, digamos, simbólicas da Apple que sugerimos naquele almoço valeriam trinta e cinco vezes mais dentro de uma década ou duas. Paul sempre se arrependeria de não ter conseguido as ações — não que Steve fosse discutir isso —, mas, na verdade, tivemos a sorte de surfar na onda da Apple durante esse período. O comercial incrivelmente cinético apresentou a banda para um público mais jovem, e milhares de pessoas compraram o iPod U2 só porque não era branco. A Apple estava viajando para o infinito e além; tivemos a sorte de pegar uma carona. Era impossível comprar uma passagem.

Quando conhecemos Steve, a Apple ainda não era famosa pelo iPhone, mas na mente dele a empresa já era o vínculo mais importante entre arte e ciência no planeta. Mesmo enquanto a árvore da Apple crescia cada vez mais, Steve permanecia zen tanto em seus negócios quanto em sua vida pessoal. Ficou claro que ele estudava a sério o Oriente sempre que você almoçava com ele, o que, no caso de Steve, poderia incluir apenas um ingrediente. Ouvi falar de pessoas sentadas em volta de uma mesa para compartilhar uma couve-flor. Ele estava tentando seguir um caminho de simplicidade ao mesmo tempo em que liderava aquela que estava se tornando a maior empresa do mundo. Ele era um minimalista máximo, um homem que vivia pequeno enquanto pensava grande.

Mais tarde, Steve aconselhou a mim e a Bobby Shriver na criação da (RED), nossa tentativa de levar nosso ativismo de HIV/AIDS para o mundo do comércio, o mundo das empresas gigantes e das comunicações de marcas importantes. Um guru da comunicação e do design, Steve se importava sobretudo com reduzir as coisas à essência: o menor número de cliques, a menor interferência, o caminho mais curto de lá para cá.

Mantenha as coisas simples: essa era a sua instrução constante (Algo que ele não precisava lembrar a Jony).

"Você precisa ficar repetindo que se as pessoas não tomam os comprimidos, elas morrem, mas se elas têm os comprimidos, elas continuam vivas. Pense nisso como um mantra. Um refrão."

Depois de uma reunião com Bobby para discutir alguns comerciais propostos, Steve foi caracteristicamente, ahn, franco.

BOBBY: "Ele disse que você e eu estamos no negócio errado, que achamos que trabalhamos no ramo da misericórdia, mas não é aí que precisamos estar."

EU: "E em que ramo de negócios ele acha que precisamos estar?"

BOBBY: "No ramo da magia. O mesmo negócio que ele, colocar dez mil músicas no bolso de alguém, um truque de mágica."

É verdade, o iPod era um artigo mágico, que permitia que você levasse sua coleção inteira de discos para onde quer que fosse. Agora, relembrando a conversa comigo, Bobby cai na gargalhada.

BOBBY: "Ele estava falando sobre como esses antirretrovirais são como a penicilina; são como mágica. Como Magic Johnson é mágico."

EU: "Magic Johnson? O jogador de basquete?"

BOBBY: "Ele é soropositivo e Steve acha que Magic Johnson está com uma aparência ótima, e o que ele queria dizer é que precisamos mostrar os efeitos dessas drogas, precisamos mostrar antes e depois, com fotos, com filmes."

Depois dessa conversa, encomendamos um curta-metragem, *The Lazarus Effect*, dirigido por Spike Jonze e Lance Bangs, que fez exatamente isso: documentou, em *time lapse*, como, graças a dois comprimidos por dia, uma pessoa infectada por esse assassino chamado HIV/AIDS, um pai ou filho, com cicatrizes no corpo e à beira da morte, pode voltar desse estado, pode retornar ao seio de sua família em questão de semanas.

Mágica.

Como fazia Magic Johnson.

Conselhos mágicos, também.

Como dava Steve Jobs.

A (RED) foi lançada em 2006 com a Freud Communications, e ficou famosa por contar com apoiadores do mais alto gabarito, de vários mundos... Oprah, Julia Roberts, Penélope Cruz, Damien Hirst, Theaster Gates, David Adjaye, Scarlett Johansson, Bruce Springsteen, Annie Leibovitz, Christy Turlington, Gisele Bündchen, Mary J. Blige, Kanye West, Chris Martin, Alicia Keys, Lady Gaga, Olivia Wilde, Phoebe Robinson, Jimmy Kimmel, Kristen Bell, The Killers, Jony Ive e Marc Newson.

A (RED) chegou apenas dois anos depois da ONE, que chegou dois anos depois da DATA. Três novas organizações em cinco anos, e eu estava começando a sentir as consequências disso.

Enquanto isso, *a* banda — a outra, lembra dela? — tinha lançado dois álbuns. E feito duas turnês. Eu não tinha previsto que o negócio do ativismo pudesse se tornar tão complicado assim em função da necessidade de gerir as pessoas, e meu conhecimento sobre "desenvolvimento organizacional" não estava tão atualizado quanto meu conhecimento sobre desenvolvimento internacional. Lembrei de meu irmão, Norman, falando sobre "gestão de gaivotas", em que você voa para o escritório, caga sobre o que quer que esteja fazendo e sai voando novamente. Às vezes, minha habilidade de mudar de forma me deixava fora de forma. Exausto.

Eu já estava envolvido demais naquilo para sair, e não queria sair. Também ainda estava em uma banda. Tampouco queria sair dela.

Também estava bem ciente de nossas adolescentes e de nossos meninos. Essa família e sua mãe que se acostumaram a me ver sair em turnê com o U2 agora estavam me vendo desaparecer na África.

Missão? Sim.

Mudança de missão? Sim.

Ainda fugindo de casa como o adolescente que eu era quando entrei para uma banda? Sim.

Achando que ficar até altas horas bebendo e debatendo arte e ativismo em casas de shows barulhentas e *pubs* é meu trabalho? Sim.

Mas não era.

Onde estava Ali? Bem, às vezes ela estava bem ao meu lado. Mas ela achava que eu precisava levar o cavalo para um galope sozinho.

Às vezes ela tem uma conversinha comigo. Às vezes eu tenho uma conversinha comigo mesmo.

Entra um homem com sabedoria e charme que fez seu nome e fortuna falando a língua dos adolescentes e jovens adultos. Ao longo de nossa carreira, vimos a MTV se tornar um fenômeno global e, de longe, vimos Tom Freston construí-la do zero. Bobby costumava chamá-lo de "Walt Disney da Cultura Pop", e ele supervisionou sucessos que iam de *Bob Esponja* ao *Daily Show* de Jon Stewart, e, mais tarde liderou a Viacom, incluindo a Paramount Pictures. As pessoas adoravam Tom Freston por seus bons valores, bem como por seu bom humor, e depois de passarmos um ano cortejando o sujeito — e de ele passar um ano pensando —, Tom decidiu nos aceitar. A DATA e a ONE se fundiram, e o novo presidente da ONE, Tom, decidiu colocar a (RED) sob a mesma governança compartilhada. Foi uma mudança para a melhor. Isso não apenas me devolveu um pouco da minha vida, como também significou que essas *start-ups* já não seriam mais prejudicadas pelo comprometimento do meu tempo. Elas estavam em forma e prontas para correr por conta própria.

Elas agora têm duzentos ativistas trabalhando em onze capitais em três continentes. Estou surpreso com a implacabilidade dessas pessoas que comprometeram suas vidas com a justiça social... alguns políticos, agitadores, que sabem ser irritantes quando precisam, e que fazem história. E humilhado por quão pouco eles precisam de mim.

"UNOS. DOS. TRES. CATORCE!"

De volta a "Vertigo". De volta ao rock 'n' roll de banda de garagem. A música se tornou uma turnê de mesmo nome, em que noite após noite "Vertigo" ganhou uma velocidade que lhe dava a cara de um *hit*. Estávamos na nossa melhor forma em termos de punk rock, com multidões reagindo como se fôssemos uma banda na flor da idade. Quando Edge tocou o *riff* de guitarra pela primeira vez, eu não captei bem, mas lembro de pensar "o muito bom é inimigo do ótimo". Nem bom nem ruim, seria isso simplesmente *muito bom*? As partes de guitarra de Edge são muitas vezes tão sutis que só depois de escutar várias vezes o gancho perfura a pele de uma maneira que você já não consegue imaginar sua vida sem ele. Como aquelas tatuagens geométricas de linhas finas.

Às vezes me pergunto sobre as músicas que caem na obscuridade não porque não são ótimas, mas porque não têm nada para impulsioná-las. Meu momento favorito tocando "Vertigo" — provavelmente minha gravação favorita do U2, embora esteja longe de ser uma música pop — foi no estádio do River Plate em Buenos Aires em março de 2006. Com Câmeras 3D impressionantemente grandes colocadas em volta do local, estávamos gravando para um filme que com enorme criatividade chamamos de *U2 3D*. Câmeras altamente sensíveis, a maioria delas instantaneamente inutilizada quando o público começou sua jornada vertical ao som de "unos, dos, tres... catorce!" que, na batida, foi tão forte que o estádio inteiro pareceu tremer.

É um fenômeno que o U2 já experimentou antes: as esperanças e sonhos de cem mil corações e mentes eletricamente carregados a ponto de os átomos do próprio concreto começarem a cambalear. Pode haver outras explicações. Às vezes, esses locais são vulneráveis à idade; às vezes, em sua juventude, têm pisos suspensos e vibrações extras para o basquete. Mas não tenho dúvidas sobre qual é a verdadeira explicação.

Adam Clayton.

A parte do baixo em "Vertigo" anda junto com a da guitarra. É um espelho dela, mas não exatamente igual. Quando Joe O'Herlihy tem que lidar com a acústica de um rugido de alto decibel, ele muitas vezes prefere ficar abaixo do ruído, não acima. Ele permite que o baixo caia para frequências de revirar o estômago que podem afetar o corpo de maneiras estranhas e maravilhosas. Certa vez, em um show nos primórdios de nossa carreira, na Bélgica, o baixo de Adam chegou a ser registrado na escala Richter, com relatos na imprensa de uma mulher que apontava para rachaduras nas paredes de casa. Ela achava que era um terremoto. Nós sabíamos que era Adam Clayton.

As multidões sul-americanas nos lembram que o coração pulsante da nossa banda em sua forma mais animada é latino.

É operístico. É sedutor.

Tem uma energia um tanto masculina, mas pode ser levado às lágrimas pelo canto do coral.

O colapso de "Vertigo" é a tentação de Cristo, mas é avassalador ouvir a multidão cantar em seu inglês não nativo a letra reveladora do demônio.

All of this, all of this can be yours
All of this, all of this can be yours
All of this, all of this can be yours
*Just give me what I want and no one gets hurt.**

E é o baixo que responde à pergunta, e não o pedido de ajuda, que é:

Hello, hello ...
I'm at a place called Vertigo
It's everything I wish I didn't know.†

Ser um homem do mundo, mas não deste mundo, acho, é a ideia por trás da música. Você tem a sensação de que o cantor não tem certeza se isso é possível, mas ele vai tentar tanto quanto puder. No fim, é o baixo que diz não ao demônio, é o baixo que responde com um grande "vá se foder".

Talvez "Vertigo" fosse uma grande música para nós de qualquer forma, mas acabei grato a Steve Jobs por razões de todo tipo, no mínimo porque foi aí que cultura e comércio colidiram para nós, um relacionamento com o qual ainda estou brincando.

Com o passar dos anos, vi nele uma ternura da qual poucos, à exceção de amigos íntimos e familiares, falavam. Em 2010, fui hospitalizado na Alemanha para fazer uma cirurgia de emergência nas costas, e, assim que cheguei em casa, um baú de livros e filmes apareceu em nossa porta, junto com um pote de mel caseiro. Isso já

* Tudo isso, tudo isso pode ser seu/ Tudo isso, tudo isso pode ser seu/ Tudo isso, tudo isso pode ser seu/ É só me dar o que eu quero, e ninguém se machuca.

† Olá, olá.../ Estou em um lugar chamado Vertigem/ E é tudo o que eu desejava não saber.

teria sido bastante atencioso, mas o presente veio com um bilhete manuscrito.

"Este mel é do nosso jardim. As abelhas do nosso bairro." A esposa do samurai, Laurene Powell Jobs, uma *jedi* com MBA de Stanford e uma mente capaz de superar a de Steve, poderia iluminar uma sala como uma estrela de cinema. Laurene compartilhava com Steve um instinto de proteger aqueles de quem eles gostavam, e eu tive a sorte de poder receber um pouco disso.

A última vez que Steve e eu nos falamos, ele ligou do nada para dizer que estava preocupado com a minha aparência quando nos encontramos.

"Você parecia doente."

Tivemos uma noite tranquila, mas adorável, juntos, e senti o quão frágil ele estava ao ver o esforço que ele teve de fazer para me acompanhar até a porta.

E agora era ele quem estava me ligando, preocupado com minha saúde e me dizendo que se importava comigo.

Steve sabia que estava morrendo.

"Pessoalmente, você não está se cuidando. Politicamente, você precisa pensar mais sobre suas companhias. E você engordou. Você parecia chateado. O que estava te incomodando?"

O homem que ofereceu os *smartphones* ao mundo dos "dumb phones" não tinha sequer um traço do ego que poderia ter indicado que ele era a razão pela qual eu estava tão chateado. Fiquei um pouco emocionado ao ler naquela noite para ele e Laurene um trecho do poema "Balada do Cárcere de Reading", de Oscar Wilde. Eu tinha encontrado uma edição autografada que sabia que eles iriam gostar, mas quando me deparei com aqueles famosos últimos versos, fiquei muito ciente da sentença de prisão do próprio Steve. As palavras ficaram presas na garganta.

No cárcere de Reading junto a Reading Town
Há um fosso de má fama,
E nele jaz um desgraçado a quem devoram
Cruéis dentes de chama.
Jaz num sudário ardente, e o mísero sepulcro
Seu nome não proclama.

E, até que Cristo chame os mortos, ali possa
Em silêncio jazer...
Não é preciso dar suspiros ocos, nem
Tolo pranto verter:
Aquele homem matara a sua coisa amada,
E tinha que morrer.
Apesar disso — escutem bem — todos os homens
Matam a coisa amada;
Com galanteio alguns o fazem, enquanto outros,
Com face amargurada;
Os covardes o fazem com um beijo,
Os bravos, com a espada!

Não era à toa que eu parecia tão mal para Steve. Eu me senti muito mal. Ele deve ter se lembrado dessa cena algumas semanas depois, quando percebeu que não sobreviveria, mas ele estava preocupado que todos à sua volta ficassem bem. Steve escapou da prisão de sua doença em 5 de outubro de 2011, e saiu de cena com sua característica capacidade de síntese, com uma declaração sem palavras para combinar com o momento.

"Uau. Uau. Uau."

storytellers
ireland in the mind of the irish
truth and reconcilliation
nothing ordinary about Love

32

Ordinary Love

The sea wants to kiss the golden shore.
The sunlight wants your skin.
All the beauty that's been lost before
Wants to find us again.
I can't fight you anymore
It's you I'm fighting for.
The sea throws rocks together
*But time leaves us polished stones.**

Minha versão favorita de nossa música "Ordinary Love" acabou sendo a acústica que tocamos na cerimônia do Oscar em 2014. A música foi indicada por seu papel no filme *Mandela: Longo caminho para a liberdade*, uma cinebiografia estrelada por Idris Elba e Naomie Harris que explorava o relacionamento turbulento entre Nelson e Winnie Mandela. No último minuto, transformamos a grande produção, aquela que estávamos preparando havia semanas com o diretor do show, Hamish Hamilton, em algo mais tranquilo e acústico.

Em meio à fanfarra e à ostentação da premiação mais popular do mundo, talvez pudéssemos furar a bolha do *show business* e criar um

* O mar quer beijar a costa dourada./ A luz do sol quer tua pele./ Toda a beleza que tinha sido perdida/ Quer nos encontrar novamente./ Não posso mais lutar com você/ É por você que sigo lutando./ O mar joga rochas umas contra as outras/ Mas o tempo nos torna pedras polidas.

momento mais meditativo. Será que uma narrativa mais delicada dessa canção de amor romperia a bolha? Um produtor achou que não, e mandou um "Vocês nunca mais vão trabalhar nesta cidade!" para nós. Depois de todo esse tempo, foi muito bom ouvir algo assim. Embora reconheçamos que a TV não seja nosso habitat natural, sempre vamos aproveitar a oportunidade de aparecer nela caso surja.

A música despojada, iluminada apenas com imagens de um jovem e contemplativo Mandela encarando o público, gerou uma corrente emocional no auditório, mas seria desonesto sugerir que nossa banda era tão superior a ponto de não nos importamos caso perdêssemos o Oscar para uma música infantil cantada por um personagem animado. Perdemos. Também ficamos ofendidos por Pharrell Williams, cuja música "Happy" era um clássico. A música que levou o prêmio, "Let It Go", era inteligente e cativante, e ostentava a frase mais psicodélica da noite: "My soul is spiraling in frozen fractals all around" ("Minha alma voa em espirais de fractais congelados por toda parte"). Algo especial. Tivemos que aceitar. Preciso encontrar meu próprio personagem animado, pensei comigo mesmo.

Mas pelo menos os compositores apareceram. Da última vez que tínhamos perdido — com "The Hands That Built America", em 2002 —, Eminem estava na cama em Detroit e teve que ser acordado com a notícia de que sua obra de rua "Lose Yourself" tinha levado a estatueta.

No Oscar, você nota o aspecto estranhamente competitivo do ego de que você compartilha por estar em uma banda. Basta sentar a bunda naqueles assentos de almofada de *plush* e não tem como ficar confortável. É como se você estivesse com a bunda para fora da janela, sem calças, com um adesivo dizendo "chute-me". Quando o show começou, Larry estendeu a mão e deu um tapinha no meu ombro.

"Nós não estamos felizes só por estar aqui, certo?", sussurrou. "Nós realmente queremos ganhar isso, certo?"

Certo.

Dá trabalho demais ir até lá para perder.

Daquele dia em diante, diríamos que ficamos em segundo lugar no Oscar.

Birds fly high in the summer sky
And rest on the breeze.

The same wind will take care of you and I,
we'll build our house in the trees.
Your heart is on my sleeve,
did you put it there with a magic marker?
For years I would believe,
*that the world couldn't wash it away.**

Nelson Mandela. Este gigante do século XX, com sua coroa grisalha e sorrindo, seu bom humor elevando cabeça e ombros acima de sua época. Se a risada é prova de liberdade, então Madiba, o nome de clã pelo qual ele pedia a seus amigos que lhe chamassem, era mais livre do que o resto de nós. Uma fonte de alegria que desafiava o fardo carregado por ele.

"Por que um jovem como você iria querer se sentar aqui e se entediar com um velho como eu?"

Sempre que eu tinha a chance de visitá-lo, ele invertia a situação, com uma lição de elegância.

Ele tinha o dom de fazer a manhã surgir da noite e o dinheiro sair das carteiras. Ele me contou que Margaret Thatcher, a ex-primeira-ministra britânica, havia doado pessoalmente £20.000 para a fundação dele.

"Como você fez isso?"

A Dama de Ferro era conhecida por ser sovina.

"Eu pedi", disse ele com um sorriso. "Você não consegue o que quer se não pedir."

Na época, a doação dela causou asco em alguns de seus companheiros. "Ela não tentou acabar com o nosso movimento?", disseram eles, questionando-o.

A resposta dele?

"De Klerk não esmagou nosso povo feito moscas? Vou tomar chá com ele semana que vem. É ele quem vai pagar a conta."

Eu me perguntei o que teria acontecido com esse homem preso por vinte e sete anos em uma cela de concreto de 2,5 por 2,2 metros em Robben Island. O estudioso não tinha medo do trabalho duro,

* Pássaros voam alto no céu de verão/ E repousam na brisa./ O mesmo vento vai cuidar de você e de mim,/ Vamos construir nossa casa nas árvores./ Seu coração está na minha manga,/ você o colocou lá com um marcador permanente?/ Por anos eu acreditaria/ que o mundo não seria capaz de apagá-lo.

e via seu corpo como uma máquina que precisava ser azeitada e mantida. Ele estava em ótima forma física, que mantinha praticando corrida estacionária por quarenta e cinco minutos todos os dias, antes de fazer duzentos abdominais e cem flexões na ponta dos dedos. Ao mesmo tempo, depois de sofrer todas aquelas brutalidades e espancamentos, ele parecia ter apenas crescido como pessoa e líder.

A chave, ele me disse, era a leitura. Será que pode ser tão simples assim? Foram os livros, ele disse, que o tornaram um homem melhor. Ele encontrou grandeza por meio da leitura e frequentemente mencionava autores irlandeses, em particular George Bernard Shaw. Ele tinha tanta sede de ler que, quando isso lhe foi negado, no princípio de seu encarceramento, ele escondeu Shakespeare em uma Bíblia, sabendo que seus senhores protestantes africâneres nunca lhe negariam acesso às Escrituras.

Nelson Mandela comoveu muitas pessoas, mas poucos sabiam que ele era um homem fisicamente incapaz de chorar. Mandela nasceu em uma família real, seu bisavô era um rei tribal, mas como parte da rotina diária da prisão ele foi forçado a trabalhar em uma pedreira de calcário. Ele não tinha como imaginar o efeito corrosivo que o calcário teria nos olhos: custou-lhe as glândulas lacrimais, e Nelson Mandela não conseguia chorar. Isso ainda me comove.

Fiquei intrigado com sua graça natural e autoconfiança. Era como se, depois de vinte e sete anos, o medo tivesse perdido o interesse por ele. No final de seu tempo de sentença em Robben Island, a ambição de Nelson Mandela era igualmente grande, mas agora se expressava como modéstia. Se eu por acaso suspeitasse que isso era apenas uma fachada para deixar os outros à vontade ou para conseguir fazer com que as coisas andassem, numa ensolarada noite espanhola descobri de perto que aquilo estava não só na fachada, mas em todos os lados de Mandela.

"FROCK 'N' ROLL"

O convite chegou com a melhor das intenções, e pelas mãos do melhor dos nomes — a ex-supermusa de Adam Clayton, Naomi Campbell. Naomi lutou contra o racismo a vida toda, e via a injustiça econômica enfrentada pela África como outra expressão disso.

Naomi, como muitos de nós, tinha um *grá* gigante (digamos que é gaélico para "paixonite") por Nelson Mandela. Um sentimento que a estes olhos pareceu correspondido. Foi uma visão especial ver Graça Machel, ela própria um ícone, abrir o maior sorriso ao ver o marido tão encantado com a supermodelo britânica. "Vovô", como Naomi o chamava, ficava radiante em sua companhia, brincava, ria e sussurrava ao pé do ouvido dela. Ele voltava a ser criança pelos olhos dela.

Toda essa adorável estática se transformou em uma ideia no verão de 2001, em que o melhor da moda e o melhor da música iriam trabalhar para Madiba em Barcelona, sob aquele trocadilho inesquecível — "Frock 'n' Roll". Pense em fusão. Ou confusão. Desde o início, a imprensa catalã não acreditou que os grandes nomes apareceriam, muito menos o maior deles, Nelson Mandela. Mas, para ser justo com o pessoal da moda, eles conseguiram, com um elenco de superestrelas como Kate Moss e Elle Macpherson, vestindo coleções de Versace e Alexander McQueen.

Deu menos certo no front da música, e à medida que a cobertura midiática diminuía, todo mundo abandonou o barco. Coube a mim e ao homem dos Fugees, Wyclef Jean, providenciar a música, e com vendas antecipadas de dois mil ingressos em um local construído para um público de quase vinte mil, as pessoas tinham razão de estar preocupadas.

O Presidente do Mundo, como eu pensava nele, deveria abençoar o evento às oito. Isso foi adiado para oito e meia quando apenas mil pessoas haviam se sentado. Depois, nove, quando havia talvez três mil na casa. Mas Nelson Mandela tinha um voo para pegar, e o promoter teve a ideia de apagar as luzes para que a enorme caverna vazia não aparentasse estar assim. Pedindo a nós que nos juntássemos a ele, ele subiu ao palco, Naomi à sua direita, eu à sua esquerda.

"Jovens de Barcelona, devo dizer do fundo do coração de um homem velho que vocês me deram boas-vindas que não mereço."

Olhei para um buraco no palco.

"Vim para Barcelona com grandes expectativas, e estou feliz em dizer que elas foram plenamente atendidas."

No começo, pensei que ele estava brincando, mas comecei a me dar conta de que não. Não era que o copo dele estivesse meio cheio. O copo dele estava transbordando. Ter três mil pessoas indo vê-lo era ter seu mundo transbordando. Nelson Mandela era a personificação da gratidão e, quando olhei para a plateia, ela parecia realmente mais cheia.

"CARIDADE NÃO, JUSTIÇA"

Em dezembro de 2013, quando Ali e eu passamos pelo caixão de Nelson Mandela em Pretória, minha mente me levou de volta a um dia de inverno em Trafalgar Square, em Londres, no ano de 2005. Foi um comício para a campanha Make Poverty History, e nessa apresentação caracteristicamente comedida Mandela fez um dos discursos mais fascinantes que já ouvi.

"Assim como a escravidão e o *apartheid*", disse ele, "a pobreza não é natural. É uma criação do homem, e pode ser superada e erradicada pelas ações dos seres humanos. E superar a pobreza não é um gesto de caridade, é um ato de justiça. É a proteção de um direito humano fundamental, o direito à dignidade e a uma vida decente."

Tem coisas em que você acredita e outras que você sabe. Eu já acreditava no que ele estava dizendo, mas naquele dia congelante de fevereiro passei a saber aquilo em um patamar totalmente diferente. As palavras dele pareciam colocar o mundo em foco para que eu pudesse ver com mais clareza do que nunca a injustiça da pobreza global. Enquanto Madiba falava, eu ouvia suas palavras como uma espécie de chamado.

"Às vezes cabe a uma geração ser grande. Vocês podem ser essa grande geração."

Poderíamos? Nossa geração?

Havia algo assustador na ideia, e refletindo sobre ela lembro as palavras de Ellen Johnson Sirleaf, que se tornou a primeira presidente mulher na África. "Se seus sonhos não te assustam, eles não são grandes o bastante."

Naqueles primeiros anos do novo milênio, o movimento antipobreza estava ganhando força, e tanto nos EUA quanto na Europa, esquerda e direita relevavam suas diferenças para encontrar um meio-termo. No Reino Unido, por exemplo, o trabalho de Richard Curtis, Emma Freud e outros em organizações como a Comic Relief, com seu Red Nose Day a cada dois anos, mantinha a injustiça da vida nos países mais pobres na mente das pessoas em um dos mais ricos. Organizações ativistas, agências de ajuda e ONGs tinham acesso político raro, uma chance de influenciar a agenda política de Blair e Brown. (Mais tarde, a ONE se juntaria a essas redes no trabalho bem-sucedido de convencer o governo de coalizão de David Cameron a definir por lei que o Reino Unido destinaria 0,7% de sua renda nacional para ajuda externa. É menos de 1%, mas ainda é um número gigantesco, e uma decisão monumental de uma potência pós-colonial. Só alguém ignorante quanto às relações do futuro, e também do passado, tentaria desfazer algo assim. (E foi o que fizeram.)

Eu queria acreditar que fazíamos parte de um movimento real para mudar materialmente a relação entre ricos e pobres, mas em meu desejo de ser útil, havia mais lições a serem aprendidas. Embora os rostos dos famosos não possam ser desqualificados caso de fato chamem a atenção para uma situação que todo mundo está evitando ver, deve-se desconfiar de astros do rock ou supermodelos ou atores ou bilionários que se amontoam para sair em uma foto com doentes e moribundos.

Eu desconfio.

Minhas suspeitas nem sempre são fundamentadas. Nunca vi um ativista trabalhar tão duro quanto Sean Penn após o furacão em Nova Orleans e o terremoto no Haiti. E nunca vi um ator ficar tão animado por assumir um papel secundário, *um papel em que ele não estava atuando.*

Outra lição que rostos brancos como os nossos precisavam aprender é evitar o tipo de enquadramento em que os pobres do mundo são simbolizados por rostos negros. Muitas vezes, raquíticos. Muitas vezes, "africanos." Não é uma imagem precisa, tampouco justa. É o oposto de justiça. A energia jovem, a atividade empreendedora, a criatividade artística nas dinâmicas capitais africanas ainda raramente são relatadas em outras partes do mundo. Faça uma caminhada de cinco minutos pelas ruas duplas de Dakar, Durban ou Lagos, e você vai sentir que está correndo. Ficar parado na esquina é como tomar um café expresso duplo.

Nollywood, na Nigéria, faz mais filmes do que Hollywood. Mais africanos — 650 milhões — têm telefones celulares do que americanos ou europeus. A tecnologia africana é líder no mundo no ramo de pagamento móvel. A República Democrática do Congo detém mais de 70% do cobalto do planeta usado em baterias, ao passo que a África do Sul tem 90% das reservas de platina que precisamos para células de combustível e eletrônicos. O continente mais antigo do mundo tem a população mais jovem do mundo e, antes da Covid-19, abrigava seis das dez economias que mais crescem no mundo. Você não precisa perguntar aos chineses onde eles acham que está o futuro. Você vai encontrá-los em praticamente qualquer mercado ou mercado de ações africano em que possam entrar.

Como pode esse supercontinente em expansão, lar de mais países, línguas e mais diversidade cultural do que qualquer outro, ainda ser representado no Norte Global basicamente em termos de sua pobreza, apesar de sua riqueza? Todos os países que lutam para se ver livres do jugo do colonialismo geralmente passam por um período de governos ruins. Mas a luta para quebrar os estereótipos? Talvez isso tenha algo a ver com a gente, com os ativistas.

Os ativistas podem ser um pé no saco. Sei que eu posso. Em nossa própria cabeça, nós, que trabalhamos para o desenvolvimento global, estamos lutando pela vida dos outros.

Então, estamos com a razão.

Com a razão?

Não.

Mas não temos o argumento decisivo para cada discussão, a frase de efeito para acabar com qualquer disputa?

Vidas dependem de nós.

De novo, não.

SÍNDROME DO MESSIAS BRANCO

Bem-vindo à Síndrome do Messias Branco. Se você está à frente de uma banda de rock 'n' roll, precisa de um pouco de complexo de messias, mas esse complexo é menos útil no ativista do que na luta contra a pobreza.

Os ventos políticos e culturais que estavam a nosso favor agora começaram a virar em certos países do Sul Global. Alguns ativistas estavam fartos daquilo que chamavam de "espetáculo da pobreza". "Keep Your Aid" se tornou sua música tema. Senti que precisávamos conversar sobre isso. Eu precisava ouvir. Chris Anderson, do TED, se ofereceu para sediar a conferência TEDGlobal 2007 em Arusha, na Tanzânia, e me convidou para participar. Sabendo que a conversa já batida sobre a relação doador — beneficiário em ações de trabalho humanitário deixaria a plateia um tanto desconfiada, eu não estava esperando uma reação arrebatadora... mas tampouco esperava ser vaiado. O apresentador de rádio e jornalista de Uganda, Andrew Mwenda, começou a derrubar os argumentos daqueles que afirmam que a ajuda internacional é um dos instrumentos que os países mais pobres podem usar em seu esforço por sair da pobreza. Cite um país, perguntou ele à plateia, que se beneficiou da ajuda externa. Eu levantei a minha mão.

"Ah, sim, Bono? Mal posso esperar para ouvir esta resposta..."

"A Irlanda", disse eu.

"A Irlanda?"

"Sim, a Irlanda, meu país, não existiria no estado atual sem dinheiro da Europa. A ajuda da Europa ajudou a transformar a Irlanda em uma economia moderna."

"Ok, talvez a Irlanda. Vamos conceder isso ao Bono. Alguém aqui pode citar outro?"

Levantei minha mão novamente.

"Alemanha", sugeri.

Este próspero país moderno não existiria se não fosse o Plano Marshall após a Segunda Guerra Mundial. Mas, apesar de todas as minhas respostas espertinhas, eu estava prestando atenção, e pude sentir um ressentimento sincero no ambiente que eu sabia que precisávamos tentar entender mais a fundo. Sempre enxergamos a ajuda como um investimento — a ideia é a de que o objetivo da ajuda é que ela se torne desnecessária com o tempo. No entanto, havia muitos exemplos de que esse não era o caso. Em seu livro *Dead Aid* ("Ajuda morta", uma paródia ao "Live Aid"), a economista Dambisa Moyo mostrou como a ajuda pode ser mal alocada e mal utilizada e, na pior das hipóteses, pode sustentar governos que não prestam contas a seu próprio povo.

As vozes nesta sala reverberavam na minha cabeça, e colidiam com vozes de outras salas, que pedem mais, não menos, ajuda. Sei que intervenções estratégicas podem salvar muitas vidas, mas também sei que, a menos que elas ajudem um país a sair da pobreza rumo à prosperidade, elas perpetuam a dependência e podem até minar a democracia.

Sei que o dinheiro da dívida e os recursos internacionais para lutar contra a AIDS ajudaram a fortalecer os setores de saúde e educação em muitos países. Mas então olho para a reação global à Covid-19 em 2020-2021 e não consigo ver os frutos disso. Porque não existiram. A dependência que as nações mais pobres têm da beneficência das mais ricas foi exposta, pois as vacinas foram prometidas, mas não entregues. Pior ainda, os países africanos com recursos para comprar suas próprias foram impedidos de fazê-lo porque o Ocidente rico comprou todo o estoque.

Strive Masiyiwa, encarregado de adquirir vacinas em nome da União Africana, descreveu assim: "Imagine que vivemos em uma aldeia, e há uma seca. Não vai sobrar pão, e os caras mais ricos pegam o padeiro e assumem o controle da produção de pão, e todos nós temos que ir até esses caras e pedir um pedaço de pão: essa é a estrutura que está sendo posta em prática." Foi por isso que Cyril Ramaphosa, o presidente da África do Sul, alertou sobre o *apartheid* da vacina.

Ainda acredito que a ajuda é essencial, mas o modo como ela é decidida e entregue é tão importante quanto o dinheiro em si, assim como ouvir as pessoas para as quais ela é destinada. Parceria em vez de patrocínio. Assim como é preciso responsabilizar os governos pelo que é dado e pelo que é recebido. Pessoas como o jornalista queniano John Githongo, que virou ativista, colocaram suas vidas em risco para revelar a corrupção e exigir transparência. O empresário sudanês Mo Ibrahim me diz que há uma resposta de uma só palavra para o desafio do desenvolvimento e da busca por uma prosperidade mais igualitária dentro e entre países. A palavra é "governança". O sucesso não dura sem isso, diz ele. "A menos que sejamos governados adequadamente, não podemos seguir em frente. Todo o resto é secundário. Tudo."

Mas se Nelson Mandela tem razão quando diz que a pobreza é uma invenção humana que deve ser destruída por humanos, então o modo de acabar com isso se torna a pergunta mais premente de nossa história compartilhada.

"VAMOS ABAIXAR NOSSAS CABEÇAS"

A resposta será encontrada em muitas salas e nas vozes de pessoas cuja vida, como a de Nelson Mandela, incorpora essa busca pela erradicação da pobreza. Ouvi essa voz quando estive na sala com Agnes Nyamayarwo em Uganda ou Florence Gasatura do University Teaching Hospital em Kigali, Ruanda. Mas nunca tão alto e claro como na sala com o arcebispo Desmond Tutu.

"O Arce", assim como Nelson Mandela, foi um dos que me convocaram para a luta contra aquilo que ele chamou de escravidão econômica. E ele me deu um presente inestimável que guardo comigo: me ensinou a ouvir. Isso, ao que parece, exige séria resolução espiritual para alguém como eu, com uma boca grande e disposta a falar o tempo todo.

Não posso esquecer o olhar em seu rosto num dia em 1998, quando a banda estava entre os convidados que lotavam seu escritório na Comissão da Verdade e Reconciliação, na Cidade do Cabo. Um olhar educado, mas beirando o desdém.

"Vamos abaixar nossas cabeças", disse ele, dirigindo-se ao nosso circo itinerante, em que metade das pessoas sequer era religiosa. "Vamos pedir ao Espírito Santo para entrar na sala e abençoar o trabalho que está acontecendo neste edifício, e examinar nossos corações para saber como podemos fazer mais para fazer o Seu Reino na Terra assim como no Céu."

Ele falou sobre a filosofia por trás da verdade e reconciliação: sua profunda crença de que as coisas têm que acontecer nessa ordem, que precisamos enxergar a nós mesmos antes de podermos ser redimidos. Só depois que a verdade chegar, um punho cerrado pode se tornar uma mão aberta.

Então, ele nos levou para o andar de cima, onde havia reunido cerca de cem voluntários, e, para nossa surpresa, anunciou: "Senhoras e senhores… O U2 está aqui para tocar para vocês!"

Estranho. Não tínhamos instrumentos, e nunca fomos conhecidos por cantar *a capella*. Arriscamos "I Still Haven't Found What I'm Looking For", em que o Reverendo acrescentou o "amém", que tinha muito mais significado quando saía de sua boca.

Apesar de nossas melhores intenções, alguns de nós ativistas podem acabar metendo os pés pelas mãos em suas tentativas de fazer o bem, e o segredo é saber quando calar a boca e ouvir. Certa vez, perguntei a ele se era difícil, com todo o seu trabalho, encontrar tempo para orar e meditar. Ele me lançou um daqueles olhares. "Como você acha que poderíamos fazer esse trabalho sem oração e meditação?"

Ele me ensinou que a oração não é uma fuga da vida real, mas uma passagem para ela. Como ele, temos que jantar com nossos inimigos, para nos dar a conhecer uns aos outros, mas ele sabia que, se vamos enfrentar verdades difíceis, primeiro precisamos revelar plenamente como nos tornamos quem somos, tanto como países quanto como indivíduos. Estamos feridos, marcados e divididos, mas precisamos nos ver, em toda a nossa dor, antes de podermos consertar isso. Cada um de nós precisa de verdade e reconciliação.

Da Pobreza ao Poder

Para acabar com a pobreza extrema, para construir um mundo sustentável e justo, um lugar onde todos determinem seu futuro com dignidade… eis aqui onze coisas que aprendi com ativistas e o ativismo:

1. PODER DAS PESSOAS
   "As pessoas têm o poder", canta Patti Smith. "As pessoas têm o poder de sonhar, de governar, de tirar o mundo das mãos dos tolos." Ela sabe. Ela sempre sabe. No fim das contas, são coisas chatas como reuniões na prefeitura, batidas em portas, passeatas e abaixo-assinados que fazem o mundo mudar. Votar. Angélique Kidjo também sempre sabe: "Você não pode transformar a sociedade das pessoas se as pessoas não fizerem parte da mudança."

2. AS PESSOAS NO PODER
   Ideias são mais importantes do que a ideologia. *É possível* discordar em tudo, mas ainda ser capaz de trabalhar junto com alguém em alguma coisa… desde que essa coisa seja relevante o suficiente. Isso, às vezes, faz o esfíncter se apertar. Agoniante. Procure os "ativistas infiltrados", os assessores do presidente ou do primeiro-ministro. Quem costuma tomar as decisões são eles.

3. JOGANDO A VERDADE NA CARA DO PODER
   Você pode brigar quando os políticos não fazem o que prometeram, mas você não precisa bajulá-los quando eles cumprem suas promessas… se bem que eu mesmo já fiz isso algumas vezes. Se um representante do povo muda

de posição e faz a coisa certa para o povo, ele deve ser parabenizado.

4. PODER FEMININO
Dados e fatos nos mostram que diferentes abordagens funcionam em diferentes geografias, mas também que existem algumas verdades universais... como o fato de a igualdade de gênero ser um multiplicador de força. "A pobreza é sexista", diz Serah Makka-Ugbabe, diretora de campanha da ONE. "Quando as pessoas dizem que algo *é um problema feminino*", acrescenta Gayle Smith, CEO da ONE, "isso geralmente significa que é um problema de todos."

5. QUEM TEM O PODER
Se você não tem um lugar à mesa, provavelmente está no cardápio. Quem tem o poder realmente importa. Por que a África, um continente de cinquenta e quatro países e com a segunda maior população do mundo, não tem representação no G7 ou no Conselho de Segurança permanente da ONU e apenas uma cadeira no G20? Que século é este? Em que planeta estamos?

6. PODER DO SOL
Não *é só* energia renovável que temos para extrair do sol, também há fusão. A mudança climática, assim como conflito, é desenvolvimento *às avessas*.

7. O PODER CORROMPE
Faça da luz do dia um detergente. A transparência é a vacina contra a corrupção. As regras de governança funcionam quando os cidadãos podem ver quem as está violando. Em países, empresas, comunidades.

8. PODER NO BOLSO
Vote com o bolso ou a bolsa. As maiores corporações podem ser derrubadas pelo modo como as pessoas decidem gastar o seu dinheiro — ou não gastá-lo. O comércio tirou mais pessoas da pobreza do que qualquer um é capaz de imaginar. Pode ajudar a derrotar a pobreza ou defendê-la. Pode esverdear o planeta ou aquecê-lo. Depende

de nós. Consumidores e produtores. Investimento e desinvestimento.

9. O PODER DAS LETRAS
A sopa de letrinhas do bem. HIPC, PRSP, PRGT, GFATM, SDRS, MDGS, SDGS, IDA, IADB, ABD, COP, etc. Que tal uma Campanha de Produção Responsável de Siglas. Se as siglas nos fazem sentir pouco inteligentes, então as pessoas que as inventam não são suficientemente inteligentes.

10. O PODER DOS NÚMEROS
Ativismo baseado em evidências — também conhecido como fativismo. Os dados contêm soluções e histórias. As estatísticas podem ser reveladoras. Um é o número mais importante porque, como disse John Stuart Mill, "uma pessoa que detém uma crença tem a mesma potência do que um grupo de noventa e nove que têm apenas interesses". Mais poder para você.

11. *SOFT POWER*
Pense globalmente, beba localmente (*Sláinte*).

A VENDA DOS SONHOS

Estamos em 1998 e estou sentado com um desses servos do povo, Kader Asmal, no jardim do "Nellie", um dos melhores hotéis da Cidade do Cabo. O hotel Mount Nelson recebeu o nome do pirata colonial inglês lorde Nelson. Apesar desse ambiente tranquilo, enquanto conversamos, Kader fica com raiva. Mas não com raiva do estado em que os colonialistas deixaram seu país. Tendo retornado do exílio para a África do Sul em 1990, e sendo agora ministro de assuntos hídricos e florestais no primeiro governo do Congresso Nacional Africano (CNA), sua fúria contra os colonialistas é superada por sua fúria contra aquilo que ele e seu governo até agora não conseguiram fazer na África do Sul. Sua fúria, ele me diz, é atiçada toda vez que ouve o som da grama sendo regada por aspersores automáticos, e eu me lembro daquela música de Joni Mitchell, "The Hissing of Summer Lawns".

"Prometemos que nenhum sul-africano ficaria a mais de trezentos metros de distância de uma fonte de água corrente e fracassamos", diz. "E ainda assim cultivamos begônias e gerânios para perfumar o jardim para as elites visitantes."

Ele faz uma pausa. "Sem querer ofender."

Não me ofendi, asseguro a ele. Entendo o argumento.

A história de Kader ressalta a dificuldade da transformação política. Após a transferência histórica do governo branco, a mudança está chegando tão lentamente à África do Sul que não está só provocando engulhos em Kader; está semeando instintos antidemocráticos em um país ainda na aurora do sufrágio universal, uma pessoa, um voto. Todos são iguais perante a lei... só que não.

O ministro irritado se levanta para atender uma ligação e fumar. Ele segura o cigarro entre o polegar e o indicador, a cinza protegida pela palma da mão como um garoto numa esquina de Cedarwood Road que mantém seu cigarro aceso, longe do vento. Eu o imagino mais jovem, o ativista exilado do CNA, lecionando Direito na Trinity College Dublin por quase três décadas, cofundando o movimento antiapartheid irlandês, em que o U2 tocou nosso primeiro *agitprop* quando adolescentes. Na Irlanda, o CNA não era tido como uma organização terrorista, e posso ver Kader em sua mesa de cozinha em Foxrock, com um bloco de notas no colo em 1987, escrevendo textos que mais tarde seriam considerados alguns dos trechos mais significativos da Constituição sul-africana.

É essa a aparência da revolta vista de perto, com todas as suas rugas? No fim das contas, apenas um tema importa: as coisas melhoraram para a maioria das pessoas?

Se a música da revolta não está em sintonia com a matemática do progresso econômico, é tudo dissonância.

Quando Nelson Mandela foi solto, lembra Kader, e pôde pela primeira vez discursar como homem livre, ele estava determinado a fazer de seu pronunciamento uma declaração de autodeterminação. Ele nos disse que anunciaria a nacionalização da indústria de diamantes, em uma transferência de luz incandescente para o povo.

"Madiba achava o simbolismo eloquente: a riqueza subterrânea agora pertencente às pessoas que caminham sobre a terra."

Kader Asmal olha para mim, dando uma pausa naquele sotaque sul-africano com leve toque indiano. "Parecia ótimo", prossegue ele, "mas nunca iria funcionar."

"Madiba, não queremos ficar encarregados dos diamantes. Queremos que os bôeres façam; e isso é trabalho deles."

"E por que", retorquiu o presidente, "deixaríamos tanta riqueza assim nas mesmas mãos de sempre?"

"Porque, camarada, só nas mãos de um cartel esses diamantes são valiosos. Veja, há muito mais diamantes no solo do que deixamos transparecer. Mas se isso se tornasse público, essas maravilhosas concentrações de carbono não seriam nada além de bijuterias feitas de vidro."

A expressão de Mandela mudou.

"Camarada, você está sugerindo que há algo do *show business* aqui, que talvez não seja nosso forte?"

"Sim, Madiba. A venda de diamantes é a venda de sonhos que de fato não existem."

UM PAÍS É UMA HISTÓRIA QUE CONTAMOS A NÓS MESMOS

Fiquei com a história de Kader na cabeça. Se por um lado os países de todos os continentes precisam de governança competente, por outro, eles também precisam de mitos... e de criadores de mitos. Os diamantes, assim como os países, são uma história em que queremos acreditar. Eu me pergunto o que o tempo me ensinou nesses anos como ativista contra a pobreza. Como Ali e eu pensamos de forma diferente dos ingênuos jovens voluntários de 25 anos de idade que éramos na Etiópia na década de 1980.

Recuo para as aulas de História da escola, pensando em como só recentemente nosso próprio país emergiu da pobreza. No século XIX, a Irlanda tinha uma população de oito milhões, que depois da fome e da emigração caiu para três milhões em meados do século XX. Como nosso país deixou para trás essa história de pobreza?

Somos um povo insular que se viu conduzido por todo o mundo como refugiados políticos e econômicos. A pobreza fez de nós andarilhos, e trouxemos nossas descobertas de volta para casa. As remessas de nossa diáspora não eram apenas materiais. Eram inteligência emocional, eram uma visão mais educada do mundo, que vinha do fato de se ter estado em todo lugar. E, como aconteceu com os judeus, uma de nossas maiores descobertas foi que as ideias são mais portáteis do que os objetos. O pensamento religioso, a literatura e a música foram nossas primeiras incursões no mundo etéreo da fabricação de *software*.

A partir dos anos 1970, pudemos renovar a parte elétrica de nosso *hardware* graças à ajuda e ao comércio que nos chegaram com nossa entrada na União Europeia. A terra dos santos e dos eruditos começou a se transformar na terra dos pecadores e dos engenheiros de *software*; nossa indústria, outrora um peso pena, havia crescido muito e passara a pesar nada.

Esta pequena rocha no Atlântico Norte fustigada por ventos fortes e chuva desenvolveu um ambiente alternativo para atrair interesse e investimentos em nossa população jovem e bem instruída. A competitividade fiscal tornou-se um pilar central da política industrial da Irlanda, uma forma de atrair negócios para o país e ampliar sua base tributária para aumentar o investimento em educação, saúde, estradas e infraestrutura. Junto com a transformação econômica do setor de tecnologia, havia os incentivos à arte e aos artistas — nossa banda entre os beneficiários. De propriedade intelectual e produtos farmacêuticos a tecnologia e biotecnologia, a nascente indústria de computadores encontrou a Irlanda de braços abertos. As pessoas já não deixavam nosso país, e agora havia gente chegando, e uma nova história estava sendo contada.

A história de sucesso representada pela Irlanda não foi escrita para nós: é uma história que escrevemos para nós mesmos. E apesar de não estar terminada, a transformamos em um mito moderno. A vida de Mandela, sobre a qual eu cantava no Oscar, é uma história impossível de se acreditar. Uma história magnífica. Uma história mítica. Uma história real.

As histórias que um país conta sobre si mesmo são essenciais para sua identidade e seu desenvolvimento. Isso é verdade na África do Sul e na Irlanda; na Europa e nos Estados Unidos. Para a América criar raízes, foram necessários romancistas, poetas, cineastas e compositores, artistas em todos os meios para retratar a diversidade em uma única tela. O país ainda está esticando essa tela; o cavalete ainda pode estar bambo.

Os europeus, em comparação, não estão tão envolvidos na narrativa da Europa. Fluentes naquela de seus próprios países, menos versados na de nosso continente. Mas se a filósofa francesa Simone Weil tem razão quando diz que "imaginação e ficção compõem mais de três quartos de nossa vida real", então a Europa muitas vezes está perdendo um aspecto de "grande projeto". A identidade europeia pode parecer um conceito muito frio... até vermos o povo da Ucrânia enfrentando os tanques de Putin bloqueando o caminho de sua liberdade. Essas pessoas estão, em última análise, desejando fazer parte da história europeia, e, no processo, estão começando a reescrevê-la... para todos nós.

Precisamos que nossos artistas contem uma história que possamos compartilhar. A maneira como Idris Elba e Naomie Harris contam a vida de Nelson e Winnie Mandela em *Longo caminho para a liberdade*. A maneira como agora me encontro numa exortação em nome dessa visão absolutamente impossível, a Europa, um coro formado por velhos inimigos e antigas línguas em guerra tentando cantar em uníssono. Uma visão romântica.

Lembro a mim mesmo que esta Europa é um pensamento que precisa se tornar sentimento, e que os artistas são essenciais para localizá-lo.

Lembro que foi Hollywood, uma pequena aldeia no Condado de Wicklow, que teria dado seu nome para Hollywood.

Um enredo é tudo.

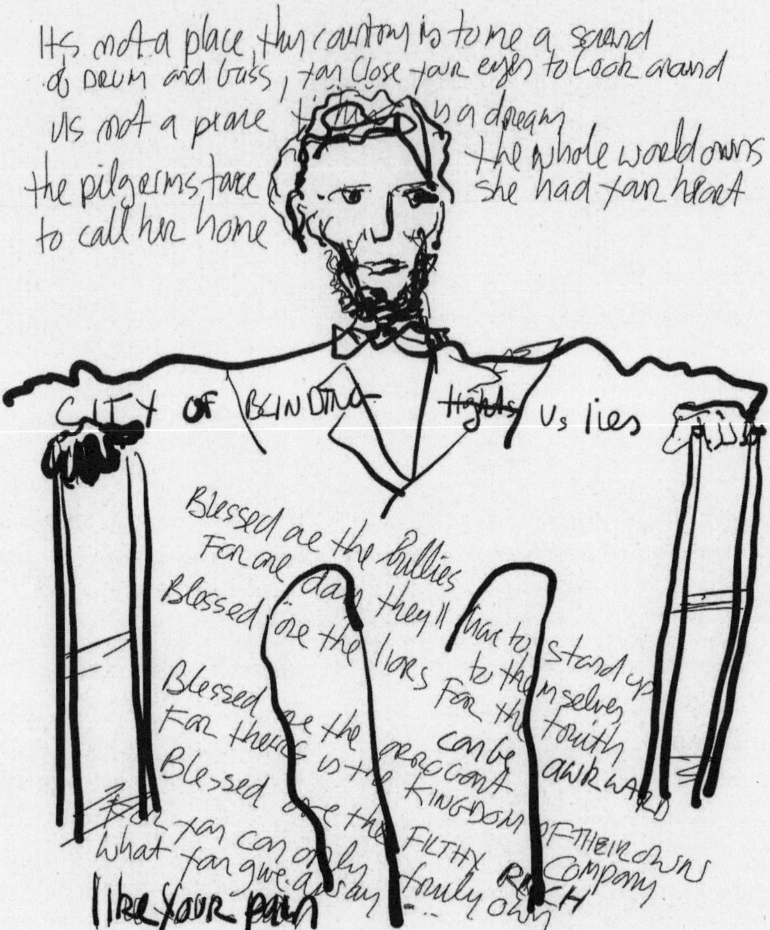

Its not a place, this country is to me a sound
of DRUM and bass, you close your eyes to look around
its not a place
is a dream
the pilgrims face
to call her home
the whole world owns
she had your heart
CITY OF BLINDING
Us lies
Blessed are the bullies
For one day they'll have to stand up
to themselves
Blessed are the liars For the truth
can be AWKWARD
Blessed are the arrogant
For theirs is the KINGDOM OF THEIR OWN
COMPANY
Blessed are the FILTHY RICH
For you can only truly own
what you give away
like your pain

33

City of Blinding Lights

The more you see the less you know
The less you find out as you grow
*I knew much more then than I do now.**

"Deixe a liberdade soar. Neste local onde estamos, quarenta e seis anos atrás, o Dr. King teve um sonho. Na terça-feira, esse sonho se realiza."

É janeiro de 2009, e estou diante de um U2 congelado falando do mesmo palco em que Martin Luther King fez seu discurso "I Have a Dream", em agosto de 1963.

Abraham Lincoln nos encara imperioso de seu assento de granito. Este homem, tão famoso por sua estatura, sentado em uma cadeira. Quem sabe, se estivesse de pé, ele projetaria uma sombra muito grande. Seria ele capaz de imaginar que um dia como este chegaria? Um dia em que o próximo presidente dos Estados Unidos seria um homem negro.

Parece haver um milhão de pessoas reunidas aqui diante do Lincoln Memorial, e muitas delas também acham difícil acreditar.

Depois de "Pride (In the Name of Love)", escrita em 1984 em homenagem ao Dr. King, tocamos "City of Blinding Lights", uma música que Barack Obama tocou quando anunciou sua campanha

* Quanto mais você vê, menos conhece,/ Menos descobre à medida que cresce/ Eu sabia muito mais do que sei agora.

para a presidência em Springfield, Illinois, em outra fria manhã de inverno, quase dois anos antes. Agora, com letra atualizada.

America, let your road rise
*Under Lincoln's unblinking eyes.**

O homem negro de nome muçulmano que está prestes a se tornar presidente está sentado ao lado da esposa, Michelle, e das duas filhas, Malia e Sasha. Por meio do meu trabalho com a ONE, conheço Barack Obama desde que ele era senador. No começo achei-o um pouco cauteloso, mas depois entendi que era apenas o jeito dele. Ele não é um homem de amizades casuais. Ele encontrará em Washington, D.C., a capital das contradições, um lugar em que será amado e condenado por uma cultura política mais dividida e fragmentada do que em qualquer outro momento desde a Guerra Civil. E não apenas por causa do racismo inerente às estruturas de poder, mas porque a graxa que faz as rodas girarem e as engrenagens se moverem no Capitólio se tornara uma mancha de óleo nas mídias sociais.

Minha geração cresceu com uma política que compartilhava fatos e divergia em opiniões, mas Obama herdou uma Washington com poucos fatos compartilhados e muitos oponentes determinados a rechaçar qualquer coisa que pudesse se assemelhar a uma conversa real ou à possibilidade de um acordo.

W. B. Yeats estava lá há cem anos em seu poema "A Segunda Vinda": "Tudo vem abaixo; o centro não suporta; A anarquia é liberada sobre o mundo."

Aqui no National Mall, com multidões que se estendem até onde a vista alcança, Barack Obama é fascinante. Se alguém vai conseguir elevar o nível da situação política, essa pessoa é ele. Sim, ele consegue. Mas será que a política polarizadora permitirá que ele encontre um meio-termo? Ele e a família vão chamar esta cidade de lar, sem nunca se sentirem completamente em casa aqui. Ótimo. Este é um conto de duas Américas. Um conto de duas posses.

Mas o que estou fazendo aqui? Este não é o meu país. Minha resposta está na letra de uma música, "American Soul", que escreverei dez anos depois.

* América, deixe seu caminho se elevar/ Sob os olhos atentos de Lincoln.

It's not a place
This country is to me a thought
That offers grace
For every welcome that is sought.[*]

Uma música escrita quase quarenta anos depois que desembarcamos nestas praias.

It's not a place
This is a dream the whole world owns
The pilgrim's face
She had your heart to call her home.[†]

A IDEIA DA AMÉRICA

É algo profundo.

Mais profundo do que a ideia de Wim Wenders de que a América colonizou nosso inconsciente por meio do cinema e da literatura, da TV e da música. Mais profundo do que o modo como o rock norte-americano moldou uma geração antes de mim e todas depois. Só quando me aprofundo na mitologia dos Estados Unidos entendo minha determinação de acordar no sonho que é a América; o sonho de um país onde você realmente tem direito à vida, à liberdade e à busca da felicidade.

"Vós sois a luz do mundo. Não se pode esconder uma cidade situada sobre uma montanha."

Não pela primeira vez, algumas palavras do Evangelho me desafiam a imaginar o que esse país poderia ser na história. Do lado de fora é a América. Mas para mim, também está dentro. A América vive na minha imaginação. O senador em campanha Obama falou que não existem estados republicanos, nem estados democratas, apenas Estados Unidos, mas eu sempre vi duas Américas. Não uma republicana e outra democrata, ou um país rico e outro pobre,

* Não é um lugar/ Para mim, este país é uma ideia/ Que oferece graças/ A todo acolhimento que se busque.

† Não é um lugar/ Este é um sonho que pertence ao mundo todo/ O rosto peregrino/ Ela tinha seu coração para chamar de lar.

mas uma América real e uma imaginária. Uma América operacional cujo capitalismo empreendedor está mudando e cobrando o mundo e uma América mítica que é uma ideia poética na qual todos temos uma participação.

A Irlanda é um grande país, mas não é uma ideia. A Grã-Bretanha é um grande país, mas não é uma ideia. A América é uma ideia. Uma ótima ideia. Podemos argumentar que pode ser uma ideia francesa — *liberté, égalité, fraternité* —, e que um presente francês, a Estátua da Liberdade, lembra isso a cada recém-chegado, mas também vemos como a ideia de América sugere um novo começo, um novo caminho.

The promised land is there for those who need it most
And Lincoln's ghost
Says…

*Get out of your own way.**

— *"Get Out of Your Own Way"*

Antes dos voos transatlânticos, quando os irlandeses deixavam suas casas para ir para a América, era como uma sentença de morte. Essas pessoas nunca mais seriam vistas. E ainda assim renasceriam nesta terra de promessas. O mito da América. Mas a América ainda pertence ao mundo inteiro? Será que ainda pertence até mesmo a muitos dos americanos?

Americanos negros, por exemplo, muitos dos quais não se sentem em casa, mesmo sendo a sua casa. Mesmo que tenham se passado quatrocentos anos desde que seus ancestrais foram levados à força para lá para carregar "o fardo do homem branco". A América é uma música ainda a ser finalizada e longe de ser gravada. Para muitos americanos, ela ainda não existe. E, no entanto, talvez isso seja uma inspiração. Talvez a América seja a maior canção que o mundo ainda não ouviu.

* A terra prometida está lá para quem mais precisa/ E o fantasma de Lincoln/ Diz…// Saia de seu próprio caminho.

Não há nada de mítico no clima de hoje. A temperatura está abaixo de zero, e dá para ver a respiração de Larry condensar contra o céu de janeiro. Adam está vestido para escalar o Matterhorn em 1928, e Edge me olha como se perguntasse como tocar guitarra quando não se sente mais os dedos. "City of Blinding Lights" tornou-se a música que o 44º Presidente dos Estados Unidos tomou como tema de assinatura para as centenas de comícios que pavimentaram o caminho até a Casa Branca. Uma música sobre a perda da inocência e da ingenuidade, sobre descobrir o que uma cidade grande pode lhe oferecer e o que ela pode tirar de você. Não é uma escolha tão estranha quanto parece.

"E eu sinto sua falta quando você não está por perto."

Uma lembrança da juventude, da ingenuidade que nos torna tão poderosos quando somos jovens. A música toca as multidões que acreditam neste homem. Talvez seja a promessa contida naquela ideia de uma cidade em uma colina.

Oh, you look so beautiful tonight
*In the city of blinding lights.**

Tu tu tu tu tu. Às 12h22 em ponto, zumbem lâminas e muda a pressão do ar enquanto um helicóptero sobe e faz um arco sobre o Mall, carregando, pela última vez, George W. Bush como presidente em exercício. Nem ele nem a Segunda Família parecem olhar para a multidão enquanto alguns acenam e outros vaiam.

"Indo trocar as fichas por dinheiro com os amigos do Texas."

"De volta ao ramo do petróleo, então, W.?"

"Ainda dá tempo de começar outra guerra."

Ao meu redor, as pessoas comemoram a chegada desta nova era e mostram o dedo do meio para o homem que terá a aposentadoria mais tranquila da era moderna. Meditando sobre os retratos que pintou dos homens e mulheres que colocou sob a mira do perigo. Numa guerra que não fazia sentido para mim, mas uma que senti que ele mesmo teria lutado se necessário fosse.

* Ah, você está tão linda esta noite/ Na cidade das luzes que ofuscam.

Mas agora a história será reescrita na frente de nós, todos os grandes problemas — sistema de saúde, crise climática, colapso financeiro — prestes a serem resolvidos. Obama vai ensinar bons modos a Wall Street.

Finalmente, a terra prometida. (Não exatamente.) O 44º Presidente tem ideais grandiosos e as habilidades de um bom contador de histórias para explicá-los.

Durante o mandato pude conhecer Barack Obama um pouco mais. Descobri um homem profundamente íntegro, com suavidade por trás da seriedade. Enquanto ouvíamos juntos algumas mixagens iniciais de músicas novas do U2, fiquei impressionado com sua curiosidade intelectual sobre o processo de composição musical. Mais escritor do que político, mas não narcisista como nós, compositores, Obama é profundamente comprometido com a família, e a família com ele. Michelle é a definição daquilo que o empresário do hip-hop Andre Harrell descreveu como "energia de leoa". Extremamente protetora de sua família e de seus ideais, ela e Ali certamente se dariam bem — nenhuma das duas jamais deixaria que sua vida fosse definida pelo parceiro. A Casa Branca dos Obama era cheia de alma, mas, mais do que isso, era rigorosa e racional.

Cuidadosa, ponderada, livre de histeria e drama. "Obama sem Drama" era o apelido que corria pela Ala Oeste. "Coisas difíceis... são difíceis", ele costumava dizer a Gayle Smith, que liderou a USAID e que mais tarde levamos para coordenar a ONE.

CITY OF BLINDING LIES

Avance oito janeiros. Como um flashback causado por certos psicotrópicos, mas pior, porque este é um *flash-forward*. Agora, os primeiros passos estão sendo dados para desmantelar a República. Para começar, não é uma posse, mas uma coroação, e a coroa é laranja em vez de dourada. Trump começa seu reinado de mentiras compulsivas com uma imagem recortada do Mall, mostrando o lugar abarrotado de gente, sendo que, na verdade, a lotação mal chega a três quartos do total. O tamanho de uma multidão vale uma discussão? Ao descobrir que o 45º presidente ordenou que pendurassem essas fotos adulteradas na Ala Oeste, entendemos que tínhamos entrado em uma nova dimensão na vida americana.

"NÃO É SEGREDO QUE UM MENTIROSO NÃO VAI ACREDITAR EM NINGUÉM"

Na ONE decidimos que precisávamos tentar entrar em contato com o governo Trump. E assim o fizemos até não poder mais. O protagonista nunca vai admitir que está errado e vai insistir duas ou três vezes mais quando for desafiado. E ele controla a narrativa. Como ele faz isso?

Porque ele foi feito para as mídias sociais. Porque só o choque e a indignação, que são sua língua franca, viralizam nas plataformas. Porque ele sabe ser o contador de histórias desse novo presente, com seus 280 caracteres e no qual cada história é como um conto de fadas dos irmãos Grimm, onde o monstro está embaixo da cama, atrás da porta ou do outro lado da fronteira. E você não consegue tirar o monstro da cabeça. Nunca entendi a luta livre profissional até que me explicaram que é tudo uma grande brincadeira, que não é de fato uma competição, é tudo encenado. A plateia não é burra; ela simplesmente fica hipnotizada pelo drama, pelos xingamentos e por toda a besteirada que dizem; o sopro que o grande lobo mau alaranjado dá para derrubar outra casa. É tudo pantomima — "Olha, atrás de você!" E o fato de que a pantomima tenha vencido por voto popular é uma conquista ainda mais notável, considerando que Hillary Clinton não passou a vida inteira se preparando para ver a política se tornar um braço da indústria do entretenimento.

Ao acordar com a notícia da vitória de Trump, senti mais náusea do que choque, mas, como tantos outros, eu já estava começando a entender que Trump não é o problema. É o sintoma. Ele não é o vírus. É o supertransmissor. O vírus, mortal como a peste, é o populismo. Seu verdadeiro hospedeiro é o medo. Como Chuck D, o rapper/intelectual me lembrou quando fizemos uma turnê juntos em 1992:

I've been wonderin' why
People livin' in fear
Of my shade

(Or my high-top fade)
I'm not the one that's runnin'
But they got me on the run
Treat me like I have a gun
*All I got is genes and chromosomes**

— *Public Enemy, "Fear of a Black Planet"*

INCLINANDO O ARCO

Meu medo é que eu tenha/nós tenhamos adormecido no conforto de nossa liberdade. O arco narrativo da nossa banda espelhava aquele de nossos tempos. Minha geração foi testemunha ocular de uma série de momentos impossíveis. A queda do Muro de Berlim. O fim do apartheid. O Acordo de Belfast. Até o casamento igualitário na Irlanda. Teríamos nós preguiçosamente começado a acreditar que se tratava de uma jornada irrefreável rumo ao mundo mais justo em que acreditávamos? Até nós, ativistas e benfeitores. Especialmente nós.

De repente me vi rememorando algumas palavras de Martin Luther King, sobre como "o arco da moralidade é longo, mas se inclina em direção à justiça". Eu não acreditava mais nisso. O arco da moralidade não se inclina em direção à justiça. Ele precisa ser dobrado, e isso requer a mais pura força de vontade. Exige nosso foco mais nítido e nosso esforço mais concentrado. A história não se move em linha reta; ela precisa ser arrastada, aos gritos e pontapés, o tempo todo.

Michelle e Barack Obama deixariam o cargo com silenciosa dignidade, a maior controvérsia de seu mandato sendo a indignação que causaram simplesmente argumentando que todo norte-americano merece acesso igualitário ao sistema de saúde. Por que um sistema de saúde? Porque os Obama entenderam que o direito à "Vida, Liberdade e a Busca da Felicidade", prometido na Declaração de Independência, se torna uma reivindicação sem sentido se não há igualdade de acesso a cuidados médicos. O Affordable Care Act, "Obamacare", não chegaria a ser tudo aquilo que o 44º presidente

* Ando pensando por que/ As pessoas vivem com medo/ Da minha cor (ou do meu corte de cabelo)/ Não sou eu que estou correndo/ Mas eles me fazem fugir/ Me tratam como se eu tivesse uma arma/ A única coisa que tenho são genes e cromossomos.

desejava, mas transformaria muitas vidas, a menos, é claro, que alguém tentasse destruir aquelas fundações recém-cimentadas.

EM COMA NA CAMA DE LINCOLN

Alguém avaliou o tamanho da perda que a partida dos Obama representaria para o mundo? Esquecendo que somos irlandeses, nossa família encarou isso como uma perda pessoal. Em um último almoço na Casa Branca em que estávamos apenas nós dois, pude agradecer Obama adequadamente por dar continuidade ao trabalho inovador do presidente Bush contra a AIDS. Obama acrescentara 52 bilhões de dólares aos 18 investidos por Bush. Em geral, presidentes gostam de ser donos desses projetos caros. Assinar o cheque para continuar o legado do antecessor não deveria ser um feito extraordinário, mas é.

Isso inclui dinheiro para o Fundo Global de Combate à AIDS, Tuberculose e Malária, que Obama apoiou fortemente ao lado de outros patrocinadores como o francês Emmanuel Macron e o canadense Justin Trudeau.

O homem que tem uma fotografia "Rumble in the Jungle!" pendurada em seu escritório (Muhammad Ali de pé sobre George Foreman), dispensa meu agradecimento e então dá um golpe derradeiro mortal.

44º: "Qual é o número máximo de mandatos que você pode assumir como vocalista do U2, hein? Ha-ha!"
EU: "Eu sempre digo que cada disco é uma nova eleição. Dois discos ruins e você está fora."

Estávamos em oito uma noite nos aposentos particulares do presidente e da primeira-dama quando seus oito anos estavam chegando ao fim. Como as crianças estavam um pouco mais velhas, Michelle e Barack convidavam amigos com mais frequência para jantar. Se eu tivesse ficado só nos drinques, tudo teria ficado bem, mas me permiti tomar uma taça de vinho. Ou teriam sido duas?

Já mencionei que gosto de vinho? Porém, há um problema: sou totalmente alérgico a vinho. Na verdade, alérgico ao ácido salicílico, que se encontra em tudo, de frutas a aspirina e molho de tomate. Isso explica por que uma noite excelente de pizza, vinho tinto e uma aspirina pode significar que minha cabeça vai inchar e meus olhos vão desaparecer. Ali diz que eu deveria tomar cuidado, mas prefiro tomar um anti-histamínico. Bebendo sem a medicação correta, posso apagar. Cair em sono profundo. Em qualquer lugar.

Já dormi em capotas de carros e portas de lojas. Uma vez apaguei na mesa de iluminação de um show do Sonic Youth. Não importa onde eu esteja. Eu poderia estar na Casa Branca.

Especificamente falando, o 44º não bebe como um irlandês; o 44º gosta de drinques. Se ao menos eu tivesse ficado só nos drinques...

Quando comecei a me sentir sonolento, pedi licença para me retirar da mesa, e o que aconteceu a seguir é um pouco confuso, mas, segundo Ali, demorou cerca de dez minutos até que Barack perguntasse: "O Bono saiu faz um tempo. Ele está bem?"

"Ah, está, sim", respondeu ela discretamente. "Ele provavelmente foi dormir."

"Como assim? Ele foi dormir? Onde?"

"Bem, em geral ele dorme no carro, mas confesso que não sei pra onde ele foi. Mas geralmente são só dez minutos. Ele vai voltar."

"Perdão", interrompeu o presidente. "Um segundo, um segundo. Você está dizendo que ele foi tirar um cochilo, é isso?"

"Sim." Então, percebendo a preocupação dele, Ali acrescentou: "Ele não dormiu no voo de Dublin. Vou lá ver se o encontro, mas não se preocupe com isso, Sr. Presidente."

Ali se levanta para ir, mas ele a segue.

"Eu preciso ver isso. Onde ele poderia estar?"

Ali diz: "Não faço a menor ideia."

"Mais cedo ele estava me perguntando sobre o discurso de Lincoln, o discurso de Gettysburg", disse o presidente.

Bons instintos. Ali e Obama entraram no Quarto Lincoln, e lá estava eu, desmaiado, com a cabeça no peito de Abraham Lincoln, em sua própria cama. "Adormecendo no conforto de nossas liberdades", como eu passaria a contar depois.

O presidente me acordou e, enquanto me orientava, tentei cair na gargalhada com eles. Nem por um segundo ele acredita que eu tenho mesmo essa alergia. Acha que Ali inventou a história para me acobertar. Ele diz às pessoas que não sou páreo para ele bebendo. Absurdo. Mas o martíni que ele faz é forte mesmo.

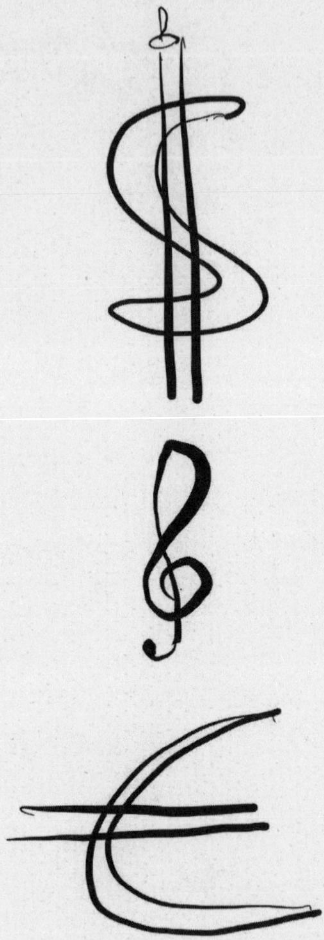

34

Get Out of Your Own Way

I can sing it to you all night, all night
If I could I'd make it alright, alright
Nothing's stopping you except what's inside
*I can help you but it's your fight, your fight.**

Estou sentado no banco da frente de um Range Rover vermelho. O motorista, que acabou de me buscar no Aeroporto John Lennon em Liverpool, é Paul McCartney.

Jimmy Iovine e eu estamos sendo levados numa Magical Mystery Tour pela cidade natal de McCartney, vendo os bairros onde os Fab Four cresceram. Ele está apontando aqui e acolá, em todas as direções. E se desculpando.

"Têm certeza de que vocês estão interessados?"

"É claro", respondo. "Não podia estar mais interessado."

"Sério? Ok, bem, aqui é o do George. Na verdade, era um lugar barra pesada, o bairro dele. O do Ringo era um pouco mais perigoso, na verdade. Mostro onde ele morava num minuto. Já a região do John era meio esnobe. Não esnobe demais, mas um pouco. E a minha, minha família era ok. Morávamos por ali."

Enquanto dirige, ele aponta para fora da janela.

* Posso cantar pra você a noite toda, a noite toda / Se eu pudesse, eu faria as coisas ficarem bem, tudo bem/ A única coisa que te impede é o que está por dentro/ Posso te ajudar, mas essa luta é sua, é só sua.

"Esse é o ônibus 86. John e eu pegávamos esse aí, acabou de passar. Tem certeza que vocês não se importam de eu contar isso?"

"Ah, não, eu não me incomodo. Por favor, continue."

Se eu me incomodo?

É como ter Moisés levando você para conhecer a Terra Santa.

É como ter Freud mostrando o funcionamento do cérebro.

É como ter Neil Armstrong como guia em um passeio pela Lua.

É como ter Paul McCartney me conduzindo pela geografia de uma música que transformou a minha vida. Paramos no semáforo.

"Está vendo ali? Aquela banca de jornal? Mudou um pouco, mas foi onde eu tive minha primeira conversa séria com John."

Conheço um pouco do folclore dos Beatles e me pergunto se a memória dele está falhando.

"Eu achava que sua primeira conversa com John tinha sido quando ele estava no Quarrymen e eles tocaram naquela festa na Igreja de São Pedro."

Paul olha para mim com o que eu sinto ser algum respeito.

"Isso, verdade", ele diz, sorrindo. "Mas estou falando de conversa de verdade, profunda, não só 'Que tipo de guitarra você usa?' ou 'Que tipo de música você escuta?'"

"Profunda? Como assim?"

"Bom, o John comprou uma barra de chocolate da Cadbury e quando saiu da banca, partiu a barra ao meio e me deu metade. Fiquei impressionado porque, sabe, naquela época, chocolate era uma coisa cara. A maioria dos garotos teria oferecido só um quadradinho, mas o John me deu metade da barra."

Eu estava refletindo sobre isso quando Paul pisou no acelerador e partimos.

"Não sei por que estou contando isso."

Talvez ele soubesse. Eu sabia. Em um instante ficou claro para mim que a maior parceria da história da cultura popular começou com a divisão meio a meio de uma barra de chocolate. Lennon e McCartney. Nascidos de uma barra de chocolate Cadbury.

QUANDO OS MÚSICOS SE APODERARAM DOS MEIOS DE PRODUÇÃO

O ano era 2008 e eu estava em Liverpool para entregar a Paul o MTV Ultimate Legend Award. Se Elvis foi quem levou o rock para o palco principal, foram os Beatles que conseguiram mantê-lo lá e elevar a música a um novo patamar. Os Beatles são o desenho original do rock. Mas, cinquenta anos depois, a era de independência anunciada por eles se via sob ameaça. Por algumas poucas décadas os artistas estiveram à mesa com os donos do negócio, mas esse período estava chegando ao fim. A tecnologia vinha mudando a cultura, e a indústria fonográfica, sofrendo a para acompanhá-la.

Desde os primórdios o patrocínio tem sido o caminho do mundo da arte, especialmente na música. Quem poderia pagar uma orquestra? Você acha que Tchaikovsky tinha condições? Mozart? Estamos falando de uma banda bem grande. Não. Esses compositores tinham patronos que os conectavam ao sistema. Antes do fonógrafo, a partitura era o mais perto que a maioria das pessoas chegava do som de Tchaikovsky ou Mozart. Patrocínio.

Menestréis viajavam de cidade em cidade, como acontece até hoje, mas depois eles precisavam cantar para conseguir o jantar. Desculpe. Depois *nós* precisávamos cantar para conseguir o jantar. Cantar para o dono da mansão. E se tocássemos bem, comeríamos boa comida e beberíamos bom vinho, dependendo da beneficência de nosso senhor.

Mas quando John, Paul, George e Ringo olharam para cima, através do vidro da sala 2 do Abbey Road e viram engenheiros da EMI usando jalecos brancos, ousaram pensar o impensável. Talvez a gente não precise dos caras de jaleco branco, do pessoal formado em engenharia, para ter o controle sobre a nossa música. Digo, para controlar essa tecnologia que traduz nossa música. Não somos só músicos com material autoral, somos autores que gostariam de ser responsáveis pela própria obra. Pelo modo com que nossa música vai ser gravada e publicada.

Os Beatles abriram caminho para muitos outros e, na década de 1960, os artistas, como diria Lênin, "se apoderaram dos meios de produção". Foi um renascimento para a música. Não apenas em matéria de qualidade e do impacto social que isso implicava, mas também de remuneração. Os artistas começaram a ser pagos. Nem todos e, em particular, nem todos os negros, responsáveis pela música que deu origem ao rock. Esses músicos continuariam sendo roubados, uma injustiça que seria apenas parcialmente corrigida muito mais tarde. Mas, naquela década, muitos começaram a receber adequadamente pelo trabalho, o que torna uma ironia ainda mais cruel os Beatles terem descoberto após a morte de seu empresário, Brian Epstein, que estavam presos a alguns contratos bem ruins. Uma nova tecnologia, o CD, restauraria seu fluxo de caixa, mas não a tempo de impedir que John vendesse sua mansão no Reino Unido para comprar um apartamento em Nova York.

Em 1968, os Beatles, que se tornariam a banda favorita de Steve Jobs, fundaram a Apple Records. No Dia da Mentira de 1976, Steve queria que a Apple dele alcançasse o mesmo nível de independência que a dos Beatles. Um símbolo de desejo e tentação. Um símbolo da Árvore do Conhecimento, Steve deu uma mordida na maçã. Os Beatles o processaram.

Quanto à nossa carreira, Paul McGuinness garantiu que fechássemos bons acordos, mas nem todo mundo tinha um Paul McGuinness. Nem mesmo alguns dos artistas mais talentosos da face da Terra.

Fight back, don't take it lying down you've got to bite back
The face of liberty is starting to crack
She had a plan until she got a smack in the mouth and it all went south like
*Freedom.**

UMA VISITA DA REALEZA

No *show business* é necessário saber fazer uma entrada grandiosa e uma saída grandiosa. As entradas do artista que ficaria conhecido como "o artista antes conhecido como Prince" eram extravagantes. As saídas, mais ainda. Se o evento fosse tomar um drinque com Prince, a noite poderia terminar com ele indo embora pulando de mesa em mesa. É uma bela visão estar sentado com a pessoa, aí a pessoa se levanta, sobe na mesa, pula para a mesa ao lado, depois para a seguinte e chega à saída antes que os presentes percebam o que acabou de acontecer. Exceto que ele já se foi. (O que os presentes não tinham percebido, e nem eu no início, era que havia gente

* Revide, não se entregue de bandeja, você precisa reagir/ O rosto da liberdade está começando a rachar/ Ela tinha um plano até levar um tapa na boca e tudo foi para o buraco como a/ Liberdade.

em pé ao lado dessas mesas, segurando-as firme, enquanto ele ia pulando sobre elas.)

Por dentro, nunca deixarei de ser um fã. Ser fã foi o que me levou à música. E um dos benefícios dessa supervida que me foi dada é que às vezes, por acaso, ela dá a chance de passar um tempo com alguém de quem você sempre vai ser fã. Como Prince.

Tive essa honra e esse prazer em várias ocasiões. Era como estar na companhia de um intocável, um Duke Ellington ou um Jimi Hendrix. Além de ser um gênio, Prince se considerava um gênio... o que levanta a questão.

O que exatamente é a genialidade?

Creio que não se trate da pessoa, mas sim do processo, um processo em que alguém determina que vai revelar seu talento e, por um tempo, é capaz de penetrá-lo. O "talento" é um estado autoexplicativo, e como um prêmio dado pela loteria genética — digamos, nascer bonito ou rico — a genialidade não é motivo para arrogância.

Mas essa linha de pensamento sai de cena quando você conhece Prince. O mundo era mais claro só por estar sob seu brilho. Ele ainda ocupa minha imaginação musical tanto quanto um Roxy Music ou um James Brown ou um Miles Davis — artistas que não apenas amo, mas dos quais preciso.

Vi Prince — um *showman* de grandeza maior — performar "a saída" algumas vezes, mas a mais memorável aconteceu depois de uma noite que Ali e eu passamos com ele no Kitchen Nightclub em Dublin, em 1994. A palavra "escravo" estava escrita em seu rosto. Ali, sendo uma irlandesa protestante, é compelida a fazer perguntas. Por exemplo...

"Por que a palavra 'escravo' está escrita no seu rosto?" (Eu não teria perguntado isso).

"Eu sou um escravo", responde ele com a voz meio inexpressiva, "porque não sou dono da minha própria música."

Ele está falando muito sério, mas também chupa um pirulito enquanto fala.

"Acho que entendo, mas será?"

Pronuncio com cuidado para ser ouvido sobre o baixo que ribomba nas paredes da pista de dança logo atrás da porta.

O grande artista mantém um sussurro metálico, mas o escuto como se fosse a única voz na sala. Se não a única do mundo.

"Não sou dono das minhas *masters*. Não sou dono dos meus direitos. A gravadora é dona de tudo. Se você não é dono das suas *masters*, o dono das suas *masters* é seu dono. Portanto, sou um escravo."

Estamos ouvindo, ele é convincente.

"Não me agrada que uma gravadora acredite que pode ser minha dona, que pode ser dona do meu nome. É um nome de escravo, por isso abri mão dele."

Não sei como foi para um jovem negro e desconhecido de Minneapolis, um artista solo, uma banda de um homem só, negociar com uma grande gravadora americana nos anos 1970. Tenho certeza de que Prince precisou enfrentar obstáculos que o U2 nunca, mas parte do ritual de ir a um bar em Dublin é lidar com gente que você não conhece muito bem enchendo seu saco. Mesmo que concorde com ele, vou provocá-lo.

"Não me sinto escravo dessas pessoas."

A irlandesa protestante agora olha para mim do mesmo jeito que olhava para o pirulito do nosso convidado.

"Porque você não é", responde ele. "Todo mundo sabe que o empresário de vocês negociou para manter a propriedade das músicas, das gravações e dos direitos de vocês."

"É verdade", respondo.

"E como ele fez isso?", pergunta ele.

"Bem, Chris Blackwell, fundador da Island Records, teve um papel fundamental", respondo, "mas percentuais menores de direitos autorais também tiveram sua influência."

"Percentuais menores de direitos autorais."

"Paul McGuinness fez uma troca."

"Que tipo de troca?"

"Assim como você, a gente também descobriu que os contratos de gravação frequentemente têm uma cláusula 'perpétua' que te mantém preso pra sempre... É isso que está te irritando, e irritou a gente também. Nos livramos disso com uma troca dolorosa. Menos dinheiro de adiantamento, menos direitos autorais, mas significa que, ao fim de determinado período, recuperamos nossos direitos e nossas gravações."

"Todo mundo deveria ter esse direito", ele disse.

Concordamos, mas penso agora que eu deveria ter ouvido mais e falado menos naquela conversa. Deveria ter sido mais um amigo e menos um fã que queria impressionar um grande ídolo. Havia algo de profético em Prince transformar o próprio rosto em um letreiro neon e eu começava a perceber que estava dando como garantida a propriedade intelectual.

Nós rimos do preço a pagar por independência. Pode sair caro fazer as coisas do seu jeito. Quaisquer que fossem nossos contratos, aos olhos de todo mundo nós dois tínhamos feito fortuna e gastado uma fortuna. Mencionei nós todos sentados no porão do Clarence, um hotel em Dublin que tínhamos comprado, nos achando especialistas em hotelaria por termos nos hospedado em tantos hotéis. Perguntei a ele sobre o custo do Paisley Park, seu famoso complexo de gravação... e foi nesse momento que o gênio fez sua grande saída.

A liberdade é um conceito tão inebriante, evasivo de tantos modos.

QUANDO A MÚSICA SE TORNOU LIVRE... SÓ QUE NÃO

Não éramos mais escravos econômicos. A mensagem de Paul McGuinness sempre foi que, se nos importamos com a nossa arte, temos que nos preocupar com os negócios que envolvem a nossa arte. Paul sabia que no mundo da música mais bandas se separavam por causa dos negócios do que por causa da música. Paul intermediou algumas das melhores transações em um ramo em que, muitas vezes, empresários negociam adiantamentos mais altos e taxas de royalties para aumentar a própria fatia do bolo que receberão. Paul estava disposto a colocar o que era melhor para nós à frente do que seria melhor para ele.

Sempre houve artistas indiferentes à forma como sua arte estava exposta nas paredes do mundo, mas nossa banda não está entre os que não se importam. A gente se importa. E quando você se preocupa com seu trabalho, você se preocupa com sua apresentação: quem vai representá-lo, onde sua música será tocada. Talvez por ter vindo do ramo cinematográfico, Paul nunca se deixou levar pela preguiça. Ele sabia por experiência própria que um diretor não simplesmente acorda um dia e começa a fazer um filme. É uma equação financeira, artística e logística, com toda uma série de problemas que precisam estar resolvidos para que o cineasta possa fazer sua arte. Cifras. Cultura. Colaboração.

Em minha juventude na Cedarwood Road, política e cultura sempre caminharam de mãos dadas, mas o velho sempre me encorajou a olhar além do óbvio. Aos 15 anos, eu lia tudo o que podia encontrar de George Orwell, e fiquei hipnotizado pela alegoria de *A revolução dos bichos*, em que os porcos se rebelam contra os fazendeiros e depois se tornam piores do que os fazendeiros que derrubaram.

Orwell me mostrou o poder da sátira política e me deixou, anos depois, em dívida, mas com uma pergunta preocupante. Será que eu sou o porco ou o fazendeiro? É possível ser os dois? Uma vez me perguntaram se eu me tornaria um "porco capitalista" e, embora não ache que tivessem George Orwell em mente quando me fizeram a pergunta, respondi com outra: "Posso ser capitalista sem ser um porco?" Findei aceitando algumas ortodoxias do livre mercado, mas não aceito que venham "de graça".

O CAPITALISMO

Um país civilizado não pode subitamente sacrificar comunidades trabalhadoras só porque esse mesmo trabalho ficou mais barato em algum outro lugar. Essas transições precisam ser gerenciadas. Sabemos que a competição é muitas vezes a força motriz da inovação, mas não queremos ser parte de sua injustiça darwiniana. A sobrevivência do mais apto está muito longe da fala de Jesus, de que os últimos serão os primeiros.

O capitalismo pode ter tirado mais pessoas da pobreza extrema do que qualquer outro ismo, mas também destruiu muitas vidas. O capitalismo não é imoral, mas amoral. É um bruto, uma fera selvagem que requer nossa instrução para ser adestrada e nos servir. O capitalismo precisa ser repensado. Precisa de um recomeço.

Mas se é prudente ter cuidado com o dinheiro, também é prudente não ignorá-lo. Meu pai dizia que eu era a pessoa menos provável para ganhar dinheiro porque eu parecia não ter nenhum respeito por ele. Mesmo quando estava sem grana, sempre senti que tinha tudo o que queria. Desde quando éramos crianças, Guggi e eu compartilhávamos tudo. Na adolescência, meus amigos costumavam pagar coisas para mim. Ingressos de algum show ou a conta de alguma refeição, uma calça jeans e botas, sempre luxos pagos por outra pessoa. Normalmente Ali. Na minha cabeça, se a banda decolasse eu teria mais do que o suficiente para retribuir.

Quando estávamos assinando nosso primeiro contrato de gravação, Paul convocou uma reunião para nos convencer a creditar as músicas por igual, sem importar quem escreveu o quê. "O dinheiro já separou bandas incríveis", disse ele. Bastou para me convencer.

Nosso pacto preconizava que enquanto continuássemos tentando "ser mais generosos uns com os outros" em tudo, nossos talentos não precisavam ser iguais em todos os departamentos. Há tantas áreas que exigem que uma banda reúna seus talentos: escolha das artes, videoclipes, presença de palco, merchandising, *meet and greet* com as pessoas que se dedicam a você e sua música. Mais importante ainda, *meet and greet* com as pessoas que pagam para ouvir ou ver você tocar. São essas pessoas que pagam o seu salário.

Muitas bandas formadas com as intenções mais comunitárias se desfazem em função de brigas sobre quem fez o que ou para quê. Mas, como Paul nunca parou de martelar, "Seria uma idiotice ser bom na arte e ruim no negócio da arte". Ele encontrou os melhores advogados e contratantes para nós, explicando que a Gestão de Princípios tinha que ser determinada e nobre ao mesmo tempo. As duas coisas não eram contraditórias, insistia ele.

Talvez tenhamos ido longe demais quando mudamos uma de nossas empresas para a Holanda a fim de economizar impostos. Alguns acharam antipatriótico. Nosso argumento foi: se a Irlanda pode chamar a si mesma de fiscalmente competitiva, nossa banda também pode. Fincamos o pé. Olhando em retrospecto, posso ver nossa teimosia em jogo. Às vezes, só de entrar em determinada discussão já significa que a perdemos.

Nas turnês dos anos 1990, Paul perdeu alguns amigos ao defender que lidar diretamente com um único promoter traria economia, que talvez fosse necessário acabar com a relação tradicional entre banda, promoter local e empresário.

"Continuem com essas megaproduções de turnê e vocês vão nos levar à falência", disse ele. "Precisamos de parceiros para ancorar esse risco."

A Live Nation entrou em nossa vida, e Arthur Fogel e Michael Rapino até hoje brigam com a gente por causa dos custos; eles só param de brigar quando fica claro que a experiência dos fãs será muito melhor graças a esses custos. "Porque se colocarmos os fãs em primeiro lugar, eles vão voltar."

Nos anos 2000, quando a tecnologia ameaçava derrubar a indústria fonográfica, os shows foram se tornando cada vez mais a tábua de salvação para a maioria dos artistas. As vantagens das tecnologias eram claras: para os fãs era mais fácil, e geralmente mais barato, acessar a música desse modo; e, para os produtores, uma revolução se alastrava. Mas havia/há uma desvantagem potencialmente desastrosa: com a facilidade de compartilhamento desses arquivos gratuitos, compositores e músicos estavam recebendo cada vez menos... e podiam até estar a caminho de não receber nada.

Paul chamou isso de "o grande roubo de cérebros".

"Seus amigos das *big techs* estão perto de jantar seus amigos da indústria fonográfica. Quem foi mesmo que disse aquilo, 'Se você não está à mesa, então está no cardápio?'"

Provavelmente você, pensei comigo mesmo.

A pergunta incômoda me levou a Roger McNamee, consultor de tecnologia do Grateful Dead e um dos fundadores da empresa de investimentos Silver Lake. Montamos uma equipe para ir atrás de uma ideia audaciosa — "ridícula" pode ser uma palavra melhor: assumir um dos principais conglomerados de música. Seríamos capazes de invadir a Bastilha e criar uma revolução centrada nos artistas?

Não seríamos.

Mas chegamos perto, e foi assim que Roger me convidou para formar outra "banda" com ele. Um grupo de investidores de mídia e tecnologia. Outra ideia ridícula porque eu não tinha tempo. Então aceitei. Juntos, fundamos a Elevation Partners, em homenagem à canção homônima do U2, que nos dez anos seguintes se tornaria minha escola no aprendizado das transformações tecnológica.

Roger, livre-pensador e extremamente altruísta, se tornou meu instrutor neste novo campus. Em meus primeiros estudos sobre desenvolvimento internacional com Jeff Sachs, me lembrei que esse jovem que passou menos de uma semana matriculado numa universidade será eternamente um estudante. E que eu aprendo na prática.

Mais recentemente, estudei com Jeff Skoll, o empresário de tecnologia cuja Participant Media produziu *Uma verdade inconveniente*, de Al

Gore, e uma série de outros filmes de impacto social. Com cérebro para os negócios e alma para o serviço, Jeff queria provar que investidores "durões" apoiando inovadores comprometidos com "boas coisas" poderiam ajudar a dar vida a conceitos "vagos" como "um futuro sustentável para as pessoas e para o planeta". Eu estava precisando de outra atualização de software.

Outra banda? Uma ideia ridícula porque eu não tinha tempo. Então aceitei. Dentro da TPG, uma empresa de investimentos, eu, Jeff, Bill McGlashan, Jim Coulter e David Bonderman criamos o Rise Fund. O fundo é um trabalho sempre contínuo e hoje entendo por que as pessoas são cínicas em relação a benfeitores em qualquer campo, especialmente no ramo do comércio. Mas a Rise, e agora Rise Climate, conduzida pela imponente figura de Hank Paulson, ambientalista e ex-Secretário do Tesouro dos EUA, já ajudou a construir algumas empresas inovadoras. Esses fundos estão causando um impacto social maior do que eu imaginava ser possível apenas alguns anos atrás.

Porém, eis o problema.

Apesar de todo o sucesso desses empreendimentos, no momento em que escrevo, os mundos da tecnologia e da música ainda não recompensam de forma justa os muitos artistas que não são mega *popstars*. Encaro isso como um fracasso pessoal e profissional. Embora as pessoas mais próximas e queridas sempre me digam que estou "exagerando", e apesar de tudo que aprendi sobre novas mídias, ainda me sinto mal pelo U2 não ter conseguido ajudar a moldar uma indústria fonográfica mais justa. Ainda me incomoda conhecer tantos compositores cujas letras são cantadas por aí, mas que não conseguem pagar suas contas.

ARTISTA BARRA ATIVISTA BARRA INVESTIDOR

Não estou dirigindo só na minha faixa, mas também não estou ziguezagueando pela pista. Pode-se dizer que estou voando em um balão de ar quente sobre um terreno muito interessante.

A paisagem que se estende à minha frente é a tela, a obra de arte. Não vejo diferença entre o que faço como artista e o que faço com o resto da minha vida. Não tenho um "resto da minha vida". Não quero isso. Só tenho essa vida.

Björk — cantora/compositora/artista/produtora/ativista — me disse que na Islândia um artista é só mais alguém que presta um serviço comunitário, como um carpinteiro ou um encanador.

"Tudo é valioso... bem... dependendo do conforto da cadeira e da qualidade da descarga", acrescentou ela, sorrindo como uma criatura mítica.

Gosto dessa visão. A arte é mais importante do que, digamos, projetar produtos farmacêuticos que salvam vidas? Não. Embora eu acredite que há dias em que a arte salva vidas. Sentado em casa tentando fazer a letra de uma música não parecer uma palavra cruzada, sei que naquele momento há cuidadores de idosos, assistentes sociais, garis que estão fazendo algo mais essencial do que eu. Mas espero, confesso, que o que *eu* estou fazendo no fim das contas se torne essencial para essas pessoas.

Por que deveria existir tensão entre o tangível e o intangível? A arte não está necessariamente em um plano superior ao dos negócios, e um artista não é uma alma mais sagrada porque faz arte. Algumas das pessoas mais egocêntricas que conheci são artistas (eu sou uma delas...), e algumas das mais altruístas eram empresários, tentando tratar seus funcionários com a devida dignidade.

A ascensão do rap e do hip-hop inutilizou esses binarismos. Ali estava uma cultura onde artista, ativista e investidor colidiram de modo espetacular, sua moda e filosofia permeando o planeta de uma forma que o rock nunca fez. Músicos negros muitas vezes têm sido menos sentimentais do que músicos brancos ao lidar com o capitalismo. Eles tiveram que ser. Sam Cooke montou sua própria gravadora. Assim como Curtis Mayfield. Berry Gordy construiu um império musical. James Brown era dono de estações de rádio. Músicos prodigiosos como Jay-Z, Beyoncé, Puff Daddy, Kanye West e Rihanna desenvolveram uma abordagem do capitalismo empreendedor que lhes ajudou a alcançar o status de *superstars*.

Foi o economista do século XVIII, Richard Cantillon, irlandês do Condado de Kerry, que introduziu a visão moderna do "empreendedor" e sugeriu que se trata de alguém que se arrisca a fazer algo que não sabe usando aquilo que sabe. (Ou algo assim.) Não me considero um empreendedor. Quando me sinto arrogante, penso em mim mesmo como um "atualista", um termo que inventei enquanto não encontro a palavra no dicionário. Um idealista que também é pragmático.

"O que funciona?" É isso que eu sempre pergunto. Quando alguém falou que o trabalho do artista é descrever o problema, não resolvê-lo, eu não estava prestando atenção. Quero estar com as pessoas que se dedicam e que realmente aprimoram as coisas. De verdade. Gosto de funcionalidade.

Também gosto de aliteração. Artista, ativista, atualista. Talvez seja por isso que Bill Gates me fascina.

BATENDO A CARTEIRA DE BILL E MELINDA

Quando fui atrás de Bill e Melinda Gates minha ideia era enfiar a mão em alguma reserva escondida e redistribuir parte de seus recursos substanciais para aquilo que se tornaria a ONE. Mas o que estava naquela reserva escondida findou se mostrando menos valioso do que o que estava em seus cérebros. E do que a amizade deles.

Embora seja a parte mais reflexiva e meditativa dessa longa parceria, e tenha ficado menos famosa do que Bill, Melinda não fica nem um pouco atrás em termos de dedicação e compromisso com os resultados. Lúcida, ela está sempre em busca de respostas tanto para os problemas tangíveis de sua fundação quanto para uma melhor compreensão do mundo intangível, aquele para o qual sua fé parece guiá-la. Ao longo de vinte anos de amizade e parceria, notei como Melinda é sempre a oradora que não está apaixonada demais pelo som da própria voz, o que talvez explique o poder que ela tem quando fala e ofereça uma pista para a origem da clareza de seu discurso. As palavras importam. Eu uso muitas. Melinda, não.

Enquanto isso, Bill ia se tornando um artista de estádio. Em parte por ser o Bill Gates da Microsoft, mas também por não se sentir inibido diante de luz, câmera, ação. Bill não é vaidoso. Sendo assim, foi ele quem subiu ao palco do Live 8, em 2005 — uma série global de shows no vigésimo aniversário do Live Aid —, para lembrar ao mundo que o desespero e a angústia da pobreza extrema não eram inevitáveis. Para lembrar os políticos na reunião do G8, na Escócia, que problemas devem ser resolvidos.

"Aprendi que o sucesso depende de saber o que funciona e de trazer recursos para o problema."

Não é exatamente uma música pop, mas tem uma linha melódica clara; Bill ficava tão à vontade para falar com uma multidão de fãs de música quanto eu precisava ficar ao falar com um grupo de economistas.

Um ano depois, Ali e eu estávamos em uma reunião de funcionários e membros do conselho da ONE na França quando recebi uma ligação de Bill.

"Estamos sentindo a sua falta", eu disse a ele.

"Como assim?"

"Estamos na reunião do conselho da ONE."

"Eu tinha me esquecido disso."

"Não foi por isso que você ligou?"

"Não", disse Bill. "Você está sentado?"

"Estou me sentando."

Olhei ao redor da sala, céu e mar recortando a silhueta de ativistas e financiadores sinceros, cada qual com seu livro contábil. Pessoas que raramente passam um dia longe de seus escritórios.

"Você deveria estar aqui", cobro o homem que, junto com Melinda, vai se tornar o maior financiador da ONE e da (RED). "O que está acontecendo com você?"

"Não sou eu. É o Warren. Ele queria dar uma palavrinha..."

Warren Buffett, um dos investidores mais bem-sucedidos da história, tem um comportamento incomum, mais para aluno do que professor. Sempre humilde, questionador.

"Como está a Ali? Como estão todos aí na França?", perguntou Warren. "Susie adorava esse lugar."

"Estamos todos bem, Warren. O que você manda?"

"Bem", disse ele, "tem uma coisa na qual tenho pensado desde que a Susie morreu."

Susie, a mulher com quem ele fora casado por cinquenta anos, tinha falecido de câncer dois anos antes. "All I Want Is You" era sua música favorita e a cantei em seu funeral, com seu neto Michael na guitarra. Tenho muito carinho pela família. A filha deles, também Susie, dotada da mesma bússola moral do Meio-Oeste, é membro do nosso conselho, uma boa amiga e boa financiadora.

"Tenho todos esses recursos", continuou Warren.

"Dinheiro, você quer dizer", interrompi, rindo, um pouco nervoso.

"Bem, sim, e esse dinheiro não tem utilidade para mim. Preciso encontrar um propósito para ele."

A conversa e o barulho pareceram ter sido sugados para fora da atmosfera. Pelo tremor na voz normalmente irônica sei que ele está falando sério. Noto uma menininha passando, de maiô e boia em volta da cintura; o mar ao fundo nem se move.

"Acabei de dar cerca de trinta e um bilhões de dólares para Bill e Melinda, para a fundação. Eles sabem como gastar esse tipo de dinheiro em coisas com as quais vocês se importam. O tipo de coisa com a qual Susie se importava."

"Warren", eu disse, momentaneamente mudo, tentando processar o que achava ter ouvido. Talvez eu precisasse que ele repetisse, só para ter certeza. Talvez todas as pessoas presentes ali na reunião precisassem ouvir.

"Warren, se importa se eu colocar você no viva-voz?"

Enquanto todos ao redor da mesa se inclinavam, as palavras de Warren emergiram do meu antigo Sony Ericsson, e as expressões das pessoas se abriam e fechavam à medida que absorviam o que aquele momento poderia significar na luta contra a pobreza extrema, a luta que havia levado todos nós ao redor daquela mesa.

A primeira e a segunda famílias mais ricas do mundo estavam somando suas fortunas em prol da saúde global e para combater a privação que atingia algumas das famílias mais pobres do mundo. Difícil não notar a poesia daquele momento, mas, por outro lado, nenhum dos envolvidos ignorava que o mundo não deveria depender de caridade como aquela. A justiça sempre nos exige um padrão mais elevado.*

PALAVRAS BARULHENTAS, PALAVRAS SILENCIOSAS

Quando escrevi minha primeira música aos 18 anos, dinheiro era a última coisa que eu tinha em mente. O que eu tinha em mente era

* Esse telefonema de Warren e Bill transformaria o trabalho da ONE. Além de fortalecer nossa presença em Londres e Washington, em Bruxelas e Berlim, pudemos abrir sedes no continente africano. Até nosso movimento criar raízes ao sul da linha do equador, até termos tantos membros na África quanto na Europa e na América, eu costumava dizer que deveriam nos chamar de HALF ("metade"). Para que fôssemos dignos daquele nome inteiro, ONE, seria preciso que os africanos moldassem nossa organização. E à medida que pessoas como Ngozi Okonjo-Iweala, Aliko Dangote, Zouera Youssoufou e Mo Ibrahim se juntavam a nós, à medida que passávamos a poder contratar pessoas em Abuja e em Adis Abeba, nosso movimento começava a mudar de aparência e a falar de outra maneira.

criar alguma coisa a partir do nada. O que eu tinha em mente era música. Arte. Nunca escondi essa vida paradoxal que acabei indo viver, de astro do rock super remunerado que fica batendo na tecla das condições de vida dos mais pobres.

Don't believe in excess
Success is to give
Don't believe in riches
*But you should see where I live...**

— "*God Part II*"

Graças a capitalistas filantropos como Bill e Melinda, como Warren e Susie, a ONE nunca precisou pedir dinheiro ao público. Graças a doadores supermilionários como Mike Bloomberg, George Soros, John Doerr, Mellody Hobson... ou, veja só, ricos superficiais como eu e a banda.

Algumas vezes, me peguei olhando ao redor da mesa para algumas pessoas tão excepcionais e me perguntei como aquele garoto comum da Cedarwood Road — o mesmo que passou seus anos de escola comendo cereal matinal, chocolate Cadbury e beliscando os sanduíches de Edge e Larry durante os ensaios — acabou nesse tipo de companhia.

Mas, mesmo que todos tenham origens diferentes, os indivíduos que financiam ONGs como a ONE partilham a convicção de que, embora as pessoas possam mudar o mundo para melhor ou para pior, uma mudança permanente necessita de movimentos sociais.

Quando isso acontece, a taxa de retorno é elevada à enésima potência.

Não posso mudar o mundo. Nós podemos.

É nesse ponto que entra a expressão "apoio a uma causa".

Essa expressão causa menos impacto do que financiar diretamente educação e pesquisas farmacêuticas, mas, quando ONGs como Anistia Internacional, Global Citizen, Oxfam e Save the Children conseguem o que querem, elas são capazes de transformar políticas públicas, que por sua vez transformam a vida de milhões de pessoas.

* Não acredite em excesso/ Sucesso é dar/ Não acredite em riquezas/ Mas você tinha que ver onde eu moro...

Na melhor das hipóteses, organizações como a ONE amplificam as vozes de pessoas e países que raramente são convidados a subir ao palco global.

Porque, em última instância, o que pedimos é aos governos.

O que pedimos é uma reforma da arquitetura dessa casa que chamamos de planeta em favor dos que estão trancados do lado de fora.

O que pedimos é justiça.

E acontece que a luta por justiça se resume a palavras chatas que não ficam bem em uma camiseta.

Competência.

Governança.

Transparência.

Responsabilização.

Palavras transformadoras.

Palavras que não gritam. Palavras silenciosas que fazem o mundo virar para a direção certa.

Palavras importam.

Palavras transportam pessoas; pessoas transportam palavras.

Enquanto escrevo, essas palavras estão sendo colocadas à prova na Rússia, no Iêmen, na Síria, na Etiópia... vocês entenderam.

Queremos poder acreditar no ativista egípcio Wael Ghonim quando diz: "O poder do povo é muito mais forte do que as pessoas no poder."

A verdade é: todo o dinheiro do mundo, toda a influência, incluindo todas as pessoas ricas e chiques como eu, no fim serão subjugados pela coletividade.

Até os tanques que hoje subjugam o povo da Ucrânia serão subjugados.

If you go your way
and I go mine
always dressed for the occasion even if it wasn't
hand made shirts from Turn Bull and Asser
tailored. suits from Edward Sexton of
Paul Smith and the faint whiff of a ridiculously
expensive Japanese scent trailing in his wake
...then his eyes sparkled a little
in anticipation of the
PRINCIPLE
Tropical
MELODIA
players of
the West
our office
the rain

35

Every Breaking Wave

Every sailor knows that the sea
Is a friend made enemy
And every shipwrecked soul, knows what it is
To live without intimacy
I thought I heard the captain's voice
It's hard to listen while you preach
Like every broken wave on the shore
*This is as far as I could reach.**

Temple Hill, Dublin. Um dia de junho observando os pinheiros-bravos como linhas verticais sobre a linha horizontal que é a baía de Killiney.

Uma conversa com um amigo.

"A vida sem você é impensável".

Olhos perplexos me encarando.

"Você sabe que não lido bem com rejeição… tenho questões em relação ao abandono." Um grunhido.

---

* Todo marinheiro sabe que o mar/ É um amigo transmutado em inimigo/ E toda alma naufragada sabe o que é/ Viver sem intimidade/ Pensei ter ouvido a voz do capitão/ É difícil escutar enquanto você reza/ Como toda onda que quebra na praia/ Foi só até aqui que eu pude chegar.

Parte lebréu irlandês, parte *collie*, parte vira-lata, Jackson, nosso cachorro, o melhor amigo do homem e da mulher desta casa, tem poucos meses de vida. Cada despedida me lembra de todas as outras despedidas, e estou pensando que para um cara que escreveu mais canções sobre despedidas do que a maioria das pessoas, eu na verdade não gosto delas.

A maçaneta de ferro da porta da cozinha é puxada e Lemmy, nossa outra cachorra (em homenagem ao líder do Motörhead), entra. Ambos os cachorros aprenderam a abrir a porta com as patas, e Lemmy está sempre invadindo a casa em busca de suprimentos. Parte vira-lata, parte rato, ela está sempre com fome e é difícil de administrar. Eu me identifico com Lemmy. Pelo menos durante a maior parte da minha vida adulta tive Paul McGuinness tentando me controlar.

Odeio despedidas.

ADEUS AO NOSSO QUINTO BEATLE

Paul McGuinness se tornou um personagem interessante ao longo dos anos. Uma presença extraordinária, extraordinariamente apresentada.

Sempre vestido com elegância e capaz de tornar elegantes todas as situações, mesmo as que não eram. Camisas e gravatas sob medida da Turnbull & Asser, da Jermyn Street, ternos sob medida de Edward Sexton ou Paul Smith, e o leve rastro de um perfume japonês caro por onde passava. Apenas o suficiente. Se estivesse de ressaca, Paul a encarava com um banho escaldante e um barbear perfeito. E nas reuniões matinais, você jamais imaginaria que ele havia tido uma noite intensa, tramando e negociando em seu nome. Embora, se a noite tivesse sido particularmente intensa, talvez os pedacinhos de lenço de papel grudados nos cortes de lâmina denunciassem uma carnificina. Paul tem um quê de velho mundo, um homem preparado com esmero — pela mãe, professora, e pelo pai, natural de Liverpool e piloto de bombardeiro da Força Aérea Real — para levar a vida como um cavalheiro. Paul vive intensamente e é naturalmente generoso, mas só até o momento em que suspeitar que você o traiu. Quando então um leve brilho nos olhos denuncia o rancor que ele irá guardar de você.

Na sede da Principle Management, no Sir John Rogerson's Quay, às margens do Liffey, observo a nova e elegante Dublin que Paul, com pequenas, mas significativas contribuições, ajudou a construir. Uma cidade moderna, impulsionada por uma política de centro-direita e uma economia de centro-esquerda. Em uma das extremidades de seu escritório com painéis de madeira, uma tela de dois metros de largura de Harry Kernoff, *Melodeon Player of the West Ireland*, repousando sobre um cavalete antigo. Sobre a mesa, a pilha de papéis de entrada um pouco mais alta do que a de saída. Atrás dele, registros de grandes momentos de uma vida grandiosa. Retratos de pessoas importantes. Amigos. Ex-amigos. Alguns retratos de pessoas de quem ele realmente não gostava. Além de momentos e personalidades dos quais ele se orgulhava, uma galeria de pessoas que se desentenderam com ele. Não que ele se desentendesse facilmente, mas se chegasse a esse ponto, Paul não tinha nenhum problema em brigar. Não por ter questões em relação ao abandono ou coisa do tipo. E ele também (nota mental para mim mesmo) não dava qualquer desculpa ao recusar um pedido.

"Escrevo para informar que a banda não vai poder participar do seu programa de TV/programa de rádio/sei lá qual evento."

Nem um "Infelizmente estaremos viajando" ou "Estamos ocupados."

E não era só Paul que fazia isso. Ele treinou a empresa inteira para não pedir desculpas. Ninguém na Principle Management deveria dar desculpas, exagerar ou mentir em nome dele. Paul era um homem de princípios e também tinha estilo. Se fosse um personagem de ficção, não seria crível, mas, felizmente para nós, esse homem magnífico realmente existiu. E existiu para a nossa banda.

Pois bem, aqui está ele em 2013, sentado atrás daquela mesa, de terno e gravata impecáveis, explicando ao vocalista daquela banda que ele criou desde as fraldas até a adolescência e depois até certo grau de maturidade, que não pode mais acompanhar seus planos de dominação mundial. A mais recente era a minha "Teoria do Bloqueio", que seria criar um protocolo de registro, envolvendo todos os gêneros musicais, que nenhum novo formato ou plataforma digital que tentasse vender música a preços artificialmente baixos conseguiria contornar.

PAUL: "Bono, eu simplesmente não tenho tempo, vontade e, no que diz respeito à gestão, muito interesse na próxima grande inovação e nem em expandir a Principle Management."

EU (INTERROMPENDO): "Mas você é a pessoa perfeita pra isso. Todos os outros empresários copiam você. A Principle Management é a líder perfeita. O nome disso devia ser Principle..."

Paul me interrompe.

PAUL: "Você não está ouvindo. Eu teria que querer fazer isso, e eu não quero."

EU (PRESTES A INTERROMPER):

PAUL (INTERROMPENDO MINHA INTERRUPÇÃO): "E posso perguntar quem cuidaria do U2 se eu estiver cuidando de tudo isso?"

EU: "Você, é claro. Você não teria que fazer isso sozinho. E seria mais fácil se houvesse outros empresários para ajudar. Guy Oseary topou falar com Madonna sobre essa novidade. Gosto dele, confio nele. Mais jovem que nós, inovador, entende de tecnologia."

PAUL: "Será que o Guy Oseary entenderia que é impossível cuidar do U2 usando um BlackBerry? Que administrar vocês quatro não é administrar a Madonna e sim *quatro* Madonnas? Já estou advogando em nome dos artistas e do destino da indústria fonográfica. Acho que já pensei nisso muito mais do que você. Você ao menos leu o discurso que eu fiz no Midem?"

EU: "Li. Você me perguntou na semana passada e na semana anterior... e no mês anterior. 'A bonança on-line: quem está ficando com todo o lucro e por que não estão compartilhando?' Claro que li. Essa conversa aqui sou eu dando continuidade ao debate."

PAUL (OLHOS PARA O CÉU): "Não sou o cara para esse tipo de coisa, Bono. Além disso, a coisa vai se avolumar e você vai querer incluir todos os artistas do mundo. Enfim, eu gosto do funcionamento estelar, ele nos mostra que nem todo mundo pode brilhar. Realmente não tenho energia para isso. Tenho pensado em sair do ramo e voltar para o cinema e para a TV, onde comecei. Se é isso que você tem em mente, então talvez seja a hora de eu partir pra outra."

Nós dois paramos para respirar.

O acontecimento foi revelador porque Paul, que sempre teve ambição e energia ilimitadas, naquele momento estava deixando claro que a reserva era finita. Paul estava em busca de uma vida mais simples, não de uma mais complicada. Talvez aos 60 ele tenha achado que preferia continuar sendo nosso amigo do que enfrentar mais batalhas conosco. Com a indústria fonográfica mudando mais rápido do que nunca, Paul teve a honestidade intelectual de dizer: "Não posso percorrer a próxima etapa da jornada se essa etapa for reorganizar a indústria da música."

Eu sabia que na verdade isso significava: "Você vai precisar montar acampamento em outro lugar na hora de escalar a próxima montanha."

Paul continuou com um desafio: "Por que você não fala com o Arthur Fogel e o Michael Rapino na Live Nation? Veja se eles querem comprar a Principle."

E com mais um tapinha naquele rosto barbeado, o homem que produziu e dirigiu os sonhos de quatro garotos suburbanos arrivistas começa a escrever sua própria saída de nossas vidas.

Sua frase de despedida?

"Não posso ir junto, mas sempre estarei aqui para vocês."

Mais tarde, estou sentado sozinho, me perguntando o que aconteceu. O que fazer com o adeus?

Duas lembranças me vêm à mente.

Primeira: "Você sabe por que eu quero trabalhar com vocês pelo resto da vida?"

É uma noite de sexta-feira em 1979, e Paul está sussurrando conspirações bem alto no aconchegante Dockers, na esquina do Windmill Lane Recording Studios. Seu tom de barítono facilmente ouvido sobre o barulho de um pub lotado. Os copos aterrissam e decolam das mesas como aeronaves em uma pista de aeroporto. Para mim, aos 19 anos, sua frase "o resto da vida" soa como 26 ou 27.

"Porque vocês entendem toda a equação", diz ele, olhando para mim. "Sabe o que quero dizer?"

"Sei", digo, sem fazer a menor ideia do que ele quer dizer. Mais tarde descobrirei que era uma referência a *O último magnata*, de F. Scott Fitzgerald.

Segunda: vinte anos depois, estamos em 1999, e estou subindo ao palco no Giants Stadium sem a banda. Estou me apresentando no Net Aid com Wyclef Jean. A causa é o perdão da dívida externa, e é uma causa enorme. O público esta noite? Nem tanto. Acho que menos de vinte mil pessoas num lugar com capacidade para oitenta mil. Ao meu lado, paul sussurra gritando para mim mais uma vez, como se eu nunca fosse aprender.

"Passei a vida inteira garantindo que esse tipo de coisa nunca acontecesse com você. Olha o que você fez com você mesmo."

No palco, Quincy Jones rege uma orquestra.

"Quincy", digo, "não tem ninguém aqui."

Ele olha para mim e diz: "Bono, eu não tenho que me virar."

VELHAS PONTES QUEBRANDO

Sei que Paul vai ficar bem. Mas e quanto a nós? No enterro de um amigo, ouço o poema de Seamus Heaney "Scaffolding" ("Aindaimes"). Seamus está lá quando você precisa dele:

> Os pedreiros, quando uma obra iniciam,
> Com cuidado os andaimes examinam;
> Confirmam que tábuas não deslizarão nas áreas
> movimentadas,
> Apertam parafusos das dobradiças, prendem todas as
> escadas.
> E, no entanto, quando o trabalho finda tudo isso é
> demolido
> Exibindo paredes de concreto firme e sólido.
> Então, meu bem, se às vezes chegar a parecer
> Que entre nós há velhas pontes quase a ceder
> Nunca tema. Podemos deixar que caiam os andaimes
> Seguros de que já construímos nossas paredes.

Eu me pergunto se o muro permanecerá de pé sem Paul e sem a Principle. Ou se já passou da hora de derrubar nosso andaime.

Construa outra coisa. Questões em relação ao abandono.

Isso é o fim de alguma coisa? Ou o começo de outra?

Mais uma pedra fundamental se soltou quando Jack Heaslip, nosso guia espiritual desde a Mount Temple, descobriu uma doença terminal. Essas pessoas que estiveram ao nosso lado em dias bons e ruins, essas pessoas que foram nossas âncoras em águas turbulentas… ou sua ausência nos deixaria à deriva ou teríamos de começar de novo. De novo.

O mundo realmente precisava de um novo álbum do U2? E se fosse o caso… por quê? Era essa a pergunta que eu queria responder.

A banda estava pronta para ir para o lugar onde moram as canções?

Os portões do grande armazém que as contém estão trancados e são poucas as notas que os abrem.

Humildade beirando a humilhação é uma delas, mas, com a chegada do sucesso, essa é uma chave que a maioria dos artistas deixa para trás.

Pedir ajuda. Essa é outra. E ainda mais uma é aceitar críticas.

Em vez de se fortalecer, o ego masculino se torna mais frágil com o sucesso. ("Veja bem, eu sou do U2… Não fala assim comigo só porque… você é do U2.")

A desonestidade mantém a porta do Armazém das Canções firmemente trancada, o compositor um pouco bem-sucedido demais agora com a falsa impressão de que todos os seus pensamentos merecem ser compartilhados. A chave está à espreita nas profundezas de sua alma. Mais prosaicamente… o que te deixa cagado de medo?

O que realmente há em seu coração?

Eu me vi mergulhando nos primórdios da banda, depois ainda mais fundo, até minhas primeiras lembranças do número 10 da Cedarwood Road. Voltando ao quartinho de entulho que era o meu quarto, às batalhas dentro e fora de casa. À chegada oportuna de Ali tão rapidamente após a partida prematura de Iris. Como uma gangue de rua e depois uma banda substituíram uma família tão de repente?

Voltei a escutar aquela música que me formou e principalmente a sentir a injeção de adrenalina dos *speed hits* do punk rock. Então me lembrei do motivo pelo qual formamos a banda, da alegria de melodias simples, das guitarras cortantes e estrondosas como base para palavras simples. O tom arrojado e inocente daquilo tudo. Tínhamos nos afastado demais de nossas raízes naquele último álbum, *No Line on the Horizon*? Era hora de voltar ao princípio? Aos princípios do punk.

"Nostalgia é coisa do passado", disse Edge.

Há!… Mas, por motivos egoístas, eu tinha que retornar a ele. Tinha que voltar pela Cedarwood Road e redescobrir aquele pedaço de mundo do qual, até hoje, eu ainda tentava escapar através das composições.

Comecei a escrever sobre os cantores que moldaram meu caráter. Rascunhei uma música sobre Joey Ramone. Sobre meu primeiro show de punk rock, The Clash, na primeira turnê deles. E sobre como, depois disso, uma parte de mim nunca mais voltou para casa na Cedarwood Road. Uma música chamada "This Is Where You Can Reach Me Now".

On a double decker bus
Into College Square
If you won't let us in your world
Your world just isn't there

Old man says that we never listen
We shout about what we don't know
We're taking the path of most resistance
*The only way for us to go.**

Comecei a reler o poeta e pintor inglês do século XVIII, William Blake, um fascínio que aprendi com Van Morrison, Patti Smith e Kris Kristofferson. Blake havia escrito dois pontos de vista completamente diferentes sobre a própria vida — um de inocência, em 1789, e outro, de experiência, em 1794. Um intervalo de cinco anos entre eles. Percebi que estava escrevendo nossas próprias *Songs of Innocence*, o que significava que também estávamos nos inscrevendo para *Songs of Experience*.

Foi um verso do nosso segundo álbum, *October*, que levou de um disco para o outro. Em 1981, ainda jovem, cantei: "I can't change the world, but I can change the world in me" ("Não posso mudar o mundo, mas posso mudar o mundo em mim"). Agora, com 50 anos, me vi escrevendo algo diferente: "*Posso* mudar o mundo, mas não posso mudar o mundo em mim."

* Num ônibus de dois andares/ Indo para College Square/ Se você não deixar a gente entrar no seu mundo/ Seu mundo simplesmente não existe/ Os velhos dizem que a gente nunca escuta/ Fazemos declarações sobre o que não conhecemos/ Estamos tomando o caminho de maior resistência/ O único caminho possível.

A virada.

Dois álbuns e, como Blake, não importava que estivessem separados por um intervalo de poucos anos.

WISH YOU WERE HERE

Fazer *Songs of Innocence* foi muito mais difícil do que pareceu na época, provavelmente porque nos divertíamos muito depois do trabalho. Estávamos gravando em uma velha igreja em Crouch End, e como Adam já tinha uma casa em Londres, isso virou uma desculpa para o resto de nós dividirmos outra. Algo que não fazíamos havia algum tempo. Quase quatro décadas depois desde a primeira vez que moramos juntos em Londres, a sensação era de revisitar nossa inocência. Com muito mais experiência.

POSTAIS DE LONDRES (24 HORAS)

nº 1: 4h30, Casa do Big Brother U2

Não consigo dormir porque Edge está tocando no quarto em cima do meu. Violão, cordas de nylon, parece. Ele me acordou pouco depois das duas, mas voltei a dormir. Agora já são quatro, e ele ainda está tocando o mesmo trecho. Veja bem... exatamente a mesma parte. Já faz duas horas. O arpejo que embala "Song for Someone" parece embalar o sono dele. Edge nem sempre é casual em relação ao instrumento que o tornou famoso. Ele não é o tipo de cara que "vai dar aula" para outros guitarristas, mas estou aqui para contar isso ao mundo... até dormindo ele toca.

nº 2: 16h, Noel Gallagher, Church Studios

"Minha mãe ia adorar isso. É católica?"

Nossa banda conhece Noel desde o primeiro álbum do Oasis, *Definitely Maybe*, quando depois de um show no começo da noite, fomos para seu apartamento no porão na Albert Street. Inteligente e engraçado na mesma medida, Noel é um devoto e pratica sua adoração no santuário das melodias inalcançáveis e das atitudes intocáveis. É o maior criador de melodias do Reino Unido desde Paul McCartney. As músicas são como uma coleção de armas ou facas para ele. "Elas podem tirar você de um lugar incômodo se você estiver empacado... o que você tem?"

nº 3: 22h, Chiltern Firehouse

Cenas rabelaisianas enquanto Brian Eno chega atrasado para comer conosco. Noel e Sara, Damien Hirst, Stella McCartney e Ant Genn começam a cantar, no estilo da torcida do futebol, "EEEENO, EEEENO". Brian parece confuso, mas lisonjeado, um incidente a ser remixado para alguma futura maravilha sônica. A noite nos levará adiante.

nº 4: Meia-noite com a prefeita

A pioneira da moda ética, Stella McCartney, se sente prefeita de Londres esta noite, pois a sala parece girar em torno dela. Ela e o marido, Alasdhair, são dedicados ao design, à economia circular, aos filhos e... à diversão. Stella faz questão de mencionar que é maravilhoso ver os quatro membros do U2 juntos, já que ela não tem lembranças do pai saindo com seus companheiros de banda (um grupo beat de Liverpool). "Uma passada de olhos não basta. Pare e observe", diz ela para mim. "Olha só o que vocês têm."

nº 5: 5 da manhã, "O que você está comendo?"

Larry está trabalhando atrás do balcão do bar com nosso engenheiro/produtor Declan Gaffney, servindo um ambiente lotado às cinco da manhã mesmo que tivéssemos prometido ao gerente do hotel que já estávamos indo deitar. (Depois que o gerente saiu, todos voltamos para nos servir.)

"Como foi que a gente virou adulto?"

Acho que fui eu quem fiz essa pergunta a Larry, quando o sol começava a nascer.

"Como assim?" Ele prepara o ponto de interrogação para colocar sobre nossas cabeças. "Por que você está fazendo uma acusação dessas?"

Songs of Innocence nos trouxe muita experiência. Voltamos ao poço e descobrimos que ainda poderíamos deixar cair nosso balde se estivéssemos com bastante sede. Se ainda quiséssemos estar na banda, precisaríamos nos lembrar por que entramos nela. Era um álbum relembrando nossas primeiras viagens — geográfica, espiritual, sexualmente. Era uma ideia clara, ainda que não estivéssemos pensando com clareza. Mixamos o disco no Electric Lady Studios em Nova York, outro estúdio onde senti que deveria tirar meus sapatos para entrar.

O FRUTO PROIBIDO

Nosso novo empresário, Guy O, como Guy Oseary era conhecido, estava longe de ter medo da tecnologia digital. Ele estava animado com a ideia, dizendo que no fim das contas mais pessoas teriam acesso à música e com o tempo isso seria bom para compositores, cantores e músicos. Ele também acreditava que os artistas podiam surfar na onda e falar diretamente com o público. Esse era o plano para o lançamento de *Songs of Innocence*. Por que fazer menos CDs para pessoas que estão comprando menos CD players quando você pode acessar diretamente todo mundo que já comprou um álbum do U2 e entregar o novo digitalmente?

"Música grátis?", pergunta Tim Cook, parecendo levemente incrédulo. "Você está falando de música grátis?"

Tim é CEO da Apple, e estamos em seu escritório em Cupertino. Guy, eu, Eddy Cue e Phil Schiller, e acabamos de tocar para a equipe algumas de nossas canções de inocência.

"Você quer distribuir as músicas de graça? Mas tudo que a gente está tentando fazer aqui na Apple é *justamente* não distribuir música de graça. O objetivo é garantir que os músicos sejam pagos. Nós não vemos a música como algo que deva ser dado."

"Não", eu disse, "não acho que devemos distribuir as músicas de graça. Você paga a gente por elas e depois oferece ao público de graça, como um presente. Não seria maravilhoso?"

Tim Cook ergueu uma sobrancelha. "Você está sugerindo que a gente pague pelo álbum e depois distribua ele de graça?"

"Isso, como quando a Netflix compra o filme e distribui para os assinantes."

Tim olha para mim como se eu estivesse explicando o alfabeto para um professor de inglês.

"Mas não somos um negócio de assinaturas", diz ele.

"Ainda não", eu disse. "Podemos ser os primeiros."

Tim não está convencido.

"Alguma coisa nisso de dar sua arte de graça não está certo", ele diz. "E isso seria só para os fãs do U2?"

"Bem, acho que deveria ser para todo mundo. As pessoas escolhem se querem ouvir", explico.

Viu o que acabou de acontecer?

Você pode chamar isso de ambição arrogante. Ou de arrogância. Os críticos podem me acusar de ser exagerado. E eu sou.

Se levar a nossa música só para as pessoas que gostam da nossa música fosse a ideia, seria uma boa ideia. Se a ideia era levar nossa música para pessoas que talvez não tivessem o menor interesse na nossa música, talvez houvesse algum problema, de fato. Mas o que de pior poderia acontecer? Seria basicamente como receber um *spam*, certo? Como pegar nossa garrafa de leite e deixá-la na porta de todas as casas da vizinhança.

Não. Exatamente. Isso.

Em 9 de setembro de 2014, não só colocamos nossa garrafa de leite nas portas, mas em todas as geladeiras de todas as casas da cidade. Em alguns casos, derramávamos esse leite no cereal das pessoas. Algumas pessoas gostam de servir o próprio leite. E outras são intolerantes a lactose.

Assumo total responsabilidade. Nem Guy O, nem Edge, nem Adam, nem Larry, nem Tim Cook, nem Eddy Cue. Pensei que se pudéssemos colocar nossa música ao alcance das pessoas, elas poderiam escolher ouvi-la. Não exatamente. Como disse um gênio da mídia social: "Acordei hoje e encontrei Bono na cozinha, bebendo meu café, vestindo meu roupão, lendo meu jornal."

Ou, menos gentil, "O álbum gratuito do U2 é muito caro".

Mea culpa.

No começo achei que isso era só uma tempestade de internet. Éramos Papai Noel e derrubamos alguns tijolos enquanto descíamos pela chaminé com nosso saco de músicas. Mas rapidamente percebemos que havíamos esbarrado com uma discussão: a preocupação em relação ao acesso das Big Tech às nossas vidas. Meu lado punk achou que isso era exatamente o que o The Clash faria. Subversivo.

Mas é difícil se intitular subversivo quando você está trabalhando com uma empresa prestes a se tornar a maior do mundo.

Apesar de todas as tortas que jogaram na cara da Apple — que rapidamente providenciou um modo de deletar o álbum caso o usuário quisesse —, Tim Cook nunca titubeou.

"Você nos convenceu a fazer uma experiência, e nós fizemos. Pode não ter funcionado, mas precisamos experimentar o novo. Como está, o mercado da música não tem funcionado para todo mundo."

Se precisar de algumas pistas sobre por que Steve Jobs escolheu Tim Cook para assumir a liderança da Apple, essa é uma. Provavelmente conservador por instinto, ele estava disposto a tentar algo diferente para resolver um problema. Quando deu errado, ele estava pronto para assumir a responsabilidade. E embora não pudesse demitir a pessoa que colocou o problema em sua mesa, teria sido muito fácil apontar o dedo para mim. Pelo contrário, Cook continuou a confiar em nós: gastou mais de um quarto de bilhão de dólares da Apple apoiando a (RED), dinheiro que ia diretamente para o Fundo Global de Combate à AIDS, Tuberculose e Malária.

Havíamos ingressado na batalha da comunicação e das liberdades civis. Aprendemos uma lição, mas durante um tempo teríamos que ter cuidado onde pisássemos. Não era só uma casca de banana. Era um campo minado.

Havia outras urgências. Dois dias antes de estrearmos as músicas em Vancouver na abertura da "Innocence + Experience Tour", uma tragédia: a morte de Larry Mullen Sr., com seus 92 anos. Larry percorreu 7,2 mil quilômetros para passar um dia em casa e enterrar a figura mais inestimável de sua vida. Estava de volta ao palco para a noite de abertura, e à medida que os shows iam e vinham, senti que a banda estava amando mais a música do que nunca.

E uns aos outros.

Amor. Uma palavra e tanto.

CANÇÕES DE AMOR

É mais difícil para mim escrever canções de amor para homens do que para mulheres. Fizemos isso com "Bad". Os Beatles tiveram "A

Day in the Life". Rolling Stones, "Waiting on a Friend". The Clash, "Stay Free". Em *Songs of Innocence* tivemos mais protagonistas masculinos do que em qualquer álbum anterior. "Raised by Wolves" e "Cedarwood Road" ganharam força extra tocadas ao vivo, mas pessoalmente, as sereias "Song for Someone" e "Every Breaking Wave" balançaram minha estrutura de uma maneira diferente. Uma delas, um retrato ingênuo de dois amantes se comprometendo. A outra, uma representação mais cinematográfica de amantes que já percorreram um certo caminho e que começam a perder ritmo e ímpeto.

A amizade talvez fique sem gasolina. No amor romântico, isso sempre vai acontecer.

O amor romântico, esse tema épico, se desgasta a menos que se aproxime do real e se afaste da fantasia. Eu gostaria de poder escrever melhor essas músicas. Gostaria de poder honrar melhor as mulheres da minha vida. Minha esposa, nossas filhas, nossas amigas.

Eu canto: "Womens of the future/ hold the big revelations" ("Mulheres do futuro/ guardam as grandes revelações".)

Ali diz: "Não me olhe de baixo para cima ou de cima para baixo; olhe nos meus olhos. Estou aqui."

ANATOMIA DE UMA CANÇÃO DE AMOR

Desilusão é um assunto ao qual sempre regresso… mesmo que meu coração não esteja partido. Embora isso tenha algo a ver com estar em um casamento que nunca quero arriscar, também tem a ver com um humor que me atrai. A dualidade que exijo da boa arte em geral e da boa música em particular. As canções de amor assombradas e atormentadas de Roy Orbison, Bruce Springsteen e Cole Porter. Minha ideia de perfeição é a versão quase obsessiva de "Something's Gotten Hold of My Heart" de Marc Almond e Gene Pitney. Como mencionei, eu estava com "Without You" de Harry Nilsson na cabeça quando escrevi "With or Without You", e talvez um eco de "Killing Moon" do Echo and the Bunnymen.

Algo em mim sempre procura o desespero sob a alegria ou o amargo sob o doce, talvez porque eu saiba que nenhum relacionamento pode evitar esse tipo de complexidade. Bons relacionamentos, como boas músicas, merecem mais do que sentimentalismo. Ainda falando de músicas de amor, não consigo superar "Nothing

Compares 2 U", escrita por Prince, gravada por Sinéad O'Connor. São os detalhes, tempo e lugar. Na verdade, em termos de grandes vozes, não consigo superá-la. Dualidade novamente.

"Se você é a melhor coisa que eu tenho, então por que estou indo embora?" Uma frase que coloquei em uma música chamada "You're the Best Thing About Me", uma frase criada para dar dimensão ao que poderia ter sido uma hagiografia. Escrevi isso numa época (não muito depois do início deste livro) em que enfrentava sérios problemas de saúde e, pela primeira vez na vida, temi não ter mais muito tempo ao lado daquela mulher que conheci quando ainda era uma garota. Estou sempre procurando o espaço liminar, pelo que está após a fronteira da emoção. Se escrevo uma música sobre fé, expresso-a através da dúvida porque "ainda não encontrei o que procuro". Se escrevo uma música sobre um "dia lindo", ela também fala sobre a saudade de um amigo perdido.

Ao longo dos anos, em certos momentos fiquei hipnotizado por uma figura na minha imaginação que confundi com alguém real. Uma paixão que magoaria os sentimentos da minha parceira. Em momentos como esse, embora você talvez não esteja no controle de quem, ou daquilo, que está seduzindo, ou daquilo que está seduzindo você, você ainda está no controle do que faz com esses sentimentos. Das escolhas que faz. O amor romântico pode ampliar uma pessoa ou reduzi-la. Às vezes, o ato de amor mais convincente é simplesmente deixar a pessoa ser quem ela é. Sem você. Enquanto compositor, sou atraído por qualquer território ou assunto que esteja fora de alcance, uma coisa ou pessoa nova que possam surpreender minha imaginação.

E enquanto homem também, o que pode ser problemático. Posso ter uma queda por uma pessoa que não existe.

Ali encontra outros obstáculos no caminho de seu amor.

Houve momentos em que nós dois podemos ter nos ressentido das obrigações que nosso casamento impõe um ao outro? Certamente, mas nenhum de nós gostaria de viver sem o amor do outro, expresso por meio dessa instituição antiquada, mas ainda funcional, chamada casamento.

Gostamos da poética, mas também sabemos que nem sempre é possível viver só de sentimentos. Há muito intuímos que uma maratona como a nossa, de longa distância, não se faz só com romance.

Nos agradamos com a presença um do outro a ponto de, quando isso não acontece, sermos capazes de ultrapassar a barreira do desconforto. Para tentar chegar ao próximo nível. Ali chama isso de "o trabalho do amor", e talvez em alguns dias isso seja uma abreviação para eu ser um trabalho árduo. Mas ela está certa: amor é trabalho. Dos bons. Podemos deixar cair os andaimes, mas construímos nossa parede.

Ali fica inquieta quando fico muito sério. Como estou agora. Lutando para expressar como cada dia que damos um ao outro acrescenta peso e… ausência de peso. Gravidade e graça.

Será que estou mais desesperado para que nosso casamento dê certo do que ela (que nunca está tão desesperada quanto o marido)? Tenho muito a aprender com esse relacionamento, e uma das lições mais profundas que ele me ensinou é sobre como criar filhos. Eu tinha aquele pacto de irmão de sangue com meu amigo de infância Guggi, para que nunca crescêssemos, mas, depois que tivemos nossos filhos, aos poucos fui entendendo que não dá para ter um filho e continuar sendo criança.

Realmente não gosto de despedidas, mas às vezes é preciso dizer adeus.

Até para você mesmo.

CASH ZOO
A
B

36

I Still Haven't Found What I'm Looking For

I have spoke with the tongue of angels
I have held the hand of a devil
It was warm in the night
*I was cold as a stone.**

O cara branco que viria a fazer mais do que a maioria dos caras brancos na indústria fonográfica para ajudar a estourar o hip-hop nos Estados Unidos, a força musical mais importante desde que os Beatles reinventaram o rock 'n' roll. O homem que levaria o streaming para a Apple. O produtor de sucesso que se tornaria parceiro e amigo de um dos produtores mais significativos do século, o rapper Dr. Dre, ex-N.W.A, e que construiria com ele um império ao transformar os fones de ouvido Beats em emblema cultural. O cara branco que, mais do que qualquer outro que conheci nesse mercado, lutaria pela expressão da genialidade de artistas negros e por sua justa remuneração. Esse cara está prestes a revelar algumas das principais características que explicarão por que um dia ele faria tudo isso. Ele está fazendo um alerta sobre o turismo musical e sobre aquilo que hoje em dia alguns podem chamar de apropriação cultural.

* Já falei na língua dos anjos/ Segurei a mão de um diabo/ Estava quente à noite/ Eu estava frio como uma pedra.

Em resumo, caras brancos travestidos da genialidade da música negra, mas sem a real compreensão dessa música ou de seu contexto. E até esses caras brancos se lembrarem dos bons motivos pelos quais todos decidimos vir até aqui, é melhor que não desçam do ônibus.

Mas, sendo justo com esse outro cara branco, o ônibus ainda não chegou ao destino, que é uma igreja que tenta conter o fogo criado por um coral gospel chamado New Voices of Freedom. No caminho até lá, pedi para que o ônibus parasse em uma esquina aleatória. Um cantinho que parece meio legal onde estão acontecendo algumas atividades bacanas. Eu gostaria que o registro desta viagem tivesse uma atmosfera e também um ar de cinema verdade.

"Bono, essa parte do Harlem não é para turistas. Tenho muito respeito por esse lugar para simplesmente aparecer para uma gravação e enfiar câmeras na cara das pessoas."

"Você é irlandês", continua ele. "Você quer tirar algumas fotos, legal. Mas eu sou italiano. Cresci em Red Hook, no Brooklyn, e, acredite, os italianos não saem andando assim pelo bairro. Não vamos muito longe do lugar onde desembarcamos, sabe? Nós sabemos onde nossa área começa e termina."

Ele não terminou.

"Nova York nos anos 1970 era uma cidade territorial. Se você entrasse no espaço de outra pessoa, era bom que tivesse um motivo convincente. O que eu quero saber é: você tem certeza de que não estamos desperdiçando o tempo dessas pessoas? Porque uma parte de mim, como você bem sabe, ainda está nos anos 1970."

"Você está sugerindo que talvez a gente não seja sério o bastante ou legal o bastante para estar aqui?", pergunto.

"Um pouco de cada", responde ele. "Olha, eu entendo por que estamos aqui. Você quer gravar esse coral, que, aliás, é organizado por um cara branco. Não estou dizendo que é impossível que pessoas brancas sejam 'passáveis' aqui, mas é preciso um certo passe de entrada, sabe? Certa compostura, certo respeito."

Edge, Larry, Adam e eu tentávamos imaginar o que aconteceria em seguida, se nosso produtor vai decidir não descer do ônibus.

"Me deixa um minutinho a sós, pra organizar minha postura. Vou me acostumar."

Este homem é Jimmy Iovine, e ele está no Harlem com a gente para gravar um coral gospel. O New Voices of Freedom vai cantar "I Still Haven't Found What I'm Looking For" conosco no palco do Madison Square Garden. Este é um momento e tanto em nossa genuflexão tardia, que remonta ao final da década de 1980, à música americana. O gospel está tão próximo do coração do rock 'n' roll quanto o blues, central para a busca por uma compreensão mais profunda de onde veio o rock. Se por um lado Jimmy Iovine tem uma autoconsciência excessiva sobre ser um cara branco no Harlem, nós, pelo outro, não somos autoconscientes o suficiente. Somos inocentes no exterior, entrando por acaso na igreja, empolgados com a possibilidade de que nossa própria música gospel esteja prestes a alcançar outro patamar.

No âmago de "I Still Haven't Found What I'm Looking For" — um título dado por Edge — está a ideia de John Bunyan sobre o progresso do peregrino. Ou, no meu caso, sobre a falta de progresso. Se em geral acho a religiosidade um conceito basicamente irritante, bem no topo dessa irritação está a certeza teimosa do devoto que não questiona. Esse devoto não só não questiona o Deus que segue, como também não tem a menor dúvida na própria capacidade de decifrar os escritos sagrados. Sem dúvida, sua versão dos acontecimentos é a correta.

Qual é o propósito de conversar com alguém que já se decidiu? Eu ainda estava tentando descobrir isso em 1987, como a vida é uma constante renovação, como devemos, a cada dia, romper com as influências negativas, sejam naturais ou vindas com o ambiente. Como era possível nos libertarmos do número que nos foi sorteado pela loteria genética, mas só se buscássemos um pouco disso todos os dias. Só se encarássemos a vida como um constante morrer e renascer, morrer e renascer.

O rabínico Bob Dylan já havia alcançado essa compreensão. "That he not busy being born, is busy dying" ("Quem não está ocupado nascendo, está ocupado morrendo"). Então, aqui estão esses garotos irlandeses em uma igreja no Harlem cantando que "The kingdom come when all the colours will bleed into one" ("O reino virá quando todas as cores se fundirem em uma").

Estou tentando parecer tranquilo, mas estou um pouco constrangido e também sentindo um pouco de dor por uma clavícula que quebrei correndo — escorregando — por um palco encharcado de chuva no RFK Stadium, em Washington, D.C. Mas agora, enquanto minha voz se junta a essas novas vozes, sinto uma liberdade mais eficaz do que qualquer analgésico. Me sinto transportado. Estou vendo afluentes chegarem à foz de um grande rio, vidas reais e histórias da vida real reunidas aqui mesmo, nestes bancos de pinho. Almas se fundindo na mística da música, e sei que a razão de estarmos aqui é que a música da igreja negra parece mais honesta. Lembro novamente que está tudo bem se a aflição for o lugar de onde cantamos, lembro que nosso vazio é sempre um convite ao preenchimento. À medida que a banda e eu e até mesmo Jimmy vamos nos sentindo mais à vontade, sinto os muitos espíritos presentes na montagem dessa música. Brian Eno, que nos apresentou os Swan Silvertones, o Golden Gate Quartet, Dorothy Love Coates e um mineiro de carvão do Kentucky chamado reverendo Claude Jeter. Danny Lanois, que decifrou o enigma de como fazer a seção rítmica parecer quase reggae, seu estilo de palhetada ajudando nas guitarras enquanto ele cantava velhos clássicos do soul para dentro do meu ouvido, improvisando as melodias. Esta, nossa canção mais gospel, é sobre busca, não chegada. E é assim que encontro fé.

A música conduz ao um encerramento extático quando "todas as cores se misturam em uma", mas a corrida não termina. "Yes, I'm still running" ("Sim, eu ainda estou correndo".) A história de cada peregrino é a história de alguém que corre na direção da iluminação e, ao mesmo tempo, para se afastar dela. Do Espírito Santo. De Jeová. Moisés, apavorado com a sarça ardente, o *bluesman* Robert Johnson com o diabo em seu encalço.

OLHANDO DO OUTRO LADO DO JORDÃO, O QUE EU VI?

Naquela época, estávamos na Austrália quando um problema recorrente em minha voz reapareceu e fui aconselhado a visitar um médico que tinha fama de ajudar cantores. O médico desconfiava que a dor de garganta constante que eu sentia, ao contrário do que sugeriam várias das pessoas mais próximas e queridas, não era causada por charutos, álcool e conversas até altas horas, mas por ansiedade. Era do meu interesse confiar no bom médico e, como ele também tinha referências excelentes, concordei com algo que nunca tinha aceitado antes. Permiti que ele me colocasse sob hipnose.

Bem, quase...

"Imagine", disse o médico, "uma sala com todas as suas melhores lembranças ao seu redor. Esteja presente no ambiente. Agora abra a gaveta. Encontre essas lembranças. As melhores coisas que já aconteceram com você. As afirmações. Sua esposa, seus filhos, seus melhores amigos. Um momento que mudou o rumo da sua vida. Todas as melhores coisas. Esteja presente no ambiente."

Eu estava presente na sala. Que a princípio era uma sala de ensaio no momento em que uma nova música começava, mas logo virou uma caminhada por uma estrada rural.

"Agora", disse o médico, continuando. "Pegue o sentimento que faz você se sentir mais seguro e mais forte e descreva para mim."

"Estou andando ao longo de um rio com meu melhor amigo", eu disse. "E tudo está como deveria ser. Estou caminhando com confiança; sinto que estou aprendendo a julgar, mas sem ser julgado. Posso falar tudo que eu quiser. Às vezes há uma resposta; às vezes não. É só uma conversa entre amigos."

"E seu amigo", perguntou o médico. "Quem é?"

Eu disse:

"Acho que é Jesus."

Ouço o médico se remexer na cadeira, nervoso. Talvez eu não estivesse tão mergulhado em sua hipnose.

"Onde você está?", pergunta ele.

"Estou só andando por uma estrada rural à beira de um rio. Não é o Tolka nem o Liffey nem o Mississippi. Será que é o Jordão? Sempre tive uma coisa com o rio Jordão."

Ao emergir desse estado de "profundo relaxamento", notei que o bom médico não esperava que eu fosse encontrar Jesus no meu inconsciente. Ele foi educado, mas evidentemente estava decepcionado. Em vez de descobrir a origem dos problemas vocais, ele descobriu a origem do complexo messiânico. Agradeci a ele. Eu tinha certeza de que aquelas eram imagens profundamente reconfortantes da infância, da época em que no domingo eu cantava canções gospel como "Que amigo temos em Jesus". Na verdade, esse médico nunca ficaria sabendo o quanto aquela experiência me ajudou a compreender a mim mesmo. A compreender por que vejo a amizade como uma espécie de sacramento e por que meu companheiro de viagem no caminho da fé se metamorfoseou da figura paterna do Antigo Testamento para o companheiro e amigo do Novo Testamento.

Trinta anos depois daquela hipnose, em abril de 2016, estou no rio Jordão, na Jordânia, com minha filha Jordan.

Na verdade, com a família toda. A água é de um marrom lamacento nesta época do ano, o volume está baixo, e estamos na margem leste em Bethabara, um dos nomes dados ao lugar onde Jesus teria sido batizado por João Batista. Fica a cerca de trinta quilômetros do monte Nebo, onde dizem que Moisés teve sua visão da terra prometida. A algumas centenas de metros de distância, uma Igreja Ortodoxa Russa e uma Igreja Ortodoxa Grega, em sua ornamentação bizantina, sugam luz dourada do céu. A família está compensando excessivamente o desespero que testemunhamos na fronteira deste país místico. Tínhamos vindo de Zaatari, o maior campo de refugiados sírios na Jordânia. Civis fugindo para um país onde 20% da população já são refugiados de outros lugares. Nossos meninos estavam ajudando no ACNUR, e eu estava visitando um acampamento da ONE para tentar chamar atenção da mídia para o trabalho dessa grande agência humanitária, que tinha apenas uma fração dos recursos tão desesperadamente necessários. Os campos são chamados de "soluções permanentes temporárias". A duração média de permanência em um desses acampamentos é de dezessete anos.

A única alma nos acompanhando é o guia, um professor bem vestido, bem versado nas escrituras hebraicas e também nos textos islâmicos.

"Sim, foi aqui que João batizou Jesus."

Sorrio diante da segurança de suas palavras.

"Como você pode ter tanta certeza?"

O estudioso, ele mesmo um arqueólogo, explica:

"Na verdade, é mais fácil do que você pensa. Não havia muitas pessoas por aqui na época, então grandes acontecimentos, como o local onde Jesus nasceu, por exemplo, desde o princípio foram marcados com santuários. Basta escavar e provavelmente você descobrirá que construíram um altar para marcar os locais de reverência. É por isso que temos certeza de que foi aqui que João batizou Jesus."

"Como não há ninguém por perto", pergunto, mudando de assunto, "você se importaria se a gente entrasse? Para nadar um pouco?"

"Os convidados são vocês."

E, assim, desprovida de religiosidade visível, porém com profundo respeito pelo local, a família Hewson mergulha no rio Jordão em uma espécie de batismo. Rimos alto até pararmos. Surpreendidos pela alegria. Acalmados pelo presente antigo.

Submergir nessas águas míticas significa mais para mim do que sou capaz de explicar. O símbolo do batismo é mergulhar na própria morte para emergir em uma vida nova, algo poderosamente poético, e sou um homem afortunado por ter uma família de peregrinos tolos que me seguirão nesse simbolismo. Sei que esse momento soa mais do que bobo. Soa absurdo.

O lugar do batismo, Bethabara ou Al-Maghtas — "imersão" — é onde o rio serpenteia por entre juncos até uma piscina natural, e meus olhos seguem alguns degraus antigos que descem do barro vermelho para uma água mais clara e brilhante. As abelhas, zumbindo, me trazem o doce pensamento de que este lugar praticamente não mudou em dois mil anos e o professor se torna um viajante do tempo, descascando as camadas da história e nos levando para dentro das histórias em que tantas pessoas envolvidas em sua busca habitam. "Na tradição local", explica ele, "João Batista era um homem selvagem que se alimentava de gafanhotos e mel, de modo que alguns pensavam nele como o antigo profeta Elias que havia retornado. Em todo esse lugar é possível encontrar presente e passado em uma dança."

Enquanto a voz musical dele sobe e desce, ouço o leve tilintar de um afluente ainda menor aos nossos pés. "Esse é o córrego de Elias", diz ele, e então explica como o Jordão é alimentado pelo gotejamento de muitos córregos, incluindo um na menor colina do monte Hérmon, ou colina de Elias. Outra fonte é monte Horeb, que quase podemos distinguir, olhando de longe para nós. Onde se diz que Moisés recebeu os Dez Mandamentos em duas tábuas de pedra, o povo querendo clareza sobre como viver.

Damos um passo para trás e observamos a paisagem além da moldura, maravilhados com como nesse lugar até a paisagem parece se render à narrativa. Esses detalhes escritos primeiro em peles de animais e depois em papiros e agora apresentados como fragmentos de pedra e cor me fazem recuar em busca de outra perspectiva, tento absorver a imagem inteira.

Na melhor das hipóteses, você consegue ouvir uma rima na poesia de tudo isso. Fico maravilhado com o poder poético das escrituras, com o fato de que não é possível abordar o assunto de Deus sem metáforas. Desde Adão e Eva, essas histórias fantásticas nos ajudam a abrir caminho em nossas vidas metafísicas. Se a ciência é o modo como navegamos no universo físico, então os textos religiosos se oferecem para navegarmos no que extrapola o físico, a existência do que não podemos provar que existe.

Histórias que são instrumentos de pesquisa de um mundo invisível que fazemos força para ver, um mundo que vislumbramos por meio da arte, da família e da amizade. Histórias de um amor que não tem começo nem fim.

Essa ideia de amor infinito me conforta, a imagem maior além da moldura. O que me leva de volta a uma véspera de Natal em meados da década de 1980, tentando desesperadamente não cochilar durante uma missa na St. Patrick's Cathedral, em Dublin. Não muito antes da viagem, o corpo ainda em algum outro fuso horário, Ali e eu entramos na catedral lotada no último minuto e nos acomodamos alegremente em um banco bem atrás de um dos grandes pilares de pedra calcária que sustentam a nave abobadada do século XII. Incapaz de ver o coral ou os atores do auto de Natal, eu me concentro em ouvir os jovens sopranos.

Once in royal David's city
Stood a lowly cattle shed,
Where a mother laid her baby
*In a manger for His bed.**

Mas, em pouco tempo, apesar do cotovelo de Ali em minhas costelas, começo a cochilar. Sonho com meus breves dias na escola que fica aqui perto, refletindo sobre o escritor irlandês Jonathan Swift, de *As viagens de Gulliver*, que já foi reitor dela. Outra cotovelada e jogo água fria no rosto mentalmente, tentando visualizar

* Certa vez na cidade real de Davi/ Havia um pobre estábulo para gado,/ Onde uma mãe pôs seu bebê para dormir/ Usando uma manjedoura como cama.

mãe e filho dividindo a sala de parto com cabras e ovelhas. A vulnerabilidade da noite de Natal, a bagunça de um parto em meio a esterco e palha.

Engraçado como os sentidos funcionam, consigo sentir o cheiro da cena; o fedor da miséria. A poesia e o viés político da história de Natal me atingem como se eu estivesse ouvindo aquilo pela primeira vez: a ideia de que alguma força de amor e lógica dentro desse universo misterioso tenha escolhido se revelar na adversidade de uma criança pobre, nascida no meio do nada, para nós como podemos viver a serviço uns dos outros é avassaladora.

Sua eloquência é avassaladora. Poder insondável expresso em impotência. Quase solto uma risada alta.

Genial.

A presença inexprimível escolhendo estar presente não no palácio, mas na pobreza. "E Ele sente por nossa tristeza, e Ele compartilha de nossa alegria."

A família está discutindo essa ideia quando visitamos Belém e a igreja que dizem ter sido construída sobre aquele humilde estábulo. Nosso guia nos lembra que o estábulo em que Jesus nasceu não era aquele dos cartões de Natal piegas, mas provavelmente uma caverna, comumente usada como abrigo para o gado na região. Nosso caçula, John, entende a imagem dos sem-teto que a cena evoca, e falamos sobre a divindade dormindo sob de caixas de papelão em nossas cidades.

Ainda estou pensando naquela epifania da catedral quando visitamos a Igreja do Santo Sepulcro, na cidade velha de Jerusalém, esta que dizem ter sido erguida no local onde Jesus foi crucificado. Onde seus seguidores acreditam que a própria morte morreu. Um pensamento insano, para quem se atreve a acreditar nele, mas a imortalidade continua sendo difícil demais para a maioria de nós mortais. E, seja como for, por aqui o ramo dos milagres impulsiona o milagre dos negócios.

Estou pensando nisso quando conhecemos o prefeito de Jerusalém, Nir Barkat, que nos diz que uma vez por semana dois terços do planeta acordam pensando em sua cidade. E ainda tenho isso em mente quando penso nos foguetes e balas de borracha que atualmente pontuam a política da administração municipal.

SONHO SOB O CÉU DO DESERTO

Uma peregrinação muitas vezes nos leva ao deserto. Odisseias. Viagens de carro. Andanças. Havia muito deserto naquela peregrinação à Terra Santa, e o deserto tem sido uma metáfora persistente do trabalho da banda. Na capa de nosso álbum mais famoso observamos o mundo a partir de um deserto.

Desertos americanos como o de Sonora e o do Mojave nos ofereceram a árvore de Josué, que se tornaria um de nossos símbolos mais duradouros. Nessas sessões de fotos com Anton Corbijn, descobrimos como o deserto pode ser frio e implacável à noite. Ou mesmo durante o dia no inverno. Na fotografia da capa, Anton capturou nós quatro encolhidos em uma paisagem fria, recusando galantemente o papel de atores fingindo estar aquecidos. Fui além e posei de regata com uma temperatura de seis graus.

Quanto comprometimento. Gostávamos infinitamente do fato de Anton, o mestre holandês, não conseguir pronunciar o nome Joshua. "Yoshua", ele dizia, a Árvore Yoshua. Na verdade, sua pronúncia pode estar mais próxima do hebraico original, Yeshua, que, anos depois, descobrimos ser o mesmo que Jesus, com uma pronúncia diferente. *Yeshua*. Demos a nosso disco mais popular o título *The Jesus Tree*. Típico...

Aquele álbum e sua turnê levaram a banda a outro patamar de reconhecimento, ao tipo de sucesso que quer iludir você e fazê-lo esquecer quem é. Às vezes é necessário se afastar para regressar ao lar, o que pode estar por trás da ideia que Adam e eu tivemos para nossa própria peregrinação. De carro. Uma viagem pelo deserto. Uma jornada que poderia revelar um pouco mais sobre a música desse país pelo qual estávamos nos apaixonando. "Let's Get Lost" de Chet Baker foi nossa música tema, e assim seguimos, de Los Angeles a Nova Orleans. Enchemos o carro com todo tipo de coisas que tinham a ver com os Estados Unidos e lá fomos nós pelo Painted Desert. Passamos por cidades com nomes como Truth or Consequences (Verdade ou Consequência) no Novo México e pelo Arizona, lendo, conversando, ouvindo música e tomando ótimos cafés da manhã mexicanos... e então baixando as janelas.

Al Green, um dos melhores cantores de soul de todos os tempos e agora pastor da Full Gospel Tabernacle Church, não estava por perto quando chegamos a Memphis, mas um membro de sua equipe nos levou até a igreja, uma experiência emocionante que se tornou ainda mais arrepiante quando o pregador atingiu seu auge.

"Não me importo de onde você veio. Se você subiu pelo deserto e desceu pelo vale. Se você está na estrada desde Los Angeles. Você está em perigo. Não há guarda-corpos na estrada que percorrerá. Você pode ser famoso. Você pode estar no topo do mundo. Mas seu carro está prestes a despencar em uma estrada na montanha. Não sei quem você é, mas sinto que você está aqui."

Ele estava falando conosco?

Éramos nós que estávamos prestes a despencar em uma estrada na montanha?

Suamos frio até deduzirmos que talvez nosso motorista tivesse conversado com o pastor sobre os visitantes daquele dia, vindos da Babilônia do rock. Xamanismo, *show business*, é uma linha tênue.

A CASA DE CASH

Adam e eu não sabíamos bem aonde nossa peregrinação estava nos levando, mas sabíamos a quem e esse alguém era um sujeito que estava em Nashville, um peregrino original que vinha fazendo um progresso único. Conheci Johnny Cash nos anos 1980, na Irlanda, onde sua popularidade nunca diminuiu. A tradição folk irlandesa reverenciava seu estilo country contemplativo, sua verdade sem verniz, e todo mundo sabia que a primeira coisa que ele fazia ao pousar no aeroporto de Dublin era tomar uma Guinness.

As pessoas não tinham relacionado esse comportamento ao alcoolismo, mas naquele dia em Nashville em 1987 Johnny Cash está sóbrio quando nos convida para almoçar. Só ficamos um pouco desconcertados quando entramos na sala de jantar e demos de cara com uma mesa posta para quarenta pessoas. E ali estava sua amada June Carter Cash.

"Oi, meninos. Estou fazendo uma sessão de fotos para o meu livro de receitas. Estamos comendo na cozinha hoje."

Nós quatro nos sentamos na cozinha e baixamos a cabeça enquanto Johnny faz a oração mais poética que já ouvi. Mas aí, sorrindo baixinho, como se June não fosse ouvir nem ver, ale acrescenta: "Mas como sinto falta das drogas."

A casa era repleta de móveis de carvalho do século XIX primorosamente esculpidos vindos da França, do Reino Unido e da Irlanda.

"Eu gosto de história. June também."

"Você é irlandês, certo?", pergunta Adam.

"Não, na verdade, rastreamos o nome Cash até a Escócia. A Casa de Cash. Barões escoceses."

"Johnny", eu digo, "embora eu considere você um membro da realeza, talvez seja bom conferir essa informação, viu? Porque você lembra muito os cavaleiros do Condado de Wexford, na Irlanda. Um povo de montaria, os Cash. O sobrenome é associado aos *pavees* irlandeses, sabe? Essa comunidade tinha um histórico de grande conhecimento em estanho e metal, e quando criança eu me lembro deles indo de porta em porta amolando facas ou consertando panelas. Alquimistas como talvez você, Johnny. Transformando metais básicos em ouro... discos de ouro no seu caso. Os *pavee* também têm alguns grandes músicos, como Finbar Furey ou menos conhecidos como Pecker Dunne."

Johnny encarou essa versão reduzida da história um pouco melhor do que June.

"Querem conhecer nosso zoológico?"

"Zoológico? Tem um zoológico aqui?"

"Bem aqui. O Carter Cash Zoo. Vou adorar mostrar pra vocês."

"Vocês realmente deviam ver o zoológico do Johnny", interrompe June. "Façam ele contar a história da ema. Ele não vai querer."

Johnny nos levou em sua picape e orgulhosamente mostrou o lugar. Os moradores da região sempre iam lá, contou ele, e o local era gradeado para manter todos os seres vivos em segurança. Alguns dos animais podiam ser meio imprevisíveis.

"June mencionou a ema. Não gosto de ter que dizer isso, mas vocês precisam saber que a ema é uma criatura perigosa e que não dá pra brincar com ela."

Com a voz passando de rouca para grave, ele descreveu um confronto com essa "galinha pré-histórica do inferno".

"Não estou brincando quando digo que quase morri bem aqui nesse lugar. Falando sério, fui atacado. Fui chutado. Esse pássaro gigante me derrubou no chão de terra e começou a pisotear meu peito. Se não tivesse umas tábuas de cerca caídas por aí, que eu usei pra bater no dinossauro, eu seria um homem morto. Juro a vocês."

Adam, sorrindo, me conta mais tarde que imaginou a manchete do jornal: "Ema mata Johnny Cash." Difícil esquecer depois que você imagina isso, mas o homem de preto ficou com o rosto pálido só de lembrar do incidente. O homem que cantou "I shot a man in Reno just to watch him die"* não conseguiu se livrar tão facilmente daquele fora da lei australiano.

Um tempo depois estive com Kris Kristofferson, que nos deu mais detalhes sobre aquele homem que fazia os outros homens acharem que não eram homens o suficiente. John tinha sido um selvagem na sua época.

"Ele dormia nos galhos das árvores feito um bicho, a coisa mais selvagem que você poderia encontrar na natureza, e é por isso que a gente ama ele." Quando Johnny comprou a casa em Nashville, antes de June arrumá-la e de domar o sujeito, o lugar só tinha um móvel, um baú de madeira onde ele dormia. Ele chamava o baú de seu caixão; o cara ria na cara da morte."

Só June Carter Cash poderia tê-lo domado, mas, apesar de toda a sua profunda fé e convicção, Johnny jamais faria o tipo religioso, e talvez seja por isso que tanta gente se identifique com ele. Se a música gospel tem uma alegria que em determinadas vozes parece sentimental, uma doçura que pode ficar melosa, com Johnny Cash a gente sente que os anjos e os demônios estão mais perto uns dos outros do que imaginamos. Ele escolheu armar sua tenda "às portas do Sheol". Johnny não cantava para os malditos; ele cantava com os malditos, e às vezes dava a impressão de que talvez ele preferisse a companhia deles.

Motivos para Amar Johnny Cash

1. Ele escreveu "I Walk the Line" e se esforçou mais do que a maioria para andar na linha.
2. Com 1,82m de altura, Cash nunca olhou ninguém com superioridade.
3. Ele dava a impressão de que sentia prazer em suas visitas às prisões de San Quentin e Folsom, e as músicas que narram esses episódios ainda significam liberdade para muita gente.

* "Atirei num cara em Reno só pra ver ele morrer."

4. Ele descobriu Kris Kristofferson, que estava na pior, trabalhando como zelador no estúdio de gravação da CBS em Nashville. Kris assoviava suas músicas para Johnny enquanto ele fazia uma pausa para ir ao banheiro. Cash não chamou a polícia quando Kris, ex-piloto de helicóptero da Marinha dos EUA, pousou em seu jardim com uma demo de "Sunday Morning Coming Down".
5. Ele formou os Highwaymen com Kris, Willie Nelson e Waylon Jennings, forjando uma música country bruta que buscava superar o abismo entre as visões de esquerda e de direita no país. E na banda.
6. Jesus Cristo pegou emprestadas as iniciais dele.

O DESEJO QUE O ANDARILHO SENTE DE VIAJAR

Alguns anos depois, em 1993, pedimos a Johnny para cantar em uma música eletrônica que estávamos trabalhando para o álbum *Zooropa*. Eu estava pensando em Eclesiastes, um dos livros de sabedoria no meio do Antigo Testamento. É sobre alguém que está em uma busca, um peregrino.

Escrevi impertinentemente a letra de "The Wanderer" usando a voz dele, para a voz dele.

I went drifting through the capitals of tin
Where men can't walk or freely talk
And sons turn their fathers in.
I stopped outside a church house
Where the citizens like to sit.
They say they want the kingdom
*But they don't want God in it.**

* Vaguei pelas capitais de estanho/ Onde os homens não podem andar nem falar livremente/ E os filhos entregam os pais à polícia./ Parei do lado de fora de uma igreja/ Onde os cidadãos gostam de se reunir./ Eles dizem querer o Reino/ Mas não querem Deus lá.

"Música eletrônica pode não ser muito o tipo de chá que você bebe, mas vai dar um contraste com a sua voz."

"Não ando bebendo chá. Hoje em dia só bebo água. Vou tentar."

É preciso dizer que Johnny Cash foi o campeão dos pesos pesados de todos os lugares em que entrou, exceto um, onde estava June Carter, ela mesma um dos grandes nomes do country. Em "Ring of Fire", June compôs a melhor canção de alertas contra o casamento, e o fez pensando nela e em Johnny. Ela entendia a ação gravitacional que a vida exerce sobre um casamento porque tinha passado por isso. No começo dos anos 2000, ao saber que ele estava gravemente doente, liguei e ela atendeu.

"Oi, Bono. Como está a Irlanda? Como está Ali? Como está a banda? Como está o Burlington Hotel?"

Conversamos por quinze minutos, e imaginei que Johnny estava doente demais para falar.

"Bem, June, por favor mande um abraço pro John."

"Ora, mas ele está bem aqui do meu lado, Bono! Estamos na cama. Vou passar para ele agora mesmo."

Aquele barítono inconfundível agora resmungava baixinho.

"Desculpe por isso."

Nada mais precisava ser dito. Ele estava nos braços de sua amada e ela com ele. No final, foi Johnny quem sobreviveu a June. Sua música o manteve vivo. E isso foi graças a um telefonema para Rick Rubin anos antes.

"Preciso gravar. Se não gravar, vou morrer."

Uma ligação que levou à American Recordings e a algumas das melhores releituras musicais da história, incluindo sua versão sóbria de nossa música "One".

"Mas como sinto falta das drogas."

Johnny era assim, sempre tentando fazer você se sentir em casa.

Na U2lândia, no verão de 2013, estávamos em uma reunião com nosso diretor criativo de longa data, Willie Williams, junto com Es Devlin, artista e designer, e Mark Fisher, o arquiteto do rock que foi fundamental para nos ajudar a projetar nosso próprio universo de turnês. Grande amante da arte, Mark deixou seu *imprimatur* na música ao vivo, do *The Wall* do Pink Floyd em diante, que era incomparável. Em seus últimos meses de vida, não pôde estar conosco pessoalmente, mas se juntou a nós on-line. Como poderíamos montar a "Innocence + Experience Tour", com músicas inspiradas no volume de poesia homônimo de Blake?

Willie insistia, corretamente, que só podíamos decidir o que queríamos mostrar quando decidíssemos a história que queríamos contar. Sendo assim, que história queríamos contar? Es queria saber se a Cedarwood Road, tema de uma de nossas novas músicas, poderia ser como uma rua física, conectando dois palcos, uma espécie de via espiritual. Nesse ponto, do escuro espaço digital, vem a voz de Mark, uma repreensão proferida no estilo estrondoso de um marechal se dirigindo a uma reunião covarde de membros do alto escalão.

"Por que você não constrói uma puta de uma cruz enorme no meio da arena? É isso que você realmente quer dizer. Estou certo?"

"Bem," eu respondo, "não exatamente, mas você não está errado. A imagem da cruz é algo a que nos apegamos firmemente. A horizontal estendendo-se em comunidade, a vertical enraizando nossos sonhos inebriantes no chão sólido."

Talvez eu tenha sentido Mark pensando: "Então manda brasa", mas o que ele disse foi "Bem, isso é o que William Blake faria".

Johnny Cash também, eu pensei. E essa é a linha sobre a qual eu quero andar. O desejo de viajar que existe dentro do andarilho. O espírito que ainda não encontrou o que procurava, uma vida e uma música gospel que fala tanto sobre dúvidas quanto sobre certezas, sobre a jornada mais do que sobre o destino. É assim que essa banda segue em frente. Quando você chega à terra prometida, descobre que na verdade ainda não está lá.

Na literatura de sabedoria antiga conhecida como o livro de Eclesiastes, escrito várias centenas de anos antes de Cristo, há um andarilho que tomei emprestado, um peregrino que descobre que sexo, drogas, dinheiro, fama... aparentemente não são a terra prometida.

Em vez disso, diz o escritor — talvez Salomão —, essas são as vaidades das vaidades. A melhor coisa da vida, ele descobre, é gostar do seu trabalho. Fazer o que você ama.

A terra prometida sempre estará em outro lugar.

Acho que consigo entender isso. Não sei se consigo chegar lá.

Dearest

Elijah & John.

if you can step over the shite
love is bigger than anything in its way

papa nu guinea

37

Love Is Bigger Than Anything in Its Way

The door is open to go through
If I could I would come too
But the path is made by you
*As you're walking, start singing and stop talking.**

O amor é maior do que qualquer coisa em seu caminho. Mas, é preciso dizer, há muita coisa em seu caminho.

CENA I: UM SHOW DE ROCK

Uma casa de shows abafada e agitada em Dublin. Uma multidão de jovens tenta alçar voo, sair do corpo, se aproximar da banda. O cantor realizou duas acrobacias que ninguém esperava. Depois de pular em cima da bateria, caiu e está deitado inerte no palco escorregadio. Os garotos ficam em choque, as garotas gritam, mas ele não foi eletrocutado. Ele está realizando uma performance do *show business*.

Não sou o garoto. O garoto é meu filho. Mas a dimensão do show que esse jovem consegue orquestrar no inverno de 2018 lembra muito a dos shows que eu fazia com os meus colegas de escola. Quando eu, como ele, era adolescente.

* A porta está aberta para passar/ Se eu pudesse, eu também iria/ Mas é você quem faz o caminho/ Enquanto caminha, comece a cantar e pare de falar.

A mãe dele está presente. Ela comparece aos shows do filho. Isso é estranho? Não. É incrível e me emociona ver como nosso terceiro filho e mais velho entre os meninos, Elijah, tem sido capaz de dar vazão à sua própria visão musical. Ele está ciente de que o rosto de seu pai ao mesmo tempo lhe trará vantagens e desvantagens. Ele pensou nisso. Por exatos seis minutos. Ele não está sendo afetado ou exagerando para ser "legal". Às vezes ele me pede conselhos, e já disse a ele que invejo sua tranquilidade no palco e fora dele. Que nada atrai mais um público do que observar um artista que se sente à vontade sendo quem é.

"Ser a gente mesmo é a coisa mais difícil de todas, e, para você, é natural. Jamais consegui ser eu mesmo. Mas você toca lindamente; não é preciso ser um grande artista para fazer um grande estrago."

"Você está dizendo que eu não sou um grande artista?"

Ele desafia o coroa dele com um sorriso à la Elvis. Isso aconteceu na semana anterior ao desmaio. Isso é quem ele é. Um cão de caça. Esse garoto pode ser o homem que ele quiser.

CENA 2: UMA PARTIDA DE RÚGBI

Estou em uma partida de rúgbi num clube chamado Wanderers, cujos jogadores adolescentes estão perdendo a confiança diante de um adversário chamado Coolmine. O camisa 3 tem 16 anos e 1,80m de altura, o que, em nossa casa, faz dele um gigante, mas, na cabeça dele, o que o faz um gigante são os companheiros de time. Ele e o time estão sendo massacrados por um adversário que não gosta deles e, neste momento, testemunho a capacidade do nosso garoto, John, de ser um grande esportista. Dizem que o que faz um grande boxeador não é o quanto ele é capaz de bater, mas sim o quanto aguenta apanhar, e o mesmo vale para uma grande pessoa. John, nosso caçula, também é meio que o mais velho. Ele nasceu às pressas. Lembro nitidamente de sua chegada a este mundo, porque, no caminho para o hospital, Ali me fez furar todos os sinais.

"Esse menino vai dirigir um carro de fuga ou uma viatura", eu disse. "Ou vai ser ladrão ou um grande policial."

"É, com certeza existem multas por excesso de velocidade no futuro dele."

Nosso John é quem fica de olho na ovelha perdida que todos nós às vezes nos tornamos. John é o homem que todos gostaríamos de ser.

A gente cuida dos filhos e, com o tempo, se formos abençoados, descobrimos que eles também estão cuidando de nós.

CENA 3: UMA REVELAÇÃO FAMILIAR

Ser um pai próximo dos filhos não devia ser algo fácil para mim, já que não fui tão próximo do meu. Paternidade se aprende em casa, não na escola, mas meu pai não desenvolveu essa relação comigo porque não gostava de crianças. Não nos tornamos próximos porque fui um pouco insensível em um momento em que ele estava vulnerável. Hoje sei que pelo menos parte do motivo pelo qual meu pai não era próximo de mim era o fato de ele ser próximo de outra pessoa. Setembro de 2000, estou sentado em casa em Dublin quando Norman telefona do nada.

"Tenho uma novidade sobre a família. Você nunca vai adivinhar o que estou prestes a te contar."

"Que nosso primo é nosso irmão?", interrompo. "Scott Rankin."

De onde veio essa resposta? Em algum nível inconsciente, a notícia que Norman ia contar não deve ter sido novidade para mim. Ele está incrédulo.

"Como você sabia?"

"Síndrome do filho do meio", sugiro, interpretando a resposta dele como uma confirmação de que eu tinha acabado de me tornar o filho do meio.

Essa intuição é excêntrica, eu sei. Mais estranho ainda, eu não estava perplexo.

Estranhamente, era como se eu tivesse me curado de uma dor que eu nem sabia que tinha.

Meu primo Scott sempre foi muito próximo e às vezes seus dois irmãos, Adam e Michael, eram como se fossem nossos irmãos também. Depois que Iris morreu, a família deles meio que me acolheu. Todos nós sabíamos que meu pai e minha tia Barbara eram próximos, mas Iris e Jack eram irmãos, então não era incomum que seus cônjuges fossem próximos. Éramos uma família unida e nunca testemunhamos mais do que amizade. Mas talvez, não sei, algo tenha passado pelo meu cérebro pré-púbere. O telefonema de Norman não é um choque, é uma revelação. Tenho que pensar a respeito, e minha mente retornar àquele trailer em Rush, àqueles dias e noites de verão amenos. As conversas animadas.

Scott nasceu quando eu tinha 11 anos, três anos antes de Iris, minha mãe, morrer. Iris nunca ficou sabendo. Bob, seu marido e meu pai, não contou nada a ninguém, e o mesmo fez Barbara, mãe de Scott. Por três décadas, só os dois souberam. Jack, pai de Scott, lá pelas tantas descobriu, seguiu casado com Barbara e sendo o pai amoroso que sempre foi para Scott.

Desde essa revelação, Scott e eu nos tornamos ainda mais próximos. Ele é inteligente, sincero. Em paz com seu passado e presente. Recentemente me disse que não quer fazer parte de nenhuma fantasia para esconder algo de seus filhos, nem quer ser alvo de fantasias deles. Quer que eles se sintam confortáveis com sua dupla identidade Rankin/Hewson. Respeito isso. Provavelmente ter um sobrenome chamativo ligado ao anterior, discreto, torna as coisas bem mais difíceis para ele e a família. Sei que essa discrição o fez proteger a privacidade da minha família tanto quanto a dele mesmo, o que às vezes foi difícil.

Famílias e seus segredos. Existe alguma família que não tenha nenhum?

A notícia ocupa minha mente por dias, e começo a me questionar. Será que isso está na origem da minha agressividade em relação ao meu pai? Talvez o gatilho não tenha sido a falta de interesse dele, e sim uma sensação de desrespeito para com a minha mãe. Isso explicaria parte da minha raiva? Minha mãe não teve escolha ao partir da minha vida. Com essa revelação a respeito de Scott, de repente entendo que meu pai tinha uma outra vida da qual eu não fazia parte. Então era nela que ele estava. Em qualquer relação, estar fisicamente presente não é tudo. Estar emocionalmente presente, sim. Eu começava a entender que, mesmo quando estava presente durante a minha infância e adolescência, aquele homem não estava presente.

Eu precisava que ele respondesse uma pergunta. Também precisava de alguma coragem para perguntar. Atravessei a cidade até o apartamento dele em Howth, com vista para a praia onde Iris nadava quando criança. Ele parecia fraco e seus olhos estavam um pouco vermelhos enquanto observava o mar.

"Você amava a minha mãe?"

"É claro que eu amava a sua mãe. As coisas acontecem."

Perguntei de novo

"Você amava ela?"

"Sim. Eu amava a sua mãe."

Naquele momento eu soube que ele estava sendo sincero.

Descobrir que Norman não é meu único irmão, que agora Scott também é, me obriga a me perguntar o que é uma família, quem foram meus outros irmãos. Os que encontrei depois que minha mãe morreu, quando minha família se perdeu para mim.

A família sempre esteve no centro de quem eu sou. Tentei várias substitutas desde que Iris faleceu. Famílias que encontrei para mim... ou que criei para mim. Primeiro na adolescência na Cedarwood Road, com suas gangues de rua surreais como Lypton Village, e continuou na Mount Temple, quando entrei no U2, essa família que encontrei na cozinha do Larry em 1976.

Encontrei outra mais ou menos na mesma época, quando eu tinha 16 anos, e o pai e a mãe de Ali me deixaram entrar na família deles sabendo que eu realmente precisava de uma. Mais tarde, depois de todo o nosso sucesso, talvez eu estivesse mais uma vez buscando isso ao ingressar no mundo do ativismo e da política. Buscando ser necessário.

CENA 4: NO PALCO, BERLIM, NOVEMBRO DE 2018

É a última noite cantando nossas canções de inocência e experiência. Estamos em Berlim, tocando uma música chamada "Acrobat" no palco circular, e o que testemunho é uma façanha acrobática. Quatro homens vestidos como artistas de rua na corda bamba. Não caindo dela, mas em uma dança no espaço exíguo da gravidade. Embriagados de uma música que não tocamos há vinte anos — bem difícil de tocar —, mas, esta noite, Edge está "fritando", como dizem as revistas especializadas, em sua Les Paul creme. O zen presbiteriano sendo ao mesmo tempo missa e Halloween. Um dervixe rodopiante em algum tipo de exorcismo de guitarra, expulsando o diabo de mim em um drama cênico no qual ostento olhos escurecidos de vodu. Batendo com o bastão em todos os nossos demônios.

Olho para Larry, que se tornou o baterista que o pai dele sempre quis que se tornasse. Um verdadeiro *jazzman*, superando em muito as expectativas de todos, menos as dele mesmo. Eu o vejo se mover acima da bateria, já não mais um estudante, um mestre, as baquetas atingindo as peles e o chimbau como se ele fosse Buddy Rich ou algum gênio dos anos 1950. Ele se tornou Larry Mullen "Jr.", certamente um nome de *jazzista*, lembrança de um tempo em que ser júnior significava que havia um sênior. Significava que você tinha um pai. Tinha linhagem. As aspas em torno do "Jr." foram uma ironia do jazz cometida por nós, punks. Sempre espero ansiosamente pelo momento heráldico do show, quando posso saudar: "Na bateria, Larry Mullen 'Jr.'" A plateia ruge, mas essa noite não os escuto; estou em um transe e o grito altíssimo foi sugado pelo silêncio.

Não ouço nada. Está tudo quieto. Tudo se foi. A plateia desapareceu como o tempo, estamos só nós quatro em cima do palco.

Só eu agradecendo a Larry não apenas por ter superado as próprias expectativas, mas por ter me convidado para entrar em sua banda. Estou de volta ao corredor vermelho na sala de música do Sr. McKenzie na Mount Temple, vendo o garoto menos-tímido-do--que-todos-imaginam abrir um largo sorriso de gratidão por ter encontrado umas pessoas com quem pudesse tocar sua bateria. Era tudo o que ele queria.

No corredor amarelo vejo Adam Clayton com seu cabelo black de cachos louro-acobreado, o casaco afegão sobre a camiseta Pakistan 76. O maior blefe em uma era em de tantos blefes era blefe nenhum. Um século depois, o menino sem plano B, o adolescente sem ideias na cabeça além da noção de que quatro cordas era melhor que seis, agora está no controle completo de seu baixo e de sua vida. Adam Clayton Superstar é exatamente o mesmo de sempre e totalmente diferente. Sim, ele está flertando com todas com quem consegue trocar olhares de cima do palco, mas hoje ele tem uma esposa, dois filhos e muito mais sabedoria do que o conhecimento de mundo que ele antes buscava. Eu o apresento como um item valioso, implico com Adam por ele estar provocando nosso público feminino, mas no fundo estou maravilhado com o quão longe chegamos. Talvez

Adam tenha sido quem percorreu a maior distância, saindo do cadáver clichê que poderia ter sido e chegando à força vital absolutamente-não-clichê que se tornou.

À medida que o solo de guitarra cresce, eis *The* Edge, esse talento singular e aberração da natureza, ainda tocando os harmônicos semelhantes a sinos que ele tornou famosos em nosso primeiro single. Eu o vejo antes ainda, aos 15, sentado no corredor verde do prédio novo, violão na mão, tocando músicas de seu LP favorito, *Close to the Edge*, dos roqueiros progressivos do Yes. O menino que compraria uma guitarra do mesmo formato de sua cabeça, o homem que poderia ter sido desenvolvedor e decifrador de códigos, mas se tornou programador de corações e mentes. "Edge vem do futuro", estou prestes a dizer a todos, como sempre faço, "e ele diz que lá é melhor." Mas, nesse momento que estou tendo, não há ninguém presente. Somos só nós quatro na sala de música da Mount Temple, e esse Edge é do passado. Digo a ele que nós três devemos muito do nosso presente a ele, às horas e dias, aos meses e anos que ele passou dentro do quarto, praticando. A crueldade de um gênio que quase nunca emerge num piscar de olhos.

O tempo que leva para fazer o tempo parar. Para extrair o eterno de um instante. Agora, o tempo desapareceu e levou a todos junto com ele. Parado no meio desta arena imensa, na beirada de um palco circular, só consigo pensar no começo e no fim dessa banda chamada U2. Nós quatro.

Há uma frase que usamos enquanto estávamos em turnê com essas músicas de inocência e experiência: "A sabedoria é a recuperação da inocência no ápice da experiência."

O que encontrei aqui no ápice da experiência? Gratidão.

No meu caso, estar vivo. Um ano, onze meses e cinco dias desde que estive na sala de cirurgia do hospital Mount Sinai.

Você nunca está mais vivo do que no momento em que quase não estava. Depois disso, passa a ver as coisas com um novo olhar.

Por exemplo, hoje sei que essa banda não é uma coleção de músicas. Está mais para uma única música, uma música inacabada. É por isso que continuamos voltando aos ensaios, ao estúdio, ao palco. Para tentar finalizar essa música, completar o U2. Talvez tenha sido isso que fizemos desde o começo dessa banda: tentado terminá-la, completá-la. Essa canção que se tornou nossa vida. Para nos libertarmos disso. Deve ser isso. O melhor possível.

Estamos completos? Terminamos? Sou grato.

Ouço as palavras que disse a nossos fãs na maioria de nossas noites em cima de um palco, mas, nesse momento, é com meus irmãos que falo, com esses companheiros de viagem que quando não faziam a menor ideia do tipo de estrada que percorreríamos quando nos conhecemos. Obrigado por me proporcionarem uma vida incrível. Obrigado por me deixarem entrar na banda de vocês. Obrigado por me deixarem atormentar e perturbar vocês, empurrar e puxar vocês. Inspirar e decepcionar vocês.

Lágrimas correm pelo meu rosto de palhaço. Não são lágrimas de alegria.

E me pego me desculpando por ter usado um pouco de força demais na tentativa de decolar. Reunindo as melhores versões dos três, vejo que posso não ter dado sempre o meu melhor, mas, se este é o fim, que seja. No auge de nosso sucesso, eu me pergunto se a estrada acabou, se acabaram os motivos para percorrê-la juntos.

Por que estou pensando isso?

Ainda somos uma música inacabada? E se a música estiver completa? Não é uma pergunta de todo infundada.

Além do mais, há um custo para o sistema nervoso de todos. E esse custo aumenta à medida que envelhecemos, à medida que aumenta o tempo que permanecemos juntos.

Para muitas pessoas, certamente para muitos artistas, há um grau de autoengano necessário para simplesmente sair da cama de manhã e se vestir. Enfrentar o dia já é ruim o bastante sem ter que enfrentar a si mesmo. Ou pior ainda, enfrentar aqueles três outros eus que podem ver você apesar de qualquer autoengano. Se a pessoa que você alega ser não soa compatível com a pessoa que a banda sabe que você é, você provavelmente está pagando de bobo. A cobra e o lagarto têm permissão para a muda, mas, aqui, esses amados irmãos de banda andam sobre as peles que você deixou para trás. Os encanta que você tenha deixado para trás a história que o formou, mas eles a conhecem. E se você não consegue conviver com isso, talvez seja hora de procurar a porta de saída.

Por que bandas permanecem juntas?

Ouvimos rumores de integrantes que mal se falam, cujo encontro mais íntimo é no palco ou no escritório do contador. Será que o retorno financeiro realmente compensa o sentimento de naufrágio? Entendemos que toda banda é um negócio de família, um que coloca comida no prato de muitas pessoas, que às vezes isso significa que certos comportamentos precisam ser evitados. E também que uma empresa familiar pode ser o maior dos empreendimentos, porque uma família é o lugar onde você está livre da autoconsciência, onde pode ser você mesmo em todas as suas diferentes cores e humores. Família é onde você pode ser corajoso. Talvez, na melhor das hipóteses, é onde "perfect love drives out all fear" ("o amor perfeito expulsa todo o medo").

Então por que estou pensando nisso enquanto observo meus amigos neste palco? Não é como se nunca tivéssemos pensado nisso antes. A gente se separou várias vezes, depois de turnês ou álbuns em que tivemos que ir um pouco além da conta. Muitas vezes os melhores álbuns são os mais difíceis de concluir. As melhores músicas costumam ser as mais dispendiosas porque quatro pessoas criativas estão lutando por elas. Em família, lutas podem causar cicatrizes, mas às vezes parar de lutar é o mesmo que parar de funcionar.

O crítico musical Jon Pareles certa vez nos perguntou se nosso extremo decoro uns com os outros era fruto de respeito genuíno, ou se era a etiqueta da prisão. Aquele medo de uma briga de faca em um confinamento tão próximo. Próxima pergunta, por favor.

Tentei ser honesto nestas páginas, respeitando a perspectiva dessas três pessoas que amo e com quem trabalho. Nunca criticamos um ao outro em público, mas não é uma crítica dizer que às vezes o amor se esgota. Acontece. O poço da amizade pode secar em uma família, um casamento, uma comunidade, uma banda.

Para mim, uma boa estratégia é sempre voltar à fonte. Jogar meu balde no poço na esperança de que retorne cheio. Por que estou sempre citando as escrituras? Porque elas me deram apoio nos anos mais difíceis da banda e continuam sendo um fio de prumo para avaliar o quão torta a parede do meu ego se tornou. Para obter a medida de mim mesmo. É nelas que encontro a inspiração para continuar. Elas são o estímulo que viabiliza essa luta com o ego. São a sabedoria que torna essa luta factível.

Retorno a um mestre espiritual como o apóstolo Paulo, no primeiro século da era moderna. Recorro a alguém que superou a si mesmo.

CENA 5: A JORNADA RUMO À QUIETUDE

Tenho muito a aprender com as palavras desse antigo escritor. Como é que um monumental pé no saco fundamentalista acabou se tornando capaz de escrever a maior ode ao amor em dois mil anos? Em algum ponto de sua trajetória espiritual, o apóstolo Paulo descobre que o amor é maior do que qualquer obstáculo. Assim, "não importa o que eu diga, no que eu creia ou o que eu faça: sem amor, estou falido".

O amor nunca desiste.
O amor se preocupa mais com os outros do que consigo mesmo.
O amor não quer o que não tem.
O amor não é esnobe,
Não tem a mente soberba,
Não se impõe aos outros,
Não age na base do "eu primeiro",
Não perde as estribeiras,
Não contabiliza os pecados dos outros,
Não festeja quando os outros rastejam,
Tem prazer no desabrochar da verdade,
Tolera qualquer coisa,
Confia sempre em Deus,
Sempre procura o melhor,
Nunca olha para trás,
Mas prossegue até o fim.

— *I Coríntios, 13: 3-7, Bíblia:* A Mensagem

Este estudioso fanático acabou se tornando um fazedor de tendas itinerante, pagando sua passagem com trabalho braçal. Enfrentou a prisão e a morte por suas crenças e aprendeu que o amor não é só sentimental, também exige disciplina, exige falar verdades duras aos poderosos ou a si mesmo. O homem que caiu do cavalo na estrada para Damasco para iniciar a jornada mais importante de todas. A jornada rumo à quietude. A vasta distância entre falar e ouvir.

O homem que a princípio parecia um ser humano desprezível transformado em um professor que encontra conforto no caos e paz no conflito. É quando está encarcerado por suas crenças que o apóstolo Paulo escreve algumas das maiores análises da história da literatura sobre o amor. Essa é uma maturidade espiritual que parece absolutamente fora de alcance para mim. Se penso claramente em emergências, em conflito, muitas vezes recorro à luta ou à fuga. Muitas vezes estou de volta à Cedarwood Road, de punhos erguidos.

Mas se minha fé for uma muleta, melhor jogá-la fora. Prefiro cair. Continuo mais desconfiado da religião do que a maioria das pessoas que nunca parariam na porta de uma igreja. Nunca encontrei uma igreja que pudesse chamar de lar, e instruo meus filhos a terem cuidado com a religião; que nenhuma seita ou denominação abrigada em um edifício é capaz de abranger os anseios do espírito humano. É mais provável que isso se dê com disciplina e rendição diárias e renascimento. É mais provável que a igreja não seja um lugar, mas uma prática, e que essa prática se torne o lugar. Não há terra prometida. Apenas a viagem prometida, a peregrinação. Buscamos discernir o sinal em meio ao ruído e aprendemos a fazer perguntas melhores a nós mesmos e aos outros.

Chamo esse sinal de "Deus" e busco em minha vida pistas que revelem a localização de Sua onipresença. Para começar, olhamos para quem está ao nosso lado, para o nosso vizinho, para aqueles com quem compartilhamos o teto ou para o sem-teto na esquina. Os místicos nos dizem que Deus está presente no presente, aquilo que o Dr. King descreveu como "a feroz urgência do agora".

Deus está presente no amor entre nós. Em uma multidão. Em uma banda.

Em um casamento.

Em nossa forma de encarar o mundo.

Deus está presente no amor que se põe em prática.

Quando, aos 27 anos, cantei a frase "I still haven't found what I'm looking for" ("Ainda não encontrei o que estou procurando"), o fiz como uma pergunta. Mas, na tentativa de aceitar minha própria incerteza, fiquei mais convicto em um aspecto. Quaisquer que sejam nossos instintos ou ideias sobre o grande misterioso Ele ou Ela ou Eles, quaisquer que sejam as diferenças entre as grandes tradições de fé, há um terreno comum: entre os pobres e vulneráveis o sinal é mais forte.

Então, onde está Deus?

Bem, embora espere que Deus esteja com aqueles como nós que vivem vidas confortáveis, eu *sei* que Deus está com os mais pobres e vulneráveis. Nas favelas e caixas de papelão onde eles têm de brincar de casinha. O divino está nas portas dessas casas que passamos por cima a caminho do trabalho. No silêncio de uma mãe que, sem saber, contaminou o filho com um vírus que vai impactar a vida de ambos. Deus está nos gritos que se ouvem sob os escombros da guerra, nas mãos nuas cavando uma saída por onde respirar. Deus está com os aterrorizados. No mar com os desesperados, agarrando--se a sonhos que se afogam. Deus está com o refugiado. Seu único filho foi um deles. Deus está com os pobres e vulneráveis, e Deus está conosco se estivermos com eles.

Dizem que escolhemos nossos amigos, mas não nossa família; talvez ainda estejam pesquisando como isso funciona no caso de uma banda. Talvez a música nos escolha.

Mas com essa banda eu ouvi o sinal, o mesmo que ouço agora no palco em Berlim. Essa onda de som em que todos nos encontramos, e é isso que eu esperava enquanto subia ao palco nas primeiras páginas desta história: que, mais até do que a música, talvez nossa própria amizade seja um tipo de sacramento. Essa alquimia que transforma o metal base do talento individual na febre do ouro que faz de uma banda boa uma banda ótima.

Penso em Joey Ramone e em uma música que escrevemos para sua banda, pelo belo som que fizeram e que nos enviou nessa peregrinação na qual ainda estamos. "I woke up at the moment when the miracle occurred/ Heard a song that made some sense out of the world." ("Acordei no momento em que o milagre ocorreu/ Ouvi uma música que dava algum sentido ao mundo.")

Aquele sinal.

If you listen you can hear the silence say
"When you think you're done, you've just begun"
*Love is bigger than anything in its way.**

E enquanto canto, estendo os braços na noite, me esticando para agarrar outra mão.

* Se prestar atenção poderá ouvir o silêncio dizer/ "Quando você acha que acabou, está apenas começando"/ O amor é maior do que qualquer obstáculo.

at the moment of
Surrender
I folded to my knees
I did not notice
the passers by
and they
did not
notice me

38

Moment of Surrender

I was speeding on the subway
Through the stations of the cross
Every eye looking every other way

Counting down 'til the pentecost
At the moment of surrender
Of vision over visibility
I did not notice the passers-by
*And they did not notice me.**

Estou debaixo da mesa, segurando a mão de Ali, em um dos nossos restaurantes favoritos. La Petite Maison, na Old Town, em Nice. Muitas vezes convidamos amigos para vir conosco, e alguns estão ao redor da mesa. Embaixo dela também. Eu, Ali e nossa filha mais velha, Jordan, estamos acompanhados de Anton Corbijn e seus 1,90m — como ele coube aqui? —, sua parceira, a estilista Nimi, e também Nonie e Miki, que estão em nossa casa. E Emmanuelle, minha assistente. Estamos consolando Theo, um garotinho, que, por sua vez, está consolando sua mãe, que não pode falar.

* Eu estava correndo no metrô/ Pelas estações da cruz/ Todos os olhos se voltando para o outro lado/ Em contagem regressiva para o Pentecostes/ No momento da rendição/ Da visão sobre a visibilidade/ Não notei os transeuntes/ E eles não me notaram.

Nunca gostei muito de fogos de artifício. O céu explodindo com uma profusão de cores, os "ohs" e "ahs", uma supernova de candelas romanas. Hoje é o Dia da Bastilha, um feriado em que a França celebra e é celebrada. A tomada da Bastilha, a tomada do poder. Os franceses são bons em tumultos e revoluções; eles meio que inventaram isso. O Dia da Bastilha é uma grande noite na Promenade des Anglais, onde os franceses podem mandar o céu pelos ares e lembrar ao mundo que são cidadãos da realeza e têm permissão para uma certa pompa. Me disseram que, para quem esteve sob cerco na guerra, as chamas e o cheiro de fósforo dos fogos de artifício são assustadoramente familiares. O instante antes da morte e da destruição.

Menos de uma hora antes, naquela noite de julho de 2016, eu me virei para Ali no calçadão e sussurrei: "Se todo mundo já tiver visto o bastante, talvez a gente já possa ir para o restaurante?" Cinco minutos depois, estamos do lado de fora da La Petite Maison, esbarrando no caminho com o "prefeito verde" da cidade, Christian Estrosi. Estamos conversando sobre a linha de bonde que ele quer construir ao longo da costa quando uma viatura, em alta velocidade, dá ré em nossa direção por uma rua lateral. Estrosi é levado em virtude de alguma emergência, sem sequer um "au revoir". Imaginando do que poderia se tratar, notamos aumentar o volume de gritos e berros. Uma debandada avança em nossa direção, vinda de onde estávamos momentos antes, pelo caminho que acabamos de percorrer. Estamos no meio de um acontecimento singular, inquietante. Luta e fuga. O terror é palpável. Empurro minha família para dentro por uma janela entreaberta.

"Todo mundo, pra baixo das mesas!"

Estou gritando com os clientes, por mais ridículo que seja. Os irlandeses entendem de coisas assim? E agora estamos todos embaixo das mesas porque, se houver explosões, as janelas serão estilhaçadas. A mãe de Theo está hiperventilando, e ele dá tapinhas carinhosos na cabeça dela.

"Mamãe, mamãe, vai ficar tudo bem. Não se preocupe."

Os funcionários fecham as persianas e desaparecem, e nós esperamos. Não sabemos que, no lugar onde estávamos vendo os fogos de artifício, um tunisiano de 31 anos jogou um caminhão contra a multidão. Não sabemos que oitenta e seis vidas serão perdidas e que se trata de um ataque terrorista. Não sabemos se o terror ainda está à solta. Sabemos que não devemos entrar em pânico. Nonie, que é chef, diz: "Querem que eu vá até a cozinha e veja se encontro alguma coisa para distrair o garotinho? Talvez um sorvete."

Minha mente me leva de volta a Paris, oito meses antes. Sexta-feira, 13 de novembro. Um dia de folga entre quatro shows. Estamos ensaiando uma seção sobre migrantes que atravessam a Europa, quando, de repente, o estádio é fechado e somos arrancados do palco. Paris está sob ataque terrorista e todos os shows são alvos. Um ataque está acontecendo naquele exato momento, no teatro Bataclan durante um show do Eagles of Death Metal, banda que conhecemos pelo baterista Josh Homme. De volta ao hotel, estamos todos reunidos no meu quarto com as venezianas devidamente abaixadas enquanto ouvimos disparos ao vivo, um som impossível de "desescutar". As notícias relatam um massacre de plateias, ataques ocorridos em outras casas noturnas e no Stade de France durante uma partida de futebol. Ninguém verbaliza o que todos estamos pensando. Podia ter sido a nossa plateia.

No dia seguinte, descobri o telefone de Jesse Hughes, o vocalista do Eagles of Death Metal, e liguei para ver se podíamos ajudar. Jesse estava em estado de choque, provavelmente acometido pela síndrome do estresse pós-traumático. Ele ficava me chamando de "senhor". A polícia tinha detido a banda para interrogatório. A casa de shows era uma cena do crime. Jesse explicou como tinha escapado: ele e a namorada estavam fugindo por um corredor nos bastidores quando o rifle de um dos atiradores travou. O momento em que a arma congelou foi o tempo exato de que precisavam para escapar.

"Sei como essas armas funcionam, senhor. Cresci com armas por perto."

"Jesse, você não precisa continuar me chamando de 'senhor'."

"Sim, senhor. Sei que não, mas preciso que o senhor saiba que conheço o som de uma arma de fogo e que sei contar as balas e por isso eu sabia quando teríamos uma pausa na hora da troca de cartuchos. Aquilo era um matadouro, senhor. Não acredito que estou vivo."

Ele parou de falar e começou a chorar.

Isso tudo passa pela minha cabeça enquanto esperamos sob as mesas do La Petite Maison. No começo pensei que aquilo era novidade, o terrorismo visando músicos e seus fãs, até que me lembrei de outro massacre, ocorrido quando eu era adolescente. A Força Voluntária do Úlster matou alguns membros da Miami Showband enquanto regressavam a Dublin após uma apresentação em Banbridge. Sou levado de volta a outro dia de carnificina, quando eu tinha 14 anos e não peguei o ônibus para a escola, mas o pai de Guggi e seu irmão, Andrew Calças Sujas Delaney Rowen foram pegos no terror. Debaixo das mesas o garotinho acalmou a mãe e nosso amigo Serge Pactus nos repassa a mensagem de que lá fora há um grupo de soldados franceses que pode nos levar até um local seguro se sairmos do La Petite Maison.

Os soldados parecem assustados. Sem saber quem é e onde está o inimigo. "Mãos na cabeça!"

A ordem é gritada para nós e andamos pela praça velha com as mãos para cima, em direção ao céu, rendidos.

O INFINITO É UM ÓTIMO LUGAR PARA COMEÇAR

"Rendição [*surrender*] talvez seja a palavra mais poderosa do léxico", sugere Brian Eno enquanto discutimos sobre coisas potentes como a fotografia de Sugimoto e o quão complicado é acertar o ponto do risoto. Deixo-me convencer pela ideia de que a única maneira verdadeira de ser vitorioso é pela rendição. Render-se aos outros. Ao amor. Render-se ao poder superior.

É o tipo de conversa que você pode ter com Brian Eno sem se sentir pretensioso. Estamos falando em chamar o próximo álbum de *No Line on the Horizon* e achamos que o artista japonês seria perfeito para fazer a arte de capa.

"Eu poderia ficar para sempre olhando essas paisagens marinhas dele."

Em casa, adoro observar a baía de Killiney quando a névoa borra a linha que divide céu e mar, quando é possível sentir um vislumbre do infinito. Infinito, no meu caso, em geral é uma busca religiosa, mas, ei, estamos tentando ser sexys no novo álbum, saco aquele velho truque e comparo o mar com uma mulher.

I know a girl who's like the sea
I watch her changing every day for me, oh yeah

One day she's still, the next she swells
You can hear the universe in her sea shells, oh yeah

No, no line on the horizon, no, no line

I know a girl, a hole in her heart
*She said infinity is a great place to start.**

— "No Line on the Horizon"

Estamos na antiga cidade murada de Fez, Marrocos, em 2007, onde nós quatro, Brian e Danny, montamos um estúdio. Brian está dizendo que em canções sagradas o cantor tem que se render, se deixar arrebatar por seja lá qual for o objeto de sua adoração.

O termo Islã muitas vezes é traduzido como "rendição". Assim como o cristianismo, como o judaísmo, como tantas grandes religiões, o islamismo foi apropriado, remodificado e por vezes desfigurado. Que tipo de distorção sugere que uma religião que se propõe a servir a Deus pode odiar as mulheres ou a música? Foi a virada para o Islã que levou Cat Stevens, um dos meus cantores favoritos na adolescência, a abandonar a música. Mais tarde, após o Onze de Setembro e então rebatizado Yusuf Islam, ele desistiu dessa postura e tentou alertar as pessoas que, embora o Islã possa se sentir desconfortável com aspectos da modernidade, sua religião não é uma força hostil no mundo. Em seu cerne está o serviço à comunidade acima do indivíduo. Islamismo. Salam ou *salaam*.

Árabe para "paz".

Paz por meio da rendição.

A rendição é uma ideia que está no cerne de muitas grandes religiões. "Não a minha vontade, mas a tua", como Jesus orou na noite em que os soldados romanos foram buscá-lo.

---

* Conheço uma garota que é como o mar/ Eu a vejo mudando todo dia para mim, ah sim/ Num dia ela está imóvel, no outro ela ondula/ Dá para ouvir o universo em suas conchas, dá, sim/ Não, nenhuma linha no horizonte, não, nenhuma/ Conheço uma garota, com um buraco no coração/ Ela disse que o infinito é um bom lugar para começar.

Nos instalamos em um pequeno *riad*, usando o pátio aberto para gravar, escrever e tocar as músicas novas sob um quadrado de céu emoldurado pelos telhados. Pássaros salpicando a geometria brilhante acima, seu canto a plenos pulmões saindo mais fácil do que o nosso. Às vezes sua improvisação barulhenta era um pouco irritante, mas ainda assim eles entraram em algumas das faixas finais. Nas noites marroquinas, o quadrado do céu sobre o nosso pátio me hipnotizava ao passar de turquesa para cobalto para safira e, finalmente, para um preto mais viscoso, cravejado de estrelas prateadas.

Sou atraído pelo grafismo poderoso da paisagem do norte da África, a geometria da arquitetura e do design que parece antiga e moderna ao mesmo tempo. Foi o povo árabe que levou ao mundo a matemática, sua álgebra ainda fascinante para mim como forma pura, muito além do anseio humano de entender quantidade, forma, medida, ciclos lunares. Sentado diante de um tabuleiro de xadrez, penso nos árabes que conquistaram a Pérsia e trouxeram esse jogo para nós, europeus. Tirar o acaso da estratégia é o que todas as três religiões abraâmicas têm em comum. O mundo árabe me fascina, e o fascínio me levou a toda parte.

Tínhamos sido convidados para o Festival de Música Sacra Mundial de Fez, um evento com cantores devocionais das tradições judaica, islâmica e hindu, e peregrinávamos por aquela cidade sagrada para músicos. Foi inspirador caminhar pelas ruas estreitas e *souks* da medina, apreciando a indagação religiosa de uma cidade que ainda tem uma sinagoga junto com igrejas cristãs de todas as inclinações. Não só parece que a tolerância foi consagrada, mas também senti um respeito pelas tangentes religiosas, as lentes do sufismo ou da cabala. Gravamos com músicos locais, incluindo um tocador de oud e mestres percussionistas das tradições Gnawa e Sufi.

Nesta bela cidade que celebra a diversidade no meio do mundo muçulmano, estou sentado sob uma grande árvore com Larry, Adam, Edge, Brian e Danny. Estamos assistindo à grande cantora sufi Parisa, e sua voz — a ululação, o coração gritando — é como a minha. Embora suas habilidades, destreza e agilidade sejam superiores às minhas, sei que é nessa direção que quero ir agora. Quero dominar meu próprio instrumento de canto para me permitir não apenas louvar a Deus, mas cantar para minha esposa, cantar para nossos filhos, cantar para nosso público, cantar minha vida. A música oferece uma linguagem para uma parte de nós que não tínhamos certeza se estava lá... nosso espírito, nossa essência, seja lá o que for, é algo que reside além da nossa mente e do nosso corpo, é uma outra coisa.

Me permitindo um minuto para ser nerd, pressinto uma espécie de conexão genômica entre as culturas musicais do Marrocos e da Irlanda; as escalas pentatônicas, o talento natural dos cantores. Na década de 1980, tínhamos rastreado melodias irlandesas até o Levante.

O fascínio trouxe os árabes para a Irlanda. E os irlandeses para o norte da África.

QUE O CANTO TE TIRE DO CHÃO

Sing yourself on down the street
Sing yourself right off your feet
Sing yourself away from victory and from defeat
Sing yourself with fife and drum
Sing yourself to overcome
The thought that someone's lost
*And someone else has won.**

— *"Soon"*

O canto irrompe de algum lugar que não entendemos e se comunica com uma parte de nós que não podemos alcançar de outra forma. Embora desbloqueie a emoção, o canto parece invadir sentimentos mais profundos do que o óbvio. Em meu caderno anoto: "Algumas pessoas cantam para viver/ algumas pessoas cantam para sobreviver/ eu canto porque não quero ficar sozinho esta noite."

Trabalhar com Danny e Brian nessa locação antiga se mostra produtivo, e entre as músicas que surgem, uma se chama "Moment of Surrender". Danny nos encoraja a tocar em círculo e, inspirado por Parisa, experimento diferentes facetas da minha voz e, à medida que

* Cante-se ao descer a rua/ Cante-se para sair do chão/ Cante-se para longe da vitória e da derrota/ Cante-se com pífaro e tambor/ Cante-se para superar/ A ideia de que alguém perdeu/ E que alguém venceu.

entro em novo território, encontro novos personagens para explorar. Essa música é um melodrama, uma ópera moderna, extraída de alguma fotografia emocional que tirei e guardei comigo. A imagem mais dramática é a de um homem adulto caindo de joelhos em uma rua movimentada. Chorando a plenos pulmões. Seu momento de rendição. Adam me diz que nas reuniões de AA eles chamam isso de fundo do poço: você está roubando seu próprio banco e o carro de fuga não tem gasolina o suficiente. *Kaput*. Fundo do poço. Fim da linha.

Imaginei as cenas como em um filme: um casamento onde o casal estava chapado; uma viagem de metrô para comprar drogas; uma cena no caixa eletrônico.

A gravação da música veio do nada, quando nenhum de nós esperava. Brian estava tocando com um "camel" loop, um motivo rítmico estranho que percorre a faixa e que ele não tinha previsto que funcionaria para nós. Mas quando Larry começou a tocar em cima do loop, Brian veio com um som de harmônio/órgão de igreja, e quando enfim entrei com o vocal, pareceu que algo especial estava prestes a surgir. Brian me disse depois que ele "ficou arrepiado" e que quase esqueceu que era ele quem estava tocando ali com a gente. Mas ele não esqueceu, e sua memória é vívida: "Acho que foi a experiência mais intensa que já tive em um estúdio. Não faço ideia de quanto tempo durou. Poderia ter sido meia hora ou o dia todo. Eu estava em um lugar especial, em estado de fluxo, e foi uma das poucas vezes na minha vida em que eu soube exatamente o que deveria estar fazendo."

O momento de rendição é o momento em que você escolhe perder o controle da sua vida, a fração de segundo de impotência em que você confia que algum tipo de "poder superior" está no comando, porque você certamente não está.

Desde 1998, quando Adam se internou na Priory, uma clínica em Londres especializada em dependência química, tive a honra de presenciar a "rendição" operar na vida notável deste homem. Vi essa palavra tão ilusória se tornar carne em uma série de boas decisões que devolveram a vida a Adam, a ponto de aos 50 ele conseguir se entregar não apenas ao seu poder superior, mas também ao poder terreno que é Mariana Teixeira de Carvalho, uma brilhante e linda advogada brasileira de direitos humanos que conheceu em razão do amor de ambos pela arte.

Hoje, a longa obediência de Adam em seguir a mesma direção parece uma estrada que só poderia tê-lo levado à porta de Mariana. Eles são o destino perfeito um do outro. Será que vi esse homem tão feliz quanto o vejo em nossa última turnê, perseguindo sua filha mais nova, Alba, pelo corredor do avião, rindo incontrolavelmente enquanto ela o persegue em direção à cabine? Eu o vejo colocando o cinto nela antes de pousarmos, uma metáfora convidando um escritor.

O momento da decolagem.

O momento da aterrissagem. Tive esses momentos. Mas também outros. Momentos de naufrágio, quando senti como se estivesse me afogando, ou prestes a ser puxado por alguém que está se afogando. Socorristas muitas vezes pensam que estão salvando quando, na verdade, somos *nós* que precisamos ser salvos.

"Não acenando, mas se afogando", como escreveu Stevie Smith.

Essas batalhas não estão relacionadas aos vícios comuns, como bebida ou drogas, e me pergunto se tenho outro tipo de compulsão. Sou atraído pelo difícil, o desafio extremo. Sou atraído para o Everest. Vejo um cume e sou compelido a descobrir uma maneira de chegar até lá. Meu barato vem daí. Que tipo de vício seria esse? Escalar a montanha do próprio ego.

O lado positivo dessas explorações absurdas, ao topo da montanha ou às profundezas do mar, é forçar os limites do meu potencial. Mas há o lado negativo. Viver com os nervos à flor da pele, dar nos nervos das pessoas ao redor. Acreditando que posso respirar debaixo d'água… e mesmo quando emergir muito rápido e não conseguir descomprimir, ainda assim vou querer dar um passo mais alto. Engolir um pouco mais de água do mar.

E sim, caro leitor, vou querer que todos venham comigo.

"O U2 pode acontecer a qualquer um" era o slogan do nosso primeiro button em 1978. Acreditei e se tornou realidade. Eu disse que era cantor muito antes de saber cantar. Que era compositor muito antes de saber tocar um instrumento. Um artista que se ressentiu tanto do modo como o palco o mantinha longe do público que disse a si mesmo que seria capaz de acabar com esse abismo. E todas as vezes em que pulei do palco durante um show, nunca duvidei que alguém estaria lá para me segurar. Nosso público, esse poder superior. Um "ônibus cheio de fé para sobreviver", como escreveu Lou Reed.

Será que foi o fato de o impossível ter nos acontecido que me levou a ficar viciado na subida impossível e no mergulho perigoso? A missão de cumprir minha convicção adolescente de que essa providência é possível para todos. Mas à medida que envelheço, vejo o perigo desse desejo desesperado de sair da minha zona de conhecimento. Lentamente, com relutância, estou aprendendo a desapegar. Porque o momento do desapego pode ser exato aquele em que descobrimos que nosso potencial espiritual não está naquilo que temos, mas naquilo que não temos. Pode ser esse o momento em que descobrimos que aquilo que nos preocupa ou atormenta, os pesos que não podemos carregar, talvez possam nos carregar. Nossos vícios e aflições são uma espécie de dom. Nos trouxeram ao lugar vazio que somos compelidos a preencher. Quase dá vontade de agradecê-los.

Por exemplo, a necessidade de ser amado em grande escala.

Precisar de um monte de gente todas as noites gritando seu nome para se sentir normal é um pouco patético. Mas os melhores artistas precisam do público muito mais do que o público deles. A plateia sente isso.

A MELODIA QUE TE ENCONTRA

Algumas pessoas veem uma foto. Alguns ouvem uma voz. Outros repetem uma oração ou um mantra. Eu? Eu ouvi uma melodia que mesmo hoje é capaz de acalmar minha alma se estou inquieto. Não sei como me deparei com isso, talvez a tenha escutado pela primeira vez quando tinha uns 9 ou 10 anos, uma peça para um garoto soprano. Sei que a aprendi muito antes que a minha voz irrompesse. É uma melodia colocada sobre as palavras do Pai Nosso:

"Pai Nosso que estais no céu, santificado seja o teu nome."

Nas noites inquietas em que o sono me foge, canto isso essas palavras mentalmente. A melodia me leva além de conceitos ou ideias, além da teoria de um poder superior. Ela me leva a um nome e, por uma fração de segundo, sou chamado por ele. Descubro quem sou. Sinto minha identidade original, meu eu real por trás de qualquer máscara que esteja usando para encobrir o medo do abandono ou da solidão. As máscaras de um artista que há muito acredita que sua insegurança tem sido sua melhor segurança. As máscaras de ser uma estrela quando não há mais luz em você. O ego destruído quando você percebe que não é o centro de nenhum universo, sequer do seu. A máscara que cai do seu rosto quando você está sendo encarado. Ou admirado. Que com isso revela a auto-aversão que se segue ao auto-engrandecimento. A máscara que come seu rosto, como John Updike mencionou ao escrever sobre a fama.

O momento pode não ser dramático. Pode ser o imperceptível derretimento da neve, a menor possibilidade de primavera. Como C. S. Lewis, sentado no andar de cima de um ônibus em Oxford, sentindo-se como "um homem de neve finalmente começando a derreter".

Para mim este processo de descoberta é um derretimento constante. Minúsculos momentos de revelação e compreensão. Mas quando me pego fazendo as perguntas mais profundas a respeito da existência, tanto a minha quanto a daqueles que amo, minha respiração se alongando, a sensação íntima de algo "alheio", sei que está tudo bem. Que às vezes a vida precisa falar com a gente. Um murmúrio do coração que cresce e depois se esvai.

Durante toda a minha vida tive essas epifanias, mas a que vejo agora, entrando no terceiro ato desta vida, não é tão reconfortante. Ela me desafia a me superar, a ir além de quem eu fui, a me renovar. Não tenho certeza se consigo. Duvido de mim mesmo.

Carl Jung observou que as mesmas coisas que tornaram você bem-sucedido na primeira metade da vida não só deixam de funcionar na segunda metade; elas passam a trabalhar contra você. O frade franciscano Richard Rohr assim me disse: "São nossas forças, e não nossas fraquezas, que muitas vezes nos impedem de avançar."

O serviço, a ambição, o dever, a lealdade, o desejo de ser o melhor, o desejo de dizer sim — não são traços de caráter ruins. Sempre os considerei pontos fortes, mas, ultimamente, venho me perguntando se em algum ponto do caminho eles passaram a ocultar algo suspeito. A exigência de estar no centro da ação. Fazer Deus à nossa própria imagem, ajudá-la a atravessar a rua como se ela fosse uma velhinha. Esse desejo perpétuo de ser preenchido pelo extraordinário, a ponto de começar a perder apreço pelo comum.

Se seu ombro está roxo de tanto tentar entrar em lugares trancados. Talvez haja lugares nos quais você não precise entrar. Ou talvez algumas portas tenham na fechadura uma chave que gira suavemente. Essa longa batalha em prol da arte, da justiça, do auto-

-engrandecimento. Toda essa ambição, todo esse ego. O que move você em direção a esses objetivos é uma mentalidade de dever ou uma ideia inflada de autopercepção?

Muitas vezes essa batalha não é contra o mundo, mas contra você mesmo.

Sempre fui fascinado pela história de Elias, que é instruído a esperar pela voz de Deus em uma caverna ao pé de uma colina. Lá estava Elias, esperando que a terra tremesse, e de fato ela tremeu, mas não ofereceu uma palavra. Nem o melodrama dos fogos celestiais ou do ciclone ofereceram qualquer pista. Quando chegou, a comunicação divina foi tão sussurrada que Elias quase não a percebeu. Em uma tradução ela é descrita como "a voz mansa e delicada"; em outra, como "o som do silêncio".

Talvez Paul Simon tenha ouvido também:

And the sign said "The words of the prophets
Are written on the subway walls
And tenement halls
*And whispered in the sounds of silence."**

— *"The Sound of Silence"*

Um chamado a me calar e escutar não é o que eu desejo. "Fique quieto" dificilmente é uma epifania. Mas "fique quieto" é tudo que ouço no silêncio. Eu esperava algo um pouco mais rock 'n' roll.

"Rendição" pode ser a palavra mais poderosa do mundo, mas agora estou preso entre a vida que conheço e a que não conheço. Posso só sair para um passeio por Killiney Hill com minha melhor amiga, que por acaso é minha esposa, e me sentar naquele banco de madeira com vista para a baía sem ficar olhando o celular para ver o que está acontecendo no mundo?

Posso apreciar a paisagem sem ter que estar nela? Posso não atender essa chamada, preferir aquele outro chamado, que me pede silêncio? Será que isso é dar preferência à visão em detrimento à visibilidade? Ninguém tem maior amor e respeito por Leonard Cohen do que eu, mas não consigo me ver seguindo-o montanha acima em

* E o cartaz dizia "As palavras dos profetas/ Estão escritas nas paredes do metrô/ E nos corredores dos cortiços/ E sussurradas nos sons do silêncio".

seu retiro zen. Não tenho certeza se fui feito para a escalada. Mas aí vem o derretimento, gota após gota após gota. Ouço as palavras de outro sufi, o poeta Rumi.

Para além das ideias de certo e errado,
há um campo. Nos encontraremos lá.

Quando a alma deita na grama,
o mundo é demais para se falar sobre ele.

Talvez eu esteja descobrindo que a rendição nem sempre é consequência da derrota e que ela pode ser ainda mais completa após a vitória. Quando você ganha a discussão, percebe que jamais houve necessidade de discutir. Não é mais necessário discutir com a sua própria vida.

O PODER DE SONHAR

Voltamos a Paris, para fazer os shows cancelados pelos ataques terroristas, e os Eagles of Death Metal voltaram conosco, enfrentando seus medos. No fim do nosso set, entregamos nosso palco e instrumentos para eles, para que o rock 'n' roll tivesse a palavra pela voz deles em vez da nossa.

"Todo mundo está curtindo? Quero ouvir vocês! Quero saber se todo mundo está curtindo!"

Surreal. Observando um Jesse Hughes em terno branco de algodão à frente de sua banda, a personificação do rock 'n' roll diante de 20 mil parisienses, a sensação na lateral do palco é essa. Essas declarações agora transformadas em sentimentos comoventes.

"Vocês são lindos", ele diz para a multidão. "Vocês são muito lindos."

Jesse está certo, eles são mesmo. E ele também. Enquanto todos tocamos "People Have the Power", de Patti Smith, Paris nos eleva e o poder curativo da música é nítido. Nos faz lembrar a todos o motivo de estarmos aqui, a visão que uma grande canção pode conter.

I was dreaming in my dreaming
Of an aspect bright and fair
And my sleeping it was broken

But my dream it lingered near
In the form of shining valleys
Where the pure air recognized
And my senses newly opened
I awakened to the cry
That the people have the power
To redeem the work of fools
Upon the meek the graces shower
It's decreed the people rule
The people have the power
*The people have the power**

Na noite anterior a própria Patti havia encerrado o show conosco, outra surpresa, como uma pomba libertada da caixa, entrando no palco para ser ovacionada em um país onde nunca viveu, mas sempre foi amada. Cantando com Patti, tenho consciência de que ela é um daqueles guias espirituais que celebro. Seu primeiro álbum, *Horses*, nos deu a chance de expressar nossa fé como dúvida. "Jesus died for somebody's sins but not mine". ("Jesus morreu pelos pecados de alguém, mas não pelos meus.") Esta voz vindo a mim aos meus vinte e poucos anos, me mostrando que se pode ter visões, que se pode cantar sobre elas. *Radio Ethiopia* e aquela voz me mostraram o lugar. Em *Wave*, ela fala com o papa em uma visão, e as orações ardentes em *Easter*, de 1978, essa irreverência reverente, eram tudo o que eu queria. A maneira com que Patti deixou sua religiosidade fluir moldaria meu modo de enxergar a música.

Patti está com 68 anos, é ao mesmo tempo elegante e selvagem, parece surpresa. Enquanto cantora, vejo-a não apenas oferecendo a canção, mas se tornando a canção. É transformador testemunhar a cena, ainda mais tendo experimentado isso sendo eu mesmo cantor.

Por que eu ia querer fazer outra coisa da vida?

O que Edge, Adam e Larry fariam de suas vidas? Mais especificamente, o que eu faria sem eles?

* Eu estava sonhando em meu sonho/ Com algo brilhante e justo/ E meu sono foi interrompido/ Mas meu sonho continuou por perto/ Na forma de vales brilhantes/ Onde o puro ar é admitido/ E com os sentidos recém-abertos/ Despertei para o grito/ De que as pessoas têm o poder/ De remir o trabalho dos tolos/ Sobre os mansos a chuva de graças/ Decreta-se que as pessoas tenham o poder/ As pessoas têm o poder/ As pessoas têm o poder.

É saudável questionar por que alguém ainda deveria estar ouvindo nossa banda. Perguntar se nossa música está completa. Neste momento, eu mesmo estou fazendo essa pergunta.

Agora me vejo desejando a liberdade de ser qualquer coisa que não cantor e canção. Não que eu esteja me afastando da imagem do cantor se tornando a canção; na verdade, estou cada vez mais perto dela. Quero ser livre para fazer apenas isso. Patti Smith serviu as palavras e a melodia, e noto que tenho inveja de sua singularidade e de seu propósito.

I believe everything we dream
Can come to pass through our union
We can turn the world around
We can turn the earth's revolution
We have the power
*People have the power**

Tantos personagens que desejo habitar se unem em Patti Smith: a poeta, a vidente, a roqueira punk cuspidora de veneno, a rebelião e o devaneio, a fisicalidade animalesca, a voz uivante, o silêncio da oração, a reverência pelo sacramento da música.

Acima de tudo, a peregrina. Deixar o lar para encontrá-lo. A que distância estou de casa?

* Acredito que tudo que sonhamos/ Pode acontecer se nos unirmos/ Podemos fazer o mundo girar/ Podemos fazer girar a revolução da Terra/ Nós temos o poder/ O povo tem o poder.

every wave that broke me
every song that wrote me
every dawn that woke me
was to get me home to you, see
every soul that left me
every heart that kept me
the strangers that protected me
to bring me home to you
every magic potion
every false emotion
How unswerving our devotion
to the lies we know are almost true
every sweet confusion
every grand illusion
I will win and call it losing
if the prize is not for you

39

Landlady

Roam, the phone is where I live till I get home
And when the doorbell rings
You tell me that I have a key
I ask you, how you know it's me?

The road, no road without a turn
And if there was, the road would be too long
What keeps us standing in this view
*Is the view that we can be brand new.**

Passaram-se dois dias do show de Paris. Adormeci cinco horas antes, por volta de uma da manhã, e agora são seis horas e estou nadando nos lençóis limpos da minha cama em Temple Hill, na cidade em que cresci.

Estamos em uma cama grande no topo de uma casa na encosta de uma colina com vista para uma praia onde moramos há mais de trinta anos. É uma cama grande o suficiente para caber uma família inteira, e houve muitas vezes em que todos nós seis ficamos na cama para assistir a um filme ou conversar sobre algo, mas não agora. A única conversa agora é entre eu e meu Criador.

* Viajando, o celular é onde eu vivo até chegar em casa/ E quando a campainha toca/ Você me diz que eu tenho a chave/ Eu pergunto: como você sabe que sou eu?/ A estrada, não há estrada sem retorno/ E se houvesse, a estrada seria longa demais/ O que nos mantém de pé nessa vista/ É a visão de que podemos ser completamente renovados.

Há uma brisa fria à espera se eu fosse louco o suficiente para colocar a cabeça para fora do edredom, mas não sou.

Estou em uma conversa que, na verdade, está muito atrasada.

Não se dá em silêncio.

Posso ouvir a respiração de Ali, e mesmo com os ouvidos embotados pelo barulho da multidão e da montagem e desmontagem de um show de rock, isso é melhor que silêncio.

Isso é uma meditação sobre coisas minúsculas.

O barulho da turnê e sua energia cinética agora substituídos pelo suave bater das ondas na enseada de Killiney e os murmúrios da mulher que amo desde que éramos adolescentes.

Em geral, se possível, levanto antes de todo mundo, especialmente se acabei de voltar de turnê. Johnny Cash dizia que a melhor sensação do mundo era andar descalço no quintal! Para mim é andar descalço pela minha casa no escuro, parar em cada cômodo, estejam eles vazios ou cheios, só para sentir o cômodo e, suponho, minha própria ausência.

Com frequência, se não sempre, é um momento de oração, em que dou graças por ter um teto. Sempre tive o hábito de entrar nos quartos das crianças e passar um bom tempo observando-as em seu sono, sussurrando orações sobre suas cabeças adormecidas, orações por seu potencial, seu futuro, orações por seus futuros parceiros, mas não hoje.

Esta manhã não saio da cama. Deixo minha mente viajar não para onde estive, mas para onde estou. As pancadas e contusões que um vocalista leva ao se jogar em cima de vinte mil pessoas às vezes me fazem acordar no meio da noite com um "Ah, não! Cacete! Por que eu fiz isso comigo mesmo?!".

E há outras feridas autoinfligidas que vão me acordar, mas todas desaparecem neste momento de crepúsculo antes do amanhecer. Não estou com pressa para estar totalmente acordado; estou desperto em outro nível, mais desperto do que jamais estive na vida.

Eu me espreguiço e sinto cada centímetro de mim vivo. Dedos, dedos dos pés, pescoço, tronco. Neste momento, meu corpo está dolorido de vida.

Estendo a mão para você, a razão pela qual me afastei de tantos precipícios… você, a mulher que conheci quando menina na Mount Temple, usando saia xadrez, blusa de lã cor de açafrão e galochas.

Sinto seu contorno, mas quero vê-lo.

Estendo a mão para o meu celular, que está sempre ligado, mas sempre em modo silencioso, e uso a luz para olhar para o seu rosto, e quando você inconscientemente se afasta da luz, mesmo tão suave, meus olhos pairam sobre você, piscando para todos os seus diferentes eus, do finito ao infinito. Você está deitada de lado. Vejo os cabelos e a sobrancelha. Mesmo fechados, posso vislumbrar esses olhos tão sugestivos e sinto, também, que há muito mais para nós e agradeço a você e agradeço ao nosso Criador e agradeço a todo o universo...

que a razão pela qual parti nesta aventura

a razão pela qual permaneci com uma companhia tão extraordinária por mais de quarenta anos

a razão por ter passado tanto tempo vagando naquilo que tem sido principalmente um deserto ermo e extravagante, desenhando círculos na areia

a razão pela qual preenchi o buraco do meu coração com música e fazendo amor com o desconhecido

essa razão desapareceu

a ferida da minha adolescência que estava aberta agora está fechada

a busca por um lar acabou

é você

estou em casa

não mais no exílio

mesmo aqui

e

preciso aprender

a estar em casa

a ficar quieto

e me render

no fim um novo começo...

why at 55 years old I'm still waiting for my mother
and why the apple doesn't fall far from the tree
but it can roll
IRIS
the star that
gives us light
has been gone awhile
but it's not an illusion

40

Breathe

To walk out into the street
Sing your heart out
The people we meet will not be drowned out
There's nothing you have that I need
*I can breathe.**

Esses arcos de luz.
Esses arcos de luz despejam uma fluorescência fria sobre toda a cena.
Essa cena não é para mim.
Essa sala tem a temperatura de uma geladeira. Uma geladeira em que não quero estar. Uma geladeira que não é lugar para uma criatura de sangue quente como eu. Quero estar sob as ondas ou flutuando sobre elas.
Adoro essa sensação oceânica.
Amniótica
Hipnótica.
Ouço um coração batendo.
Não estou me afogando onde estou.
Estou respirando embaixo d'água.
Sou reconfortado pelo som de um coração batendo cada vez mais alto em meu ouvido. Ou perto dele.

* Sair para a rua/ Cantar o que sai do seu coração/ As pessoas que encontramos não serão afogadas/ Não há nada que você tenha que eu precise/ Eu consigo respirar.

Algum tipo de tambor subaquático.
Um tom-tom.
Ba bum ba bum ba bum ba bum ba bum
Pentâmetro iâmbico.
Shakespeare encontrou o ritmo do coração para impulsionar suas palavras.
"Mas silêncio! Que luz se escoa agora da janela?"
Adoro Willie Shakespeare.
Adoro falas impetuosas. Adoro música impetuosa. Adoro dance music.
A música dance eletrônica encontrou a batida cardíaca de um maratonista.
120 BPM. EDM. Techno.

Estou prestes a fazer um *sprint* na maratona.

Alguém bate na porta de um coração. Não é a minha pulsação. O coração pertence a Iris, minha mãe, que estou feliz em conhecer. Em certo sentido eu não teria como estar mais perto dela. Eu já a conheço. Por dentro, mas não por fora.
Mas preciso deixar o abrigo para ver o rosto dela no mundo exterior.
E é o que eu faço.
E não faço.

É frio do lado de fora. Hostil. E é um grande passo sair do universo da barriga intumescida de Iris para o mundo circular da North Circular Road e do Rotunda Hospital de Dublin.
Minha cabeça ensanguentada gira. Como o mundo exterior. Ele vira quando eu me viro, mas esse mundo infantil não tira o dedão da boca. Nesta semana o mundo adulto gira sobre si mesmo.
Meu pai diz: "Não dá pra conseguir um exemplar de *Country Girls* da Edna O'Brien aqui na Irlanda porque o livro é picante demais."
O pai diz que a Europa vai virar um país e vai ser maior que os Estados Unidos.
O pai diz que os americanos e os russos estão cada vez mais perto daquilo que meu tio Leslie chama de extinção.
Diz que eles têm uma bomba que pode explodir o mundo inteiro.
Estamos em 10 de maio.
Semana passada os russos abateram um dos aviões espiões mais sigilosos dos americanos.

O U2.
A revista *Time* coloca o piloto na capa da edição seguinte.
Há um boato de que um candidato irlandês-americano acha a paz possível — se for possível explicá-la às pessoas — e que o espaço é a nova fronteira.
JFK diz que astronautas são os novos caubóis. Acho que a contagem regressiva começou.
DEZ
da vida na água à vida no ar
NOVE
da vida uterina à vida selvagem
OITO
da vida dos sonhos à mulher dos sonhos
SETE
do meu lar em Iris para "Nunca vou me sentir em casa neste mundo!"
SEIS
é menino? é menina?
CINCO
minutos, pelo amor de Deus
a bolsa rompe, a barragem vira enchente para fazer minha entrada — uma chance apenas!
QUATRO
telas no cinema
do sono escarlate ao carmesim da alegria extrema
o menino sai quando se abre a cortina para a cena
TRÊS
polegadas de dilatação
do murmúrio ao balbucio sem significação
céu estendido demais sobre esta ilha nação
DOIS
olhos ofuscados pelo refletor
entro no palco saindo do bastidor
logo depois do tonto torpor
de uma boa noite, a melhor
sei encontrar minha luz pelo fulgor
o palco não me dá o menor pavor,
não chego nem a piscar
estou confortável indo ao ar
agora é uma cena de um crime em investigação

sangue e a lama da imaginação
de projetor a projeção
anseio pela tua projeção
tua voz já chega a meu ouvido
já faço opções, o preterido e o preferido, remexo nos papéis
para encontrar A PALAVRA
as crianças serão vistas, ouvirão o que for de sua lavra
DOIS
Iris grita no segundo estágio
do foguete que decola em amor e ódio
para nos tirar da atmosfera
"claro que é só a gravidade que nos mantém na Terra"
sou uma esposa mas também sou…
UM
ser humano, Iris grita rumo à tempestade
UM
do conforto da agonia e do terror da felicidade
UM
todas essas bocas para alimentar e beijar e livrar da necessidade
com apenas… apenas… apenas
UM
relato de uma rendição…

Meu coração bate tão forte que já não ouço a pulsação de Iris.
Esse é o meu coração.
Esse coração precisa durar minha vida inteira.
Esse é o início da ação.
Me preparo para respirar pela primeira vez.

To walk out into the street
Sing my heart out
The people we meet will not be drowned out
There's nothing you have that I need
I can breathe...

I waited patiently for the Lord.
He inclined and heard my cry.
He brought me up out of the pit
Out of the miry clay.

I will sing, sing a new song.
I will sing, sing a new song.

How long to sing this song?
How long to sing this song?
How long, how long, how long
How long to sing this song?

You set my feet upon a rock
And made my footsteps firm.
Many will see, many will see and hear.

I will sing, sing a new song.
I will sing, sing a new song.
I will sing, sing a new song.
I will sing, sing a new song.

How long to sing this song?
How long to sing this song?
How long, how long, how long
*How long to sing this song?**

* Sair para a rua/ Cantar o que sai do seu coração/ As pessoas que encontramos não serão afogadas/ Não há nada que você tenha que eu precise/ Eu consigo respirar.// Esperei pacientemente pelo Senhor./ Ele se inclinou e ouviu meu pranto./ Ele me tirou do poço/ Do lamaçal da minha argila.//Vou cantar, cantar uma nova canção./Vou cantar, cantar uma nova canção.// Cantar essa canção até quando?/ Cantar essa canção até quando?/ Até quando, até quando, até quando?/ Cantar essa canção até quando?// Você colocou meus pés sobre uma rocha/ E firmou meus passos./ Muitos verão, muitos verão e ouvirão./ Vou cantar, cantar uma nova canção./ Vou cantar, cantar uma nova canção./ Vou cantar, cantar uma nova canção./ Vou cantar, cantar uma nova canção.// Cantar essa canção até quando?/ Cantar essa canção até quando?/ Cantar essa canção até quando?/ Cantar essa canção até quando?

POSFÁCIO

Para saber como esses meus pensamentos encontraram seus pensamentos, como vim a colocar minha vida em palavras, como um escritor encontra um leitor. A resposta pode ser encontrada basicamente nas seiscentas páginas anteriores. Mas escrever é principalmente editar, e depois de entender que seriam as músicas a me conduzir por essa narrativa mais episódica da minha vida, muitas figuras significativas e muitos momentos de transformação tiveram que permanecer nos livros que *não* escrevi. Uma das coisas mais difíceis de colocar tudo no papel é não poder incluir tantas pessoas com quem aprendi e em quem me apoiei... camaradas, colegas, equipe.

Não é novidade, todos os erros aqui são meus. Tenho uma memória muito boa, exceto pelas coisas que esqueci. Todas as conversas sobre as quais escrevi aconteceram, mas na escrita às vezes aperfeiçoei o diálogo. Aprendi com Ali que uma boa edição ajuda. Se somos as histórias que contamos a nós mesmos, espero que, ao contá-las, eu tenha feito jus às histórias dos outros.

Eu não teria escrito este livro sem ter sido convencido por algumas pessoas essenciais. Primeiro, Ed Victor, pelos muitos anos que passou me convencendo de que nossas conversas deveriam virar texto. Quando aceitei seu conselho e comecei a escrever, o fato de ele ter me apresentado a Sonny Mehta foi crucial. Nervosamente enviei a Sonny alguns capítulos iniciais e tomei coragem com sua mensagem de volta para Knopf: "Ele sabe escrever." Se Sonny Mehta acha que eu poderia fazer isso, talvez eu pudesse. Foi Patti Smith quem apontou a linhagem de Sonny, e por seu incentivo para seguir adiante, sempre serei grato.

Quando Ed e Sonny faleceram, nos anos seguintes, passou pela minha cabeça que o projeto tivesse morrido com eles, mas aí Jonny

Geller e Gail Rebuck em Londres, e meu novo editor, Reagan Arthur, em Nova York, mantiveram isso vivo no mundo editorial, suas equipes qualificadas supervisionando o trabalho com vários insights.

No meu mundo, eu tinha uma caixa de ressonância editorial que não parava de colocar o lápis de volta na minha mão, que eram apontador, borracha e papel: Martin Wroe e Lucy Matthew, obrigado. Por sua compaixão e sua concentração, por uma visão sincera da minha vida vinda de fora dela. Ter o livro pronto e preparado não teria acontecido sem Emma, Leah, Catriona, Jenn, Kelly, Nadine, Guy O, Gavin, Anton, Shaughn, Saoirse, Candida, Kathy, Douglas, Didi, Callan, Regine e Bri, Hackin' Mackin, e os Freuds, Matthew e Jonah. Essa riqueza de incentivo e sabedoria foi complementada pelas tesouras e cola daqueles que tiveram tempo para ler diferentes capítulos: Edna O'Brien, Norman, Scott, Sian, Orlagh, Kathy, Paul, Bill, Bobby, Jeff, Jann, Josh, Jamie, Tom, Serah, Kate, os Sheridan e os Carmody. Agradeço à Mannix Flynn, que inspirou um encerramento em contagem regressiva ao início.

Jordan, Eve, Eli e John me deram permissão para escrever sobre suas vidas. Acho que há uma boa chance de que Ali o faça em algum momento.

A vida me deu uma música para cantar e Edge, Adam e Larry me deram uma história para escrever.

Os fãs do U2 me dão uma razão para continuar escrevendo, música e história.

Nenhum professor me ensinou a amar a linguagem, mas dois me ensinaram a língua franca muito mais impossível da comunicação comigo mesmo e com meu criador. Obrigado, Donald Moxham e Jack Heaslip, professores da Escola Experimental Mount Temple, sigo sendo aluno de vocês.

PÓS-POSFÁCIO

Agradeço à todas essas figuras inspiradoras por autorizarem a menção de trechos de suas obras.

PÁGINA 7: "Every Grain of Sand", escrita por Bob Dylan e lançada por Universal Tunes.

PÁGINA 18: "Cars", escrita por Gary Numan. Lançada por Universal Music Publishing Ltd. e Gary Numan USA Universe (BMI).

PÁGINA 23: "Glad to See You Go", letra e música de Johnny Ramone, Joey Ramone, Tommy Ramone e Dee Dee Ramone. Cretin Hop Music (ASCAP), Mutated Music (ASCAP), WC Music Corp. (ASCAP) e Taco Tunes (ASCAP): Todos os direiros reservados a Cretin Hop Music administrados por Wixen Music Publishing, Inc., e Mutated Music e Taco Tunes administrados por WC Music Corp.

PÁGINA 51: "For the Good Times", escrita por Kristoffer Kristofferson e lançada por Universal Music— Careers.

PÁGINA 101: "God Save the Queen", letra e música por John Lydon, Paul Thomas Cook, Steve (Gb 1) Jones e Glen Matlock Rotten Music Ltd. (RS) e Warner Chappell Music Ltd. (PRS). Todos os direitos reservados aos próprios e Rotten Music Ltd. administrados por Warner Chappell Music Ltd. Lançada por Universal Music — Careers, Universal PolyGram Int. Publishing, Inc. em nome de Thousand Miles Long, Inc., A e Universal Music Publishing Ltd.

PÁGINA 102: "White Riot", por Strummer / Jones e lançada por Nineden Ltd./ Universal Music Publishing Ltd.

PÁGINA 204: "Blowin' in the Wind", escrita por Bob Dylan e lançada por Universal Tunes.

PÁGINA 131: " 'A' Bomb in Wardour Street", escrita por Paul John Weller, lançada por Universal Music — Careers em nome de Stylist Music Ltd.

PÁGINA 144: "Oh My Love", letra e música por John Lennon and Yoko Ono. Copyright © 1971 by Lenono Music, copyright renewed. Todos os direitos administrados por Downtown DMP Songs. Todos os direitos reservados.*

PÁGINA 145: "Instant Karma!", letra e música por John Lennon, copyright © 1980 by Lenono Music, copyright renewed. Todos os direitos administrados por Downtown DMP Songs. Todos os direitos reservados.*

PÁGINA 169: "Come on Eileen", letra e música por Kevin Rowland, James Patterson e Kevin Adams. Copyright © 1982 by EMI Music Publishing Ltd. Todos os direitos administrados por Sony Music Publishing (US) LLC. Protegido por copyright internacional. Todos os direitos reservados.*

PÁGINA 176: "King of Pain", escrita por Sting e lançada por Songs of Universal, Inc.

PÁGINA 181: "The Times They Are A- Changin'", escrita por Bob Dylan e lançada por Universal Tunes.

PÁGINA 217: "Rise", letra e música por Bill Laswell e John Lydon. Copyright © 1986 by BMG Platinum Songs US, Adageo BV/Atal Music Ltd. (PRS) and Rotten Music Ltd. (PRS). Todos os direitos de BMG Platinum Songs US adiminstrados por BMG Rights Management (US) LLD. Todos os direitos em nome de Rotten Music Ltd. (PRS) administrados por Warner Chappell Music Ltd. Todos os direitos reservados.*

PÁGINA 222: "Do They Know It's Christmas? (Feed the World)", letra e música por Bob Geldof and Midge Ure. Chappell Music Ltd. (PRS). Todos os direitos administrados por WC Music Corp.

PÁGINA 239: "Without You", letra e música por Peter Ham e Thomas Evans. Copyright © 1971 by The Estate for Peter William Ham and The Estate for Thomas Evans, copyright renewed. Todos os direitos nos Estados Unidos administrados por Kobalt Songs Music Publishing. Copyright © 1970 by Apply Pub-lishing Ltd. Todos os direitos administrados por Concord Copyrights UK c/o Concord Music Publishing e Westminster Music Ltd. Todos os direitos reservados Reimpresso com permissão de Hal Leonard Europe Ltd. e TRO Essex.*

PÁGINA 262: "Beautiful", cortesia de Linda Perry.

PÁGINA 301: "Fame", letra e música por John Winston Lennon, David Bowie e Carlos Alomar. Copyright © 1975 by EMI Music Publishing Ltd., Lenono Music, Jones Music America (ASCAP), Unitunes Music (ASCAP), and BMG Rights Management (UK) Limited. Copyright Renewed. Todos os direitos em nome de EMI Music Publishing Ltd. administrados por Sony Music Publishing (US) LLC. Todos os direitos em nome de Lenono Music administrados por Downtown DMP Songs. Todos os direitos em nome de Jones Music America (ASCAP) administrados por Warner Chappell Music Ltd. Todos os direitos em nome de Unitunes Music (ASCAP) administrados por Warner Chappell North America Ltd. Protegido por copyright internacional. Todos os direitos reservados.*

PÁGINA 303: "Love and Fear", cortesia de Michael Leunig.

PÁGINA 326: "The Great Curve", letra e música por Brian Eno, Chris Frantz, Jerry Harrison, Tina Weymouth e David Byrne. Copyright © 1980 by Index Music Inc. (ASCAP) and WC Music Corp. (ASCAP). Todos os direitos em nome dos próprios e Index Music Inc. administrados por WC Music Corp. Lançado por Universal Music — Careers em nome de Universal Music MGB Ltd.

PÁGINA 342: "Never Tear Us Apart", letra e música por Michael Hutchence e Andrew Garr

iss. Chardonnay Investments Ltd (NS). Todos os direitos em nome de Chardonnay Investments Ltd administrados por WC Music Corp. e Universal—PolyGram Int. Tunes, Inc. em nome de INXS Publishing Pty. Ltd.

PÁGINA 344: "Into My Arms", letra e música por Nick Cave. Copyright © 1997 by BMG Rights Management (UK) Limited. Todos os direitos administrados por BMG Rights Management (US) LLC. Todos os direitos reservados.*

PÁGINA 408: "The Black Hills of Dakota", letra e música por Sammy Fain e Paul Francis Webster. Copyright © 1953 by WC Music Corp. (ASCAP). Todos os direitos administrados por Warner Chappell North America Ltd.

PÁGINA 476: *A balada do cárcere de Reading.* Oscar Wilde. Tradução de Paulo Vizzioli, São Paulo: Nova Alexandria, 1997.

PÁGINA 480: "Let It Go", letra e música por Kristen Anderson-Lopez e Robert Lopez. Copyright © 2013 by Wonderland Music Company, Inc. Todos os direitos reservados.*

PÁGINA 506: "Fear of a Black Planet", escrita por Carlton Douglas Ridenhour, Keith M. Boxley, Eric T. Sadler, (Ralph Middlebrooks), (Leroy Bonner), (Walter Morrison), (Marshall Eugene Jones), (Norman Bruce Napier), (Marvin R. Pierce), (Andrew Noland), (Gregory A. Webster). Lançada por Songs of Universal, Inc., Bridgeport Music, Terrordome Music Publishing LLC, Songs of Reach Music e Your Mother's Music.

PÁGINA 534: "Scaffolding". *100 poemas*. Seamus Heaney. Tradução de Luci Collin. Porto Alegre: Isto Edições, 2022.

PÁGINA 549: "It's Alright, Ma (I'm Only Bleeding)", escrita por Bob Dylan e lançada por Universal Tunes.

PÁGINA 574: Coríntios 13:4– 7 (MSG). Bíblia *A Mensagem*. Org. Eugene H. Peterson. São Paulo: Editora Vida, 2011.

PÁGINA 587: "Busload of Faith", letra e música por Lou Reed. Copyright © 1988 by Metal Machine Music. Todos os direitos administrados por Sony Music Publishing (US) LLC.Protegido por copyright internacional. Todos os direitos reservados.*

PÁGINA 590: "The Sound of Silence", escrita por Paul Simon. Copyright © 1964 by Sony Music Publishing US (LLC). Todos os direitos administrados por Sony Music Publishing US (LLC). Todos os direitos reservados.

PÁGINA 591: "People Have the Power", letra e música por Fred Smith e Patti Smith. Stratium Music Inc. (ASCAP) e Druse Music Inc. (ASCAP). "In Excel--sis Deo," letra e música por Patti Smith. Linda S Music Corp (ASCAP). Todos os direitos administrados por Warner Chappell Music Publishing Ltd.
* Republicado sob permissão de Hal Leonard Europe Ltd.

Agradecimentos:
PÁGINA 571: David Bentley Hart. *The Experience of God: Being, Consciousness, Bliss* [A experiência de Deus: existência, consciência e êxtase], Yale University Press, 2013.
PÁGINA 591: Jalal ad- Din Rumi. *The Essential Rumi* [Rumi essencial], HarperOne, 2011.

Agradeço a meus companheiros de banda e nossa gravadora, Universal Music Publishing Group, pela permissão para citar nossas músicas e, caso alguns de vocês tenham notado, sim, eu reescrevi algumas das letras. Durante o *lockdown* tivemos a oportunidade de reimaginar 40 canções do U2 para a coletânea *Songs of Surrender*, e com isso pude mergulhar nelas mais uma vez enquanto escrevia estas memórias. Isso também me deu a chance de lidar com algo que há algum tempo vinha me incomodando. As letras de algumas músicas que sempre senti que não estavam propriamente escritas. Agora elas estão. (Eu acho.)

Agradeço ao invisível imortal pela permissão de citar trechos de muitas versões de seu livro sagrado, e em particular ao saudoso Eugene Peterson pela permissão de citar sua versão moderna e muito especial, a Bíblia *A Mensagem*.

Agradeço a todos os meus mentores, professores e amigos inspiradores no mundo do ativismo, a todos que me fazem lembrar que não existe 'eles'. . . existe apenas 'nós'. Agradeço especialmente à Anistia Internacional (amnesty.org), à Chernobyl Children Internacional (chernobyl-international.com), ao Greenpeace (greenpeace.org), à The Irish Hospice Foundation (hospicefoundation.ie), à The ONE Campaign (um.org), à (RED) (RED.org), à Special Olympics (specialolympics.org) e À The UN Refugee Agency (unhcr.org).

IMAGENS

ABERTURA: Foto por Ivan Erskine.

ENCERRAMENTO: Cortesia do arquivo pessoal da família Hewson.

ENCARTE

Todas as imagens são cortesia do arquivo pessoal da família Hewson, exceto quando especificado.

PÁGINA 621: (inferior esquerda) Copyright Anton Corbijn

PÁGINA 625: (a partir de cima) Cortesia de Irish News Archives; copyright Patrick Brocklebank

PÁGINA 626: (inferior) Copyright Hugo McGuinness

PÁGINA 627: Copyright Paul Slattery

PÁGINA 629: (a partir de cima) IMAGO/ Future Image; Copyright Patrick Brocklebank; Copyright Colm Henry

PÁGINA 631: Copyright Patrick Brocklebank

PÁGINA 632: (superior esquerda) Copyright Anton Corbijn

PÁGINA 633: (a partir de cima) Cortesia da Mount Temple Comprehensive School Dublin; Copyright Tom Sheehan

PÁGINA 633: (inferior esquerda e superior direita) Copyright Paul Slattery

LEGENDAS DO ENCARTE

PÁGINA 617
Eu Iris Bob Norman
Butlin's Mosney
Piscina
Condado de Meath, 1971

PÁGINA 618
Esses são minha mãe e meu pai
Quando o amor começou
Quem?

PÁGINA 619
"Rei Leão" e seus castelos de areia
Abraço de padrinho e afilhado
Essa maré nunca vem

PÁGINA 620
O conforto de estar nos braços
E
A alegria de ter nos braços
Eu & Eve
Bob & Iris

PÁGINA 621
Pais e filhas
Não podem ficar longe
Especialmente quando estamos juntos

PÁGINA 622
A estrela/ que nos dá a luz/ Já se foi há tempos/ Mas não é uma ilusão/ A dor no meu coração/ É uma parte enorme de quem eu sou/ Iris de pé no corredor/ ela me diz que sou capaz de tudo/ Iris acorda com meus pesadelos/ Não tenha medo do mundo/ Ele não está lá/ Iris brincando na praia/ Ela enterra o menino na areia/ Iris diz que vou matá-la/ Não fui eu/ Me abrace/ Como se eu fosse alguém/ Que você conhecesse.

PÁGINA 623
De adolescentes aos vinte e poucos

PÁGINA 624
Ferns Wexford
Jordan me ensinando a escrever
+ Prenúncio da artista Eve, Parc Monceau Paris

PÁGINA 625
O mais novo tal e qual o mais velho
Lil John
Coach de palco

Eu, Bob e Elijah 3 gerações Hewson

PÁGINA 626
Terry e Joy adotaram este vira-lata e o alimentaram por todo o caminho
Vovô 'Gags' Rankin
Iris Rankin
Todos os Rankin

PÁGINA 627
Elijah e eu ouvimos
A mesma melodia

PÁGINA 628
Verões com amor e primos
(Esquerda) Edwina
(Direita) Edgar, Iris, Barbara, Michael, Adam, Jack, eu.

PÁGINA 629
Paul David eh Hensen, Dave Evans, Larry Mullen, Adam Clayton vencem nossa 1a gravação
U2 & the Virgin Prunes
Glasnevin
(Seta) Bill Graham

PÁGINA 630
The Hype se transformando em U2
Guggi
Eu cantando fora do tom
Gavin

PÁGINA 631
Posar é fácil para alguns de nós

PÁGINA 632
Adam, padrinho de casamento, é o melhor por algumas razões
Melhor mestre de cerimônias e crucial para um casamento irlandês, faz o melhor
discurso de padrinho
Em minha pose de adolescente talvez eu nem sempre gostasse de ADAM posando
na minha frente!
Mas ele simplesmente era melhor em muitos aspectos
"Visão em vez de visibilidade?"
"Gig" "circuito" "fita demo"
O louro conduzindo o cego...

PÁGINA 633
U2 & the Virgin Prunes
"Se o U2 é Deus então o the prunes é o diabo" Gavin Friday, Hot Press 1980
(Esquerda) Gavin, David, Mary, Strongman, Guggi, Dik
U2 pode
U2 acontecer
U2 para
U2 qualquer um

PÁGINA 634
O homem que me aceitaria
Em sua vida, casa, esposa, filha & filho Ian
10 anos depois
Terry Stewarts
Joy Stewart
Jojo reune a família
110 St. Assams Ave Raheny Dublin

PÁGINA 635
(Esquerda) Pós-show Project Arts 18/9/78
Primeira reunião com nosso em breve

empresário Paul McG
(Acima) Ou Paul McGuiness fazendo
o U2 assinar seu
contrato
Ou a gente fazendo ele nos comprar
bebida ou
uma van
(Direita) Guggi e Gavin olhando para
frente enquanto
fingimos ser uma banda
(Abaixo) Edge, the marksman, Larry
o garoto da casa
ao lado
Eu aperfeiçoando a "cara de assustado"
Adam aperfeiçoando o "beicinho"

PÁGINA 636
Dois presuntos & dois ovos cozidos

PÁGINA 637
O Bono
A Ali, com a maior parte da turma de 78
Escola Experimental Mount Temple
The edge
Windmill Lane recording studios
Gravando *Boy*

PÁGINA 638
A cerca-viva
Número 10 da Cedarwood Road e o
Avenger Hillman

PÁGINA 639
Mullet em Manhattan procura
E encontra uma garota que vai
Saber lidar melhor com o assunto

PÁGINA 640
(Esquerda) Não sei se essa foto foi
tirada por Ali ou Edge
Mas sei que o ano era 1981 e
estávamos em Nassau
Mixando *Fire*
(Dreita) O balanço
Gorey, Wexford, Irlanda, Ago
1980
É a cabeça da ali com o meu corpo
Eu acho...

Me
Iris
Bob
Norman
Butlers Mosney
swimming pool
Co Meath
1971

this is my ma and my da
when love came to town
who?

"Lion King" and his castles in the sand

godfather & godchild embrace.

this tide is never coming in

the comfort of being held
and
the joy of holding . . . .

me & Eve

Bob & Iris

Fathers & daughters
cannot be apart especially
when we are together.

the star that gives us light
has been gone awhile
but it's not an illusion
the ache in my heart is so much a part
of who I am
standing in the hall
IRIS
she tells me I can do it all
IRIS wakes to my nightmares
don't fear the world
it isn't there!
IRIS
playing on the strand
she buries the boy
beneath the sand
says that I will be
IRIS
the death of her
it was not me
Hold me close
like I'm someone
that you might know

teens into twenties

FERNS WEXFORD JORDAN teaching me to write + Eve OF Eve the artist parc monceau Paris

the youngest as the eldest...
lil John

stage coach

me, Bob + ELIJAH

3 generations of Hewson

Terry & Joy took me in as a stray dog and fed me in every which way.

Elijah and I overhear
the same melody

summers of love + cousins

U2 from Malahide, Dublin, winners of the Pop '78 contest at Limerick (left to right) Paul Hensen, Dave Evans, Larry Mullin and Adam Clayton (leader).

the Hype
becomes U2
guggi
me
not singing
HARMONY
Gavin

posing came easily to some of us

ADAM the best man for a couple of reasons 1. best at being M.C and critical for Irish wedding, give the best best man's speech

2... maybe my teenage front didn't always appreciate ADAM getting more out front! but he was just better at lots of things

"vision and visibility?"

"gig" "circuit" "demo tape"

the blond leading the blind.....

U2 & the Virgin Prunes

"If U2 is God then the prunes are the devil"

Gavin Friday
Hot Press 1980

the man who would let me in to his life, home, wife, daughter & son Ian 40 years later

70 St Assams Ave Raheny Dublin

either Paul McGuinness getting U2 to sign mgmt contract or we getting him to buy us a drink or a van.....
Project Arts aftershow 18/9/78
First meeting with our soon to be manager Paul McG
guggi and gavin looking on as we play at being in a band
Edge the marksman, Larry the boy next door
me perfecting "the startled look"
Adam perfecting "potty mouth"

two hams & and two boiled eggs

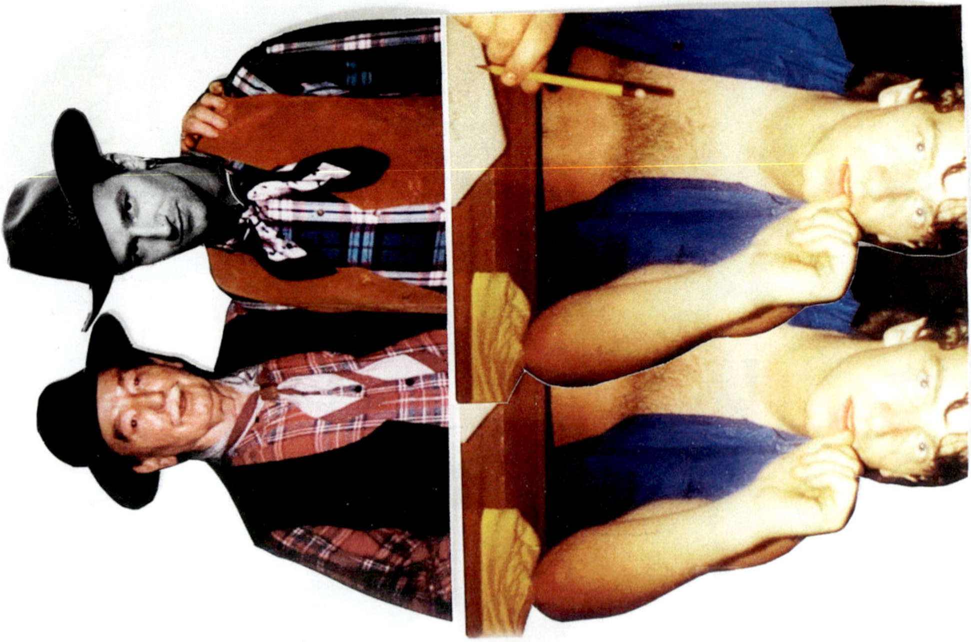

the BONO
the ALI
'enlightened' with class of 78 at the most
Mount temple comprehensive

the edge

Windmill lane recording studios
recording "BOY"

the hedge

10 CEDARWOOD RD and the avenger Hillman

mullet in madhattan seeks
and finds a girl who will know better
about such things

dont know if this photo is taken by Ali or Edge
but I know it was 1981 in NASSAU where we were
mixing 'Fire'

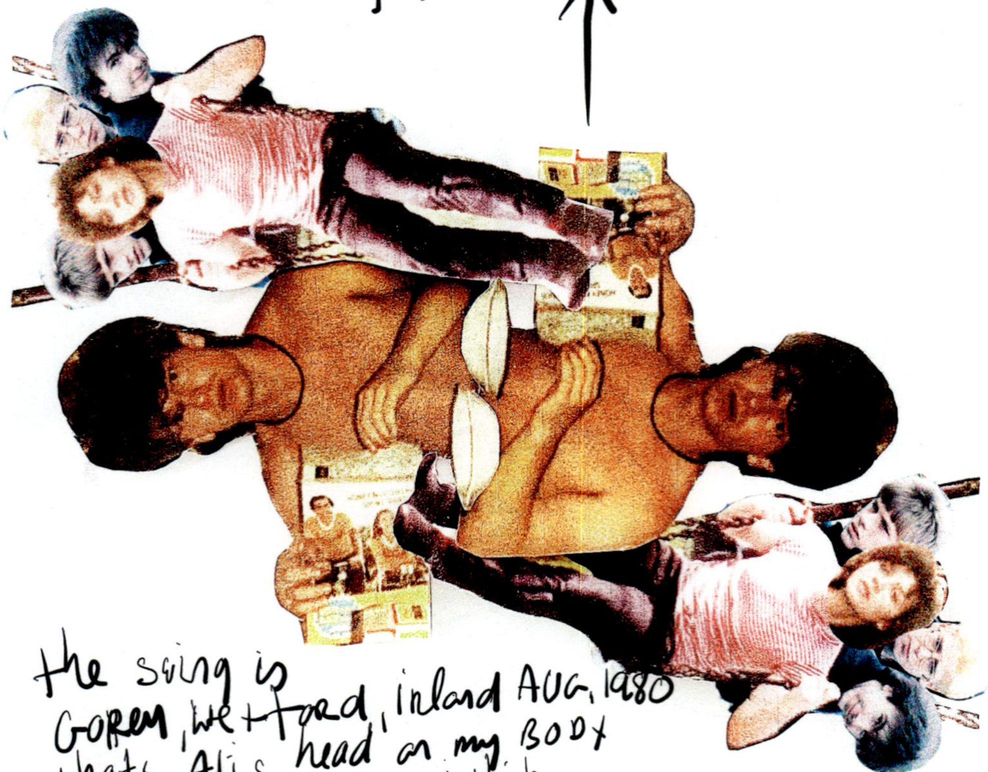

the swing is
Gorey, Wexford, ireland AUG. 1980
thats Ali's head on my BODY
I think.....